• 더 멋진 내일 Tomorrow 을 위한 내일 My Career •

내일은  컴퓨터활용능력

박은선 지음

1권 | 스프레드 시트

변경된 실기 프로그램 & 출제기준 완벽 반영

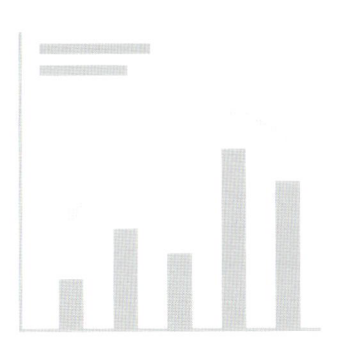

한 번에 합격, 한 권이면 충분하다!

- 최신 출제경향 분석을 반영한 **기능별 출제유형** 제시
- 기능별 빈출유형의 **문제해결방법**에 대한 자세한 설명
- 합격을 위한 시험대비 **실전 Tip**
- 시험에 꼭 필요한 **작업별 핵심이론** 정리

📕 김앤북 자료실

🎁 **실습파일** 제공 | **자율학습 모의고사 PDF** 제공

내일은 1급실기
컴퓨터활용능력

초판1쇄 인쇄 2023년 12월 11일
초판1쇄 발행 2023년 12월 18일
지은이 박은선
기획 김응태, 정다운
디자인 서제호, 서진희, 조아현
판매영업 조재훈, 김승규, 문지영

발행처 ㈜아이비김영
펴낸이 김석철
등록번호 제22-3190호
주소 (06728) 서울 서초구 서운로 32, 우진빌딩 5층
전화 (대표전화) 1661-7022
팩스 02)3456-8073

ⓒ ㈜아이비김영
이 책은 저작권법에 따라 보호받는 저작물이므로 무단복제를 금지하며,
책 내용의 전부 또는 일부를 이용하려면 반드시 저작권자의 서면동의를 받아야 합니다.

ISBN 978-89-6512-868-7 13000
정가 25,000원

잘못된 책은 바꿔드립니다.

• 더 멋진 내일 Tomorrow 을 위한 내일 My Career •

내일은 1급 실기
박은선 지음

컴퓨터활용능력

1권 | 스프레드 시트

컴퓨터활용능력 1급 시험 정보

◆ 급수별 정보

등급	평가방법	평가과목	평가형태	평가시간
1급	필기	컴퓨터일반 스프레드시트(엑셀) 데이터베이스(액세스)	객관식 60문항 (과목별 20문항)	60분
	실기	스프레드시트(엑셀) 데이터베이스(액세스)	컴퓨터 작업형	90분 (과목별 45분)
2급	필기	컴퓨터일반 스프레드시트(엑셀)	객관식 40문항 (과목별 20문항)	40분
	실기	스프레드시트(엑셀)	컴퓨터 작업형	40분

◆ 자격증 관련 정보

응시자격	제한 없음
합격기준	필기 >> 각 과목 100점 만점 중 과목당 40점 이상이면서 평균 60점 이상 실기 >> 각 과목 100점 만점 중 모든 과목 70점 이상
자격 검정 수수료	필기 >> 19,000원 실기 >> 22,500원
응시 가능 프로그램	MS Office 2021
상공회의소 검정사업단	http://license.korcham.net
시험접수	홈페이지 또는 모바일 어플(코참패스)을 통해 상시 접수

◆ 자격증 일반 사항

질문1	자격 접수 시 중복 접수가 가능한가? ▶ 필기와 실기 모두 중복 접수가 가능합니다.
질문2	자격 응시 후 결과 발표는 언제인가? ▶ 필기는 응시 다음 날 오전 10시, 실기는 응시일로부터 2주 뒤 금요일
질문3	실기 응시 후 결과 발표 전에 재응시가 가능한가? ▶ 합격 여부를 확인하기 전이라도 재응시가 가능합니다.
질문4	여러 급수의 시험을 같은 날 접수하여 응시할 수 있는가? ▶ 급수가 다르다면, 1급과 2급 동시 접수 가능합니다.
질문5	1급 필기 합격 후 2급 실기 응시가 가능한가? ▶ 상위 급수 필기를 취득하면 하위 급수 실기 응시가 가능합니다.
질문6	필기 합격 후 실기 응시는 언제까지 가능한가? ▶ 필기 자격의 유효 기간은 합격일로부터 2년입니다.

스프레드시트 실기 작업별 구성

◆ **작업별 구성**

컴퓨터활용능력 1급은 스프레드시트 45분, 데이터베이스 45분 총 90분의 시간동안 작업을 진행하게 됩니다. 각 과목별로 총 4가지 유형의 작업을 진행하게 되며, 각 과목 70점 이상을 취득해야 합격이 확정됩니다.

스프레드시트 과목에서는 제2작업인 계산작업과 제4작업인 기타작업의 난이도가 높은 편입니다. VBA 코드를 작성하거나 매크로를 기록하는 작업과 같이 시간을 많이 할애해야 하는 문항들이 많아 작업별로 시간을 적절하게 분배하는 것이 중요합니다. 문제지에 제시된 배점들은 부분 점수가 없는 만큼 조급하게 작업하지 말고 차분하게 마무리하도록 합니다. 각 작업별 상세 내용은 아래와 같습니다.

작업구분	구성	점수
제1작업 기본작업	◆ 고급필터 (5점) : 입력된 데이터를 지정한 조건에 맞춰 지정된 장소에 복사하는 기능입니다. 1급에서는 조건 지정 시 2개 이상의 함수가 필수적으로 사용되며, 데이터 복사 시 원하는 필드만을 편집하여 가져올 수 있습니다. 함수 사용법은 계산작업과 동일하지만 나오는 유형은 상대적으로 제한적인 편이므로 꾸준히 연습하면 배점 획득이 가능합니다. ◆ 조건부 서식 (5점) : 입력 된 데이터에 서식을 적용하는 기능으로 셀 값을 기준으로 적용하거나 행 단위로 서식을 적용하기도 합니다. 조건부 서식은 함수 사용 시 행 또는 열을 고정시켜 작업하기 때문에 실수가 많이 발생하므로 작업 시 유의해야 합니다. 출제되는 함수의 난이도가 높지 않아 충분히 연습한다면 어렵지 않게 배점 획득이 가능합니다. ◆ 시트 보호 / 페이지 레이아웃 (5점) : 시트 보호는 셀 편집을 제한하여 입력된 데이터를 보호하는 기능으로 [보기]탭의 기능과 더불어 출제가 되고 있습니다. 문제 유형이 정형화 되어있어 어렵지 않게 해결할 수 있으며, 작업 시 암호는 입력하지 않습니다. 페이지 레이아웃은 인쇄 방법과 인쇄될 내용을 설정하는 기능으로 시트 보호에 비해 단계가 복잡하기 때문에 상대적으로 많은 연습이 필요합니다. 최근에는 시트 보호와 페이지 레이아웃 모두 [보기]탭의 기능까지 함께 적용하는 문항들이 출제되고 있으며, 두 가지 유형의 문제 중 1가지가 무작위로 출제되게 됩니다.	15점
제2작업 계산작업	평소 학습할 때 가장 많은 시간을 할애해야 하는 작업이며, 감점이 가장 많이 발생하는 작업으로 다양한 유형의 문항들을 풀어보며 함수의 사용법을 익히고 연습해야 합니다. 일반 함수와 배열 함수 각각의 출제 비중은 1~3문항 사이에서 유동적으로 출제됩니다.	30점 (5문항*6점)

◆ 일반 함수 : 날짜와 시간 함수부터 찾기와 참조 함수까지 다수의 함수가 단일 또는 복수 형태로 조합되어 출제됩니다. 특히 논리, 찾기/참조 함수의 출제 빈도가 높은 편이며, Office 2021 이후 버전부터 출제되는 함수의 종류가 변화되었기에 새롭게 추가된 함수들의 활용법을 정확하게 숙지하도록 합니다.

◆ 배열 함수 : 인수에 셀 값이 아닌 범위를 사용하는 형태이며, [Ctrl] + [Shift] + [Enter]를 동시에 눌러서 마무리를 합니다. 난이도가 높고 새로운 유형이 많이 출제되고 있기 때문에 충분한 연습이 필요한 문항입니다.

◆ 사용자 정의 함수 : VBA 모듈을 사용하여 코드를 작성하는 형태의 문항으로 충분히 연습하지 않으면 포기하는 수험자들이 속출하는 문항입니다. If구문과 Select Case구문을 기본으로 간단한 형태의 함수가 조합되어 출제되고 있으며, 타이핑 속도와 코드의 정확도에 주의하며 작업해야 합니다.

◆ 출제 함수 목록

범주	함수
날짜/시간	DATE, DATEVALUE, DAY, DAYS, EDATE, EOMONTH, HOUR, MINUTE, MONTH, NETWORKDAYS, NOW, SECOND, TIME, TODAY, WEEKDAY, WEEKNUM, WORKDAY, YEAR
논리	AND, FALSE, IF, IFS, IFERROR, NOT, OR, TRUE, SWITCH
데이터베이스	DAVERAGE, DCOUNT, DCOUNTA, DGET, DMAX, DMIN, DPRODUCT, DSTDEV, DSUM, DVAR
문자열	CONCAT, EXACT, FIND, FIXED, LEFT, LEN, LOWER, MID, PROPER, REPLACE, REPT, RIGHT, SEARCH, SUBSTITUTE, TEXT, TRIM, UPPER, VALUE
수학/삼각	ABS, EXP, FACT, INT, MDETERM, MINVERSE, MMULT, MOD, PI, POWER, PRODUCT, QUOTIENT, RAND, RANDBETWEEN, ROUND, ROUNDDOWN, ROUNDUP, SIGN, SQRT, SUM, SUMIF, SUMIFS, SUMPRODUCT, TRUNC
재무	FV, NPV, PMT, PV, SLN, SYD
찾기/참조	ADDRESS, AREAS, CHOOSE, COLUMN, COLUMNS, HLOOKUP, INDEX, INDIRECT, LOOKUP, MATCH, OFFSET, ROW, ROWS, TRANSPOSE, VLOOKUP, XLOOKUP, XMATCH
통계	AVERAGE, AVERAGEA, AVERAGEIF, AVERAGEIFS, COUNT, COUNTA, COUNTBLANK, COUNTIF, COUNTIFS, FREQUENCY, GEOMEAN, HARMEAN, LARGE, MAX, MAXA, MEDIAN, MIN, MINA, MODE.SNGL, PERCENTILE.INC, RANK.EQ, SMALL, STDEV.S, VAR.S
정보	CELL, ISBLANK, ISERR, ISERROR, ISEVEN, ISLOGICAL, ISNONTEXT, ISNUMBER, ISODD, ISTEXT, TYPE

제3작업 분석작업	◆ 피벗테이블 (10점) : 외부데이터를 이용하여 피벗테이블을 삽입하고, 문제에서 제시한 세부 사항들을 해결하는 문항입니다. 지시사항이 많고 다소 복잡한 경향이 있기 때문에 주의해야 합니다. 제시되는 그림을 참고하여 동일하게 작성해야 하고, 부분점수가 없는 만큼 감점되지 않도록 충분히 연습해야 합니다. ◆ 분석기능 (10점) : 정렬, 부분합, 시나리오, 통합, 목표값 찾기, 데이터 표, 중복된 항목 제거, 유효성 검사 규칙 등의 기능이 단일 혹은 복수 형태로 조합되어 무작위로 출제됩니다. 분석 기능의 가짓수가 많고 각 기능별로 여러 단계의 과정을 거치기 때문에 실수하지 않도록 주의해야 하며, 문항 당 배점이 높고 부분 점수가 없기 때문에 감점에 유의해야 합니다.	20점
제4작업 기타작업	◆ 차트 (5문항*2점) : 차트를 수정해서 제시된 그림과 동일하게 완성하는 기능으로 총 5문항이 출제됩니다. 차트 요소 추가/변경/제거, 글꼴 변경, 차트 스타일 적용, 요소별 서식 지정 등 자주 출제되는 유형이 정해져 있는 만큼 예제를 통해 반복하면 충분히 10점을 얻을 수 있는 문항입니다. ◆ 매크로 (2문항*5점) : 매크로는 지정된 범위에 사용자 지정 서식을 적용하는 유형의 문항이 출제됩니다. 작성된 매크로는 도형을 삽입하여 연결하고, 오류 없이 실행되어야 배점을 획득할 수 있습니다. 매크로는 사실상 편집에 어려움이 있기 때문에 순서에 맞춰 정확하게 작업하는 것이 무엇보다 중요합니다. ◆ 프로시저 (3문항*5점) : 계산작업 만큼이나 많은 시간을 투자해서 학습해야 하는 프로그래밍 문항입니다. 폼을 호출하거나 컨트롤에 이벤트를 지정하는 형태의 문항들이 출제되며, 사용되는 코드가 길고 복잡하기 때문에 타이핑 속도와 코드의 정확도가 무엇보다 중요합니다. 자주 출제되는 코드들 위주로 학습한다면 5점 이상은 충분히 획득할 수 있습니다.	35점

◆ [보안 위험] 알림창 해결방법

매크로가 포함되어 있는 경우 파일의 안전성을 확보하고 외부 공격으로부터 시스템을 보호하기 위해 알 수 없는 매크로 기능을 차단하게 됩니다. 출처가 분명하고 안전한 파일의 매크로를 해제하려면 아래의 작업을 수행합니다.

◆ 각 파일별로 차단 해제하기

① Windows 파일 탐색기를 열고 파일을 저장한 폴더로 이동한다.
② 파일을 마우스 오른쪽 버튼으로 클릭한 후, 바로 가게 메뉴 중 [속성]을 선택한다.

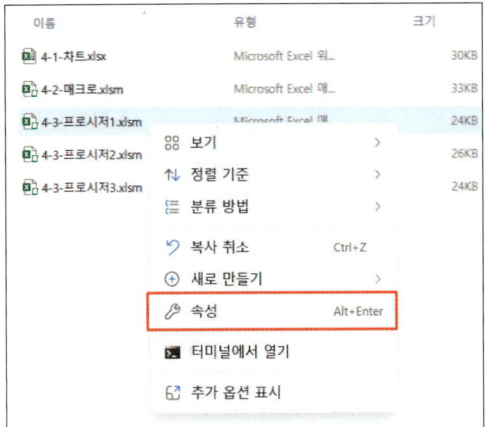

③ [일반]탭 하단에서 '차단 해제'를 선택하고 [확인]을 클릭합니다.

◆ 폴더별로 차단 해제하기

① [파일]탭-[옵션] 메뉴를 클릭하여 [Excel 옵션] 대화상자를 표시합니다.
② [보안 센터]탭의 [보안 센터 설정]을 클릭합니다.
③ [보안 센터] 대화상자가 나타나면 [신뢰할 수 있는 위치]탭을 선택한 후 [새 위치 추가]를 클릭합니다.

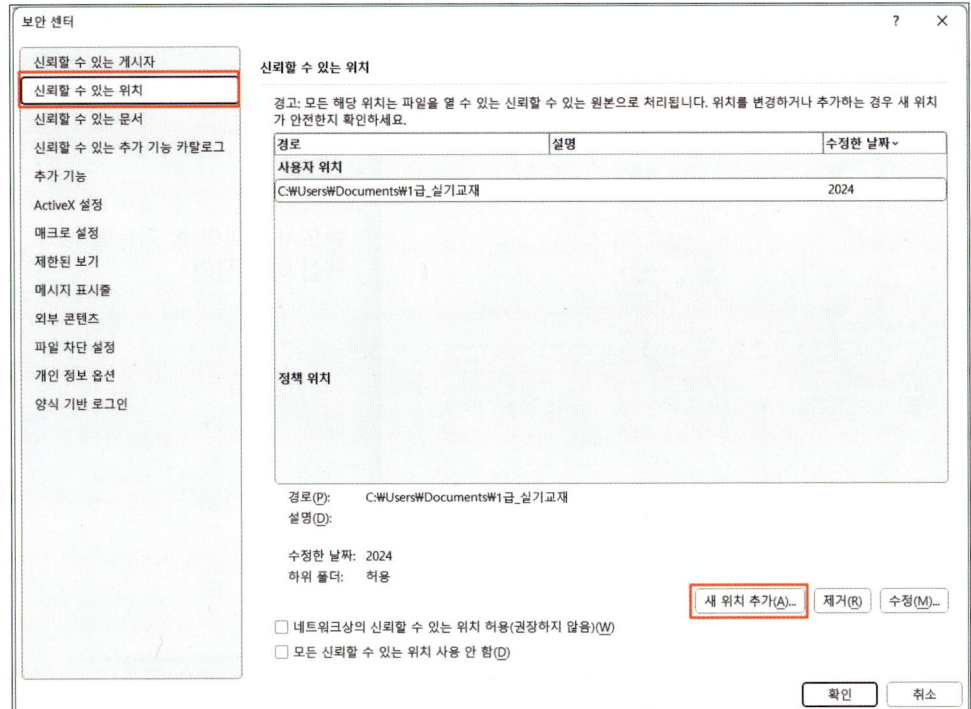

④ [신뢰할 수 있는 Microsoft Office 위치] 대화상자가 나타나면 [찾아보기]를 클릭하여 경로를 설정한다. 화면 하단의 '이 위치의 하위 폴더도 신뢰할 수 있음'의 체크박스를 선택한 후 [확인]을 클릭한다.

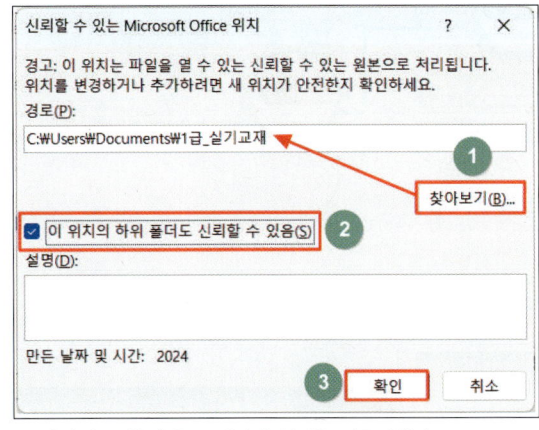

⑤ 차례대로 [확인]을 클릭하여 설정을 마무리한다.

도서구성

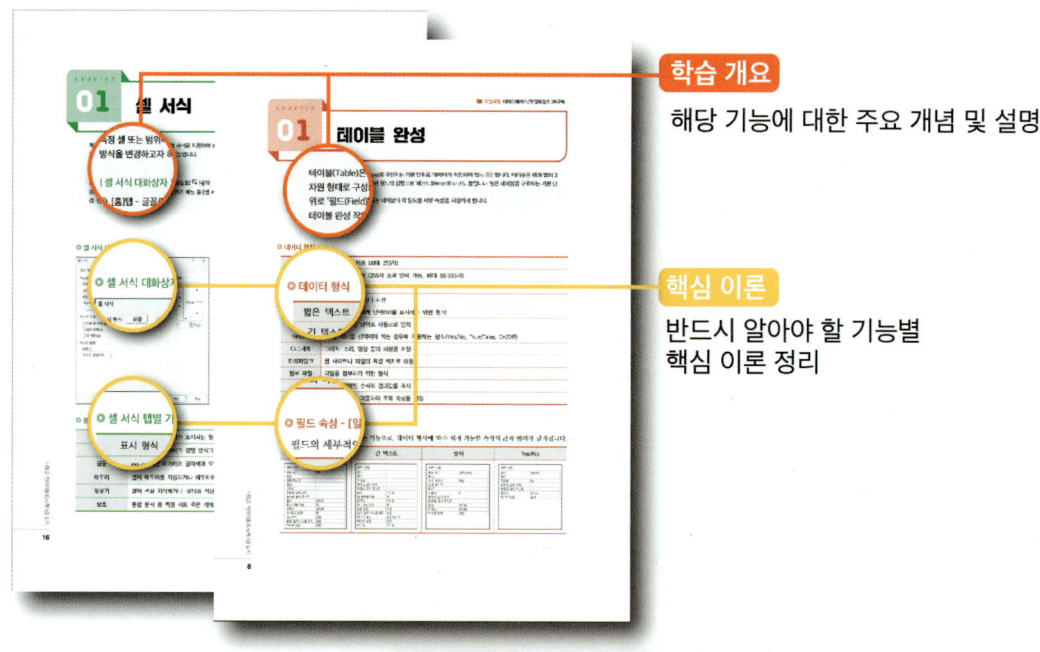

학습 개요
해당 기능에 대한 주요 개념 및 설명

핵심 이론
반드시 알아야 할 기능별 핵심 이론 정리

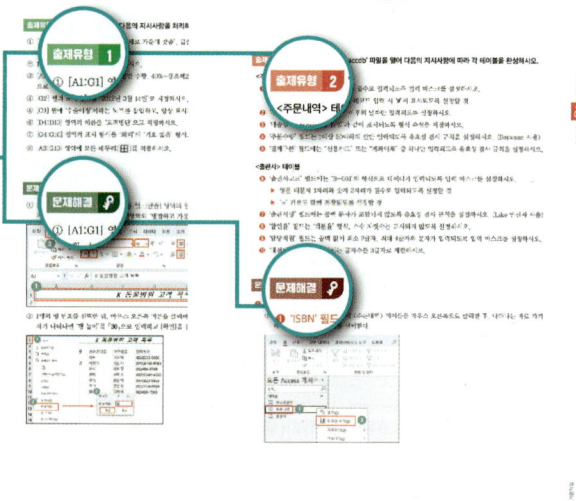

출제유형 및 해결방법
최신 출제유형을 반영한 예제와 해결방안 제시

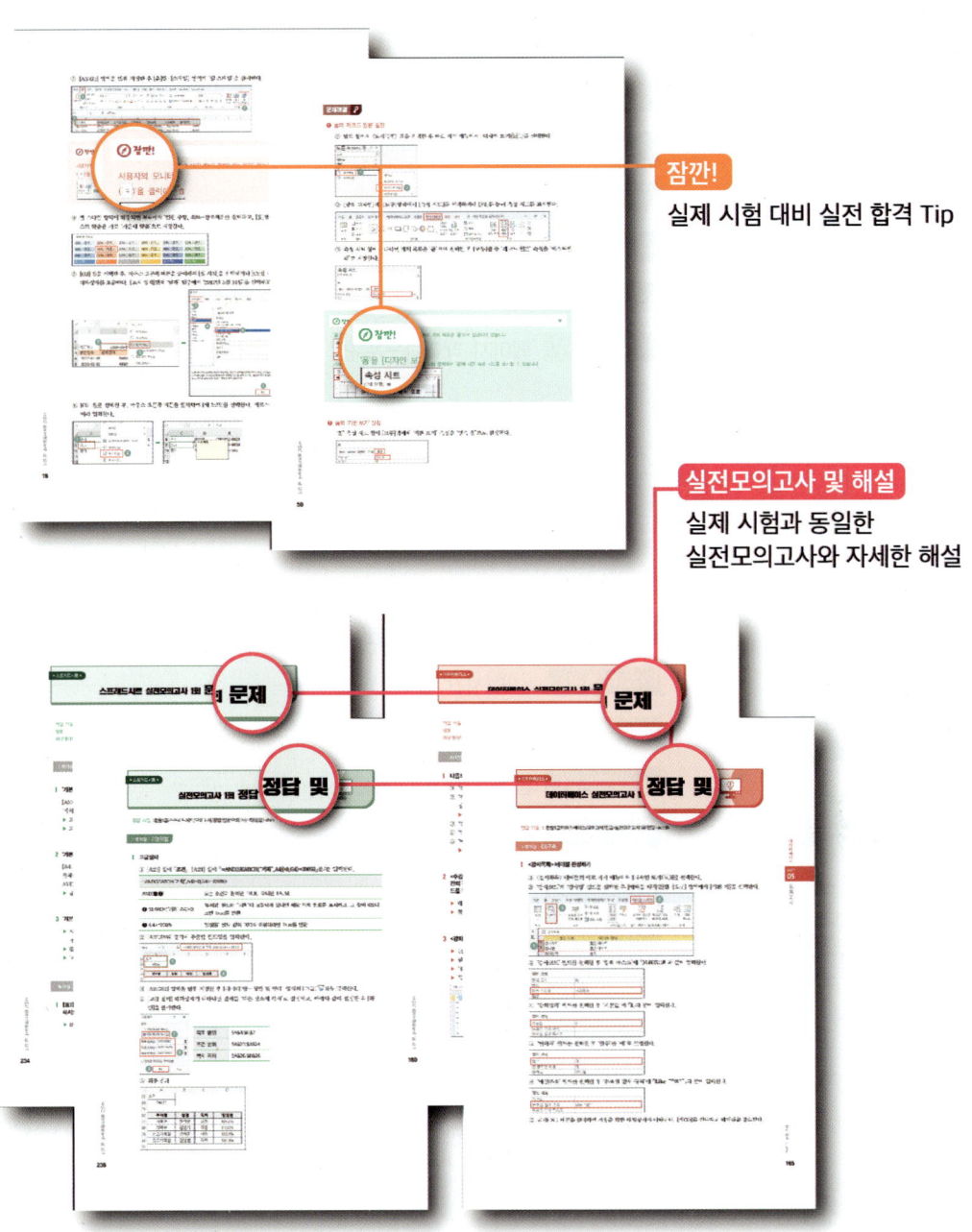

잠깐!
실제 시험 대비 실전 합격 Tip

실전모의고사 및 해설
실제 시험과 동일한
실전모의고사와 자세한 해설

실습파일 & 자율학습 모의고사(PDF) 다운로드 → 김앤북(www.kimnbook.co.kr) 자료실

Contents

PART 01 기본작업

CHAPTER 01	셀 서식	16
CHAPTER 02	자동필터	27
CHAPTER 03	고급필터	30
CHAPTER 04	조건부서식	34
CHAPTER 05	시트 보호	41
CHAPTER 06	페이지 레이아웃/통합 문서 보기	44

PART 02 계산작업

CHAPTER 01	연산자와 참조변환	50
CHAPTER 02	날짜/시간 함수	52
CHAPTER 03	수학/삼각 함수	57
CHAPTER 04	통계 함수	62
CHAPTER 05	정보/논리 함수	68
CHAPTER 06	재무 함수	76
CHAPTER 07	문자열 함수	79
CHAPTER 08	데이터베이스 함수	87
CHAPTER 09	찾기/참조 함수	91
CHAPTER 10	배열 수식	102
CHAPTER 11	사용자 정의 함수	109
CHAPTER 12	연습문제	118

PART 03 분석작업

CHAPTER 01	정렬/부분합	128
CHAPTER 02	목표값 찾기	135
CHAPTER 03	데이터 표	137
CHAPTER 04	시나리오	142
CHAPTER 05	통합/텍스트나누기	148
CHAPTER 06	데이터 유효성 검사	156
CHAPTER 07	중복된 항목 제거	163
CHAPTER 08	피벗 테이블	169

PART 04 기타작업

CHAPTER 01	차트	188
CHAPTER 02	매크로	201
CHAPTER 03	프로시저	215

PART 05 모의고사

CHAPTER 01	스프레드시트 실전모의고사 1회	234
CHAPTER 02	스프레드시트 실전모의고사 2회	252
CHAPTER 03	스프레드시트 실전모의고사 3회	268
CHAPTER 04	스프레드시트 실전모의고사 4회	286
CHAPTER 05	스프레드시트 실전모의고사 5회	305
CHAPTER 06	스프레드시트 실전모의고사 6회	323
CHAPTER 07	스프레드시트 실전모의고사 7회	342

Spreadsheet

**컴퓨터
활용능력
1급 실기**

스프레드시트

PART 01

기본작업

CHAPTER 01   셀 서식
CHAPTER 02   자동필터
CHAPTER 03   고급필터
CHAPTER 04   조건부서식
CHAPTER 05   시트 보호
CHAPTER 06   페이지 레이아웃/통합 문서 보기

CHAPTER 01 셀 서식

📁 작업파일 스프레드시트/작업파일/기본작업/1-1-셀서식.xlsx

특정 셀 또는 범위에 채우기, 테두리 등의 서식을 지정하여 셀의 모양을 꾸미거나, 글꼴 및 표시 형식을 지정하여 데이터의 표시 방식을 변경하고자 하는 경우 사용하는 기능입니다.

| 셀 서식 대화상자 호출방법 |

① [홈]탭 - 글꼴/맞춤/표시 형식 영역의 화살표(⤥)클릭
② 셀/범위 선택 - 마우스 우클릭 - 바로 가기 메뉴 중 [셀 서식] 클릭
③ 단축 키 : [Ctrl] + [1]

◎ 셀 서식 대화상자

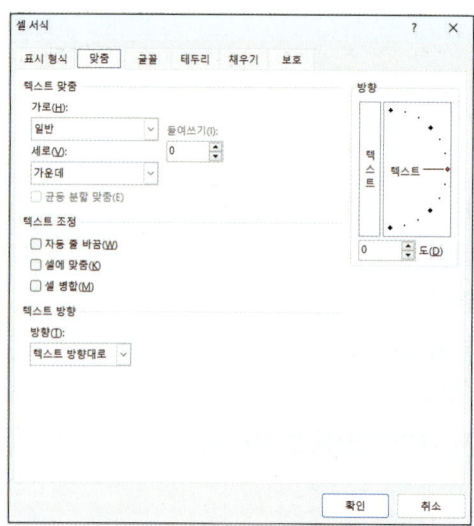 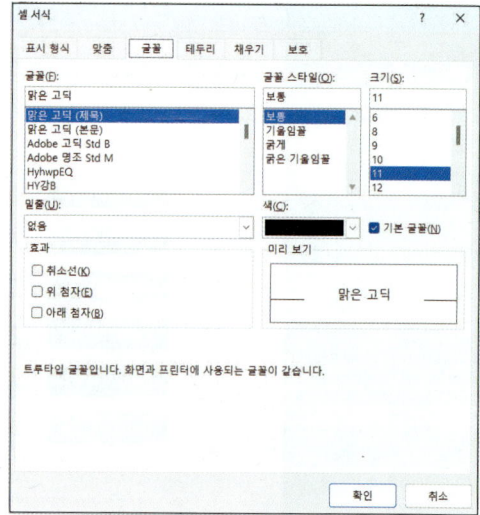

◎ 셀 서식 탭별 기능

표시 형식	셀에 입력된 데이터가 표시되는 형태를 변경할 수 있습니다.
맞춤	셀에 입력된 데이터의 정렬 방식과 방향을 결정하고, 다수의 셀을 병합할 수 있습니다.
글꼴	셀에 입력된 데이터의 글자색과 모양을 바꿀 수 있습니다.
테두리	셀에 테두리를 지정하거나 테두리의 모양과 색을 설정할 수 있습니다.
채우기	셀에 색을 지정하거나, 무늬를 적용할 수 있습니다.
보호	통합 문서 중 특정 시트 혹은 개체의 접근 및 변경을 할 수 없도록 설정할 수 있습니다.

출제유형 1 '서식1' 시트에서 다음의 지시사항을 처리하시오.

① [A1:G1] 영역은 '셀 병합 후 가로, 세로 가운데 맞춤', 글꼴 '돋움체', 크기는 '16', 글꼴 스타일은 '굵은 기울임꼴'로 지정하시오.
② 1행의 '행 높이'를 '30'으로 설정하시오.
③ [A3:G3] 영역은 '셀 스타일'을 '연한 주황, 40%-강조색2'로 지정하고, 텍스트 맞춤은 가로 '가운데 맞춤'으로 지정하시오.
④ [G2] 셀의 표시 형식을 '2012년 3월 14일'로 지정하시오.
⑤ [C9] 셀에 '수술예정'이라는 노트를 삽입하고, 항상 표시되도록 설정하시오.
⑥ [D4:D10] 영역의 이름을 '고객명단'으로 지정하시오.
⑦ [G4:G10] 영역의 표시 형식을 '회계'의 '기호 없음' 형식으로 설정하시오.
⑧ [A3:G10] 영역에 모든 테두리(⊞)를 적용하시오.

문제해결 🔑

① [A1:G1] 영역을 범위 지정한 후 [홈]탭-[글꼴] 영역의 글꼴은 '돋움체', 크기는 '16', 글꼴 스타일은 '굵게', '기울임꼴'로 설정하고, [맞춤]영역의 '병합하고 가운데 맞춤'을 클릭한다.

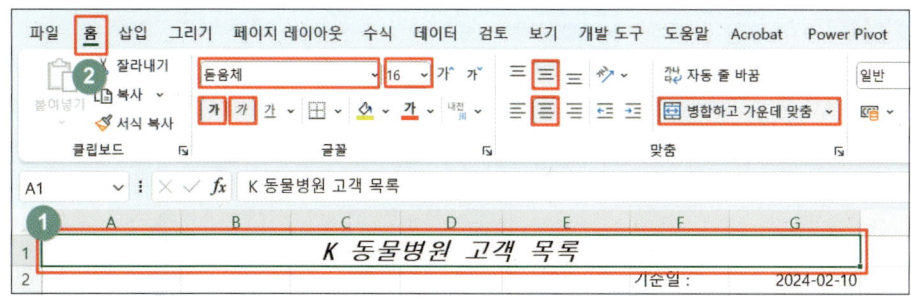

② 1행의 행 번호를 선택한 뒤, 마우스 오른쪽 버튼을 클릭하여 [행 높이] 메뉴를 선택한다. [행 높이] 대화상자가 나타나면 '행 높이'를 「30」으로 입력하고 [확인]을 클릭한다.

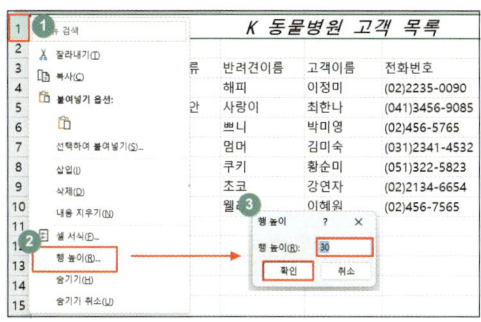

③ [A3:G3] 영역을 범위 지정한 후 [홈]탭-[스타일] 영역의 '셀 스타일'을 클릭한다.

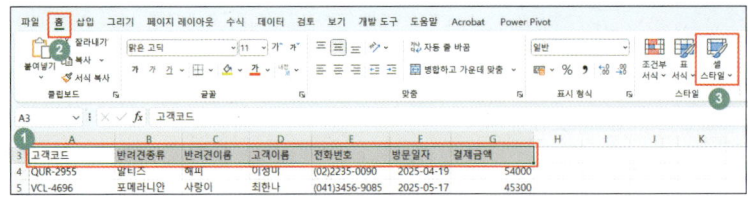

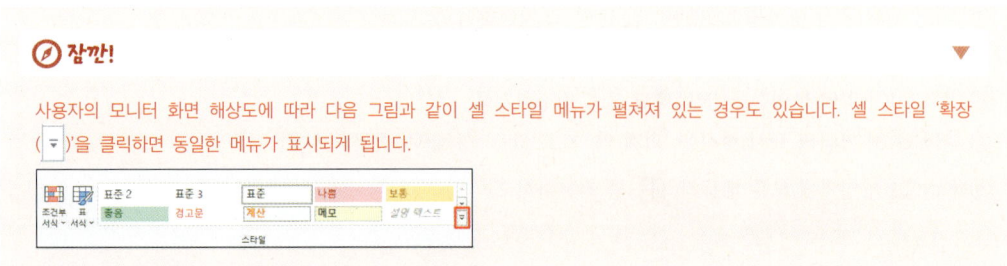

④ 셀 스타일 영역이 확장되면 목록에서 '연한 주황, 40%-강조색2'를 선택하고, [홈]탭-[맞춤] 영역에서 텍스트 맞춤을 가로 '가운데 맞춤'으로 지정한다.

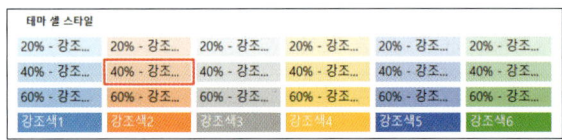

⑤ [G2] 셀을 선택한 후, 마우스 오른쪽 버튼을 클릭하여 [셀 서식]을 선택하거나 [Ctrl] + [1]을 눌러 [셀 서식] 대화상자를 호출한다. [표시 형식]탭의 '날짜' 범주에서 '2012년 3월 14일'을 선택하고 [확인]을 클릭한다.

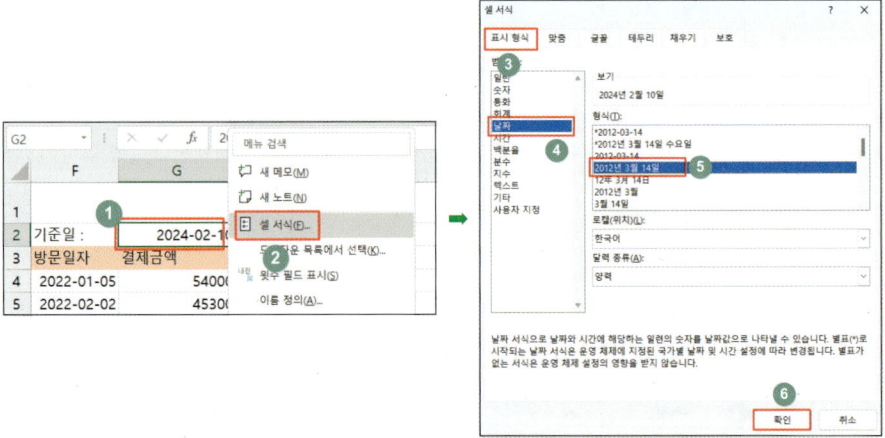

⑥ [C9] 셀을 선택한 후, 마우스 오른쪽 버튼을 클릭하여 [새 노트]를 선택한다. 메모가 삽입되면 **「수술예정」** 이라 입력한다.

⑦ [C9] 셀을 선택한 후, 마우스 오른쪽 버튼을 클릭하여 [메모 표시/숨기기]를 선택한다.

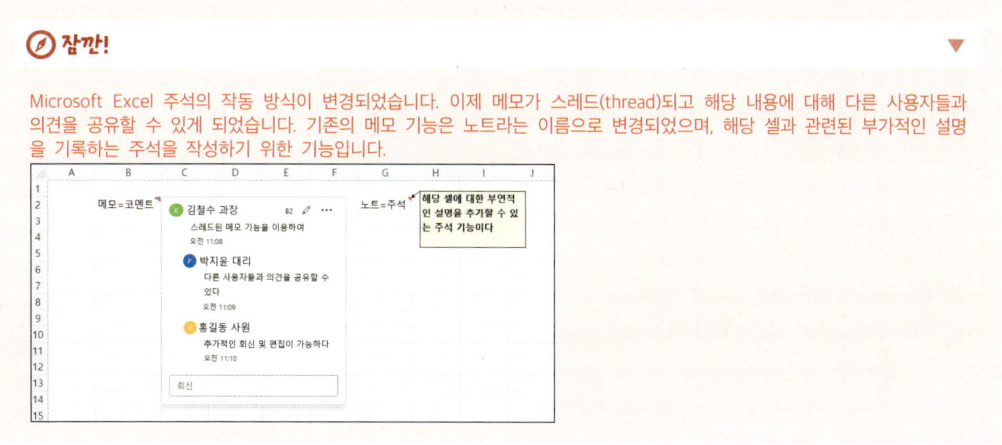

⑧ [D4:D10] 영역을 범위 지정한 후, '이름상자'에 **「고객명단」**이라 입력한 후 [Enter]를 눌러 마무리한다.

⑨ [G4:G10] 영역을 범위 지정한 후, [홈]탭-[표시 형식] 영역의 '화살표(⇲)'를 클릭하여 [셀 서식] 대화상자를 호출한다. [표시 형식]탭의 '회계'범주에서 기호를 '없음'으로 선택하고 [확인]을 클릭한다.

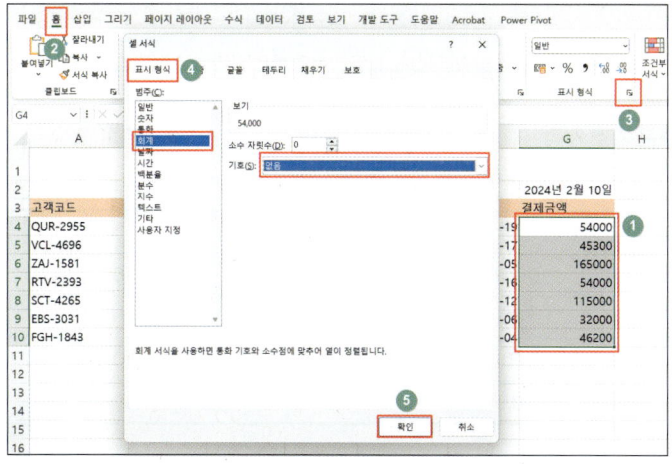

⑩ [A3:G10] 영역을 범위 지정한 후 [홈]탭-[글꼴] 영역에 '테두리' 목록 중 '모든 테두리(田)'를 선택한다.

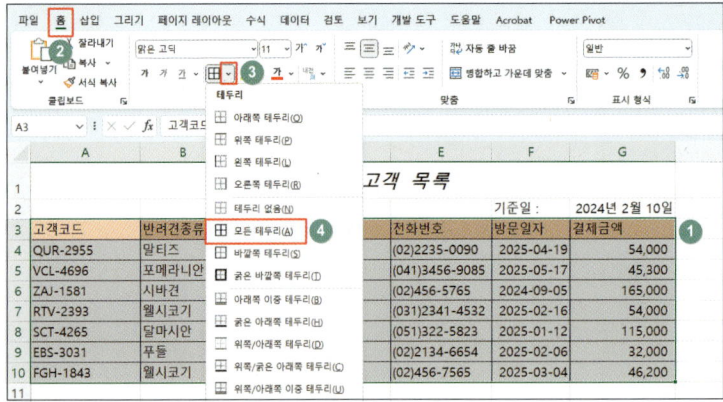

사용자 지정 표시 형식

엑셀에서 기본적으로 제공하는 표시 형식 이외의 형식을 사용자가 직접 만들어서 사용하는 기능입니다. [셀 서식] 대화상자의 '표시 형식' 탭에서 범주를 '사용자 지정'으로 선택한 후 '형식'칸에 직접 서식을 입력합니다.

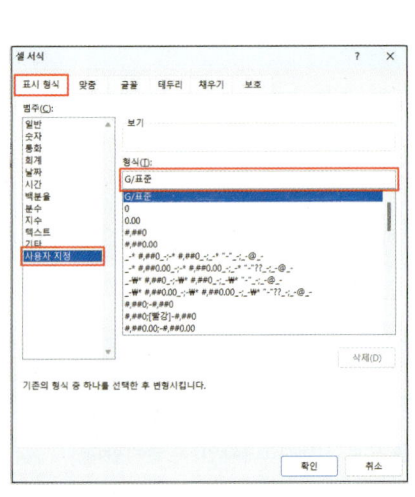

	서식 기호
#	임의의 숫자 형식. 유효하지 않은 0 무시
0	임의의 숫자 형식. 유효하지 않은 0 표시
,	천 단위 구분 기호 표시
@	임의의 문자 형식
[ ]	조건이나 색을 지정
m	m은 1~12, mm은 01~12로 '월'을 표시 mmm은 Jan~Dec로 '월'을 표시 mmmm은 January~December로 '월'을 표시
d	d는 1~31, dd는 01~31로 '일'을 표시 ddd는 Mon~Sun로 '요일'을 표시 dddd는 Monday~Sunday로 '요일'을 표시
a	aaa는 월~일로 '요일'을 표시 aaaa는 월요일~일요일로 '요일'을 표시
y	yy는 2자리 '년도'를 표시 yyyy는 4자리 '년도'를 표시

사용자 지정 표시 형식 - 천 단위 구분 기호 지정

숫자에 쉼표 스타일을 지정하여 표시하거나, 유효한 0 값의 표시 여부를 결정할 수 있습니다.

문제	원본	표시 형식	결과
천 단위 구분 기호 (0무시)	10000	#,###"원"	10,000원
	0		원
천 단위 구분 기호 (0표시)	10000	#,##0"원"	10,000원
	0		0원

출제유형 2 '서식2' 시트에서 다음의 지시사항을 처리하시오.

① [G2] 셀에 사용자 지정 서식을 이용하여 표시 예와 같이 날짜 형식을 지정하시오.
▶ 표시 예 : 2024-2-5 → 02월 05일

② [C4:C13] 영역에 사용자 지정 서식을 이용하여 문자 뒤에 "씨"를 붙여 표시하시오.
▶ 표시 예 : 김시우 → 김시우씨

③ [D4:D13] 영역에 사용자 지정 서식을 이용하여 문자 뒤에 "******"를 붙여 표시하시오.
▶ 표시 예 : 980521-1 → 980521-1******

④ [E4:E13] 영역에 사용자 지정 서식을 이용하여 숫자 뒤에 "개월"을 붙여 표시하시오.
▶ 표시 예 : 66 → 66개월

⑤ [G4:G13] 영역에 '회계' 형식을 적용하시오.

문제해결

① [G2] 셀을 선택한 후, [홈]탭-[표시 형식] 영역의 '화살표(⬏)'를 클릭하여 [셀 서식] 대화상자를 호출한다. [표시 형식]탭의 '사용자 지정' 범주의 '형식'칸에 「mm"월" dd"일"」을 입력하고 [확인]을 클릭한다.

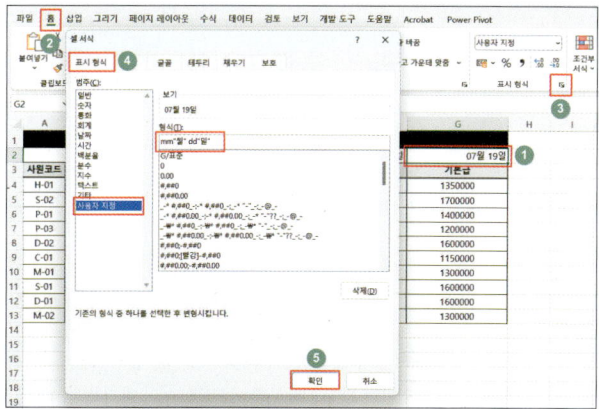

② [C4:C13] 영역을 범위 지정한 후 [홈]탭-[표시 형식] 영역의 '화살표(⬏)'를 클릭하여 [셀 서식] 대화상자를 호출한다. [표시 형식]탭의 '사용자 지정' 범주의 '형식'칸에 「@"씨"」를 입력하고 [확인]을 클릭한다.

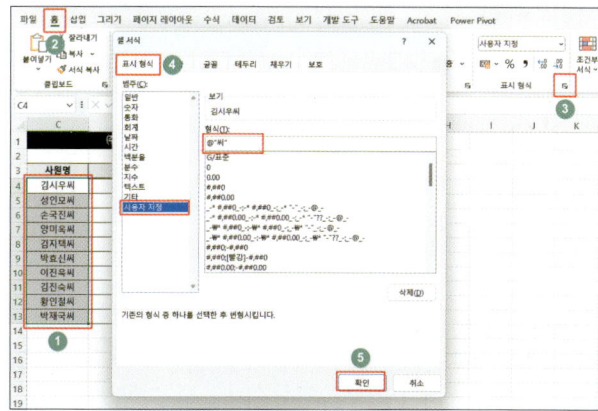

③ [D4:D13] 영역을 범위 지정한 후 [홈]탭-[표시 형식] 영역의 '화살표(⌐)'를 클릭하여 [셀 서식] 대화상자를 호출한다. [표시 형식]탭의 '사용자 지정' 범주의 '형식'칸에 「@"******"」을 입력하고 [확인]을 클릭한다.

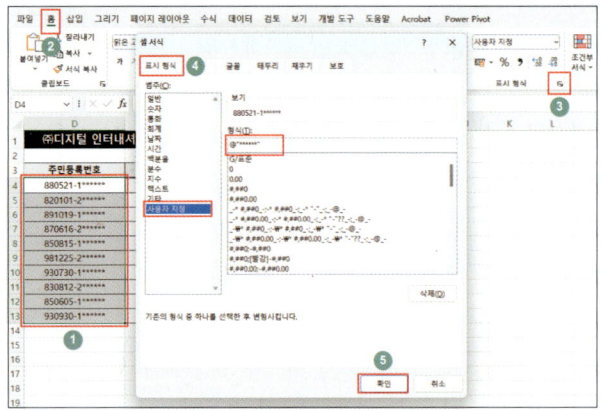

④ [E4:E13] 영역을 범위 지정한 후 [홈]탭-[표시 형식] 영역의 '화살표(⌐)'를 클릭하여 [셀 서식] 대화상자를 호출한다. [표시 형식]탭의 '사용자 지정' 범주의 '형식'칸에 「0"개월"」을 입력하고 [확인]을 클릭한다.

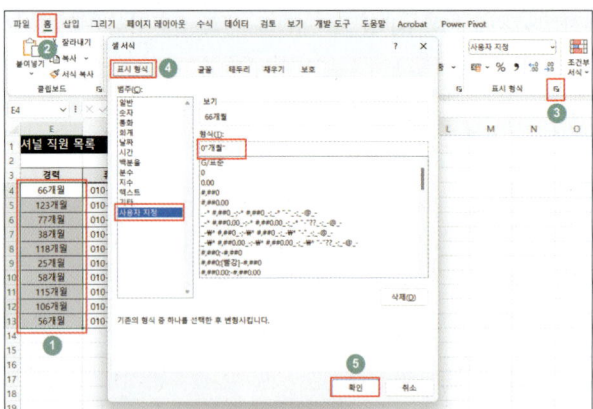

⑤ [G4:G13] 영역을 범위 지정한 후 [홈]탭-[표시 형식] 영역의 '화살표(⌐)'를 클릭하여 [셀 서식] 대화상자를 호출한다. [표시 형식]탭의 '회계' 범주를 선택하고 [확인]을 클릭한다.

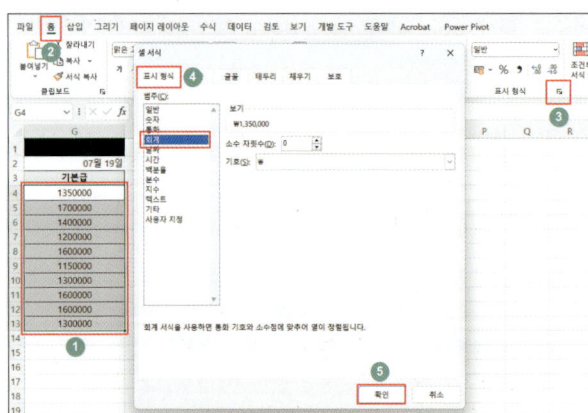

● 사용자 지정 표시 형식 - 단위 생략 형식 지정

자릿수가 많은 숫자의 경우 천 단위 이하 또는 백만 단위 이하의 자릿수를 생략하여 표시할 수 있습니다. 자릿수가 생략되는 경우 값은 반올림되어 표시됩니다.

구분	원본	표시 형식	결과
유형1	1,100 1,900	#,"천원"	1천원 2천원
유형2	1,200,000 1,850,000	#,,"백만원"	1백만원 2백만원
유형3	1,854,800 1,854,200	#,###,"천원"	1,855천원 1,854천원

● 사용자 지정 표시 형식 - 영역별 표시 형식

사용자 지정 형식은 최대 4영역으로 구분하여 지정할 수 있으며, 각 구역은 세미콜론(;)으로 구분합니다. 각 구역은 양수, 음수, 0, 문자로 구분되며, 대괄호([ ])를 이용하여 범위, 색상 등을 지정할 수 있습니다.

구분	영역구분	표시 형식	원본	결과
1구역	양수, 음수, 0	#,##0	2500	2,500
2구역	양수, 0 ; 음수	[파랑]#,##0 ; [빨강](#,##0)	-2500	(2,500)
3구역	양수 ; 음수 ; 0	#,##0 ; (#,##0) ; "제로"	0	제로
4구역	양수 ; 음수 ; 0 ; 문자	"▲"0 ; "▼"0 ; "제로" ; "오류"	-50	▼50

● 사용자 지정 표시 형식 - 조건별 표시 형식

사용자가 임의로 구역을 구분하여 조건을 지정하는 경우에는 지정된 순서대로 형식을 설정할 수 있습니다. 조건은 대괄호([ ])를 이용하며 범위, 색상 등의 형식을 지정할 수 있습니다.

경우1. 값이 1,000 이상이면 파랑색으로, 500 미만이면 빨강색으로 표시하시오.

표시 형식	원본	결과
[파랑][>=1000]#,##0 ; [빨강][<500]#,##0 ; 0	1500 / 25	1,500 / 25

경우2. 값이 50% 이상이면 "통과", 아니라면 "재평가"로 표시하시오.

표시 형식	원본	결과
[>=0.5]"통과" ; "재평가"	80% / 30%	"통과" / "재평가"

출제유형 3 '서식3' 시트에서 다음의 지시사항을 처리하시오.

① [E4:E12] 영역의 재고율 값이 10% 이상이라면 글자색을 '파랑'으로 "▲"와 함께 표시하고, 아니라면 백분율 형식으로 표시하시오.
   ▶ 표시 예 : 22% → ▲22%, 4% → 4%

② [H4:H12] 영역의 수익률 값이 양수라면 "생산유지", 음수라면 "재검토"와 같이 표시하시오.
   ▶ 표시 예 : 13% → 생산유지, -8% → 재검토

③ [D4:D12] 영역의 재고량 값이 100 이상이라면 "충분"이란 글자 뒤에 숫자가 '파랑'으로 표시되고, 100 미만이라면 "부족"이란 글자 뒤에 숫자가 '빨강'으로 표시하시오.
   ▶ 문자와 숫자사이에는 공백이 셀 여백만큼 반복되어 표시되도록 설정할 것
   ▶ 값이 0이면 0이 표시되도록 설정할 것
   ▶ 표시 예 : 40 → 부족   40, 300 → 충분   300

④ [F4:F13] 영역의 수익금액 값을 표시 예와 같이 표시하시오.
   ▶ 표시 예 : 7830000 → 7,830,000원, 0 → 0원

⑤ [C13], [G13] 셀에 값을 표시 예와 같이 표시하시오.
   ▶ 표시 예 : 4590 → 5천개

문제해결 🔑

① [E4:E12] 영역을 범위 지정한 후 [홈]탭-[표시 형식] 영역의 '화살표(↘)'를 클릭하여 [셀 서식] 대화상자를 호출한다. [표시 형식]탭의 '사용자 지정' 범주의 '형식'칸에 「**[파랑][>=0.1]"▲"0%;0%**」를 입력하고 [확인]을 클릭한다.

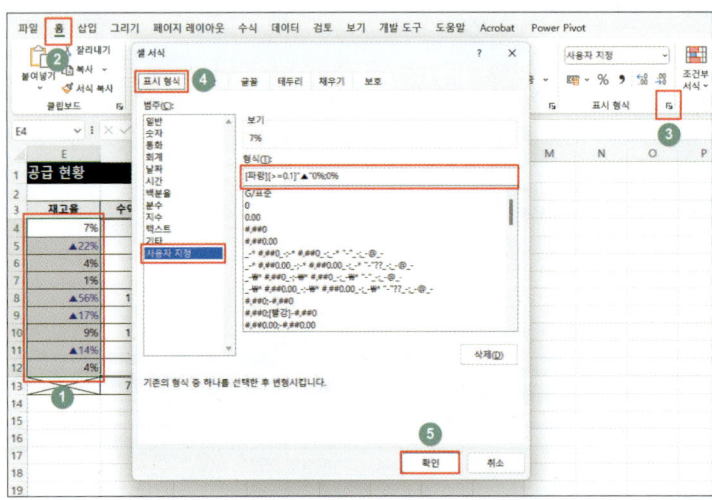

② [H4:H12] 영역을 범위 지정한 후 [홈]탭-[표시 형식] 영역의 '화살표(⌐)'를 클릭하여 [셀 서식] 대화상자를 호출한다. [표시 형식]탭의 '사용자 지정' 범주의 '형식'칸에 「**"생산유지";"재검토"**」를 입력하고 [확인]을 클릭한다.

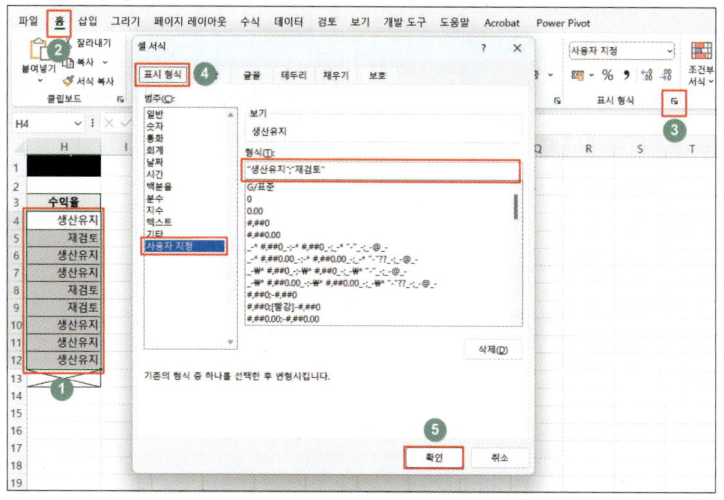

③ [D4:D12] 영역을 범위 지정한 후 [홈]탭-[표시 형식] 영역의 '화살표(⌐)'를 클릭하여 [셀 서식] 대화상자를 호출한다. [표시 형식]탭의 '사용자 지정' 범주의 '형식'칸에 「**[파랑][>=100]"충분"* 0;[빨강][<100]"부족"* 0**」를 입력하고 [확인]을 클릭한다.

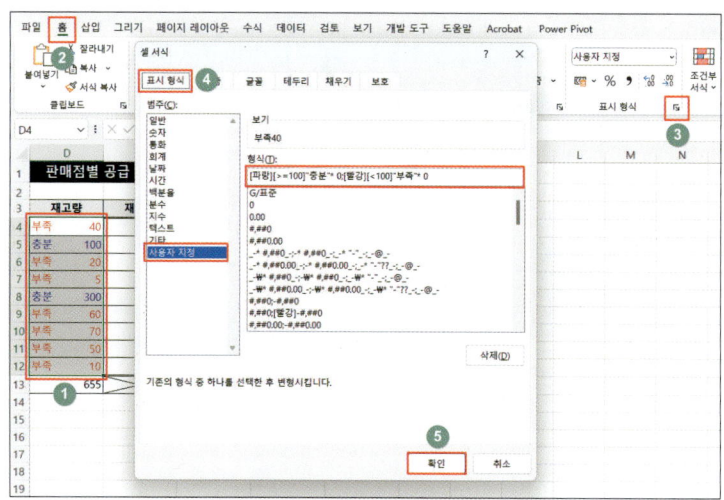

④ [F4:F13] 영역을 범위 지정한 후 [홈]탭-[표시 형식] 영역의 '화살표( )'를 클릭하여 [셀 서식] 대화상자를 호출한다. [표시 형식]탭의 '사용자 지정' 범주의 '형식'칸에 「#,##0"원"」를 입력하고 [확인]을 클릭한다.

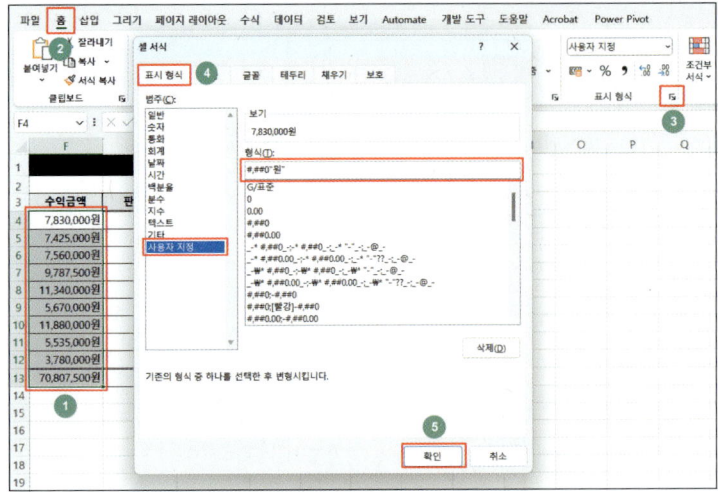

⑤ [C13], [G13] 셀을 선택한 후, [홈]탭-[표시 형식] 영역의 '화살표( )'를 클릭하여 [셀 서식] 대화상자를 호출한다. [표시 형식]탭의 '사용자 지정' 범주의 '형식'칸에 「#,"천개"」를 입력하고 [확인]을 클릭한다.

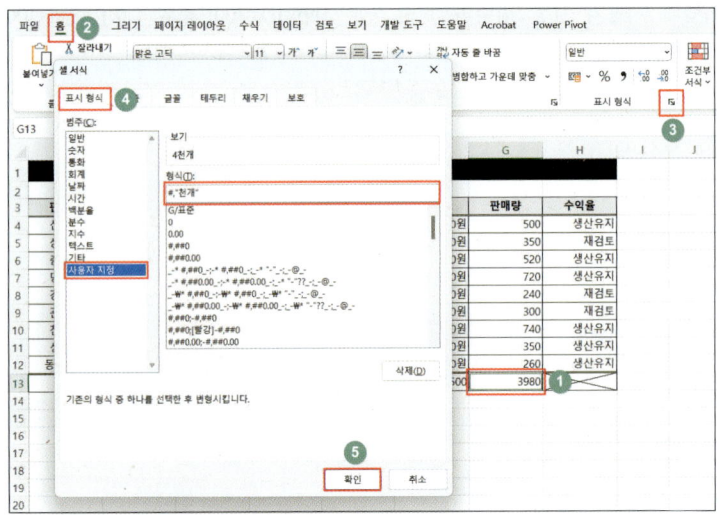

> 잠깐!
>
> 셀 서식은 컴퓨터활용능력 2급에서 기본 작업의 별도 문항(10점)으로 출제되는 유형이지만, 1급에서는 조건부서식, 피벗테이블, 매크로, 차트 문항에서 광범위하게 사용되고 있는 기능입니다. 어려운 기능은 아니지만 작은 실수가 큰 감점으로 이어질 수 있는 만큼 주의가 필요한 작업입니다.

CHAPTER 02

자동필터

▪ 작업파일 스프레드시트/작업파일/기본작업/1-2-필터.xlsx

자동필터는 특정 필드에 조건을 지정하여 사용자가 원하는 데이터 목록만을 표시하는 기능입니다. 서로 다른 필드의 경우 AND (그리고) 조건만 설정할 수 있는 등의 제약이 있기는 하지만 간단한 조작으로 데이터를 필터링 할 수 있기 때문에 활용도가 높은 기능입니다.

출제유형 1 '자동필터1' 시트에서 다음의 지시사항을 처리하시오.

'쇼핑몰별 주문 내역 조회'에서 자동 필터 기능을 이용하여 '쇼핑몰'이 '인터넷파크' 이거나 'L마켓'인 주문 내역 중에서 '무이자할부'가 3~6인 데이터만 표시하시오.

문제해결

① 데이터 범위 내 임의의 셀을 선택한 뒤 [데이터]탭-[정렬 및 필터] 영역의 [필터]를 클릭한다.

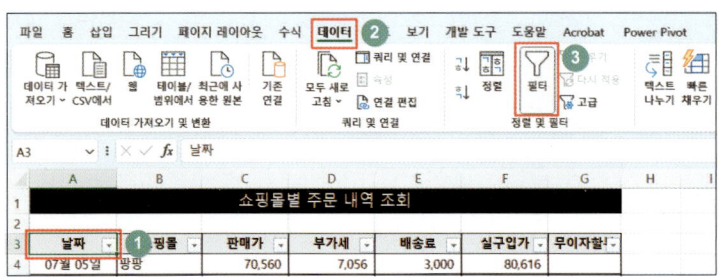

② '쇼핑몰' 필드 제목[B3]의 필터 단추(▼)를 클릭한 후 목록에서 'L마켓'과 '인터넷파크'를 선택한 후 [확인]을 클릭한다.

③ '무이자할부' 필드 제목[G3]의 필터 단추( )를 클릭한 후 [숫자 필터]-[해당 범위]를 선택한다. [사용자 지정 자동 필터] 대화상자가 나타나면 아래 〈그림〉과 같이 범위를 입력한 후 [확인]을 클릭한다.

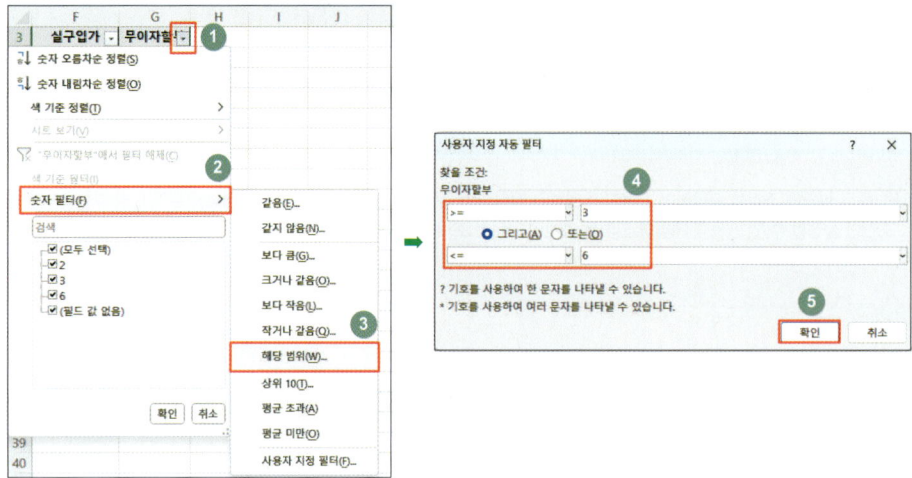

④ 최종결과

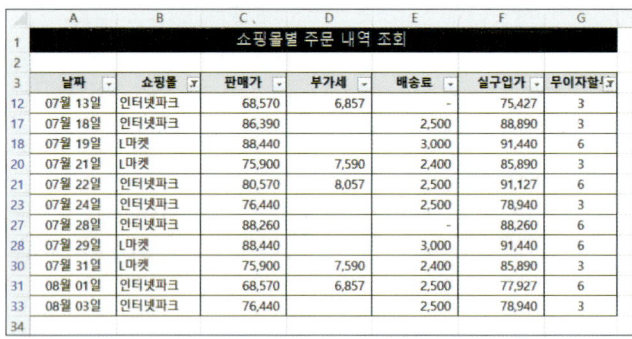

출제유형 2 '자동필터2' 시트에서 다음의 지시사항을 처리하시오.

'12월 제품 주문 현황'에서 자동 필터 기능을 이용하여 '매출'이 상위 30%에 해당하는 데이터만 표시하시오.

문제해결 🔑

① 데이터 범위 내 임의의 셀을 선택한 뒤 [데이터]탭-[정렬 및 필터] 영역의 [필터(▽)]를 클릭한다.

② '매출' 필드 제목[G3]의 필터 단추(▼)를 클릭한 후 [숫자 필터]-[상위 10]을 선택한다. [상위 10 자동 필터] 대화상자가 나타나면 아래〈그림〉과 같이 설정한 후 [확인]을 클릭한다.

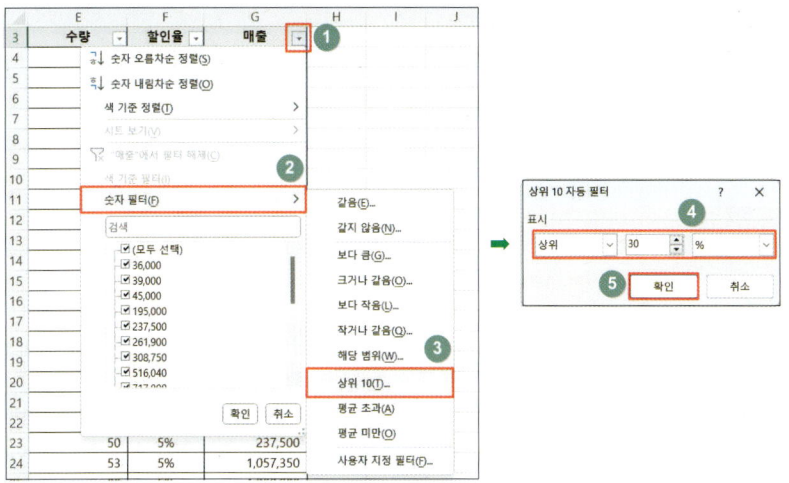

● 자동 필터 해제 방법

① 특정 필드에 대한 필터만 해제하려면 필드 제목의 필터 단추(▼)를 클릭한 후 바로 가기 메뉴에서 [필터 해제]를 선택합니다.

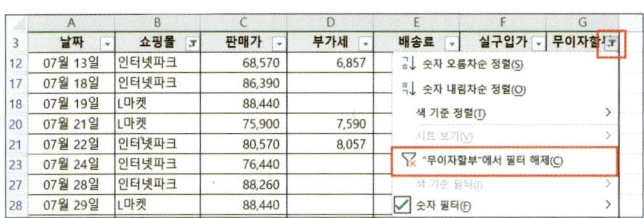

② 데이터 범위에 적용된 모든 필터를 해제하려면 [데이터]탭-[정렬 및 필터] 영역의 [필터]를 클릭하여 해제합니다.

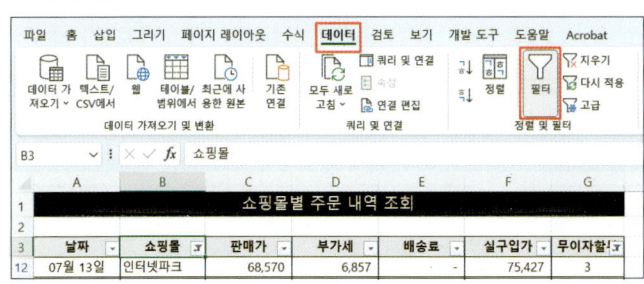

CHAPTER 03 고급필터

▣ 작업파일 스프레드시트/작업파일/기본작업/1-2-필터.xlsx

고급필터는 자동필터로는 해결 되지 않는 복잡한 형태의 조건을 함수와 연산을 사용하여 설정할 수 있습니다. 서로 다른 필드간의 AND(그리고)조건 뿐만 아니라 OR(또는)조건도 지정할 수 있습니다. 또한 데이터를 원하는 위치로 복사하여 표시할 수 있고, 표시 목록을 편집할 수 있습니다.

◉ 고급 필터 조건 지정 방식

고급 필터는 좀 더 복잡한 형태의 조건을 AND 또는 OR 방식으로 지정하여 사용할 수 있습니다. 또한 조건 작성 시 연산자나 함수를 사용할 수 있으며 그 경우 아래 항목들에 주의해야 합니다.

- 지문에 '그리고~', '이면서~', '함께~' 등의 접속사가 보이면 AND조건을, '이거나~', '또는~', '혹은~' 등의 접속사가 보이면 OR조건을 사용합니다.
- 고급 필터 조건에 수식을 사용하여 결과가 True/False로 표시되는 경우 조건의 필드명은 반드시 변경해야 합니다.

AND 조건 : 조건을 '같은 행'에 입력합니다.

지역이 서울이면서 성별이 남자인 데이터

지역	성별
서울	남자

평균이 80점대인 데이터

평균	평균
>=80	<90

OR 조건 : 조건을 '다른 행'에 입력합니다.

지역이 서울이거나 성별이 남자인 데이터

지역	성별
서울	
	남자

수학 또는 영어가 80점 이상인 데이터

수학	영어
>=80	
	>=80

AND와 OR 복합 조건 : 하나의 필드에 여러 조건을 지정합니다.

지역이 서울 또는 인천이면서 성별이 남자인 데이터

지역	성별
서울	남자
인천	남자

반이 A이면서 수학 또는 영어가 80점 이상인 데이터

반	수학	영어
A	>=80	
A		>=80

출제유형 1 '고급필터1' 시트에서 다음의 지시사항을 처리하시오.

[A3:G13] 영역에서 '부서명'이 '기술부' 또는 '자재부' 이면서 경력이 100개월 이상인 데이터를 표시하시오.
- ▶ 조건은 [A15:A16] 범위 내에 입력하시오. (AND, OR 함수 사용)
- ▶ 결과는 [A18] 셀부터 표시하시오.

문제해결

① [A15] 셀에 「**조건**」, [A16] 셀에 「=AND(OR(B4="기술부",B4="자재부"),E4>=100)」를 입력한다.

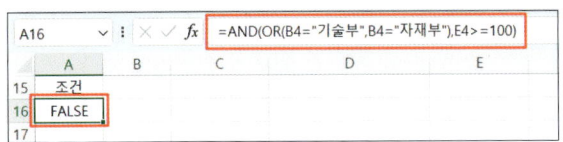

② [A3:G13] 영역을 범위 지정한 후 [데이터]탭-[정렬 및 필터] 영역의 [고급]을 선택한다.

③ [고급 필터] 대화상자가 나타나면 목록 범위에 「$A$3:$G$13」, 조건 범위에 「$A$15:$A$16」, 복사 위치에 「$A$18」을 지정하고 [확인]을 클릭한다.

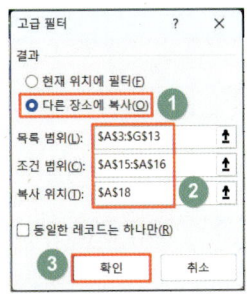

④ 최종결과

	A	B	C	D	E	F	G
15	조건						
16	FALSE						
17							
18	사원코드	부서명	사원명	주민등록번호	경력	휴대전화	기본급
19	P-03	자재부	양미옥	870616-2*******	138	010-6845-2957	1,200,000
20	D-02	기술부	김지택	850815-1*******	118	010-9988-6544	1,600,000
21	D-01	기술부	황인철	850605-1*******	106	010-9768-7512	1,600,000

출제유형 2 '고급필터2' 시트에서 다음의 지시사항을 처리하시오.

[A3:G13] 영역에서 '사원코드'가 'P' 또는 'D'로 시작하는 데이터의 '부서명', '사원명', '경력', '기본급' 필드만을 순서대로 표시하시오.
- ▶ 조건은 [A15:A16] 범위 내에 입력하시오. (OR, LEFT 함수 사용)
- ▶ 결과는 [A18] 셀부터 표시하시오.

문제해결

① [A15] 셀에 「**조건**」, [A16] 셀에 「=OR(LEFT(A4,1)="P",LEFT(A4,1)="D")」를 입력하고, [A18:D18] 영역에 추출할 필드명을 〈그림〉과 같이 복사하여 붙여 넣거나 직접 입력하여 작성한다.

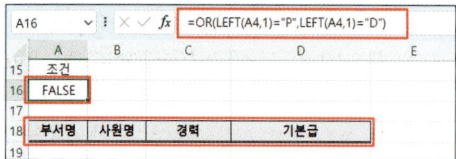

② [A3:G13] 영역을 범위 지정한 후 [데이터]탭-[정렬 및 필터] 영역의 [고급(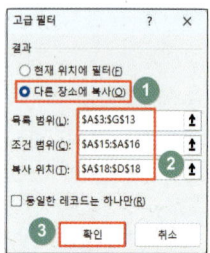)]을 선택한다.

③ [고급 필터] 대화상자가 나타나면 목록 범위에 「$A$3:$G$13」, 조건 범위에 「$A$15:$A$16」, 복사 위치에 「$A$18:$D$18」을 지정하고 [확인]을 클릭한다.

④ 최종결과

	A	B	C	D
15	조건			
16	FALSE			
17				
18	**부서명**	**사원명**	**경력**	**기본급**
19	자재부	손국진	77	1,400,000
20	자재부	양미옥	138	1,200,000
21	기술부	김지택	118	1,600,000
22	기술부	황인철	106	1,600,000

출제유형 3 '고급필터3' 시트에서 다음의 지시사항을 처리하시오.

[A3:G25] 영역에서 '매출'이 높은 상위 3개 또는 낮은 하위 3개 데이터의 '주문일', '제품명', '매출' 필드만을 순서대로 표시하시오.

▶ 조건은 [I3:I4] 범위 내에 입력하시오. (OR, LARGE, SMALL 함수 사용)
▶ 결과는 [I6] 셀부터 표시하시오.

문제해결

① 다음 〈그림〉과 같이 [I3] 셀에 **조건**, [I4] 셀에 「=OR(G4>=LARGE($G$4:$G$25,3),G4<=SMALL($G$4:$G$25,3))」를 입력하고, [I6:K6] 영역에 추출할 필드명을 복사하여 붙여 넣거나 직접 입력하여 작성한다.

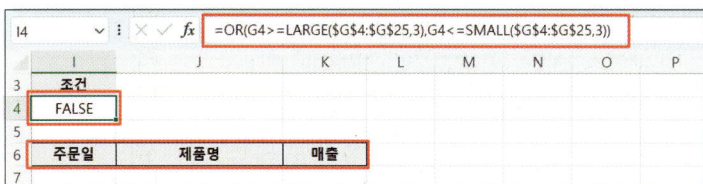

② [A3:G25] 영역을 선택한 뒤, [데이터]탭-[정렬 및 필터] 영역의 [고급(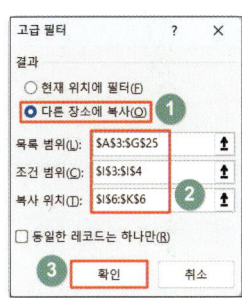)]을 선택한다.

③ [고급 필터] 대화상자가 나타나면 목록 범위에 「$A$3:$G$25」, 조건 범위에 「$I$3:$I$4」, 복사 위치에 「$I$6:$K$6」을 지정하고 [확인]을 클릭한다.

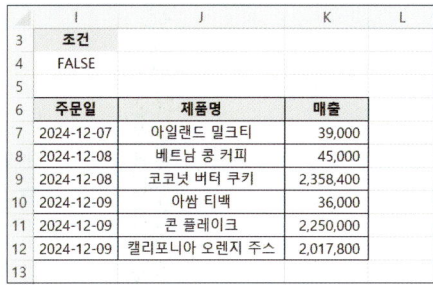

④ 최종결과

	I	J	K	L
3	조건			
4	FALSE			
5				
6	주문일	제품명	매출	
7	2024-12-07	아일랜드 밀크티	39,000	
8	2024-12-08	베트남 콩 커피	45,000	
9	2024-12-08	코코넛 버터 쿠키	2,358,400	
10	2024-12-09	아쌈 티백	36,000	
11	2024-12-09	콘 플레이크	2,250,000	
12	2024-12-09	캘리포니아 오렌지 주스	2,017,800	
13				

잠깐!

고급 필터는 반드시 조건 작업을 먼저 하고, 조건의 결과가 True/False인 경우에는 필드명을 변경 또는 삭제해야 합니다. 특정 필드만을 추출해야 한다면 복사 위치를 먼저 작업하고 필터 기능을 수행해야 하며, 필드명이 다르면 데이터가 추출되지 않으니 주의해야 합니다.

■ 작업파일 스프레드시트/작업파일/기본작업/1-3-조건부서식.xlsx

CHAPTER 04 조건부서식

조건부서식은 특정 조건을 만족하는 셀 또는 범위에 사용자가 지정하는 서식을 적용하는 기능입니다. 셀에 입력된 데이터에 따라 막대, 아이콘 등을 표시할 수 있으며, 기준을 제시하거나 함수를 사용하여 복잡한 형태의 규칙을 지정할 수 있습니다.

◎ 조건부서식 작성 시 유의사항

- 필드명을 제외한 데이터 범위만을 선택한 뒤 작업을 시작합니다.
- 조건에 함수 또는 연산자 사용 시 수식 앞에 「=」 반드시 입력합니다.
- 수식 작성 시 셀 참조에 주의합니다.

출제유형 ① '조건부1' 시트에서 다음의 지시사항을 처리하시오.

[E2:E31] 영역에 '상위/하위 규칙'을 이용하여 평균을 초과하는 값에 대해 '진한 녹색 텍스트가 있는 녹색 채우기'를 적용하는 조건부 서식을 적용하시오.

문제해결 🔑

① [E2:E31] 영역을 범위 지정한 후 [홈]탭-[스타일] 영역의 [조건부 서식]을 선택한다. 조건부 서식 목록이 나타나면 [상위/하위 규칙]-[평균 초과]를 선택한다.

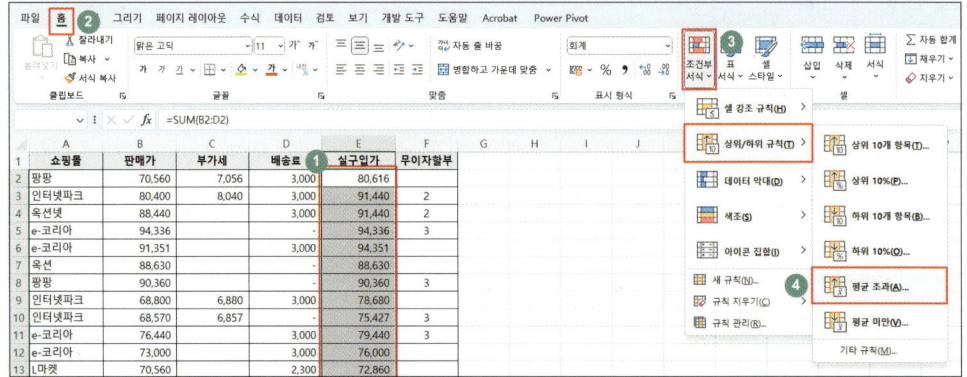

② [평균 초과] 대화상자가 나타나면 적용할 서식으로 '진한 녹색 텍스트가 있는 녹색 채우기'를 선택한 뒤, [확인]을 클릭한다.

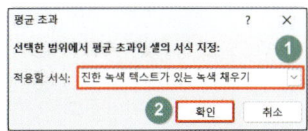

③ 최종결과

	A	B	C	D	E	F
1	쇼핑몰	판매가	부가세	배송료	실구입가	무이자할부
2	팡팡	70,560	7,056	3,000	80,616	
3	인터넷파크	80,400	8,040	3,000	91,440	2
4	옥션넷	88,440		3,000	91,440	2
5	e-코리아	94,336		-	94,336	3
6	e-코리아	91,351		3,000	94,351	
7	옥션	88,630		-	88,630	
8	팡팡	90,360		-	90,360	3
9	인터넷파크	68,800	6,880	3,000	78,680	
10	인터넷파크	68,570	6,857	-	75,427	3
11	e-코리아	76,440		3,000	79,440	3
12	e-코리아	73,000		3,000	76,000	
13	L마켓	70,560		2,300	72,860	
14	팡팡	79,800	7,980	2,500	90,280	6
15	인터넷파크	86,390		2,500	88,890	3
16	L마켓	88,440		3,000	91,440	6
17	팡팡	83,190		-	83,190	6
18	L마켓	75,900	7,590	2,400	85,890	3
19	인터넷파크	80,570	8,057	2,500	91,127	6
20	옥션넷	78,540	7,854	2,500	88,894	3
21	인터넷파크	76,440		2,500	78,940	3
22	팡팡	69,580	6,958	2,500	79,038	
23	e-코리아	66,610	6,661	3,000	76,271	3
24	팡팡	66,660	6,666	2,500	75,826	2
25	인터넷파크	88,260		-	88,260	6
26	L마켓	88,440		3,000	91,440	6
27	팡팡	83,190		-	83,190	6
28	L마켓	75,900	7,590	2,400	85,890	3
29	인터넷파크	68,570	6,857	2,500	77,927	6
30	옥션넷	66,540	6,654	2,500	75,694	3
31	인터넷파크	76,440		2,500	78,940	3

조건부 서식 규칙 관리

① 특정 조건만 삭제하려면 범위 지정 후 [홈]탭-[스타일] 영역의 [조건부 서식]을 선택한 후, 목록에서 [규칙 관리]를 선택합니다. [조건부 서식 규칙 관리자] 대화상자가 나타나면 삭제하려는 규칙을 선택한 후, [규칙 삭제]와 [확인]을 차례대로 클릭합니다.

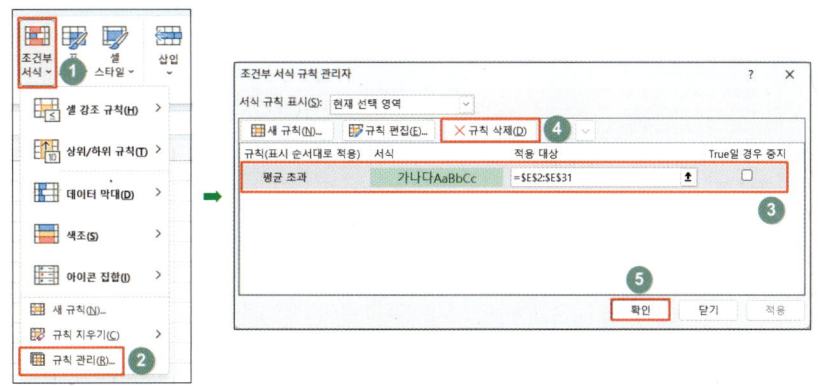

② 데이터 범위에 적용된 모든 조건을 삭제하려면 [홈]탭-[스타일] 영역의 [조건부 서식]을 선택한 후, 목록에서 [규칙 지우기]를 선택합니다.

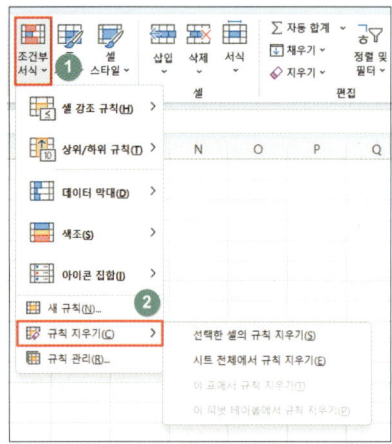

출제유형 2 '조건부2' 시트에서 다음의 지시사항을 처리하시오.

[E2:E16] 영역에 '셀 값을 기준으로 모든 셀의 서식 지정'을 이용하여 조건부 서식을 적용하시오.
▶ 서식 스타일은 '데이터 막대', 최소값은 백분위수 10, 최대값은 백분위수 90으로 설정할 것
▶ 막대 모양은 채우기 '그라데이션 채우기', 색은 '표준색-노랑'으로 설정할 것

문제해결

① [E2:E16] 영역을 범위 지정한 후 [홈]탭-[스타일] 영역의 [조건부 서식]을 선택한다. 조건부 서식 목록이 나타나면 [새 규칙]을 선택한다.
② [새 서식 규칙] 대화상자가 나타나면 〈그림〉과 같이 규칙 유형 선택을 '셀 값을 기준으로 모든 셀의 서식 지정'을 선택하고, 서식 스타일은 '데이터 막대', 최소값은 '백분위수-10', 최대값은 '백분위수-90', 채우기는 '그라데이션 채우기', 색은 '표준색-노랑'을 선택한 후 [확인]을 클릭한다.

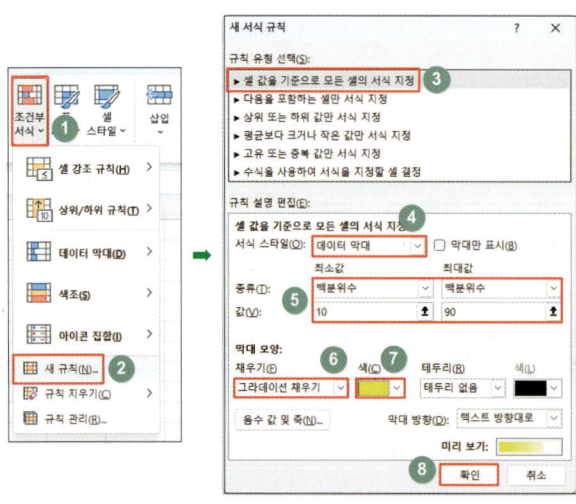

③ 최종 결과

	A	B	C	D	E
1	주문처	품명	수량	단가	공급가액
2	창신글로벌	A2105-001	2	270,000	540,000
3	대주상사	A2105-002	2	49,000	98,000
4	서주무역	A2105-003	1	119,000	119,000
5	미주상사	A2105-004	2	119,000	238,000
6	극동무역	A2105-005	1	50,000	50,000
7	상동코퍼레이션	B2106-001	2	386,100	772,200
8	동광통상	B2106-002	2	70,070	140,140
9	현국무역	B2106-003	1	170,170	170,170
10	아주상사	B2106-004	2	170,170	340,340
11	인현Inc	B2106-005	1	71,500	71,500
12	대주상사	C2107-001	2	324,000	648,000
13	극동무역	C2107-002	2	58,800	117,600
14	현국무역	C2107-003	1	142,800	142,800
15	미주상사	C2107-004	2	142,800	285,600
16	동광통상	C2107-005	1	60,000	60,000

출제유형 3 '조건부3' 시트에서 다음의 지시사항을 처리하시오.

[A4:G13] 영역에서 '사원코드'가 'P' 또는 'D'로 시작하는 행 전체에 대해서 글꼴 스타일을 '굵은 기울임꼴', 글꼴 색을 '표준색-파랑'으로 적용하시오.

▶ 단, 규칙 유형은 '수식을 사용하여 서식을 지정할 셀 결정'으로 지정하고, 한 개의 규칙만을 이용하여 작성할 것

▶ OR, LEFT 함수 사용

문제해결

① [A4:G13] 영역을 범위 지정한 후 [홈]탭-[스타일] 영역의 [조건부 서식]을 선택한다. 조건부 서식 목록이 나타나면 [새 규칙]을 선택한다.
② [새 서식 규칙] 대화상자가 나타나면 규칙 유형 선택을 '수식을 사용하여 서식을 지정할 셀 결정'을 선택한다. 다음 수식이 참인 값의 서식 지정에 「=OR(LEFT($A4,1)="P",LEFT($A4,1)="D")」를 입력하고 [서식]을 클릭한다.
③ [셀 서식] 대화상자의 [글꼴]탭에서 글꼴 스타일을 '굵은 기울임꼴', 글꼴 색은 '표준색-파랑'으로 선택하고 [확인]을 클릭한다.

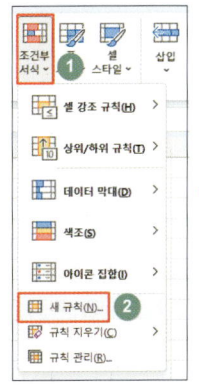
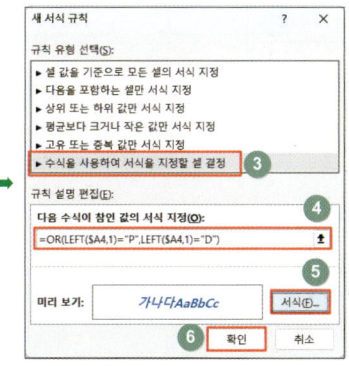

④ [새 서식 규칙] 대화상자의 [확인]을 클릭한다.
⑤ 최종결과

A	B	C	D	E	F	G
㈜디지털 인터내셔널 직원 목록							
					기준일:	2024-01-01
사원코드	부서명	사원명	주민등록번호	경력	휴대전화	기본급
H-01	인사부	김시우	880521-1*******	66	010-6559-9557	1,350,000
S-02	영업부	성연모	820101-2*******	123	010-3598-5274	1,700,000
P-01	자재부	손국진	891019-1*******	77	010-3579-5175	1,400,000
P-03	자재부	양미옥	870616-2*******	38	010-6845-2957	1,200,000
D-02	기술부	김지택	850815-1*******	118	010-9988-6544	1,600,000
C-01	경리부	박효신	981225-2*******	25	010-6587-2247	1,150,000
M-01	기획부	이진욱	930730-1*******	58	010-8534-7073	1,300,000
S-01	영업부	김진숙	830812-2*******	115	010-3543-1138	1,600,000
D-01	기술부	황인철	850605-1*******	106	010-9768-7512	1,600,000
M-02	기획부	박재국	930930-1*******	56	010-2134-5673	1,300,000

출제유형 4 '조건부4' 시트에서 다음의 지시사항을 처리하시오.

[A2:H25] 영역에서 '거래일'이 주말인 데이터 행 전체에 대해서 채우기를 '표준색-노랑'으로 적용하시오.
▶ 단, 규칙 유형은 '수식을 사용하여 서식을 지정할 셀 결정'으로 지정하고, 한 개의 규칙만을 이용하여 작성할 것
▶ WEEKDAY 함수 사용

문제해결

① [A2:H25] 영역을 범위 지정한 후 [홈]탭-[스타일] 영역의 [조건부 서식]을 선택한다. 조건부 서식 목록이 나타나면 [새 규칙]을 선택한다.
② [새 서식 규칙] 대화상자가 나타나면 규칙 유형 선택을 '수식을 사용하여 서식을 지정할 셀 결정'을 선택한다. 다음 수식이 참인 값의 서식 지정에 「=WEEKDAY($A2,2)>=6」를 입력하고 [서식]을 클릭한다.
③ [셀 서식] 대화상자의 [채우기]탭에서 배경색을 '표준색-노랑'으로 선택하고 [확인]을 클릭한다.

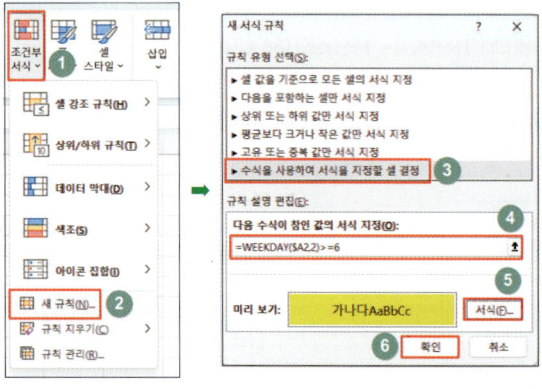

④ [새 서식 규칙] 대화상자의 [확인]을 클릭한다.

⑤ 최종결과

	A	B	C	D	E	F	G	H
1	거래일	ID	가입일	등급	회사	지역	수량	거래금액
2	2025-01-10 (금)	A1020J	2021-11-27	일반	나라백화점	천안	26	4,938,454
3	2025-01-11 (토)	H3868S	2022-04-19	골드	대진상사	대전	24	9,026,457
4	2025-01-12 (일)	H3582Z	2023-08-19	실버	성준통상	수원	16	3,834,375
5	2025-01-13 (월)	H9394J	2022-10-03	일반	방탄무역	서울	50	7,497,719
6	2025-01-14 (화)	D2638Q	2022-08-28	골드	신세기상사	서울	10	2,211,868
7	2025-01-15 (수)	D4546D	2022-04-18	일반	삼진상사	제주	39	2,246,517
8	2025-01-16 (목)	E1123V	2021-11-03	프리미엄	백두무역	대전	6	4,534,613
9	2025-01-17 (금)	E3911H	2021-10-13	실버	한일상사	부산	18	5,562,640
10	2025-01-18 (토)	E4234H	2023-04-30	골드	한빛유통	제주	38	8,648,175
11	2025-01-19 (일)	E3426K	2023-05-19	실버	아미화성	천안	43	2,116,276
12	2025-01-20 (월)	F2589D	2023-06-22	실버	정금상사	대전	45	1,001,947
13	2025-01-21 (화)	F2994V	2022-06-17	프리미엄	은하수유통	부산	19	1,051,142
14	2025-01-22 (수)	K4980K	2022-11-22	실버	대형백화점	서울	43	7,455,440
15	2025-01-23 (목)	K9531E	2022-11-09	일반	몽블랑상사	천안	39	5,621,174
16	2025-01-24 (금)	H5334S	2023-02-03	골드	삼미상사	서울	18	8,716,741
17	2025-01-25 (토)	H9003N	2022-10-30	일반	글로벌통상	서울	12	3,592,398
18	2025-01-26 (일)	I2950M	2021-10-19	일반	상도무역	수원	16	2,088,723
19	2025-01-27 (월)	I3309A	2022-02-23	골드	아틀란티스통상	서울	38	6,947,683
20	2025-01-28 (화)	K5102F	2022-02-05	골드	나라백화점	부산	34	8,106,644
21	2025-01-29 (수)	K3465O	2022-09-23	실버	백진주백화점	천안	46	7,352,547
22	2025-01-30 (목)	K3558F	2021-08-31	일반	신세기상사	부산	19	9,077,016
23	2025-01-31 (금)	K9233R	2023-08-17	실버	글로벌통상	부산	17	7,722,499
24	2025-02-01 (토)	L4286E	2022-06-25	골드	서해무역	인천	44	2,661,843
25	2025-02-02 (일)	L9801A	2022-04-13	실버	왕도교역	수원	29	7,262,318

출제유형 5 '조건부4' 시트에서 다음의 지시사항을 처리하시오.

[A2:H25] 영역에서 '지역'이 '서울' 또는 '제주'이면서, '수량'이 전체 수량의 평균 이상인 데이터 행 전체에 대해서 글꼴 스타일을 '굵게', 글꼴 색을 '표준색-파랑'으로 적용하시오.
▶ 단, 규칙 유형은 '수식을 사용하여 서식을 지정할 셀 결정'으로 지정하고, 한 개의 규칙만을 이용하여 작성할 것
▶ AND, OR, AVERAGE 함수 사용

문제해결

① [A2:H25] 영역을 범위 지정한 후 [홈]탭-[스타일] 영역의 [조건부 서식]을 선택한다. 조건부 서식 목록이 나타나면 [새 규칙]을 선택한다.
② [서식 규칙 편집] 대화상자가 나타나면 규칙 유형 선택을 '수식을 사용하여 서식을 지정할 셀 결정'을 선택한다. 다음 수식에 참인 값의 서식 지정에 「=AND($G2>=AVERAGE($G$2:$G$25),OR($F2="서울",$F2="제주"))」를 입력하고 [서식]을 클릭한다.
③ [셀 서식] 대화상자의 [글꼴]탭에서 글꼴 스타일을 '굵게', 글꼴 색은 '표준색-파랑'으로 선택하고 [확인]을 클릭한다.

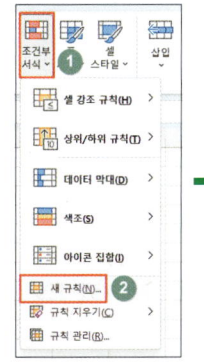
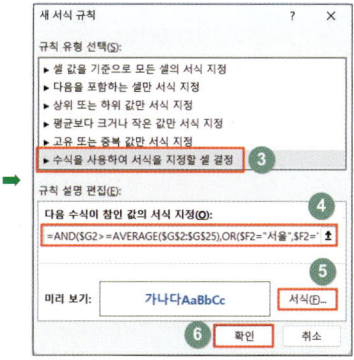

④ [새 서식 규칙] 대화상자의 [확인]을 클릭한다.
⑤ 최종결과

	A	B	C	D	E	F	G	H
1	거래일	ID	가입일	등급	회사	지역	수량	거래금액
2	2025-01-10 (금)	A1020J	2021-11-27	일반	나라백화점	천안	26	4,938,454
3	2025-01-11 (토)	H3868S	2022-04-19	골드	대진상사	대전	24	9,026,457
4	2025-01-12 (일)	H3582Z	2023-08-19	실버	성준통상	수원	16	3,834,375
5	2025-01-13 (월)	H9394J	2022-10-03	일반	방탄무역	서울	50	7,497,719
6	2025-01-14 (화)	D2638Q	2022-08-28	골드	신세기상사	서울	10	2,211,868
7	2025-01-15 (수)	D4546D	2022-04-18	일반	삼진상사	제주	39	2,246,517
8	2025-01-16 (목)	E1123V	2021-11-03	프리미엄	백두무역	대전	6	4,534,613
9	2025-01-17 (금)	E3911M	2021-10-13	실버	한일상사	부산	18	5,562,640
10	2025-01-18 (토)	E4234H	2023-04-30	골드	한빛유통	제주	38	8,648,175
11	2025-01-19 (일)	E3426K	2023-05-19	실버	아미상사	천안	43	2,116,276
12	2025-01-20 (월)	F2589D	2023-06-22	실버	정금상사	대전	45	1,001,947
13	2025-01-21 (화)	F2994V	2022-06-17	프리미엄	은하수유통	부산	19	1,051,142
14	2025-01-22 (수)	K4980K	2022-11-22	실버	태평백화점	서울	43	7,455,440
15	2025-01-23 (목)	K9531E	2022-11-09	일반	몽블랑상사	천안	39	5,621,174
16	2025-01-24 (금)	H5334S	2023-02-03	골드	삼미상사	서울	18	8,716,741
17	2025-01-25 (토)	H9003N	2022-10-30	일반	글로벌통상	부산	12	3,592,398
18	2025-01-26 (일)	I2950M	2021-10-19	일반	상도무역	수원	16	2,088,723
19	2025-01-27 (월)	I3309A	2022-02-23	골드	아틀란티스통상	서울	38	6,947,683
20	2025-01-28 (화)	K5102F	2022-02-05	골드	나라백화점	부산	34	8,106,644
21	2025-01-29 (수)	K3465O	2022-09-23	실버	백진주백화점	천안	46	7,352,547
22	2025-01-30 (목)	K3558F	2021-08-31	일반	신세기상사	부산	19	9,077,016
23	2025-01-31 (금)	K9233R	2023-08-17	실버	글로벌통상	부산	11	7,722,499
24	2025-02-01 (토)	L4286E	2022-06-25	골드	서해무역	인천	44	2,661,843
25	2025-02-02 (일)	L9801A	2022-04-13	실버	왕도교역	수원	29	7,262,318

● 자주 나오는 출제 유형 및 풀이

문제	대출번호가 G 또는 K로 시작하면서 대출금액이 10,000,000이상인 행 전체
풀이	=AND(OR(LEFT(대출번호, 1)="G", LEFT(대출번호, 1)="K"), 대출금액>=10000000)
문제	국어, 영어, 수학, 과학, 사회 모두 80점 이상인 행 전체
풀이	=COUNTIF(국어:사회, ">=80")=5
문제	대출금액이 최고금액 또는 최저금액인 행 전체
풀이	=OR(대출금액=MAX('대출금액'범위), 대출금액=MIN('대출금액'범위))
문제	접수일이 주말인 행 전체
풀이	=WEEKDAY(접수일, 2)>=6
문제	접수번호의 마지막 글자가 홀수인 행 전체
풀이	=MOD(RIGHT(접수번호, 1), 2)=1

CHAPTER 05

시트 보호

■ 작업파일 스프레드시트/작업파일/기본작업/1-4-시트보호.xlsx

시트 보호는 통합 문서 혹은 워크시트에 입력된 데이터와 개체를 임의로 변경할 수 없도록 보호하는 기능입니다.
[셀 서식] 대화상자의 [보호]탭을 사용하여 '잠금' 및 '수식 숨기기' 기능의 설정을 변경한 뒤, 리본 메뉴 [검토]탭-[변경 내용] 영역의 [시트 보호]를 사용하여 설정을 마무리합니다.

출제유형 1 '보호1' 시트에서 다음의 지시사항을 처리하시오.

[C4:C15], [E4:E15] 영역에 셀 잠금과 수식 숨기기를 적용한 후 잠김 셀의 내용과 워크시트를 보호하시오.
▶ 차트에 잠금을 적용한 후 차트를 편집할 수 없도록 보호하시오.
▶ 잠긴 셀 선택과 잠금 해제된 셀 선택은 허용하시오.
▶ 단, 시트 보호 해제 암호는 지정하지 마시오.

문제해결

① [C4:C15], [E4:E15] 영역을 범위 지정한 후, [Ctrl]+[1]을 눌러 [셀 서식] 대화상자를 호출한다.
② [셀 서식] 대화상자의 [보호]탭에서 '잠금'과 '숨김'을 체크하고 [확인]을 클릭한다.

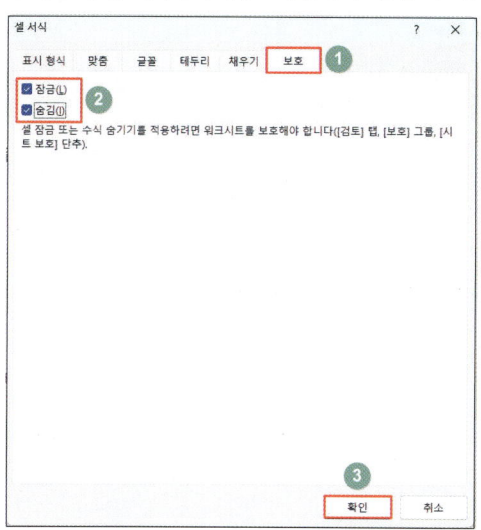

③ 차트 영역에서 마우스 오른쪽을 클릭하여 [차트 영역 서식] 메뉴를 선택하거나, 더블 클릭하여 차트 영역 서식을 표시한다.

④ [차트 영역 서식] 대화상자의 [크기 및 속성]-[속성]에 '잠금'의 체크 여부를 확인한다.

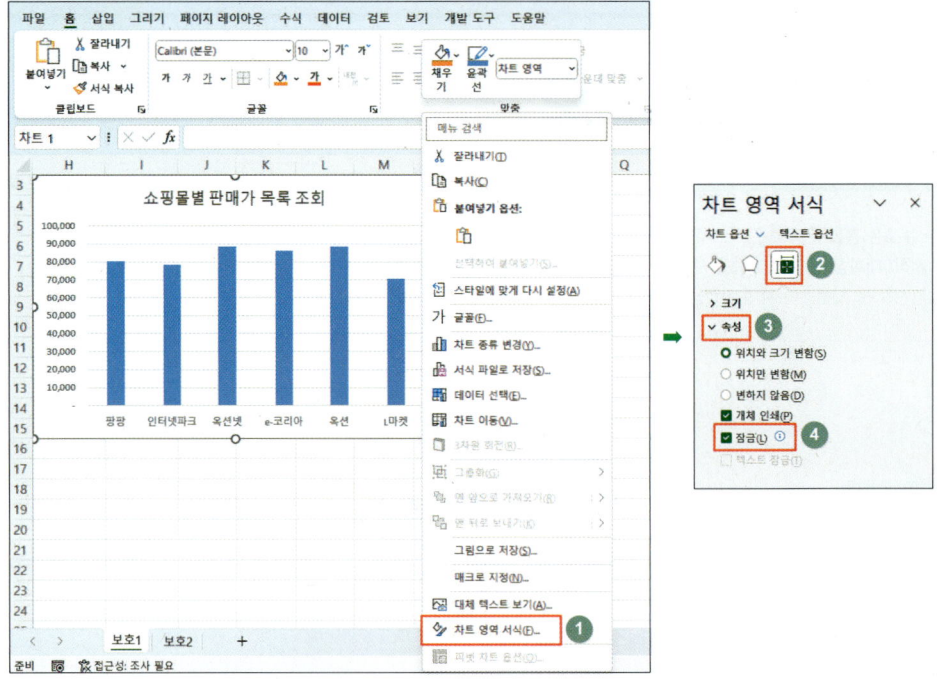

⑤ [검토]탭-[변경 내용] 영역의 [시트 보호]를 선택한 후, [시트 보호] 대화상자가 나타나면 워크시트에서 허용할 내용에서 '잠긴 셀 선택'과 '잠금 해제된 셀 선택'을 체크하고 [확인]을 클릭한다.

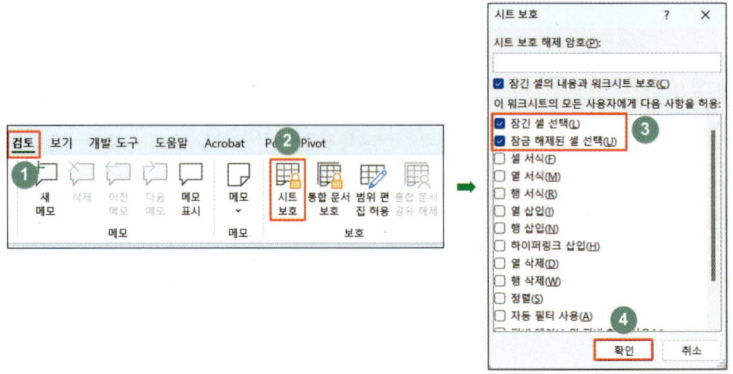

출제유형 2 '보호2' 시트에서 다음의 지시사항을 처리하시오.

[F4:F12], [D13:F13] 영역의 셀 잠금과 수식 숨기기를 적용한 후 잠긴 셀의 내용과 워크시트를 보호하시오.
▶ 잠긴 셀 선택, 잠금 해제된 셀 선택, 셀 서식은 허용하시오.
▶ 단, 시트 보호 해제 암호는 지정하지 마시오.

문제해결

① [F4:F12], [B13:F13] 영역을 범위 지정한 후, [Ctrl]+[1]을 눌러 [셀 서식] 대화상자를 호출한다.
② [셀 서식] 대화상자의 [보호]탭에서 '잠금'과 '숨김'을 체크하고 [확인]을 클릭한다.

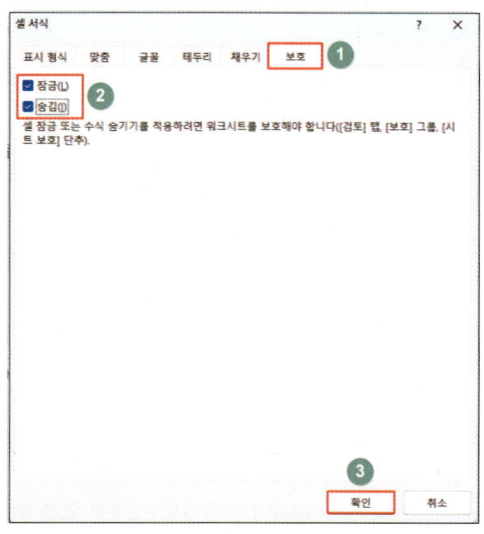

③ [검토]탭-[변경 내용] 영역의 [시트 보호]를 선택한 후, [시트 보호] 대화상자가 나타나면 워크시트에서 허용할 내용에서 '잠긴 셀 선택', '잠금 해제된 셀 선택', '셀 서식'을 체크하고 [확인]을 클릭한다.

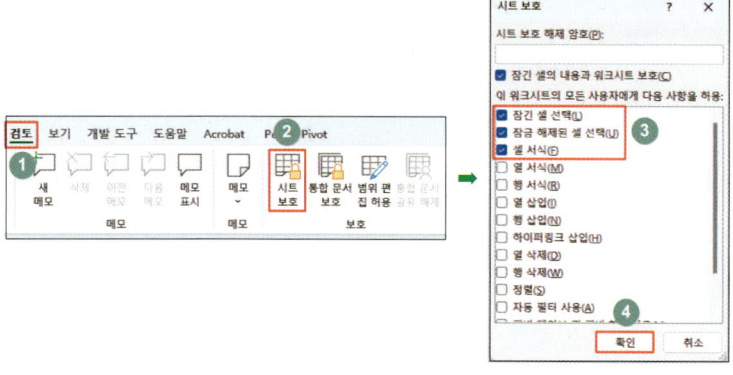

CHAPTER 06 페이지 레이아웃/통합 문서 보기

작업파일 스프레드시트/작업파일/기본작업/1-5-페이지설정.xlsx

워크시트의 내용을 출력하기 위해 여백, 머리글, 바닥글 등의 요소를 설정하는 기능입니다. 인쇄 용지의 방향과 크기를 변경하거나 인쇄 영역을 지정할 수 있습니다.
리본 메뉴 [페이지 레이아웃]탭-[페이지 설정] 영역을 사용하거나 [페이지 설정] 대화상자를 띄워 작업합니다.

출제유형 1 '페이지1' 시트에서 다음의 지시사항을 처리하시오.

▶ 인쇄 내용이 페이지의 가로 방향의 가운데에 인쇄되도록 '페이지 가운데 맞춤'을 설정하시오.
▶ 매 페이지 하단의 가운데 구역에는 페이지 번호가 [표시 예]와 같이 표시되도록 바닥글을 설정하시오.
▶ 표시 예 : 현재 페이지가 1이고, 전체 페이지가 3인 경우 → 3페이지 중 1페이지
▶ 1행~3행이 매 페이지마다 표시되도록 '인쇄 제목'을 설정하시오.
▶ [A30:G43] 영역이 2페이지에 표시되도록 페이지 나누기를 설정하시오.

문제해결

① [페이지 레이아웃]탭-[페이지 설정] 영역의 '화살표( )'를 클릭하여 [페이지 설정] 대화상자를 호출한다.
② [여백]탭 하단의 '페이지 가운데 맞춤' 항목 중 '가로'를 체크한다.

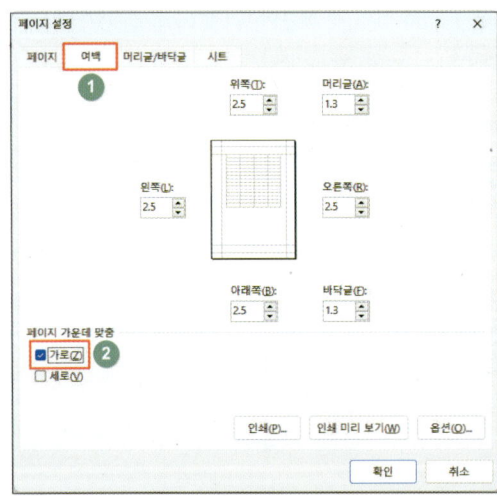

③ [머리글/바닥글]탭의 [바닥글 편집]을 클릭한다. [바닥글] 대화상자가 나타나면 '가운데 구역'에 커서를 두고 '전체 페이지 수 삽입( )' 아이콘을 클릭하면 '&[전체 페이지 수]'가 삽입된다. 이어서 「페이지 중 」을

직접 입력하고 '페이지 번호 삽입( )' 아이콘을 클릭하면 '&[페이지 번호]'가 삽입된다. 마지막으로 「페이지」를 직접 입력하고 [확인]을 클릭한다.

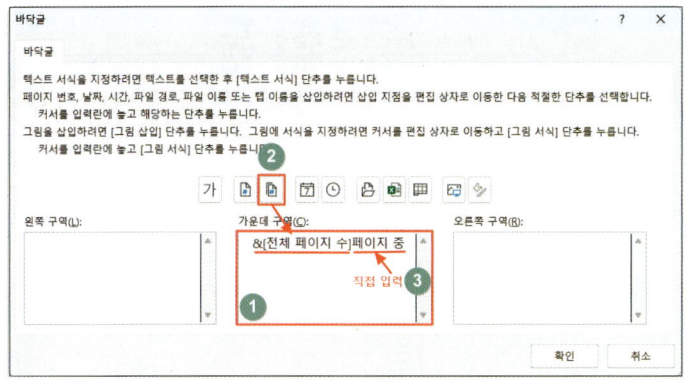

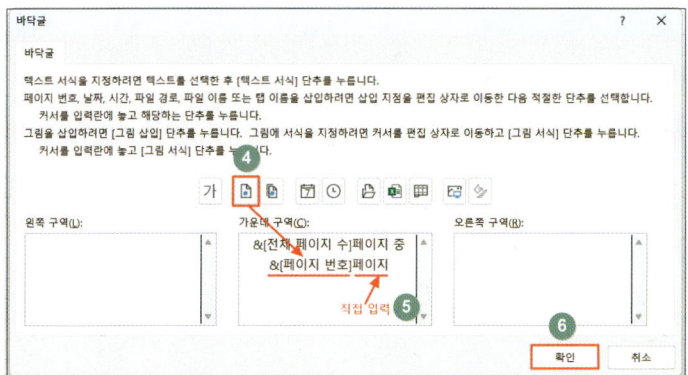

④ [시트]탭의 '인쇄 제목' 영역에서 '반복할 행'에 커서를 두고 행 머리글 1~3을 드래그한 후 [확인]을 클릭한다.

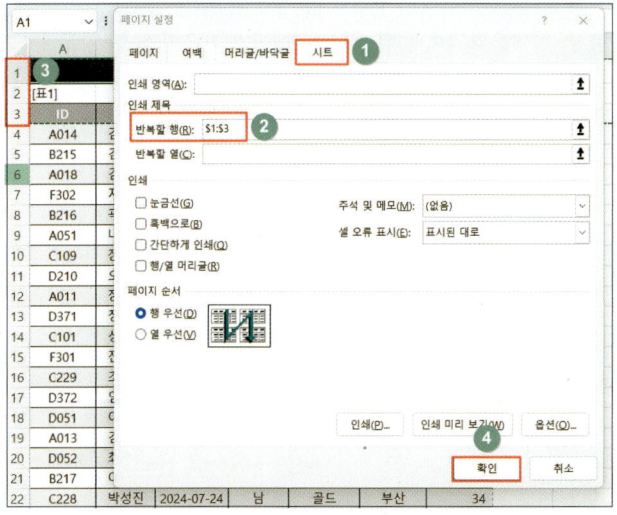

⑤ [보기]탭-[통합 문서 보기] 영역의 [페이지 나누기 미리 보기]를 선택한 후, 아래 〈그림〉과 같이 가로 선을 30행 위로 이동시켜 인쇄 영역을 조정한다.

출제유형 2 '페이지2' 시트에서 다음의 지시사항을 처리하시오.

▶ 인쇄 내용이 자동으로 확대/축소 되도록 설정하고, 페이지의 가로 방향의 가운데에 인쇄되도록 '페이지 맞춤'을 설정하시오.
▶ 매 페이지 하단의 가운데 구역에는 오늘 날짜가 표시 예와 같이 표시되도록 바닥글을 설정하시오.
▶ 표시 예 : 2024-03-01 → 출력일자 : 2024-03-01
▶ [A1:G48] 영역을 '인쇄 영역'으로 설정하고, '행/열 머리글'이 같이 인쇄되도록 설정하시오.

문제해결

① [페이지 레이아웃]탭-[페이지 설정] 영역의 '화살표(⭘)'를 클릭하여 [페이지 설정] 대화상자를 호출한다.
② [페이지]탭의 '배율' 영역에서 '자동 맞춤'을 선택하고, [여백]탭 하단의 '페이지 가운데 맞춤' 항목 중 '가로'를 체크한다.

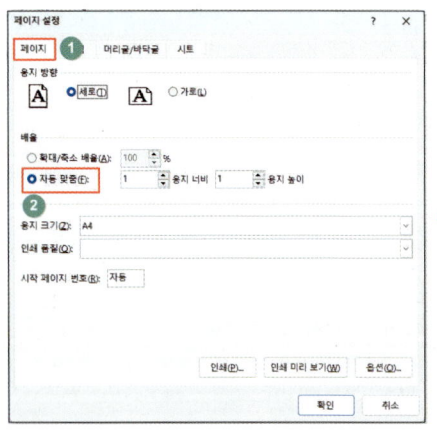
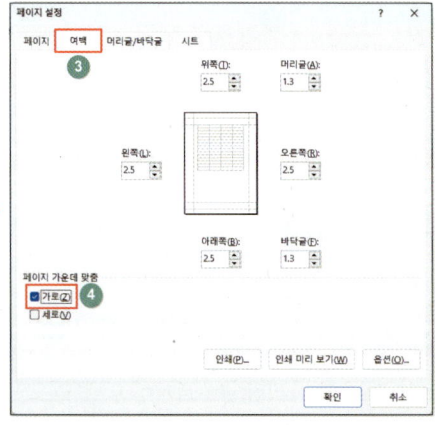

③ [머리글/바닥글]탭의 [바닥글 편집]을 클릭한다. [바닥글] 대화상자가 나타나면 '가운데 구역'에 커서를 두고 「**출력일자 :** 」을 직접 입력하고 '날짜 삽입(7)' 아이콘을 클릭하여 '&[날짜]'를 삽입한 후 [확인]을 클릭한다.

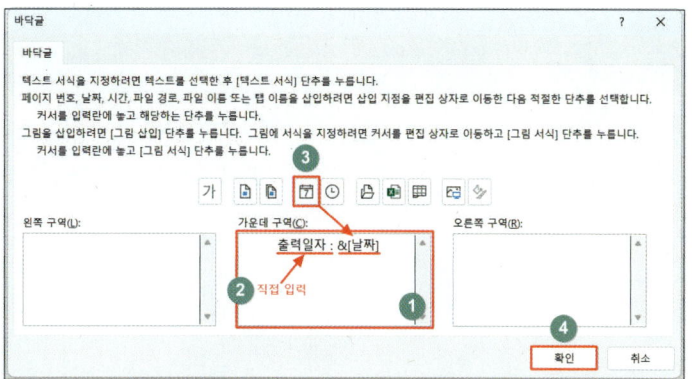

④ [시트]탭의 '인쇄 영역'에 커서를 두고 「A1:G48」을 입력한 후, '인쇄' 영역의 '행/열 머리글'을 체크하고 [확인]을 클릭한다.

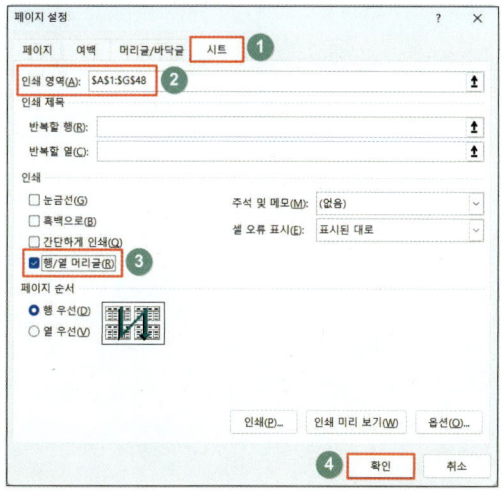

> **잠깐!**
>
> [시트 보호]와 [페이지 설정] 기능은 둘 중 하나가 무작위로 출제되며, [페이지 나누기 미리보기]와 함께 출제되는 경향이 있습니다. 난이도는 높지 않지만 해결해야 하는 옵션이 많아지고 있기 때문에 작업 단계가 늘어날 수 있으니 주의합니다.

Spreadsheet

**컴퓨터
활용능력
1급 실기**

스프레드시트

PART 02

계산작업

CHAPTER 01	연산자와 참조변환
CHAPTER 02	날짜/시간 함수
CHAPTER 03	수학/삼각 함수
CHAPTER 04	통계 함수
CHAPTER 05	정보/논리 함수
CHAPTER 06	재무 함수
CHAPTER 07	문자열 함수
CHAPTER 08	데이터베이스 함수
CHAPTER 09	찾기/참조 함수
CHAPTER 10	배열 수식
CHAPTER 11	사용자 정의 함수
CHAPTER 12	연습문제

CHAPTER 01 연산자와 참조변환

■ 작업파일 스프레드시트/작업파일/계산작업/2-1-연산자.xlsx

산술이나 비교 연산의 경우는 계산작업 이외의 다른 문항에서도 출제되고 있습니다. 셀 값을 인수로 사용하는 경우 참조 방식의 변환을 통해 주소 값을 전체 또는 부분적으로 고정할 수 있으며, 이를 활용하여 좀 더 복잡한 형태의 수식을 작성할 수 있습니다.

● 연산자의 종류

종류	설명
산술 연산자	+ (더하기), - (빼기), * (곱하기), / (나누기), ^ (거듭제곱)
논리(비교) 연산자	> (초과), < (미만), >= (이상), <= (이하), = (같다), <> (같지 않다)
연결(텍스트) 연산자	&

● 참조변환 : [F4]를 눌러 $기호를 붙여줍니다. [F4]를 누를 때마다 $기호의 위치가 변경됩니다.

종류	설명	예제
상대참조	참조 된 셀 주소의 행과 열 모두 변경	B2
절대참조	참조 된 셀 주소의 행과 열 모두 고정	$C$4
혼합참조	참조 된 셀 주소의 행 또는 열 중 일부만 변경	$B2 또는 C$4

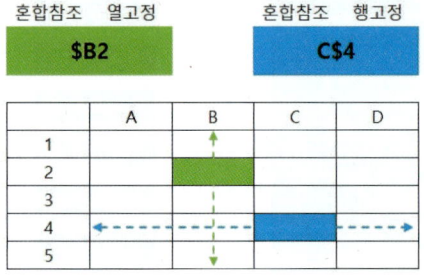

> **잠깐!**
>
> 수식을 작성할 때는 결과 범위의 첫 행에서 수식을 작성하고, 나머지는 자동 채우기 드래그를 이용하여 마무리합니다. 이 때 상대참조를 사용하면 채우기 핸들을 사용할 때 자동으로 참조 셀의 위치가 변경되고, 절대참조를 사용하면 행과 열 앞에 $기호가 붙으며 참조 셀의 위치가 고정됩니다.

출제유형 1 '계산' 시트에서 다음의 지시사항을 처리하시오.

① [표1]에서 매출액[D3:D8]을 계산하시오.
  ▶ 매출액 = 판매수량 × 판매단가 × (1 - 할인율[C9])
② [표2]에서 비율[J3:J8]을 계산하시오.
  ▶ 비율 = 인원수 ÷ 인원수 합계[H9]
③ [표3]에서 급여[D14:D19]을 계산하시오.
  ▶ 급여 = 기본급 + 기본급 × 상여율[C20] + 추가수당
④ [표4]에서 근무시간[I14:I19]을 계산하시오.
  ▶ 근무시간 = 퇴근시간 - 출근시간
  ▶ & 연산자를 사용하여 표시 예(5시간)와 같이 표시할 것
⑤ [표4]에서 수당[J14:J19]을 계산하시오.
  ▶ 수당 = (퇴근시간 - 출근시간) × 시간당 급여[H20]

문제해결

① [D3]셀에 「=B3*C3*(1-$C$9)」를 입력한 뒤 [D8]까지 수식을 복사한다.
② [J3]셀에 「=H3/$H$9」를 입력한 뒤 [J8]까지 수식을 복사한다.
③ [D14]셀에 「=B14+B14*$C$20+C14」를 입력한 뒤 [D19]까지 수식을 복사한다.
④ [I14]셀에 「=H14-G14&"시간"」를 입력한 뒤 [I19]까지 수식을 복사한다.
⑤ [J14]셀에 「=(H14-G14)*$H$20」를 입력한 뒤 [J19]까지 수식을 복사한다.

계산결과

	A	B	C	D	E	F	G	H	I	J
1	[표1]	품목별 판매 현황				[표2]	동호회별 모집 현황			
2	품목코드	판매수량	판매단가	① 매출액		동호회	모집정원	인원수	모집비율	② 비율
3	P-199	38	24,840	821,210		가죽공예	6	5	83%	13.9%
4	M-329	27	112,500	2,642,625		도예	6	4	67%	11.1%
5	T-184	45	16,200	634,230		목공예	6	6	100%	16.7%
6	B-223	36	98,800	3,094,416		퀼트	10	7	70%	19.4%
7	H-107	89	25,600	1,982,208		등산	12	8	67%	22.2%
8	Q-275	76	24,840	1,642,421		마라톤	10	6	60%	16.7%
9	할인율		13%			합계	50	36		
10										
11										
12	[표3]	사원별 수당지급현황				[표4]	알바생별 일급여 계산			
13	성명	기본급	추가수당	③ 급여		성명	출근시간	퇴근시간	④ 근무시간	⑤ 수당
14	강경민	1,425,000	114,000	1,824,000		김시우	09:00	18:00	9시간	85,500
15	송나라	2,422,500	193,800	3,100,800		성인모	09:00	16:00	7시간	66,500
16	이민욱	1,900,000	152,000	2,432,000		손국진	10:00	20:00	10시간	95,000
17	홍성아	2,090,000	167,200	2,675,200		양미옥	14:00	22:00	8시간	76,000
18	김아라	1,235,000	98,800	1,580,800		김지택	11:00	20:00	9시간	85,500
19	오나영	1,850,000	148,000	2,368,000		박효신	08:00	15:00	7시간	66,500
20	상여율		20%			시간당 급여		9,500		
21										

CHAPTER 02 날짜/시간 함수

▶ 작업파일 스프레드시트/작업파일/계산작업/2-2-날짜시간.xlsx

◉ TODAY : 시스템에 설정된 오늘 날짜를 표시

형식	예제	결과
=TODAY( )	=TODAY( )	2024-01-05

◉ NOW : 시스템에 설정된 오늘 날짜와 현재 시간을 표시

형식	예제	결과
=NOW( )	=NOW( )	2024-01-05 18:30

◉ YEAR/MONTH/DAY : 날짜 인수에서 년/월/일을 추출하여 표시

형식	예제	결과
=YEAR(날짜)	=YEAR("2024-1-5")	2024
=MONTH(날짜)	=MONTH("2024-1-5")	1
=DAY(날짜)	=DAY("2024-1-5")	5

◉ HOUR/MINUTE/SECOND : 시간 인수에서 시/분/초를 추출하여 표시

형식	예제	결과
=HOUR(시간)	=HOUR("18:30:46")	18
=MINUTE(시간)	=MINUTE("18:30:46")	30
=SECOND(시간)	=SECOND("18:30:46")	46

◉ DATE : 인수로 입력된 값을 날짜로 변환하여 표시

형식	예제	결과
=DATE(년,월,일)	=DATE(2024,1,5)	2024-1-5

◎ **TIME** : 인수로 입력된 값을 시간으로 변환하여 표시

형식	예제	결과
=TIME(시,분,초)	=TIME(18,30,46)	06:30 PM

◎ **DAYS** : 끝날짜와 시작날짜 사이의 차이 값을 일(day) 수로 계산하여 표시

형식	예제	결과
=DAYS(끝날짜,시작날짜)	=DAYS("2024-4-21","2024-4-1")	20

◎ **EDATE** : 시작날짜로부터 '개월 수'만큼이 지난 날짜의 일련번호를 표시

형식	예제	결과
=EDATE(시작날짜,개월 수)	=EDATE("2024-4-1",2)	45444(2024-6-1의 일련번호)

◎ **WORKDAY** : 시작날짜로부터 주말과 휴일 그리고 '평일 수'만큼이 지난 날짜의 일련번호를 표시

형식	예제	결과
=WORKDAY(시작날짜,평일 수,[휴일])	=WORKDAY("2024-4-1",10)	45397(2024-4-15의 일련번호)

◎ **WEEKNUM** : 날짜가 일년 중 몇 번째 주에 해당되는지를 표시

[옵션1] 일요일부터 한 주가 시작, [옵션2] 월요일부터 한 주가 시작

형식	예제	결과
=WEEKNUM(날짜,옵션)	=WEEKNUM("2024-4-1",1)	14

◎ **WEEKDAY** : 날짜의 요일을 일련번호로 표시

[옵션1] 일요일이 1로 시작, [옵션2] 월요일이 1로 시작, [옵션3] 월요일이 0으로 시작

형식	예제	결과
=WEEKDAY(날짜,[옵션]) | \	월	화	수	목	금	토	일 | |---|---|---|---|---|---|---|---| | 0 | 0 | 1 | 2 | 3 | 4 | 5 | 6 | | 1 | 2 | 3 | 4 | 5 | 6 | 7 | 1 | | 2 | 1 | 2 | 3 | 4 | 5 | 6 | 7 |	=WEEKDAY("2024-4-1",1)	2(월요일)

◎ **EOMONTH** : 시작날짜로부터 '개월 수'만큼이 지난 달(month)의 마지막 날짜의 일련번호를 표시

형식	예제	결과
=EOMONTH(시작날짜,개월 수)	=EOMONTH("2024-4-1",2)	45473(2024-6-30의 일련번호)

● **NETWORKDAYS** : 시작날짜와 끝날짜 사이의 주말과 휴일을 제외한 평일(workday) 수의 차이 값을 표시

형식	예제	결과
=NETWORKDAYS(시작날짜,끝날짜,[휴일])	=NETWORKDAYS("2024-4-1","2024-4-21")	15

출제유형 1 '날짜시간1' 시트에서 다음의 지시사항을 처리하시오.

① 시스템 상의 오늘 날짜를 [C1] 셀에 표시하시오.
  ▶ TODAY 함수 사용
② 현재 날짜 및 시간을 [C2] 셀에 표시하시오
  ▶ NOW 함수 사용
③ [표1]의 입사일을 이용하여 [D6:D13] 영역에 입사년도를 표시하시오.
  ▶ YEAR 함수 사용
④ [표1]의 입사일과 기준일[E4]을 이용하여 [E6:E13] 영역에 근속기간(일)을 계산하시오.
  ▶ DAYS 함수 사용
⑤ [표2]의 년, 월, 일을 이용하여 [M6:M13] 영역에 생년월일을 표시하시오.
  ▶ DATE 함수 사용
⑥ [표2]의 년과 오늘 날짜를 이용하여 [N6:N13] 영역에 나이를 계산하여 표시 예(35세)와 같이 표시하시오.
  ▶ 나이 = 오늘 날짜 연도 − 태어난 연도(년)
  ▶ TODAY, YEAR 함수와 & 연산자 사용
⑦ [표3]의 시작일을 이용하여 [D18:D25] 영역에 요일 구분을 표시하시오.
  ▶ 요일 구분 계산 시 월요일이 1인 옵션 사용
  ▶ WEEKDAY 함수 사용
⑧ [표3]의 시작일과 휴직기간(개월)을 이용하여 [F18:F25] 영역에 복직일을 계산하시오.
  ▶ EDATE 함수 사용
⑨ [표4]의 구매일과 할부기간을 이용하여 [M18:M25] 영역에 결제완료일을 계산하시오.
  ▶ EDATE 함수 사용
⑩ [표4]의 구매일과 배송기간을 이용하여 [N18:N25] 영역에 배송예정일을 계산하시오.
  ▶ WORKDAY 함수 사용

문제해결

① [C1]셀에 「=TODAY()」를 입력한다.
② [C2]셀에 「=NOW()」를 입력한다.
③ [D6]셀에 「=YEAR(C6)」를 입력한 뒤 [D13]까지 수식을 복사한다.
④ [E6]셀에 「=DAYS($E$4,C6)」를 입력한 뒤 [E13]까지 수식을 복사한다.
⑤ [M6]셀에 「=DATE(J6,K6,L6)」를 입력한 뒤 [M13]까지 수식을 복사한다.
⑥ [N6]셀에 「=YEAR(TODAY())−J6&"세"」를 입력한 뒤 [N13]까지 수식을 복사한다.

=YEAR(TODAY())-J6&"세"	
❷ -J6&"세"	❶과 J6의 차이 값에 "세"를 붙여 표시
❶ YEAR(TODAY())	'오늘 날짜'에서 '년'을 추출하여 표시

⑦ [D18]셀에 「=WEEKDAY(C18,2)」를 입력한 뒤 [D25]까지 수식을 복사한다.
⑧ [F18]셀에 「=EDATE(C18,E18)」를 입력한 뒤 [F25]까지 수식을 복사한다.
⑨ [M18]셀에 「=EDATE(J18,K18)」를 입력한 뒤 [M25]까지 수식을 복사한다.
⑩ [N18]셀에 「=WORKDAY(J18,L18)」를 입력한 뒤 [N25]까지 수식을 복사한다.

계산결과

	A	B	C	D	E	F	G	H	I	J	K	L	M	N
1	① 오늘 날짜		2023-07-20											
2	② 현재 날짜 및 시간		2023-07-20 19:46											
3														
4	[표1]			기준일:	2024-01-01		[표2]							
5	사원명	직위	입사일	③ 입사년도	④ 근속기간(일)		사원명	부서	년	월	일		⑤ 생년월일	⑥ 나이
6	김형기	사원	2023-09-20	2023	103		강경민	총무부	1998	12	1		1998-12-01	25세
7	김정수	부장	2020-01-27	2020	1435		송나라	개발부	1983	7	25		1983-07-25	40세
8	최재형	대리	2023-06-21	2023	194		이민옥	인사부	1986	9	3		1986-09-03	37세
9	김규옥	부장	2020-12-31	2020	1096		홍성아	전산부	1982	8	11		1982-08-11	41세
10	이수원	부장	2017-12-04	2017	2219		김아라	인사부	1992	11	13		1992-11-13	31세
11	신오영	사원	2023-07-12	2023	173		손석희	홍보부	2000	10	23		2000-10-23	23세
12	임희정	과장	2016-09-15	2016	2664		오나영	개발부	1991	1	3		1991 01 03	32세
13	변현진	대리	2022-05-05	2022	606		최송길	회계부	1987	8	2		1987-08-02	36세
14														
15														
16	[표3]						[표4]							
17	사원명	구분	시작일	⑦ 요일 구분	휴직기간(개월)	⑧ 복직일	고객명	상품명	구매일	할부기간	배송기간		⑨ 결제완료일	⑩ 배송예정일
18	김형기	병가	2023-11-20	1	3	2024-02-20	김형기	냉장고	2024-01-10	6	5		2024-07-10	2024-01-17
19	김정수	교육	2024-01-29	1	2	2024-03-29	김정수	TV	2024-01-14	9	7		2024-10-14	2024-01-23
20	최재형	병가	2023-06-21	3	6	2023-12-21	최재형	가습기	2024-01-17	3	3		2024-04-17	2024-01-22
21	김규옥	교육	2024-01-01	1	2	2024-03-01	김규옥	세탁기	2024-01-25	6	5		2024-07-25	2024-02-01
22	이수원	교육	2023-12-08	5	2	2024-02-08	이수원	제습기	2024-02-12	3	3		2024-05-12	2024-02-15
23	신오영	육아휴직	2022-07-11	1	24	2024-07-11	신오영	냉장고	2024-02-23	12	5		2025-02-23	2024-03-01
24	임희정	육아휴직	2023-09-15	5	24	2025-09-15	임희정	TV	2024-01-29	9	5		2024-10-29	2024-02-05
25	변현진	육아휴직	2022-05-05	4	24	2024-05-05	변현진	세탁기	2024-01-29	3	14		2024-04-29	2024-02-16
26														

출제유형 2 '날짜시간2' 시트에서 다음의 지시사항을 처리하시오.

① [표1]의 진급시험일로부터 기준일[E1]까지의 남은기간을 일(day)수로 계산하여 [D3:D10] 영역에 표시하시오.
   ▶ DAYS 함수 사용

② [표1]의 진급시험일로부터 기준일[E1]까지의 남은기간 중 공휴일[표2]과 주말을 제외한 평일의 일(day)수를 [E3:E10] 영역에 계산하시오.
   ▶ NETWORKDAYS 함수 사용

③ [표3]의 주문일의 일련번호를 [D15:D22] 영역에 표시하시오.
   ▶ 요일 구분 계산 시 월요일이 1인 옵션 사용
   ▶ WEEKDAY 함수 사용

④ [표3]의 주문일로부터 결제 기한[E13]이 경과한 결제마감일을 [E15:E22] 영역에 계산하시오.
   ▶ WORKDAY 함수 사용

문제해결

① [D3]셀에 「=DAYS(C3,$E$1)」를 입력한 뒤 [D10]까지 수식을 복사한다.
② [E3]셀에 「=NETWORKDAYS($E$1,C3,$H$3:$H$10)」를 입력한 뒤 [E10]까지 수식을 복사한다.
③ [D15]셀에 「=WEEKDAY(C15,2)」를 입력한 뒤 [D22]까지 수식을 복사한다.
④ [E15]셀에 「=WORKDAY(C15,$E$13)」를 입력한 뒤 [E22]까지 수식을 복사한다.

계산결과

	A	B	C	D	E	F	G	H
1	[표1]			기준일 :	2024-01-01		[표2] 공휴일	
2	학생명	직위	진급시험일	① 남은기간	② 남은기간(평일)		휴일	날짜
3	김형기	사원	2024-04-19	109	80		신정	1월 1일
4	김정수	부장	2024-04-23	113	82		설연휴	1월 31일
5	최재형	대리	2024-04-26	116	85		설연휴	2월 1일
6	김규옥	부장	2024-05-04	124	90		설연휴	2월 2일
7	이수원	부장	2024-05-22	142	103		3/1절	3월 1일
8	신오영	사원	2024-06-02	153	110		선거일	3월 9일
9	임희정	과장	2024-05-08	128	93		어린이날	5월 5일
10	변현진	대리	2024-05-08	128	93		현충일	6월 6일
11								
12								
13	[표3]			결제 기한 :	7			
14	고객명	상품명	주문일	③ 요일 구분	④ 결제마감			
15	강경민	냉장고	2024-01-10	평일	2024-01-19			
16	송나라	TV	2024-01-14	주말	2024-01-23			
17	이민욱	가습기	2024-01-17	평일	2024-01-26			
18	홍성아	세탁기	2024-01-25	평일	2024-02-05			
19	김아라	제습기	2024-02-12	평일	2024-02-21			
20	손석희	냉장고	2024-02-24	주말	2024-03-05			
21	오나영	TV	2024-01-29	평일	2024-02-07			
22	최송길	세탁기	2024-01-29	평일	2024-02-07			
23								

CHAPTER 03 수학/삼각 함수

■ 작업파일 스프레드시트/작업파일/계산작업/2-3-수학삼각.xlsx

◉ SUM : 인수들의 합계를 표시

형식	예제	결과
=SUM(숫자 혹은 범위)	=SUM(10,20,30)	60

◉ SUMIF : 조건을 만족하는 데이터의 합계를 표시

형식	=SUMIF(조건범위,조건,합계범위)
예제	=SUMIF(부서범위,"총무부",매출범위) =SUMIF(A1:A10,"총무부",C1:C10)
결과	부서(A1:A10)가 "총무부"인 사원의 매출(C1:C10) 합계

◉ SUMIFS : 조건들을 만족하는 데이터의 합계를 표시

형식	=SUMIFS(합계범위,조건범위1,조건1,조건범위2,조건2,…)
예제	=SUMIFS(매출범위,부서범위,"총무부",호봉범위,">=5") =SUMIFS(C1:C10,A1:A10,"총무부",D1:D10,">=5")
결과	부서(A1:A10)가 "총무부"이면서 호봉(D1:D10)이 5이상인 사원의 매출(C1:C10) 합계

◉ INT/TRUNC : 실수를 정수로 내려서/버려서 표시

형식	예제	결과
=INT(숫자)	=INT(12.34) / INT(-12.34)	12 / -13
=TRUNC(숫자,[자릿수])	=TRUNC(12.34) / TRUNC(-12.34)	12 / -12

◉ ROUND/ROUNDUP/ROUNDDOWN : 숫자 인수에서 자릿수까지 반올림/올림/내림하여 표시

형식	예제	결과
=ROUND(숫자,자릿수)	=ROUND(26.132,2)	26.13
=ROUNDUP(숫자,자릿수)	=ROUNDUP(26.132,2)	26.14
=ROUNDDOWN(숫자,자릿수)	=ROUNDDOWN(26.132,2)	26.13

▶ 자릿수 지정하기 (실수 246,563.13684 반올림 하는 경우)

백의 자리	십의 자리	일의 자리	.	소수 첫째자리	소수 둘째자리	소수 셋째자리
-3	-2	-1	0	1	2	3
247,000	246,600	246,560	246,563	246,563.1	246,563.14	246,563,137

▶ ABS : 숫자의 절대값을 표시

형식	예제	결과
=ABS(숫자)	=ABS(-123)	123

▶ SQRT/FACT/POWER : 숫자 인수의 제곱근/계승/거듭제곱 값을 표시

형식	예제	결과
=SQRT(숫자)	=SQRT(9)	3($\sqrt{9}$)
=FACT(숫자)	=FACT(4)	24(1×2×3×4)
=POWER(숫자1,숫자2)	=POWER(2,3)	8(2×2×2)

▶ QUOTIENT/MOD : 숫자1을 숫자2로 나눈 몫/나머지 표시

형식	예제	결과
=QUOTIENT(숫자1,숫자2)	=QUOTIENT(20,3)	6
=MOD(숫자1,숫자2)	=MOD(20,3)	2

▶ PRODUCT : 숫자 인수들의 곱을 표시

형식	예제	결과
=PRODUCT(숫자 또는 범위)	=PRODUCT(1,2,3)	6(1×2×3)

▶ SUMPRODUCT : 숫자 범위의 대응 값끼리 곱한 값들의 누적된 합계를 표시

형식	예제	결과
=SUMPRODUCT(범위1,범위2,...)	=SUMPRODUCT({1,2,3},{2,4,6})	28(1×2+2×4+3×6)

출제유형 1 '수학삼각1' 시트에서 다음의 지시사항을 처리하시오.

① [표1]의 기본급과 수당률을 이용하여 [E3:E10] 영역에 성과수당을 계산하여 백의 자리에서 반올림하여 표시하시오.
- ▶ 성과수당 = 기본급 × 수당률
- ▶ 표시 예 : 128,320 → 128,000
- ▶ ROUND 함수 사용

② [표1]의 목표수량과 판매수량의 차이를 계산하여 [H3:H10] 영역에 실적차이를 양수(절대값)로 표시하시오.
- ▶ ABS 함수 사용

③ [표1]의 목표수량과 판매수량을 이용하여 [I3:I10] 영역에 달성률(%)을 계산하여 정수로 표시하시오.
- ▶ 달성률 = 판매수량 ÷ 목표수량 × 100
- ▶ INT 함수 사용

④ [표2]에서 직위가 '사원'인 직원들의 기본급 합계를 [D22] 셀에 계산하시오.
- ▶ SUMIF 함수 사용

⑤ [표3]에서 직위가 '사원'이 아니면서 목표량이 200이상인 직원들의 기본급 합계를 [I22] 셀에 계산하시오.
- ▶ SUMIFS 함수 사용

문제해결

① [E3]셀에 「=ROUND(C3*D3,−3)」를 입력한 뒤 [E10]까지 수식을 복사한다.
② [H3]셀에 「=ABS(F3−G3)」를 입력한 뒤 [H10]까지 수식을 복사한다.
③ [I3]셀에 「=INT(G3/F3*100)」를 입력한 뒤 [I10]까지 수식을 복사한다.
④ [D22]셀에 「=SUMIF(B14:B21,B18,D14:D21)」를 입력한다.
⑤ [I22]셀에 「=SUMIFS(I14:I21,G14:G21,"<>사원",H14:H21,">=200")」를 입력한다.

계산결과

	A	B	C	D	E	F	G	H	I
1	[표1] 직원별 실적 조회								
2	직원명	직위	기본급	수당률	① 성과수당	목표수량	판매수량	② 실적차이	③ 달성률(%)
3	김형기	부장	2,550,000	5.0%	128,000	6,000	7,200	1,200	120
4	김정수	부장	2,650,000	5.0%	133,000	6,000	3,900	2,100	65
5	최재형	과장	2,450,000	4.5%	110,000	5,000	7,800	2,800	156
6	김규옥	대리	1,850,000	3.0%	56,000	4,000	4,920	920	123
7	이수원	과장	2,000,000	4.5%	90,000	5,000	3,900	1,100	78
8	신오영	대리	1,950,000	3.0%	59,000	4,000	4,400	400	110
9	임희정	사원	1,650,000	2.5%	41,000	3,000	4,020	1,020	134
10	변현진	사원	1,450,000	2.5%	36,000	3,000	2,760	240	92
11									
12	[표2] 직원별 급여 내역				[표3] 직원별 급여 내역				
13	직원명	직위	수당률	기본급	직원명	직위	목표량	기본급	
14	김상권	부장	5.0%	2,550,000	김시우	부장	281	2,550,000	
15	김성현	과장	4.5%	2,000,000	성인모	과장	152	2,650,000	
16	김영돈	대리	3.0%	1,950,000	손국진	대리	365	2,450,000	
17	지영근	부장	5.0%	2,650,000	양미옥	부장	288	1,850,000	
18	곽병찬	사원	2.5%	1,650,000	김지택	사원	183	2,000,000	
19	나미널	과장	4.5%	2,450,000	박효신	과장	257	1,950,000	
20	장성원	사원	2.5%	1,450,000	이국진	사원	314	1,650,000	
21	오승철	대리	3.0%	1,850,000	이한나	대리	215	1,450,000	
22	④ 직위가 사원인 기본급 합계			3,100,000	⑤ 사원이 아니면서 목표량이 200이상			10,250,000	
23									

출제유형 2 '수학삼각2' 시트에서 다음의 지시사항을 처리하시오.

① [표1]의 1분기, 2분기, 3분기, 4분기 금액 합계를 백의 자리에서 내림하여 표시하는 누적금액을 [H4:H11] 영역에 계산하시오.
  ▶ 표시 예 : 1,185,230 → 1,185,000
  ▶ ROUNDDOWN, SUM 함수 사용

② [표1]의 1분기, 2분기, 3분기, 4분기 데이터와 분기별 적립금 비율[D2:G2]을 이용하여 [I4:I11] 영역에 적립금을 계산하시오.
  ▶ 각 분기별로 금액에 적립금 비율을 곱한 값들의 누적합계로 계산할 것
  ▶ SUMPRODUCT 함수 사용

③ [표2]에서 구매수량을 포장단위[F14]로 나눈 몫을 계산하여 [E16:E23] 영역에 박스포장 개수를 계산하시오.
  ▶ QUOTIENT, MOD 중 알맞은 함수 선택 사용

④ [표2]에서 구매수량을 포장단위[F14]로 나눈 나머지를 계산하여 [F16:F23] 영역에 개별포장 개수를 계산하시오.
  ▶ QUOTIENT, MOD 중 알맞은 함수 선택 사용

⑤ [표2]에서 지역이 '인천'인 고객들의 구매수량 합계를 [D24] 셀에 계산하시오.
  ▶ 표시 예 : 560개
  ▶ SUMIF 함수와 & 연산자 사용

문제해결 🔑

① [H4]셀에 「=ROUNDDOWN(SUM(D4:G4),-3)」를 입력한 뒤 [H11]까지 수식을 복사한다.
② [I4]셀에 「=SUMPRODUCT($D$2:$G$2,D4:G4)」를 입력한 뒤 [I11]까지 수식을 복사한다.

=SUMPRODUCT($D$2:$G$2,D4:G4)
각 범위 안에서 대응되는 값끼리 곱한 값들의 합을 계산하여 표시 D2 * D4 + E2 * E4 + F2 * F4 + G2 * G4 3% * 579000 + 2% * 295200 + 3% *246000 + 2% * 720000

③ [E16]셀에 「=QUOTIENT(D16,$F$14)」를 입력한 뒤 [E23]까지 수식을 복사한다.
④ [F16]셀에 「=MOD(D16,$F$14)」를 입력한 뒤 [F23]까지 수식을 복사한다.
⑤ [D24]셀에 「=SUMIF(B16:B23,B19,D16:D23)&"개"」를 입력한다.

계산결과

	A	B	C	D	E	F	G	H	I
1				\multicolumn{4}{c}{분기별 적립금 비율}		
2	[표1]	고객별 구매 현황		3%	2%	3%	2%		
3	고객명	지역	가입일	1분기	2분기	3분기	4분기	① 누적금액	② 적립금
4	강경민	서울	2024-01-10	579,000	295,200	246,000	720,000	1,840,000	45,054
5	송나라	경기	2024-01-14	164,000	700,800	584,000	605,280	2,054,000	48,562
6	이민욱	서울	2024-01-17	345,000	738,000	615,000	480,150	2,178,000	53,163
7	홍성아	인천	2024-01-25	642,000	466,800	389,000	1,212,500	2,710,000	64,516
8	김아라	수원	2024-02-12	469,000	465,600	388,000	240,000	1,562,000	39,822
9	손석희	경기	2024-02-24	246,000	762,000	635,000	441,000	2,084,000	50,490
10	오나영	인천	2024-01-29	584,000	594,000	495,000	980,000	2,653,000	63,850
11	최승길	수원	2024-01-29	615,000	770,400	642,000	204,000	2,231,000	57,198
12									
13									
14	[표2]	고객별 구매 내역			포장단위 :	24			
15	고객명	지역	구매일	구매수량	③ 박스포장	④ 개별포장			
16	김시우	서울	2024-01-10	282	11	18			
17	성인모	경기	2024-01-14	152	6	8			
18	손국진	서울	2024-01-17	356	14	20			
19	양미옥	인천	2024-01-25	290	12	2			
20	김지택	수원	2024-02-12	182	7	14			
21	박효신	경기	2024-02-24	256	10	16			
22	이국진	인천	2024-01-29	314	13	2			
23	이한나	수원	2024-01-29	215	8	23			
24	⑤ 인천 지역의 구매수량 합계			604개					
25									

작업파일 스프레드시트/작업파일/계산작업/2-4-통계.xlsx

CHAPTER 04 통계 함수

● AVERAGE : 인수들의 평균을 표시

형식	예제	결과
=AVERAGE(숫자 혹은 범위)	=AVERAGE(10,20,30)	20

● AVERAGEIF : 조건을 만족하는 데이터의 평균을 표시

형식	=AVERAGEIF(조건범위,조건,평균범위)
예제	=AVERAGEIF(부서범위,"총무부",매출범위) =AVERAGEIF(A1:A10,"총무부",C1:C10)
결과	부서(A1:A10)가 "총무부"인 사원의 매출(C1:C10) 평균

● AVERAGEIFS : 조건들을 만족하는 데이터의 평균을 표시

형식	=AVERAGEIFS(평균범위,조건범위1,조건1,조건범위2,조건2,…)
예제	=AVERAGEIFS(매출범위,부서범위,"총무부",호봉범위,">=5") =AVERAGEIFS(C1:C10,A1:A10,"총무부",D1:D10,">=5")
결과	부서(A1:A10)가 "총무부"이면서 호봉(D1:D10)이 5이상인 사원의 매출(C1:C10) 평균

● MEDIAN : 인수들의 중간값을 표시

형식	예제	결과
=MEDIAN(숫자 혹은 범위)	=MEDIAN(10,20,30)	20

● MAX/MAXA : 인수들 중 최대값을 표시

형식	예제	결과
=MAX(숫자 혹은 범위)	=MAX(10,20,30)	30
=MAXA(숫자 혹은 범위)	=MAXA(0,0.5,TRUE)	1(TRUE)

◉ MIN/MINA : 인수들 중 최소값을 표시

형식	예제	결과
=MIN(숫자 혹은 범위)	=MIN(10,20,30)	10
=MINA(숫자 혹은 범위)	=MINA(1,0.5,FALSE)	0(FALSE)

◉ LARGE/SMALL : 범위 내에서 지정한 '번째 수' 만큼 큰/작은 값을 표시

형식	예제	결과
=LARGE(범위,번째 수)	=LARGE({10,20,30},1)	30
=SMALL(범위,번째 수)	=SMALL({10,20,30},1)	10

◉ STDEV.S/VAR.S : 표본 범위의 표준편차/분산 값을 표시

형식	예제	결과
=STDEV.S(숫자 혹은 범위)	=STDEV.S(10,30,50)	20
=VAR.S(숫자 혹은 범위)	=VAR.S(10,30,50)	400

◉ MODE.MULT/MODE.SNGL : 범위 내의 최대 빈도값을 표시

[MODE.MULT] 빈도값이 2개 이상이면 모두 표시, [MODE.SNGL] 빈도값이 2개 이상이면 하나만 표시

형식	예제	결과
=MODE.SNGL(숫자 혹은 범위)	=MODE.SNGL(10,20,10,10,30,20,40)	10

◉ RANK.EQ/RANK.AVG : 범위 내에서 기준의 순위를 구하여 표시

[옵션0] 내림차순(큰 숫자가 상위), [옵션1] 오름차순(작은 숫자가 상위)

[RANK.EQ] 동률이면 높은 순위가 반환, [RANK.AVG] 동률이면 평균 순위가 반환

형식	예제	결과
=RANK.EQ(기준,열/행범위,[옵션])	=RANK.EQ(10,{10,20,30},0)	3

◉ PERCENTILE.INC/PERCENTILE.EXC : 범위 내에서 지정한 백분위(0~1)에 해당하는 값을 표시

[PERCENTILE.INC] 백분위 경계값(0,1) 포함, [PERCENTILE.EXC] 백분위 경계값(0,1) 불포함

형식	예제	결과
=PERCENTILE.INC(범위,백분위)	=PERCENTILE.INC({10,20,30,40,50},0.3)	22

● COUNT/COUNTA/COUNTBLANK : 범위 내에서 숫자 값/공백이 아닌 값/공백 값인 셀의 개수를 표시

형식	예제	결과
=COUNT(범위)	=COUNT(10,20,"","A","나")	2
=COUNTA(범위)	=COUNTA(10,20,"","A","나")	4
=COUNTBLANK(범위)	=COUNTBLANK(10,20,"","A","나")	1

● COUNTIF : 조건을 만족하는 값의 개수를 표시

형식	=COUNTIF(조건범위,조건)
예제	=COUNTIF(부서범위,"총무부") =COUNTIF(A1:A10,"총무부")
결과	부서(A1:A10)가 "총무부"인 사원의 인원수

● COUNTIFS : 조건들을 만족하는 값의 개수를 표시

형식	=COUNTIFS(조건범위1,조건1,조건범위2,조건2,…)
예제	=COUNTIFS(부서범위,"총무부",호봉범위,">=5") =COUNTIFS(A1:A10,"총무부",D1:D10,">=5")
결과	부서(A1:A10)가 "총무부"이면서 호봉(D1:D10)이 5이상인 사원의 인원수

● FREQUENCY : 빈도수를 세로 배열 형태로 표시([Ctrl]+[Shift]+[Enter]로 마무리)

형식	=FREQUENCY(데이터범위,비교범위)
예제	=FREQUENCY(매출액범위,구간범위) =FREQUENCY(A1:A20,H1:H5) 입력 후 [Ctrl]+[Shift]+[Enter]
결과	구간(H1:H5) 범위별 매출액(A1:A20)의 빈도수를 표시

출제유형 1 '통계1' 시트에서 다음의 지시사항을 처리하시오.

① [표1]의 컴퓨터개론, 전자계산학, 시스템분석 3과목의 평균점수를 [F3:F10] 영역에 소수 첫째자리 까지만 남기고 모두 버려 표시하시오.
  ▶ 표시 예 : 83.666 → 86.6
  ▶ AVERAGE, TRUNC 함수 사용

② [표1]의 컴퓨터개론, 전자계산학, 시스템분석 과목 중 점수가 70점 이상인 이수과목수를 계산하여 [H3:H10] 영역에 표시하시오.
  ▶ COUNTIF 함수 사용

③ [표1]에서 총점이 높은 수험자가 1위이 되도록 순위를 구하여 [I3:I10] 영역에 표시 예(3위)와 같이 표시하시오.
  ▶ RANK.EQ 함수와 & 연산자 사용

④ [표1]에서 총점이 백분위 70% 이상인 인원수를 [K4] 셀에 표시 예(2명)와 같이 표시하시오.
  ▶ COUNTIF, PERCENTILE.INC 함수와 & 연산자 사용
⑤ [표1]에서 전공이 일반사무가 아니면서 총점이 250점 미만인 수험자들의 총점 평균을 [K8] 셀에 계산하시오.
  ▶ 평균은 반올림하여 정수로 표시할 것 (표시 예 : 233.56 → 234)
  ▶ AVERAGEIFS, ROUND 함수 사용
⑥ [표2]에서 직원과 '과장'인 직원들의 기본급 평균을 [D22] 셀에 계산하시오.
  ▶ AVERAGEIF 함수 사용
⑦ [표3]에서 목표량이 전체 목표량의 평균 이상인 직원수를 [I22] 셀에 표시 예(2명)과 같이 표시하시오.
  ▶ COUNTIF, AVERAGE 함수와 & 연산자 사용
⑧ [표2]에서 근무년수가 가장 많은 항목의 기본급 총계를 [K15] 셀에 계산하시오.
  ▶ SUMIF, MODE.SNGL 함수 사용

문제해결 🔑

① [F3]셀에 「=TRUNC(AVERAGE(C3:E3),1)」를 입력한 뒤 [F10]까지 수식을 복사한다.
② [H3]셀에 「=COUNTIF(C3:E3,">=70")」를 입력한 뒤 [H10]까지 수식을 복사한다.
③ [I3]셀에 「=RANK.EQ(G3,$G$3:$G$10,0)&"위"」를 입력한 뒤 [I10]까지 수식을 복사한다.

=RANK.EQ(G3,$G$3:$G$10,0)&"위"
RANK.EQ의 3번째 인수인 옵션은 0(내림)과 1(오름)이 있다. 해당 문제에서는 높은 점수가 우선 순위로 처리되어야 하기 때문에 내림차순 옵션을 선택한다.

④ [K4]셀에 「=COUNTIF(G3:G10,">="&PERCENTILE.INC($G$3:$G$10,0.7))&"명"」를 입력한다.

=COUNTIF(G3:G10,">="&PERCENTILE.INC($G$3:$G$10,0.7))&"명"	
COUNTIF(G3:G10,❶)&"명"	'총점' 범위 중 ❶조건을 만족하는 값을 계산하고 "명"을 붙여 표시
❶ ">="&PERCENTILE.INC($G$3:$G$10,0.7)	'총점' 범위의 백분위 70%' 이상인지 여부를 판단

⑤ [K8]셀에 「=ROUND(AVERAGEIFS(G3:G10,B3:B10,"<>일반사무",G3:G10,"<250"),0)」를 입력한다.
⑥ [D22]셀에 「=AVERAGEIF(A14:A21,A15,D14:D21)」 또는 「=AVERAGEIF(A14:A21,"과장",D14:D21)」를 입력한다.
⑦ [I22]셀에 「=COUNTIF(H14:H21,">="&AVERAGE($H$14:$H$21))&"명"」를 입력한다.

=COUNTIF(H14:H21,">="&AVERAGE($H$14:$H$21))&"명"	
COUNTIF(H14:H21,❶)&"명"	'목표량' 범위 중 ❶조건을 만족하는 값을 계산하고 "명"을 붙여 표시
❶ ">="&AVERAGE($H$14:$H$21)	'목표량 범위의 평균' 이상인지 여부를 판단

⑧ [K15]셀에 「=SUMIF(B14:B21,MODE.SNGL(B14:B21),D14:D21)」를 입력한다.

=SUMIF(B14:B21,MODE.SNGL(B14:B21),D14:D21)	
SUMIF(B14:B21,❶,D14:D21)	'근무년수' 영역에서 ❶ 조건을 만족하는 '기본급'의 총계를 표시
❶ MODE.SNGL(B14:B21)	'근무년수' 영역에서의 최대 빈도 값을 표시

계산결과

	A	B	C	D	E	F	G	H	I	J	K
1	[표1]	수험자별 점수 현황									
2	수험자	전공	컴퓨터개론	전자계산학	시스템분석	① 평균점수	총점	② 이수과목수	③ 순위		④ 총점 70% 이상 인원수
3	김형기	전기전자	75	85	91	84	251	3	3위		3명
4	김정수	컴퓨터	68	62	72	67.3	202	1	8위		
5	최재형	전기전자	78	80	90	82.6	248	3	4위		
6	김규옥	일반사무	63	79	89	77	231	2	5위		⑤ 전산전공 총점 평균
7	이수원	경영	83	85	97	88.3	265	3	2위		226
8	신오영	컴퓨터	65	77	82	74.6	224	2	7위		
9	임희정	일반사무	78	99	89	88.6	266	3	1위		
10	변현진	경영	82	78	69	76.3	229	2	6위		
11											
12	[표2]	직원별 급여 내역				[표3]	직원별 급여 내역				
13	직위	근무년수	수당률	기본급		직원명	직위	목표량	기본급		⑧ 최다 근무년수 기본급 총계
14	부장	10	5.0%	2,550,000		김시우	부장	281	2,550,000		6,300,000
15	과장	6	4.5%	2,000,000		성인모	과장	152	2,650,000		
16	대리	4	3.0%	1,950,000		손국진	대리	365	2,450,000		
17	부장	8	5.0%	2,650,000		양미옥	부장	288	1,850,000		
18	사원	2	2.5%	1,650,000		김지택	사원	183	2,000,000		
19	과장	6	4.5%	2,450,000		박효신	과장	257	1,950,000		
20	사원	2	2.5%	1,450,000		이국진	사원	314	1,650,000		
21	대리	6	3.0%	1,850,000		이한나	대리	215	1,450,000		
22	⑥ 직위가 과장인 기본급 평균			2,225,000		⑦ 목표량이 평균 이상인 직원수			5명		

출제유형 2 '통계2' 시트에서 다음의 지시사항을 처리하시오.

① [표1]에서 1분기부터 4분기 금액 중 최고금액과 최소금액의 차이를 [I3:I10] 영역에 계산하시오.
  ▶ MAX, MIN 함수 사용

② [표1]의 반품액을 기준으로 순위를 구하여 [J3:J10] 영역에 구매완료를 표시 예(3순위)와 같이 표시하시오.
  ▶ 반품액 값이 적으면 1순위 적용
  ▶ RANK.EQ 함수와 & 연산자 사용

③ [표1]에서 반품액의 표준편차를 [H11] 셀에 계산하시오.
  ▶ VAR.S, STDEV.S 함수 중 알맞은 함수 사용

④ [표1]에서 빈도수가 높은 고객유형의 반품액 평균을 [H12] 셀에 계산하시오.
  ▶ AVERAGEIF, MODE.SNGL 함수 사용

⑤ [표2]에서 수험자별 1과목, 2과목, 3과목의 평균이 전체 과목 평균 이상이라면 "우수" 아니라면 공란으로 계산하여 [G17:G24] 영역에 합격여부를 표시하시오.
  ▶ IF, AVERAGE 함수 사용

⑥ [표2]에서 총점을 기준으로 점수가 높은 상위 3명은 순위[H17:H24]를 표시 예(1위)와 같이 표시하고 나머지는 공란으로 표시하시오.
  ▶ IF, RANK.EQ 함수와 & 연산자 사용

⑦ [표2]의 응시여부를 이용하여 시험에 응시한 인원수를 표시 예(3명)과 같이 [F25] 셀에 표시하시오.
  ▶ COUNT, COUNTA, COUNTBLANK 중 알맞은 함수와 & 연산자 사용

⑧ [표2]의 응시여부를 이용하여 시험에 응시하지 않은 인원수를 표시 예(2명)과 같이 [F26] 셀에 표시하시오.
  ▶ COUNTIF 함수와 & 연산자 사용

문제해결 🔑

① [I3]셀에 「=MAX(D3:G3)-MIN(D3:G3)」를 입력한 뒤 [I10]까지 수식을 복사한다.
② [J3]셀에 「=RANK.EQ(H3,$H$3:$H$10,1)&"순위"」를 입력한 뒤 [J10]까지 수식을 복사한다.
③ [H11]셀에 「=STDEV.S(H3:H10)」를 입력한다.
④ [H12]셀에 「=AVERAGEIF(C3:C10,MODE.SNGL(C3:C10),H3:H10)」를 입력한다.

=AVERAGEIF(C3:C10,MODE.SNGL(C3:C10),H3:H10)	
AVERAGEIF(C3:C10,❶,H3:H10)	'고객유형' 필드 중 ❶조건을 만족하는 '반품액'의 평균을 계산
❶ MODE.SNGL(C3:C10)	'고객유형' 범위 안에서 최대 빈도값을 표시 → 2

⑤ [G17]셀에 「=IF(AVERAGE(B17:D17)>=AVERAGE($B$17:$D$24),"우수","")」를 입력한 뒤 [G24]까지 수식을 복사한다.
⑥ [H17]셀에 「=IF(RANK.EQ(E17,$E$17:$E$24,0)<=3,RANK.EQ(E17,$E$17:$E$24,0)&"위","")」를 입력한 뒤 [H24]까지 수식을 복사한다.

=IF(RANK.EQ(E17,$E$17:$E$24,0)<=3,RANK.EQ(E17,$E$17:$E$24,0)&"위","")	
IF(❶,❷,"")	❶조건을 만족하면 ❷를 표시하고 아니면 ""(공란)을 표시
❶ RANK.EQ(E17,$E$17:$E$24,0)<=3	'총점'의 내림차순 순위가 3이하면(1~3) True를 반환
❷ RANK.EQ(E17,$E$17:$E$24,0)&"위"	구해진 순위에 "위"를 붙여 표시

⑦ [F25]셀에 「=COUNTA(F17:F24)&"명"」를 입력한다.
⑧ [F26]셀에 「=COUNTIF(F17:F24,"")&"명"」를 입력한다.

계산결과 💡

	A	B	C	D	E	F	G	H	I	J
1	[표1]	고객별 구매 현황								
2	고객명	지역	고객유형	1분기	2분기	3분기	4분기	반품액	① 최고-최소	② 구매완료
3	강경민	서울	1	579,000	295,200	246,000	720,000	20,300	474,000	3순위
4	송나라	경기	1	164,000	700,800	584,000	605,280	26,110	536,800	6순위
5	이민욱	서울	2	345,000	738,000	615,000	480,150	24,400	393,000	5순위
6	홍성아	인천	4	642,000	466,800	389,000	1,212,500	33,600	823,500	8순위
7	김아라	수원	3	469,000	465,600	388,000	240,000	14,110	229,000	1순위
8	손석희	경기	2	246,000	762,000	635,000	441,000	24,100	516,000	4순위
9	오나영	인천	4	584,000	594,000	495,000	980,000	31,500	485,000	7순위
10	최송길	수원	2	615,000	770,400	642,000	204,000	19,500	566,400	2순위
11				③ 반품액의 표준편차				6,377		
12				④ 가장 많은 고객유형의 반품액 평균				22,667		
13										
14										
15	[표2]	수험자별 점수 현황								
16	수험자	1과목	2과목	3과목	총점	응시여부	⑤ 합격여부	⑥ 순위		
17	김형기	75	85	91	251	O		3위		
18	김정수	68	62	43	173	O				
19	최재형	0	0	0	0					
20	김규옥	63	79	89	231	O	우수			
21	이수원	83	85	97	265	O	우수	2위		
22	신오영	65	62	58	185	O				
23	임희정	78	99	89	266	O	우수	1위		
24	변현진	82	78	69	229	O	우수			
25				⑦ 시험 응시인원		7명				
26				⑧ 시험 미응시인원		1명				
27										

CHAPTER 05 정보/논리 함수

■ 작업파일 스프레드시트/작업파일/계산작업/2-5-정보논리.xlsx

● ISERROR : 인수의 오류 여부를 판단하여 표시(오류라면 TRUE, 아니면 FALSE)

형식	예제	결과
=ISERROR(인수)	=ISERROR(#VALUE)	TRUE

● ISBLANK : 인수의 공백 여부를 판단하여 표시(공백이면 TRUE, 아니면 FALSE)

형식	예제	결과
=ISBLANK(인수)	=ISBLANK(" ")	TRUE

● ISNUMBER/ISTEXT : 인수의 숫자/문자 여부를 판단하여 표시(숫자/문자라면 TRUE, 아니면 FALSE)

형식	예제	결과
=ISNUMBER(인수)	=ISNUMBER("가")	FALSE
=ISTEXT(인수)	=ISTEXT("가")	TRUE

● ISODD/ISEVEN : 인수의 홀수/짝수 여부를 판단하여 표시(홀수/짝수라면 TRUE, 아니면 FALSE)

형식	예제	결과
=ISODD(인수)	=ISODD(10)	FALSE
=ISEVEN(인수)	=ISEVEN(10)	TRUE

● IF : 조건을 만족하면 참 값을 아니라면 거짓 값을 표시

형식	예제	결과
=IF(조건,참,거짓)	=IF(평균>=70,"합격","불합격") =IF(B3>=70,"합격","불합격")	평균(B3)값이 70이상이면 "합격", 아니라면 "불합격" 표시

● AND : 모든 조건이 참이면 TRUE, 아니면 FALSE를 표시

형식	예제	결과
=AND(조건1,조건2,....)	=AND(10>5,10>20)	FALSE

OR : 한 조건이라도 참이면 TRUE, 아니면 FALSE를 표시

형식	예제	결과
=OR(조건1,조건2,....)	=OR(10>5,10>20)	TRUE

NOT : 논리식의 결과를 반대로 표시

형식	예제	결과
=NOT(조건)	=NOT(10>5)	FALSE

TRUE/FALSE : 논리값을 TRUE/FALSE로 표시

형식	예제	결과
=TRUE( )	=TRUE( )	TRUE
=FALSE( )	=FALSE( )	FALSE

IFERROR : 수식에 오류가 있으면 '오류 시 표시될 값'을 반환하여 표시

형식	예제	결과
=IFERROR(수식,오류 시 표시될 값)	=IFERROR(#VALUE,"입력오류")	입력오류

IFS : 하나 이상의 조건이 충족되는지 확인하고 n번째 조건에 해당하는 n번째 참값을 반환하여 표시

형식	예제	결과
=IFS(조건1,참1,조건2,참2,...)	=IFS(평균>=70,"합격",평균<70,"불합격") =IFS(B3>=70,"합격",B3<70,"불합격")	평균(B3)값이 70이상이면 "합격", 70 미만이면 "불합격" 표시

SWITCH : 평가값이 비교값과 일치하는 결과값을 반환하여 표시하고, 모든 값과 불일치하는 경우 기본값을 반환하여 표시

형식	예제	결과
=SWITCH(평가값,비교값1,결과값1,비교값2,결과값2,...,기본값)	=SWITCH(등급,"A","우수","B","보통","부적합") =SWITCH(B3,"A","우수","B","보통","부적합")	등급(B3)값이 "A"면 "우수", "B"면 "보통" 나머지는 "부적합"으로 표시

출제유형 1 '정보1' 시트에서 다음의 지시사항을 처리하시오.

① [표1]의 수량이 홀수인지 여부를 판단하여 [D3:D13] 영역에 표시하시오.
  ▶ ISODD 함수 사용
② [표1]의 수량이 짝수인지 여부를 판단하여 [E3:E13] 영역에 표시하시오.
  ▶ ISEVEN 함수 사용
③ [표1]의 할인율이 연산 가능한 숫자인지 여부를 판단하여 [G3:G13] 영역에 표시하시오.
  ▶ ISNUMBER 함수 사용

④ [표1]에서 할인율과 매출을 곱한 할인금액 값의 오류 여부를 판단하여 [I3:I13] 영역에 표시하시오.
▶ 할인금액 = 할인율 × 매출
▶ ISERROR 함수 사용

문제해결

① [D3]셀에 「=ISODD(C3)」를 입력한 뒤 [D13]까지 수식을 복사한다.
② [E3]셀에 「=ISEVEN(C3)」를 입력한 뒤 [E13]까지 수식을 복사한다.
③ [G3]셀에 「=ISNUMBER(F3)」를 입력한 뒤 [G13]까지 수식을 복사한다.
④ [I3]셀에 「=ISERROR(F3*H3)」를 입력한 뒤 [I13]까지 수식을 복사한다.

계산결과

	A	B	C	D	E	F	G	H	I
1	[표1]		제품별 원가 및 재고수량 목록						
2	제품이름	단가	수량	① 홀수	② 짝수	할인율	③ 계산가능여부	매출	④ 오류여부
3	바나나우유	33,000	32	FALSE	TRUE	3%	TRUE	1,056,000	FALSE
4	생딸기우유	19,000	95	TRUE	FALSE	5%	TRUE	1,805,000	FALSE
5	트로피컬칵테일	5,000	65	TRUE	FALSE	5%	TRUE	325,000	FALSE
6	태양어묵	26,000	3	TRUE	FALSE	none	FALSE	78,000	TRUE
7	진한생크림	9,000	30	FALSE	TRUE	3%	TRUE	270,000	FALSE
8	고소한치즈	18,000	80	FALSE	TRUE	5%	TRUE	1,440,000	FALSE
9	내동참치	18,000	5	TRUE	FALSE	none	FALSE	90,000	TRUE
10	대선딸기소스	20,000	134	FALSE	TRUE	12%	TRUE	2,680,000	FALSE
11	구워먹는치즈	31,000	53	TRUE	FALSE	5%	TRUE	1,643,000	FALSE
12	스트링화이트치즈	21,000	70	FALSE	TRUE	5%	TRUE	1,470,000	FALSE
13	베트남원두커피	13,000	15	TRUE	FALSE	none	FALSE	195,000	TRUE
14									

출제유형 2 '논리1' 시트에서 다음의 지시사항을 처리하시오.

① [표1]의 서류 점수가 60이상이면 "O" 아니라면 "X"로 1차[C3:C11] 영역에 표시하시오.
▶ IF 함수 사용
② [표1]의 필기와 실기 점수 모두 70이상이면 "합격" 아니라면 "불합격"으로 2차[F3:F11] 영역에 표시하시오.
▶ IF, AND, OR 중 알맞은 함수 사용
③ [표1]의 면접 점수가 90점 이상이면 "A", 80점 이상이면 "B", 70점 이상이면 "C" 나머지는 공란으로 3차 [H3:H11] 영역에 표시하시오.
▶ IFS 함수 사용
④ [표1]의 필기 또는 실기 점수가 80점 이상이면서, 면접 점수가 80점 이상이면 "입사확정" 아니라면 공란으로 최종[I3:I11] 영역에 표시하시오.
▶ IF, AND, OR 함수 사용
⑤ [표2]의 판매량이 400이상이면 기본급에 5%를 곱하고, 판매량이 200이상이면 기본급에 3%를 곱하고, 나머지는 0으로 기본수당을 계산하여 [O3:O11] 영역에 표시하시오.
▶ IF 함수 사용

⑥ [표2]에서 목표량[P1]과 판매량의 차이가 300이상이면 10, 100이상이면 5, 100미만이면 0으로 패널티를 계산하여 [P3:P11] 영역에 표시하시오.
▶ IF 함수 사용

문제해결

① [C3]셀에 「=IF(B3>=60,"O","X")」를 입력한 뒤 [C11]까지 수식을 복사한다.
② [F3]셀에 「=IF(AND(D3>=70,E3>=70),"합격","불합격")」를 입력한 뒤 [F11]까지 수식을 복사한다.

=IF(AND(D3>=70,E3>=70),"합격","불합격")	
IF(❶,"합격","불합격")	❶조건의 결과가 참이면 "합격" 아니면 "불합격"
❶ AND(D3>=70,E3>=70)	'필기'와 '실기' 모두 70이상이면 True를 반환

③ [H3]셀에 「=IFS(G3>=90,"A",G3>=80,"B",G3>=70,"C",G3<70,"")」를 입력한 뒤 [H11]까지 수식을 복사한다.
④ [I3]셀에 「=IF(AND(OR(D3>=80,E3>=80),G3>=80),"입사확정","")」를 입력한 뒤 [I11]까지 수식을 복사한다.

=IF(AND(OR(D3>=80,E3>=80),G3>=80),"입사확정","")	
IF(AND(❶,❷),"입사확정","")	모든 조건이 참이면 "입사확정" 아니면 ""(공란)
❶ OR(D3>=80,E3>=80)	'필기'와 '실기' 중 하나라도 80이상이면 True를 반환
❷ G3>=80	'면접'이 80이상이면 True를 반환

⑤ [O3]셀에 「=IF(M3>=400,N3*5%,IF(M3>=200,N3*3%,0))」를 입력한 뒤 [O11]까지 수식을 복사한다.

=IF(M3>=400,N3*5%,IF(M3>=200,N3*3%,0))	
IF(M3>=400,N3*5%,❶)	'판매량'이 400이상이면 '기본급'에 5%를 곱하고 아니면 ❶
❶ IF(M3>=200,N3*3%,0)	'판매량'이 200이상이면 '기본급'에 3%를 곱하고 아니면 0

⑥ [P3]셀에 「=IF($P$1-M3>=300,10,IF($P$1-M3>=100,5,0))」를 입력한 뒤 [P11]까지 수식을 복사한다.

=IF($P$1-M3>=300,10,IF($P$1-M3>=100,5,0))	
IF($P$1-M3>=300,10,❶)	'목표량'과 '판매량'의 차이가 300이상이면 10 아니면 ❶
❶ IF($P$1-M3>=100,5,0)	'목표량'과 '판매량'의 차이가 100이상이면 5 아니면 0

계산결과

	A	B	C	D	E	F	G	H	I	J	K	L	M	N	O	P
1	[표1]	신입사원 입사 전형				② 2차		③ 3차	④ 최종		[표2]	직원별 급여 내역			목표량:	500
2	응시코드	서류	① 1차	필기	실기		면접				직원명	직위	판매량	기본급	⑤ 기본수당	⑥ 패널티
3	T-01	79	O	76	58	불합격	68				김상권	부장	481	2,550,000	127,500	-
4	T-02	88	O	95	89	합격	88	B	입사확정		김성현	과장	152	2,650,000	-	10
5	T-03	56	X	42	55	불합격	52				김영돈	대리	365	2,450,000	73,500	5
6	T-04	71	O	65	56	불합격	70	C			지영근	부장	288	1,850,000	55,500	5
7	T-05	90	O	92	94	합격	92	A	입사확정		곽병찬	사원	183	2,000,000	-	10
8	T-06	81	O	86	71	합격	76	C			나미널	과장	364	1,950,000	58,500	5
9	T-07	80	O	79	83	합격	87	B	입사확정		장성원	사원	414	1,650,000	82,500	-
10	T-08	48	X	59	62	불합격	51				오승철	대리	215	1,450,000	43,500	5
11	T-09	76	O	54	62	불합격	69				임지현	대리	389	1,500,000	45,000	5
12																

출제유형 3 '논리2' 시트에서 다음의 지시사항을 처리하시오.

① [표1]에서 분류번호가 홀수면 20% 아니라면 10%로 할인율[F3:F10] 영역에 표시하시오.
   ▶ IF, ISODD 함수 사용

② [표1]에서 재고량이 전체 재고량의 중간 값보다 작거나 같으면 "발주" 아니라면 "재고소진"으로 재주문 여부[G3:G10] 영역에 표시하시오.
   ▶ IF, MEDIAN 함수 사용

③ [표2]에서 총점이 가장 높으면 "최고점수", 총점이 가장 낮으면 "최저점수" 나머지는 공란으로 비고 [N3:N10] 영역에 표시하시오.
   ▶ IF, MAX, MIN 함수 사용

④ [표2]의 컴퓨터개론, 전자계산학, 시스템분석 3과목이 모두 80점 이상이라면 "우수" 아니라면 공란으로 성적우수자[O3:O10] 영역에 표시하시오.
   ▶ IF, COUNTIF 함수 사용

⑤ [표3]에서 판매량이 높은 상위 3명은 10% 아니라면 "해당없음"으로 보너스지급율을 계산하여 [E15:E22] 영역에 표시하시오.
   ▶ IF, RANK.EQ 함수 사용

⑥ [표3]의 판매총액을 이용하여 상여금을 [F15:F22] 영역에 계산하시오.
   ▶ 상여금 = 판매총액 × 보너스지급율
   ▶ 단, 오류 발생 시 상여금은 0으로 처리할 것
   ▶ IFERROR 함수 사용

⑦ [표3]의 영업부서 번호를 이용하여 담당지역을 [G15:G22] 영역에 표시하시오.
   ▶ [표4] 지역 기준표를 참고하여 1이면 "서구", 2면 "동구", 3이면 "남구", 4면 "북구"라 표시할 것
   ▶ SWITCH 함수 사용

⑧ [표3]의 판매량과 목표량을 이용하여 달성률을 계산하고 이를 기준으로 달성등급을 [I15:I22] 영역에 표시하시오.
   ▶ 달성율이 150% 이상이면 "상", 90% 이상이면 "중", 90% 미만이면 "하"로 표시할 것
   ▶ 달성율 = 목표량 ÷ 판매량
   ▶ IFS, QUOTIENT 함수 사용

문제해결

① [F3]셀에 「=IF(ISODD(B3),0.2,0.1)」를 입력한 뒤 [F10]까지 수식을 복사한다.
② [G3]셀에 「=IF(E3<=MEDIAN($E$3:$E$10),"발주","재고소진")」를 입력한 뒤 [G10]까지 수식을 복사한다.

=IF(E3<=MEDIAN($E$3:$E$10),"발주","재고소진")	
IF(❶,"발주","재고소진")	❶조건을 만족하면 "발주" 아니면 "재고소진"
❶ E3<=MEDIAN($E$3:$E$10)	'재고량'이 '전체 재고량의 중간값' 이하면 True를 반환

③ [N3]셀에 「=IF(M3=MAX($M$3:$M$10),"최고점수",IF(M3=MIN($M$3:$M$10),"최저점수",""))」를 입력한 뒤 [N10]까지 수식을 복사한다.

=IF(M3=MAX($M$3:$M$10),"최고점수",IF(M3=MIN($M$3:$M$10),"최저점수",""))	
IF(M3=MAX($M$3:$M$10),"최고점수",❶)	'총점'이 '총점의 최대값'과 동일하면 "최고점수" 아니면 ❶
❶ IF(M3=MIN($M$3:$M$10),"최저점수","")	'총점'이 '총점의 최소값'과 동일하면 "최저점수" 아니면 ""(공란)

④ [O3]셀에 「=IF(COUNTIF(J3:L3,">=80")=3,"우수","")」를 입력한 뒤 [O10]까지 수식을 복사한다.

=IF(COUNTIF(J3:L3,">=80")=3,"우수","")	
IF(❶,"우수","")	❶조건을 만족하면 "우수" 아니면 ""(공란)
❶ COUNTIF(J3:L3,">=80")=3	'컴퓨터개론', '전자계산학', '시스템분석' 중 80이상이 3개면 True를 반환 80이상이 3개라는 것은 모든 과목이 조건을 만족했다는 의미

⑤ [E15]셀에 「=IF(RANK.EQ(D15,$D$15:$D$22,0)<=3,10%,"해당없음")」를 입력한 뒤 [E22]까지 수식을 복사한다.

=IF(RANK.EQ(D15,$D$15:$D$22,0)<=3,10%,"해당없음")	
IF(❶,10%,"해당없음")	❶조건을 만족하면 10% 아니면 "해당없음"
❶ RANK.EQ(D15,$D$15:$D$22,0)<=3	'판매량'의 내림차순 순위가 3이하이면(1~3) True를 반환

⑥ [F15]셀에 「=IFERROR(C15*E15,0)」를 입력한 뒤 [F22]까지 수식을 복사한다.
⑦ [G15]셀에 「=SWITCH(B15,1,"서구",2,"동구",3,"남구",4,"북구")」를 입력한 뒤 [G22]까지 수식을 복사한다.
⑧ [I15]셀에 「=IFS(QUOTIENT(H15,D15)>=1.5,"상",QUOTIENT(H15,D15)>=0.9,"중",QUOTIENT(H15,D15)<0.9,"하")」를 입력한 뒤 [I22]까지 수식을 복사한다.

=IFS(QUOTIENT(H15,D15)>=1.5,"상",QUOTIENT(H15,D15)>=0.9,"중",QUOTIENT(H15,D15)<0.9,"하")	
IFS(❶>=1.5,"상",❶>=0.9,"중",❶<0.9,"하")	❶값이 1.5(150%) 이상이면 "상", 0.9(90%) 이상이면 "중", 0.9(90%) 미만이면 "하"로 표시
❶ QUOTIENT(H15,D15)	'목표량'을 '판매량'으로 나눈 값을 반환

계산결과

	A	B	C	D	E	F	G	H	I	J	K	L	M	N	O
1	[표1]	업체별 제품 주문 목록							[표2]	수험자별 점수 현황					
2	공급업체	분류번호	제품이름	재고량	단가	① 할인율	② 재주문 여부		수험자	컴퓨터개론	전자계산학	시스템분석	총점	③ 비고	④ 성적우수자
3	희망유업	1	바나나우유	69	28,000	20%	재고소진		김형기	75	85	91	251		
4	희망유업	1	생딸기우유	17	26,000	20%	발주		김정수	68	62	72	202	최저점수	
5	대건교역	2	트로피컬칵테일	15	35,000	10%	발주		최재형	88	80	90	258		우수
6	대건교역	2	베트남 콩커피	42	62,000	10%	재고소진		김규옥	63	79	89	231		
7	대성육가공	3	고소한치즈	62	13,000	20%	재고소진		이수원	83	85	97	265		우수
8	건국유통	4	대선딸기소스	6	40,000	10%	발주		신오영	65	77	82	224		
9	대일유업	3	구워먹는치즈	19	34,000	20%	발주		임희정	82	99	89	270	최고점수	우수
10	대일유업	3	스트링화이트치즈	79	55,000	20%	재고소진		변현진	82	78	69	229		
11															
12															
13	[표3]	영업 사원별 목표달성 현황 분석							[표4]	지역 기준표					
14	사원명	영업부서	판매총액	판매량	④ 보너스지급율	⑤ 상여금	⑥ 담당지역	목표량	⑦ 달성등급		부서코드	담당지역			
15	강경민	1	8,025,000	642	해당없음	-	서구	723	중		1	서구			
16	홍성아	4	8,562,500	685	10%	856,250	북구	438	하		2	동구			
17	송나라	1	3,012,500	241	해당없음	-	서구	484	상		3	남구			
18	어인욱	2	3,612,500	289	해당없음	-	동구	320	중		4	북구			
19	김아라	3	11,462,500	917	10%	1,146,250	남구	1,020	중						
20	손석희	2	10,775,000	862	10%	1,077,500	동구	781	하						
21	오나영	4	7,137,500	571	해당없음	-	북구	1,420	상						
22	최송길	2	3,687,500	295	해당없음	-	동구	210	하						

출제유형 4 '논리3' 시트에서 다음의 지시사항을 처리하시오.

① [표1]에서 주문일로부터 배송기간 일수만큼 경과된 날짜가 기준일[J1] 이후라면 "지연" 아니라면 "도착예정"으로 배송지연[D3:D14] 영역에 표시하시오.
   ▶ IF, WORKDAY, EDATE 중 알맞은 함수 사용

② [표1]에서 주문코드의 첫 글자가 'K'면 3000, 'F'면 8000 나머지는 12000으로 배송료[F3:F14] 영역에 계산하시오.
   ▶ IF, LEFT 함수 사용

③ [표1]에서 주문코드의 마지막 한 글자가 '1'이면 "항공", '2'면 "항공+선박", '3'이면 "선박" 나머지는 "미결정"으로 배송방법[G3:G14] 영역에 표시하시오.
   ▶ IFERROR, RIGHT, CHOOSE 함수 사용

④ [표1]의 통화, 금액과 [표2]의 환율정보를 이용하여 [J3:J14] 영역에 환전(KRW)을 계산하시오.
   ▶ 환전(KRW) = 금액 × 환율
   ▶ 단, 환전(KRW) 계산 결과가 오류라면 "결제대기"라 표시할 것
   ▶ IFERROR, VLOOKUP 함수 사용

문제해결

① [D3]셀에 「=IF(WORKDAY(B3,C3)>=$J$1,"지연","도착예정")」를 입력한 뒤 [D14]까지 수식을 복사한다.

=IF(WORKDAY(B3,C3)>=$J$1,"지연","도착예정")	
IF(❶,"지연","도착예정")	❶조건을 만족하면 "지연" 아니면 "도착예정"
❶ WORKDAY(B3,C3)>=$J$1	'주문일'로부터 '배송기간'이 경과된 날짜가 '기준일' 이후라면 True를 반환

② [F3]셀에 「=IF(LEFT(A3,1)="K",3000,IF(LEFT(A3,1)="F",8000,12000))」를 입력한 뒤 [F14]까지 수식을 복사한다.

=IF(LEFT(A3,1)="K",3000,IF(LEFT(A3, 1)="F",8000,12000))	
IF(❶,3000,❷)	❶조건을 만족하면 3000 아니면 ❷
❶ LEFT(A3,1)="K"	'주문코드'의 왼쪽 한 글자가 'K'면 True를 반환
❷ IF(LEFT(A3,1)="F",8000,12000)	'주문코드'의 왼쪽 한 글자가 'F'면 8000 아니면 12000

③ [G3]셀에 「=IFERROR(CHOOSE(RIGHT(A3,1),"항공","항공+선박","선박"),"미결정")」를 입력한 뒤 [G14]까지 수식을 복사한다.

=IFERROR(CHOOSE(RIGHT(A3,1),"항공","항공+선박","선박"),"미결정")	
IFERROR(❶,"미결정")	❶이 오류라면 "미결정"을 표시
❶ CHOOSE(❷,"항공","항공+선박","선박")	❷의 순번에 맞는 값을 2번째 인수 이후에서 찾아 표시
❷ RIGHT(A3,1)	'주문코드'의 오른쪽 한 글자를 추출

④ [J3]셀에 「=IFERROR(I3*VLOOKUP(H3,$L$3:$M$6,2,0),"결제대기")」를 입력한 뒤 [J14]까지 수식을 복사한다.

=IFERROR(I3*VLOOKUP(H3,$L$3:$M$6,2,0),"결제대기")	
IFERROR(I3*❶,"결제대기")	'금액'에 ❶을 곱한 값이 오류라면 "결제대기"를 표시
❶ VLOOKUP(H3,$L$3:$M$6,2,0)	'통화'를 기준으로 [표2] 영역의 2번째 열값을 찾아 표시

계산결과

	A	B	C	D	E	F	G	H	I	J	K	L	M
1	[표1]	국가별 주문 처리 목록							기준일 :	2024-02-15		[표2] 환율정보	
2	주문코드	주문일	배송기간	① 배송지연	지역구분	② 배송료	③ 배송방법	통화	금액	④ 환전(KRW)		통화	환율
3	KES-0401	2024-01-31	5	도착예정	1	3,000	항공	CNY	460	78,651		USD	1,116.50
4	KZD-5262	2024-02-06	10	지연	2	3,000	항공+선박	USD	880	982,520		JPY	none
5	FNF-2445	2024-01-31	5	도착예정	1	8,000	미결정	CNY	1220	208,596		EUR	1,335.67
6	XAK-9711	2024-02-11	10	지연	3	12,000	항공	EUR	1450	1,936,722		CNY	170.98
7	FLF-2372	2024-02-01	5	도착예정	1	8,000	항공+선박	JPY	820	결제대기			
8	KES-0403	2024-02-09	10	지연	2	3,000	선박	USD	2100	2,344,650			
9	XZD-5262	2024-01-25	10	도착예정	3	12,000	항공+선박	EUR	2080	2,778,194			
10	FNF-2445	2024-01-23	5	도착예정	1	8,000	미결정	JPY	2500	결제대기			
11	XAK-9713	2024-02-09	10	지연	2	12,000	선박	USD	550	614,075			
12	FLF-2371	2024-02-06	5	도착예정	1	8,000	항공	JPY	1200	결제대기			
13	KES-0401	2024-02-08	10	지연	2	3,000	항공	USD	430	480,095			
14	XZD-5265	2024-02-11	10	지연	3	12,000	미결정	EUR	790	1,055,179			
15													

CHAPTER 06 재무 함수

■ 작업파일 스프레드시트/작업파일/계산작업/2-6-재무.xlsx

● FV : 미래가치를 구하여 표시

형식	=FV(이자율,납입횟수,납입액,현재가치,납입시점)
예제	=FV(6%/12,24,-300000,,0)
결과	매달 말에 300000원씩 연이율 6%로 24개월 동안 납입한 예금의 미래가치 → ₩7,629,587

● PV : 현재가치를 구하여 표시

형식	=PV(이자율,납입횟수,납입액,미래가치,납입시점)
예제	=PV(6%/12,10*12,-300000,,0)
결과	매달 말에 300000원씩 10년 동안 지급받는 연이율 6% 연금의 현재가치 → ₩27,022,036

● PMT : 저축 또는 대출의 납입액을 구하여 표시

형식	=PMT(이자율,납입횟수,현재가치,미래가치,납입시점)
예제	=PMT(6%/12,24,10000000,,0)
결과	10000000원을 모으기 위해 연이율 6%로 24개월 동안 납입해야 하는 금액 → ₩443,206

출제유형 1 '재무1' 시트에서 다음의 지시사항을 처리하시오.

① 연이율 3.8%인 저축예금에 가입하여 매월 말에 300,000원씩 1년 동안 납입하였다. 저축예금의 만기금액을 계산하여 [B6] 셀에 표시하시오.
   ▶ FV 함수 사용

② 20년 동안 매월 초에 200,000원씩 수령할 수 있는 연금보험에 가입하였다. 적용이자율이 연 6%인 상황에서 연금의 현재가치를 계산하여 [E6] 셀에 표시하시오.
   ▶ PV 함수 사용

③ 연이율 7.5%의 5년 상환을 조건으로 전세자금대출 50,000,000원을 신청하였다. 원금 상환을 위해 대출금의 월상환액을 계산하여 [B14] 셀에 표시하시오.
   ▶ PMT 함수 사용

④ 3천만원을 모으기 위해 연이율 4.8%인 저축예금에 가입하였다. 이를 위해 3년 동안 매월 말에 얼마씩 납입해야 하는지 월납입액을 계산하여 [E14] 셀에 표시하시오.
   ▶ PMT 함수 사용

문제해결 🔑

① [B6]셀에 「=FV(B2/12,B3*12,-B4)」를 입력한다.
② [E6]셀에 「=PV(E2/12,E3*12,-E4,,1)」를 입력한다.
③ [B14]셀에 「=PMT(B10/12,B11*12,-B12)」를 입력한다.
④ [E14]셀에 「=PMT(E10/12,E11*12,,-E12)」를 입력한다.

계산결과 ⚠️

	A	B	C	D	E
1	[표1] FV 함수			[표2] PV 함수	
2	이자율(연)	3.8%		이자율(연)	6.0%
3	납입기간	1년		연금수령기간	20년
4	월불입액	₩300,000		월수령액	₩200,000
5	납입시점	월말		지급시점	월초
6	① 저축만기금액	₩3,663,367		② 연금거치총액	₩28,055,735
7					
8					
9	[표3] PMT 함수			[표4] PMT 함수	
10	이자율(연)	7.5%		이자율(연)	4.8%
11	상환기간	5년		납입기간	3년
12	대출금액	₩50,000,000		저축총액	₩30,000,000
13	납입시점	월말		납입시점	월말
14	③ 월상환액	₩1,001,897		④ 월불입액	₩776,436
15					

출제유형 2 '재무2' 시트에서 다음의 지시사항을 처리하시오.

① [표1]의 고객별 이자율(연), 대출금액, 대출기간(연)을 이용하여 [E3:E10] 영역에 월상환액을 계산하시오.
   ▶ 이자율과 대출기간은 연 단위로 입력되어 있음
   ▶ PMT 함수 사용

② [표2]의 납입시점, 이자율(연), 목표금액과 납입 개월[N1]을 이용하여 [N3:N10] 영역에 월납입액을 계산하시오.
   ▶ PMT, IF 함수 사용

③ [표3]의 대출금액, 대출기간(개월)을 이용하여 [E15:E25] 영역에 월상환액을 계산하시오.
   ▶ 회원등급별 연이율은 [표4]를 이용하여 계산할 것
   ▶ PMT, VLOOKUP 함수 사용

④ [표5]의 납입기간(연), 월불입액과 고정 이율(연)[N13]을 이용하여 [N15:N25] 영역에 저축만기금액을 계산하시오.
   ▶ PV, FV 중 알맞은 함수 사용

문제해결

① [E3]셀에 「=PMT(B3/12,D3*12,-C3)」를 입력한 뒤 [E10]까지 수식을 복사한다.

② [N3]셀에 「=PMT(L3/12,$N$1,,-M3,IF(K3="월말",0,1))」를 입력한 뒤 [N10]까지 수식을 복사한다.

=PMT(L3/12,$N$1,,-M3,IF(K3="월말",0,1))

PMT(L3/12,$N$1,,-M3,❶)	이율로 '이자율(연)'/12, 기간으로 24, 미래가치로 '목표금액', 납입시점으로 ❶을 사용하여 월납입액을 계산
❶ IF(K3="월말",0,1)	'납입시점'이 "월말"이면 0 아니면 1

③ [E15]셀에 「=PMT(VLOOKUP(A15,$G$15:$H$19,2,0)/12,D15,-C15)」를 입력한 뒤 [E25]까지 수식을 복사한다.

=PMT(VLOOKUP(A15,$G$15:$H$19,2,0)/12,D15,-C15)

PMT(❶/12,D15,-C15)	이율로 ❶/12, 기간으로 '납입기간(연)', 납입액으로 '월불입액'을 사용하여 저축의 만기금액을 계산
❶ VLOOKUP(A15,$G$15:$H$19,2,0)	'회원등급'을 기준으로 [표4]의 2번째 열값을 찾아 표시

④ [N15]셀에 「=FV($N$13/12,L15*12,-M15)」를 입력한 뒤 [N25]까지 수식을 복사한다.

계산결과

	A	B	C	D	E	F	G	H	I	J	K	L	M	N
1	[표1]	고객별 대출현황								[표2]	고객별 저축현황		납입 개월	24
2	성명	이자율(연)	대출금액	대출기간(연)	① 월상환액					성명	납입시점	이자율(연)	목표금액	② 월납입액
3	이성경	7.3%	₩ 8,000,000	1	693,321					최영철	월말	2.4%	₩ 30,000,000	1,221,489
4	김찬희	5.5%	₩ 15,000,000	2	661,435					김상진	월말	3.0%	₩ 24,000,000	971,549
5	김혜란	5.5%	₩ 20,000,000	2	881,913					박한진	월초	4.4%	₩ 48,000,000	1,909,949
6	이승현	6.3%	₩ 5,000,000	1	431,022					김영희	월말	2.0%	₩ 24,000,000	980,966
7	김창민	7.3%	₩ 23,000,000	3	713,332					신민아	월초	2.4%	₩ 12,000,000	487,620
8	김영민	4.2%	₩ 10,000,000	1	852,413					최대성	월말	3.0%	₩ 15,000,000	607,218
9	최민서	5.0%	₩ 30,000,000	2	1,316,142					이민정	월초	2.7%	₩ 24,000,000	972,180
10	한영란	7.0%	₩ 20,000,000	2	895,452					민병철	월말	3.8%	₩ 20,000,000	803,386
11														
12														
13	[표3]	고객별 대출현황				[표4] 등급별 이자율				[표5]	고객별 저축현황		고정 이율(연):	4.80%
14	회원등급	성명	대출금액	대출기간(개월)	③ 월상환액	등급	이율(연)			성명	은행명	납입기간(연)	월불입액	④ 저축만기금액
15	일반	이성경	₩ 5,000,000	3	1,686,985	일반	7.3%			최영철	K**	3	₩ 500,000	19,319,054
16	실버	김찬희	₩ 7,000,000	6	1,185,453	브론즈	6.5%			김상진	L**	2	₩ 350,000	8,797,976
17	골드	박성준	₩ 5,500,000	2	2,764,446	실버	5.5%			이영돈	H**	2	₩ 550,000	13,825,391
18	실버	김혜란	₩ 20,000,000	12	1,716,736	골드	4.2%			박한진	W**	5	₩ 200,000	13,532,036
19	VIP	이승현	₩ 5,000,000	1	5,012,500	VIP	3.0%			김영희	C**	1	₩ 500,000	6,133,776
20	일반	김창민	₩ 23,000,000	12	1,993,297					신민아	S**	2	₩ 1,000,000	25,137,075
21	골드	김영민	₩ 10,000,000	12	852,413					최대성	K**	1	₩ 200,000	2,453,510
22	브론즈	성기준	₩ 7,000,000	3	2,358,657					김현진	L**	5	₩ 2,000,000	135,320,359
23	브론즈	박창원	₩ 5,000,000	1	5,027,083					강진영	H**	3	₩ 1,000,000	38,638,108
24	VIP	최민서	₩ 10,000,000	6	1,681,280					이민정	W**	1	₩ 700,000	8,587,286
25	실버	한영란	₩ 20,000,000	24	881,913					민병철	S**	1	₩ 600,000	7,360,531

CHAPTER 07

문자열 함수

■ 작업파일 스프레드시트/작업파일/계산작업2-7-문자열.xlsx

◎ LEFT/RIGHT/MID : 문자열의 왼쪽/오른쪽/중간의 일부를 지정한 '추출개수'만큼 추출

형식	예제	결과
=LEFT(문자열,추출개수)	=LEFT("컴퓨터활용능력",3)	컴퓨터
=RIGHT(문자열,추출개수)	=RIGHT("컴퓨터활용능력",2)	능력
=MID(문자열,시작위치,추출개수)	=MID("컴퓨터활용능력",4,2)	활용

◎ LOWER/UPPER/PROPER : 문자열을 소문자/대문자/첫 글자만 대문자로 표시

형식	예제	결과
=LOWER(문자열)	=LOWER("TextBook")	textbook
=UPPER(문자열)	=UPPER("TextBook")	TEXTBOOK
=PROPER(문자열)	=PROPER("TextBook")	Textbook

◎ TRIM : 문자열 사이의 공백 한 칸을 제외하고 모두 삭제하여 표시

형식	예제	결과
=TRIM(문자열)	=TRIM("apple pie")	apple pie

◎ LEN : 문자열의 길이(글자 수)를 표시

형식	예제	결과
=LEN(문자열)	=LEN("apple")	5

◎ CONCAT : 여러 문자열을 연결하여 표시

형식	예제	결과
=CONCAT(문자열1,문자열2,...) =CONCAT(범위)	<table><tr><td></td><td>A</td><td>B</td><td>C</td></tr><tr><td>1</td><td>컴퓨터</td><td>활용</td><td>능력</td></tr></table> =CONCAT("컴퓨터","활용","능력") =CONCAT(A1:C1)	컴퓨터활용능력

● TEXT : 인수에 표시 형식을 지정하여 문자 속성으로 변환

형식	예제	결과
=TEXT(인수,"표시 형식")	=TEXT(12340,"#,##0원")	12,340원

● VALUE : 인수를 숫자 속성으로 변환

형식	예제	결과
=VALUE(인수)	=VALUE("00123")	123

● FIXED : 숫자를 반올림하여 문자 속성으로 변환

[옵션 TRUE] 천 단위 구분 기호 표시O, [옵션 FALSE] 천 단위 구분 기호 표시X

형식	예제	결과
=FIXED(숫자,소수 자릿수,[옵션])	=FIXED(12.345,1,FALSE)	12.3

● REPT : 문자를 횟수만큼 반복하여 표시

형식	예제	결과
=REPT(반복 문자,반복 횟수)	=REPT("★",3)	★★★

● SUBSTITUTE : '문자열1'에서 '문자열2'를 찾아 '문자열3'으로 바꿔 표시

형식	=SUBSTITUTE(문자열1,문자열2,문자열3,[순번])
예제	=SUBSTITUTE("카페라떼","라떼","모카") =SUBSTITUTE("초코라떼카페라떼","라떼","모카",2)
결과	카페모카 초코라떼카페모카

● REPLACE : '문자열1'의 '시작위치'부터 '추출개수'만큼을 '문자열2'로 바꿔 표시

형식	=REPLACE(문자열1,시작위치,추출개수,문자열2)
예제	=REPLACE("카페라떼",3,2,"모카")
결과	카페모카

● SEARCH : '원본 문자열'에서 '찾는 문자열'을 찾아 위치 번호를 표시(대소문자 구분X)

형식	=SEARCH("찾는 문자열","원본 문자열",[시작위치])
예제	=SEARCH("O","TeXtBoOk")
결과	6(대/소문자를 구분하지 않고 알파벳 'O'의 위치 번호를 반환)

◉ FIND : '원본 문자열'에서 '찾는 문자열'을 찾아 위치 번호를 표시(대소문자 구분O)

형식	=FIND("찾는 문자열","원본 문자열",[시작위치])
예제	=FIND("O","TeXtBoOk")
결과	7(대/소문자를 구분하여 대문자 'O'의 위치 번호를 반환)

출제유형 1 '문자1' 시트에서 다음의 지시사항을 처리하시오.

① [표1]의 회원ID의 마지막 한 글자를 추출하여 유료회원[C3:C11] 영역에 표시하시오.
   ▶ LEFT, RIGHT 중 알맞은 함수 사용

② [표1]의 가입일과 오늘 날짜의 연도 차이를 계산하여 가입기간[E3:E11] 영역에 표시하시오.
   ▶ 가입기간 = 오늘 날짜 연도 – 가입일 앞 4글자
   ▶ LEFT, YEAR, TODAY 함수 사용

③ [표2]에서 출판번호의 마지막 3글자를 추출하여 판매부수를 [J3:J11] 영역에 표시하시오.
   ▶ 표시 예 : S-015 → 15권, R-815 → 815권
   ▶ RIGHT, TEXT 함수 사용

④ [표2]의 도서분류, "-", 출판년도를 연결하여 도서코드를 생성하고 이를 모두 대문자로 변환하여 [L3:L11] 영역에 표시하시오.
   ▶ 표시 예 : 도서분류가 'st'이고 출판년도가 '2024'라면 → ST-2024
   ▶ UPPER 함수, & 연산자 사용

⑤ [표3]의 주소1과 주소2를 연결하여 완성된 주소지를 [D15:D23] 영역에 표시하시오.
   ▶ 표시 예 : 주소1이 '강남구'이고 주소2가 '논현동'이라면 → 서울시 강남구 논현동
   ▶ CONCAT 함수 사용

⑥ [표4]의 코드번호와 출시년도를 이용하여 출판코드를 [K15:K23] 영역에 표시하시오.
   ▶ 출판코드는 코드번호의 숫자 구역 앞에 출시년도를 삽입하여 표시
   ▶ 표시 예 : S-015 → S-2024-015
   ▶ REPLACE 함수, & 연산자 사용

문제해결 🔑

① [C3]셀에 「=RIGHT(B3,1)」를 입력한 뒤 [C11]까지 수식을 복사한다.

② [E3]셀에 「=YEAR(TODAY())-LEFT(D3,4)」를 입력한 뒤 [E11]까지 수식을 복사한다.

=YEAR(TODAY())-LEFT(D3,4)	
❶-❷	❶과 ❷의 차이 값을 표시
❶ YEAR(TODAY())	오늘 날짜의 연도를 표시
❷ LEFT(D3,4)	'가입일'의 왼쪽 4글자를 추출

③ [J3]셀에 「=TEXT(RIGHT(I3,3),"0권")」를 입력한 뒤 [J11]까지 수식을 복사한다.

=TEXT(RIGHT(I3,3),"0권")	
TEXT(❶,"0권")	❶ 값을 "0권"의 형식으로 표시
❶ RIGHT(I3,3)	'출판번호'의 오른쪽 3글자를 추출

④ [L3]셀에 「=UPPER(H3&"-"&K3)」를 입력한 뒤 [L11]까지 수식을 복사한다.
⑤ [D15]셀에 「=CONCAT("서울시 ",B15," ",C15)」를 입력한 뒤 [D23]까지 수식을 복사한다.

> **잠깐!**
>
> 띄어쓰기도 한 글자 취급을 하므로 문자와 문자 사이에 여백을 설정하고자 한다면 쌍따옴표(" ")안에 띄어쓰기(Space Bar)를 삽입하여 입력합니다.

⑥ [K15]셀에 「=REPLACE(H15,2,1,"-"&J15&"-")」를 입력한 뒤 [K23]까지 수식을 복사한다.

=REPLACE(H15,2,1,"-"&J15&"-")	
REPLACE(H15,2,1,❶)	'코드번호'의 2번째부터 1글자를 추출하여 ❶로 변경하여 표시
❶ "-"&J15&"-"	'출시년도'의 앞뒤에 "-"를 붙여 표시

계산결과

출제유형 2 '문자2' 시트에서 다음의 지시사항을 처리하시오.

① [표1]의 고객ID의 마지막 한 글자가 'Y'면 "가입", 'N'이면 "미가입"으로 유료회원[C3:C11] 영역에 표시하시오.

▶ IF, RIGHT 함수 사용

② [표1]의 고객ID의 첫 글자가 'S'면 "서울", 'J'면 "제주", 'P'면 "부산"으로 지역[D3:D11] 영역에 표시하시오.
   ▶ 코드별 지역 구분은 [표2]를 참고할 것
   ▶ IF, LEFT 함수 사용

③ [표3]에서 쿠폰번호의 앞 4글자인 연도 부분을 '2026'으로 변경하여 업데이트[K3:K11] 영역에 표시하시오.
   ▶ 표시 예 : 2023-CC-01 → 2026-CC-01
   ▶ LEFT, SUBSTITUTE 함수 사용

④ [표3]의 이메일에서 '@'앞의 문자열만 추출하여 아이디[M3:M11] 영역에 표시하시오.
   ▶ 표시 예 : abc@naver.com → abc
   ▶ MID, SEARCH 함수 사용

⑤ [표4]의 사원명의 가운데 글자를 '*'로 변경하여 암호화[C15:C23] 영역에 표시하시오.
   ▶ 표시 예 : 최영철 → 최*철
   ▶ MID, SUBSTITUTE 함수 사용

⑥ [표4]의 판매량을 10으로 나눈 몫만큼 "■"를 반복하여 비고[D15:D23] 영역에 표시하시오.
   ▶ 표시 예 : 판매량이 26인 경우 → ■■
   ▶ REPT, QUOTIENT 함수 사용

문제해결

① [C3]셀에 「=IF(RIGHT(A3,1)="Y","가입","미가입")」를 입력한 뒤 [C11]까지 수식을 복사한다.

=IF(RIGHT(A3,1)="Y","가입","미가입")	
IF(❶,"가입","미가입")	❶조건을 만족하면 "가입" 아니면 "미가입"
❶ RIGHT(A3,1)="Y"	'고객ID'의 오른쪽 한 글자가 'Y'와 같으면 True를 반환

② [D3]셀에 「=IF(LEFT(A3,1)="S","서울",IF(LEFT(A3,1)="J","제주","부산"))」를 입력한 뒤 [D11]까지 수식을 복사한다.

=IF(LEFT(A3,1)="S","서울",IF(LEFT(A3,1)="J","제주","부산"))	
IF(❶,"서울",❷)	❶조건을 만족하면 "서울" 아니면 ❷
❶ LEFT(A3,1)="S"	'고객ID'의 왼쪽 1글자가 'S'와 같으면 True를 반환
❷ IF(LEFT(A3,1)="J","제주","부산")	'고객ID'의 왼쪽 1글자가 'J'와 같으면 "제주" 아니면 "부산"

③ [K3]셀에 「=SUBSTITUTE(J3,LEFT(J3,4),2026)」를 입력한 뒤 [K11]까지 수식을 복사한다.

=SUBSTITUTE(J3,LEFT(J3,4),2026)	
SUBSTITUTE(J3,❶,2026)	'쿠폰번호'에서 ❶을 찾아 '2026'으로 변경하여 표시
❶ LEFT(J3,4)	'쿠폰번호'의 왼쪽 4글자를 추출

④ [M3]셀에 「=MID(L3,1,SEARCH("@",L3)-1)」를 입력한 뒤 [M11]까지 수식을 복사한다.

=MID(L3,1,SEARCH("@",L3)-1)	
MID(L3,1,❶)	'이메일'의 1번째 글자부터 ❶만큼의 글자를 추출
❶ SEARCH("@",L3)-1	'이메일'에서의 '@'의 위치번호를 추출하고 그 결과에 1을 빼서 계산 '@'까지 추출하는 것이 아니라 '@'는 제외하고 추출하는 것이므로 1을 뺌

⑤ [C15]셀에 「=SUBSTITUTE(A15,MID(A15,2,1),"*")」를 입력한 뒤 [C23]까지 수식을 복사한다.

=SUBSTITUTE(A15,MID(A15,2,1),"*")	
SUBSTITUTE(A15,❶,"*")	'사원명'에서 ❶을 찾아 '*'로 변경하여 표시
❶ MID(A15,2,1)	'사원명'의 2번째 1글자를 추출

⑥ [D15]셀에 「=REPT("■",QUOTIENT(B15,10))」를 입력한 뒤 [D23]까지 수식을 복사한다.

=REPT("■",QUOTIENT(B15,10))	
REPT("■",❶)	"■"를 ❶만큼 반복하여 표시
❶ QUOTIENT(B15,10)	'판매량'을 10으로 나눈 몫을 구하여 표시

계산결과

	A	B	C	D	E	F	G	H	I	J	K	L	M
1	[표1]	고객가입현황				[표2]	지역구분		[표3]	회원 정보			
2	고객ID	가입일	① 유료회원	② 지역		코드	지역		회원명	쿠폰번호	③ 업데이트	이메일	④ 아이디
3	S-102-Y	2024-1123	가입	서울		S	서울		이성경	2024-AA-01	2026-AA-01	Kimj@naver.com	Kimj
4	J-582-N	2025-0415	미가입	제주		J	제주		김찬희	2023-BB-02	2026-BB-02	loveberry@nate.com	loveberry
5	P-246-N	2026-0814	미가입	부산		P	부산		김혜란	2022-CC-03	2026-CC-03	asdf123@nate.com	asdf123
6	S-628-Y	2025-0929	가입	서울					이승현	2024-AA-04	2026-AA-04	900825@gmail.com	900825
7	J-544-Y	2025-0824	가입	제주					김창영	2021-DD-05	2026-DD-05	everline@daum.net	everline
8	P-911-N	2025-0414	미가입	부산					김영민	2023-BB-06	2026-BB-06	yellow83@naver.com	yellow83
9	S-426-N	2024-1030	미가입	서울					최민서	2024-AA-07	2026-AA-07	mumu03@naver.com	mumu03
10	J-531-Y	2024-1009	가입	제주					한영란	2021-DD-08	2026-DD-08	winter@daum.net	winter
11	P-774-N	2026-0425	미가입	부산					박강성	2024-AA-09	2026-AA-09	orange@gmail.com	orange
12													
13	[표4]	사원별 실적현황											
14	사원명	판매량	⑤ 암호화	⑥ 비고									
15	최영철	26	최*철	■■									
16	김상진	24	김*진	■■									
17	박한진	16	박*진	■									
18	김영희	42	김*희	■■■■									
19	신민아	10	신*아	■									
20	최대성	39	최*성	■■■									
21	이민정	46	이*정	■■■■									
22	민병철	18	민*철	■									
23	한정엽	38	한*엽	■■■									
24													

출제유형 3 '문자3' 시트에서 다음의 지시사항을 처리하시오.

① [표1]의 주민등록번호의 8번째 한 글자가 '1'이면 "남자", '2'면 "여자"로 성별[D3:D11] 영역에 표시하시오.
  ▶ IF, MID 함수 사용

② [표1]의 주민등록번호를 이용하여 나이를 [E3:E11] 영역에 표시하시오.
  ▶ 나이 = 현재 연도 − 태어난 연도
  ▶ LEFT, YEAR, TODAY 함수, & 연산자 사용

③ [표2]의 주민등록번호의 8번째 한 숫자가 홀수면 "남자", 짝수면 "여자"로 성별[I3:I11] 영역에 표시하시오.
　　▶ MID, MOD, IF 함수 사용
④ [표2]의 주민등록번호의 9번째 한 숫자가 5이하면 "수도권" 아니라면 "광역시"로 지역[J3:J11] 영역에 표시하시오.
　　▶ IF, MID 함수 사용
⑤ [표3]의 코드번호의 마지막 3글자가 짝수면 "도매" 아니라면 "소매"로 분류[C15:C23] 영역에 표시하시오.
　　▶ IF, RIGHT, ISEVEN 함수 사용
⑥ [표3]의 코드번호의 마지막 3글자를 100으로 나눈 몫만큼 "■"를 반복하여 판매현황[D15:D23] 영역에 표시하시오.
　　▶ 표시 예 : 코드번호가 S-317이라면 → ■■■
　　▶ REPT, RIGHT, QUOTIENT 함수 사용

문제해결 🔑

① [D3]셀에 「=IF(MID(C3,8,1)="1","남자","여자")」를 입력한 뒤 [D11]까지 수식을 복사한다.

=IF(MID(C3,8,1)="1","남자","여자")	
IF(❶,"남자","여자")	❶조건을 만족하면 "남자" 아니면 "여자"
❶ MID(C3,8,1)="1"	'주민등록번호'의 8번째 1글자가 '1'과 같으면 True를 반환

② [E3]셀에 「=YEAR(TODAY())-(19&LEFT(C3,2))」를 입력한 뒤 [E11]까지 수식을 복사한다.

=YEAR(TODAY())-(19&LEFT(C3,2))	
❶-❷	❶과 ❷의 차이 값을 표시
❶ YEAR(TODAY())	오늘 날짜에서 연도를 추출
❷ (19&LEFT(C3,2))	'주민등록번호'의 왼쪽 2글자를 추출하고 앞에 19를 붙여 1985를 표시 단, 연산의 우선순위를 고려하여 ( )로 묶을 것

③ [I3]셀에 「=IF(MOD(MID(H3,8,1),2)=1,"남자","여자")」를 입력한 뒤 [I11]까지 수식을 복사한다.

=IF(MOD(MID(H3,8,1),2)=1,"남자","여자")	
IF(❶,"남자","여자")	❶조건을 만족하면 "남자" 아니면 "여자"
❶ MOD(❷,2)=1	❷를 2로 나눈 나머지가 '1'이면 True를 반환 숫자를 2로 나눈 나머지가 '1'이면 홀수, '0'이면 짝수
❷ MID(H3,8,1)	'주민등록번호'의 8번째 1글자를 추출

④ [J3]셀에 「=IF(MID(H3,9,1)*1<=5,"수도권","광역시")」를 입력한 뒤 [J11]까지 수식을 복사한다.

=IF(MID(H3,9,1)*1<=5,"수도권","광역시")	
IF(❶,"수도권","광역시")	❶조건을 만족하면 "수도권" 아니면 "광역시"
❶ MID(H3,9,1)*1<=5	'주민등록번호'의 9번째 1숫자가 5이하면 True를 반환 MID( )결과에 1을 곱하여 숫자 형식으로 변환하여 비교할 것

⑤ [C15]셀에 「=IF(ISEVEN(RIGHT(B15,3)),"도매","소매")」를 입력한 뒤 [C23]까지 수식을 복사한다.

=IF(ISEVEN(RIGHT(B15,3)),"도매","소매")	
IF(❶,"도매","소매")	❶조건을 만족하면 "도매" 아니면 "소매"
❶ ISEVEN(RIGHT(B15,3))	'코드번호'의 오른쪽 3글자가 짝수면 True를 반환

⑥ [D15]셀에 「=REPT("■",QUOTIENT(RIGHT(B15,3),100))」를 입력한 뒤 [D23]까지 수식을 복사한다.

=REPT("■",QUOTIENT(RIGHT(B15,3),100))	
REPT("■",❶)	"■"를 ❶만큼 반복하여 표시
❶ QUOTIENT(RIGHT(B15,3),100)	'코드번호'의 오른쪽 3글자를 100으로 나눈 몫을 구하여 표시

계산결과

	A	B	C	D	E	F	G	H	I	J
1	[표1]						[표2]			
2	고객명	고객ID	주민번호	① 성별	② 나이		사원명	주민번호	③ 성별	④ 지역
3	이성경	S-102-N	850218-2584623	여자	38		최영철	950218-1584623	남자	수도권
4	김찬희	J-582-G	801204-1864523	남자	43		김영희	021204-4864523	여자	광역시
5	김혜란	P-246-S	820718-2845237	여자	41		박한진	820718-1845237	남자	광역시
6	이승현	S-628-P	920124-2356427	여자	31		김영희	920124-2356427	여자	수도권
7	김창민	J-544-N	930512-1845615	남자	30		신민아	030512-4845615	여자	광역시
8	김영민	P-911-G	960314-1875234	남자	27		최대성	960314-1875234	남자	광역시
9	최미서	S-426-S	860217-2485628	여자	37		이민정	860217-2485628	여자	수도권
10	한영관	J-531-P	910523-2784652	여자	32		민병철	010523-3784652	남자	광역시
11	박강성	P-774-G	840819-1864521	남자	39		한정은	840819-2864521	여자	광역시
12										
13	[표3]									
14	회사	코드번호	⑤ 분류	⑥ 판매현황						
15	나라상사	S-317	소매	■■■						
16	대진유통	D-114	도매	■						
17	상진무역	H-522	도매	■■■■■						
18	미진상사	H-313	소매	■■■						
19	미래상사	S-213	소매	■■						
20	유성무역	R-911	소매	■■■■■■■■■						
21	백두무역	D-234	도매	■■						
22	한일유통	H-715	소매	■■■■■■■						
23	상도무역	H-562	도매	■■■■■						

CHAPTER 08

데이터베이스 함수

■ 작업파일 스프레드시트/작업파일/계산작업/2-8-데이터베이스.xlsx

▶ D*** : 범위 내에서 조건을 만족하는 데이터를 찾아 계산

형식	설명
=DSUM(전체범위,열제목(또는 열번호),조건범위)	조건을 만족하는 데이터의 합계를 표시
=DAVERAGE(전체범위,열제목(또는 열번호),조건범위)	조건을 만족하는 데이터의 평균을 표시
=DCOUNT(전체범위,열제목(또는 열번호),조건범위)	조건을 만족하는 숫자 데이터의 개수를 표시
=DCOUNTA(전체범위,열제목(또는 열번호),조건범위)	조건을 만족하는 공백이 아닌 데이터의 개수를 표시
=DMAX(전체범위,열제목(또는 열번호),조건범위)	조건을 만족하는 데이터 중 최대값을 표시
=DMIN(전체범위,열제목(또는 열번호),조건범위)	조건을 만족하는 데이터 중 최소값을 표시
=DGET(전체범위,열제목(또는 열번호),조건범위)	조건을 만족하는 고유 데이터를 찾아 표시

▶ 데이터베이스 조건 지정 방식

고급 필터와 조건 만드는 방법이 동일하며 AND 또는 OR 방식으로 지정하여 사용할 수 있습니다.

AND 조건 : 조건을 '같은 행'에 입력합니다.

지역이 서울이면서 성별이 남자인 데이터

지역	성별
서울	남자

평균이 80점대인 데이터

평균	평균
>=80	<90

OR 조건 : 조건을 '다른 행'에 입력합니다.

지역이 서울이거나 성별이 남자인 데이터

지역	성별
서울	
	남자

수학 또는 영어가 80점 이상인 데이터

수학	영어
>=80	
	>=80

AND와 OR 복합 조건 : 하나의 필드에 여러 조건을 지정합니다.

지역이 서울 또는 인천이면서 성별이 남자인 데이터

지역	성별
서울	남자
인천	남자

반이 A이면서 수학 또는 영어가 80점 이상인 데이터

반	수학	영어
A	>=80	
A		>=80

출제유형 1 'DB1' 시트에서 다음의 지시사항을 처리하시오.

① [표1]에서 회원등급이 '일반'인 회원들의 구입액 평균을 [D12] 셀에 표시하시오.
▶ DAVERAGE 함수 사용

② [표1]에서 회원등급이 '일반'인 회원들의 인원수를 표시 예(2명)와 같이 [D13] 셀에 표시하시오.
▶ DCOUNTA 함수, & 연산자 사용

③ [표1]에서 구입액이 500,000이상이면서 회원등급이 '골드'인 회원들의 포인트 합계를 [D14] 셀에 표시하시오.
▶ DSUM 함수 사용
▶ 조건은 [A16:D18] 영역에 작성

④ [표2]에서 지역이 '서울'인 거래처의 수량 합계를 [I12] 셀에 표시하시오.
▶ DSUM 함수 사용

⑤ [표2]에서 거래처가 '나라상사'인 조건을 만족하는 거래금액의 평균을 백의 자리에서 반올림하여 [I13] 셀에 표시하시오.
▶ 표시 예 : 4,236,355 → 4,236,000
▶ ROUND, DAVERAGE 함수 사용

⑥ [표2]에서 '제주' 지역의 거래금액 최대값과 최소값의 차이를 [I14] 셀에 표시하시오.
▶ DMAX, DMIN 함수 사용
▶ 조건은 [F16:I18] 영역에 작성

⑦ [표3]에서 부서가 '국내1부'인 조건을 만족하는 분기별 최대값을 [M12:N12] 영역에 표시하시오.
▶ DMAX 함수 사용

⑧ [표3]에서 부서가 '국내1부'인 조건을 만족하는 분기별 최소값을 [M13:N13] 영역에 표시하시오.
▶ DMIN 함수 사용

⑨ [표3]에서 1분기 실적이 500만원대인 사원수를 표시 예(2명)와 같이 [N14] 셀에 표시하시오.
▶ DCOUNT 함수, & 연산자 사용
▶ 조건은 [K16:N18] 영역에 작성

문제해결

① [D12]셀에 「=DAVERAGE(A2:D10,C2,B2:B3)」 또는 「=DAVERAGE(A2:D10,3,B2:B3)」를 입력한다.
② [D13]셀에 「=DCOUNTA(A2:D10,B2,B2:B3)&"명"」 또는 「=DCOUNTA(A2:D10,2,B2:B3)&"명"」를 입력한다.

> **잠깐!**
>
> DCOUNTA( ) 함수는 조건을 만족하는 데이터 중 공백이 아닌 값의 개수를 구하여 표시하는 함수이다. 따라서 2번째 인수인 열 제목(또는 열 번호) 자리에 임의의 제목 셀을 입력해도 결과는 동일하게 출력된다.

③ [D14]셀에 「=DSUM(A2:D10,D2,A16:B17)」 또는 「=DSUM(A2:D10,4,A16:B17)」를 입력한다.
④ [I12]셀에 「=DSUM(F2:I10,H2,G2:G3)」 또는 「=DSUM(F2:I10,3,G2:G3)」를 입력한다.

⑤ [I13]셀에 「=ROUND(DAVERAGE(F2:I10,I2,F2:F3),-3)」 또는 「=ROUND(DAVERAGE(F2:I10,4,F2:F3),-3)」를 입력한다.
⑥ [I14]셀에 「=DMAX(F2:I10,I2,F16:F17)-DMIN(F2:I10,I2,F16:F17)」 또는 「=DMAX(F2:I10,4,F16:F17)-DMIN(F2:I10,4,F16:F17)」를 입력한다.
⑦ [M12]셀에 「=DMAX($K$2:$N$10,M2,$L$2:$L$3)」를 입력한 뒤 [N12]까지 수식을 복사한다.
⑧ [M13]셀에 「=DMIN($K$2:$N$10,M2,$L$2:$L$3)」를 입력한 뒤 [N13]까지 수식을 복사한다.
⑨ [N14]셀에 「=DCOUNT(K2:N10,N2,K16:L17)&"명"」 또는 「=DCOUNT(K2:N10,4,K16:L17)&"명"」를 입력한다.

계산결과

	A	B	C	D	E	F	G	H	I	J	K	L	M	N
1	[표1]	회원별 등급표				[표2]	거래처별 거래내역				[표3]	분기별 영업실적		단위:만원
2	성명	회원등급	구입액	포인트		거래처	지역	수량	거래금액		사원명	부서	1분기	2분기
3	이성경	일반	790,000	84		나라상사	서울	26	4,738,454		최영철	국내1부	484	300
4	김찬희	골드	420,000	57		대진유통	제주	24	9,026,457		김상진	국내2부	414	446
5	김혜란	실버	560,000	66		상진무역	부산	16	3,834,375		박한진	국내1부	548	412
6	이승현	일반	880,000	69		나라상사	서울	50	7,497,719		김영희	국내2부	152	394
7	김창민	골드	880,000	80		대진유통	서울	10	2,211,868		신민아	국내1부	725	348
8	김영민	일반	910,000	58		상진무역	제주	39	2,246,517		최대성	국내1부	519	301
9	최민서	실버	850,000	48		대진유통	부산	6	4,534,613		이민정	국내1부	614	446
10	한영란	골드	760,000	77		나라상사	부산	18	5,562,640		한정엽	국내2부	200	412
11														
12	① 일반 회원의 구입액 평균			860,000		④ 서울 지역의 수량 합계			86		⑦ 국내1부 최대값		614	446
13	② 일반 회원수			3명		⑤ 나라상사의 거래금액 평균			5,933,000		⑧ 국내1부 최소값		484	300
14	③ 구입액 500,000이상 골드회원 포인트			157		⑥ 제주지역 최대값-최소값			6,779,940		⑨ 1분기 실적이 500만원대인 사원수			2명
15														
16	회원등급	구입액				지역					1분기	1분기		
17	골드	>=500000				제주					>=500	<600		
18														
19														

출제유형 2 'DB2' 시트에서 다음의 지시사항을 처리하시오.

① [표1]에서 부서가 '해외'로 시작하면서 직급이 '대리'인 사원들의 실적 합계를 [D12] 셀에 표시하시오.
- ▶ 표시 예 : 1246 → 1,246만원
- ▶ DSUM, TEXT 함수 사용
- ▶ 조건은 [A13:D15] 영역에 작성

② [표2]에서 지역이 '서울'이 아니고 상반기 실적이 50,000이상 100,000미만인 거래처의 하반기 평균을 [I12] 셀에 표시하시오.
- ▶ 평균은 백의 자리이하는 모두 버리고 천의 자리까지만 표시할 것 (표시 예 : 32,560 → 32,000)
- ▶ DAVERAGE, TRUNC 함수 사용
- ▶ 조건은 [F13:I15] 영역에 작성

③ [표3]에서 제품코드가 'A-06'인 데이터의 구분을 찾아 [D29] 셀에 표시하시오.
- ▶ DGET 함수 사용
- ▶ 조건은 [A30:D32] 영역에 작성

④ [표4]에서 고객구분이 '실버' 또는 '골드' 이면서 나이가 30대인 고객의 인원수를 구하여 표시 예(3명)와 같이 [I29] 셀에 표시하시오.
- ▶ DCOUNTA 함수, & 연산자 사용
- ▶ 조건은 [F30:I32] 영역에 작성

문제해결

① [D12]셀에 「=TEXT(DSUM(A2:D10,D2,A13:B14),"#,##0만원")」 또는 「=TEXT(DSUM(A2:D10,4,A13:B14),"#,##0만원")」를 입력한다.
② [I12]셀에 「=TRUNC(DAVERAGE(F2:I10,I2,F13:H14),-3)」 또는 「=TRUNC(DAVERAGE(F2:I10,4,F13:H14),-3)」를 입력한다.
③ [D29]셀에 「=DGET(A19:D27,A19,A30:A31)」 또는 「=DGET(A19:D27,1,A30:A31)」를 입력한다.
④ [I29]셀에 「=DCOUNTA(F19:I27,G19,F30:H32)&"명"」 또는 「=DCOUNTA(F19:I27,2,F30:H32)&"명"」를 입력한다.

계산결과

	A	B	C	D	E	F	G	H	I
1	[표1]	분기별 영업실적				[표2]	거래처별 실적현황		
2	사원명	부서	직급	실적		회사	지역	상반기	하반기
3	최영철	국내1부	사원	785		나라상사	서울	92,733	46,573
4	김상진	국내2부	대리	860		대진유통	제주	66,191	60,400
5	박한진	해외1부	대리	960		상진무역	부산	14,809	13,827
6	김영희	해외2부	과장	546		상도무역	서울	51,382	46,573
7	신민아	국내2부	과장	1,074		미래상사	서울	19,663	17,382
8	최대성	국내1부	사원	821		유성무역	제주	22,053	49,102
9	이민정	해외2부	사원	1,060		백두무역	부산	23,900	17,206
10	한정엽	해외1부	대리	613		한열유통	부산	62,453	56,740
11									
12	① 해외부서 대리의 실적 합계			1,574만원		② 서울 외 지역의 하반기 평균			58,000
13	부서	직급				지역	상반기	상반기	
14	해외*	대리				<>서울	>=50000	<100000	
15									
16									
17									
18	[표3]	제품별 거래내역				[표4]	고객 정보		
19	구분	제품코드	거래횟수	누적금액		고객명	고객구분	나이	성별
20	식품	A-01	14	208,959		최영철	일반	22	남
21	의류	A-02	2	189,887		김상진	골드	36	남
22	잡화	A-03	23	42,954		박한진	실버	46	여
23	의류	A-04	8	146,933		김영희	일반	38	여
24	잡화	A-05	5	55,568		신민아	골드	24	여
25	식품	A-06	15	106,733		최대성	일반	21	남
26	의류	A-07	21	61,659		이민정	실버	39	여
27	의류	A-08	17	178,790		한정엽	일반	51	남
28									
29	③ 제품코드 'A-06'의 구분			식품		④ 30대 실버 또는 골드 회원수			2명
30	제품코드					고객구분	나이	나이	
31	A-06					실버	>=30	<40	
32						골드	>=30	<40	
33									

CHAPTER 09

찾기/참조 함수

■ 작업파일 스프레드시트/작업파일/계산작업/2-9-찾기참조.xlsx

● ROW/ROWS/COLUMN/COLUMNS : 참조값의 행 번호/행의 수/열 번호/열의 수를 표시

형식	예제	결과
=ROW(셀 또는 생략)	=ROW(B4)	4(참조 셀의 행 번호)
=ROWS(범위)	=ROWS(B4:B8)	5(참조 범위의 행 개수)
=COLUMN(셀 또는 생략)	=COLUMN(B4)	2(참조 셀의 열 번호)
=COLUMNS(범위)	=COLUMNS(B4:D4)	3(참조 범위의 열 개수)

● MATCH : '열/행범위'내에서 '기준'의 상대적 위치 번호를 표시

[참조유형 1] 기준보다 작거나 같은 값 중에서 최대값을 찾음(단, '열/행범위'가 오름차순 정렬 상태)
[참조유형 0] 기준과 정확하게 일치하는 첫 번째 값을 찾음
[참조유형 -1] 기준보다 크거나 같은 값 중에서 최소값을 찾음(단, '열/행범위'가 내림차순 정렬 상태)

형식	=MATCH(기준,열/행범위,참조유형)
예제	=MATCH("배",{"사과","배","감"},0)
결과	2

● XMATCH : '열/행범위'내에서 '기준'의 상대적 위치 번호를 표시

[일치유형] 정확한 값을 찾을 것인지, 유사 값을 찾을 것인지 선택 (와일드카드 사용가능)
[검색유형] 정방향, 역방향, 오름차순, 내림차순에 따른 검색 방법을 선택

형식	=XMATCH(기준,열/행범위,[일치유형],[검색유형])
예제	=XMATCH("배",{"사과","배","감"})
결과	2

● INDEX : '범위'내에서 '행번호'와 '열번호'가 교차되는 지점의 값을 표시

형식	=INDEX(범위,행번호,열번호)	
예제	=INDEX(A1:C3,2,3) 		A	B	C
---	---	---	---
1	사과	복숭아	오렌지
2	감	배	참외
3	포도	딸기	수박		'범위(A1:C3)'에서 '2번째' 행과 '3번째' 열이 교차되는 지점의 값이 표시
결과	참외	

● **CHOOSE** : '숫자'에 해당하는 위치의 값을 두 번째 인수부터 참조하여 표시

형식	=CHOOSE(숫자,값1,값2,값3,...)
예제	=CHOOSE(2,"배","감","사과","복숭아")
결과	감

● **VLOOKUP** : '기준'에 맞는 '열 번호'값을 '범위'에서 찾아 표시

[참조유형 TRUE 또는 생략] 유사 일치, [참조유형 FALSE 또는 0] 정확하게 일치

형식	=VLOOKUP(기준,범위,열번호,참조유형)	
예제	=VLOOKUP(A2,A1:B3,2,FALSE)	
	<table><tr><td></td><td>A</td><td>B</td></tr><tr><td>1</td><td>국어</td><td>75</td></tr><tr><td>2</td><td>영어</td><td>82</td></tr><tr><td>3</td><td>수학</td><td>86</td></tr></table>	'영어(A2)'에 맞는 값을 '범위(A1:B3)' 중 '2'번째 열에서 찾아 표시
결과	82	

● **HLOOKUP** : '기준'에 맞는 '행 번호'값을 '범위'에서 찾아 표시

[참조유형 TRUE 또는 생략] 유사 일치, [참조유형 FALSE 또는 0] 정확하게 일치

형식	=HLOOKUP(기준,범위,행번호,참조유형)	
예제	=HLOOKUP(B1,A1:C2,2,FALSE)	
	<table><tr><td></td><td>A</td><td>B</td><td>C</td></tr><tr><td>1</td><td>국어</td><td>영어</td><td>수학</td></tr><tr><td>2</td><td>75</td><td>82</td><td>86</td></tr></table>	'영어(B1)'에 맞는 값을 '범위(A1:C2)' 중 '2'번째 행에서 찾아 표시
결과	82	

> **잠깐!**
>
> **VLOOKUP/HLOOKUP 참조유형 구분 방법**
> - TRUE(또는 생략) : 참조하는 범위의 첫 번째 열/행이 정렬되어 있고, 기준과 정확하게 일치하는 값이 없는 경우 근사 값(기준보다 작은 값 중 최대값을 표시)을 표시합니다.
> - FALSE(또는 0) : 참조하는 범위의 첫 번째 열/행이 정렬 되어있지 않고, 기준과 정확하게 일치하는 값이 있는 경우 해당 값(일치하는 항목이 없다면 #N/A 오류가 표시됨)을 표시합니다.
>
> **VLOOKUP/HLOOKUP 범위 지정 방법**
> - VLOOKUP의 경우 기준과 비교하고자 하는 참조열이 첫 번째 열이 될 수 있도록 범위를 지정합니다.
> - HLOOKUP의 경우 기준과 비교하고자 하는 참조행이 첫 번째 행이 될 수 있도록 범위를 지정합니다.

● **LOOKUP** : '기준범위'에서 '기준'의 위치에 맞는 값을 '결과범위'에서 찾아 표시

형식	=LOOKUP(기준,기준범위,결과범위) =LOOKUP(기준,기준범위:결과범위)	
예제	=LOOKUP(B1,A1:C1,A2:C2) =LOOKUP(B1,A1:C2)	
	<table><tr><td></td><td>A</td><td>B</td><td>C</td></tr><tr><td>1</td><td>국어</td><td>영어</td><td>수학</td></tr><tr><td>2</td><td>75</td><td>82</td><td>86</td></tr></table>	'기준범위(A1:C1)'에서 '영어(B1)'를 찾아 '결과범위(A2:C2)'에서 같은 위치의 값을 표시
결과	82	

● XLOOKUP : '기준범위'에서 '기준'의 위치에 맞는 값을 '결과범위'에서 찾아 표시

[표시값] 일치하는 값이 없는 경우 대신하여 표시할 값 (생략 시 #N/A)
[일치유형] 정확한 값을 찾을 것인지, 유사 값을 찾을 것인지 선택 (와일드카드 사용가능)
[검색유형] 정방향, 역방향, 오름차순, 내림차순에 따른 검색 방법을 선택

형식	=XLOOKUP(기준,기준범위,결과범위[,표시값][,일치유형][,검색유형])
예제	=XLOOKUP(B1,A1:C1,A2:C2,"없음") 		A	B	C	 |---|---|---|---| | 1	국어	영어	수학	 | 2	75	82	86	 '기준범위(A1:C1)'에서 '영어(B1)'를 찾아 '결과범위(A2:C2)'에서 같은 위치의 값을 표시하며, 일치하는 값이 없을 경우 "없음"이라 표시
결과	82

● OFFSET : '기준'부터 '행'만큼 아래쪽으로, '열'만큼 오른쪽으로 이동 후 '행 수' 및 '열 수'만큼 데이터를 표시

형식	=OFFSET(기준,이동 행,이동 열,행 개수,열 개수)
예제			A	B	C	 |---|---|---|---| | 1	12	24	17	 | 2	23	16	19	 | 3	14	25	28	 =OFFSET(A1,1,2) '기준(A1)'에서부터 1행 아래쪽으로, 2열 오른쪽으로 이동한 후 해당 '값(C2)'을 표시 		A	B	C	 |---|---|---|---| | 1	12	24	17	 | 2	23	16	19	 | 3	14	25	28	 =OFFSET(A1,1,2,2,1) '기준(A1)'에서부터 1행 아래쪽으로, 2열 오른쪽으로 이동한 후, 해당 값으로부터 2행 1열 '범위(C2:C3)'를 선택하여 표시
결과	그림 참고

● TRANSPOSE : '범위'의 행과 열을 바꿔 표시([Ctrl]+[Shift]+[Enter]로 마무리)

형식	=TRANSPOSE(범위)
예제	[E1:G2]영역 선택 후 =TRANSPOSE(A1:B3) 입력한 뒤 [Ctrl]+[Shift]+[Enter]를 눌러 마무리 		A	B	 |---|---|---| | 1	국어	75	 | 2	영어	82	 | 3	수학	86	
결과			E	F	G	 |---|---|---|---| | 1	국어	영어	수학	 | 2	75	82	86	

출제유형 1 '참조1' 시트에서 다음의 지시사항을 처리하시오.

① [표1]의 등급, 결제금액과 [표2]를 이용하여 [D3:D11] 영역에 고객별 포인트를 계산하시오.
  ▶ 포인트 = 결제금액 × 적립률
  ▶ 적립률은 등급과 [표2]를 이용하여 추출할 것
  ▶ VLOOKUP 함수 사용

② [표1]의 회원ID와 [표3]을 이용하여 [F3:F11] 영역에 배송지를 표시하시오.
  ▶ 지역은 회원ID의 첫 글자와 [표3]을 이용하여 추출할 것
  ▶ VLOOKUP, LEFT 함수 사용

③ [표1]의 회원ID의 마지막 한 글자가 '1'이면 "그린", '2'면 "블루", '3'이면 "레드", '4'면 "블랙"으로 구분하여 [G3:G11] 영역에 고객별 회원구분을 표시하시오.
  ▶ CHOOSE, RIGHT 함수 사용

④ [표4]의 가입일과 [표6]을 이용하여 [C16:C24] 영역에 회원별 가입 요일을 표시하시오.
  ▶ 월요일이 1로 표시되는 옵션 사용할 것
  ▶ HLOOKUP, WEEKDAY 함수 사용

⑤ [표4]의 회원코드와 [표5]의 거래처, 코드번호를 이용하여 [E16:E24] 영역에 주문처를 표시하시오.
  ▶ 회원코드와 [표5]의 코드번호를 비교하여 거래처를 추출할 것
  ▶ 표시 예 : 회원코드가 'S'라면 → 미진상사, 회원코드가 'D'라면 → 나라상사
  ▶ LOOKUP, VLOOKUP, HLOOKUP 중 알맞은 함수 사용

⑥ [표4]의 회원코드와 구분을 이용하여 [표5]에서 할인율을 찾아 [G16:G24] 영역에 표시하시오.
  ▶ VLOOKUP, MATCH 함수 사용

문제해결

① [D3]셀에 「=C3*VLOOKUP(B3,$I$3:$J$5,2,FALSE)」를 입력한 뒤 [D11]까지 수식을 복사한다.

=C3*VLOOKUP(B3,$I$3:$J$5,2,FALSE)	
C3*❶	'결제금액'에 ❶을 곱하여 계산
❶ VLOOKUP(B3,$I$3:$J$5,2,FALSE)	'등급'을 기준으로 [표2]의 2번째 열값을 찾아 표시

② [F3]셀에 「=VLOOKUP(LEFT(E3,1),$I$9:$J$11,2,FALSE)」를 입력한 뒤 [F11]까지 수식을 복사한다.

=VLOOKUP(LEFT(E3,1),$I$9:$J$11,2,FALSE)	
VLOOKUP(❶,$I$9:$J$11,2,FALSE)	❶을 기준으로 [표3]에서 2번째 열값을 찾아 표시
❶ LEFT(E3,1)	'회원ID'의 왼쪽 1글자를 추출

③ [G3]셀에 「=CHOOSE(RIGHT(E3,1),"그린","블루","레드","블랙")」를 입력한 뒤 [G11]까지 수식을 복사한다.

=CHOOSE(RIGHT(E3,1),"그린","블루","레드","블랙")	
CHOOSE(❶,"그린","블루","레드","블랙")	❶의 순번에 맞는 값을 2번째 인수 이후에서 찾아 표시
❶ RIGHT(E3,1)	'회원ID'의 오른쪽 1글자를 추출

④ [C16]셀에 「=HLOOKUP(WEEKDAY(B16,2),$I$23:$O$24,2,FALSE)」를 입력한 뒤 [C24]까지 수식을 복사한다.

=HLOOKUP(WEEKDAY(B16,2),$I$23:$O$24,2,FALSE)	
HLOOKUP(❶,$I$23:$O$24,2,FALSE)	❶을 기준으로 [표6]에서 2번째 행값을 찾아 표시
❶ WEEKDAY(B16,2)	'가입일'의 일련번호를 표시

⑤ [E16]셀에 「=LOOKUP(D16,$J$17:$J$20,$I$17:$I$20)」를 입력한 뒤 [E24]까지 수식을 복사한다.

=LOOKUP(D16,$J$17:$J$20,$I$17:$I$20)
기준인 '회원코드' 값을 기준범위인 '코드번호' 범위에서 찾아 결과범위인 '거래처' 범위에서 동일한 위치의 값을 추출하여 표시
결과범위가 기준범위보다 왼쪽에 있기 때문에 VLOOKUP을 사용할 수 없음에 주의할 것

⑥ [G16]셀에 「=VLOOKUP(D16,$J$17:$N$20,MATCH(F16,$K$16:$N$16,0)+1,FALSE)」를 입력한 뒤 [G24]까지 수식을 복사한다.

=VLOOKUP(D16,$J$17:$N$20,MATCH(F16,$K$16:$N$16,0)+1,FALSE)	
VLOOKUP(D16,$J$17:$N$20,❶,FALSE)	'회원코드'를 기준으로 [J17:N20] 영역에서 ❶번째 열값을 찾아 표시
❶ MATCH(F16,$K$16:$N$16,0)+1	[K16:N16] 영역에서 '구분'의 위치번호를 반환하고 결과에 1을 더함 [J17:N20] 영역에서 '구분'의 시작은 '1'이 아닌 '2'이기 때문

계산결과

	A	B	C	D	E	F	G	H	I	J	K	L	M	N	O
1	[표1]								[표2] 적립률표						
2	고객명	등급	결제금액	① 포인트	회원ID	② 배송지	③ 회원구분		등급	적립률					
3	이성경	일반	246,000	4,920	S-102	서울	블루		일반	2%					
4	김찬희	실버	584,000	17,520	J-581	제주	그린		실버	3%					
5	김혜란	골드	615,000	30,750	P-24	부산	블랙		골드	5%					
6	이승현	일반	389,000	7,780	S-622	서울	블루								
7	김창민	실버	388,000	11,640	J-544	제주	블랙		[표3] 지역구분						
8	김영민	골드	635,000	31,750	P-911	부산	그린		코드	지역					
9	최민서	일반	495,000	9,900	S-423	서울	레드		S	서울					
10	한영란	실버	642,000	19,260	J-531	제주	그린		J	제주					
11	박강성	골드	832,000	41,600	P-773	부산	레드		P	부산					
12															
13															
14	[표4]		회원정보						[표5] 거래정보						
15	회원명	가입일	④ 요일	회원코드	⑤ 주문처	구분	⑥ 할인율				식음료	생활잡화	전자기기	의류	
16	최영철	2024-01-10	수요일	S	미진상사	FB	3.8%		거래처	코드번호	FB	LE	EC	CW	
17	김상진	2024-01-14	일요일	D	나라상사	CW	3.5%		나라상사	D	3.0%	3.2%	3.3%	3.5%	
18	박한진	2024-01-17	수요일	H	대진유통	LE	3.4%		대진유통	H	3.2%	3.4%	3.5%	3.7%	
19	김영희	2024-01-25	목요일	H	대진유통	EC	3.5%		상진무역	R	3.5%	3.7%	3.8%	3.9%	
20	신민아	2024-02-12	월요일	S	미진상사	CW	4.1%		미진상사	S	3.8%	3.9%	4.0%	4.1%	
21	최대성	2024-02-24	토요일	R	상진무역	LE	3.7%								
22	이민정	2024-01-29	월요일	D	나라상사	EC	3.3%		[표6] 요일구분						
23	민병철	2024-01-29	월요일	H	대진유통	FB	3.2%		1	2	3	4	5	6	7
24	한정엽	2024-01-17	수요일	H	대진유통	LE	3.4%		월요일	화요일	수요일	목요일	금요일	토요일	일요일
25															

출제유형 2 '참조2' 시트에서 다음의 지시사항을 처리하시오.

① [표1]의 직위와 [표2]를 이용하여 [D3:D10] 영역에 직원별 수당률을 표시하시오.
   ▶ VLOOKUP, HLOOKUP 중 알맞은 함수 사용
② [표1]의 직위, 기본급과 [표2]를 이용하여 [E3:E10] 영역에 직원별 급여총액을 계산하시오.
   ▶ 급여총액 = 기본급 + 기타수당
   ▶ INDEX, MATCH 함수 사용
③ [표3]에서 회원ID의 왼쪽에서 3번째 숫자가 '0'이면 "브론드", '1'이면 "실버", '2'이면 "골드", '3'이면 "다이아"로 구분하여 [I3:I10] 영역에 회원별 회원등급을 표시하시오.
   ▶ CHOOSE, MID 함수 사용
④ [표3]의 1분기, 2분기, 3분기, 4분기 데이터와 [표4]를 이용하여 [N3:N10] 영역에 적립률을 표시하시오.
   ▶ 마일리지는 1분기에 20%, 2분기에 20%, 3분기에 30%, 4분기에 30%를 각각 곱한 값들의 합계로 계산할 것
   ▶ HLOOKUP, SUMPRODUCT 함수 사용
⑤ [표3]의 회원ID와 [표5]를 이용하여 [O3:O10] 영역에 회원별 주문지를 표시하시오.
   ▶ INDEX, MATCH, LEFT 함수 사용

문제해결 🔑

① [D3]셀에 「=HLOOKUP(B3,$B$13:$E$15,2,FALSE)」를 입력한 뒤 [D10]까지 수식을 복사한다.

=HLOOKUP(B3,$B$13:$E$15,2,FALSE)
'직위'를 기준으로 [표2] 영역에서 동일 위치에 2번째 행값을 찾아 표시

② [E3]셀에 「=C3+INDEX($B$15:$E$15,1,MATCH(B3,$B$13:$E$13,0))」를 입력한 뒤 [E10]까지 수식을 복사한다.

=C3+INDEX($B$15:$E$15,1,MATCH(B3,$B$13:$E$13,0))	
C3+❶	'기본급'과 ❶의 합을 표시
❶ INDEX($B$15:$E$15,1,❷)	'기타수당' 영역의 1행과 ❷열의 교차값을 찾아 표시
❷ MATCH(B3,$B$13:$E$13,0)	[B13:E13] 영역에서 '직위'의 위치번호를 반환

③ [I3]셀에 「=CHOOSE(MID(H3,3,1)+1,"브론드","실버","골드","다이아")」를 입력한 뒤 [I10]까지 수식을 복사한다.

=CHOOSE(MID(H3,3,1)+1,"브론드","실버","골드","다이아")	
CHOOSE(❶,"브론드","실버","골드","다이아")	❶의 순번에 맞는 값을 2번째 인수 이후에서 찾아 표시
❶ MID(H3,3,1)+1	'회원ID'의 3번째 1글자를 추출하고 결과에 1을 더함

④ [N3]셀에 「=HLOOKUP(SUMPRODUCT(J3:M3,{0.2,0.2,0.3,0.3}),$H$13:$K$14,2,TRUE)」를 입력한 뒤 [N10]까지 수식을 복사한다.

=HLOOKUP(SUMPRODUCT(J3:M3,{0.2,0.2,0.3,0.3}),$H$13:$K$14,2,TRUE)	
HLOOKUP(❶,$H$13:$K$14,2,TRUE)	❶을 기준으로 [표4]에서 2번째 행값을 찾아 표시
❶ SUMPRODUCT(J3:M3,❷)	'1분기:4분기' 범위와 ❷ 범위의 각 항목끼리 곱한 후 누적합계를 계산
❷ {0.2,0.2,0.3,0.3}	배열상수를 이용하여 행 범위를 작성 { 1분기 대응값 , 2분기 대응값 , 3분기 대응값 , 4분기 대응값 }

> **잠깐!**
>
> * 배열 상수
> 1) 행 범위 작성 시 구분 기호로 콤마(,)를 사용 → { 값 , 값 , 값 }
> 2) 열 범위 작성 시 구분 기호로 세미콜론(;)을 사용 → { 값 ; 값 ; 값 }

⑤ [O3]셀에 「=INDEX($N$14:$N$16,MATCH(LEFT(H3,1),$M$14:$M$16,0),1)」를 입력한 뒤 [O10]까지 수식을 복사한다.

=INDEX($N$14:$N$16,MATCH(LEFT(H3,1),$M$14:$M$16,0),1)	
INDEX($N$14:$N$16,❶,1)	[N14:N16] 영역에서 ❶행과 1열의 교차값을 찾아 표시
❶ MATCH(❷,$M$14:$M$16,0)	[M14:M16] 영역에서 ❷의 위치번호를 반환
❷ LEFT(H3,1)	'회원ID'의 왼쪽 1글자를 추출

계산결과

	A	B	C	D	E	F	G	H	I	J	K	L	M	N	O
1	[표1]	직원별 실적 조회					[표3]	회원 정보							
2	직원명	직위	기본급	③ 수당률	④ 급여총액		성명	회원ID	③ 회원등급	1분기	2분기	3분기	4분기	④ 적립률	⑤ 주문지
3	김형기	부장	2,550,000	5.0%	2,725,000		이성경	S-102-Y	실버	5,790	2,952	2,460	7,200	4.5%	서울
4	김정수	부장	2,650,000	5.0%	2,825,000		김찬희	J-082-N	브론드	1,640	7,008	5,840	6,053	4.5%	제주
5	최재형	과장	2,450,000	4.5%	2,600,000		김혜란	P-246-N	골드	3,450	7,380	6,150	4,802	4.5%	부산
6	김규옥	대리	1,850,000	3.0%	1,975,000		이승현	S-328-Y	다이아	6,420	4,668	3,890	12,125	5.0%	서울
7	이수원	과장	2,000,000	4.5%	2,150,000		김창민	J-144-Y	실버	4,690	4,656	3,880	2,400	3.0%	제주
8	신오영	대리	1,950,000	3.0%	2,075,000		김영민	P-011-N	브론드	2,460	1,620	2,230	1,103	2.5%	부산
9	임희정	사원	1,650,000	2.5%	1,750,000		최민서	S-226-N	골드	5,840	5,940	4,950	9,800	5.0%	서울
10	변현진	사원	1,450,000	2.5%	1,550,000		한영란	J-331-Y	다이아	6,150	7,704	6,420	2,040	4.5%	제주
11															
12	[표2]						[표4]							[표5] 지역구분	
13	직위	사원	대리	과장	부장		마일리지	0~	2,000~	4,000~	6,000~			코드	지역
14	수당률	2.5%	3.0%	4.5%	5.0%		적립률	2.5%	3.0%	4.5%	5.0%			S	서울
15	기타수당	100,000	125,000	150,000	175,000									J	제주
16														P	부산

출제유형 3 '참조3' 시트에서 다음의 지시사항을 처리하시오.

① [표1]의 직위와 [표2]를 이용하여 [E3:E13] 영역에 사원별 급여를 계산하시오.

▶ 급여 = 기본급 + 특별수당

▶ VLOOKUP, HLOOKUP 중 알맞은 함수 사용

② [표1]의 직위, 부서와 [표2]를 이용하여 [F3:F13] 영역에 사원별 직무수당을 계산하시오.

▶ 직무수당 = 급여 × 수당률

▶ 수당률은 직위, 부서와 [표2]를 이용하여 추출할 것

▶ INDEX, MATCH 함수 사용

③ [표3]에서 총점 점수가 가장 높은 사원의 이름을 [O4] 셀에 표시하시오.
  ▶ INDEX, MATCH, MAX 함수 사용
④ [표3]에서 근태 점수가 가장 낮은 사원의 이름을 [O8] 셀에 표시하시오.
  ▶ INDEX, MATCH, MIN 함수 사용
⑤ [표5]의 판매단가, 제조일자, 보존기간(개월) 및 [표4]를 이용하여 [V3:V20] 영역에 할인가를 계산하여 표시하시오.
  ▶ 할인가 = 판매가 × (1 − 할인율)
  ▶ 유효기간 = (유통기한 − 기준일) ÷ 30
  ▶ 할인율은 유효기간과 [표4]를 이용하여 계산할 것
  ▶ 유통기한은 제조일자에서 보존기간(개월)이 지난 날짜로 계산할 것
  ▶ VLOOKUP, EDATE, QUOTIENT 함수 사용

문제해결

① [E3]셀에 「=VLOOKUP(C3,$A$17:$C$20,2,FALSE)+VLOOKUP(C3,$A$17:$C$20,3,FALSE)」를 입력한 뒤 [E13]까지 수식을 복사한다.

=VLOOKUP(C3,$A$17:$C$20,2,FALSE)+VLOOKUP(C3,$A$17:$C$20,3,FALSE)	
❶+❷	❶과 ❷의 합을 표시
❶ VLOOKUP(C3,$A$17:$C$20,2,FALSE)	'직위'를 기준으로 [표2]에서 2번째 열값을 찾아 표시
❷ VLOOKUP(C3,$A$17:$C$20,3,FALSE)	'직위'를 기준으로 [표2]에서 3번째 열값을 찾아 표시

② [F3]셀에 「=E3*INDEX($D$17:$F$20,MATCH(C3,$A$17:$A$20,0),MATCH(D3,{"경영","전산","총무"},1))」를 입력한 뒤 [F13]까지 수식을 복사한다.

=E3*INDEX($D$17:$F$20,MATCH(C3,$A$17:$A$20,0),MATCH(D3,{"경영","전산","총무"},1))	
E3*❶	'급여'에 ❶을 곱한 값을 표시
❶ INDEX($D$17:$F$20,❷,❸)	[D17:F20] 영역에서 ❷행과 ❸열의 교차값을 찾아 표시
❷ MATCH(C3,$A$17:$A$20,0)	[A17:A20] 영역에서 '직위'의 위치번호를 반환
❸ MATCH(D3,{"경영","전산","총무"},1)	{"경영","전산","총무"} 영역에서 '부서'의 위치번호를 반환

③ [O4]셀에 「=INDEX(H3:H20,MATCH(MAX(M3:M20),M3:M20,0),1)」를 입력한다.

=INDEX(H3:H20,MATCH(MAX(M3:M20),M3:M20,0),1)	
INDEX(H3:H20,❶,1)	'이름' 영역에서 ❶행과 1열의 교차값을 찾아 표시
❶ MATCH(❷,M3:M20,0)	'총점' 영역에서 ❷의 위치번호를 반환
❷ MAX(M3:M20)	'총점'의 최대값을 표시

④ [O8]셀에 「=INDEX(H3:H20,MATCH(MIN(J3:J20),J3:J20,0),1)」를 입력한다.

=INDEX(H3:H20,MATCH(MIN(J3:J20),J3:J20,0),1)	
INDEX(H3:H20,❶,1)	'이름' 영역에서 ❶행과 1열의 교차값을 찾아 표시
❶ MATCH(❷,J3:J20,0)	'근태' 영역에서 ❷의 위치번호를 반환
❷ MIN(J3:J20)	'근태'의 최소값을 표시

⑤ [V3]셀에 「=S3*(1-VLOOKUP(QUOTIENT(EDATE(T3,U3)-$V$1,30),$O$17:$P$20,2)))」를 입력한 뒤 [V20]까지 수식을 복사한다.

=S3*(1-VLOOKUP(QUOTIENT(EDATE(T3,U3)-$V$1,30),$O$17:$P$20,2,TRUE))	
S3*(1-❶)	'판매가'와 (1-❶)을 곱하여 표시
❶ VLOOKUP(❷,$O$17:$P$20,2,TRUE)	❷를 기준으로 [표4]에서 2번째 열값을 찾아 표시
❷ QUOTIENT(❸,30)	❸을 30으로 나눈 몫을 표시
❸ ❹-$V$1	❹와 '기준일'의 차이를 표시
❹ EDATE(T3,U3)	'제조일자'에서 '보존기간(개월)'만큼이 경과한 날짜를 표시

계산결과

출제유형 4 '참조4' 시트에서 다음의 지시사항을 처리하시오.

① [표1]의 근속년수와 [표2] 호봉표를 이용하여 [C3:C11] 영역에 직원별 호봉을 찾아 표시하시오.
  ▶ 근무년수가 호봉표와 일치하지 않는 경우 값이 적은 항목(-1)의 호봉이 표시되도록 할 것
  ▶ INDEX, XMATCH 함수 사용

② [표1]의 부서와 [표3]을 이용하여 [E3:E11] 영역에 직원별 연수지역을 찾아 표시하시오.
  ▶ 부서가 [표3]의 부서열과 정확하게 일치하지 않은 경우 근사값(-1)을 찾아 표시할 것
  ▶ [표3]의 부서열은 내림차순(-1)으로 정렬되어 있으며, 해당되는 부서가 없는 경우 연수지역은 공란으로 표시할 것
  ▶ XLOOKUP 함수 사용

③ [표4]에서 근태와 [표5] 평가 기준표를 참고하여 근태 포인트가 3이하라면 "대상" 아니라면 공란으로 [C15:C22] 영역에 진급대상자 여부를 표시하시오.

▶ 근태 포인트 = 평가 포인트 + 점수 포인트
▶ '근태'의 첫 문자가 'A'면 1포인트, 'B'면 2포인트, 'C'면 3포인트를 적용할 것
▶ '근태'의 오른쪽 두 자리 숫자가 80~99이면 1포인트, 60~79이면 2포인트, 0~59이면 3포인트를 적용할 것
▶ IF, XMATCH, RIGHT 함수 사용

④ [표3]에서 주소지와 [표6] 교통비지원율을 이용하여 [E15:E22] 영역에 교통비지원율을 찾아 표시하시오.
▶ 일치하는 주소지가 없는 경우 "해당없음"이라 표시할 것
▶ XLOOKUP 함수 사용

문제해결

① [C3]셀에 「=INDEX($H$3:$H$11,XMATCH(B3,$G$3:$G$11,-1))」를 입력한 뒤 [C11]까지 수식을 복사한다.

=INDEX($H$3:$H$11,XMATCH(B3,$G$3:$G$11,-1))	
INDEX($H$3:$H$11,❶)	'호봉' 영역에서 ❶번째 행 값을 찾아 표시
❶ XMATCH(B3,$G$3:$G$11,-1)	'근속년수' 값이 일치하거나 작은 항목 값의 행 번호를 반환

② [E3]셀에 「=XLOOKUP(D3,$K$3:$K$5,$L$3:$L$5,"",-1,-1)」를 입력한 뒤 [E11]까지 수식을 복사한다.

③ [C15]셀에 「=IF(XMATCH(B15,$H$15:$H$17,-1)+XMATCH(RIGHT(B15,2)*1,$I$15:$I$17,-1)<=3,"대상","")」를 입력한 뒤 [C22]까지 수식을 복사한다.

=IF(XMATCH(B15,$H$15:$H$17,-1)+XMATCH(RIGHT(B15,2)*1,$I$15:$I$17,-1)<=3,"대상","")	
IF(❶+❷<=3,"대상","")	❶과 ❷의 합이 3이하라면 "대상" 아니라면 공란을 표시
❶ XMATCH(B15,$H$15:$H$17,-1)	'근태'와 '평가'를 비교하여 값이 일치하거나 작은 항목 값의 행 번호를 반환 (해당 문제에서는 행 번호와 포인트 값이 일치함)
❷ XMATCH(RIGHT(B15,2)*1,$I$15:$I$17,-1)	'근태'의 오른쪽 두 글자를 추출하여 숫자로 변환한 기준값을 '점수'와 비교하여 일치하거나 작은 항목 값의 행 번호를 반환 (해당 문제에서는 행 번호와 포인트 값이 일치함)

④ [E15]셀에 「=XLOOKUP(D15,$K$15:$K$18,$L$15:$L$18,"해당없음",0)」를 입력한 뒤 [E22]까지 수식을 복사한다.

계산결과

	A	B	C	D	E	F	G	H	I	J	K	L
1	[표1]	직원별 연수 현황					[표2]	호봉표			[표3]	부서별 연수지역
2	직원명	근속년수	① 호봉	부서	② 연수지역		근속년수	호봉	기본급		부서	지역
3	김형기	6	3급3호	영업1팀	마포구 월드타워		25	1급1호	4,500,000		홍보	강동구 서희빌딩
4	김정수	7	2급3호	홍보_판촉물	강동구 서희빌딩		20	1급2호	4,200,000		사업	서초구 한강시티홀
5	최재형	3	3급4호	사업_국내팀	서초구 한강시티홀		15	1급3호	3,900,000		영업	마포구 월드타워
6	김규옥	12	2급1호	영업2팀	마포구 월드타워		11	2급1호	3,750,000			
7	이수원	23	1급2호	사업_해외팀	서초구 한강시티홀		9	2급2호	3,500,000			
8	신오영	20	1급2호	홍보_바이럴	강동구 서희빌딩		7	2급3호	3,250,000			
9	임희정	8	2급3호	영업1팀	마포구 월드타워		5	3급3호	3,000,000			
10	변현진	15	1급3호	사업_해외팀	서초구 한강시티홀		3	3급4호	2,780,000			
11	박해영	16	1급3호	홍보_판촉물	강동구 서희빌딩		1	3급5호	2,560,000			
12												
13	[표4]	직원별 근태 정보					[표5]	평가 기준표			[표6]	교통비지원율
14	직원명	근태	③ 진급대상자	주소지	④ 교통비지원		포인트	평가	점수		지역	지원율
15	김형기	A-89	대상	서울특별시	해당없음		1	A	80		인천광역시	기본급 X 3%
16	김정수	B-56		경기도	기본급 X 5%		2	B	60		경기도	기본급 X 5%
17	최재형	A-30		인천광역시	기본급 X 3%		3	C	0		충청도	기본급 X 6%
18	김규옥	C-80		서울특별시	해당없음						강원도	기본급 X 6%
19	이수원	B-82	대상	경기도	기본급 X 5%							
20	신오영	A-77	대상	서울특별시	해당없음							
21	임희정	C-62		경기도	기본급 X 5%							
22	변현진	A-92	대상	강원도	기본급 X 6%							

CHAPTER

10 배열 수식

■ 작업파일 스프레드시트/작업파일/계산작업/2-10-배열.xlsx

배열 수식은 보통의 함수로는 해결되지 않는 형태의 조건을 사용하거나 다량의 데이터를 효과적으로 활용하기 위해 사용하는 수식입니다. 일반적으로 수식은 [Enter]를 눌러 마무리 하지만 배열 수식은 [Ctrl]+[Shift]+[Enter]를 눌러 마무리 합니다. 배열 수식 작성 시 [Ctrl]+[Shift]+[Enter]로 마무리 하지 않으면 계산결과는 오류(#VALUE)로 표시됩니다. 제대로 작성하여 마무리 한다면 결과 수식에 중괄호({ })가 함께 표시됩니다.

● 배열 수식 작성 방법

- IF 함수의 사용 여부를 확인합니다.
- 제시된 조건의 개수를 확인합니다.
- AND 조건은 *을 사용하고, OR 조건은 +를 사용하여 작성합니다.
- 조건을 만족하면 TRUE(1)로, 만족하지 않으면 FALSE(0)로 반환됩니다.
- 수식의 마무리는 [Ctrl]+[Shift]+[Enter]를 눌러 마무리합니다.

● 유형별 배열 수식

유형	사용함수	조건	형식
합계	SUM	1	=SUM((조건) * 계산범위)
		2	=SUM((조건) * (조건) * 계산범위)
	SUM, IF	1	=SUM(IF(조건 , 계산범위))
		2	=SUM(IF((조건) * (조건) , 계산범위))
개수	SUM	1	=SUM((조건) * 1)
		2	=SUM((조건) * (조건))
	SUM, IF	1	=SUM(IF(조건 , 1))
		2	=SUM(IF((조건) * (조건) , 1))
	COUNT, IF	1	=COUNT(IF(조건 , 1))
		2	=COUNT(IF((조건) * (조건) , 1))
평균 중간값	AVERAGE, IF MEDIAN, IF	1	=AVERAGE(IF(조건 , 계산범위)) =MEDIAN(IF(조건 , 계산범위))
		2	=AVERAGE(IF((조건) * (조건) , 계산범위)) =MEDIAN(IF((조건) * (조건) , 계산범위))
최대값 최소값	MAX MIN	1	=MAX((조건) * 계산범위) =MIN((조건) * 계산범위)
		2	=MAX((조건) * (조건) * 계산범위) =MIN((조건) * (조건) * 계산범위)

(N번째) 큰 값 작은 값	MAX, IF MIN, IF	1	=MAX(IF(조건 , 계산범위)) =MIN(IF(조건 , 계산범위))
		2	=MAX(IF((조건) * (조건) , 계산범위)) =MIN(IF((조건) * (조건) , 계산범위))
	LARGE SMALL	1	=LARGE((조건) * 계산범위 , N) =SMALL((조건) * 계산범위 , N)
		2	=LARGE((조건) * (조건) * 계산범위 , N) =SMALL((조건) * (조건) * 계산범위 , N)
	LARGE, IF SMALL, IF	1	=LARGE(IF(조건 , 계산범위) , N) =SMALL(IF(조건 , 계산범위) , N)
		2	=LARGE(IF((조건) * (조건) , 계산범위) , N) =SMALL(IF((조건) * (조건) , 계산범위) , N)
특정 행/열값	INDEX, MATCH		=INDEX(참조범위,MATCH(기준,열/행범위,참조유형),열번호)
	INDEX, MATCH, MAX		=INDEX(참조범위,MATCH(MAX((조건)*계산범위),(조건)*계산범위,참조유형),열번호)

> **잠깐!**
>
> **배열 수식 기본 공식**
> - 함수명((조건) * 계산범위)
> - 함수명(IF(조건 , 계산범위))
>
> **배열 수식 작성 시 유의 사항**
> - COUNT, AVERAGE, MEDIAN 함수의 경우 IF를 반드시 함께 사용해야 합니다.
> - 배열 수식의 일부만을 수정할 수는 없으니 주의합니다.
> - 조건이 3개라면 「(조건)*(조건)*(조건)」과 같이 조건 괄호를 추가하여 작성합니다.

출제유형 1 '배열1' 시트에서 다음의 지시사항을 처리하시오.

① [표1]을 이용하여 지점별 주문 상품의 개수를 [I3:I5] 영역에 표시 예(5건)와 같이 표시하시오.
   ▶ SUM 함수, & 연산자를 사용한 배열 수식

② [표1]을 이용하여 지점별 주문금액의 최대값을 [J3:J5] 영역에 표시하시오.
   ▶ LARGE, IF 함수를 사용한 배열 수식

③ [표1]을 이용하여 매장구분별 단가와 수량의 평균을 [I10:J13] 영역에 계산하시오.
   ▶ AVERAGE, IF 함수를 사용한 배열 수식

④ [표1]을 이용하여 지점과 매장구분 조건을 모두 만족하는 주문금액의 최대값을 [J18:J19] 영역에 표시하시오.
   ▶ MAX 함수를 사용한 배열 수식

문제해결

① [I3]셀에 「=SUM(($B$3:$B$20=H3)*1)&"건"」를 입력하고 Ctrl + Shift + Enter 를 눌러 마무리한 후 [I5]까지 수식을 복사한다.

=SUM(($B$3:$B$20=H3)*1)&"건"	
SUM(($B$3:$B$20=H3)*1)&"건"	조건과 일치하면 결과에 1을 곱하여 합을 계산한 후 "건"을 붙여 표시

② [J3]셀에 「=LARGE(IF($B$3:$B$20=H3,$F$3:$F$20),1)」를 입력하고 Ctrl + Shift + Enter 를 눌러 마무리한 후 [J5]까지 수식을 복사한다.

=LARGE(IF($B$3:$B$20=H3,$F$3:$F$20),1)	
LARGE(❶,1)	❶의 결과들 중에서 첫 번째로 큰 값을 표시
❶ IF($B$3:$B$20=H3,$F$3:$F$20)	'지점' 영역의 값이 조건과 일치하면 대응되는 '주문금액'을 반환

③ [I10]셀에 「=AVERAGE(IF($C$3:$C$20=$H10,D$3:D$20))」를 입력하고 Ctrl + Shift + Enter 를 눌러 마무리한 후 [J13]까지 수식을 복사한다.

=AVERAGE(IF($C$3:$C$20=$H10,D$3:D$20))	
AVERAGE(❶)	❶의 결과들의 평균을 계산
❶ IF($C$3:$C$20=$H10,D$3:D$20)	'매장구분' 영역의 값이 조건과 일치하면 대응되는 '단가'를 반환

④ [J18]셀에 「=MAX(($B$3:$B$20=H18)*($C$3:$C$20=I18)*$F$3:$F$20)」를 입력하고 Ctrl + Shift + Enter 를 눌러 마무리한 후 [J19]까지 수식을 복사한다.

=MAX(($B$3:$B$20=H18)*($C$3:$C$20=I18)*$F$3:$F$20)	
MAX(❶*❷*$F$3:$F$20)	❶과 ❷ 조건을 모두 만족하는 '주문금액'의 최대값을 표시
❶ ($B$3:$B$20=H18)	'지점' 영역의 값이 조건과 일치하면 True를 반환
❷ ($C$3:$C$20=I18)	'매장구분' 영역의 값이 조건과 일치하면 True를 반환

계산결과

	A	B	C	D	E	F	G	H	I	J
1	[표1]	제품 주문 현황						[표2]		
2	제품이름	지점	매장구분	단가	수량	주문금액		지점	① 상품개수	② 상위매출액
3	바나나우유	여의도	백화점	33,000	32	1,056,000		여의도	6건	1,805,000
4	생딸기우유	여의도	마트직영점	19,000	95	1,805,000		강남	5건	2,300,000
5	트로피컬카테일	여의도	쇼핑몰	5,000	65	325,000		종로	7건	2,680,000
6	태양어묵	여의도	대리점	26,000	3	78,000				
7	진한생크림	강남	백화점	9,000	30	270,000				
8	고소한치즈	여의도	마트직영점	18,000	80	1,440,000		[표3]		
9	내동참치	여의도	쇼핑몰	18,000	5	90,000		매장구분	③ 단가평균	④ 수량평균
10	대선딸기소스	종로	대리점	20,000	134	2,680,000		백화점	26,400	34
11	구워먹는치즈	종로	백화점	31,000	53	1,643,000		마트직영점	17,167	79
12	스트링화이트치즈	강남	마트직영점	21,000	70	1,470,000		쇼핑몰	18,000	36
13	베트남원두커피	종로	마트직영점	13,000	15	195,000		대리점	22,000	66
14	태양의오렌지	강남	대리점	19,000	28	532,000				
15	진한초코우유	종로	백화점	39,000	4	156,000				
16	베리베리	강남	마트직영점	23,000	76	1,748,000		[표4]		
17	풀깃한진미채	종로	쇼핑몰	31,000	37	1,147,000		지점	매장구분	④ 최고매출액
18	진짜오렌지과즙	강남	대리점	23,000	100	2,300,000		여의도	백화점	1,056,000
19	상큼레몬주스	종로	백화점	20,000	50	1,000,000		강남	대리점	2,300,000
20	부드러운밀크티	종로	마트직영점	9,000	138	1,242,000				
21										

출제유형 2 '배열2' 시트에서 다음의 지시사항을 처리하시오.

① [표1]을 이용하여 [H3:H5] 영역에 등급별 인원수를 표시 예(5명)와 같이 표시하시오.
▶ TEXT, COUNT, IF 함수를 사용한 배열 수식

② [표1]의 회원ID와 [표3]의 코드를 이용하여 [L3:L5] 영역에 가입지역별 인원수를 표시 예(5명)와 같이 표시하시오.
▶ 가입지역은 회원ID의 첫 문자와 [표3]을 이용하여 구분할 것
▶ SUM, LEFT 함수, & 연산자를 사용한 배열 수식

③ [표1]의 지역, 등급, 결제금액을 이용하여 [H10:K12] 영역에 지역별 등급별 결제금액의 평균을 계산하시오.
▶ AVERAGE, IF 함수를 사용한 배열 수식

④ [표1]의 지역과 등급을 이용하여 [H17:K19] 영역에 지역과 등급별 인원수를 표시하시오.
▶ 인원수만큼 "★"을 반복하여 표시할 것
▶ 표시 예 : 인원수가 3이라면 → ★★★
▶ REPT, COUNT, IF 함수를 사용한 배열 수식

문제해결

① [H3]셀에 「=TEXT(COUNT(IF($C$3:$C$20=G3,1)),"0명")」를 입력하고 Ctrl + Shift + Enter 를 눌러 마무리한 후 [H5]까지 수식을 복사한다.

=TEXT(COUNT(IF(($C$3:$C$20=G3),1)),"0명")	
TEXT(❶,"0명")	❶값을 "0명"의 형식으로 표시
❶ COUNT(IF($C$3:$C$20=G3,1))	'등급' 영역의 값이 조건과 일치하는 값들의 개수를 계산

② [L3]셀에 「=SUM((LEFT($E$3:$E$20,1)=J3)*1)&"명"」를 입력하고 Ctrl + Shift + Enter 를 눌러 마무리한 후 [L5]까지 수식을 복사한다.

=SUM((LEFT($E$3:$E$20,1)=J3)*1)&"명"	
SUM(❶*1)&"명"	❶조건을 만족하는 값들의 합을 계산한 후 "명"을 붙여 표시
❶ (LEFT($E$3:$E$20,1)=J3)	'회원ID'의 왼쪽 1글자가 '코드'와 일치하면 True를 반환

③ [H10]셀에 「=AVERAGE(IF(($B$3:$B$20=H$9)*($C$3:$C$20=$G10),$D$3:$D$20))」를 입력하고 Ctrl + Shift + Enter 를 눌러 마무리한 후 [K12]까지 수식을 복사한다.

=AVERAGE(IF(($B$3:$B$20=H$9)*($C$3:$C$20=$G10),$D$3:$D$20))	
AVERAGE(IF(❶*❷,$D$3:$D$20))	❶과 ❷ 조건을 모두 만족하는 '결제금액'의 평균을 계산
❶ ($B$3:$B$20=H$9)	'지역' 영역의 값이 조건과 일치하면 True를 반환
❷ ($C$3:$C$20=$G10)	'등급' 영역의 값이 조건과 일치하면 True를 반환

④ [H17]셀에 「=REPT("★",COUNT(IF(($B$3:$B$20=H$16)*($C$3:$C$20=$G17),1)))」를 입력하고 Ctrl + Shift + Enter 를 눌러 마무리한 후 [K19]까지 수식을 복사한다.

=REPT("★",COUNT(IF(($B$3:$B$20=H$16)*($C$3:$C$20=$G17),1)))	
REPT("★",COUNT(IF(❶*❷,1)))	❶과 ❷ 조건을 모두 만족하는 개수만큼 "★"을 반복하여 표시
❶ ($B$3:$B$20=H$16)	'지역' 영역의 값이 조건과 일치하면 True를 반환
❷ ($C$3:$C$20=$G17)	'등급' 영역의 값이 조건과 일치하면 True를 반환

계산결과

	A	B	C	D	E	F	G	H	I	J	K	L
1	[표1]						[표2]			[표3]		
2	회원명	지역	등급	결제금액	회원ID		등급	① 인원수		코드	지역	② 인원수
3	정원경	합정	일반	246,000	S-102		일반	5명		S	서울	8명
4	성완민	합정	실버	584,000	J-581		실버	7명		J	제주	6명
5	전나라	여의도	골드	615,000	S-249		골드	6명		P	부산	4명
6	이승현	강남	일반	389,000	S-622							
7	김창민	종로	실버	388,000	J-544		[표4]					
8	김영민	종로	실버	635,000	P-911		③ 지역과 등급 조건을 만족하는 결제금액 평균					
9	최민서	합정	골드	495,000	J-423			합정	여의도	강남	종로	
10	한영란	여의도	실버	642,000	J-531		일반	246,000	478,000	389,000	282,000	
11	박강성	강남	골드	832,000	P-773		실버	584,000	642,000	574,000	511,500	
12	김상권	종로	일반	282,000	S-308		골드	573,000	741,500	832,000	671,000	
13	김성현	강남	실버	620,000	J-525							
14	김영돈	합정	골드	651,000	P-367		[표5]					
15	지영근	여의도	일반	425,000	S-118		④ 지역과 등급 조건을 만족하는 인원수					
16	곽병찬	강남	실버	424,000	P-761			합정	여의도	강남	종로	
17	나미널	종로	골드	671,000	S-519		일반	★	★★	★	★	
18	장성원	여의도	일반	531,000	S-418		실버	★	★	★★★	★★	
19	오승철	강남	실버	678,000	J-251		골드	★★	★★	★	★	
20	장석환	여의도	골드	868,000	S-337							
21												

출제유형 3 '배열3' 시트에서 다음의 지시사항을 처리하시오.

① [표1]의 주문지역과 주문금액을 이용하여 [J5:L7] 영역에 주문금액 범위를 만족하는 지역별 회원수를 표시하시오.
  ▶ 회원수만큼 "★"을 반복하여 표시할 것
  ▶ 표시 예 : 회원수가 3이라면 → ★★★
  ▶ REPT, COUNT, IF 함수를 사용한 배열 수식

② [표1]의 주문지역, 주문금액, 주문일자를 이용하여 [J12:L14] 영역에 지역별 주문월별 주문금액의 평균을 계산하시오.
  ▶ 단, 오류 발생 시 값을 0으로 지정할 것
  ▶ IFERROR, AVERAGE, IF, MONTH 함수를 사용한 배열 수식

③ [표1]의 회원ID와 주문종류를 이용하여 [J19:M20] 영역에 회원분류별 주문종류별 주문횟수의 합계를 계산하시오.
  ▶ 회원분류는 회원ID의 마지막 한 글자를 추출하여 사용할 것
  ▶ SUM, IF, RIGHT 함수를 사용한 배열 수식

④ [표1]의 주문횟수와 [표5]의 구간을 이용하여 [O3:O7] 영역에 각 구간별 인원수를 표시하시오.
  ▶ 인원수가 0이면 "조회불가"라 표시하고, 그 외는 계산된 값에 "명"을 붙여 표시할 것
  ▶ 표시 예 : 값이 0이면 → 조회불가, 값이 4이면 → 4명
  ▶ TEXT, FREQUENCY 함수를 사용한 배열 수식
⑤ [표1]의 회원명, 주문종류, 주문금액을 이용하여 [O11:O14] 영역에 주문종류별 주문금액의 최대값을 표시하시오.
  ▶ INDEX, MATCH, MAX, IF 함수를 사용한 배열 수식

문제해결 🔑

① [J5]셀에 「=REPT("★",COUNT(IF(($C$3:$C$20=$I5)*($G$3:$G$20>=J$3)*($G$3:$G$20<J$4),1)))」를 입력하고 Ctrl + Shift + Enter 를 눌러 마무리한 후 [L7]까지 수식을 복사한다.

=REPT("★",COUNT(IF(($C$3:$C$20=$I5)*($G$3:$G$20>=J$3)*($G$3:$G$20<J$4),1)))	
REPT("★",COUNT(IF(❶*❷*❸,1)))	❶, ❷, ❸ 조건을 모두 만족하는 개수만큼 "★"을 반복하여 표시
❶ ($C$3:$C$20=$I5)	'주문지역' 영역의 값이 조건과 일치하면 True를 반환
❷ ($G$3:$G$20>=J$3)	'주문금액' 영역의 값이 조건보다 크거나 같으면 True를 반환
❸ ($G$3:$G$20<J$4)	'주문금액' 영역의 값이 조건보다 작으면 True를 반환

② [J12]셀에 「=IFERROR(AVERAGE(IF(($C$3:$C$20=$I12)*(MONTH($E$3:$E$20)=J$11),$G$3:$G$20)),0)」를 입력하고 Ctrl + Shift + Enter 를 눌러 마무리한 후 [L14]까지 수식을 복사한다.

=IFERROR(AVERAGE(IF(($C$3:$C$20=$I12)*(MONTH($E$3:$E$20)=J$11),$G$3:$G$20)),0)	
IFERROR(❶,0)	❶의 값에 오류가 있다면 0을 대신하여 표시
❶ AVERAGE(IF(❷*❸,$G$3:$G$20))	❷와 ❸ 조건을 모두 만족하는 '주문금액'의 평균을 계산
❷ ($C$3:$C$20=$I12)	'주문지역' 영역의 값이 조건과 일치하면 True를 반환
❸ (MONTH($E$3:$E$20)=J$11)	'주문일자'의 월이 조건과 일치하면 True를 반환

③ [J19]셀에 「=SUM(IF((RIGHT($B$3:$B$20,1)=$I19)*($D$3:$D$20=J$18),$F$3:$F$20))」를 입력하고 Ctrl + Shift + Enter 를 눌러 마무리한 후 [M20]까지 수식을 복사한다.

=SUM(IF((RIGHT($B$3:$B$20,1)=$I19)*($D$3:$D$20=J$18),$F$3:$F$20))	
SUM(IF(❶*❷,$F$3:$F$20))	❶과 ❷ 조건을 모두 만족하는 '주문횟수'의 합계를 계산
❶ (RIGHT($B$3:$B$20,1)=$I19)	'회원코드'의 오른쪽 1글자가 조건과 일치하면 True를 반환
❷ ($D$3:$D$20=J$18)	'주문종류' 영역의 값이 조건과 일치하면 True를 반환

④ [O3:O7] 영역을 범위 지정한 후 수식 입력줄에 「=TEXT(FREQUENCY(F3:F20,N3:N7),"[=0]조회불가;0명")」를 입력하고 Ctrl + Shift + Enter 를 눌러 마무리한다.

=TEXT(FREQUENCY(F3:F20,N3:N7),"[=0]조회불가;0명")	
TEXT(❶,❷)	❶에 ❷ 형식을 적용하여 표시
❶ FREQUENCY(F3:F20,N3:N7)	'주문횟수' 영역의 '구간'별 빈도수를 표시
❷ "[=0]조회불가;0명"	값이 0과 같으면 "조회불가" 아니라면 숫자 뒤에 "명"을 붙여 표시

⑤ [O11]셀에 「=INDEX($A$3:$A$20,MATCH(MAX(IF($D$3:$D$20=N11,$G$3:$G$20)),IF($D$3:$D$20=N11,$G$3:$G$20),0),1)」를 입력하고 Ctrl + Shift + Enter 를 눌러 마무리한 후 [O14]까지 수식을 복사한다.

=INDEX($A$3:$A$20,MATCH(MAX(IF($D$3:$D$20=N11,$G$3:$G$20)),IF($D$3:$D$20=N11,$G$3:$G$20),0),1)	
INDEX($A$3:$A$20,❶,1)	'회원명' 범위에서 ❶행과 1열의 교차값을 표시
❶ MATCH(MAX(❷),❷,0)	❷ 영역에서 '❷의 최대값'의 위치번호를 반환
❷ IF($D$3:$D$20=N11,$G$3:$G$20)	'주문종류' 영역의 값이 조건과 일치하는 '주문금액'을 반환

계산결과

	A	B	C	D	E	F	G	H	I	J	K	L	M	N	O
1	[표1]	회원별 주문내역							[표2]					[표5]	
2	회원명	회원ID	주문지역	주문종류	주문일자	주문횟수	주문금액		① 주문금액 범위를 만족하는 지역별 회원수					구간	④ 인원수
3	박강성	S-102-Y	서울	FB	2022-01-19	26	1,886,000			0 이상	3,000,000 이상	6,000,000 이상		10	2명
4	김찬희	J-082-N	제주	CW	2022-02-21	24	4,022,000			3,000,000 미만	6,000,000 미만	9,000,000 미만		20	7명
5	김혜란	P-246-N	부산	LE	2022-03-23	16	8,144,000		서울	★★★	★★	★		30	5명
6	이승현	S-328-Y	서울	EC	2022-01-25	9	8,002,000		제주		★★★★	★★★		40	조회불가
7	김창민	J-144-Y	제주	CW	2022-01-14	10	6,392,000		부산	★★★		★★		50	4명
8	김영민	P-011-N	부산	LE	2022-03-16	11	6,444,000								
9	최민서	S-226-N	서울	EC	2022-01-18	6	2,772,000		[표3]					[표6]	
10	한영란	J-331-Y	제주	FB	2022-03-02	18	8,674,000		② 지역별, 주문일자별 주문금액 평균					주문종류	⑤ 우수회원
11	최명철	S-234-Y	부산	LE	2022-02-01	48	2,332,000			1월	2월	3월		FB	한영란
12	김영민	J-112-N	서울	EC	2022-01-31	26	5,370,000		서울	3,741,500		4,534,000		CW	김창민
13	박한진	P-368-N	부산	CW	2022-02-02	45	1,768,000		부산		2,050,000	5,357,333		LE	김혜란
14	김영희	S-217-Y	서울	LE	2022-03-04	19	5,474,000		제주	5,881,000	5,080,000	8,674,000		EC	이승현
15	한정은	J-468-Y	제주	EC	2022-02-27	43	3,494,000								
16	이성경	P-131-N	부산	CW	2022-03-29	22	1,484,000		[표4]						
17	김혜란	S-237-N	서울	LE	2022-01-18	18	2,306,000		③ 회원분류별, 주문종류별 주문횟수 합계						
18	이승현	J-113-Y	제주	EC	2022-02-09	12	8,652,000			FB	CW	LE	EC		
19	김영민	S-951-Y	서울	FB	2022-03-11	16	3,594,000		Y	60	10	67	105		
20	최민서	J-106-N	제주	LE	2022-02-13	27	4,152,000		N	26	91	72	6		
21															

■ 작업파일 스프레드시트/작업파일/계산작업/2-11-사용자정의.xlsm

CHAPTER 11 사용자 정의 함수

사용자 정의 함수는 Visual Basic Editor에서 코드를 작성하여 만든 함수로서, If 구문과 Select Case 구문을 이용하여 조건에 따라 명령을 처리하는 제어문을 작성할 수 있습니다.

| 사용자 정의 함수 작성 순서 |
① [ALT] + [F11]을 눌러 MS Visual Basic for Application으로 이동합니다.
② [삽입]메뉴의 [모듈]을 선택하여 추가한 후, 문제에서 제시한 "Public Function~"구문을 입력합니다.
③ 함수 정의 후 [파일]메뉴의 [닫고 MS Excel로 돌아가기]를 선택합니다.
④ 함수를 적용하여 결과를 확인합니다.

▶ Visual Basic for Application의 구성

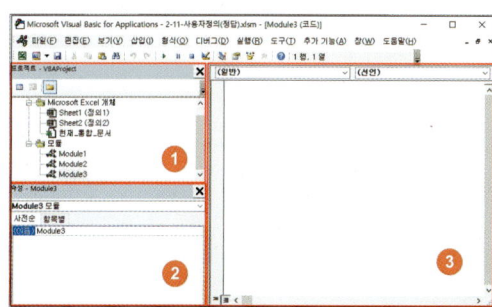

① 프로젝트 탐색기
[보기]메뉴-[프로젝트 탐색기]
현재 작업 중인 파일의 개체와 모듈의 목록을 표시합니다.

② 속성 시트
[보기]메뉴-[속성 창]
작업 중인 개체의 속성 정보를 표시하고, 설정을 변경할 수 있습니다.

③ 모듈
[삽입]메뉴-[모듈]
사용자 정의 함수 작성 시 코드를 기록하는 공간입니다.

▶ IF 구문

경우1	경우2	경우3

If 조건 Then
  참
Else
  거짓
End If
	If 조건1 And 조건2 Then
	  참
	Else
	  거짓
	End if
		If 조건1 Then
		  참1
		ElseIf 조건2 Then
		  참2
		Else
		  거짓
		End If

If 평균>=60 then
  fn비고="합격"
Else
  fn비고="불합격"
End If
	If 엑셀>=70 And 액세스>=70 Then
	  fn비고="합격"
	Else
	  fn비고="불합격"
	End If
		If 평균>=90 Then
		  fn비고="최우수"
		ElseIf 평균>=80 Then
		  fn비고="우수"
		Else
		  fn비고="일반"
		End IF

● Select Case 구문

경우1	경우2	경우3
Select Case 인수 　　Case Is 조건1 　　　　결과1 　　Case Else 　　　　결과2 End Select	Select Case 인수 　　Case 시작값 To 끝값 　　　　결과1 　　Case Else 　　　　결과2 End Select	Select Case 인수 　　Case 조건1 : 결과1 　　Case 조건2 : 결과2 　　Case 조건3 : 결과3 End Select
Select Case 평균 　　Case Is >=60 　　　　fn비고="합격" 　　Case Else 　　　　fn비고="불합격" End Select	Select Case 평균 　　Case 60 To 100 　　　　fn비고="합격" 　　Case Else 　　　　fn비고="불합격" End Select	Select Case 과목 　　Case "컴일" : "1교시" 　　Case "엑셀" : "2교시" 　　Case "액세스" : "3교시" End Select

> **잠깐!**
>
> If구문과 Select Case구문 이외에도 For~Next구문과 같은 반복 구문이 출제되거나, Format, Int 등의 함수를 사용해야 하는 문제들도 출제되고 있으니 다양한 유형의 문제풀이가 필요한 문항입니다.
> 코드 작성 시 대/소문자, 띄어쓰기, 오탈자에 항상 주의해야 하며, & 연산자 사용 시에는 연산자 앞뒤로 띄어쓰기(공란) 한 칸을 삽입해야 오류가 나지 않습니다.

출제유형 1 '정의1' 시트에서 다음의 지시사항을 처리하시오.

① [표1]의 구매가를 이용하여 [D3:D20] 영역에 배송료를 계산하는 사용자 정의 함수 'fn배송료'를 작성하시오.
- ▶ 'fn배송료'는 구매가를 인수로 받아 값을 되돌려 줌
- ▶ 배송료는 구매가가 80,000 이상이면 0, 나머지는 2,500을 적용 함
- ▶ IF 구문 사용

```
Public Function fn배송료(구매가)

End Function
```

② [표2]의 고객별 등급과 거래금액을 이용하여 [I3:I20] 영역에 할인금액을 계산하는 사용자 정의 함수 'fn할인금액'을 작성하시오.
- ▶ 'fn할인금액'은 등급과 거래금액을 인수로 받아 값을 되돌려 줌
- ▶ 할인금액은 거래금액이 5,000,000 이상이면서 등급이 '프리미엄' 또는 '골드'라면 '거래금액×0.07'로 계산하고, 나머지는 '거래금액×0.03'으로 계산할 것
- ▶ IF 구문 사용

```
Public Function fn할인금액(등급, 거래금액)

End Function
```

③ [표3]의 지역과 주문수량을 이용하여 [O3:O20] 영역에 배송기간을 계산하는 사용자 정의 함수 'fn배송기간'을 작성하시오.

▶ 'fn배송기간'은 지역과 주문수량을 인수로 받아 값을 되돌려 줌
▶ 배송기간은 지역이 '제주'이거나 주문수량이 100이상이면 "5일", 지역이 '서울'이면서 주문수량이 50 미만이면 "당일배송", 그 밖의 경우는 "3일"로 표시할 것
▶ IF 구문 사용

```
Public Function fn배송기간(지역, 주문수량)

End Function
```

문제해결

① fn배송료(구매가)
   i) [개발도구]탭-[코드]영역의 [Visual Basic]을 클릭하거나, [Alt]+[F11]을 눌러 VBA를 실행한다.
   ii) [삽입]메뉴의 [모듈]을 선택한다.
   iii) 코드 창에 아래 〈그림〉과 같이 코드를 입력한다.

```
Public Function fn배송료(구매가)
    If 구매가 >= 80000 Then
        fn배송료 = 0
    Else
        fn배송료 = 2500
    End If
End Function
```

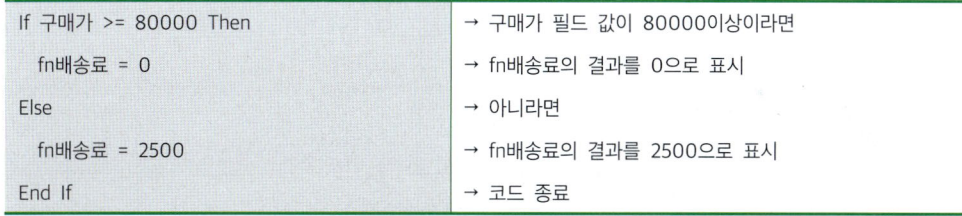

If 구매가 >= 80000 Then	→ 구매가 필드 값이 80000이상이라면
fn배송료 = 0	→ fn배송료의 결과를 0으로 표시
Else	→ 아니라면
fn배송료 = 2500	→ fn배송료의 결과를 2500으로 표시
End If	→ 코드 종료

   iv) [저장하기] 단추와 [닫기] 단추를 차례로 클릭하여 VBA를 종료하고, 엑셀로 돌아온다.
   v) [D3]셀을 선택 한 후 [함수 마법사]를 클릭하여 대화상자를 띄운 후 '범주'를 '사용자 정의'로 변경한다. 목록에서 'fn배송료'함수를 선택하고 [확인]을 클릭한다.
   vi) 〈그림〉과 같이 인수를 지정한 후 [확인]을 클릭한다.

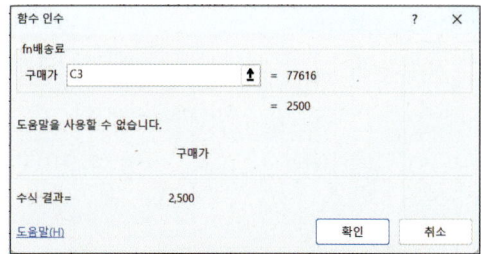

   vii) [D20]까지 수식을 복사하여 마무리한다.

② fn할인금액(등급,거래금액)

   ⅰ) [개발도구]탭-[코드]영역의 [Visual Basic]을 클릭하거나, [Alt]+[F11]을 눌러 VBA를 실행한다.

   ⅱ) [삽입]메뉴의 [모듈]을 선택한다.

   ⅲ) 코드 창에 아래 〈그림〉과 같이 코드를 입력한다.

```
Public Function fn할인금액(등급, 거래금액)
    If 거래금액 >= 5000000 And (등급 = "프리미엄" Or 등급 = "골드") Then
        fn할인금액 = 거래금액 * 0.07
    Else
        fn할인금액 = 거래금액 * 0.03
    End If
End Function
```

If 거래금액 >= 5000000 And
    (등급 = "프리미엄" Or 등급 = "골드") Then
	→ 거래금액이 5000000 이상이면서
	    등급이 "프리미엄" 또는 "골드"라면

fn할인금액 = 거래금액 * 0.07	→ fn할인금액은 거래금액*0.07으로 계산하여 표시
Else	→ 아니라면
fn할인금액 = 거래금액 * 0.03	→ fn할인금액은 거래금액*0.03으로 계산하여 표시
End If	→ 코드 종료

   ⅳ) [저장하기] 단추와 [닫기] 단추를 차례로 클릭하여 VBA를 종료하고, 엑셀로 돌아온다.

   ⅴ) [I3]셀을 선택 한 후 [함수 마법사]를 클릭하여 대화상자를 띄운 후 '범주'를 '사용자 정의'로 변경한다. 목록에서 'fn할인금액'함수를 선택하고 [확인]을 클릭한다.

   ⅵ) 〈그림〉과 같이 인수를 지정한 후 [확인]을 클릭한다.

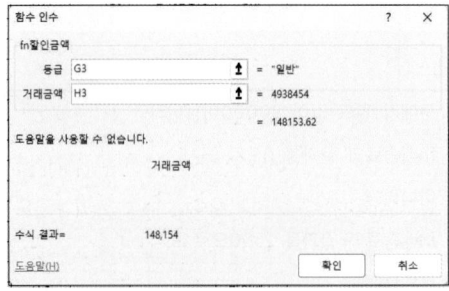

   ⅶ) [I20]까지 수식을 복사하여 마무리한다.

③ fn배송기간(지역,주문수량)

   ⅰ) [개발도구]탭-[코드]영역의 [Visual Basic]을 클릭하거나, [Alt]+[F11]을 눌러 VBA를 실행한다.

   ⅱ) [삽입]메뉴의 [모듈]을 선택한다.

   ⅲ) 코드 창에 아래 〈그림〉과 같이 코드를 입력한다.

```
Public Function fn배송기간(지역, 주문수량)
    If 지역 = "제주" Or 주문수량 >= 100 Then
        fn배송기간 = "5일"
    ElseIf 지역 = "서울" And 주문수량 < 50 Then
        fn배송기간 = "당일배송"
    Else
        fn배송기간 = "3일"
    End If
End Function
```

```
If 지역 = "제주" Or 주문수량 >=100 Then     → 지역이 "제주"이거나 주문수량이 100이상이라면
    fn배송기간 = "5일"                      → fn배송기간은 "5일"로 표시
ElseIf 지역 = "서울" And 주문수량 < 50 Then  → 지역이 "서울"이면서 주문수량이 50미만이라면
    fn배송기간 = "당일배송"                 → fn배송기간은 "당일배송"으로 표시
Else                                       → 그 밖에는
    fn배송기간 = "3일"                      → fn배송기간은 "3일"로 표시
End If                                     → 코드 종료
```

iv) [저장하기] 단추와 [닫기] 단추를 차례로 클릭하여 VBA를 종료하고, 엑셀로 돌아온다.

v) [O3]셀을 선택 한 후 [함수 마법사]를 클릭하여 대화상자를 띄운 후 '범주'를 '사용자 정의'로 변경한다. 목록에서 'fn배송기간' 함수를 선택하고 [확인]을 클릭한다.

vi) 〈그림〉과 같이 인수를 지정한 후 [확인]을 클릭한다.

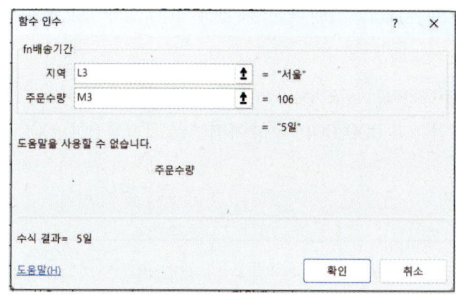

vii) [O20]까지 수식을 복사하여 마무리한다.

계산결과

	A	B	C	D	E	F	G	H	I	J	K	L	M	N	O
1	[표1]	2월 구매내역				[표2]	고객 등급별 할인율				[표3]	주문 지역별 배송기간			
2	구입일	쇼핑몰	구매가	① 배송료		고객명	등급	거래금액	② 할인금액		ID	지역	주문수량	거래금액	③ 배송기간
3	2024-01-02	e-커머스	77,616	2,500		김규옥	일반	4,938,454	148,154		IB-1020	서울	106	4,938,454	5일
4	2024-01-03	인터넷파크	55,240	2,500		이수원	골드	9,026,457	631,852		IG-3666	대전	84	9,026,457	3일
5	2024-01-04	옥션닷컴	90,540	-		신오영	실버	3,834,375	115,031		IG-7562	제주	96	3,834,375	5일
6	2024-01-05	GO마켓	82,336	-		임희정	일반	7,497,719	224,932		IG-9794	서울	150	7,497,719	5일
7	2024-01-06	e-코리아	79,351	2,500		변현진	골드	2,211,868	66,356		ID-2676	서울	32	2,211,868	당일배송
8	2024-01-07	옥션닷컴	36,630	2,500		우승헌	일반	2,246,517	67,396		ID-4546	제주	139	2,246,517	5일
9	2024-01-08	e-커머스	93,360	-		이득수	프리미엄	4,534,613	136,038		IE-1123	대전	106	4,534,613	5일
10	2024-01-09	옥션닷컴	75,680	2,500		김병규	실버	5,562,640	166,879		IE-3911	부산	68	5,562,640	3일
11	2024-01-10	인터넷파크	85,427	-		이은경	골드	8,648,175	605,372		IE-4274	제주	138	8,648,175	5일
12	2024-01-11	e-코리아	16,440	2,500		박성택	실버	2,116,276	63,488		IE-7426	서울	43	2,116,276	당일배송
13	2024-01-12	e-코리아	23,000	2,500		최현석	실버	1,001,947	30,058		IF-2569	대전	145	1,001,947	5일
14	2024-01-13	GO마켓	130,560	-		김석현	프리미엄	1,051,142	31,534		IF-2994	부산	119	1,051,142	5일
15	2024-01-14	옥션닷컴	74,580	2,500		조진우	실버	7,455,440	223,663		IG-4960	서울	73	7,455,440	3일
16	2024-01-15	인터넷파크	524,390	-		이대성	일반	5,621,174	168,635		IG-9531	제주	132	5,621,174	5일
17	2024-01-16	G마켓	76,440	2,500		김진규	골드	8,716,741	610,172		IH-5774	서울	118	8,716,741	5일
18	2024-01-17	e-커머스	141,190	-		문상철	일반	3,592,398	107,772		IH-9007	부산	102	3,592,398	5일
19	2024-01-18	GO마켓	70,290	2,500		곽우형	일반	2,088,723	62,662		II-2950	제주	46	2,088,723	5일
20	2024-01-19	인터넷파크	35,427	2,500		성진우	골드	6,947,683	486,338		II-7709	서울	38	6,947,683	당일배송

출제유형 2 '정의2' 시트에서 다음의 지시사항을 처리하시오.

① [표1]의 난이도, 필기, 실기를 이용하여 [E3:E20] 영역에 진급여부를 계산하는 사용자 정의 함수 'fn진급'을 작성하시오.
- ▶ 'fn진급'은 난이도, 필기, 실기를 인수로 받아 값을 되돌려 줌
- ▶ 난이도가 '고급'이 아닌 회원 중 필기와 실기 모두 70점 이상이면 "진학", 아니라면 공란으로 표시하고, 난이도가 '고급'인 다른 회원들은 "졸업"으로 표시할 것
- ▶ IF 구문 사용

```
Public Function fn진급(난이도, 필기, 실기)

End Function
```

② [표2]의 고객별 거래금액을 이용하여 [K3:K20] 영역에 등급을 계산하는 사용자 정의 함수 'sc등급'을 작성하시오.
- ▶ 'sc등급'은 거래금액을 인수로 받아 값을 되돌려 줌
- ▶ 등급은 거래금액이 7,000,000 이상이면 "프리미엄", 5,000,000 이상이면 "골드", 3,000,000 이상이면 "실버" 나머지는 "일반"으로 표시할 것
- ▶ Select Case 구문 사용

```
Public Function sc등급(거래금액)

End Function
```

③ [표3]의 코드를 이용하여 [Q3:Q20] 영역에 고객구분을 계산하는 사용자 정의 함수 'sc고객구분'을 작성하시오.
- ▶ 'sc고객구분'은 코드를 인수로 받아 값을 되돌려 줌
- ▶ 고객구분은 코드의 첫 글자가 'A'면 "신규", 'B'면 "번호이동", 'C'면 "기기변경"으로 표시할 것
- ▶ Select Case 구문 사용

```
Public Function sc고객구분(코드)

End Function
```

문제해결 🔑

① fn진급(난이도, 필기, 실기)

 i) [개발도구]탭-[코드]영역의 [Visual Basic]을 클릭하거나, [Alt]+[F11]을 눌러 VBA를 실행한다.
 ii) [삽입]메뉴의 [모듈]을 선택한다.
 iii) 코드 창에 아래 그림과 같이 코드를 입력한다.

```
Public Function fn진급(난이도, 필기, 실기)
    If 난이도 <> "고급" Then
        If 필기 >= 70 And 실기 >= 70 Then
            fn진급 = "진학"
        Else
            fn진급 = ""
        End If
    Else
        fn진급 = "졸업"
    End If
End Function
```

If 난이도 <> "고급" Then	→ 난이도가 "고급"이 아니면서
If 필기 >= 70 And 실기 >= 70 Then	→ 필기와 실기 모두 70 이상이면
fn진급 = "진학"	→ fn진급은 "진학"으로 표시
Else	→ (난이도 조건은 만족하고) 필기와 실기가 70 미만이면
fn진급 = ""	→ fn진급은 ""으로 표시
End If	→ (필기와 실기 조건을 판단하는) 코드 종료
Else	→ (난이도 조건을 만족하지 못한) 그 밖에는
fn진급 = "졸업"	→ fn진급은 "졸업"으로 표시
End If	→ (난이도 조건을 판단하는) 코드 종료

 iv) [저장하기] 단추와 [닫기] 단추를 차례로 클릭하여 VBA를 종료하고, 엑셀로 돌아온다.
 v) [E3]셀을 선택한 후 [함수 마법사]를 클릭하여 대화상자를 띄운 후 '범주'를 '사용자 정의'로 변경한다. 목록에서 'fn진급'함수를 선택하고 [확인]을 클릭한다.
 vi) 〈그림〉과 같이 인수를 지정한 후 [확인]을 클릭한다.

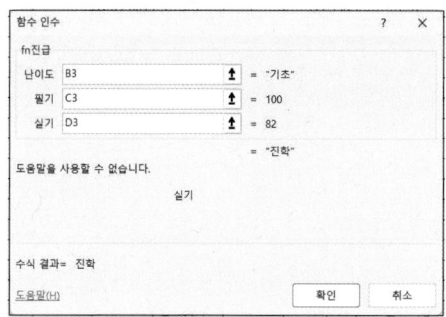

 vii) [E20]까지 수식을 복사하여 마무리한다.

② sc등급(거래금액)

　ⅰ) [개발도구]탭-[코드]영역의 [Visual Basic]을 클릭하거나, [Alt]+[F11]을 눌러 VBA를 실행한다.
　ⅱ) [삽입]메뉴의 [모듈]을 선택한다.
　ⅲ) 코드 창에 아래 〈그림〉과 같이 코드를 입력한다.

```
Public Function sc등급(거래금액)
    Select Case 거래금액
        Case Is >= 7000000
            sc등급 = "프리미엄"
        Case Is >= 5000000
            sc등급 = "골드"
        Case Is >= 3000000
            sc등급 = "실버"
        Case Else
            sc등급 = "일반"
    End Select
End Function
```

Select Case 거래금액	→ 거래금액의 여러 경우 중 하나를 선택
Case Is >= 7000000	→ 7000000 이상인 경우
sc등급 = "프리미엄"	→ sc등급은 "프리미엄"으로 표시
Case Is >= 5000000	→ 5000000 이상인 경우
sc등급 = "골드"	→ sc등급은 "골드"로 표시
Case Is >= 3000000	→ 3000000 이상인 경우
sc등급 = "실버"	→ sc등급은 "실버"로 표시
Case Else	→ 나머지 경우
sc등급 = "일반"	→ sc등급은 "일반"으로 표시
End Select	→ 선택 종료

　ⅳ) [저장하기] 단추와 [닫기] 단추를 차례로 클릭하여 VBA를 종료하고, 엑셀로 돌아온다.
　ⅴ) [K3]셀을 선택 한 후 [함수 마법사]를 클릭하여 대화상자를 띄운 후 '범주'를 '사용자 정의'로 변경한다. 목록에서 'sc등급'함수를 선택하고 [확인]을 클릭한다.
　ⅵ) 〈그림〉과 같이 인수를 지정한 후 [확인]을 클릭한다.

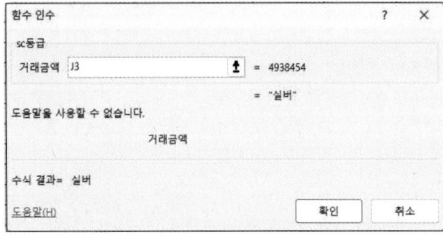

　ⅶ) [K20]까지 수식을 복사하여 마무리한다.

③ sc고객구분(코드)

　ⅰ) [개발도구]탭-[코드]영역의 [Visual Basic]을 클릭하거나, [Alt]+[F11]을 눌러 VBA를 실행한다.
　ⅱ) [삽입]메뉴의 [모듈]을 선택한다.
　ⅲ) 코드 창에 아래 〈그림〉과 같이 코드를 입력한다.

```
Public Function sc고객구분(코드)
    Select Case Left(코드, 1)
        Case "A"
            sc고객구분 = "신규"
        Case "B"
            sc고객구분 = "번호이동"
        Case "C"
            sc고객구분 = "기기변경"
    End Select
End Function
```

Select Case Left(코드, 1)	→ 코드의 첫 글자의 여러 경우 중 하나를 선택
Case "A"	→ "A"인 경우
sc고객구분 = "신규"	→ sc고객구분은 "신규"로 표시
Case "B"	→ "B"인 경우
sc고객구분 = "번호이동"	→ sc고객구분은 "번호이동"으로 표시
Case "C"	→ "C"인 경우
sc고객구분 = "기기변경"	→ sc고객구분은 "기기변경"으로 표시
End Select	→ 선택 종료

iv) [저장하기] 단추와 [닫기] 단추를 차례로 클릭하여 VBA를 종료하고, 엑셀로 돌아온다.

v) [Q3]셀을 선택 한 후 [함수 마법사]를 클릭하여 대화상자를 띄운 후 '범주'를 '사용자 정의'로 변경한다. 목록에서 'sc고객구분' 함수를 선택하고 [확인]을 클릭한다.

vi) 〈그림〉과 같이 인수를 지정한 후 [확인]을 클릭한다.

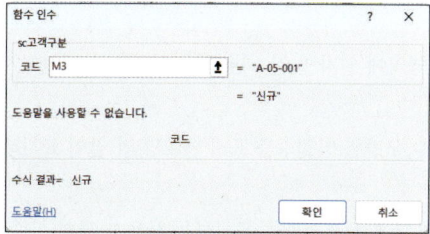

vii) [Q20]까지 수식을 복사하여 마무리한다.

계산결과

	A	B	C	D	E	F	G	H	I	J	K	L	M	N	O	P	Q
1	[표1]	수강과목별 진학생 현황					[표2]	고객별 등급표					[표3]	통신사별 고객가입 현황			
2	과목	난이도	필기	실기	①진급		ID	지역	수량	거래금액	②등급		코드	쇼핑몰	통신사	통신요금	③고객구분
3	운영체제	기초	100	82	진학		A-05-001	천안	26	4,938,454	실버		A-05-001	e-커머스	S**	411,538	신규
4	운영체제	초급	64	78			A-05-002	대전	24	9,026,457	프리미엄		B-06-001	e-커머스	S**	377,884	번호이동
5	엑셀	기초	92	88	진학		A-05-003	수원	16	3,834,375	실버		C-07-004	e-커머스	K**	299,367	기기변경
6	엑세스	기초	96	76	진학		A-05-004	서울	50	7,497,719	프리미엄		A-05-005	e-코리아	L**	184,322	신규
7	워드	기초	84	83	진학		A-05-005	서울	10	2,211,868	일반		B-06-004	e-코리아	S**	176,356	번호이동
8	파워포인트	기초	100	100	진학		A-05-006	제주	39	2,246,517	일반		B-06-005	e-코리아	L**	83,496	번호이동
9	워드	초급	88	64			B-06-001	대전	6	4,534,613	실버		A-05-004	GO마켓	S**	624,810	신규
10	파워포인트	초급	92	92	진학		B-06-002	부산	18	5,562,640	골드		B-06-006	GO마켓	K**	87,595	번호이동
11	엑셀	초급	88	96	진학		B-06-003	제주	38	8,648,175	프리미엄		C-07-005	GO마켓	K**	174,060	기기변경
12	엑세스	초급	72	84	진학		B-06-004	천안	43	2,116,276	일반		C-07-003	G마켓	K**	726,395	기기변경
13	워드	중급	68	100			B-06-005	대전	45	1,001,947	일반		A-05-003	옥션닷컴	K**	319,531	신규
14	파워포인트	중급	88	88	진학		B-06-006	부산	19	1,051,142	일반		A-05-006	옥션닷컴	K**	187,210	신규
15	엑셀	중급	64	92			C-07-001	서울	43	7,455,440	프리미엄		B-06-002	옥션닷컴	L**	463,553	번호이동
16	엑세스	중급	74	88	진학		C-07-002	천안	39	5,621,174	골드		C-07-001	옥션닷컴	S**	621,287	기기변경
17	워드	고급	68	72	졸업		C-07-003	서울	18	8,716,741	프리미엄		C-07-005	인터파크	K**	752,205	신규
18	파워포인트	고급	85	68	졸업		C-07-004	부산	12	3,592,398	실버		B-06-003	인터넷파크	K**	720,681	번호이동
19	엑셀	고급	91	88	졸업		C-07-005	수원	16	2,088,723	일반		C-07-002	인터넷파크	L**	468,431	기기변경
20	엑세스	고급	77	64	졸업		C-07-006	서울	38	6,947,683	골드		C-07-006	인터넷파크	K**	578,974	기기변경
21																	

CHAPTER 12 연습문제

작업파일 스프레드시트/작업파일/계산작업/2-12-연습.xlsm

연습 1 시트에서 다음의 지시사항을 처리하시오.

① [표1]의 사번과 [표2]를 이용하여 [C3:C22] 영역에 희망 부서와 지역을 연결하여 표시하시오.
- ▶ 부서는 사번의 왼쪽 2글자를 기준으로 [표2]의 코드와 비교하여 추출할 것
- ▶ 지역은 사번의 오른쪽 1글자를 기준으로 [표2]의 순번과 비교하여 추출할 것
- ▶ 부서와 지역 사이에 "-" 기호를 삽입하여 표시할 것
- ▶ 표시 예 : 사번이 GH-001 이라면 → 기획부-분당
- ▶ VLOOKUP, RIGHT, LEFT 함수, & 연산자 사용

② [표1]의 필기점수, 실기점수, 면접점수를 이용하여 [J3:J22] 영역에 신입사원별 평균점수를 반올림하여 정수로 표시하시오.
- ▶ 평균점수는 필기점수×30%, 실기점수×40%, 면접점수×30% 각각 곱한 값의 합계로 계산할 것
- ▶ ROUND, SUMPRODUCT 함수 사용

③ [표1]의 응시일자와 응시장소를 이용하여 [N12:P14] 영역에 일자별 장소별 응시 인원수를 계산하시오.
- ▶ DAY, COUNT, IF 함수를 사용한 배열 수식

④ [표1]의 면접점수를 이용하여 [O18:O22] 영역에 각 점수 구간별 인원수를 표시 예(2명)와 같이 표시하시오.
- ▶ TEXT, FREQUENCY 함수를 사용한 배열 수식

⑤ [표1]의 경력유무와 면접점수를 이용하여 [K3:K22] 영역에 공채결과를 표시하는 사용자 정의 함수 'fn공채결과'를 작성하시오.
- ▶ 'fn공채결과'는 경력유무와 면접점수를 인수로 받아 값을 되돌려 줌
- ▶ 면접점수가 80점 이상인 지원자 중에서 경력유무가 '유'이면 "합격", '무'이면 "발령대기"로 표시하고, 나머지는 공란으로 표시할 것
- ▶ IF 구문 사용

```
Public Function fn공채결과(경력유무, 면접점수)

End Function
```

문제해결 🔑

① [C3]셀에 「=VLOOKUP(LEFT(A3,2),$N$3:$O$7,2,FALSE)&"-"&VLOOKUP(RIGHT(A3,1)*1,$M$3:$P$7, 4,FALSE)」를 입력한 뒤 [C22]까지 수식을 복사한다.

=VLOOKUP(LEFT(A3,2),$N$3:$O$7,2,FALSE)&"-"&VLOOKUP(RIGHT(A3,1)*1,$M$3:$P$7,4,FALSE)	
❶&"-"&❷	❶과 "-"과 ❷를 모두 연결하여 표시
❶ VLOOKUP(❸,$N$3:$O$7,2,FALSE)	❸을 기준으로 [N3:O7] 영역의 2번째 열값을 표시
❷ VLOOKUP(❹,$M$3:$P$7,4,FALSE)	❹를 기준으로 [M3:P7] 영역의 4번째 열값을 표시
❸ LEFT(A3,2)	'사번'의 왼쪽 2글자를 추출
❹ RIGHT(A3,1)*1	'사번'의 오른쪽 1글자를 추출하여 숫자로 변환

② [J3]셀에 「=ROUND(SUMPRODUCT(G3:I3,{0.3,0.4,0.3}),0)」를 입력한 뒤 [J22]까지 수식을 복사한다.

=ROUND(SUMPRODUCT(G3:I3,{0.3,0.4,0.3}),0)	
ROUND(❶,0)	❶의 값을 반올림하여 정수로 표시
❶ SUMPRODUCT(G3:I3,❷)	'필기점수:면접점수' 범위와 ❷ 범위의 각 항목끼리 곱한 후 누적합계를 계산
❷ {0.3,0.4,0.3}	배열상수를 이용하여 행 범위를 작성 { 필기점수 대응값 , 실기점수 대응값 , 면접점수 대응값 }

③ [N12]셀에 「=COUNT(IF(($E$3:$E$22=$M12)*(DAY($D$3:$D$22)=N$11),1))」를 입력하고 Ctrl + Shift + Enter 를 눌러 마무리한 후 [P14]까지 수식을 복사한다.

=COUNT(IF(($E$3:$E$22=$M12)*(DAY($D$3:$D$22)=N$11),1))	
COUNT(IF(❶*❷,1))	❶과 ❷ 조건을 모두 만족하는 개수를 계산
❶ ($E$3:$E$22=$M12)	'응시장소' 영역의 값이 조건과 일치하면 True를 반환
❷ (DAY($D$3:$D$22)=N$11)	'응시일자'의 일(日)이 조건과 일치하면 True를 반환

④ [O18:O22] 영역을 범위 지정한 후 수식 입력줄에 「=TEXT(FREQUENCY(I3:I22,N18:N22),"0명")」를 입력하고 Ctrl + Shift + Enter 를 눌러 마무리한다.

=TEXT(FREQUENCY(I3:I22,N18:N22),"0명")	
TEXT(❶,"0명")	❶의 값을 "0명" 형식으로 표시
❶ FREQUENCY(I3:I22,N18:N22)	'면접점수' 범위의 점수 구간별 빈도수를 계산

⑤ fn공채결과(경력유무,면접점수)

    i) [개발도구]탭-[코드]영역의 [Visual Basic]을 클릭하거나, [Alt]+[F11]을 눌러 VBA를 실행한다.

    ii) [삽입]메뉴의 [모듈]을 선택한다.

    iii) 코드 창에 아래 〈그림〉과 같이 코드를 입력한다.

```
Public Function fn공채결과(경력유무, 면접점수)
    If 면접점수 >= 80 Then
        If 경력유무 = "유" Then
            fn공채결과 = "합격"
        Else
            fn공채결과 = "발령대기"
        End If
    Else
        fn공채결과 = ""
    End If
End Function
```

iv) [저장하기] 단추와 [닫기] 단추를 차례로 클릭하여 VBA를 종료하고, 엑셀로 돌아온다.

v) [K3]셀을 선택 한 후 [함수 마법사]를 클릭하여 대화상자를 띄운 후 '범주'를 '사용자 정의'로 변경한다. 목록에서 'fn공채결과' 함수를 선택하고 [확인]을 클릭한다.

vi) 〈그림〉과 같이 인수를 지정한 후 [확인]을 클릭한다.

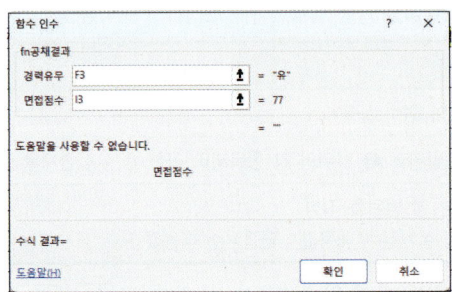

vii) [K22]까지 수식을 복사하여 마무리한다.

계산결과

	A	B	C	D	E	F	G	H	I	J	K	L	M	N	O	P
1	[표1] 상반기 신입사원 모집 지원 현황												[표2] 코드별 구분			
2	사번	성명	①희망부서-지역	응시일자	응시장소	경력유무	필기점수	실기점수	면접점수	②평균점수	③공채결과		순번	코드	부서	지역
3	GH-004	김상준	기획부-수원	02월 01일	별관2층	유	97	96	77	91			1	GH	기획부	분당
4	GH-001	김성호	기획부-분당	02월 02일	별관3층	무	89	100	71	88			2	HB	홍보부	서울
5	SA-014	김재호	영업부-수원	02월 02일	별관4층	유	85	95	68	84			3	GR	관리부	인천
6	GR-015	김재린	관리부-과천	02월 03일	별관2층	무	79	미응시	82	48	발령대기		4	CM	총무부	수원
7	CM-005	김효린	총무부-과천	02월 02일	별관3층	유	88	90	70	83			5	SA	영업부	과천
8	HB-002	박소영	홍보부-서울	02월 02일	별관4층	유	87	94	69	84						
9	GH-013	박진영	기획부-인천	02월 01일	별관4층	무	89	94	70	85			[표3]			
10	CM-004	백미애	총무부-수원	02월 02일	별관4층	유	94	90	92	92	합격		④응시일자별, 장소별 인원수			
11	SA-025	안재은	영업부-과천	02월 03일	별관4층	유	미응시	65	78	49				1일	2일	3일
12	GR-011	원영진	관리부-분당	02월 02일	별관3층	무	72	92	57	76			별관2층	3	2	1
13	SA-012	이경아	영업부-서울	02월 01일	별관3층	유	99	98	79	93			별관3층	2	3	2
14	CM-013	이슬기	총무부-인천	02월 02일	별관3층	무	81	90	94	89	발령대기		별관4층	1	3	3
15	HB-012	이유림	홍보부-서울	02월 03일	별관4층	무	88	90	70	83						
16	HB-004	이정훈	홍보부-수원	02월 01일	별관2층	유	99	98	79	93			[표4]			
17	GH-014	이주창	기획부-수원	02월 03일	별관3층	무	72	92	67	79			점수구간		④인원수	
18	CM-013	이준용	총무부-인천	02월 02일	별관4층	유	99	98	91	96	합격		>=0	<60	2명	
19	SA-012	임연수	영업부-서울	02월 01일	별관3층	무	87	62	69	72			>=60	<70	7명	
20	HB-001	장정미	홍보부-분당	02월 02일	별관3층	무	78	74	78	76			>=70	<80	6명	
21	GR-003	차재영	관리부-인천	02월 03일	별관4층	유	97	미응시	87	55	합격		>=80	<90	2명	
22	HB-015	황인정	홍보부-과천	02월 01일	별관2층	무	31	51	46	44			>=90	<100	3명	
23																

연습 2 시트에서 다음의 지시사항을 처리하시오.

① [표1]의 건물번호와 [표2]를 이용하여 [C3:C22] 영역에 건물이름을 표시하시오.
  ▶ 건물번호의 마지막 한 글자와 [표2]의 순번을 비교하여 추출할 것
  ▶ VLOOKUP, RIGHT 함수 사용

② [표1]의 건물번호, 층수, 면적(㎡)과 [표2]를 이용하여 [G3:G22] 영역에 월임대료를 계산하여 백의 자리에서 내림하여 표시하시오.
  ▶ 월임대료 = 면적(㎡) × 평당 임대료
  ▶ 평당 임대료는 건물번호의 마지막 한 글자, 층수, [표2]를 이용하여 추출할 것
  ▶ 표시 예 : 832,560 → 832,000
  ▶ ROUNDDOWN, INDEX, MATCH, RIGHT 함수 사용

③ [표1]의 관리인을 이용하여 [M12:M16] 영역에 관리인별 관리 건물수를 표시하시오.
  ▶ 건물수만큼 "■"를 반복하여 표시할 것
  ▶ 표시 예 : 4 → ■■■■, 3 → ■■■
  ▶ REPT, COUNT, IF 함수를 사용한 배열 수식

④ [표1]에서 위치가 '합정'이면서 면적(㎡)이 250이상인 건물들의 월임대료 합계를 계산하여 [L20] 셀에 표시 예와 같이 표시하시오.
  ▶ 표시 예 : 5,640,300 → 5,640천원
  ▶ TEXT, DSUM 함수 사용
  ▶ 조건은 [O19:Q21] 영역에 작성

⑤ [표1]의 위치를 이용하여 [J3:J22] 영역에 수수료율을 계산하는 사용자 정의 함수 'sk수수료율'을 작성하시오.
  ▶ 'sk수수료율'은 위치를 인수로 받아 값을 되돌려 줌
  ▶ 위치가 '합정'이면 5.0%, '명동'이면 4.5%, 나머지는 3.0%로 표시할 것
  ▶ Select Case 구문 사용

> Public Function sk수수료율(위치)
>
> End Function

문제해결

① [C3]셀에 「=VLOOKUP(RIGHT(A3,1)*1,$L$5:$M$8,2,FALSE)」를 입력한 뒤 [C22]까지 수식을 복사한다.

=VLOOKUP(RIGHT(A3,1)*1,$L$5:$M$8,2,FALSE)	
VLOOKUP(❶,$L$5:$M$8,2,FALSE)	❶을 기준으로 [L5:M8] 영역의 2번째 열값을 표시
❶ RIGHT(A3,1)*1	'건물번호'의 오른쪽 1글자를 추출하여 숫자로 변환

② [G3]셀에 「=ROUNDDOWN(F3*INDEX($N$5:$Q$8,RIGHT(A3,1),MATCH(E3,$N$3:$Q$3,1)),-3)」를 입력한 뒤 [G22]까지 수식을 복사한다.

=ROUNDDOWN(F3*INDEX($N$5:$Q$8,RIGHT(A3,1),MATCH(E3,$N$3:$Q$3,1)),-3)	
ROUNDDOWN(F3*❶,-3)	'면적(㎡)'에 ❶을 곱한 값을 반올림하여 정수로 표시
❶ INDEX($N$5:$Q$8,❷,❸)	[N5:Q8] 영역에서 ❷행과 ❸열의 교차값을 표시
❷ RIGHT(A3,1)	'건물번호'의 오른쪽 1글자를 추출
❸ MATCH(E3,$N$3:$Q$3,1)	[N3:Q3] 영역에서 '층수'의 위치번호를 반환

③ [M12]셀에 「=REPT("■",COUNT(IF($B$3:$B$22=L12,1)))」를 입력하고 Ctrl + Shift + Enter 를 눌러 마무리한 후 [M16]까지 수식을 복사한다.

=REPT("■",COUNT(IF($B$3:$B$22=L12,1)))	
REPT("■",❶)	"■"를 ❶만큼 반복하여 표시
❶ COUNT(IF($B$3:$B$22=L12,1))	'관리인' 영역의 값이 조건과 일치는 개수를 계산

④ [O19:Q21] 영역에 〈그림〉과 같이 조건을 입력한 뒤 [L20]셀에 「=TEXT(DSUM(A2:J22,G2,O19:P20),"#,##0,천원")」를 입력한다.

	O	P	Q
19	위치	면적(㎡)	
20	합정	>=250	
21			

=TEXT(DSUM(A2:J22,G2,O19:P20),"#,##0,천원")	
TEXT(❶,"#,##0,천원")	❶의 값을 "#,##0천원"의 형식으로 표시
❶ DSUM(A2:J22,G2,O19:P20)	조건인 [O19:P20] 범위를 만족하는 '월임대료'의 합계를 계산

⑤ sk수수료율(위치)

ⅰ) [개발도구]탭-[코드]영역의 [Visual Basic]을 클릭하거나, [Alt]+[F11]을 눌러 VBA를 실행한다.

ⅱ) [삽입]메뉴의 [모듈]을 선택한다.

ⅲ) 코드 창에 아래 〈그림〉과 같이 코드를 입력한다.

```
Public Function sk수수료율(위치)
    Select Case 위치
        Case "합정": sk수수료율 = 0.05
        Case "명동": sk수수료율 = 0.045
        Case "삼성": sk수수료율 = 0.03
    End Select
End Function
```

ⅳ) [저장하기] 단추와 [닫기] 단추를 차례로 클릭하여 VBA를 종료하고, 엑셀로 돌아온다.

ⅴ) [J3]셀을 선택 한 후 [함수 마법사]를 클릭하여 대화상자를 띄운 후 '범주'를 '사용자 정의'로 변경한다. 목록에서 'sk수수료율'함수를 선택하고 [확인]을 클릭한다.

ⅵ) 〈그림〉과 같이 인수를 지정한 후 [확인]을 클릭한다.

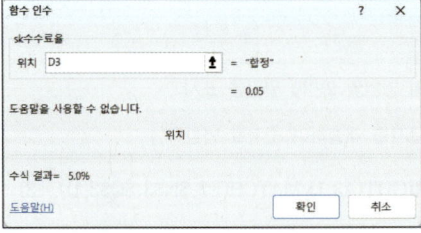

ⅶ) [J22]까지 수식을 복사하여 마무리한다.

계산결과

	A	B	C	D	E	F	G	H	I	J	K	L	M	N	O	P	Q
1	[표1] 건물별 임대현황											[표2] 건물 건물 층별 임대료					단위 : 평
2	건물번호	관리인	① 건물이름	위치	층수	면적(㎡)	② 월임대료	임대시작일	임대종료일	⑤ 수수료율		순번	건물이름	1층~ ~5층	6층~ ~10층	11층~ ~15층	16층~
3	BD-001	김상철	현봉빌딩	합정	2	398	1,751,000	2024-02-12	2026-02-11	5.0%		1	현봉빌딩	4,400	5,380	6,840	6,840
4	BD-024	유성진	건영빌딩	명동	4	169	878,000	2024-03-11	2024-09-08	4.5%		2	나미빌딩	3,800	4,000	4,350	4,700
5	BD-003	김상철	미래빌딩	삼성	5	67	211,000	2024-02-16	2025-02-15	3.0%		3	미래빌딩	3,150	3,150	3,570	3,940
6	BD-033	박진아	미래빌딩	삼성	5	134	422,000	2024-03-28	2026-03-29	3.0%		4	건영빌딩	5,200	5,460	6,200	6,720
7	BD-011	유성진	현봉빌딩	합정	6	398	2,141,000	2024-02-20	2026-02-19	5.0%							
8	BD-012	이순재	나미빌딩	명동	7	107.6	408,000	2024-02-22	2027-02-22	4.5%		[표3] 관리인별 관리 건물 수					
9	BD-041	문경훈	현봉빌딩	합정	8	265.3	1,427,000	2024-04-01	2025-04-01	5.0%		관리인	③ 건물수				
10	BD-014	이순재	건영빌딩	명동	13	84.5	523,000	2024-02-28	2028-02-28	4.5%		김상철	■■■				
11	BD-042	문경훈	나미빌딩	명동	6	71.7	286,000	2024-04-03	2024-10-04	4.5%		유성진	■■■■■				
12	BD-044	박진아	건영빌딩	명동	3	56.3	292,000	2024-04-19	2028-04-19	4.5%		박진아	■■■■■				
13	BD-023	유성진	미래빌딩	삼성	3	268	844,000	2024-03-09	2025-03-09	3.0%		이순재	■■■				
14	BD-002	김상철	나미빌딩	명동	7	87.6	350,000	2024-02-14	2027-02-14	4.5%		문경훈	■■■				
15	BD-031	박진아	현봉빌딩	합정	7	246.3	1,325,000	2024-03-24	2025-03-24	5.0%							
16	BD-032	박진아	나미빌딩	명동	9	107.6	430,000	2024-03-26	2024-09-26	4.5%							
17	BD-004	김상철	건영빌딩	명동	12	84.5	523,000	2024-02-18	2027-02-18	4.5%		[표4]					
18	BD-034	박진아	건영빌딩	명동	10	84.5	461,000	2024-03-30	2027-03-31	4.5%		④ 합정 임대료 합계			위치	면적(㎡)	
19	BD-013	이순재	미래빌딩	삼성	8	124	390,000	2024-02-26	2027-02-26	3.0%		8,041천원			합정	>=250	
20	BD-021	유성진	현봉빌딩	합정	14	398	2,722,000	2024-03-01	2028-03-01	5.0%							
21	BD-043	문경훈	미래빌딩	삼성	4	89.3	281,000	2024-04-09	2026-04-10	3.0%							
22	BD-022	유성진	나미빌딩	명동	11	215.2	936,000	2024-03-05	2026-03-05	4.5%							

연습 3 시트에서 다음의 지시사항을 처리하시오.

① [표1]의 판매코드를 이용하여 [C3:C22] 영역에 판매구분을 표시하는 사용자 정의 함수 'fn판매구분'을 작성하시오.
   ▶ 'fn판매구분'은 판매코드를 인수로 받아 값을 되돌려 줌
   ▶ 판매코드의 마지막 한 글자가 'W'라면 "도매", 'R'이라면 "소매"로 표시할 것
   ▶ IF 구문 사용

   > Public Function fn판매구분(판매코드)
   >
   > End Function

② [표1]의 상품코드와 [표2]를 이용하여 [F3:F22] 영역에 변경코드를 표시하시오.
   ▶ 상품코드 왼쪽 2글자와 [표2]의 코드를 비교하여 작업할 것
   ▶ 표시 예 : FB-01 → 식음료-01, LW-01 → 생활잡화-01
   ▶ SUBSTITUTE, VLOOKUP, LEFT 함수 사용

③ [표1]에서 1분기, 2분기, 3분기, 4분기 실적이 모두 80이상 이면서 수량이 전체 수량의 평균 이상이라면 지점평가[M3:M22] 영역에 "우수지점" 아니라면 공란으로 표시하시오.
   ▶ IF, AND, AVERAGE, COUNTIF 함수 사용

④ [표1]의 상품코드와 [표2]의 코드를 이용하여 [Q3:Q6] 영역에 코드별 매출금액의 최대값을 표시하시오.
   ▶ 코드는 상품코드 왼쪽 2글자를 이용하여 계산할 것
   ▶ IF, MAX, LEFT 함수를 사용한 배열 수식

⑤ [표1]의 수량과 [표2]를 이용하여 각 수량 범위를 만족하는 판매처수를 계산하여 [Q10:Q14] 영역에 표시하시오.
   ▶ 표시 예 : 4 → ★★★★, 3 → ★★★
   ▶ REPT, COUNT, IF 함수를 사용한 배열 수식

문제해결

① fn판매구분(판매코드)
  ⅰ) [개발도구]탭-[코드]영역의 [Visual Basic]을 클릭하거나, [Alt]+[F11]을 눌러 VBA를 실행한다.
  ⅱ) [삽입]메뉴의 [모듈]을 선택한다.
  ⅲ) 코드 창에 아래 〈그림〉과 같이 코드를 입력한다.

```
Public Function fn판매구분(판매코드)
    If Right(판매코드, 1) = "W" Then
        fn판매구분 = "도매"
    Else
        fn판매구분 = "소매"
    End If
End Function
```

  ⅳ) [저장하기] 단추와 [닫기] 단추를 차례로 클릭하여 VBA를 종료하고, 엑셀로 돌아온다.
  ⅴ) [C3]셀을 선택한 후 [함수 마법사]를 클릭하여 대화상자를 띄운 후 '범주'를 '사용자 정의'로 변경한다. 목록에서 'fn판매구분'함수를 선택하고 [확인]을 클릭한다.
  ⅵ) 〈그림〉과 같이 인수를 지정한 후 [확인]을 클릭한다.

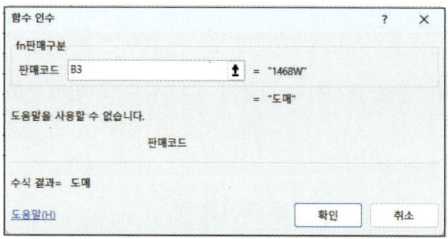

  ⅶ) [C22]까지 수식을 복사하여 마무리한다.

② [E3]셀에 「=SUBSTITUTE(D3,LEFT(D3,2),VLOOKUP(LEFT(D3,2),$O$3:$P$6,2,FALSE))」를 입력한 뒤 [E22]까지 수식을 복사한다.

=SUBSTITUTE(D3,LEFT(D3,2),VLOOKUP(LEFT(D3,2),$O$3:$P$6,2,FALSE))	
SUBSTITUTE(D3,❶,❷)	'상품코드'에서 ❶을 찾아 ❷로 변경
❶ LEFT(D3,2)	'상품코드'의 왼쪽 2글자를 추출
❷ VLOOKUP(❸,$O$3:$P$6,2,FALSE)	❸을 기준으로 [O3:P6] 영역의 2번째 열값을 표시
❸ LEFT(D3,2)	'상품코드'의 왼쪽 2글자를 추출

③ [M3]셀에 「=IF(AND(COUNTIF(G3:J3,">=80")=4,K3>=AVERAGE($K$3:$K$22)),"우수지점","")」를 입력한 뒤 [M22]까지 수식을 복사한다.

=IF(AND(COUNTIF(G3:J3,">=80")=4,K3>=AVERAGE($K$3:$K$22)),"우수지점","")	
IF(AND(❶,❷),"우수지점","")	❶과 ❷ 조건을 모두 만족하면 "우수지점" 아니면 ""(공란)
❶ COUNTIF(G3:J3,">=80")=4	[1분기:4분기] 영역에 80이상인 값이 4개면 True를 반환
❷ K3>=AVERAGE($K$3:$K$22)	'수량'이 '전체 수량의 평균' 이상이면 True를 반환

④ [Q3]셀에 「=MAX(IF(LEFT($D$3:$D$22,2)=$O3,$L$3:$L$22))」를 입력하고 [Ctrl]+[Shift]+[Enter]를 눌러 마무리한 후 [Q6]까지 수식을 복사한다.

=MAX(IF(LEFT($D$3:$D$22,2)=$O3,$L$3:$L$22))	
MAX(IF(❶,$L$3:$L$22))	❶ 조건을 만족하는 '매출금액'의 최대값을 표시
❶ LEFT($D$3:$D$22,2)=$O3	'상품코드'의 왼쪽 2글자가 조건과 일치하면 True를 반환

⑤ [Q10]셀에 「=REPT("★",COUNT(IF(($K$3:$K$22>=O10)*($K$3:$K$22<=P10),1)))」를 입력하고 Ctrl + Shift + Enter 를 눌러 마무리한 후 [Q14]까지 수식을 복사한다.

=REPT("★",COUNT(IF(($K$3:$K$22>=O10)*($K$3:$K$22<=P10),1)))	
REPT("★",COUNT(IF(❶*❷,1)))	"★"를 ❶과 ❷ 조건을 만족한 개수만큼 반복하여 표시
❶ ($K$3:$K$22>=O10)	'수량' 영역의 값이 조건보다 크거나 같으면 True를 반환
❷ ($K$3:$K$22<=P10)	'수량' 영역의 값이 조건보다 작거나 같으면 True를 반환

계산결과

	A	B	C	D	E	F	G	H	I	J	K	L	M	N	O	P	Q
1	[표1] 판매처별 실적현황														[표2] 코드별 분류		
2	판매처	판매코드	① 판매구분	상품코드	② 변경코드	판매단가	1분기	2분기	3분기	4분기	수량	매출금액	③ 지정평가		코드	상품분류	④ 최고매출액
3	삼성점	1468W	도매	FB-01	식음료-01	33,120	81	118	94	85	378	12,519,360	우수지점		FB	식음료	39,900,000
4	합정점	5262R	소매	CL-02	의류-02	150,000	96	140	111	101	448	67,200,000	우수지점		EL	소형가전	34,856,640
5	강남점	2443W	도매	EL-03	소형가전-03	21,600	66	96	76	69	308	6,652,800			CL	의류	67,200,000
6	서초점	9713R	소매	FB-04	식음료-04	118,560	18	26	21	19	84	9,959,040			LW	생활잡화	35,700,000
7	교대점	2372R	소매	CL-05	의류-05	30,720	27	39	31	28	126	3,870,720					
8	망원점	2403W	도매	CL-06	의류-06	33,120	69	100	80	72	322	10,664,640			[표3] 수량 범위표		
9	노원점	1564R	소매	EL-07	소형가전-07	150,000	39	56	45	41	180	27,000,000			이상	이하	⑤ 판매처수
10	공항점	2346W	도매	CL-08	의류-08	21,600	33	48	38	35	154	3,326,400			0	100	★★
11	잠원점	9542R	도매	EL-09	소형가전-09	118,560	51	74	59	54	238	28,217,280			101	200	★★★★★
12	상계점	2345R	소매	LW-10	생활잡화-10	30,720	36	52	42	38	168	5,160,960			201	300	★★★★★★
13	이대점	1113W	도매	LW-11	생활잡화-11	33,120	86	100	88	91	365	12,104,168	우수지점		301	400	★★★★★
14	상도점	5463R	소매	FB-12	식음료-12	150,000	57	83	66	60	266	39,900,000			401	500	★★
15	용산점	2003R	소매	FB-13	식음료-13	21,600	15	22	17	16	70	1,512,000					
16	신촌점	4068W	도매	EL-14	소형가전-14	118,560	63	92	73	66	294	34,856,640					
17	잠실점	6311W	도매	LW-15	생활잡화-15	30,720	93	135	108	98	434	13,332,480	우수지점				
18	옥수점	2708R	소매	FB-16	식음료-16	33,120	33	48	38	35	154	5,100,480					
19	명동점	1008W	도매	LW-17	생활잡화-17	150,000	51	74	59	54	238	35,700,000					
20	일산점	6412W	도매	CL-18	의류-18	21,600	54	79	62	57	252	5,443,200					
21	강동점	1795R	소매	LW-19	생활잡화-19	118,560	60	87	69	63	280	33,196,800					
22	신림점	2438W	도매	EL-20	소형가전-20	30,720	81	118	94	85	378	11,612,160	우수지점				

Spread sheet

컴퓨터
활용능력
1급 실기

· 스프레드시트 ·

PART 03

분석작업

CHAPTER 01 정렬/부분합
CHAPTER 02 목표값 찾기
CHAPTER 03 데이터 표
CHAPTER 04 시나리오
CHAPTER 05 통합/텍스트나누기
CHAPTER 06 데이터 유효성 검사
CHAPTER 07 중복된 항목 제거
CHAPTER 08 피벗 테이블

CHAPTER
01 정렬/부분합

■ 작업파일 스프레드시트/작업파일/분석작업/3-1-부분합.xlsx

정렬은 지정한 기준에 따라 데이터를 재배열하는 기능으로, 값 뿐만 아니라 글자색이나 셀 색을 기준으로 삼아 정렬을 적용할 수 있습니다.
부분합은 입력된 데이터를 특정 필드를 기준으로 그룹화하여 합계, 평균 등의 간단한 계산 작업을 수행하는 기능입니다. 부분합 기능은 수행 전에 그룹화 항목을 기준으로 정렬을 지정해야 정확한 결과를 표시할 수 있습니다.

출제유형 1 '부분합1' 시트에서 다음의 지시사항을 처리하시오.

부분합 기능을 이용하여 '응답자별 항목 평가 점수' 표에서 '지역'별 '항목1', '항목2', '항목3', '항목4'의 합계와 평균을 계산하여 표시하시오.

▶ '지역'을 기준으로 오름차순 정렬하고, 동일한 지역인 경우 '성별'을 기준으로 내림차순 정렬하시오.
▶ 합계와 평균은 위에 명시된 순서대로 표시하시오.

	A	B	C	D	E	F	G
1	응답자별 항목 평가 점수						
2							
3	지역	성별	나이	항목1	항목2	항목3	항목4
4	강남구	여	44	2	3	3	3
5	강남구	남	41	4	5	3	4
6	강남구 평균			3	4	3	3.5
7	강남구 요약			6	8	6	7
8	관악구	여	26	5	1	2	5
9	관악구	여	27	4	5	4	4
10	관악구	남	21	3	3	3	3
11	관악구	남	20	1	5	5	1
12	관악구 평균			3.25	3.5	3.5	3.25
13	관악구 요약			13	14	14	13
14	동작구	여	44	5	2	1	4
15	동작구	여	50	4	5	5	5
16	동작구	여	23	5	3	3	5
17	동작구	여	40	5	3	3	5
18	동작구 평균			4.75	3.25	3	4.75
19	동작구 요약			19	13	12	19
20	마포구	여	51	3	1	4	3
21	마포구	여	35	4	5	2	5
22	마포구	남	52	3	4	3	3
23	마포구	남	49	3	5	2	1
24	마포구 평균			3.25	3.75	2.75	3
25	마포구 요약			13	15	11	12
26	전체 평균			3.642857	3.571429	3.071429	3.642857
27	총합계			51	50	43	51

문제해결

① 정렬을 수행하기 위해 [A3] 셀을 선택한 후 [데이터]탭-[정렬 및 필터] 영역의 [정렬]을 클릭한다.

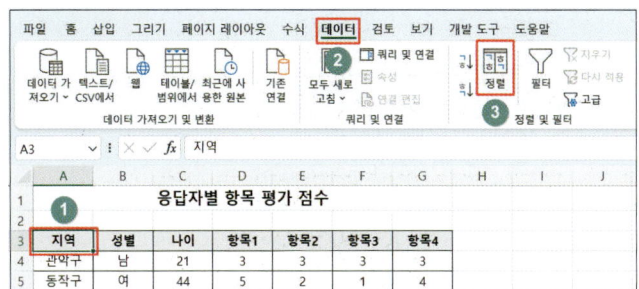

② [정렬] 대화상자가 나타나면 첫 번째 정렬 기준 열은 '지역', 정렬 기준은 '셀 값', 정렬은 '오름차순'으로 선택한 후 [기준 추가] 버튼을 클릭한다.

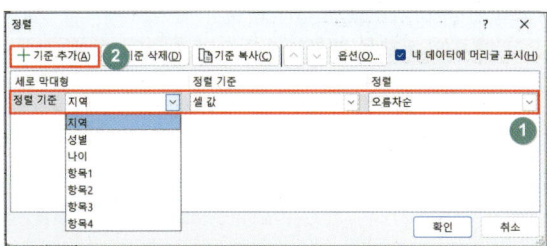

③ 다음 기준이 추가되면 기준 열은 '성별', 정렬 기준은 '셀 값', 정렬은 '내림차순'으로 선택한 후 [확인]을 클릭한다.

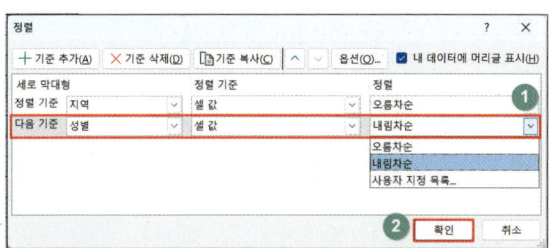

④ [A3] 셀이 선택이 되어져 있는 상태에서 [데이터]탭-[개요] 영역의 [부분합]을 클릭한다.

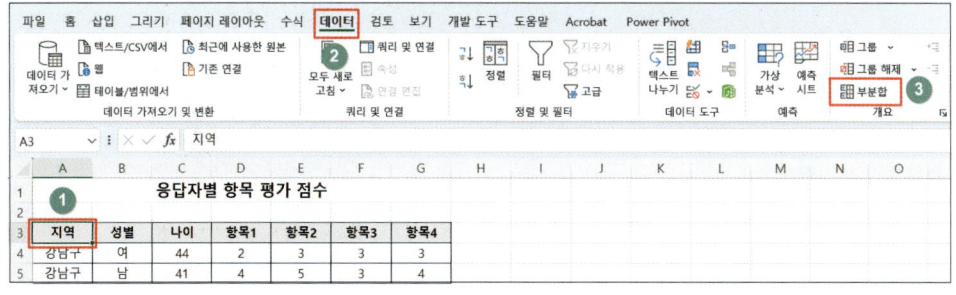

⑤ [부분합] 대화상자가 나타나면 그룹화할 항목은 '지역', 사용할 함수는 '합계', 부분합 계산 항목은 '항목 1', '항목2', '항목3', '항목4'만 체크하고 [확인]을 클릭한다.

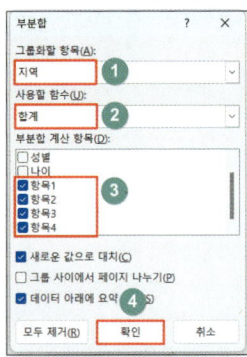

⑥ 두 번째 부분합인 평균을 수행하기 위해 다시 한 번 [데이터]탭-[개요] 영역의 [부분합]을 클릭한다. [부분합] 대화상자가 나타나면 사용할 함수만 '평균'으로 변경하고, '새로운 값으로 대치' 항목의 체크박스를 해제한 후 [확인]을 클릭한다. 만약, '새로운 값으로 대치'의 체크를 해제하지 않으면 기존의 '합계' 부분합이 '평균' 부분합으로 대체되어 사라지게 되니 주의한다.

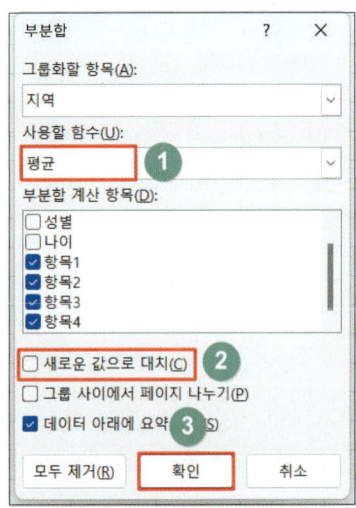

출제유형 2 '부분합2' 시트에서 다음의 지시사항을 처리하시오.

부분합 기능을 이용하여 '부서별 제품 테스트 결과'표에서 '담당부서'별 '테스트1', '테스트2', '테스트3'의 평균을 계산하여 표시하시오.

▶ '담당부서'를 기준으로 오름차순 정렬하고, 동일한 부서인 경우 '평균'의 셀 색이 'RGB(198,239,206)'인 값이 위에 표시되도록 정렬하시오.

▶ 평균은 표시 예(86.56 → 86.6)와 같이 소수 이하 1자리만 표시하시오.

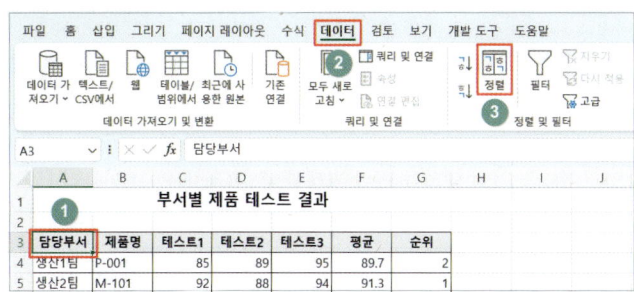

문제해결 🔑

① 정렬을 수행하기 위해 [A3] 셀을 선택한 후 [데이터]탭-[정렬 및 필터] 영역의 [정렬]을 클릭한다.

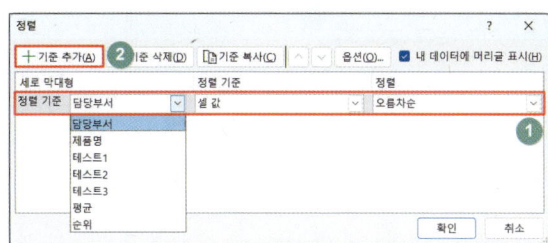

② [정렬] 대화상자가 나타나면 첫 번째 정렬 기준의 열은 '담당부서', 정렬 기준은 '셀 값', 정렬은 '오름차순'으로 선택한 후 [기준 추가] 버튼을 클릭한다.

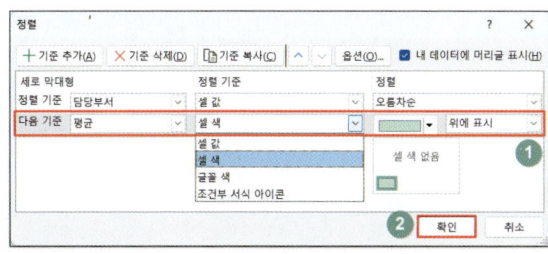

③ 추가된 다음 기준의 열은 '평균', 정렬 기준은 '셀 색'으로 설정하여 'RGB(198,239,206)'와 '위에 표시'를 차례대로 선택한 후 [확인]을 클릭한다.

④ [A3] 셀이 선택이 되어져 있는 상태에서 [데이터]탭-[개요] 영역의 [부분합]을 클릭한다.

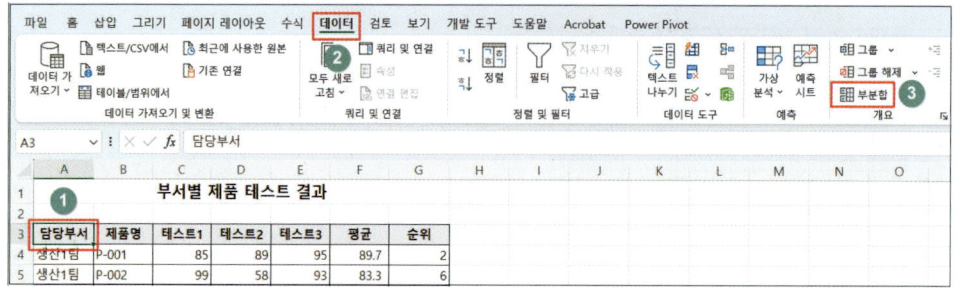

⑤ [부분합] 대화상자가 나타나면 그룹화할 항목은 '담당부서', 사용할 함수는 '평균', 부분합 계산 항목은 '테스트1', '테스트2', '테스트3'만 체크하고 [확인]을 클릭한다.

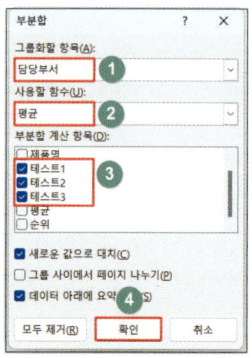

⑥ 부분합 결과 범위 중 [C8:E8], [C13:E13], [C18:E19] 영역을 범위 지정한 후, [Ctrl] + [1]을 눌러 [셀 서식] 대화상자를 호출한다. [표시 형식]탭의 숫자범주에서 소수 자리수를 '1'로 설정하고 [확인]을 클릭한다.

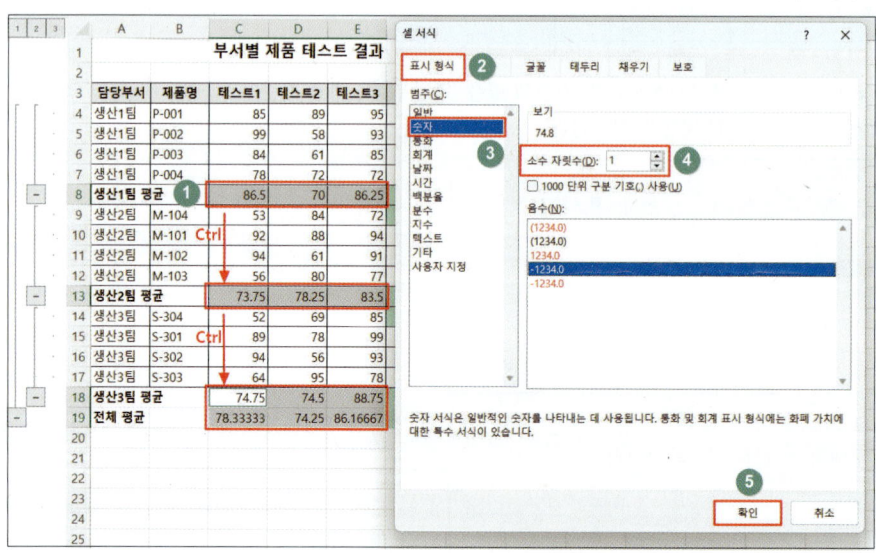

출제유형 3 '부분합3' 시트에서 다음의 지시사항을 처리하시오.

부분합 기능을 이용하여 '분기별 판매 실적'표에서 '분류'별 '1분기', '2분기', '3분기', '4분기'의 합계를 계산하여 표시하시오.

▶ '분류'를 기준으로 '의류-식품-가전-잡화' 순으로 정렬하시오.

문제해결

① 정렬을 수행하기 위해 [A3] 셀을 선택한 후, [데이터]탭-[정렬 및 필터] 영역의 [정렬]을 클릭한다.

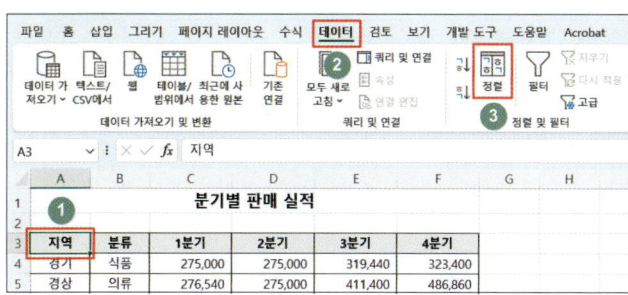

② [정렬] 대화상자가 나타나면 첫 번째 정렬 기준의 열을 '분류', 정렬 기준은 '셀 값', 정렬은 '사용자 지정 목록'을 선택한다.

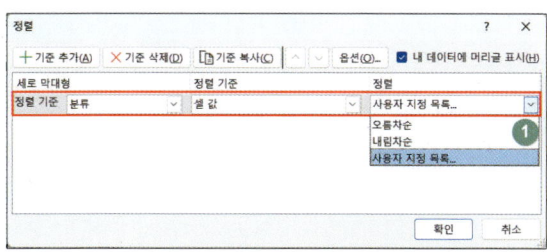

③ [사용자 지정 목록] 대화상자가 나타나면 화면 왼쪽의 '사용자 지정 목록'에서 '새 목록'을 선택한다. 화면 오른쪽 '목록 항목' 구역에 「**의류, 식품, 가전, 잡화**」 순으로 입력한 후 [추가]와 [확인]을 차례대로 클릭한다.

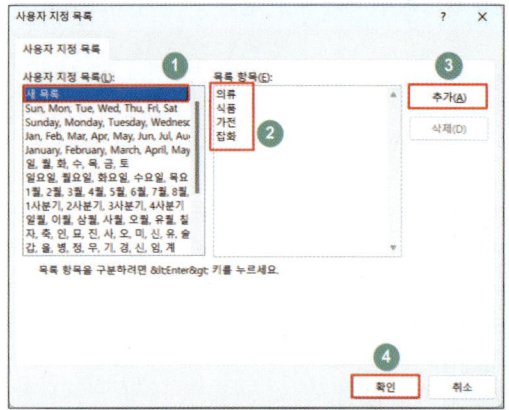

④ [정렬] 대화상자의 정렬 항목에서 추가된 '의류,식품,가전,잡화' 목록을 선택한 후 [확인]을 클릭한다.

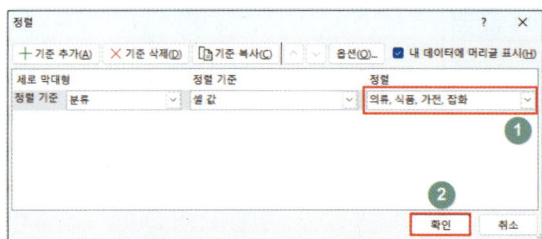

⑤ [A3] 셀이 선택이 되어져 있는 상태에서 [데이터]탭-[개요] 영역의 [부분합]을 클릭한다.

⑥ [부분합] 대화상자가 나타나면 그룹화할 항목은 '분류', 사용할 함수는 '합계', 부분합 계산 항목은 '1분기', '2분기', '3분기', '4분기'만 체크하고 [확인]을 클릭한다.

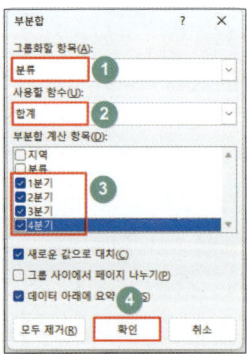

CHAPTER 02 목표값 찾기

■ 작업파일 스프레드시트/작업파일/분석작업/3-2-목표값찾기.xlsx

목표값 찾기는 수식 셀의 결과를 목표한 값에 맞춰 재설정하기 위해 입력 셀의 값을 변경하는 기능입니다. 해당 기능은 'A가 B가 되려면 C가 얼마가 되어야 하느냐'의 형식으로 출제가 되며, A는 수식 셀, B는 목표 값, C는 입력 셀을 의미합니다.

출제유형 1 '목표값찾기1' 시트에서 다음의 지시사항을 처리하시오.

목표값 찾기 기능을 이용하여 '가전제품 판매 현황' 표에서 영등포점의 판매량 평균[G9]이 300이 되려면 상반기 판매량[E9]이 얼마가 되어야 하는지 계산하시오.

문제해결

① 수식이 입력되어있는 [G9] 셀을 선택한 후 [데이터]탭-[예측] 영역의 [가상분석] 목록에서 [목표값 찾기]를 선택한다.

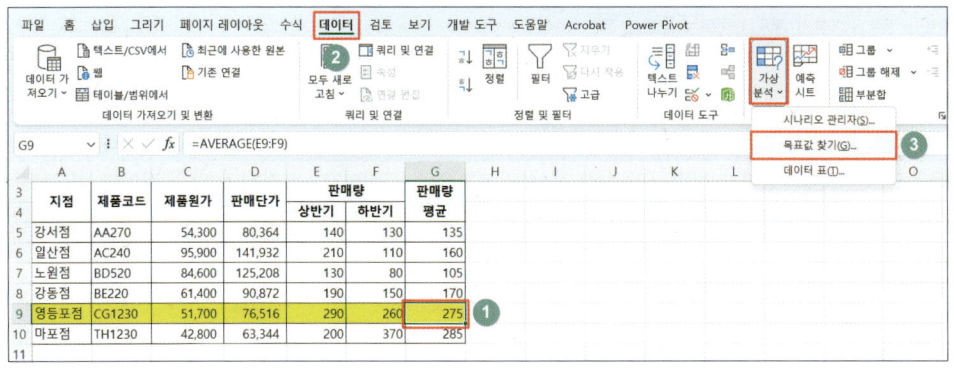

② [목표값 찾기] 대화상자가 나타나면 수식 셀에 기본적으로 [G9]이/가 설정되어 있을 것이다. 찾는 값에 「300」을 입력하고, 값을 바꿀 셀에 [E9]을/를 지정한 후 [확인]을 클릭한다.

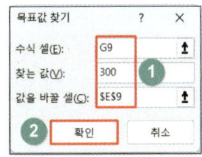

③ 최종결과

	A	B	C	D	E	F	G
1			가전제품 판매 현황				
2							
3	지점	제품코드	제품원가	판매단가	판매량		판매량
4					상반기	하반기	평균
5	강서점	AA270	54,300	80,364	140	130	135
6	일산점	AC240	95,900	141,932	210	110	160
7	노원점	BD520	84,600	125,208	130	80	105
8	강동점	BE220	61,400	90,872	190	150	170
9	영등포점	CG1230	51,700	76,516	340	260	300
10	마포점	TH1230	42,800	63,344	200	370	285

출제유형 2 '목표값찾기2' 시트에서 다음의 지시사항을 처리하시오.

목표값 찾기 기능을 이용하여 '2학기 전산과 학생 성적 현황' 표에서 학번이 '210215'인 학생의 평균[G8] 점수가 18이 되려면 중간[B8] 점수가 얼마가 되어야 하는지 계산하시오.

문제해결

① 수식이 입력되어있는 [G8] 셀을 선택한 후 [데이터]탭-[예측] 영역의 [가상분석] 목록에서 [목표값 찾기]를 선택한다.

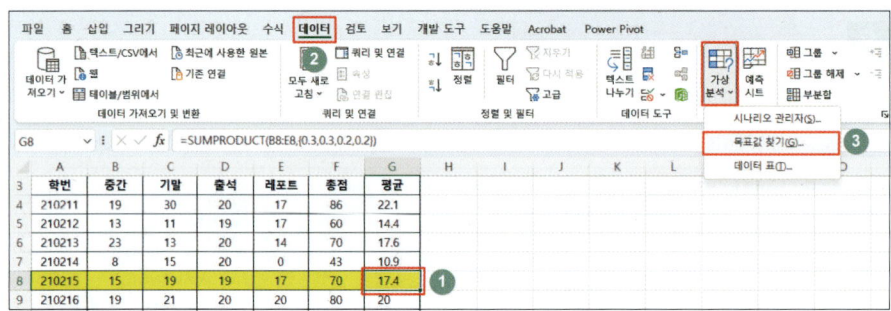

② [목표값 찾기] 대화상자가 나타나면 수식 셀에 기본적으로 [G8]이/가 설정되어 있을 것이다. 찾는 값에 「18」을 입력하고, 값을 바꿀 셀에 [B8]을/를 지정한 후 [확인]을 클릭한다.

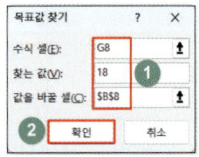

③ 최종결과

	A	B	C	D	E	F	G
1			2학기 전산과 학생 성적 현황				
2							
3	학번	중간	기말	출석	레포트	총점	평균
4	210211	19	30	20	17	86	22.1
5	210212	13	11	19	17	60	14.4
6	210213	23	13	20	14	70	17.6
7	210214	8	15	20	0	43	10.9
8	210215	17	19	19	17	72	18
9	210216	19	21	20	20	80	20
10	210217	15	18	20	14	67	16.7
11	210218	4	10	20	0	34	8.2
12	210219	18	10	19	14	61	15
13	210220	11	4	18	17	50	11.5

CHAPTER 03

데이터 표

■ 작업파일 스프레드시트/작업파일/분석작업/3-3-데이터표.xlsx

데이터 표는 기준 값의 변경에 따른 수식 값의 변화를 표의 형태로 보여주는 기능입니다. 기준 값은 행 방향과 열 방향으로 나열되며, 수식 셀을 복사하여 붙여 넣은 뒤 해당 기능을 수행합니다.

출제유형 1 '데이터표1' 시트에서 다음의 지시사항을 처리하시오.

데이터 표 기능을 이용하여 [표1]의 대출금 상환[C3:C6] 영역을 참조하여, 대출금액과 연이율 변동에 따른 월 상환액의 변화를 [G4:K10] 영역에 계산하시오.

문제해결

① 월상환액 계산을 위해 [C6] 셀을 선택한 후 수식 입력줄을 드래그하여 입력된 수식을 복사([Ctrl]+[C])한다. 활성화를 해제하기 위해 [Esc]를 누른다.

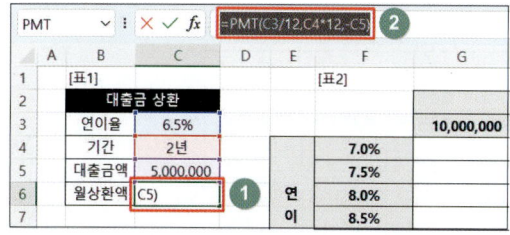

② [F3] 셀을 선택하여 복사한 수식을 붙여넣기([Ctrl]+[V])한다.

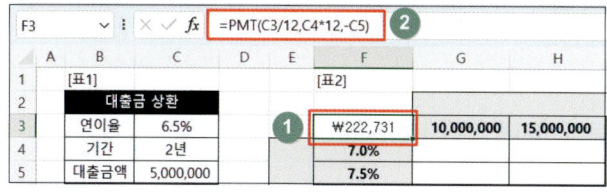

③ 수식 셀을 포함해서 [F3:K10] 영역을 범위 지정한 후 [데이터]탭-[예측] 영역의 [가상분석] 목록에서 [데이터 표]를 선택한다.

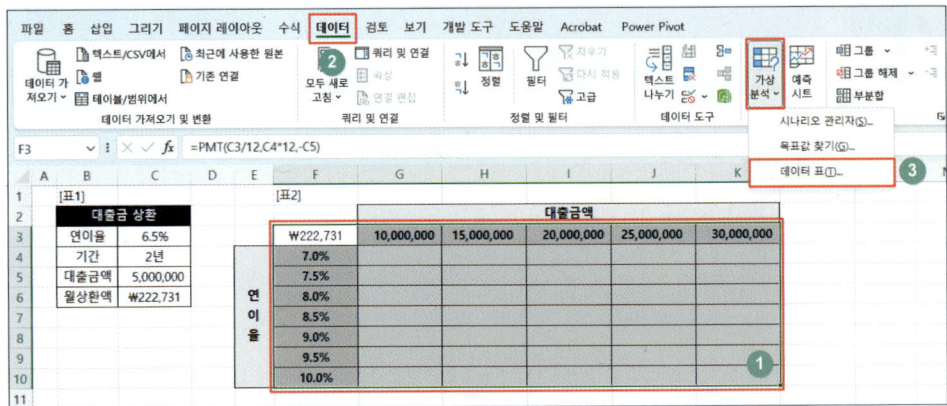

④ [데이터 표] 대화상자가 나타나면 행 입력 셀에 「$C$5」를, 열 입력 셀에 「$C$3」를 각각 지정 후 [확인]을 클릭한다.

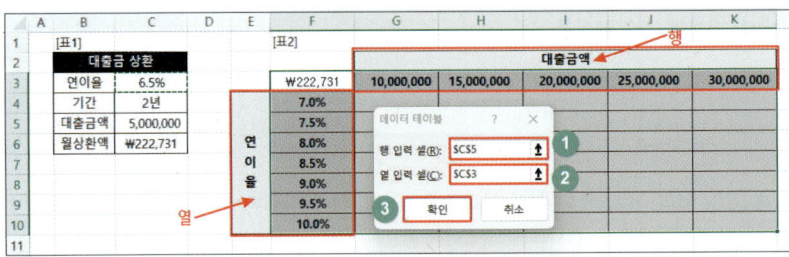

⑤ 최종결과

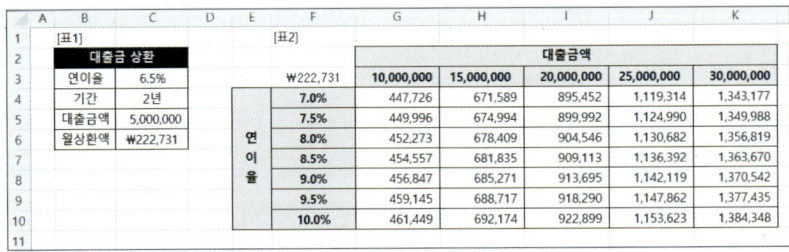

출제유형 2 '데이터표2' 시트에서 다음의 지시사항을 처리하시오.

데이터 표 기능을 이용하여 [표1]의 감가상각액 계산[C3:C6] 영역을 참조하여, 수명년수와 잔존가치의 변동에 따른 감가상각액의 변화를 [G3:L8] 영역에 계산하시오.

문제해결

① 감가상각액 계산을 위해 [C6] 셀을 선택한 후 수식 입력줄을 드래그하여 입력된 수식을 복사([Ctrl]+[C])한다. 활성화를 해제하기 위해 [Esc]를 누른다.

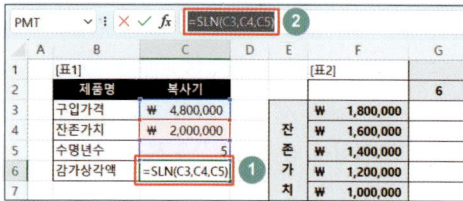

② [F2] 셀을 선택하여 복사한 수식을 붙여넣기([Ctrl]+[V])한다.

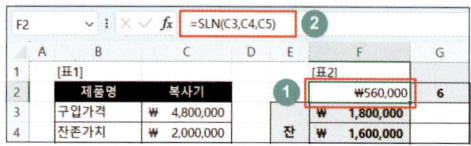

③ 수식 셀을 포함해서 [F2:L8] 영역을 범위 지정한 후 [데이터]탭-[예측] 영역의 [가상분석] 목록에서 [데이터 표]를 선택한다.

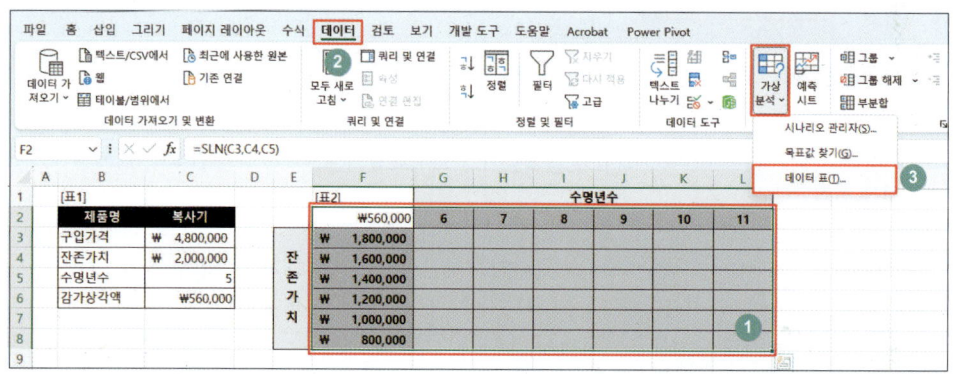

④ [데이터 표] 대화상자가 나타나면 행 입력 셀에 「$C$5」를, 열 입력 셀에 「$C$4」를 각각 지정한 후 [확인]을 클릭한다.

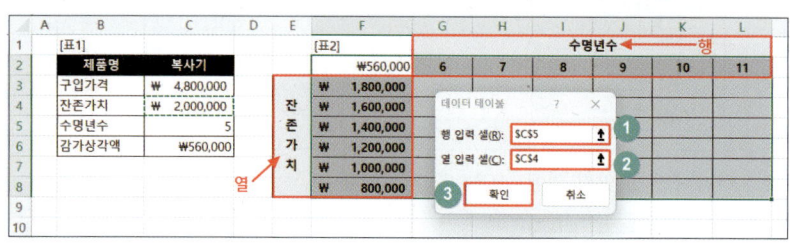

⑤ 최종결과

	A	B	C	D	E	F	G	H	I	J	K	L
1	[표1]					[표2]			수명년수			
2		제품명	복사기			₩560,000	6	7	8	9	10	11
3		구입가격	₩ 4,800,000			₩ 1,800,000	₩ 500,000	₩ 428,571	₩ 375,000	₩ 333,333	₩ 300,000	₩ 272,727
4		잔존가치	₩ 2,000,000		잔	₩ 1,600,000	₩ 533,333	₩ 457,143	₩ 400,000	₩ 355,556	₩ 320,000	₩ 290,909
5		수명년수	5		존	₩ 1,400,000	₩ 566,667	₩ 485,714	₩ 425,000	₩ 377,778	₩ 340,000	₩ 309,091
6		감가상각액	₩560,000		가	₩ 1,200,000	₩ 600,000	₩ 514,286	₩ 450,000	₩ 400,000	₩ 360,000	₩ 327,273
7					치	₩ 1,000,000	₩ 633,333	₩ 542,857	₩ 475,000	₩ 422,222	₩ 380,000	₩ 345,455
8						₩ 800,000	₩ 666,667	₩ 571,429	₩ 500,000	₩ 444,444	₩ 400,000	₩ 363,636

출제유형 3 '데이터표3' 시트에서 다음의 지시사항을 처리하시오.

데이터 표 기능을 이용하여 [표1]의 대출금 상환[C3:C6] 영역을 참조하여, 연이율 변동에 따른 월상환액의 변화를 [G3:G9] 영역에 계산하시오.

문제해결

① 월상환액 계산을 위해 [C6] 셀을 선택한 후 수식 입력줄을 드래그하여 입력된 수식을 복사([Ctrl]+[C])한다. 활성화를 해제하기 위해 [Esc]를 누른다.

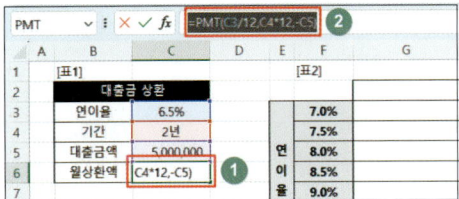

② [G2] 셀을 선택하여 복사한 수식을 붙여넣기([Ctrl]+[V])한다.

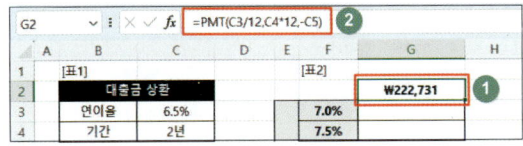

③ 수식 셀을 포함해서 [F2:G9] 영역을 범위 지정한 후 [데이터]탭-[예측] 영역의 [가상분석] 목록에서 [데이터 표]를 선택한다.

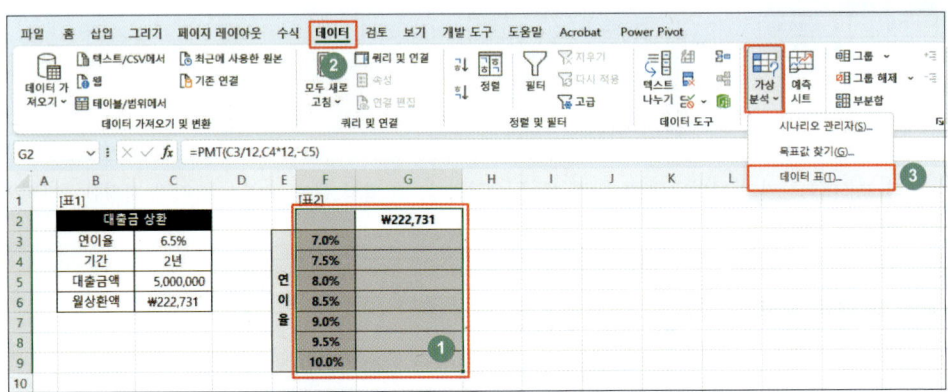

④ [데이터 표] 대화상자가 나타나면 열 입력 셀에 「$C$3」를 지정한다.

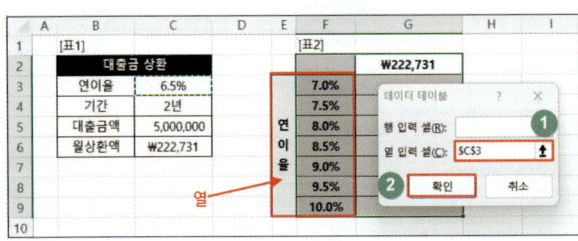

⑤ 최종결과

	A	B	C	D	E	F	G
1		[표1]				[표2]	
2		대출금 상환					₩222,731
3		연이율	6.5%			7.0%	223,863
4		기간	2년			7.5%	224,998
5		대출금액	5,000,000		연	8.0%	226,136
6		월상환액	₩222,731		이	8.5%	227,278
7					율	9.0%	228,424
8						9.5%	229,572
9						10.0%	230,725
10							

■ 작업파일 스프레드시트/작업파일/분석작업/3-4-시나리오.xlsx

CHAPTER
04 시나리오

시나리오는 여러 변수의 변화가 결과 값에 어떠한 영향을 미치는지를 가상의 상황을 통해 다른 시트에 요약하여 표시하는 기능입니다. 시나리오 기능을 수행하기 위해서는 변경 셀과 결과 셀의 이름 정의를 먼저 수행해야 합니다.

출제유형 1 '시나리오1' 시트에서 다음의 지시사항을 처리하시오.

'문화센터 강좌별 모집 현황' 표에서 할인율[C14]이 다음과 같이 변동하는 경우 수강료 평균[E12]의 변동 시나리오를 작성하시오.

▶ 셀 이름 정의 : [C14] 셀은 '할인율', [E12] 셀은 '수강료평균'으로 정의하시오.
▶ 시나리오1 : 시나리오 이름은 '할인율 증가'로 지정하고, 할인율을 20%로 설정하시오.
▶ 시나리오2 : 시나리오 이름은 '할인율 감소'로 지정하고, 할인율을 10%로 설정하시오.

※ 시나리오 요약 보고서는 작성 시 정답과 일치하여야 하며, 오자로 인한 부분점수는 인정하지 않습니다.

문제해결

① 셀의 이름을 정의하기 위해 변경 셀[C14]을 선택한 후 [이름 상자]에 커서를 두고 **「할인율」**이라 입력한 후 [Enter]을 누른다. 같은 방법으로 결과 셀[E12]을 선택한 후 [이름 상자]에 커서를 두고 **「수강료평균」**이라 입력한 후 [Enter]를 누른다.

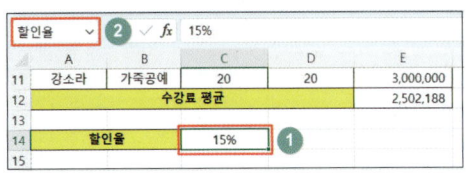 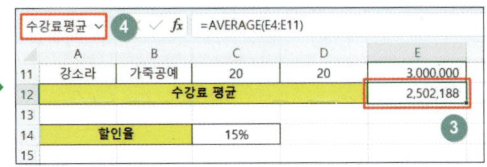

② 변경 셀[C14]을 선택한 후 [데이터]탭-[예측] 영역의 [가상분석] 목록에서 [시나리오 관리자]를 선택하다.

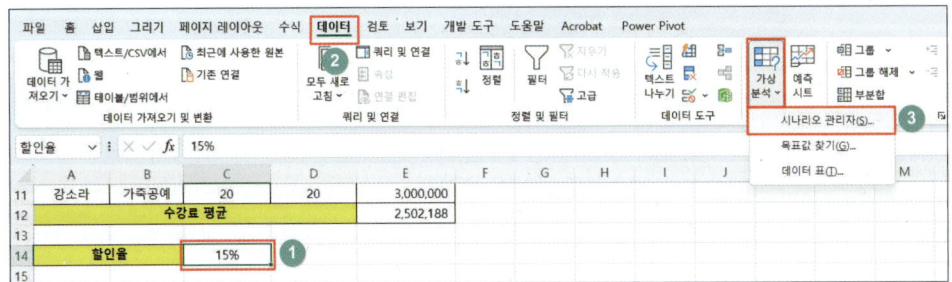

③ [시나리오 관리자] 대화상자가 나타나면 [추가]를 클릭한다.

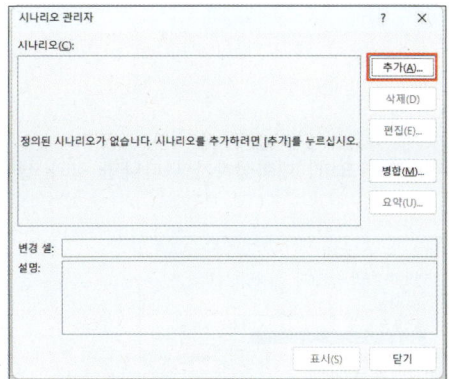

④ [시나리오 추가] 대화상자가 나타나면 시나리오 이름을 「**할인율 증가**」라고 입력하고, 변경 셀은 [C14]로 지정한 뒤 [확인]을 클릭한다. 만약, 변경 셀[C14]을 선택한 후 시나리오 기능을 시작했다면 변경 셀은 자동으로 입력되어져 있을 것이다.

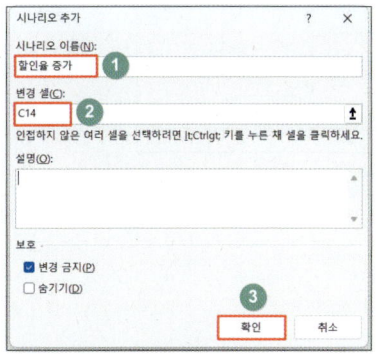

⑤ [시나리오 값] 대화상자에서 할인율에 「0.2」를 입력한 후 [추가]를 클릭한다.

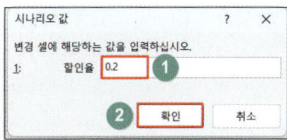

⑥ [시나리오 추가] 대화상자가 나타나면 시나리오 이름을 「**할인율 감소**」라고 입력하고, 변경 셀은 [C14]로 지정한 뒤 [확인]을 클릭한다.

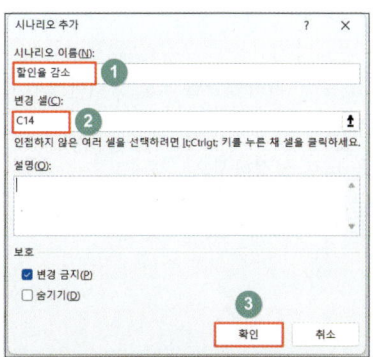

⑦ [시나리오 값] 대화상자에서 할인율에 「0.1」을 입력한 후 [확인]을 클릭한다.

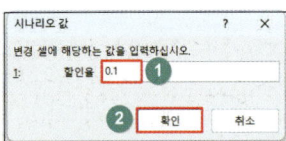

⑧ [시나리오 관리자] 대화상자에서 [요약]을 선택한다. [시나리오 요약] 대화상자가 나타나면 결과 셀에 [E12]를 지정한 후 [확인]을 클릭한다.

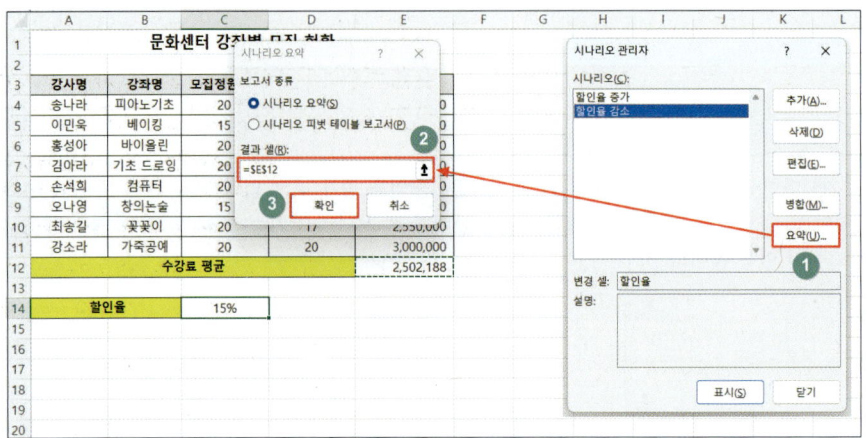

⑨ 최종결과

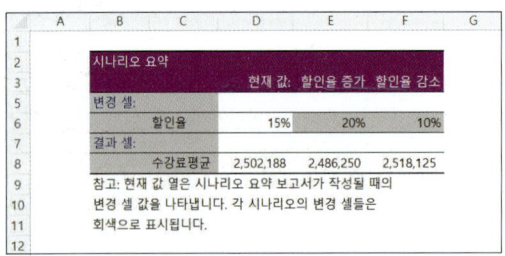

출제유형 2 '시나리오2' 시트에서 다음의 지시사항을 처리하시오.

'납품목록 도매가 리스트' 표에서 주문량[B14]이 다음과 같이 변동하는 경우 곡류 총합[B12], 과자류 총합 [E12]의 변동 시나리오를 작성하시오.

▶ 셀 이름 정의 : [B14] 셀은 '주문량', [B12] 셀은 '곡류총합', [E12] 셀은 '과자류총합'으로 정의하시오.
▶ 시나리오1 : 시나리오 이름은 '주문량 증가'로 지정하고, 주문량을 25로 설정하시오.
▶ 시나리오2 : 시나리오 이름은 '주문량 감소'로 지정하고, 주문량을 15로 설정하시오.
※ 시나리오 요약 보고서는 작성 시 정답과 일치하여야 하며, 오자로 인한 부분점수는 인정하지 않습니다.

문제해결 🔑

① 셀의 이름을 정의하기 위해 변경 셀[B14]을 선택한 후 [이름 상자]에 커서를 두고 **「주문량」**이라 입력한 후 [Enter]을 누른다. 같은 방법으로 결과 셀[B12]와 [E12]를 선택한 후 [이름 상자]에 커서를 두고 **「곡류총합」**과 **「과자류총합」**이라 입력한 후 [Enter]를 누른다.

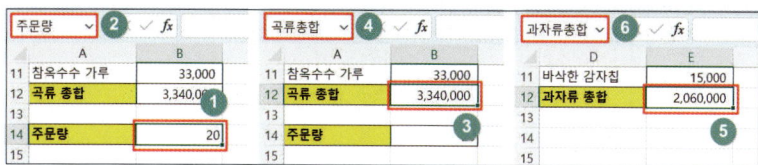

② 변경 셀[B14]을 선택한 후 [데이터]탭-[예측] 영역의 [가상분석] 목록에서 [시나리오 관리자]를 선택한다.

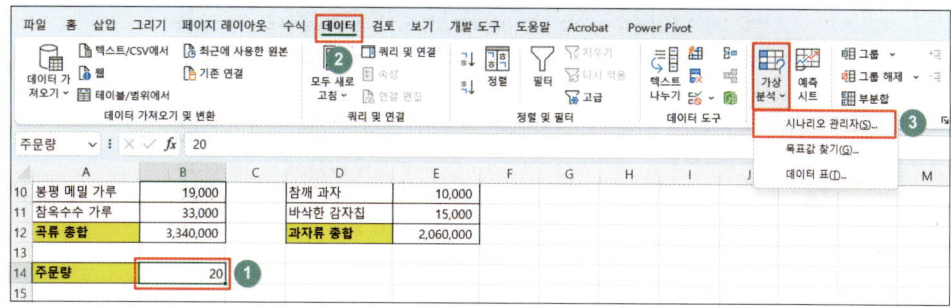

③ [시나리오 관리자] 대화상자가 나타나면 [추가]를 클릭한다.

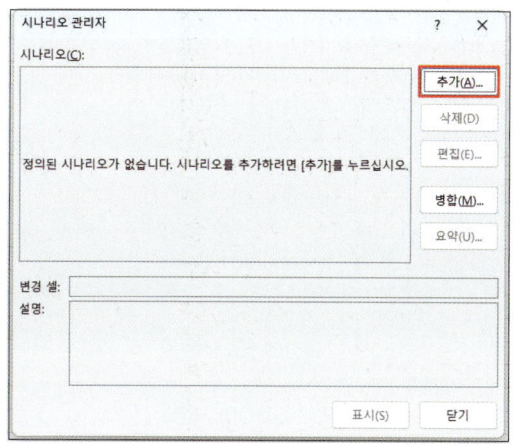

④ [시나리오 추가] 대화상자가 나타나면 시나리오 이름을 「**주문량 증가**」라고 입력하고, 변경 셀은 [B14]로 지정한 뒤 [확인]을 클릭한다. 만약, 변경 셀[B14]을 선택한 후 시나리오 기능을 시작했다면 변경 셀은 자동으로 입력되어져 있을 것이다.

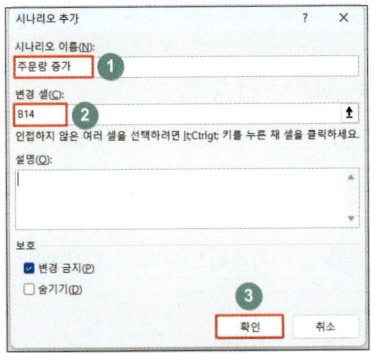

⑤ [시나리오 값] 대화상자에서 주문량에 「25」를 입력한 후 [추가]를 클릭한다.

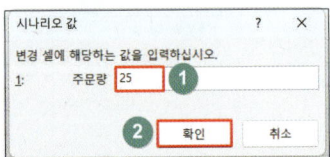

⑥ [시나리오 추가] 대화상자가 나타나면 시나리오 이름을 「**주문량 감소**」라고 입력하고, 변경 셀은 [B14]로 지정한 뒤 [확인]을 클릭한다.

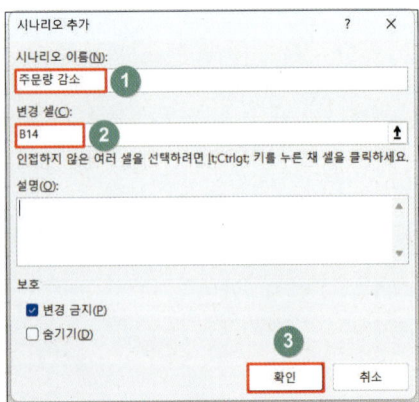

⑦ [시나리오 값] 대화상자에서 주문량에 「15」을 입력한 후 [확인]을 클릭한다.

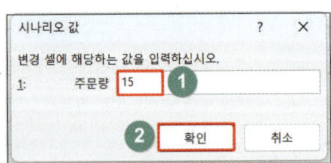

⑧ [시나리오 관리자] 대화상자에서 [요약]을 선택한다. [시나리오 요약] 대화상자가 나타나면 결과 셀에 [B12]와 [E12]를 지정한 후 [확인]을 클릭한다.

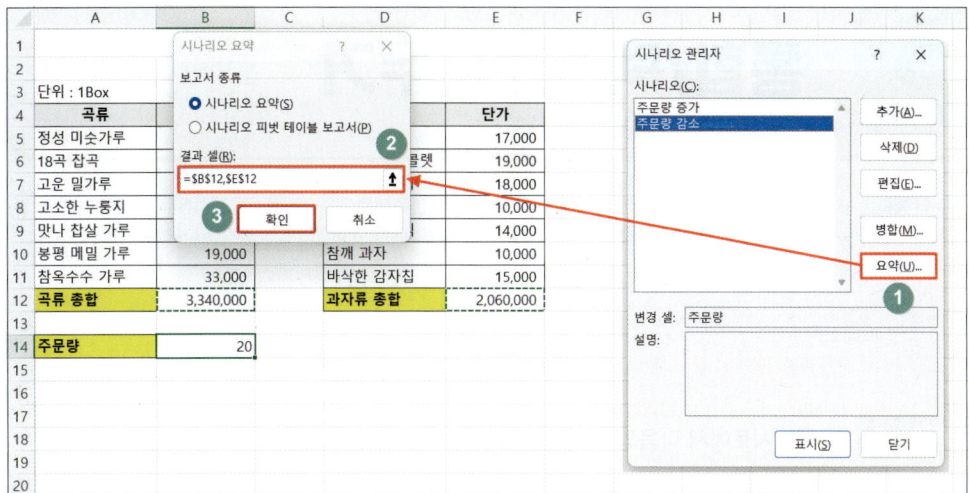

⑨ 최종결과

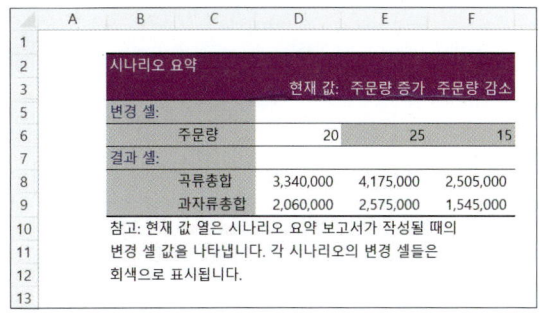

CHAPTER 05

통합/텍스트나누기

■ 작업파일 스프레드시트/작업파일/분석작업/3-5-통합.xlsx

데이터 통합은 동일 시트 또는 서로 다른 시트에 입력된 데이터를 첫 행과 왼쪽 열을 기준으로 통합하여 사용자가 지정한 범위에 표시해 주는 기능입니다. 통합 시 간단한 형태의 연산을 수행할 수 있으며, 사용할 레이블의 설정 방식에 따라 통합 문제의 난이도가 결정됩니다.

출제유형 1 '통합1' 시트에서 다음의 지시사항을 처리하시오.

데이터 통합 기능을 이용하여 [표1], [표2], [표3]의 항목별 1월, 2월, 3월 지출의 최대값을 [표4]의 [F2:I6] 영역에 표시하고, 지출의 최소값을 [표5]의 [F9:I13] 영역에 계산하시오.

문제해결

① 최대값을 표시할 [F2:I6] 영역을 범위 지정한 후 [데이터]탭-[데이터 도구] 영역의 [통합]을 선택한다.

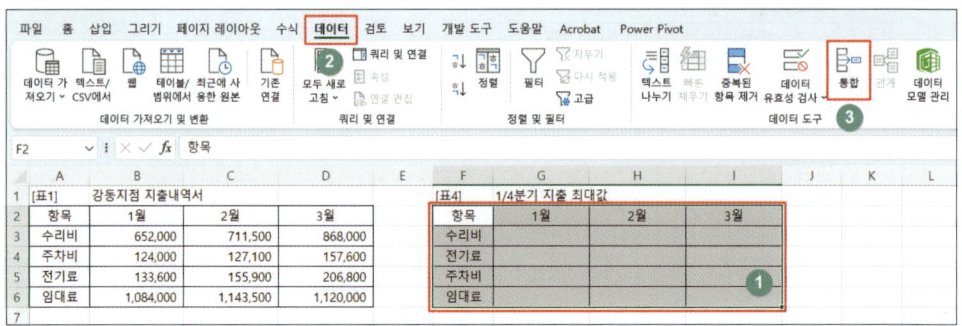

② [통합] 대화상자가 나타나면 '함수' 영역의 화살표(∨)를 클릭하여 목록에서 '최대'를 선택한다.

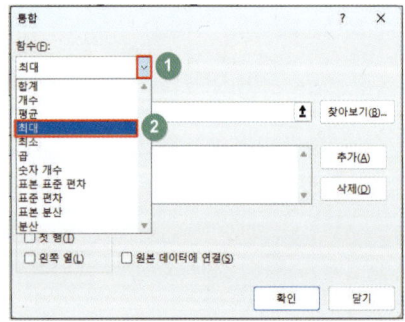

③ 다음으로 참조에 커서를 넣은 뒤 [A2:D6] 영역을 드래그한 후 [추가]를 클릭하여 '모든 참조 영역'에 [표1] 범위를 추가한다.

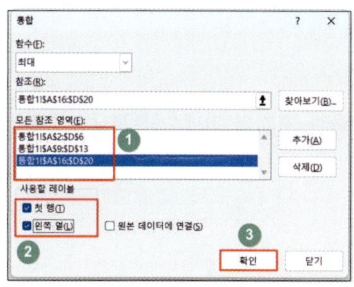

④ 같은 방법으로 [A9:D13], [A16:D20] 영역을 '모든 참조 영역'에 추가하고, 대화상자 하단의 '사용할 레이블' 항목인 '첫 행'과 '왼쪽 열'의 체크박스를 모두 체크한 후 [확인]을 클릭한다.

⑤ 최소값을 표시할 [F9:I13] 영역을 범위 지정한 후 [데이터]탭-[데이터 도구] 영역의 [통합]을 선택한다.

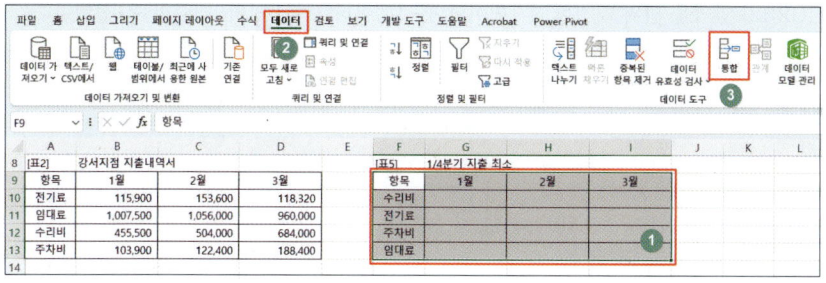

⑥ [통합] 대화상자가 나타나면 '함수' 영역의 '화살표(∨)'를 클릭하여 목록에서 '최소'를 선택한 후 [확인]을 클릭한다.

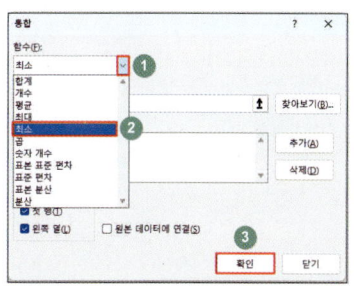

⑦ 최종결과

	A	B	C	D	E	F	G	H	I
1	[표1]	강동지점 지출내역서				[표4]	1/4분기 지출 최대		
2	항목	1월	2월	3월		항목	1월	2월	3월
3	수리비	652,000	711,500	868,000		수리비	652,000	711,500	868,000
4	주차비	124,000	127,100	157,600		전기료	153,320	211,400	206,800
5	전기료	133,600	155,900	206,800		주차비	179,000	241,400	188,400
6	임대료	1,084,000	1,143,500	1,120,000		임대료	1,139,000	1,143,500	1,120,000
7									
8	[표2]	강서지점 지출내역서				[표5]	1/4분기 지출 최소		
9	항목	1월	2월	3월		항목	1월	2월	3월
10	전기료	115,900	153,600	118,320		수리비	455,000	504,000	682,500
11	임대료	1,007,500	1,056,000	960,000		전기료	115,900	153,600	118,320
12	수리비	455,500	504,000	684,000		주차비	103,900	122,400	157,600
13	주차비	103,900	122,400	188,400		임대료	1,007,500	1,056,000	960,000
14									
15	[표3]	강북지점 지출내역서							
16	항목	1월	2월	3월					
17	주차비	179,000	241,400	168,100					
18	수리비	455,000	575,000	682,500					
19	임대료	1,139,000	1,091,000	1,090,500					
20	전기료	153,320	211,400	186,780					

출제유형 2 '통합2' 시트에서 다음의 지시사항을 처리하시오.

데이터 통합 기능을 이용하여 [표1], [표2], [표3]의 제품코드별 서울과 경기의 판매수량 평균을 [표4]의 [G2:I2] 영역에 계산하시오.

문제해결

① 평균을 표시할 [G2:I2] 영역을 범위 지정한 후 [데이터]탭-[데이터 도구] 영역의 [통합]을 선택한다.

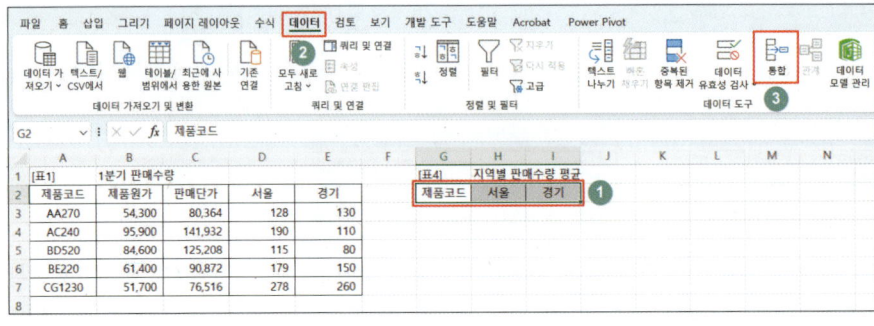

② [통합] 대화상자가 나타나면 '함수' 영역의 '화살표(∨)'를 클릭하여 목록에서 '평균'을 선택한다. 다음으로 참조에 커서를 넣은 뒤 [A2:E7] 영역을 드래그한 후 [추가]를 클릭하여 '모든 참조 영역'에 [표1] 범위를 추가한다.

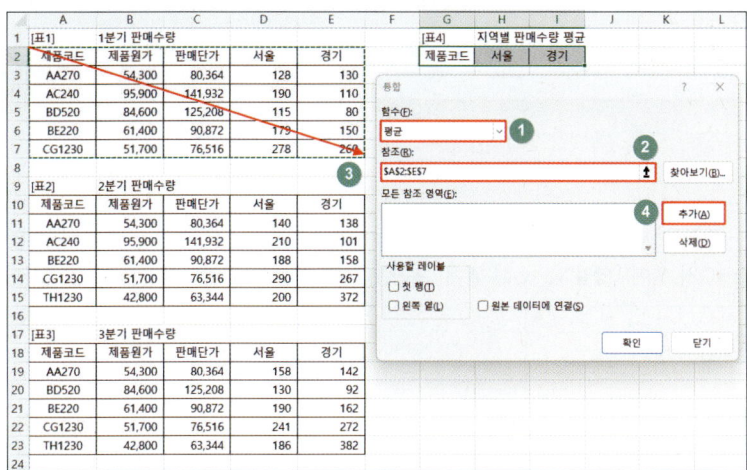

③ 같은 방법으로 [A10:E15], [A18:E23] 영역을 '모든 참조 영역'에 추가하고, 대화상자 하단의 '사용할 레이블' 항목인 '첫 행'과 '왼쪽 열'의 체크박스를 모두 체크한 후 [확인]을 클릭한다.

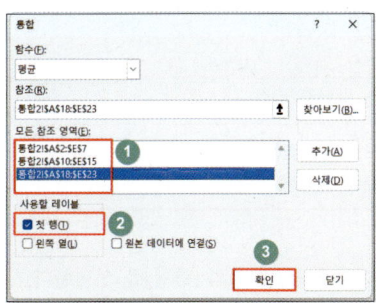

④ 최종결과

출제유형 3 '통합3' 시트에서 다음의 지시사항을 처리하시오.

데이터 통합 기능을 이용하여 '부서별 비용처리 내역서'의 부서명별 1월, 2월, 3월 처리비용의 평균을 [표4] 영역에 계산하시오.
▶ 부서명이 '영업', '홍보', '경영'으로 시작하는 데이터로 그룹화하여 표시하시오.

문제해결

① 부서명이 '영업', '홍보', '경영'으로 시작하는 데이터를 추출하기 위해 와일드카드 '*'을 이용하여 사용할 레이블을 우선 작업한다. [G3] 셀에 「**영업***」, [G4] 셀에 「**홍보***」, [G5] 셀에 「**경영***」이라 각각 입력한다.

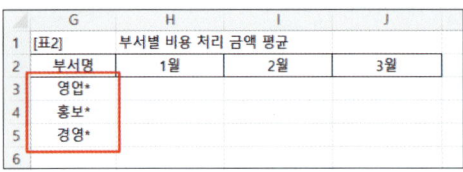

잠깐!

【와일드 카드 사용】

* : 모든 문자를 대표	? : 한 자리의 문자를 대표
- 김* : '김'으로 시작하는 문자열 - *김* : '김'을 포함하는 문자열	- 김? : '김'으로 시작하는 두 글자 문자열 - ?김 : '김'으로 끝나는 두 글자 문자열

② 평균을 표시할 [G2:J5] 영역을 범위 지정한 후 [데이터]탭-[데이터 도구] 영역의 [통합]을 선택한다.

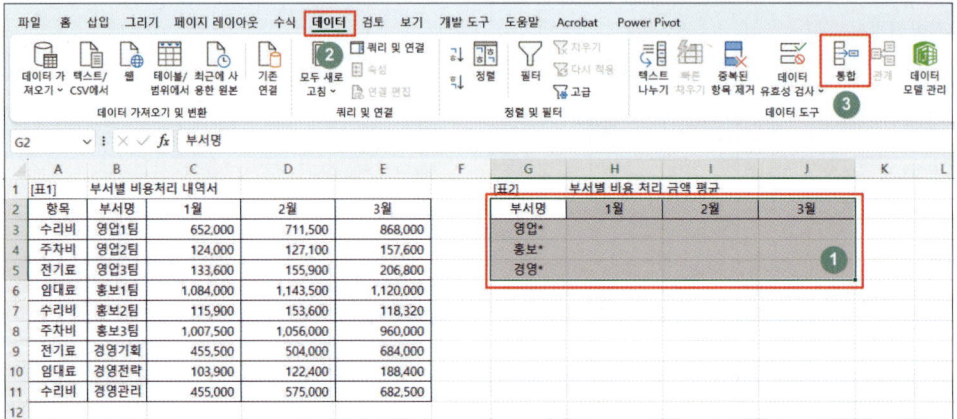

③ [통합] 대화상자가 나타나면 '함수' 영역의 '화살표(∨)'를 클릭하여 목록에서 '평균'을 선택한다. 다음으로 참조에 커서를 넣은 뒤 [B2:E11] 영역을 드래그한 후 [추가]를 클릭하여 '모든 참조 영역'에 [표1] 범위를 추가한다.

④ 대화상자 하단의 '사용할 레이블' 항목인 '첫 행'과 '왼쪽 열'의 체크박스를 모두 체크한 후 [확인]을 클릭한다.

⑤ 최종결과

	A	B	C	D	E	F	G	H	I	J
1	[표1]	부서별 비용처리 내역서					[표2]	부서별 비용 처리 금액 평균		
2	항목	부서명	1월	2월	3월		부서명	1월	2월	3월
3	수리비	영업1팀	652,000	711,500	868,000		영업*	303,200	331,500	410,800
4	주차비	영업2팀	124,000	127,100	157,600		홍보*	735,800	784,367	732,773
5	전기료	영업3팀	133,600	155,900	206,800		경영*	338,133	400,467	518,300
6	임대료	홍보1팀	1,084,000	1,143,500	1,120,000					
7	수리비	홍보2팀	115,900	153,600	118,320					
8	주차비	홍보3팀	1,007,500	1,056,000	960,000					
9	전기료	경영기획	455,500	504,000	684,000					
10	임대료	경영전략	103,900	122,400	188,400					
11	수리비	경영관리	455,000	575,000	682,500					

출제유형 4 '통합4' 시트에서 다음의 지시사항을 처리하시오.

[A3:A21] 영역의 데이터를 텍스트 나누기 기능을 이용하여 구분한 후, 데이터 통합 기능을 이용하여 지역별 방문객수, 판매가, 판매수량의 합계를 [표2]의 [H2:K2] 영역에 계산하시오.

▶ 데이터는 쉼표로 구분되어 있음

문제해결

① 텍스트 나누기를 실행하기 위해 [A3:A21] 영역을 범위 지정한 후 [데이터]탭-[데이터 도구] 영역의 [텍스트 나누기]를 선택한다. [텍스트 마법사 – 3단계 중 1단계] 대화상자에서 원본 데이터 형식을 '구분 기호로 분리됨'을 선택한 후 [다음]을 클릭한다.

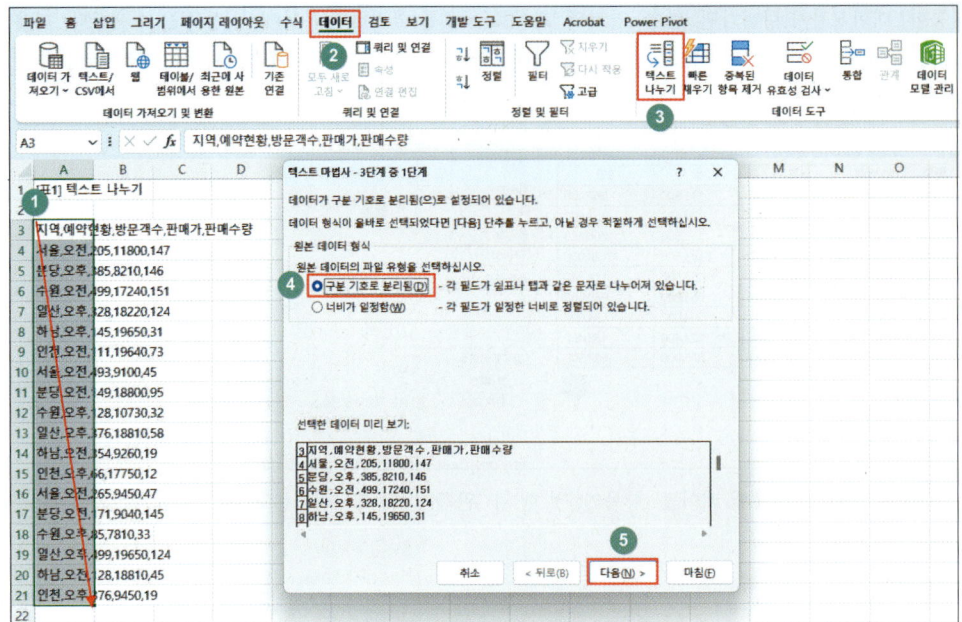

② [텍스트 마법사 – 3단계 중 2단계] 화면에서 '구분 기호'를 '쉼표'로 체크한 후 [다음]을 클릭한다. 이어지는 [텍스트 마법사 – 3단계 중 3단계] 화면에서 [마침]을 클릭하여 텍스트 나누기를 마무리한다.

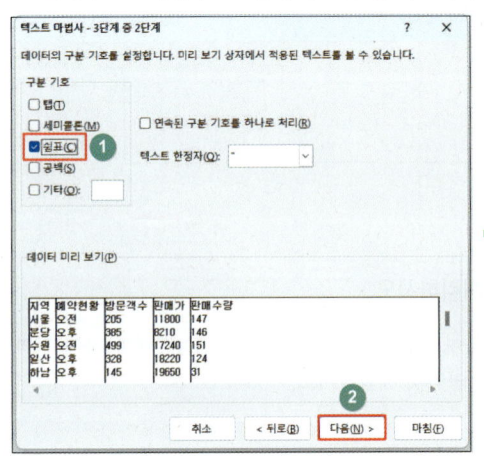 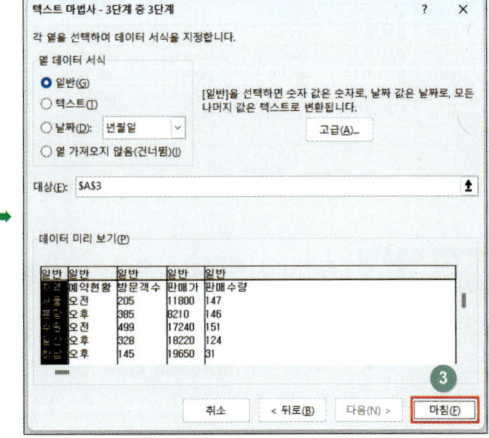

③ 합계를 표시할 [H2:K2] 영역을 범위 지정한 후 [데이터]탭-[데이터 도구] 영역의 [통합]을 선택한다.

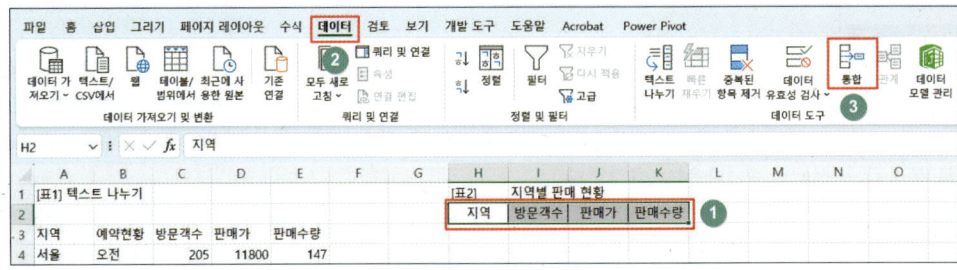

④ [통합] 대화상자가 나타나면 '함수' 영역의 '화살표(∨)'를 클릭하여 목록에서 '합계'를 선택한다. 다음으로 참조에 커서를 넣은 뒤 [A3:E21] 영역을 드래그한 후 [추가]를 클릭하여 '모든 참조 영역'에 추가한다.

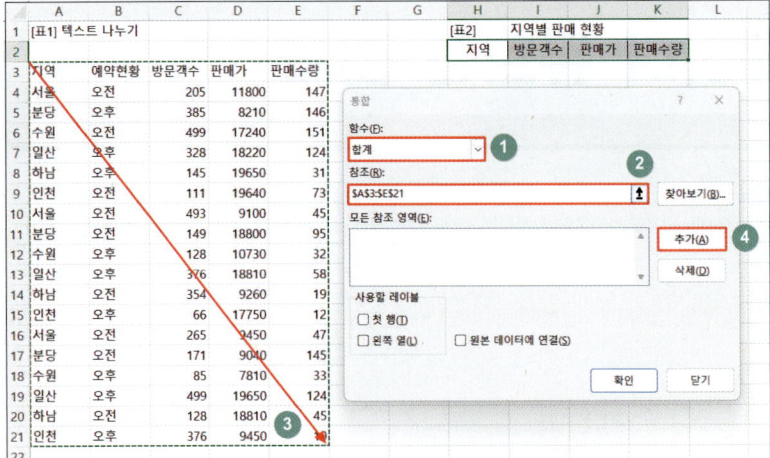

⑤ 대화상자 하단의 '사용할 레이블' 항목인 '첫 행'과 '왼쪽 열'의 체크박스를 모두 체크한 후 [확인]을 클릭한다.

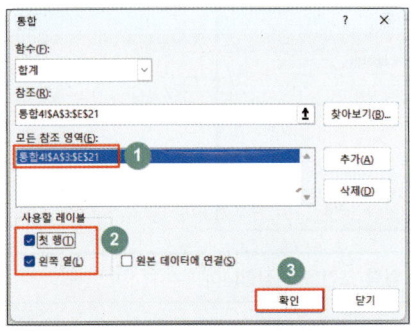

⑥ 최종결과

	A	B	C	D	E	F	G	H	I	J	K
1	[표1] 텍스트 나누기							[표2]	지역별 판매 현황		
2								지역	방문객수	판매가	판매수량
3	지역	예약현황	방문객수	판매가	판매수량			서울	963	30350	239
4	서울	오전	205	11800	147			분당	705	36050	386
5	분당	오후	385	8210	146			수원	712	35780	216
6	수원	오전	499	17240	151			일산	1203	56680	306
7	일산	오후	328	18220	124			하남	627	47720	95
8	하남	오후	145	19650	31			인천	553	46840	104
9	인천	오전	111	19640	73						
10	서울	오전	493	9100	45						
11	분당	오전	149	18800	95						
12	수원	오후	128	10730	32						
13	일산	오후	376	18810	58						
14	하남	오전	354	9260	19						
15	인천	오후	66	17750	12						
16	서울	오전	265	9450	47						
17	분당	오전	171	9040	145						
18	수원	오후	85	7810	33						
19	일산	오후	499	19650	124						
20	하남	오전	128	18810	45						
21	인천	오후	376	9450	19						
22											

CHAPTER 06

데이터 유효성 검사

작업파일 스프레드시트/작업파일/분석작업/3-6-유효성검사.xlsx

데이터 유효성 검사는 시트에 데이터를 입력할 때 정확도를 유지할 수 있도록 도와주며, 입력 가능한 데이터의 목록 및 범위를 설정하는 기능입니다. 입력 시 표시될 내용을 설정하거나, 지정된 조건에 맞지 않는 데이터를 입력하는 경우 표시될 오류 메시지를 설정할 수 있습니다.

● [데이터 유효성] 대화상자

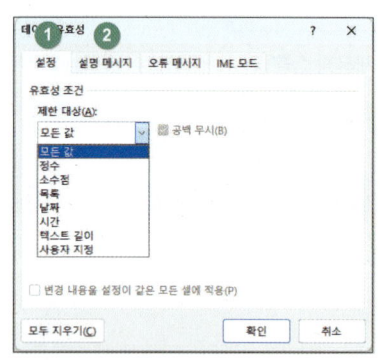 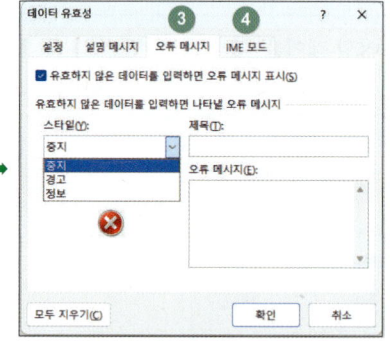

① 설정	제한 대상, 제한 방법 등을 설정하여 유효한 입력 조건을 지정합니다.
② 설명 메시지	유효성 검사 규칙이 적용된 셀을 선택했을 때 표시될 메시지를 설정합니다.
③ 오류 메시지	유효성 검사 규칙에 맞지 않는 데이터를 입력했을 때 표시될 메시지를 설정합니다.
④ IME 모드	유효성 검사 규칙이 적용된 셀의 데이터 입력 모드를 설정합니다.

출제유형 1 '유효성1' 시트에서 다음의 지시사항을 처리하시오.

▶ 데이터 유효성 검사 도구를 이용하여 [B3:B16] 영역에 '음료', '유제품', '가공식품' 목록만 입력되도록 제한 대상을 설정하시오.
▶ [B3:B16] 영역의 셀을 클릭한 경우 〈그림〉과 같은 설명 메시지를 표시하고, 유효하지 않은 데이터를 입력한 경우 〈그림〉과 같이 오류 메시지가 표시되도록 설정하시오.

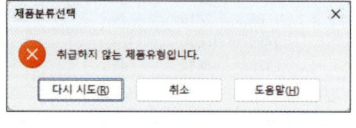

문제해결

① [B3:B16] 영역을 범위 지정한 후 [데이터]탭-[데이터 도구] 영역의 [유효성 검사 규칙] 아이콘( )을 클릭한다.

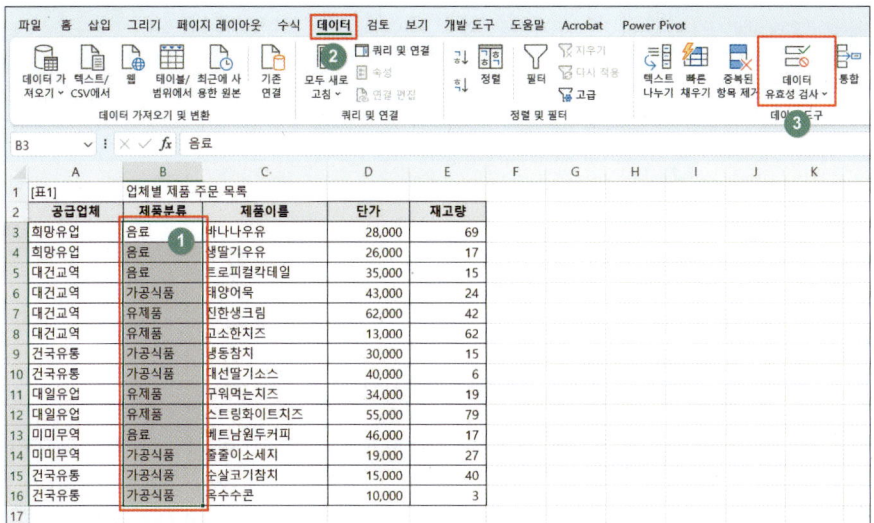

② [데이터 유효성] 대화상자가 나타나면 [설정]탭의 '제한 대상( )'을 클릭하여 '목록'을 선택한 후, '원본' 구역에 「**음료,유제품,가공식품**」이라 입력한다.

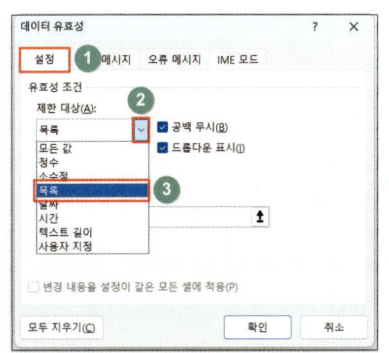 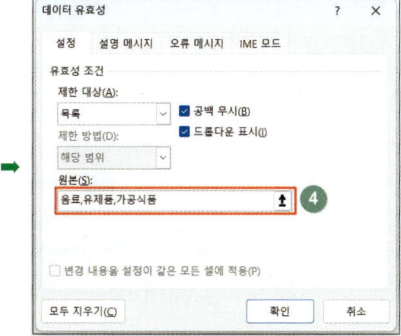

③ [설명 메시지]탭의 '제목' 영역에 「**분류목록**」, '설명 메시지' 영역에 「**음료, 유제품, 가공식품 중 택1**」이라 입력한다.

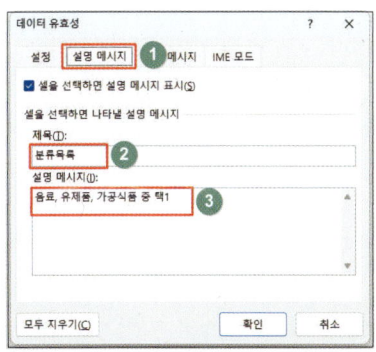

④ [오류 메시지]탭의 '스타일(∨)' 목록에서 '중지'를 선택하고, '제목' 영역에 「**제품분류선택**」, '오류 메시지'
영역에 「**취급하지 않는 제품유형입니다.**」와 같이 입력한 후 [확인]을 클릭한다.

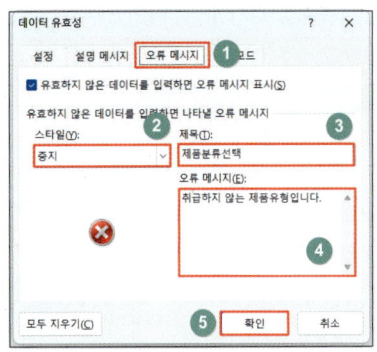

출제유형 2 '유효성2' 시트에서 다음의 지시사항을 처리하시오.

▶ 데이터 유효성 검사 도구를 이용하여 [C3:E11] 영역에 100,000이상 1,500,000이하의 정수만 입력되도록 제한 대상을 설정하시오.

▶ [C3:E11] 영역의 셀을 클릭한 경우 〈그림〉과 같은 설명 메시지를 표시하고, 유효하지 않은 데이터를 입력한 경우 〈그림〉과 같이 오류 메시지가 표시되도록 설정하시오.

▶ 조건부 서식의 셀 강조 규칙을 이용하여 [C3:E11] 영역 값이 1,000,000 보다 큰 데이터는 '진한 빨강 텍스트가 있는 연한 빨강 채우기' 서식이 적용되도록 설정하시오.

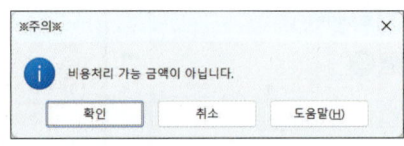

문제해결

① [C3:E11] 영역을 범위 지정한 후 [데이터]탭-[데이터 도구] 영역의 [유효성 검사 규칙] 아이콘(🗒)을 클릭한다.

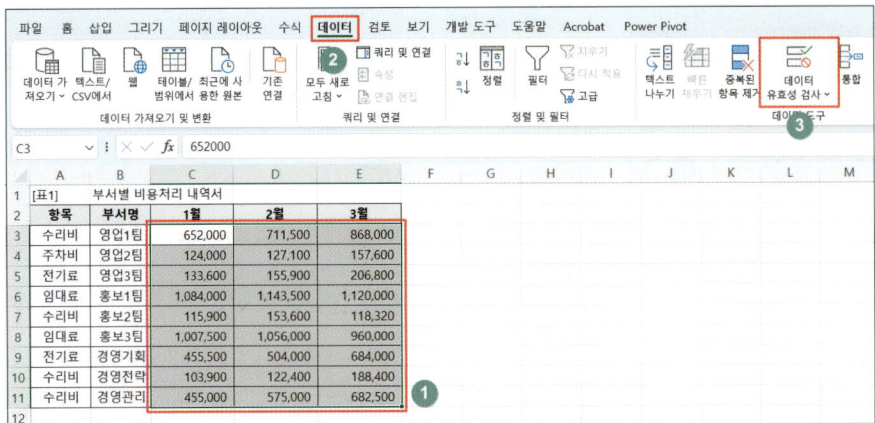

② [데이터 유효성] 대화상자가 나타나면 [설정]탭의 '제한 대상(∨)'을 클릭하여 '정수'를 선택한다. '제한 방법(∨)'을 '해당 범위'로 선택한 후, '최소값'을 「100000」, '최대값'을 「1500000」이라 입력한다.

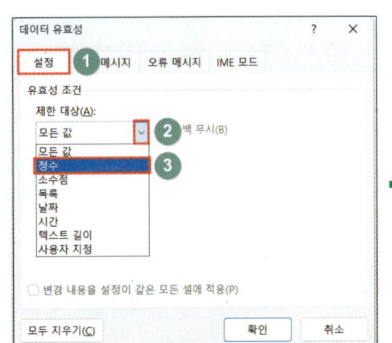 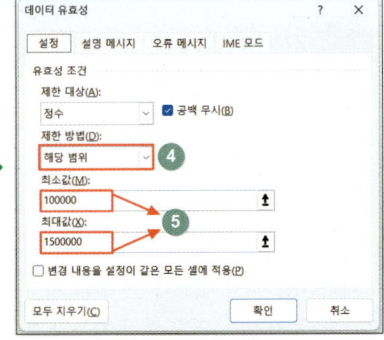

③ [설명 메시지]탭의 '제목' 영역에 「**비용처리범위**」, '설명 메시지' 영역에 「100,000~1,500,000 **범위내로 입력**」이라 입력한다.

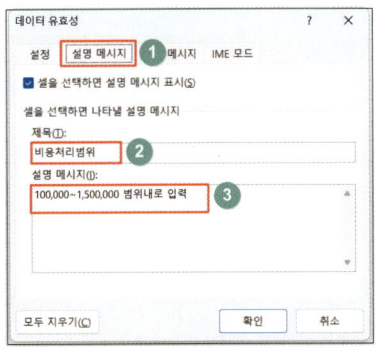

④ [오류 메시지]탭의 '스타일(⌄)' 목록에서 '정보'를 선택하고, '제목' 영역에 「※주의※」, '오류 메시지' 영역에 「비용처리 가능 금액이 아닙니다.」와 같이 입력한 후 [확인]을 클릭한다.

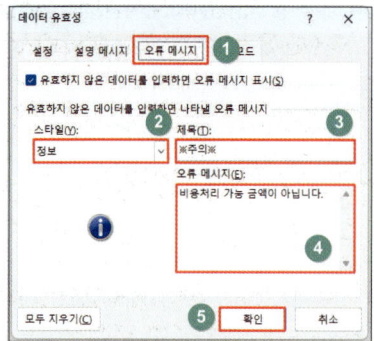

⑤ [C3:E11] 영역을 범위 지정한 후 [홈]탭-[스타일] 영역의 [조건부 서식]을 선택한 후, [셀 강조 규칙]-[보다 큼]을 선택한다.

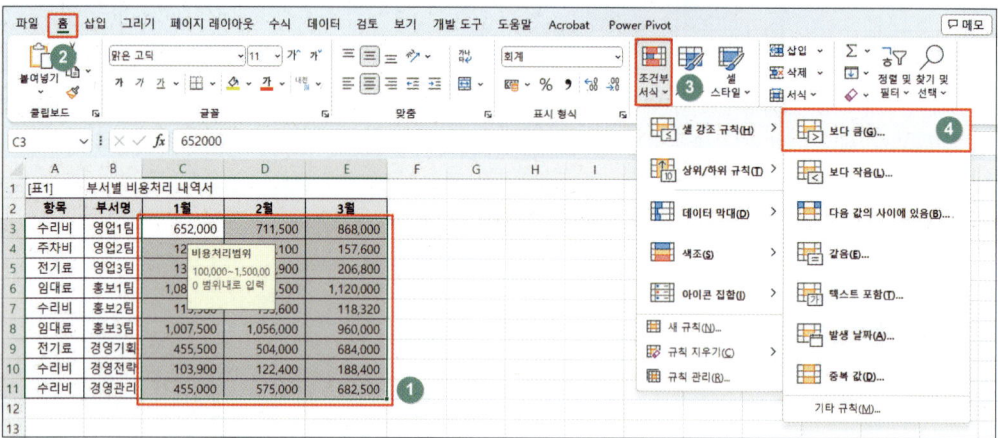

⑥ [보다 큼] 대화상자가 나타나면 '다음 값보다 큰 셀의 서식 지정' 영역에 「1000000」을 입력하고, '적용할 서식(⌄)'을 '진한 빨강 텍스트가 있는 연한 빨강 채우기'를 선택한 후 [확인]을 클릭한다.

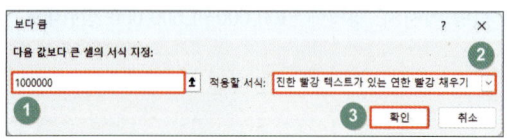

⑦ 최종결과

	A	B	C	D	E
1	[표1]	부서별 비용처리 내역서			
2	항목	부서명	1월	2월	3월
3	수리비	영업1팀	652,000	711,500	868,000
4	주차비	영업2팀	124,000	127,100	157,600
5	전기료	영업3팀	133,600	155,900	206,800
6	임대료	홍보1팀	1,084,000	1,143,500	1,120,000
7	수리비	홍보2팀	115,900	153,600	118,320
8	임대료	홍보3팀	1,007,500	1,056,000	960,000
9	전기료	경영기획	455,500	504,000	684,000
10	수리비	경영전략	103,900	122,400	188,400
11	수리비	경영관리	455,000	575,000	682,500

출제유형 3 '유효성3' 시트에서 다음의 지시사항을 처리하시오.

▶ 데이터 유효성 검사 도구를 이용하여 [A3:A14] 영역에 2024-1-1부터 2024-1-31까지의 날짜만 입력되도록 제한 대상을 설정하시오.

▶ [A3:A14] 영역의 셀을 클릭한 경우 〈그림〉과 같은 설명 메시지를 표시하고, 유효하지 않은 데이터를 입력한 경우 〈그림〉과 같이 오류 메시지가 표시되도록 설정하시오.

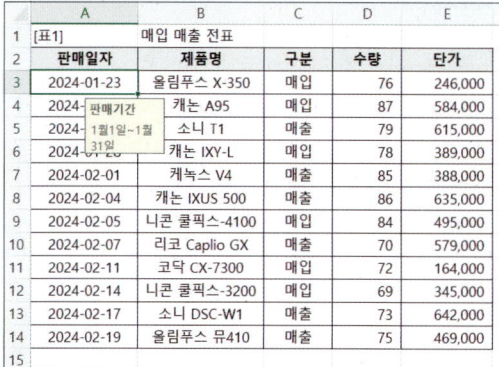
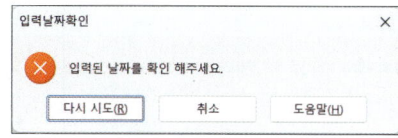

문제해결

① [A3:A14] 영역을 범위 지정한 후 [데이터]탭-[데이터 도구] 영역의 [유효성 검사 규칙] 아이콘( )을 클릭한다.

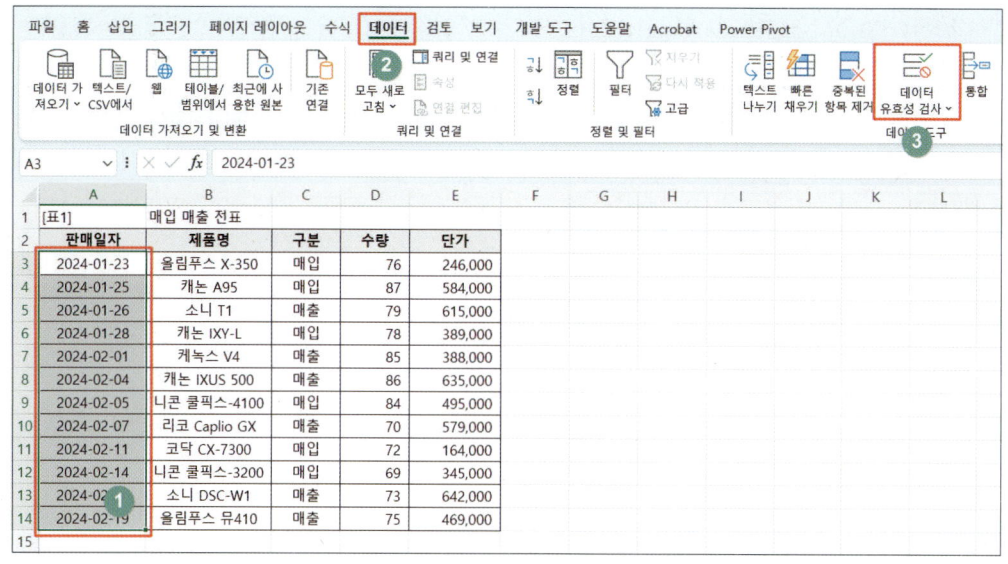

② [데이터 유효성] 대화상자가 나타나면 [설정]탭의 '제한 대상(⌄)'을 클릭하여 '날짜'를 선택한다. '제한 방법(⌄)'을 '해당 범위'로 선택한 후, '시작 날짜'에 「2024-1-1」, '끝 날짜'에 「2024-1-31」이라 입력한다.

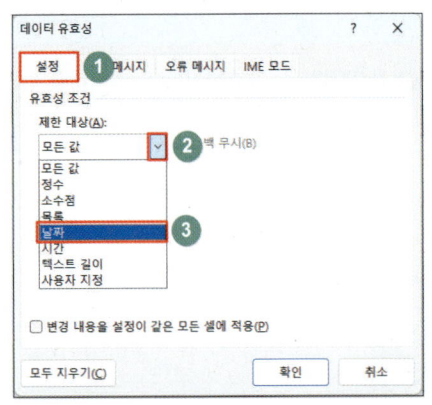 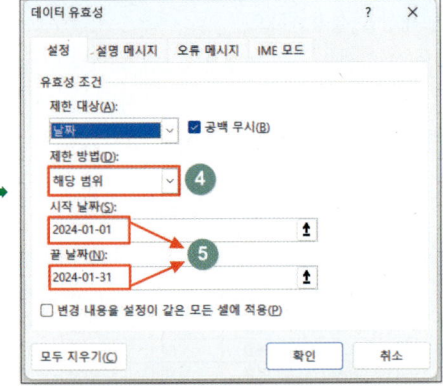

③ [설명 메시지]탭의 '제목' 영역에 「**판매기간**」, '설명 메시지' 영역에 「**1월1일~1월31일**」이라 입력한다.

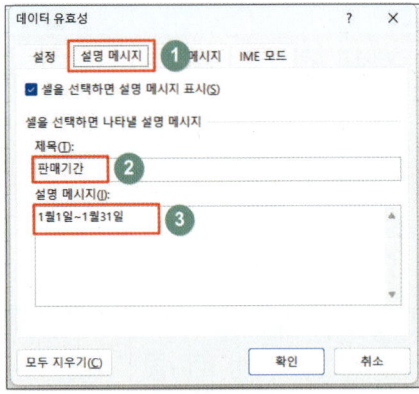

④ [오류 메시지]탭의 '스타일(⌄)' 목록에서 '중지'를 선택하고, '제목' 영역에 「**입력날짜확인**」, '오류 메시지' 영역에 「**입력된 날짜를 확인 해주세요.**」와 같이 입력한 후 [확인]을 클릭한다.

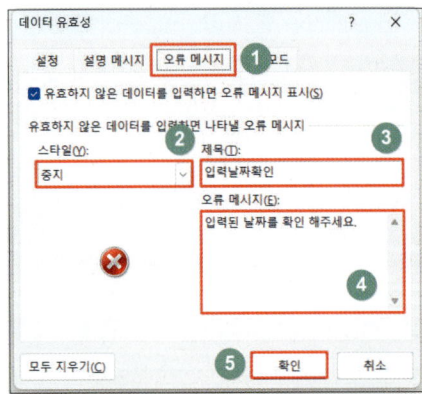

CHAPTER 07

중복된 항목 제거

■ 작업파일 스프레드시트/작업파일/분석작업/3-7-중복항목제거.xlsx

중복된 항목 제거 기능은 입력된 데이터 중 특정 기준 열에 중복된 항목이 있는 경우 이를 찾아 제거하여 고유 값만을 표시하는 기능입니다. 난이도가 높지 않아 정렬, 부분합, 자동 필터 등의 분석 기능과 혼합된 형태로 출제되고 있습니다.

출제유형 1 '중복1' 시트에서 다음의 지시사항을 처리하시오.

데이터 도구를 이용하여 [A3:F23] 영역에서 '담당부서'와 '제품명'을 기준으로 중복된 값이 포함된 행을 삭제하시오.

▶ '담당부서'를 기준으로 오름차순 정렬하시오.

문제해결

① [A3:F23] 영역을 범위 지정한 후 [데이터]탭-[데이터 도구] 영역의 [중복된 항목 제거]를 선택한다.

② [중복된 항목 제거] 대화상자가 나타나면 [모두 선택 취소]를 클릭하여 전체 열 항목의 체크를 해제한다. '열' 항목에서 '담당부서'와 '제품명'의 체크박스를 선택한 후 [확인]을 클릭한다.

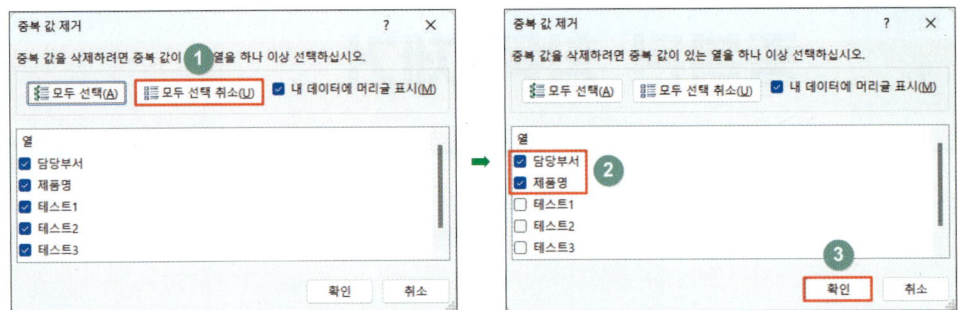

③ [Microsoft Excel] 대화상자가 나타나면 [확인]을 클릭한다.

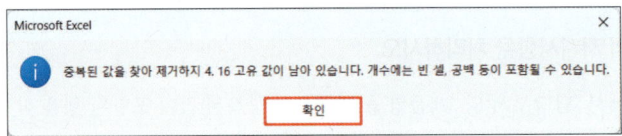

④ 정렬을 수행하기 위해 [A3] 셀을 선택한 후 [데이터]탭-[정렬 및 필터] 영역의 [정렬]을 클릭한다.

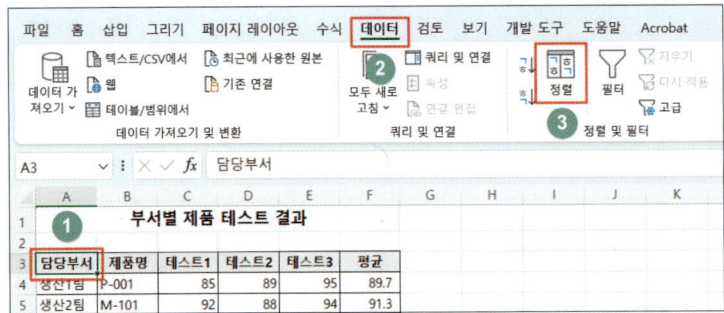

⑤ [정렬] 대화상자가 나타나면 기준 열은 '담당부서', 정렬 기준은 '셀 값', 정렬은 '오름차순'으로 선택한 후 [확인]을 클릭한다.

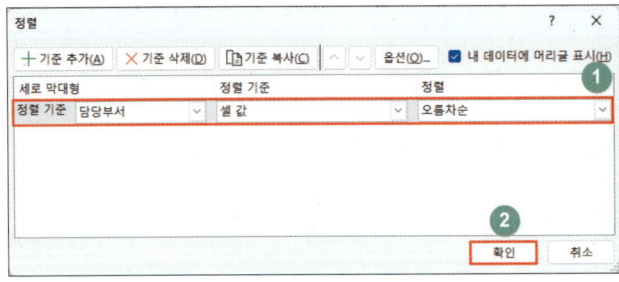

⑥ 최종결과

	A	B	C	D	E	F
1	부서별 제품 테스트 결과					
2						
3	담당부서	제품명	테스트1	테스트2	테스트3	평균
4	생산1팀	P-001	85	89	95	89.7
5	생산1팀	P-004	78	72	72	74.0
6	생산1팀	P-002	99	58	93	83.3
7	생산1팀	P-003	84	61	85	76.7
8	생산2팀	M-101	92	88	94	91.3
9	생산2팀	M-104	53	84	72	69.7
10	생산2팀	M-102	94	61	91	82.0
11	생산2팀	M-103	56	80	77	71.0
12	생산3팀	S-301	89	78	99	88.7
13	생산3팀	S-302	94	56	93	81.0
14	생산3팀	S-303	64	95	78	79.0
15	생산3팀	S-304	52	69	85	68.7
16	생산4팀	H-553	61	90	76	75.7
17	생산4팀	H-551	98	68	97	87.7
18	생산4팀	H-552	96	56	87	79.7
19	생산4팀	H-554	94	72	93	86.3
20						

출제유형 2 '중복2' 시트에서 다음의 지시사항을 처리하시오.

데이터 도구를 이용하여 [A3:F21] 영역에서 '지역'과 '분류'를 기준으로 중복된 값이 포함된 행을 삭제하시오.
▶ '지역'을 기준으로 '경기-충청-전라-경상' 순으로 정렬하고, 동일한 지역인 경우 '분류'의 셀 색이 'RGB(255,199,206)'인 값이 위에 표시되도록 정렬하시오.

문제해결

① [A3:F21] 영역을 범위 지정한 후 [데이터]탭-[데이터 도구] 영역의 [중복된 항목 제거( )]를 선택한다.

② [중복된 항목 제거] 대화상자가 나타나면 [모두 선택 취소]를 클릭하여 전체 '열' 항목의 체크를 해제한다. 열 항목에서 '지역'과 '분류'의 체크박스를 선택한 후 [확인]을 클릭한다.

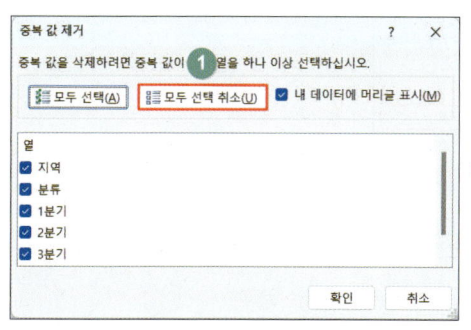 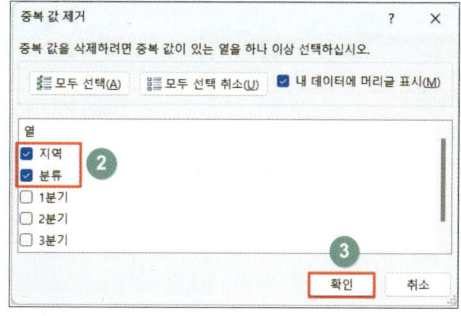

③ [Microsoft Excel] 대화상자가 나타나면 [확인]을 클릭한다.

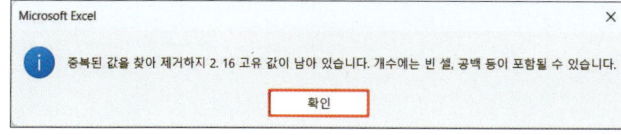

④ 정렬을 수행하기 위해 [A3] 셀을 선택한 후 [데이터]탭-[정렬 및 필터] 영역의 [정렬( )]을 클릭한다.

⑤ [정렬] 대화상자가 나타나면 기준 열은 '지역', 정렬 기준은 '셀 값', 정렬은 '사용자 지정 목록'을 선택한다.

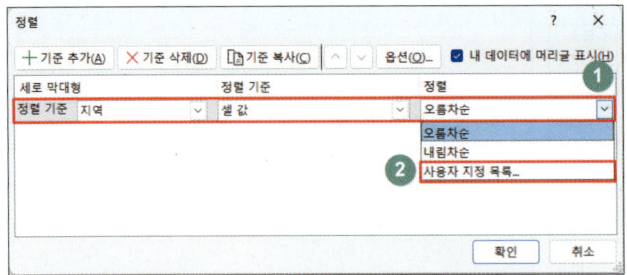

⑥ [사용자 지정 목록] 대화상자가 나타나면 화면 왼쪽의 '사용자 지정 목록'에서 '새 목록'을 선택한다. 화면 오른쪽 '목록 항목' 구역에 「**경기, 충청, 전라, 경상**」 순으로 입력한 후 [추가]와 [확인]을 차례대로 클릭한다.

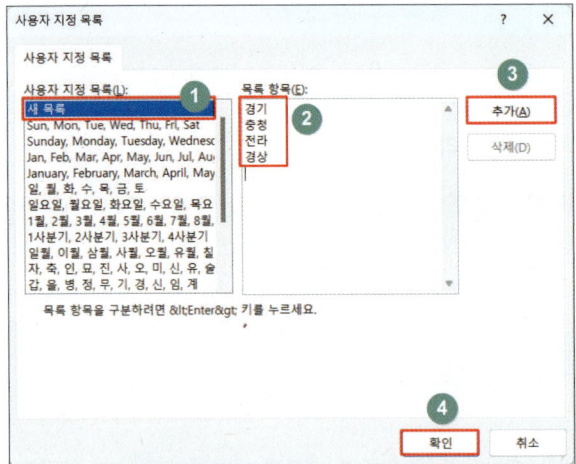

⑦ [정렬] 대화상자에서 [기준 추가]를 클릭한 후, 다음 기준 열은 '분류', 정렬 기준은 '셀 색'으로 설정하여 'RGB(255,199,206)'와 '위에 표시'를 선택한 후 [확인]을 클릭한다.

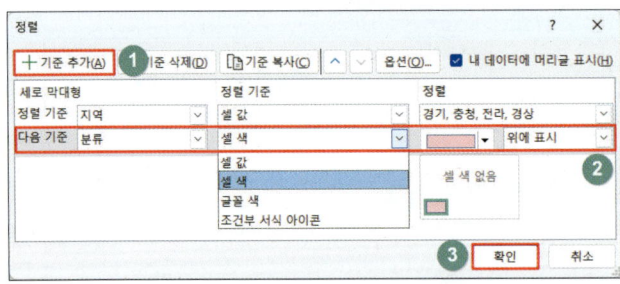

⑧ 최종결과

	A	B	C	D	E	F
1			분기별 판매 실적			
2						
3	지역	분류	1분기	2분기	3분기	4분기
4	경기	가전	506,000	589,600	291,500	343,200
5	경기	식품	275,000	275,000	319,440	323,400
6	경기	잡화	325,160	319,000	298,320	435,600
7	경기	의류	347,600	362,340	280,280	517,000
8	충청	가전	543,400	506,000	339,240	556,600
9	충청	식품	346,280	517,220	473,660	275,880
10	충청	잡화	422,400	369,600	323,400	385,000
11	충청	의류	431,200	327,800	298,540	371,580
12	전라	가전	369,600	565,400	324,500	374,000
13	전라	식품	320,540	563,200	579,700	300,300
14	전라	의류	343,860	312,400	275,000	539,000
15	전라	잡화	371,800	468,600	275,880	392,700
16	경상	가전	338,800	530,200	319,440	563,420
17	경상	의류	276,540	275,000	411,400	486,860
18	경상	식품	320,540	563,200	579,700	300,300
19	경상	잡화	411,400	275,000	298,320	436,920
20						

출제유형 3 '중복3' 시트에서 다음의 지시사항을 처리하시오.

데이터 도구를 이용하여 [A3:E24] 영역에서 'ID'를 기준으로 중복된 값이 포함된 행을 삭제하시오.
▶ '회원등급'을 기준으로 내림차순 정렬하시오.
▶ 부분합 기능을 이용하여 '회원등급'별 '금액'의 평균을 계산하여 표시하시오.

문제해결

① [A3:E24] 영역을 범위 지정한 후 [데이터]탭-[데이터 도구] 영역의 [중복된 항목 제거( )]를 선택한다.

② [중복된 항목 제거] 대화상자가 나타나면 [모두 선택 취소]를 클릭하여 전체 '열' 항목의 체크를 해제한다. 열 항목에서 'ID'의 체크박스를 선택한 후 [확인]을 클릭한다.

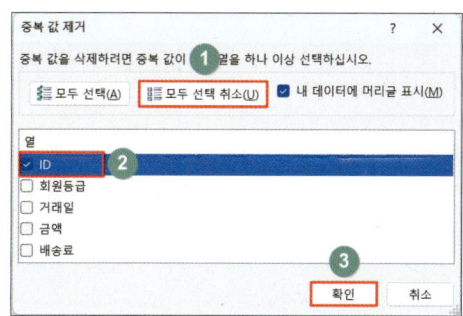

③ [Microsoft Excel] 대화상자가 나타나면 [확인]을 클릭한다.

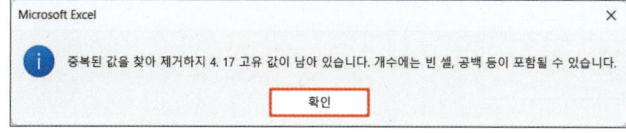

④ 정렬을 수행하기 위해 [A3] 셀을 선택한 후 [데이터]탭-[정렬 및 필터] 영역의 [정렬(　)]을 클릭한다.

⑤ [정렬] 대화상자가 나타나면 기준 열은 '회원등급', 정렬 기준은 '셀 값', 정렬은 '내림차순'으로 선택한 후 [확인]을 클릭한다.

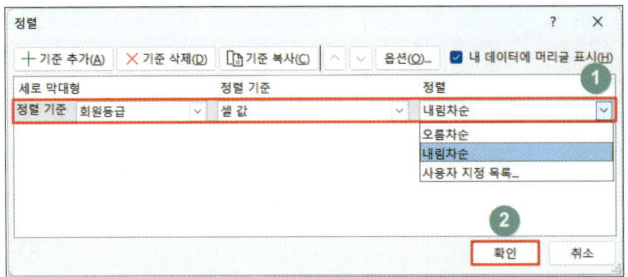

⑥ [A3] 셀이 선택이 되어져 있는 상태에서 [데이터]탭-[윤곽선] 영역의 [부분합(　)]을 클릭한다.

⑦ [부분합] 대화상자가 나타나면 그룹화할 항목은 '회원등급', 사용할 함수는 '평균', 부분합 계산 항목은 '금액'만 체크하고 [확인]을 클릭한다.

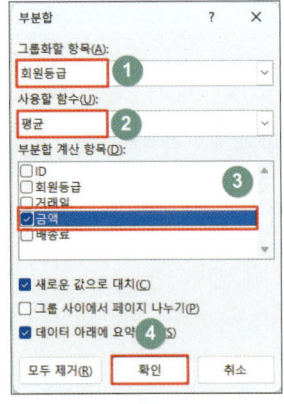

⑧ 최종결과

		A	B	C	D	E
	1	전자상거래 회원 거래 목록				
	2					
	3	ID	회원등급	거래일	금액	배송료
	4	I393A	일반	2024-02-07	173,420	0
	5	F335E	일반	2024-02-08	38,090	2,500
	6	U756H	일반	2024-02-18	15,080	2,500
	7	D322Z	일반	2024-03-03	124,020	0
	8	M357	일반	2024-03-03	13,780	3,000
	9		일반 평균		72,878	
	10	H363D	실버	2024-02-06	124,670	0
	11	J739T	실버	2024-02-14	115,440	0
	12	T319M	실버	2024-02-24	35,620	0
	13	G335G	실버	2024-02-25	17,940	2,500
	14	G917A	실버	2024-02-26	185,380	0
	15	H999O	실버	2024-03-05	95,030	0
	16		실버 평균		95,680	
	17	R431E	골드	2024-02-06	595,010	0
	18	V773D	골드	2024-02-09	51,220	3,000
	19	T621B	골드	2024-02-17	720,720	0
	20	Q636D	골드	2024-03-02	102,050	0
	21		골드 평균		367,250	
	22	J671P	VIP	2024-02-17	448,240	0
	23	R400D	VIP	2024-02-26	45,370	0
	24		VIP 평균		246,805	
	25		전체 평균		170,652	
	26					

CHAPTER 08 피벗 테이블

■ 작업파일 스프레드시트/작업파일/분석작업/3-8-피벗테이블.xlsx

피벗 테이블은 데이터 목록의 필드를 항목별로 구분하여 데이터를 분석 및 가공하고, 이를 표 또는 차트 형태로 표시하는 기능입니다. 피벗 테이블을 이용하여 간단한 연산 작업을 수행할 수 있고, 자동 필터, 정렬 등의 기능을 수행할 수 있습니다.

| 피벗 테이블 작성 시 외부데이터 구분 |
① [데이터]탭-[데이터 가져오기]-[기타 원본에서]-Microsoft Query에서] : *.accdb
② [삽입]탭-[피벗 테이블]-[외부 데이터 원본에서] : *.csv, *.txt, *.xlsx

○ 피벗 테이블 도구 - [피벗 테이블 분석]탭

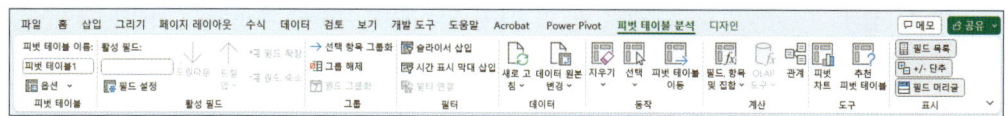

1 '피벗 테이블' 영역 - '옵션' 대화상자

피벗 테이블의 임의의 영역을 선택한 뒤, 해당 대화상자를 띄워 피벗 테이블의 다양한 기능을 설정할 수 있습니다.

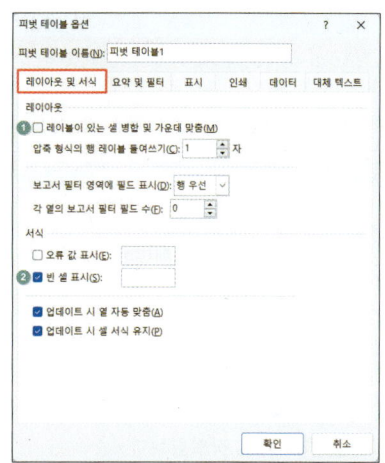 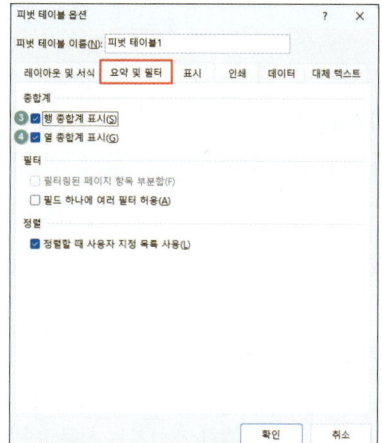

① 레이블이 있는 셀 병합 및 가운데 정렬	레이블 항목을 정 가운데 정렬하기 위해 셀을 병합합니다.
② 빈 셀 표시	빈 셀에 표시할 값을 지정합니다.
③ 행의 총합계 표시	행의 총합계를 표시합니다.
④ 열의 총합계 표시	열의 총합계를 표시합니다.

② '활성 필드' 영역 - '필드 설정' 대화상자

편집 하고자 하는 필드를 선택한 뒤, 해당 대화상자를 띄워 필드의 값 표시 방식과 형식을 설정할 수 있습니다.

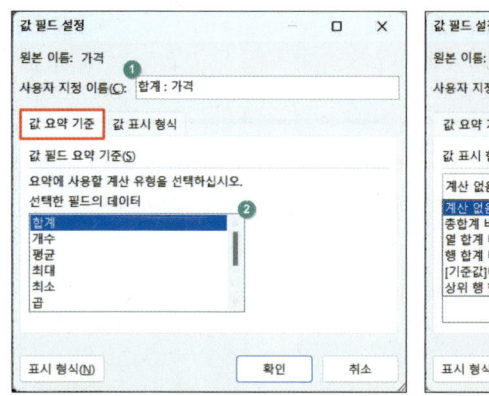 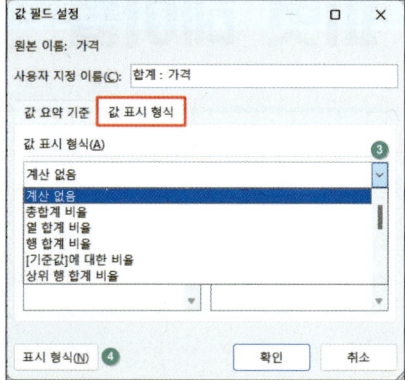

① 사용자 지정 이름	필드의 이름을 변경합니다.
② 값 필드 요약 기준	필드에 적용할 함수를 변경합니다.
③ 값 표시 형식	필드에 사용자 정의 계산을 적용하여 계산 유형을 변경합니다.
④ 표시 형식	필드에 표시되는 값의 형식을 변경합니다.

③ '그룹' 영역 - '그룹 선택' 대화상자

데이터를 단위별로 그룹하거나 그룹을 해제할 때 사용합니다.

④ '계산' 영역 - '필드, 항목 및 집합' 하위 메뉴 - '계산 필드' 대화상자

계산 필드와 항목을 추가하거나 제거할 때 사용하는 기능입니다.

● 피벗 테이블 도구 - [디자인]탭

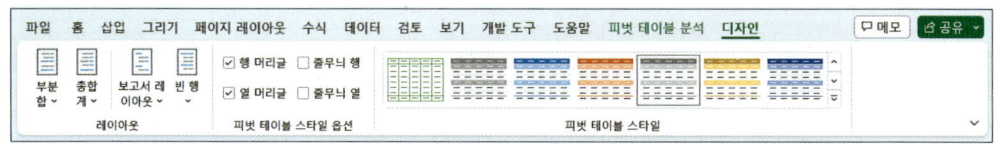

① '레이아웃' 영역 - '보고서 레이아웃' 항목

피벗 테이블을 작성하면 기본적으로 압축 형식으로 표시되는데, 이 경우 필드의 레이블이 표시되지 않습니다. 개요 또는 테이블 형식으로 변경할 것인지는 지문 또는 그림을 참고하여 작업합니다.

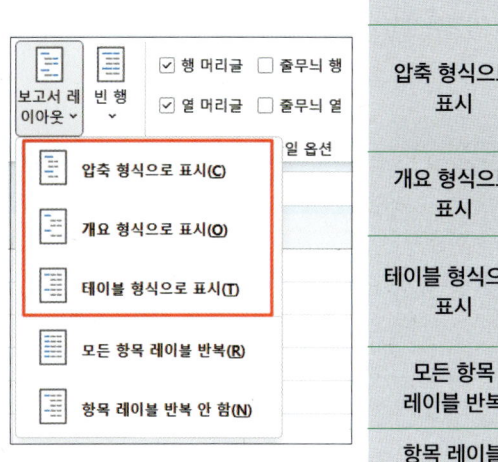

보고서 레이아웃 항목 구분	
압축 형식으로 표시	행 영역에 여러 항목의 필드를 지정한 경우 모든 항목이 하나의 열에 표시되며, 배치된 순서에 따라 들여쓰기로 구분되어 표시됩니다.
개요 형식으로 표시	행 영역에 여러 항목의 필드를 지정한 경우 배치된 순서에 따라 각각의 열로 분리되어 표시됩니다.
테이블 형식으로 표시	개요 형식과 동일하나, 필드가 배치된 순서에 따라 행이 바뀌지 않고 모두 같은 행에서부터 데이터가 표시됩니다.
모든 항목 레이블 반복	항목 레이블을 반복하여 표시합니다.
항목 레이블 반복 안 함	항목 레이블을 한 번만 표시합니다.

② '피벗 테이블 스타일' 영역

피벗 테이블에 디자인을 적용하는 메뉴이며, '밝게', '보통', '어둡게'로 구성되어 있습니다. 피벗 테이블 스타일을 적용 후 '피벗 테이블 스타일 옵션' 구역을 이용하여 행/열 머리글 및 줄무늬 행/열 설정을 지정할 수 있습니다.

출제유형 1 '피벗테이블1' 시트에서 다음의 지시사항을 처리하시오.

	A	B	C	D	E	F	G
1							
2					판매조건		
3		거래처		값	기변	번호이동	보상	신규
4		고도디지털						
5				합계 : 단말기가격	510,000	440,000	330,000	110,000
6				합계 : 기타비용	0	50,000	150,000	200,000
7				평균 : 약정기간	18	24	24	12
8		기린텔래콤						
9				합계 : 단말기가격	650,000	570,000	390,000	140,000
10				합계 : 기타비용	0	40,000	90,000	120,000
11				평균 : 약정기간	18	24	24	12
12		고린통신						
13				합계 : 단말기가격	960,000	800,000	740,000	240,000
14				합계 : 기타비용	0	50,000	150,000	200,000
15				평균 : 약정기간	18	24	24	12
16		전체 합계 : 단말기가격			2,120,000	1,810,000	1,460,000	490,000
17		전체 합계 : 기타비용			0	140,000	390,000	520,000
18		전체 평균 : 약정기간			18	24	24	12
19								

▶ 외부데이터 가져오기 기능을 이용하여 〈휴대폰판매.accdb〉의 〈통신판매〉 테이블에서 '판매조건', '거래처', '단말기가격', '기타비용', '약정기간' 열을 이용하시오.

▶ 피벗 테이블 보고서의 레이아웃과 위치는 〈그림〉을 참고하여 설정하고, 보고서 레이아웃은 개요 형식으로 설정하시오.

▶ 피벗 테이블의 '열의 총합계'만 표시하시오.

▶ 값 영역의 표시 형식은 '값 필드 설정'의 셀 서식에서 '숫자' 범주를 이용하여 〈그림〉과 같이 설정하시오.
▶ 피벗 테이블 스타일은 '흰색, 피벗 스타일 보통4'를 지정하시오.

문제해결

① [B2] 셀을 선택한 후 [데이터]탭-[외부 데이터 가져오기 및 변환] 영역의 [데이터 가져오기] 목록에서 [기타 원본에서]-[Microsoft Query에서]를 차례대로 선택한다.

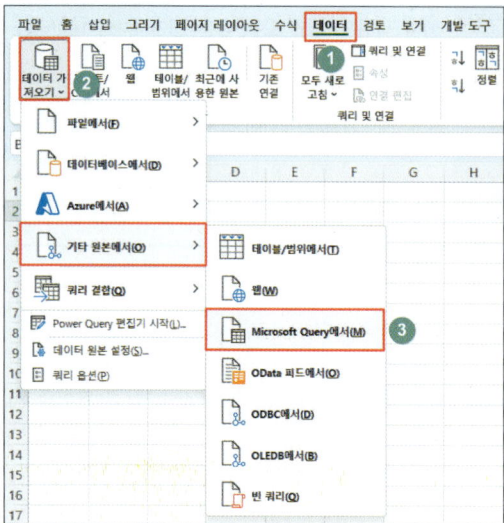

② [데이터 원본 선택] 대화상자가 나타나면 'Ms Access Database*'을 선택한 후 [확인]을 클릭한다.

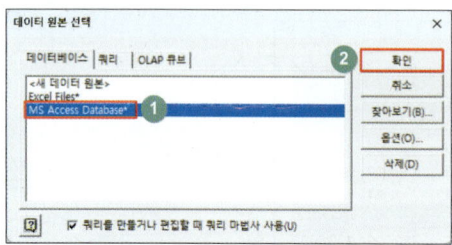

③ [데이터베이스 선택] 대화상자로 전환되면 '휴대폰판매.accdb' 파일의 위치를 찾아 선택한 후 [확인]을 클릭한다.

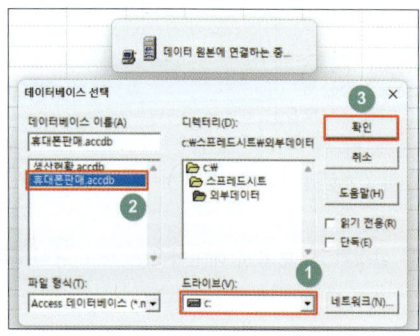

④ [열 선택] 단계의 사용할 수 있는 테이블과 열 목록에서 '통신판매' 테이블을 더블 클릭한다. 피벗 테이블 작성 시 사용해야 하는 '판매조건' 열을 더블 클릭하거나 추가(>)를 클릭하여 쿼리에 포함된 열 구역으로 이동시킨다.

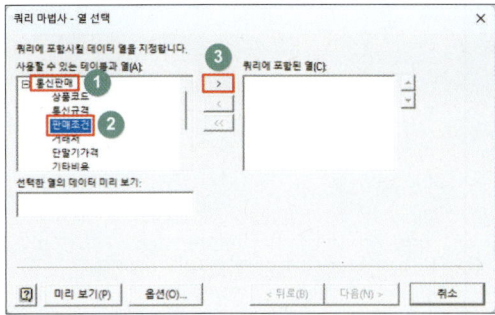

⑤ 같은 방식으로 '거래처', '단말기가격', '기타비용', '약정시간' 열을 순서대로 이동 시킨 후 [다음]을 클릭한다.

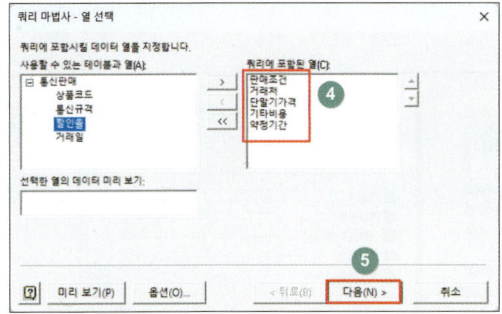

⑥ [데이터 필터] 단계와 [정렬 순서] 단계는 별도의 작업을 하지 않고 [다음]을 클릭한다.
⑦ [마침] 단계에서 'Microsoft Excel(으)로 데이터 되돌리기'를 선택한 후 [마침]을 클릭한다.

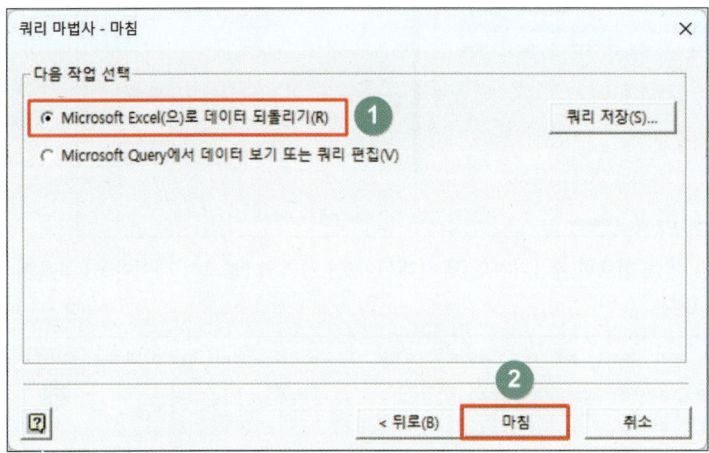

⑧ [데이터 가져오기] 대화상자로 전환되면 데이터를 표시할 방법으로 '피벗 테이블 보고서'를 선택하고, 데이터가 들어갈 위치를 '기존 워크시트'로 선택 한다. 커서가 삽입되면 [B2] 셀을 선택 한 후 [확인]을 클릭한다.

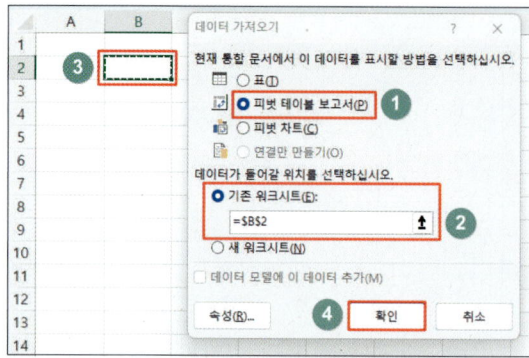

⑨ [피벗 테이블 필드] 화면이 나타나면 '거래처'는 '행', '판매조건'은 '열', '단말기가격', '기타비용', '약정기간'은 'Σ값'으로 드래그한다. 'Σ 값'이 2개 이상이면 자동으로 '열' 영역에 표시되는데 이를 '행' 영역으로 드래그하여 이동시킨다.

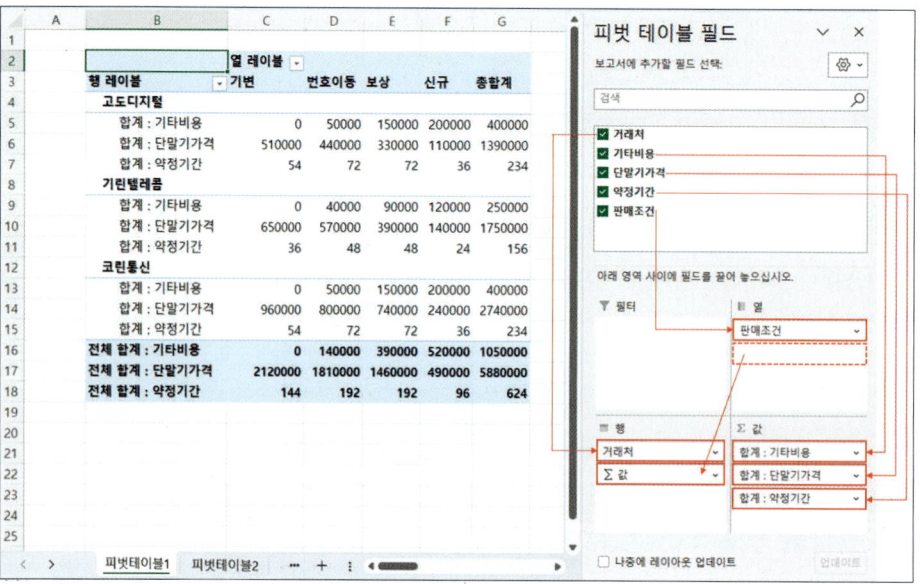

⑩ 작성된 피벗 테이블의 임의의 셀을 선택한 후 [디자인]탭-[레이아웃] 영역의 [보고서 레이아웃] 목록에서 '개요 형식으로 표시'를 선택한다.

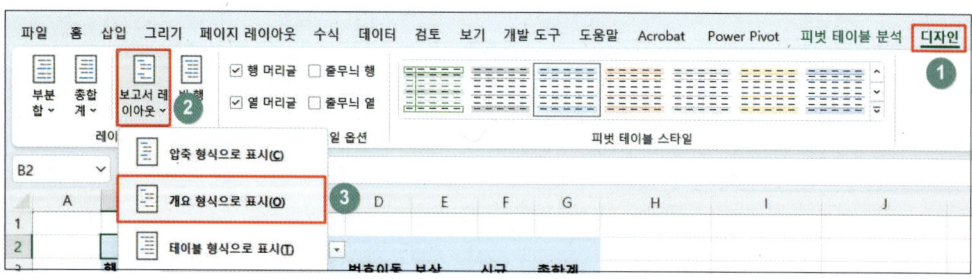

⑪ 작성된 피벗 테이블의 임의의 셀을 선택한 후 [피벗 테이블 분석]탭-[피벗테이블] 영역의 [옵션]을 클릭한다. [피벗 테이블 옵션] 대화상자가 나타나면 [요약 및 필터]탭의 총합계 중 '행 총합계 표시'의 체크박스를 해제한 후 [확인]을 클릭한다.

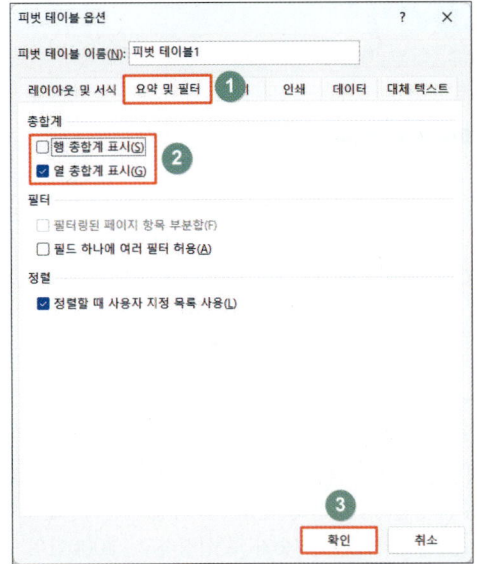

⑫ '단말기가격'의 합계가 표시된 임의의 셀을 선택한 후 [피벗 테이블 분석]탭-[활성 필드] 영역의 [필드 설정]을 클릭한다. [값 필드 설정] 대화상자가 나타나면 '단말기가격' 필드의 계산 유형이 '합계'인지 확인한다.

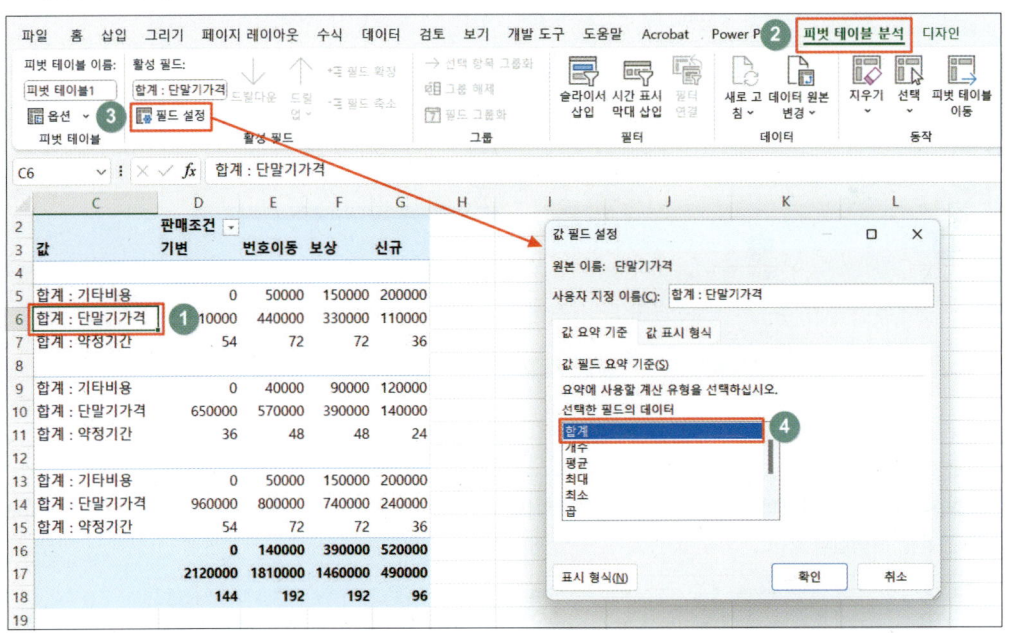

⑬ 값 영역의 표시 형식을 지정하기 위해 [값 필드 설정] 대화상자 하단의 [표시 형식]을 클릭하여 [셀 서식] 대화상자를 표시한다. [표시 형식]탭의 범주를 '숫자'로 설정하고, '1000단위 구분 기호(,) 사용'의 체크박스를 선택한 후 [확인]을 순차대로 클릭한다.

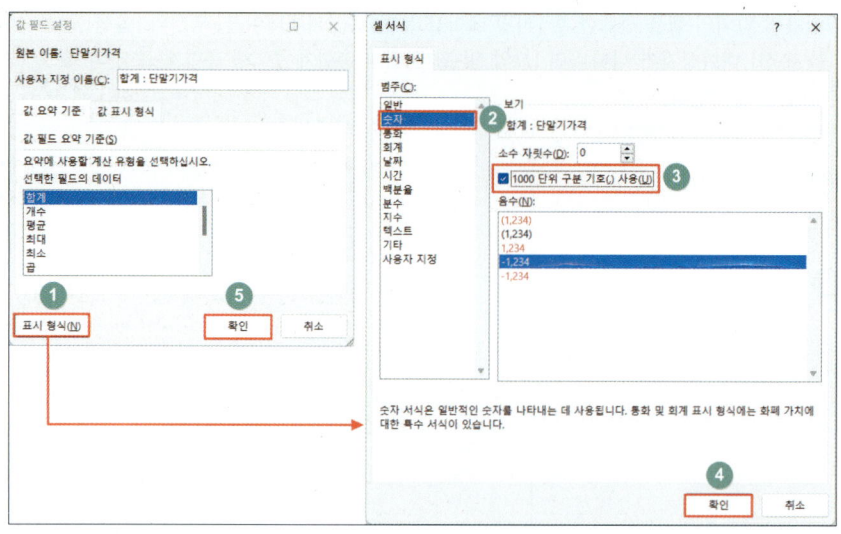

⑭ '기타비용' 역시 '단말기가격'과 동일하게 [필드 설정]을 변경한다.

⑮ '약정기간'의 합계가 표시된 임의의 셀을 선택한 후 [피벗 테이블 분석]탭-[활성 필드] 영역의 [필드 설정]을 클릭한다. [값 필드 설정] 대화상자가 나타나면 계산 유형을 '평균'으로 변경하고 화면 하단의 [표시 형식]을 클릭하여 [셀 서식] 대화상자를 표시한다. [표시 형식]탭의 범주를 '숫자'로 설정하고, '1000단위 구분 기호(,) 사용'의 체크박스를 선택한 후 [확인]을 순차대로 클릭한다.

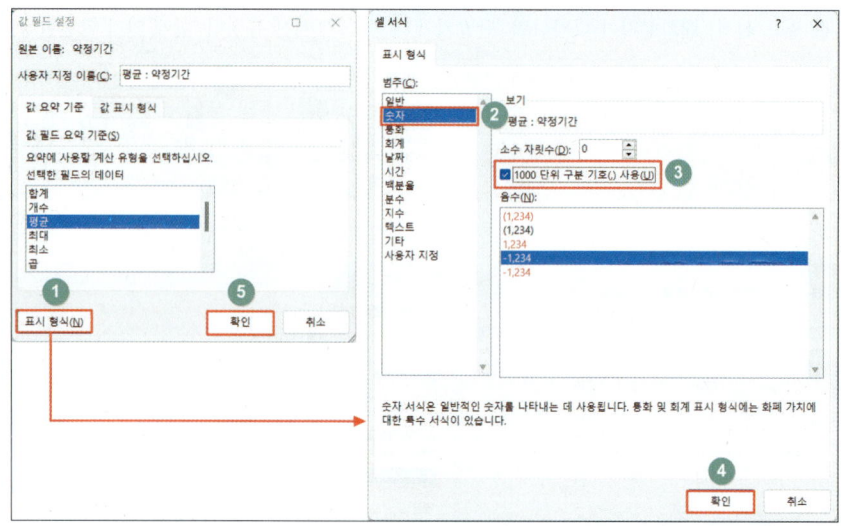

⑯ 피벗 테이블의 임의의 셀을 선택한 후 [디자인]탭-[피벗 테이블 스타일] 영역에서 '흰색, 피벗 스타일 보통4'를 선택한다.

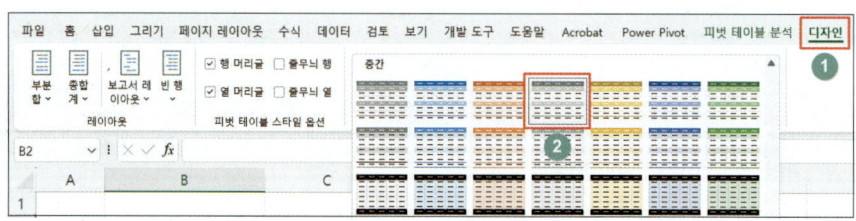

출제유형 2 '피벗테이블2' 시트에서 다음의 지시사항을 처리하시오.

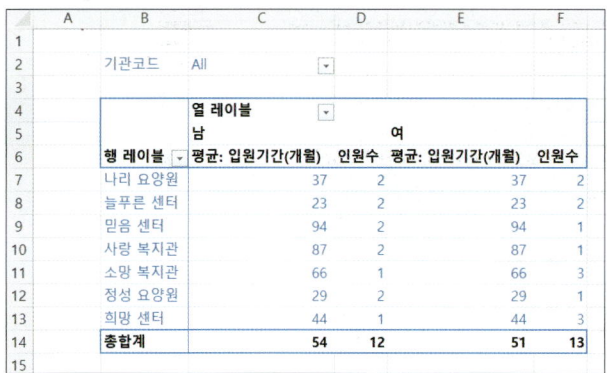

- ▶ 외부데이터 원본으로 〈기관별환자목록.csv〉 파일을 이용하시오.
  - 원본 데이터는 쉼표(,)로 구분되어 있으며, 내 데이터에 머리글을 포함하도록 설정하시오.
  - '기관코드', '기관명', '환자명', '성별', '입원기간(개월)' 열만 가져와 데이터 모델에 이 데이터를 추가하시오.
- ▶ 피벗 테이블 보고서의 레이아웃과 위치는 〈그림〉을 참고하여 설정하고, 보고서 레이아웃은 개요 형식으로 설정하시오.
- ▶ 피벗 테이블의 '열의 총합계'만 표시하시오.
- ▶ '환자명' 필드는 개수로 계산한 후 '인원수'로 이름을 변경하시오.
- ▶ '입원기간(개월)' 필드는 평균으로 계산한 후 표시 형식은 '값 필드 설정'의 셀 서식에서 '숫자' 범주를 이용하여 〈그림〉과 같이 설정하시오.
- ▶ 피벗 테이블 스타일은 '연한파랑, 피벗 스타일 밝게9'를 지정하시오.

문제해결

① [B4] 셀을 선택한 후 [삽입]탭-[표] 영역의 [피벗 테이블] 목록에서 '외부 데이터 원본에서'를 선택한다.

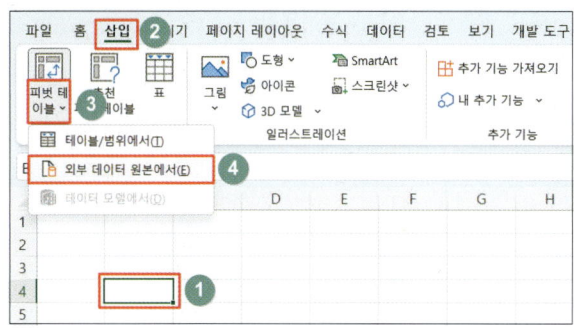

② [외부 원본의 피벗 테이블] 대화상자가 나타나면 외부 데이터 원본 사용에서 [연결 선택]을 클릭한다. 이후 [기존 연결] 대화상자가 나타나면 화면 하단의 [더 찾아보기]를 클릭한다.

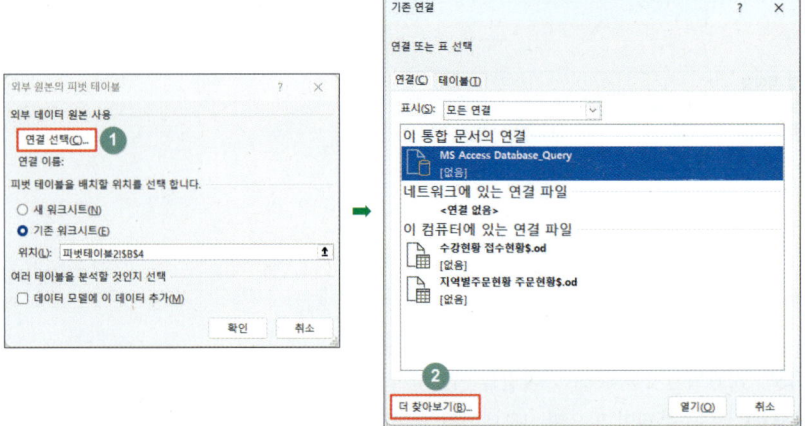

③ [데이터 원본 선택] 창에서 '기관별환자목록.csv' 파일을 찾아 선택한 후 [열기]를 클릭한다.

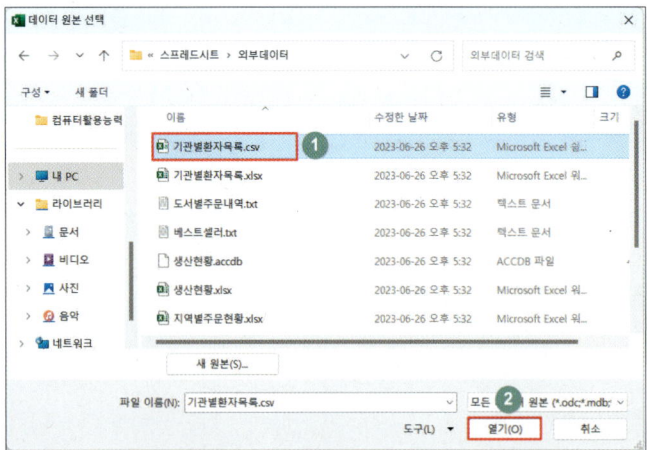

④ [텍스트 마법사 – 3단계 중 1단계] 대화상자에서 원본 데이터의 파일 유형을 '구분 기호로 분리됨'을 선택하고, '내 데이터에 머리글 표시'의 체크박스를 선택한 후 [다음]을 클릭한다.

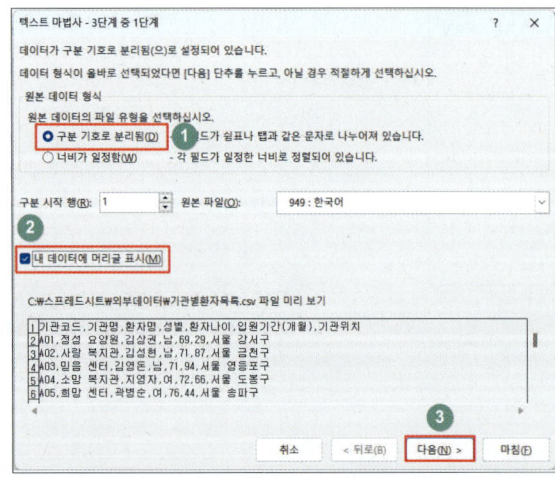

⑤ [텍스트 마법사 – 3단계 중 2단계] 화면에서 구분 기호를 '쉼표'로 체크한 후 [다음]을 클릭한다.

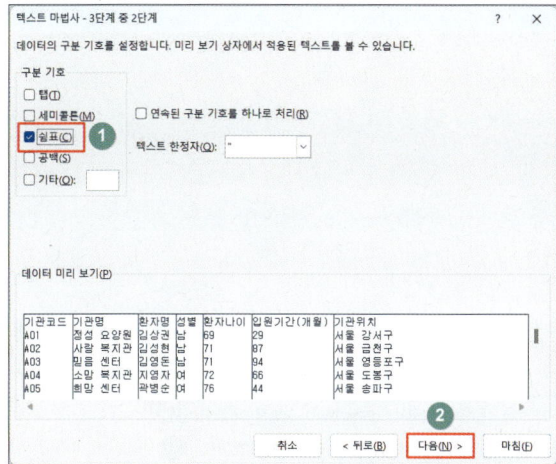

⑥ [텍스트 마법사 – 3단계 중 3단계] 화면에서 '환자나이' 열을 선택하고 열 데이터 서식을 '열 가져오지 않음(건너뜀)'으로 변경한다. '기관위치' 열도 동일하게 변경한 후 [마침]을 클릭한다.

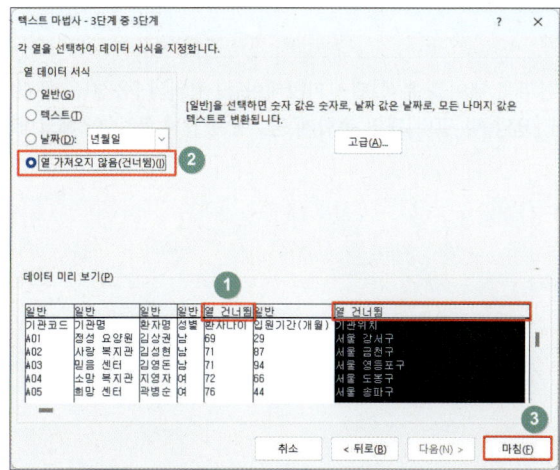

⑦ [피벗 테이블 만들기] 대화상자로 전환되면 피벗 테이블 보고서를 넣을 위치를 '기존 워크시트'의 [B4]셀로 지정하고 '데이터 모델에 이 데이터 추가'의 체크박스를 선택한 후 [확인]을 클릭한다.

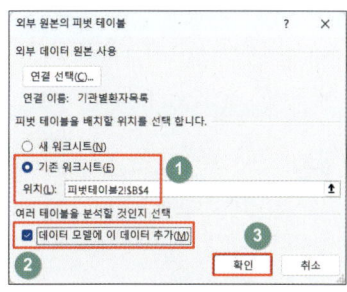

⑧ [피벗 테이블 필드] 화면이 나타나면 '기관코드'는 '필터', '기관명'은 '행', '성별'은 '열', '입원기간(개월)', '환자명'은 'Σ값'으로 드래그한다.

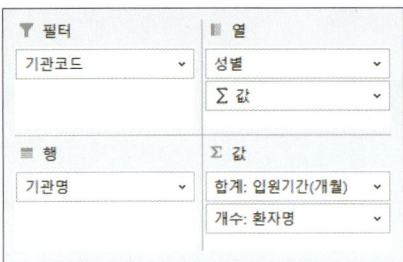

⑨ 작성된 피벗 테이블의 임의의 셀을 선택한 후 [디자인]탭-[레이아웃] 영역의 [보고서 레이아웃] 목록에서 '개요 형식으로 표시'를 선택한다.

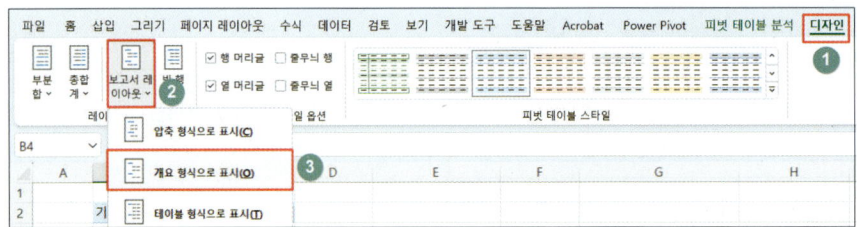

⑩ 작성된 피벗 테이블의 임의의 셀을 선택한 후 [피벗 테이블 분석]탭-[피벗테이블] 영역의 [옵션]을 클릭한다. [피벗 테이블 옵션] 대화상자가 나타나면 [요약 및 필터]탭의 총합계 중 '행 총합계 표시'의 체크박스를 해제한 후 [확인]을 클릭한다.

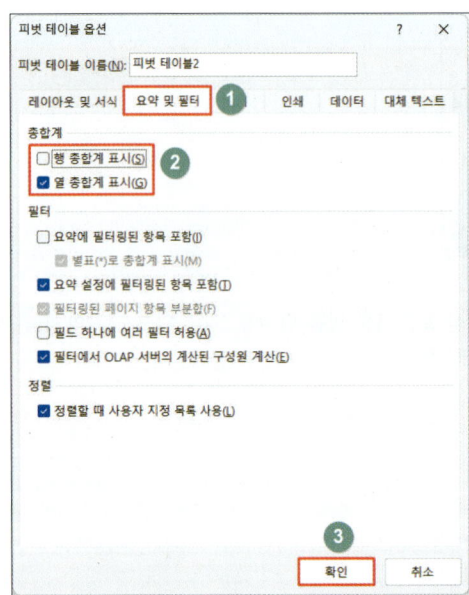

⑪ '환자명'의 개수가 표시된 임의의 셀을 선택한 후 [피벗 테이블 분석]탭-[활성 필드] 영역의 [필드 설정]을 클릭한다. [값 필드 설정] 대화상자가 나타나면 사용자 지정 이름을 「**인원수**」로 입력하고 [확인]을 클릭한다.

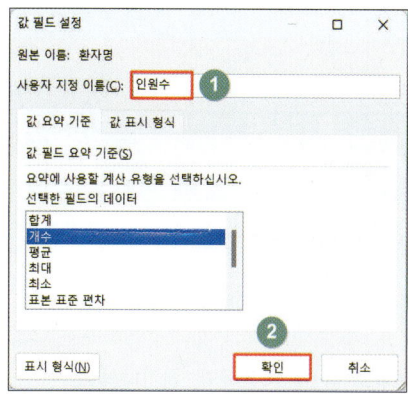

⑫ '입원기간(개월)'의 합계가 표시된 임의의 셀을 선택한 후 [피벗 테이블 분석]탭-[활성 필드] 영역의 [필드 설정]을 클릭한다. [값 필드 설정] 대화상자가 나타나면 계산 유형을 '평균'으로 변경하고 화면 하단의 [표시 형식]을 클릭하여 [셀 서식] 대화상자를 표시한다. [표시 형식]탭의 범주를 '숫자'로 선택한 후 [확인]을 클릭한다.

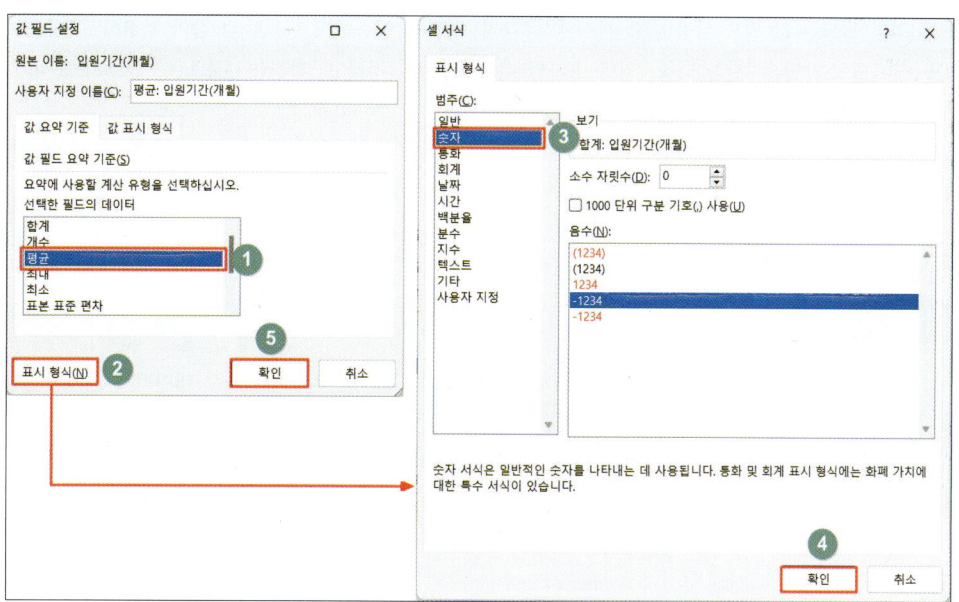

⑬ 피벗 테이블의 임의의 셀을 선택한 후 [디자인]탭-[피벗 테이블 스타일] 영역에서 '연한 파랑, 피벗 스타일 밝게9'를 선택한다.

출제유형 3 '피벗테이블3' 시트에서 다음의 지시사항을 처리하시오.

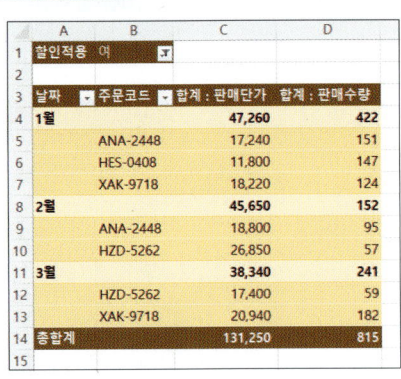
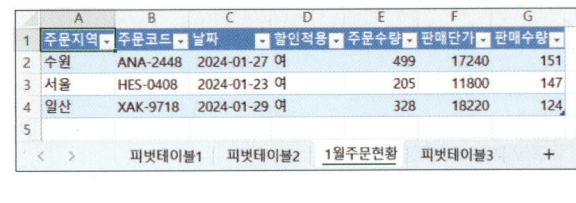

▶ 외부데이터 원본으로 〈지역별주문현황.xlsx〉 파일의 〈주문현황〉 테이블 사용하되, 데이터의 첫 행에 열 머리글을 포함하여 작성하시오.

▶ 피벗 테이블 보고서의 레이아웃과 위치는 〈그림〉을 참고하여 설정하고, 보고서 레이아웃은 개요 형식으로 설정하시오.

▶ '날짜'는 〈그림〉과 같이 그룹을 지정하고, '할인적용' 필드는 '여'만 표시되도록 설정하시오.

▶ '판매단가' 필드는 값 필드 설정의 셀 서식에서 '숫자' 범주를 이용하여 〈그림〉과 같이 지정하시오.

▶ 피벗 테이블 스타일은 '진한 노랑, 피벗 스타일 어둡게5'를 지정하고, 확장(+)/축소(−) 단추가 표시되지 않도록 설정하시오.

▶ '날짜'가 '1월'인 데이터의 '판매단가' 레코드만 별도의 시트에 작성하고 해당 시트의 이름을 '1월주문현황'으로 지정하여 '피벗테이블3' 시트 앞에 위치시키시오.

문제해결

① [B4] 셀을 선택한 후 [삽입]탭-[표] 영역의 [피벗 테이블(📊)] 목록에서 '📄 외부 데이터 원본에서'를 선택한다.

② [외부 원본의 피벗 테이블] 대화상자가 나타나면 외부 데이터 원본 사용에서 [연결 선택]을 클릭한다. 이후 [기존 연결] 대화상자가 나타나면 화면 하단의 [더 찾아보기]를 클릭한다.

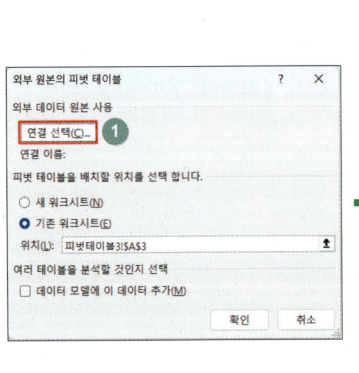
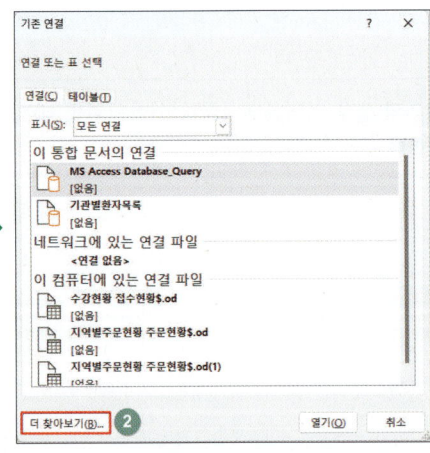

③ [데이터 원본 선택] 창에서 '지역별주문현황.xlsx' 파일을 선택한 후 [열기]를 클릭한다.

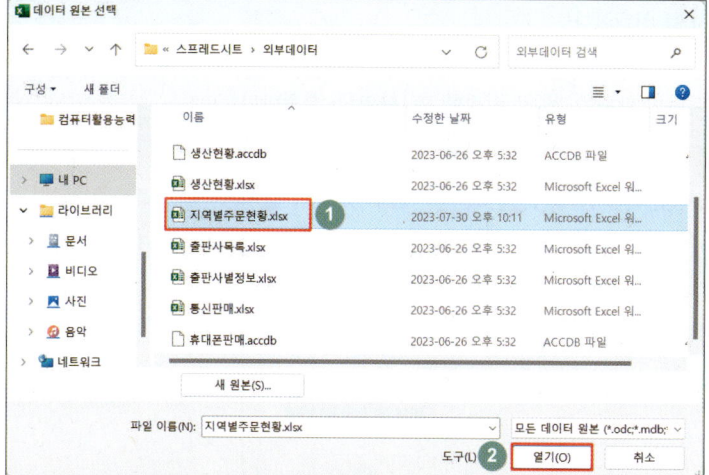

④ [테이블 선택] 화면에서 〈주문현황〉 테이블을 선택하고 '데이터의 첫 행에 열 머리글 포함'을 체크한 후 [확인]을 클릭한다.

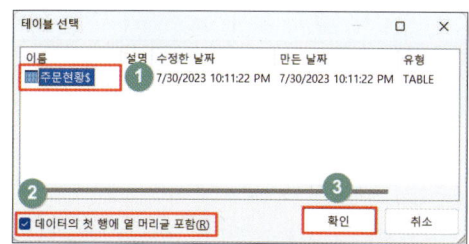

⑤ [피벗 테이블 만들기] 대화상자로 전환되면 피벗 테이블 보고서를 넣을 위치를 '기존 워크시트'의 [A3]셀로 지정하고 [확인]을 클릭한다.

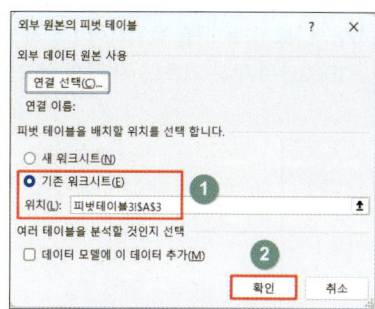

⑥ [피벗 테이블 필드] 화면이 나타나면 '할인적용'은 '필터', '날짜'와 '주문코드'는 '행', '판매단가'와 '판매수량'은 'Σ값'으로 드래그한다.

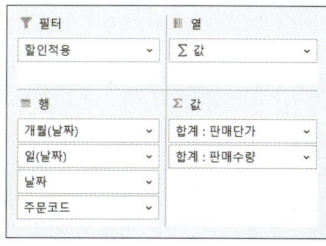

⑦ 작성된 피벗 테이블의 임의의 셀을 선택한 후 [디자인]탭-[레이아웃] 영역의 [보고서 레이아웃()] 목록에서 '개요 형식으로 표시'를 선택한다.

⑧ '날짜'가 표시된 임의의 셀을 선택한 후 [피벗 테이블 분석]탭-[그룹] 영역의 [선택 항목 그룹화]를 선택한다. [그룹화] 대화상자가 나타나면 단위를 '월'로 지정한 후 [확인]을 클릭한다.

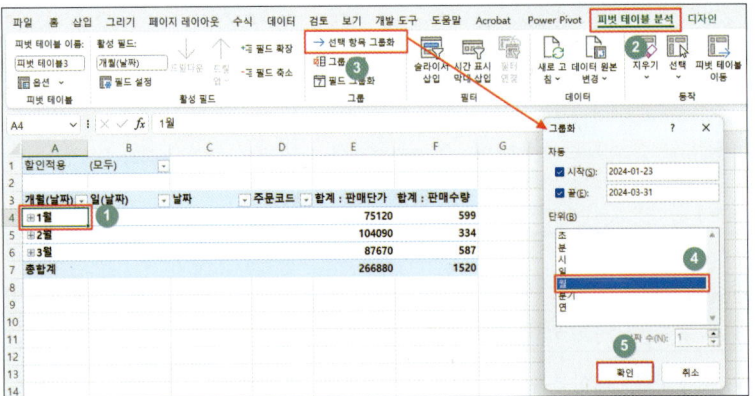

⑨ '할인적용' 필드의 필터(▼)를 클릭하고 목록에서 '여'만 선택한 후 [확인]을 클릭한다.

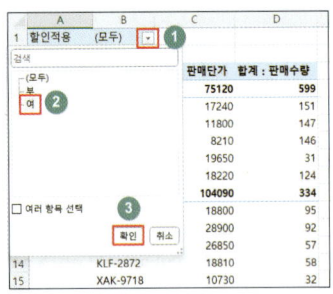

⑩ '판매단가'의 합계가 표시된 임의의 셀을 선택한 후 계산 후 [피벗 테이블 분석]탭-[활성 필드] 영역의 [필드 설정]을 클릭한다. [값 필드 설정] 대화상자가 나타나면 화면 하단의 [표시 형식]을 클릭하여 [셀 서식] 대화상자를 표시한다. [표시 형식]탭의 범주를 '숫자'로 설정하고, '1000단위 구분 기호(,) 사용'의 체크박스를 선택한 후 [확인]을 순차대로 클릭한다.

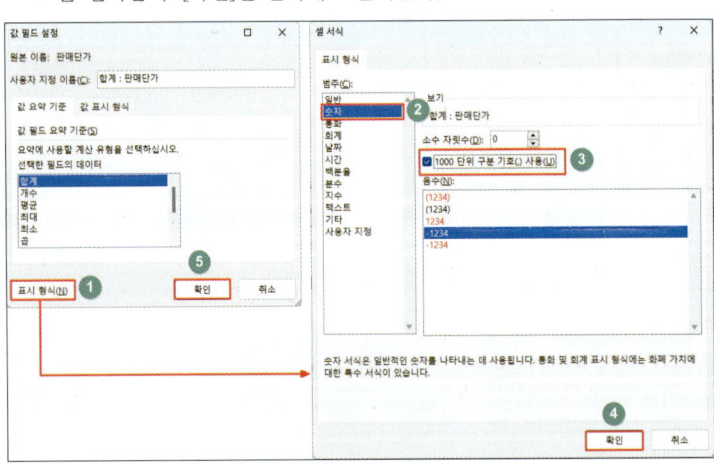

⑪ 피벗 테이블의 임의의 셀을 선택한 후 [디자인]탭-[피벗 테이블 스타일] 영역에서 '진한 노랑, 피벗 스타일 어둡게9'를 선택한다.

⑫ [피벗 테이블 분석]탭-[표시] 영역의 [+/-단추]를 클릭하여 표시를 해제한다.

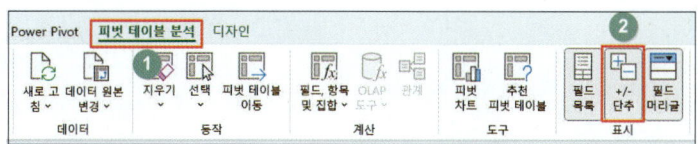

⑬ [C4] 셀을 더블 클릭하여 '날짜'가 1월인 레코드만을 추출한다. 새롭게 추가된 시트 이름을 더블 클릭하여 「1월주문현황」이라 입력한다.

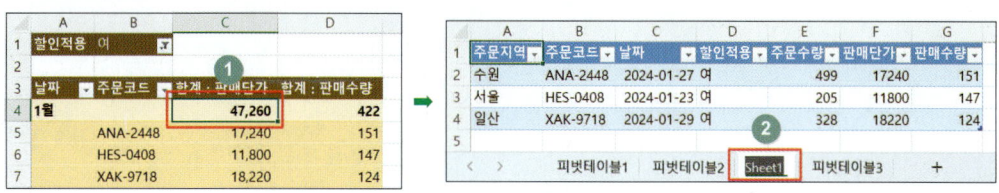

Spreadsheet

컴퓨터
활용능력
1급 실기

· 스프레드시트 ·

PART 04

기타작업

CHAPTER 01　차트
CHAPTER 02　매크로
CHAPTER 03　프로시저

> 작업파일 스프레드시트/작업파일/기타작업/4-1-차트.xlsx

CHAPTER 01 차트

차트는 입력된 데이터의 일부 또는 전체를 시각화하여 표현하는 기능입니다. 행과 열 방향에 맞춰 2차원 또는 3차원 형태의 차트로 구현이 가능하며, 서로 다른 형태의 차트를 섞어 혼합형으로 표현할 수도 있습니다.
차트는 구성 요소가 많기 때문에 각 요소의 위치와 역할을 정확하게 이해하는 것이 중요하며, 문제지에 제시되어 있는 <그림>을 참고하여 작업합니다.

◉ 차트 도구 - [차트 디자인]탭

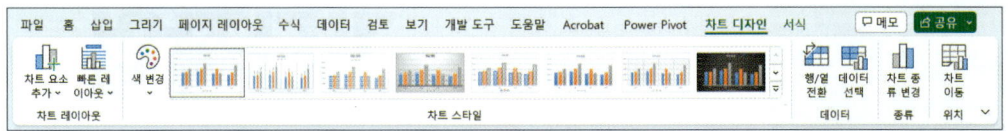

1 '차트 레이아웃' 영역 - '차트 요소 추가' 항목

차트 요소를 추가 또는 제거할 때 사용하는 메뉴입니다. 요소 추가 시 개체의 위치(위, 아래, 왼쪽, 오른쪽)를 선택하거나 정렬 방식 등을 선택하여 적용할 수 있습니다.

2 '차트 스타일' 영역

차트에 디자인을 적용하는 메뉴입니다. 차트 스타일은 차트의 종류에 따라 개체수와 종류가 달라지며, 적용되는 스타일에 따라서 차트 요소의 위치와 구성이 변경됩니다.

3 '데이터' 영역 - '데이터 선택' 대화상자

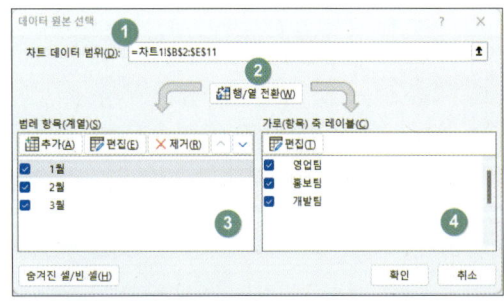

① 차트 데이터 범위	차트에 표시되는 데이터의 범위를 설정합니다.
② 행/열 전환	범례 항목과 가로 축 항목의 값을 전환하여 표시합니다.
③ 범례 항목(계열)	범례 항목에 표시되는 데이터를 확인하고 편집할 수 있습니다.
④ 가로(항목) 축 레이블	가로 축 항목에 표시되는 데이터를 확인하고 편집할 수 있습니다.

4 '종류' 영역 - '차트 종류 변경' 대화상자

차트 전체 또는 특정 계열의 종류를 변경하거나 '보조 세로 축' 항목으로 지정할 때 사용합니다. 사용자 지정 조합을 이용하여 두 개 이상의 차트를 혼합형으로 설정할 수 있습니다.

5 '위치' 영역 - '차트 이동' 대화상자

차트의 위치를 '새 시트'로 이동시키거나 기존에 만들어져 있는 워크시트로 삽입할 수 있습니다.

차트 도구 - [서식]탭

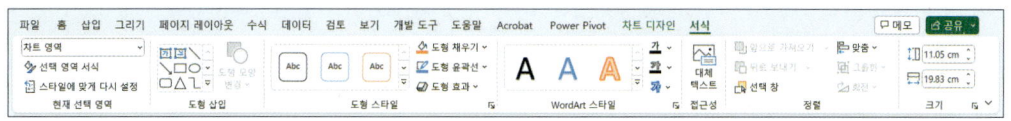

1 '현재 선택 영역' 영역

차트에서 선택한 항목의 서식 대화상자를 표시합니다.

2 '도형 삽입', '도형 스타일', 'WordArt 스타일' 영역

차트에 도형 및 워드아트 개체를 삽입할 수 있고, 삽입된 개체의 서식을 변경할 수 있습니다. 또한 미리 설정되어 있는 서식 목록에서 원하는 서식을 선택하여 적용할 수 있습니다.

3 '접근성' 영역

대체 텍스트 기능은 시각 장애가 있는 사용자가 그래픽 개체를 이해할 수 있도록 도움을 줍니다. 화면 읽기 프로그램을 사용하는 경우 대체 텍스트가 적용된 그림을 보면 대체 텍스트가 들리게 됩니다.

4 '정렬', '크기' 영역

차트 및 삽입된 개체들의 정렬 방식과 크기를 변경할 수 있습니다.

출제유형 1 '차트1' 시트에서 다음의 지시사항을 처리하시오.

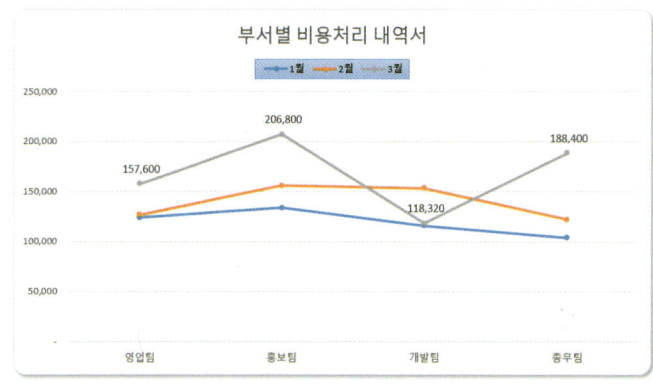

① 차트 제목은 시트의 [C1] 셀과 연결하여 표시하고, 글꼴 크기를 '16'으로 설정하시오.
② 범례의 배치는 '위쪽', 도형 스타일은 '미세효과–파랑, 강조1'로 지정하시오.
③ 차트의 종류를 '표식이 있는 꺾은선형'으로 변경하시오.
④ '3월' 데이터 계열에 데이터 레이블이 '위쪽'에 표시되도록 설정하고, 글꼴 크기를 '10'으로 설정하시오.
⑤ 차트 영역의 테두리 스타일은 '둥근 모서리', 그림자는 '오프셋: 오른쪽 아래'로 지정하시오.

문제해결

① 차트 제목을 선택한 뒤 수식 입력줄에 「=」을 입력하고 [C1] 셀을 선택한 후 [Enter]를 누른다.

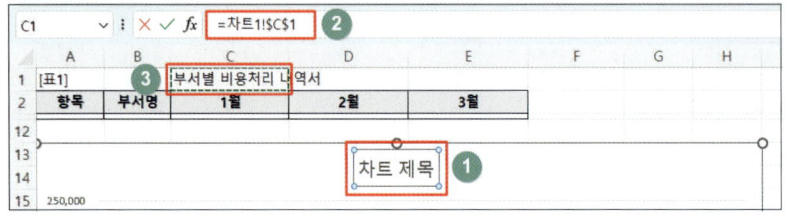

② 차트 제목이 선택된 상태에서 [홈]탭-[글꼴] 영역의 글꼴 크기를 '16'으로 설정한다.

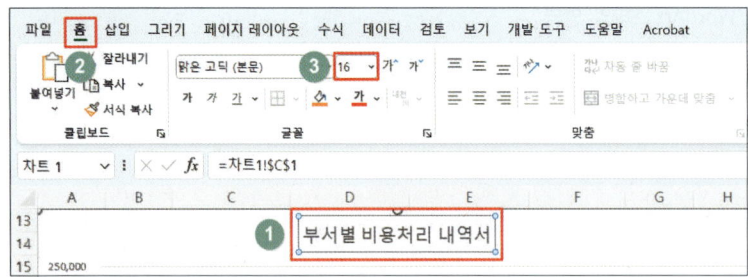

③ 범례를 더블 클릭하여 [범례 서식] 대화상자를 표시한 후, [범례 옵션]탭-[범례 옵션(📊)] 항목에서 '범례 위치'를 '위쪽'으로 선택한다.

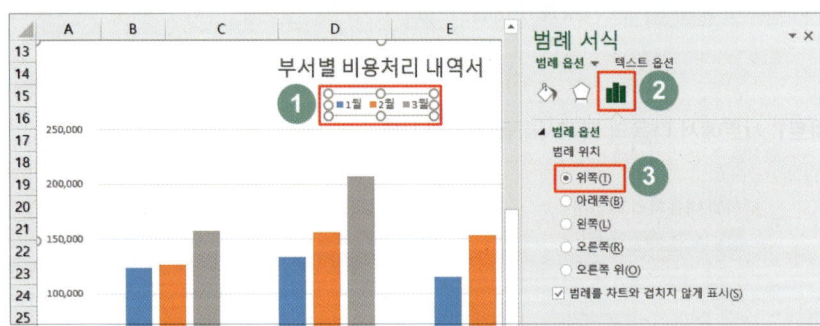

④ 범례가 선택된 상태에서 [서식]탭-[도형 스타일] 목록에서 '미세 효과-파랑, 강조1'을 선택한다.

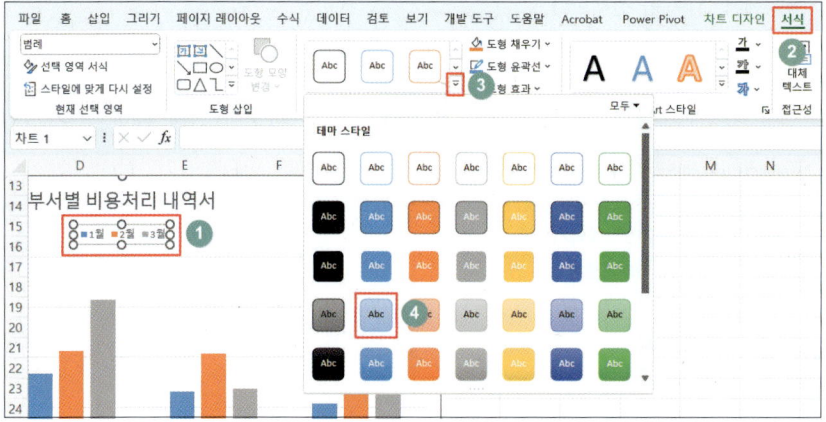

⑤ 차트 영역을 선택한 후 [차트 디자인]탭-[종류] 영역의 [차트 종류 변경]을 선택한다.

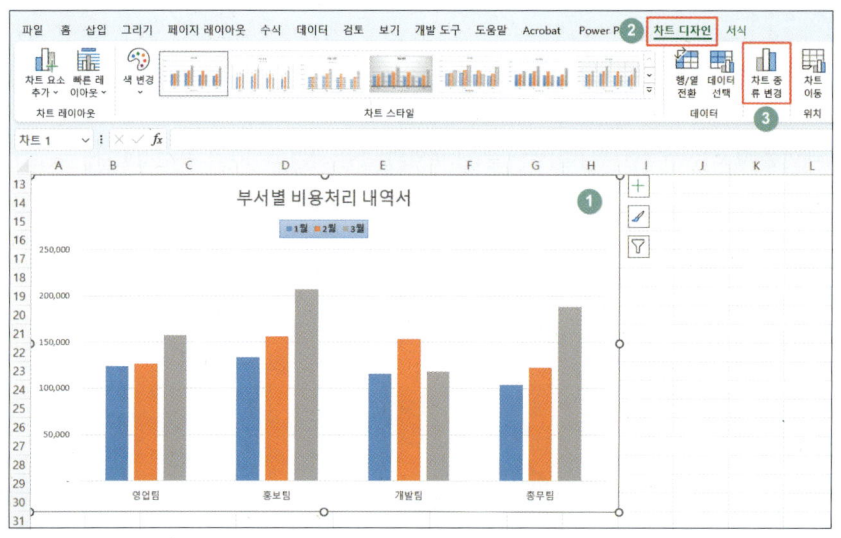

⑥ [차트 종류 변경] 대화상자의 [모든 차트]탭-[꺾은선형]에서 '표식이 있는 꺾은선형( )'을 선택한 후 [확인]을 클릭한다.

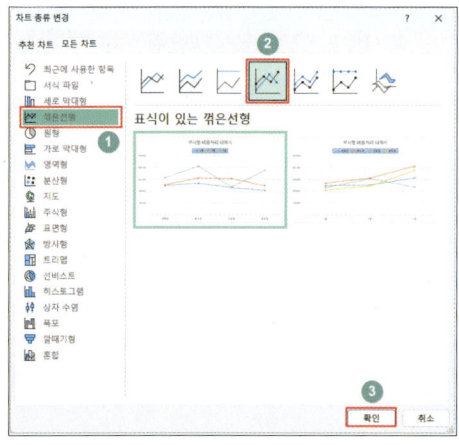

⑦ '3월' 데이터 계열을 선택한 후 [차트 디자인]탭-[차트 레이아웃] 영역의 [차트 요소 추가]를 선택한다. '데이터 레이블' 목록에서 '위쪽'을 선택한다.

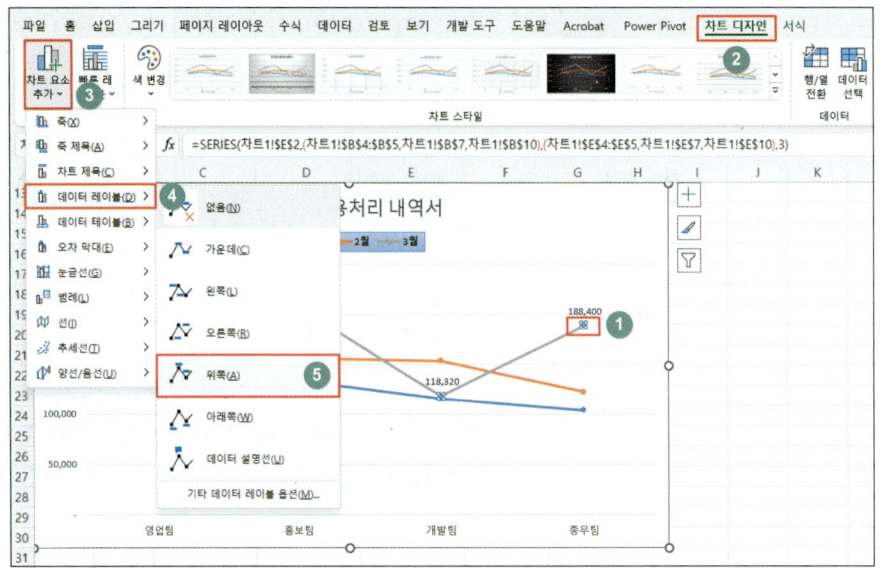

⑧ 추가된 데이터 레이블 요소를 선택한 후 [홈]탭-[글꼴] 영역의 글꼴 크기를 '10'으로 설정한다.

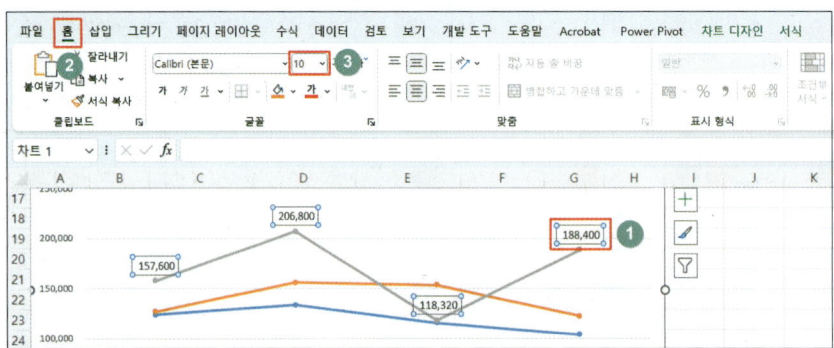

⑨ 차트 영역을 더블 클릭하여 [차트 영역 서식] 대화상자를 표시한다. [채우기 및 선(◇)]탭-[테두리] 영역에서 '둥근 모서리'의 체크박스를 선택한다.

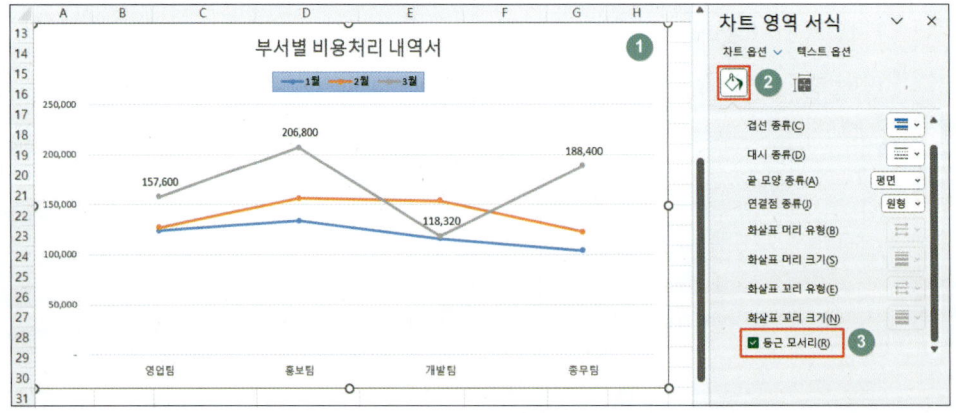

⑩ [효과(　)]탭-[그림자]에서 '미리 설정(　)'을 클릭하여 목록을 표시한 후, '바깥쪽' 영역의 '오프셋: 오른쪽 아래'를 선택한다.

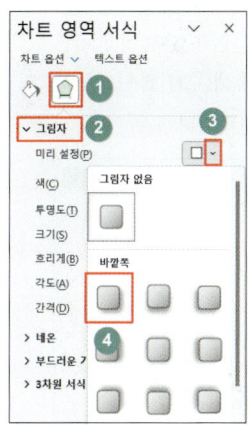

출제유형 2 '차트2' 시트에서 다음의 지시사항을 처리하시오.

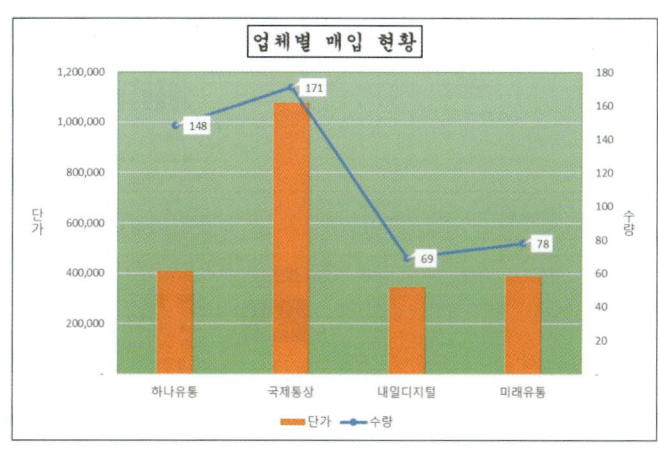

① 차트 제목은 '업체별 매입 현황'으로 입력하고, 글꼴 '궁서체', 글꼴 스타일은 '굵게', 크기는 '16', 테두리는 '실선-검정, 텍스트1'로 지정하시오.
② '수량' 계열의 차트 종류를 '표식이 있는 꺾은선형'으로 변경하고, 보조 축을 표시하시오.
③ 세로(값) 축의 제목을 〈그림〉을 참고하여 표시하고, 텍스트의 방향을 변경하시오.
④ '수량' 계열의 데이터 레이블이 '오른쪽'에 표시되도록 설정하시오.
⑤ 그림 영역의 채우기를 도형 스타일의 '미세효과-녹색, 강조6'으로 설정하시오.

문제해결 🔑

① 차트 제목을 선택한 후 '업체별 매입 현황'이라 입력한 후 [홈]탭-[글꼴] 영역에서 글꼴은 '궁서체', 크기는 '16', 스타일은 '굵게'로 설정한다.

② 차트 제목을 더블 클릭하여 [차트 제목 서식] 대화상자를 표시한 후 [채우기 및 색(◇)]탭-[테두리] 영역에서 '실선'을 선택하고, '색(∨)'을 클릭하여 '테마 색 – 검정, 텍스트 1'을 선택한다.

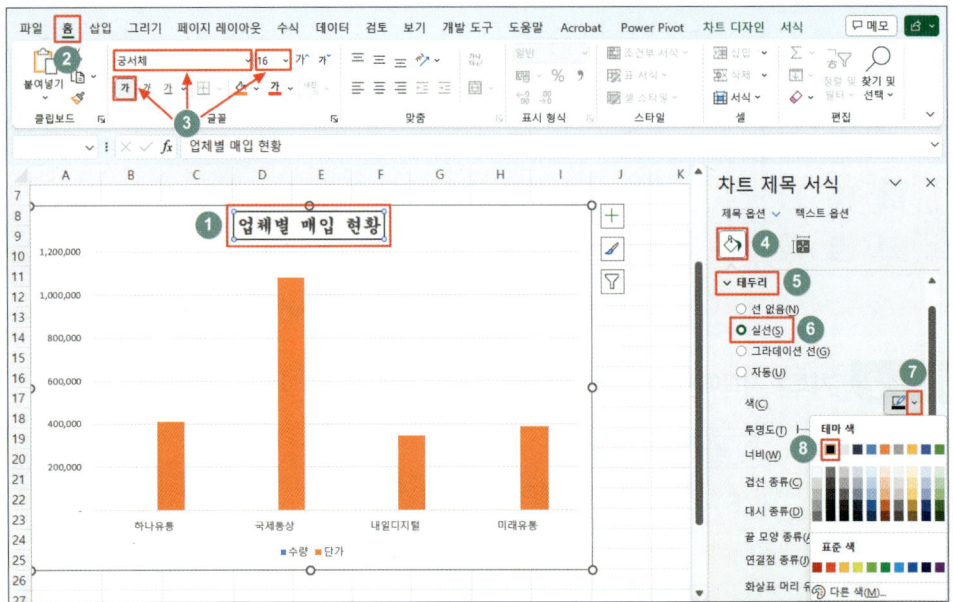

③ 차트에서 임의의 데이터 계열을 선택한 후 [차트 디자인]탭-[종류] 영역의 [차트 종류 변경]을 클릭한다.

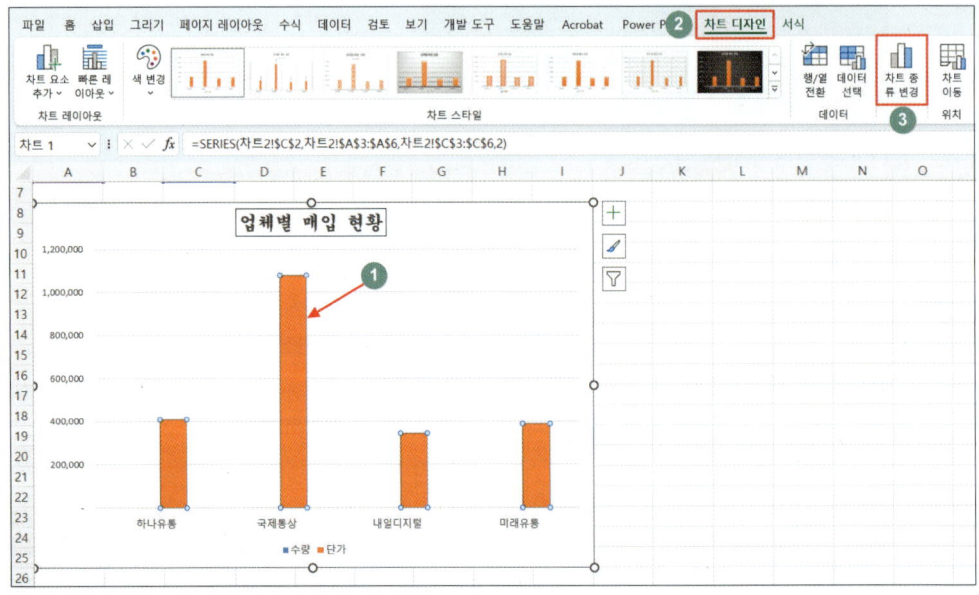

④ [차트 종류 변경] 대화상자가 나타나면 [혼합]탭에서 '수량' 계열의 차트 종류(⌄) 목록에서 '표식이 있는 꺾은선형'을 선택하고, '보조 축'의 체크박스를 선택한 뒤 [확인]을 클릭한다.

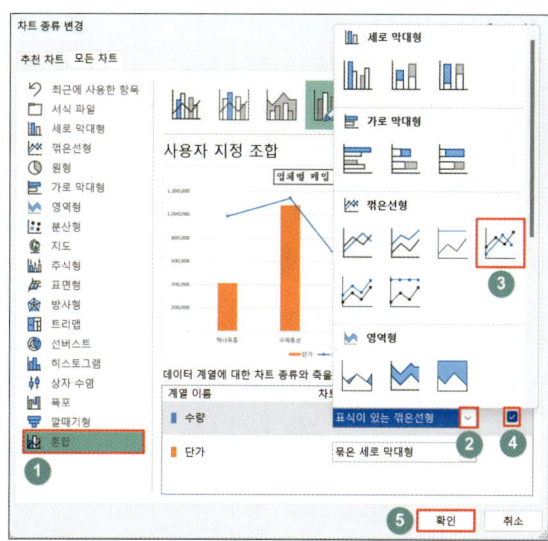

⑤ 차트가 선택된 상태에서 [차트 디자인]탭-[차트 레이아웃] 영역의 [차트 요소 추가]를 선택한다. 목록이 나타나면 [축 제목]-[기본 세로]를 선택하여 '기본 세로' 축 제목을 추가한 후 **「단가」**라 입력한다.

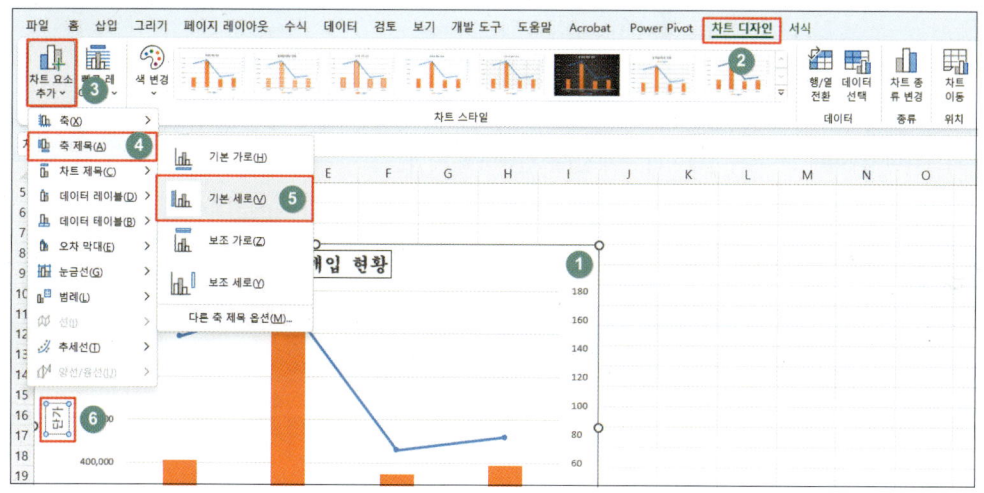

⑥ 추가 된 세로 축 제목을 더블 클릭하여 [축 제목 서식] 대화상자를 표시한다. [크기 및 속성(📐)]탭-[맞춤] 영역에서 '텍스트 방향(⌄)'을 클릭하여 목록에서 '세로'를 선택한다. 동일한 방식으로 보조 세로 축의 제목을 추가한 후 **수량**이라 입력한 후 '텍스트 방향'을 '세로'로 설정한다.

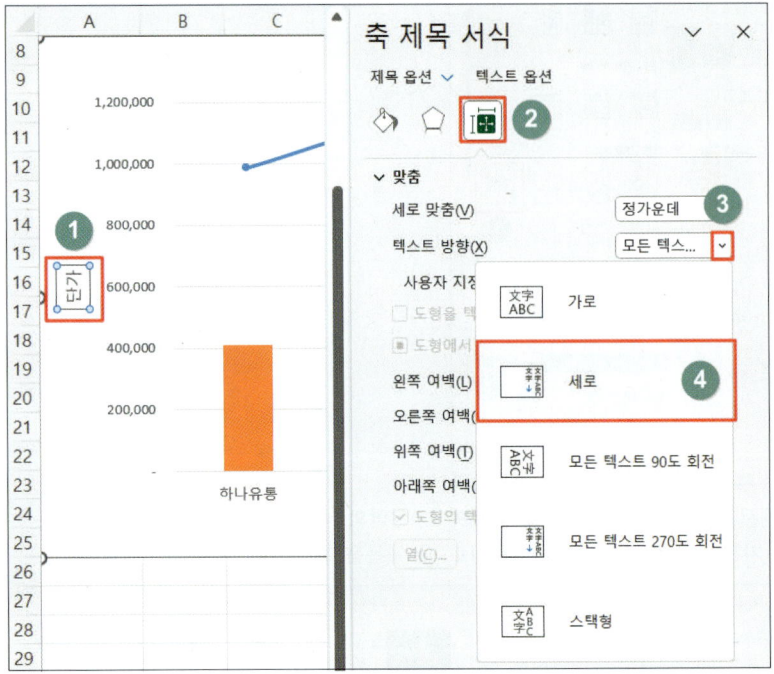

⑦ '수량' 계열을 선택한 후 [차트 디자인]탭-[차트 레이아웃] 영역의 [차트 요소 추가]를 선택한다. 목록이 나타나면 [데이터 레이블]-[데이터 설명선]을 선택하여 레이블을 추가한다.

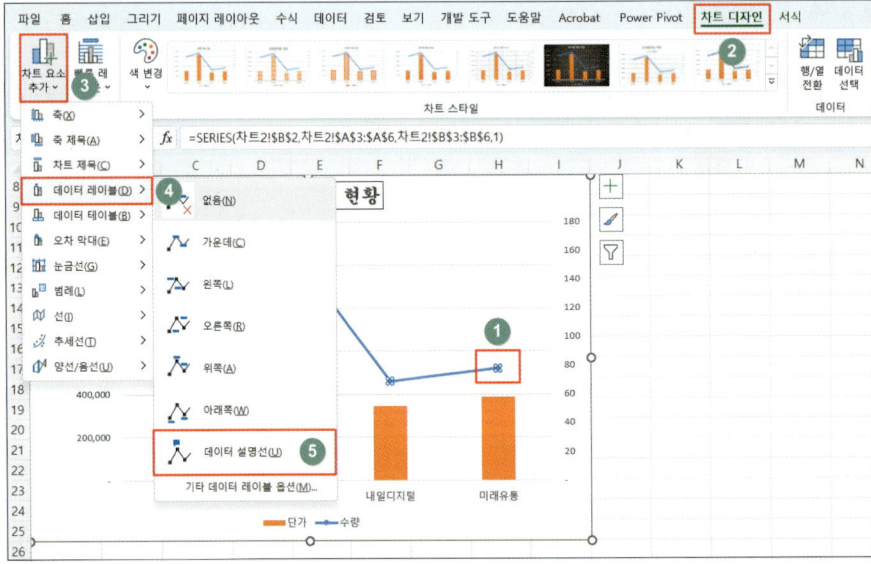

⑧ '수량'의 레이블을 더블 클릭하여 [데이터 레이블 서식] 대화상자를 표시한다. [레이블 옵션(📊)]탭의 '레이블 내용'에서 '값'만 체크하고, '레이블 위치'를 '오른쪽'으로 선택한다.

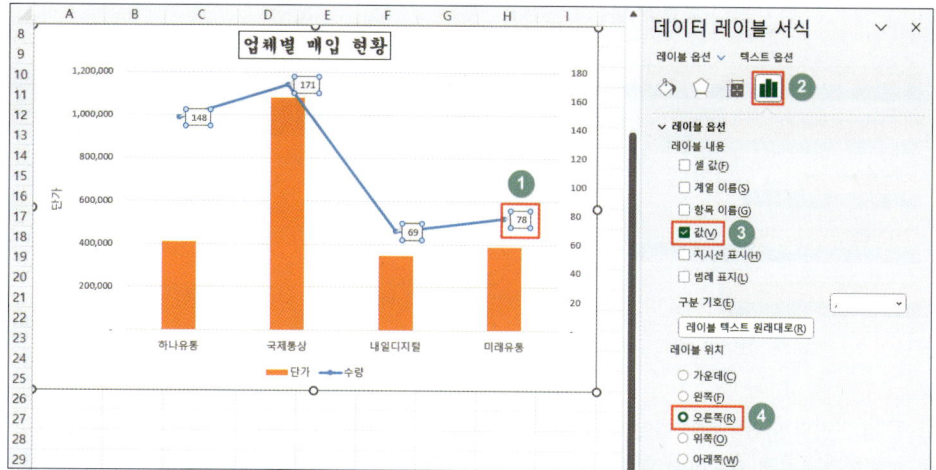

⑨ 그림 영역을 선택한 후 [서식]탭의 '도형 스타일(▽)' 목록에서 '미세 효과–녹색, 강조6'을 선택한다.

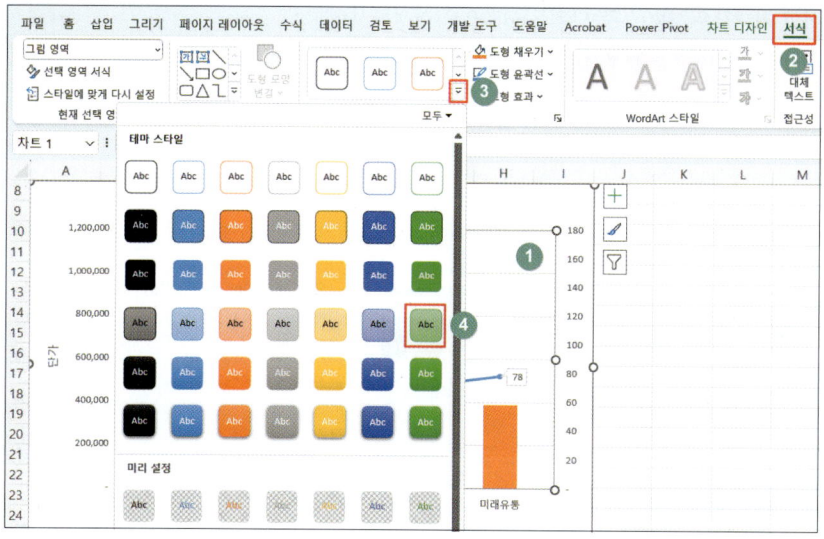

출제유형 3 '차트3' 시트에서 다음의 지시사항을 처리하시오.

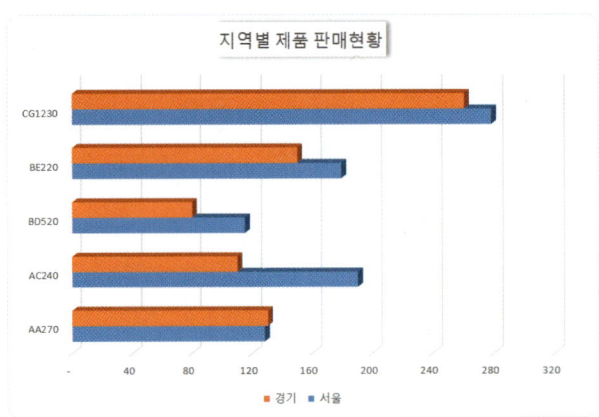

① 차트에 '경기' 지역의 판매현황 데이터를 추가하시오.
② 차트 제목을 추가하여 시트의 [B1] 셀과 연결하여 표시하고, 그림자를 '오프셋: 오른쪽'으로 설정하시오.
③ 범례의 위치를 '아래쪽'으로 변경하고, 글꼴 크기를 '10'으로 설정하시오.
④ 가로(값) 축 서식의 최대값은 '320', 주 단위는 '40'으로 설정하시오.
⑤ 차트 영역의 테두리 스타일을 '둥근 모서리'로 설정하시오.

문제해결

① 차트 영역을 선택 한 후 [차트 디자인]탭−[데이터] 영역의 [데이터 선택]을 선택한다.

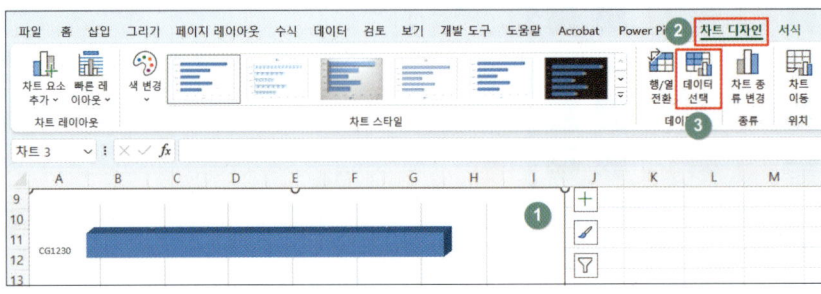

② [데이터 원본 선택] 대화상자가 나타나면 '차트 데이터 범위'를 「**=차트3!$A$2:$A$7,차트3!$D$2:$E$7**」와 같이 설정한 후 [확인]을 클릭한다.

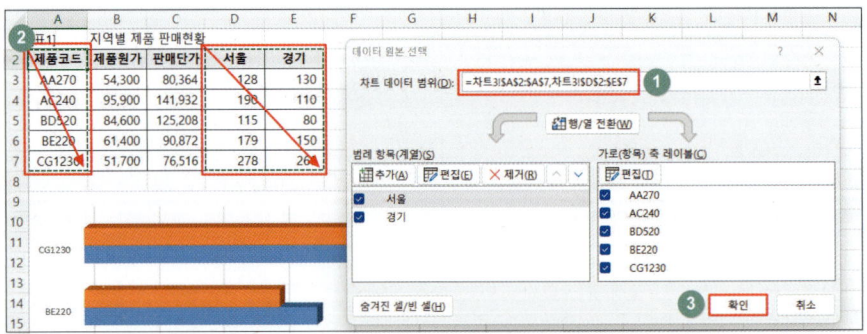

③ 차트 영역을 선택한 후 [차트 디자인]탭-[차트 레이아웃] 영역의 [차트 요소 추가]를 선택한다. 목록이 나타나면 [차트 제목]-[차트 위]를 선택한다.

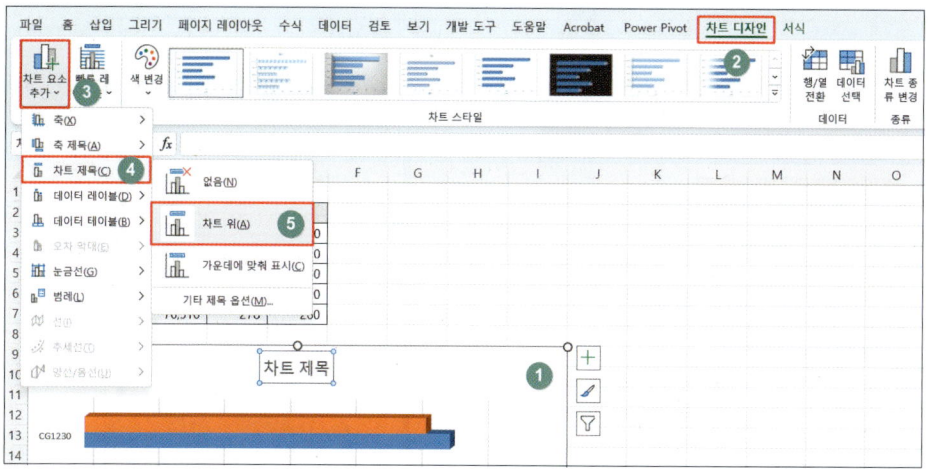

④ 차트 제목을 선택한 뒤 수식 입력줄에 「=」을 입력하고 [B1] 셀을 선택한 후 [Enter]를 눌러 마무리한 후 차트 제목을 더블 클릭하여 [차트 제목 서식] 대화상자를 표시한다. [효과(◎)]탭-[그림자]에서 '미리 설정(▽)'을 클릭하여 목록을 표시한 후, '바깥쪽' 영역의 '오프셋: 오른쪽'을 선택한다.

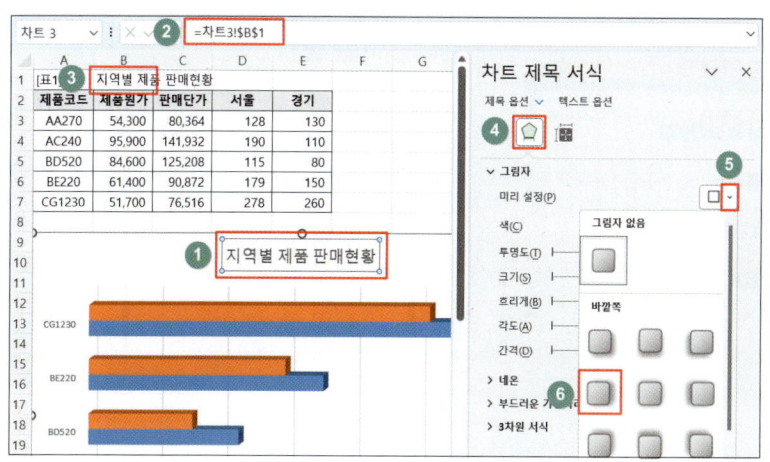

⑤ 범례를 더블 클릭하여 [범례 서식] 대화상자를 표시한 후 [범례 옵션(📊)]탭-[범례 옵션] 항목에서 '범례 위치'를 '아래쪽'으로 선택한다.

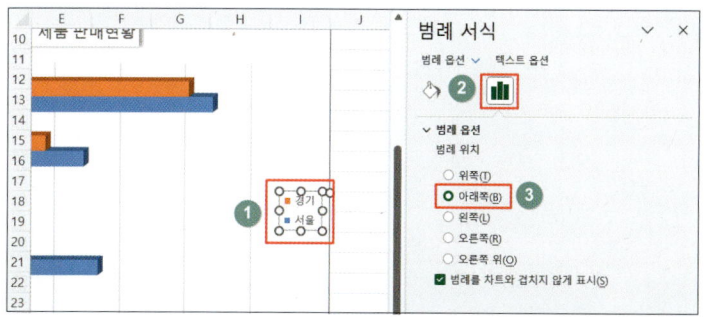

⑥ 범례 요소를 선택한 후 [홈]탭-[글꼴] 영역의 글꼴 크기를 '10'으로 설정한다.

⑦ 가로(값) 축을 더블 클릭하여 [축 서식] 대화상자를 표시한 후 [축 옵션(　)]탭-[축 옵션] 영역의 '최대값'에 「320」, 단위 '기본'에 「40」이라 입력한다.

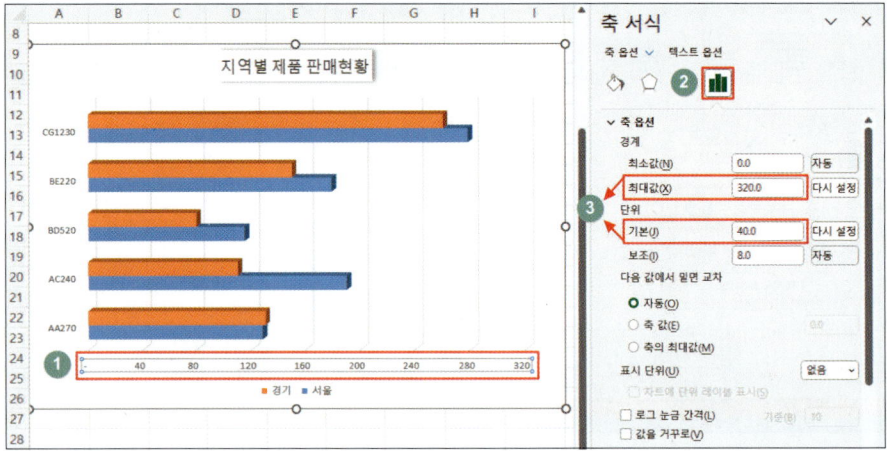

⑧ 차트 영역을 더블 클릭하여 [차트 영역 서식] 대화상자를 표시한 후 [채우기 및 색(　)]탭-[테두리] 영역에서 '둥근 모서리'를 체크한다.

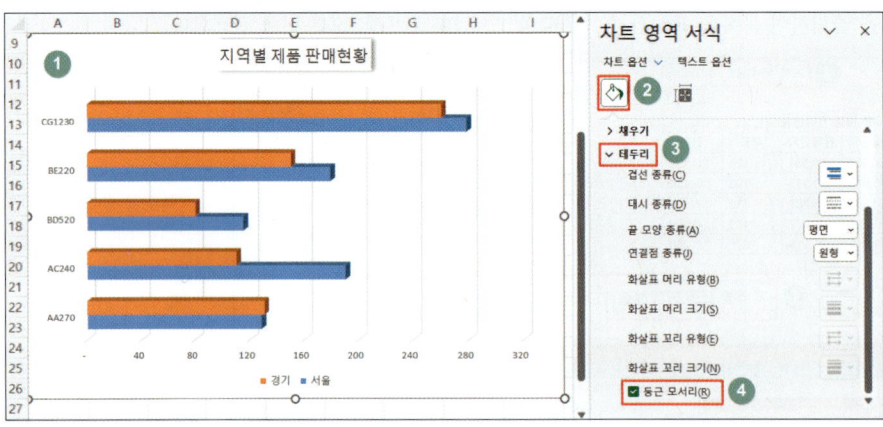

CHAPTER 02 매크로

■ 작업파일 스프레드시트/작업파일/기타작업/4-2-매크로.xlsm

매크로는 반복되는 일련의 작업을 미리 등록해 두었다가 필요한 순간에 호출해서 사용하는 기능으로 연산 및 서식 설정, 분석 기능 등을 기록해서 사용할 수 있습니다. 매크로는 작업 내용이 코드 형태로 기록되기 때문에 내용을 수정하기가 까다롭습니다. 따라서 작업 순서에 맞춰 정확하게 기록하는 것이 무엇보다 중요합니다.

◉ 매크로 작성 시 유의사항

- 매크로 이름에는 공백과 기호를 사용할 수 없습니다.
- 도형 작성 시 [Alt]를 함께 사용하면 셀 범위에 정확하게 맞춰 그릴 수 있습니다.
- [매크로 보안]은 'VBA 매크로 사용(권장 안함, 위험한 코드가 시행 될 수 있음)'으로 설정합니다.

◉ 매크로 보안 설정 변경하기

① [파일]탭-[옵션] 메뉴를 클릭하여 [Excel 옵션] 대화상자를 표시합니다.
② [보안 센터]탭의 [보안 센터 설정]을 클릭합니다.

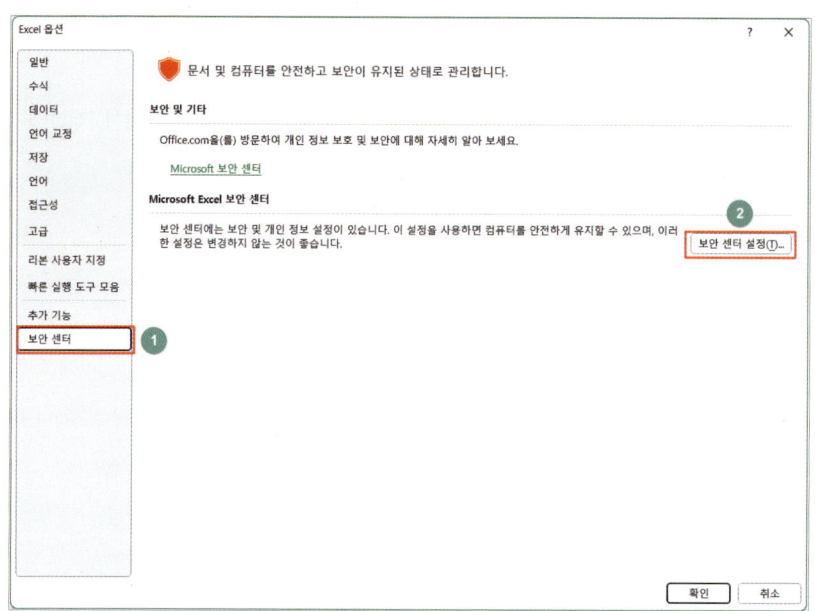

③ [보안 센터] 대화상자가 나타나면 '매크로 설정'을 아래와 같이 'VBA 매크로 사용(권장 안 함, 위험한 코드가 시행될 수 있음)'으로 변경하고 [확인]을 클릭합니다.

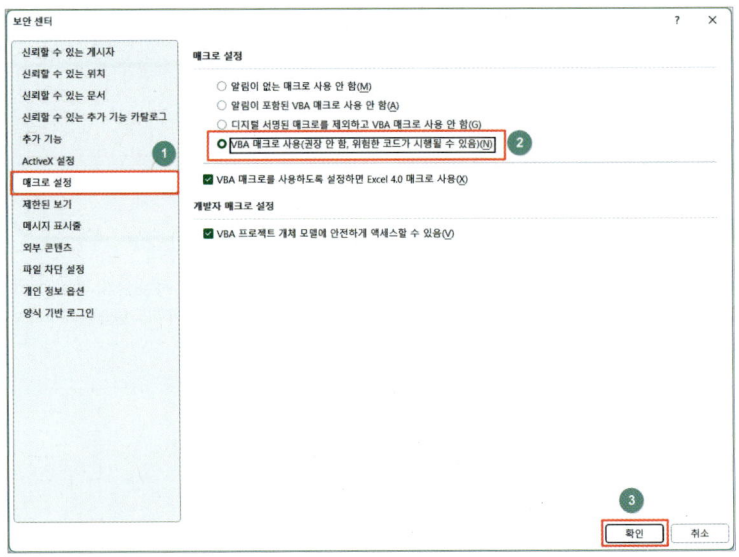

◉ 매크로 작성 전 체크항목

매크로는 리본 메뉴의 [개발 도구]탭을 사용하여 기록하는데, 만약 리본 메뉴에 [개발 도구]탭이 없다면 아래의 방법을 참고하여 설정을 변경합니다.

① 리본 메뉴 중 [홈]탭을 마우스 오른쪽으로 클릭하면 바로 가기 메뉴 목록이 나타나는데 그 중 '리본 메뉴 사용자 지정'을 선택합니다.

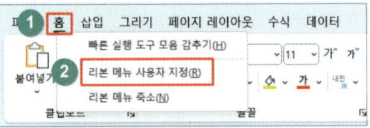

② [Excel 옵션] 대화상자가 나타나면 [리본 사용자 지정]탭의 리본 메뉴 사용자 지정 목록에서 '개발 도구'의 체크박스를 선택한 후 [확인]을 클릭합니다.

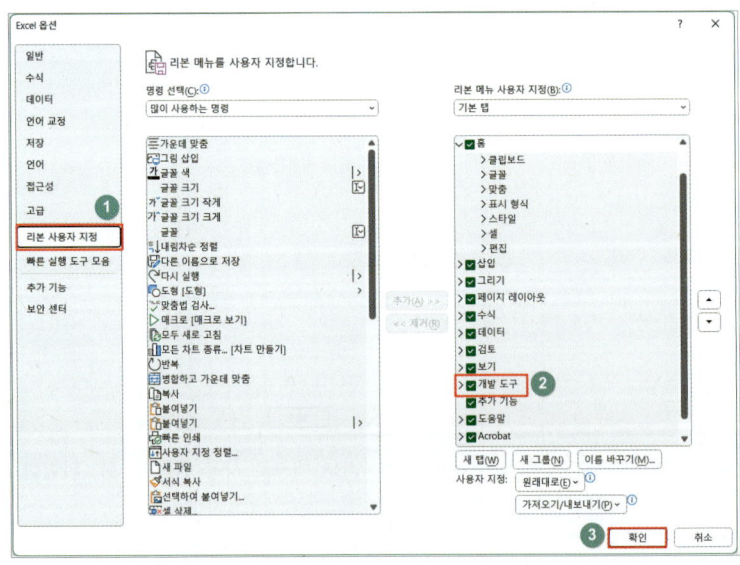

사용자 지정 표시 형식 - 서식 코드

매크로 기능은 [셀 서식] 대화상자의 '표시 형식'을 사용자 지정 기호를 사용하여 지정하는 형태로 출제되고 있습니다. 서식 기호의 유형과 작성 방법은 다음과 같습니다.

코드	설명	표시 형식	원본	결과
#	임의의 숫자 형식. 유효하지 않은 0 무시	#"개" #,###"원"	0 / 10 0 / 1230	개 / 10개 원 / 1,230원
0	임의의 숫자 형식. 유효하지 않은 0 표시	0"개" #,##0"원"	0 / 10 0 / 1230	0개 / 10개 0원 / 1,230원
@	임의의 문자 형식	@"님" "(주)"@	홍길동 한국	홍길동님 (주)한국
[ ]	조건이나 색을 지정	[>=10][파랑]0	50 / 5	50 / 5
*	* 다음의 문자를 셀의 너비만큼 반복하여 표시	"합계"*-0 0*★	10 5	합계----------10 5★★★★★★★★★
m	m은 1~12, mm은 01~12로 '월'을 표시 mmm은 Jan~Dec로 '월'을 표시 mmmm은 January~December로 '월'을 표시	m"월"	2025-1-5	1월
d	d는 1~31, dd는 01~31로 '일'을 표시 ddd는 Mon~Sun로 '요일'을 표시 dddd는 Monday~Sunday로 '요일'을 표시	d"일"		5일
a	aaa는 월~일로 '요일'을 표시 aaaa는 월요일~일요일로 '요일'을 표시	(aaa)		(수)
y	yy는 2자리 '년도'를 표시 yyyy는 4자리 '년도'를 표시	yy"년"		25년

사용자 지정 표시 형식 - 영역별 표시 형식

사용자 지정 형식은 최대 4영역으로 구분하여 지정할 수 있으며, 각 구역은 세미콜론(;)으로 구분합니다. 각 구역은 양수, 음수, 0, 문자로 구분되며, 대괄호([ ])를 이용하여 범위, 색상 등을 지정할 수 있습니다.

구분	영역구분	표시 형식	원본	결과
1구역	양수, 음수, 0	#,##0	2500	2,500
2구역	양수, 0 ; 음수	[파랑]#,##0 ; [빨강](#,##0)	-2500	(2,500)
3구역	양수 ; 음수 ; 0	#,##0 ; (#,##0) ; "제로"	0	제로
4구역	양수 ; 음수 ; 0 ; 문자	"▲"0 ; "▼"0 ; "제로" ; "오류"	-50	▼50

사용자 지정 표시 형식 - 조건별 표시 형식

사용자가 임의로 구역을 구분하여 조건을 지정하는 경우에는 지정된 순서대로 형식을 설정할 수 있습니다. 조건은 대괄호([ ])를 이용하며 범위, 색상 등의 형식을 지정할 수 있습니다.

경우1. 값이 1,000 이상이면 파랑색으로, 500 미만이면 빨강색으로 표시하시오.

표시 형식	원본	결과
[파랑][>=1000]#,##0 ; [빨강][<500]#,##0 ; 0	1500 / 25	1,500 / 25

경우2. 값이 50% 이상이면 "통과", 아니라면 "재평가"로 표시하시오.

표시 형식	원본	결과
[>=0.5]"통과" ; "재평가"	80% / 30%	통과 / 재평가

출제유형 **1** '매크로1' 시트에서 다음의 지시사항을 처리하시오.

① [E3:E16] 영역에 사용자 지정 표시 형식을 설정하는 '서식적용' 매크로를 생성하시오.
▶ 값이 양수라면 파랑색으로 '▲' 기호와 함께 표시하고, 음수라면 음수 기호 없이 빨강색으로 '▼' 기호와 함께 표시하고, 0이면 '재고 없음'이라 표시할 것
▶ [개발 도구]→[삽입]→[양식 컨트롤]의 '단추'를 동일 시트의 [G2:H3] 영역에 생성한 후 텍스트를 '서식적용'으로 입력하고, 단추를 클릭하면 '서식적용' 매크로가 실행되도록 설정할 것

② [E3:E16] 영역에 표시 형식을 '일반'으로 적용하는 '서식해제' 매크로를 생성하시오.
▶ [개발 도구]→[삽입]→[양식 컨트롤]의 '단추'를 동일 시트의 [G5:H6] 영역에 생성한 후 텍스트를 '서식해제'로 입력하고, 단추를 클릭하면 '서식해제' 매크로가 실행되도록 설정할 것

문제해결

① [개발 도구]탭-[컨트롤] 영역의 [삽입] 목록에서 양식 컨트롤의 [단추]를 선택한다.

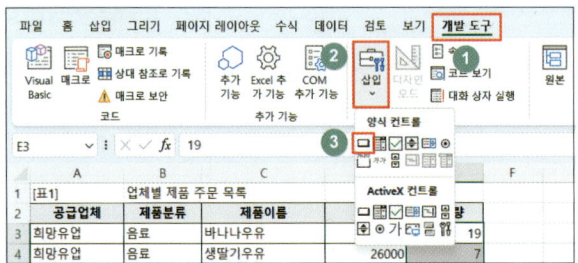

② 마우스 포인터가 '+'로 바뀌면 [Alt] 키를 누른 채 [G2:H3] 영역에 드래그하여 컨트롤을 그려준다.

③ [매크로] 대화상자가 나타나면 매크로 이름을 「**서식적용**」으로 입력하고 [기록]을 클릭한다.

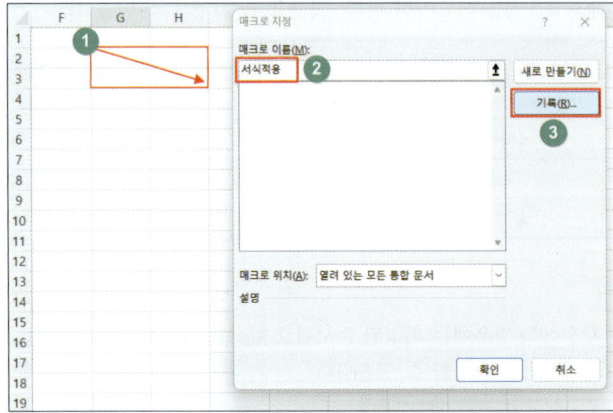

④ [매크로 기록] 화면으로 전환되면 매크로 이름이 '서식적용'인지 확인한 후 [확인]을 클릭한다.

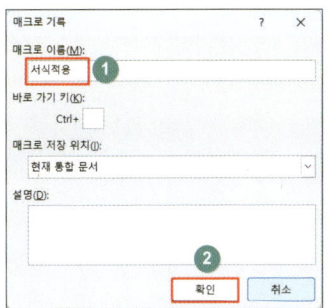

⑤ [E3:E16] 영역을 범위 지정한 후 [Ctrl] + [1]을 눌러 [셀 서식] 대화상자를 호출한다.

⑥ [셀 서식] 대화상자가 나타나면 [표시 형식]탭의 '사용자 지정' 범주의 형식에 「**[파랑]**"▲"0;**[빨강]**"▼"0;"**재고 없음**"」으로 입력한 후 [확인]을 클릭한다.

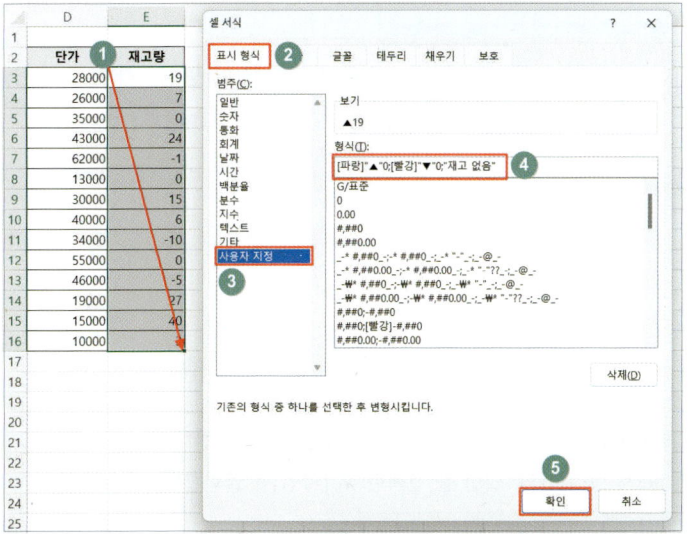

⑦ [개발 도구]탭-[코드] 영역의 [기록 중지]를 클릭한다.

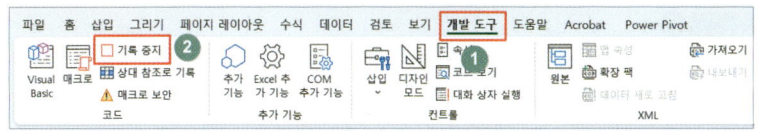

⑧ 단추 컨트롤을 마우스 오른쪽으로 클릭하여 나타나는 바로 가기 메뉴에서 '텍스트 편집'을 선택한다. 텍스트 편집 상태가 되면 「**서식적용**」으로 입력하고 임의의 셀을 클릭하여 편집을 마무리한다.

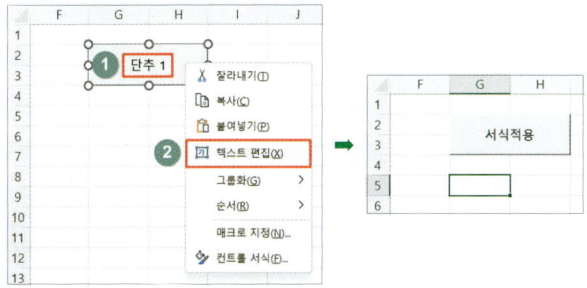

⑨ [개발 도구]탭-[컨트롤] 영역의 [삽입] 목록에서 양식 컨트롤의 [단추]를 선택한 후, 마우스 포인터가 '+' 로 바뀌면 [Alt] 키를 누른 채 [G5:H6] 영역에 드래그하여 컨트롤을 그려준다.

⑩ [매크로] 대화상자가 나타나면 매크로 이름을 「서식해제」로 입력하고 [기록]을 클릭한다.

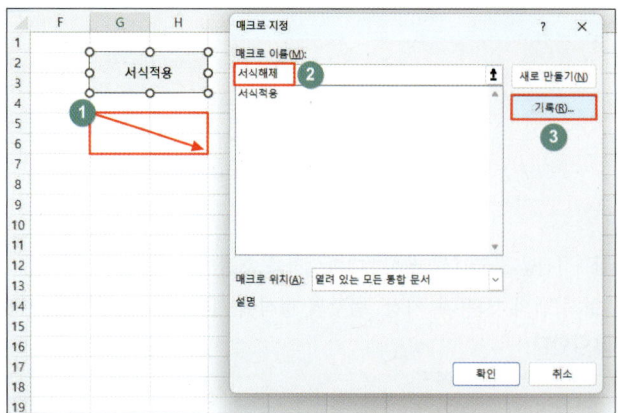

⑪ [매크로 기록] 화면으로 전환되면 매크로 이름이 '서식해제'인지 확인한 후 [확인]을 클릭한다.

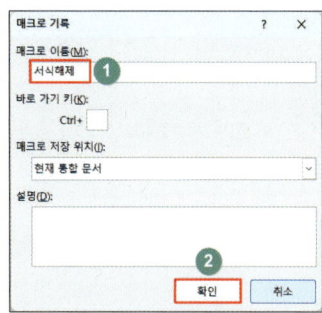

⑫ [E3:E16] 영역을 범위 지정한 후 [Ctrl] + [1]을 눌러 [셀 서식] 대화상자를 호출한다.

⑬ [셀 서식] 대화상자가 나타나면 [표시 형식]탭의 '일반'을 선택한 후 [확인]을 클릭한다.

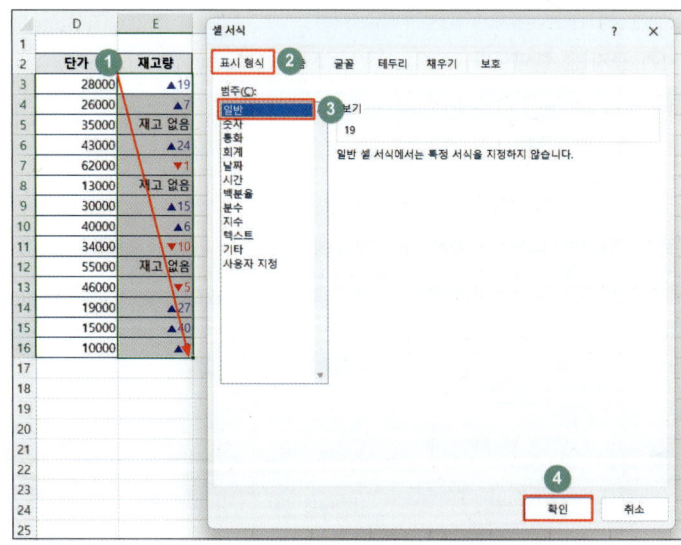

⑭ [개발 도구]탭-[코드] 영역의 [기록 중지]를 클릭한다.

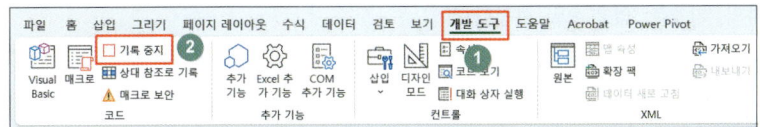

⑮ 단추 컨트롤을 마우스 오른쪽으로 클릭하여 나타나는 바로 가기 메뉴에서 '텍스트 편집'을 선택한다. 텍스트 편집 상태가 되면 **「서식해제」**로 입력하고 임의의 셀을 클릭하여 편집을 마무리한다.

⑯ 최종결과

	A	B	C	D	E	F	G	H
1	[표1]	업체별 제품 주문 목록						
2	공급업체	제품분류	제품이름	단가	재고량		서식적용	
3	희망유업	음료	바나나우유	28000	▲19			
4	희망유업	음료	생딸기우유	26000	▲7			
5	대건교역	음료	트로피컬칵테일	35000	재고 없음			
6	대건교역	가공식품	태양어묵	43000	▲24		서식해제	
7	대건교역	유제품	진한생크림	62000	▼1			
8	대성육가공	유제품	고소한치즈	13000	재고 없음			
9	건국유통	가공식품	내동참치	30000	▲15			
10	건국유통	가공식품	대선딸기소스	40000	▲6			
11	대일유업	유제품	구워먹는치즈	34000	▼10			
12	대일유업	유제품	스트링화이트치즈	55000	재고 없음			
13	미미무역	음료	베트남원두커피	46000	▼5			
14	미미무역	가공식품	줄줄이소세지	19000	▲27			
15	코코제과	과자류	초코초코파이	15000	▲40			
16	코코제과	과자류	참깨스틱	10000	▲3			
17								

출제유형 2 '매크로2' 시트에서 다음의 지시사항을 처리하시오.

① [C3:E11] 영역에 사용자 지정 표시 형식을 설정하는 '비용구분' 매크로를 생성하시오.
▶ 값이 1,000,000 이상이라면 빨강색 '★' 기호와 함께 천 단위 구분 기호를 표시하고, 200,000 이하라면 파랑색 '☆' 기호와 함께 천 단위 구분 기호를 표시하고, 나머지는 검정색 천 단위 구분 기호를 표시할 것
▶ [개발 도구]→[삽입]→[양식 컨트롤]의 '단추'를 동일 시트의 [G2:H3] 영역에 생성한 후 텍스트를 '비용구분'으로 입력하고, 단추를 클릭하면 '비용구분' 매크로가 실행되도록 설정할 것

② [C3:E11] 영역에 표시 형식을 '통화'로 적용하는 '구분해제' 매크로를 생성하시오.
▶ '통화' 형식을 지정하되, 기호는 '없음'으로 설정할 것
▶ [개발 도구]→[삽입]→[양식 컨트롤]의 '단추'를 동일 시트의 [G5:H6] 영역에 생성한 후 텍스트를 '구분해제'로 입력하고, 단추를 클릭하면 '구분해제' 매크로가 실행되도록 설정할 것

문제해결

① [개발 도구]탭-[컨트롤] 영역의 [삽입] 목록에서 양식 컨트롤의 [단추]를 선택한다.

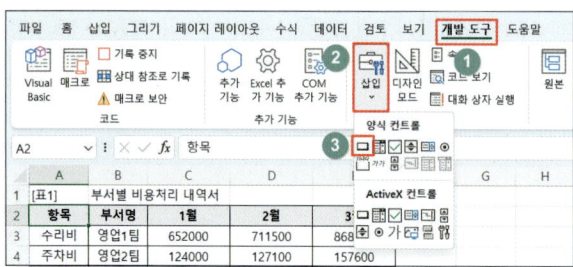

② 마우스 포인터가 '+'로 바뀌면 [Alt] 키를 누른 채 [G2:H3] 영역에 드래그하여 컨트롤을 그려준다.
③ [매크로] 대화상자가 나타나면 매크로 이름을 「**비용구분**」으로 입력하고 [기록]을 클릭한다.

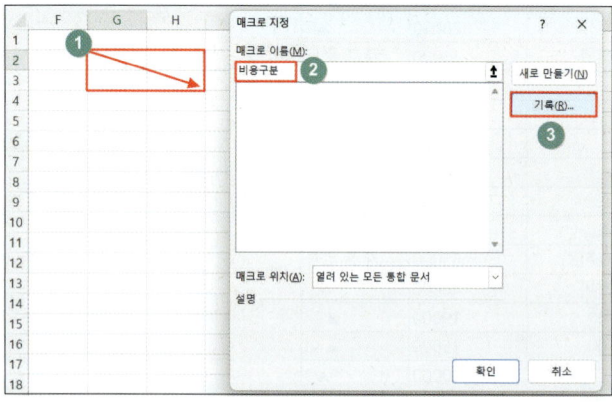

④ [매크로 기록] 화면으로 전환되면 매크로 이름이 '비용구분'인지 확인한 후 [확인]을 클릭한다.

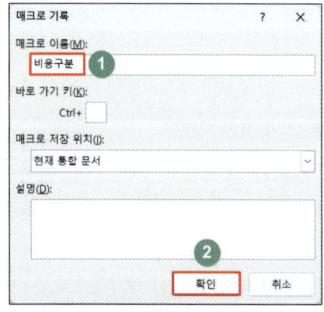

⑤ [C3:E11] 영역을 범위 지정한 후 [Ctrl] + [1]을 눌러 [셀 서식] 대화상자를 호출한다.
⑥ [셀 서식] 대화상자가 나타나면 [표시 형식]탭의 '사용자 지정' 범주의 형식에 「**[빨강][>=1000000]**
"★"#,##0;[파랑][<=200000]"☆"#,##0;#,##0」으로 입력한 후 [확인]을 클릭한다.

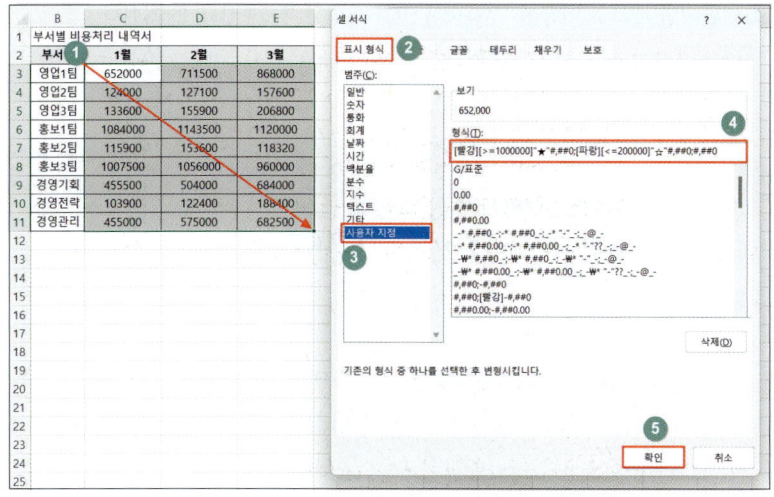

⑦ [개발 도구]탭-[코드] 영역의 [기록 중지]를 클릭한다.

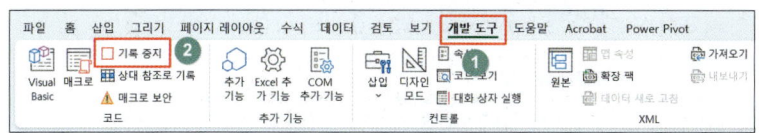

⑧ 단추 컨트롤을 마우스 오른쪽으로 클릭하여 나타나는 바로 가기 메뉴에서 '텍스트 편집'을 선택한다. 텍스트 편집 상태가 되면 「**비용구분**」으로 입력하고 임의의 셀을 클릭하여 편집을 마무리한다.

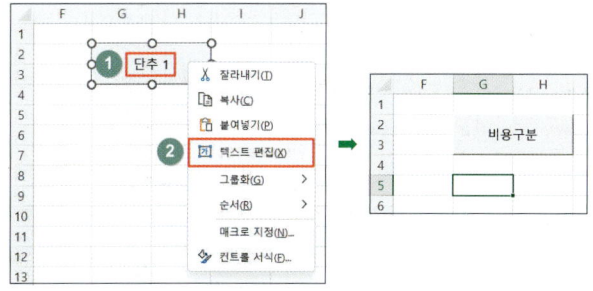

⑨ [개발 도구]탭-[컨트롤] 영역의 [삽입] 목록에서 양식 컨트롤의 [단추]를 선택한 후, 마우스 포인터가 '+'로 바뀌면 [Alt] 키를 누른 채 [G5:H6] 영역에 드래그하여 컨트롤을 그려준다.

⑩ [매크로] 대화상자가 나타나면 매크로 이름을 「**구분해제**」로 입력하고 [기록]을 클릭한다.

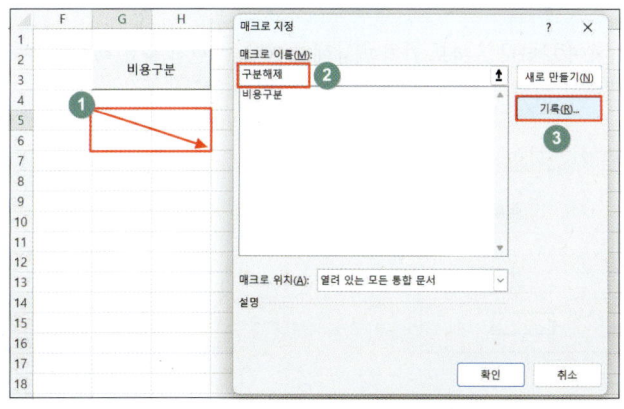

⑪ [매크로 기록] 화면으로 전환되면 매크로 이름이 '구분해제'인지 확인한 후 [확인]을 클릭한다.

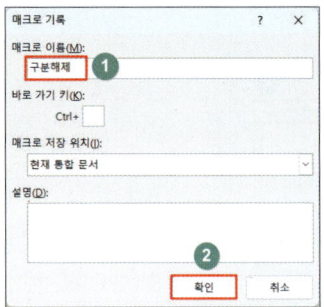

⑫ [C3:E11] 영역을 범위 지정한 후 [Ctrl] + [1]을 눌러 [셀 서식] 대화상자를 호출한다.

⑬ [셀 서식] 대화상자가 나타나면 [표시 형식]탭의 '통화'에서 기호(⌄)는 '없음'으로 선택한 후 [확인]을 클릭한다.

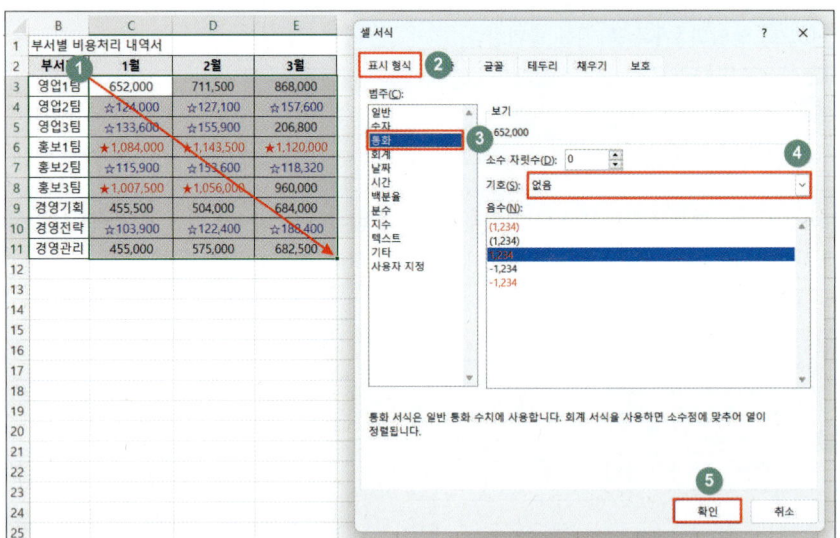

⑭ [개발 도구]탭-[코드] 영역의 [기록 중지]를 클릭한다.

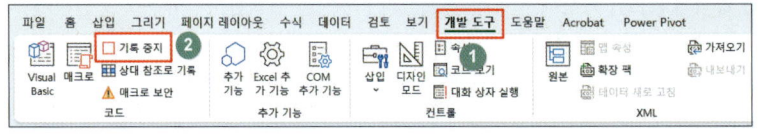

⑮ 단추 컨트롤을 마우스 오른쪽으로 클릭하여 나타나는 바로 가기 메뉴에서 '텍스트 편집'을 선택한다. 텍스트 편집 상태가 되면 「**구분해제**」로 입력하고 임의의 셀을 클릭하여 편집을 마무리한다.

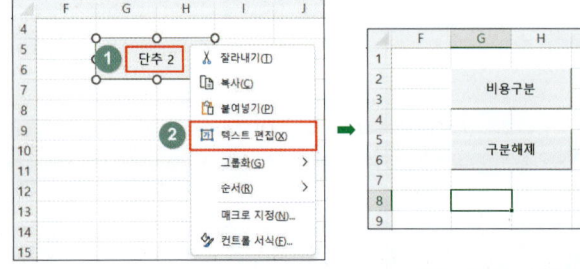

⑯ 최종결과

	A	B	C	D	E	F	G	H
1	[표1]	부서별 비용처리 내역서						
2	항목	부서명	1월	2월	3월		비용구분	
3	수리비	영업1팀	652,000	711,500	868,000			
4	주차비	영업2팀	☆124,000	☆127,100	☆157,600			
5	전기료	영업3팀	☆133,600	☆155,900	206,800		구분해제	
6	임대료	홍보1팀	★1,084,000	★1,143,500	★1,120,000			
7	수리비	홍보2팀	☆115,900	☆153,600	☆118,320			
8	임대료	홍보3팀	★1,007,500	★1,056,000	960,000			
9	전기료	경영기획	455,500	504,000	684,000			
10	수리비	경영전략	☆103,900	☆122,400	☆188,400			
11	수리비	경영관리	455,000	575,000	682,500			
12								

출제유형 3 '매크로3' 시트에서 다음의 지시사항을 처리하시오.

① [D3:D14] 영역에 사용자 지정 표시 형식을 설정하는 '반품율형식' 매크로를 생성하시오.
  ▶ 값이 0을 초과하면 자홍색으로 "주의" 뒤에 백분율로 소수 첫째짜리까지 표시하면서 숫자와 텍스트 사이의 너비만큼 '–'를 반복하여 표시하고, 나머지는 공란으로 표시할 것
  ▶ [삽입]→[도형]→[기본도형]의 '빗면(□)'을 동일 시트의 [G2:H3] 영역에 생성한 후 텍스트를 '반품율형식'으로 입력하여 텍스트를 정 가운데 정렬한 후, 단추를 클릭하면 '반품율형식' 매크로가 실행되도록 설정할 것

② [E3:E14] 영역에 조건부 서식을 적용하는 '그래프보기' 매크로를 생성하시오.
  ▶ 규칙 유형은 '셀 값을 기준으로 모든 셀의 서식 지정'을 선택하고, 서식 스타일은 '데이터 막대', 최소값은 백분율 '10', 최대값은 백분율 '90'으로 설정할 것
  ▶ 막대 모양의 채우기는 '그라데이션 채우기', 색은 '표준 색-노랑'으로 설정할 것
  ▶ [개발 도구]→[삽입]→[양식 컨트롤]의 '단추'를 동일 시트의 [G5:H6] 영역에 생성한 후 텍스트를 '그래프보기'로 입력하고, 단추를 클릭하면 '그래프보기' 매크로가 실행되도록 설정할 것

문제해결 🔑

① [삽입]탭-[일러스트레이션] 영역의 [도형] 목록에서 '기본도형'의 [빗면(□)]을 선택한다.

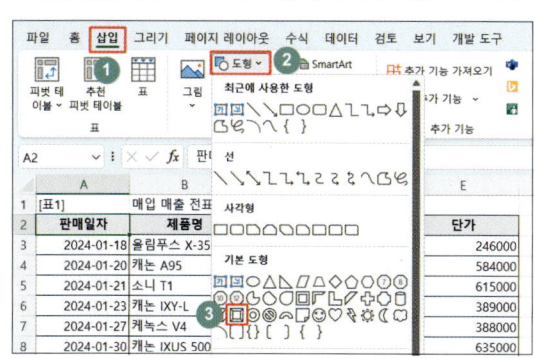

② 마우스 포인터가 '+'로 바뀌면 [Alt] 키를 누른 채 [G2:H3] 영역에 드래그하여 도형을 만들고, 「**반품율형식**」이라 입력한다. [홈]탭-[맞춤] 영역의 정렬을 세로와 가로에서 가운데로 설정한다.

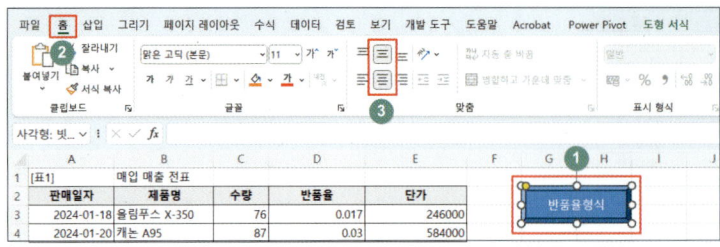

③ 도형이 선택된 상태에서 [개발 도구]탭-[코드] 영역의 [매크로 기록]을 클릭한다. 대화상자가 나타나면 매크로 이름을 「**반품율형식**」으로 입력하고 [확인]을 클릭한다.

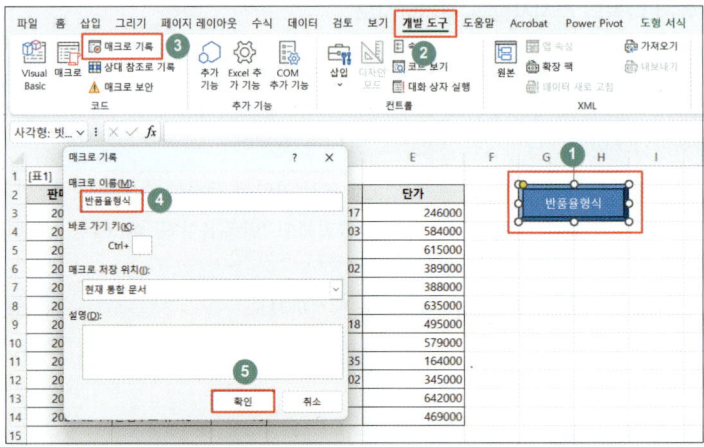

④ [매크로 기록] 버튼이 [기록 중지]로 전환되면 기록이 시작된다.

⑤ [D3:D14] 영역을 범위 지정한 후 [Ctrl] + [1]을 눌러 [셀 서식] 대화상자를 호출한다.

⑥ [셀 서식] 대화상자가 나타나면 [표시 형식]탭의 '사용자 지정' 범주의 형식에 「**[자홍][>0]"주의"*-0.0%;""**」으로 입력한 후 [확인]을 클릭한다.

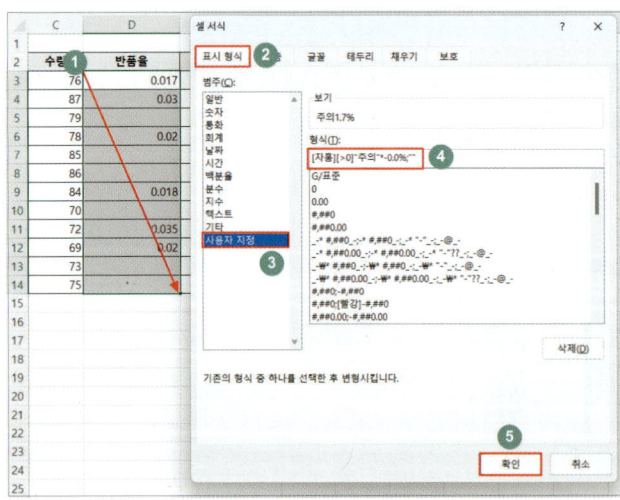

⑥ [개발 도구]탭-[코드] 영역의 [기록 중지]를 클릭한다.

⑦ 도형을 마우스 오른쪽으로 클릭하여 나타나는 바로 가기 메뉴에서 '매크로 지정'을 선택한다. [매크로 지정] 대화상자가 나타나면 '반품율형식'을 선택한 후 [확인]을 클릭한다.

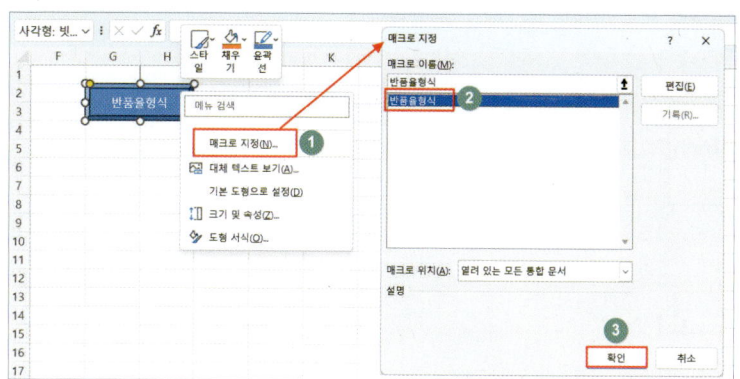

⑧ [개발 도구]탭-[컨트롤] 영역의 [삽입] 목록에서 양식 컨트롤의 [단추]를 선택한 후, 마우스 포인터가 '+'로 바뀌면 [Alt] 키를 누른 채 [G5:H6] 영역에 드래그하여 컨트롤을 그려준다.

⑨ [매크로] 대화상자가 나타나면 매크로 이름을 「그래프보기」로 입력하고 [기록]을 클릭한다.

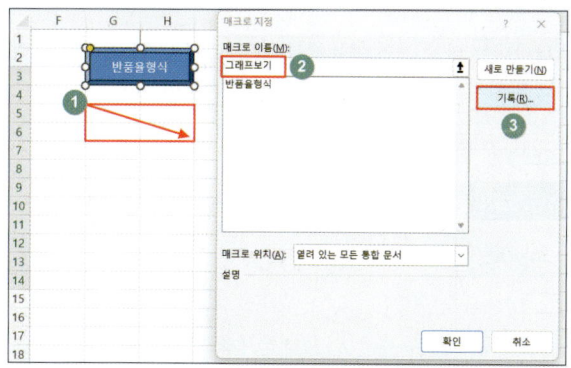

⑩ [매크로 기록] 화면으로 전환되면 매크로 이름이 '그래프보기'인지 확인한 후 [확인]을 클릭한다.

⑪ [E3:E14] 영역을 범위 지정한 후 [홈]탭-[스타일] 영역의 [조건부 서식]에서 [새 규칙]을 선택한다.

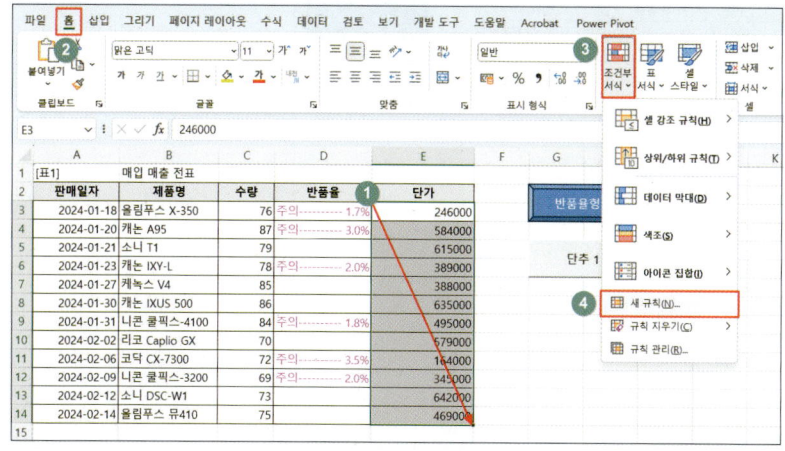

⑫ [새 서식 규칙] 대화상자가 나타나면 규칙 유형 선택을 '▶ 셀 값을 기준으로 모든 셀의 서식 지정'을 선택한다. 서식 스타일(∨)을 '데이터 막대'로 선택하고, 최소값의 종류(∨)를 '백분율', 값은 '10'으로 지정하고, 최대값의 종류(∨)를 '백분율', 값은 '90'으로 설정한다. 막대 모양의 채우기(∨)는 '그라데이션 채우기', 색(∨)은 '표준 색-노랑'으로 설정한 후 [확인]을 클릭한다.

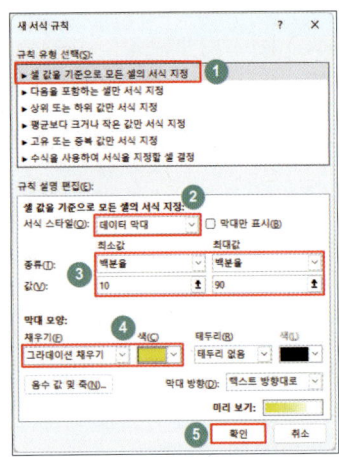

⑬ [개발 도구]탭-[코드] 영역의 [기록 중지]를 클릭한다.
⑭ 단추 컨트롤을 마우스 오른쪽으로 클릭하여 나타나는 바로 가기 메뉴에서 '텍스트 편집'을 선택한다. 텍스트 편집 상태가 되면 「**그래프보기**」로 입력하고 임의의 셀을 클릭하여 편집을 마무리한다.

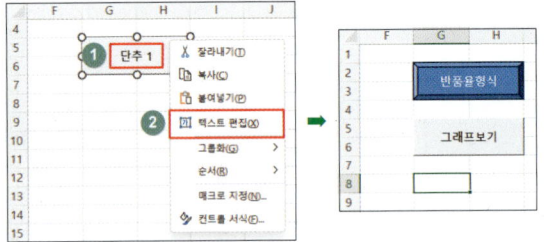

⑮ 최종결과

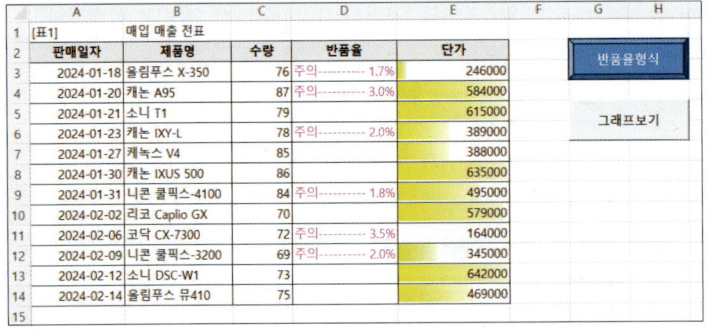

잠깐!

잘못 기록된 매크로는 [개발 도구]탭-[코드] 영역의 [매크로]를 클릭한 후, [매크로] 대화상자에서 [편집]을 클릭하여 코드를 수정하거나, [삭제]를 클릭하여 지운 후 다시 기록합니다. 작업 파일을 초기화 시키는 과정이 번거롭기 때문에 불필요한 단계를 최소화하여 매크로를 기록할 수 있도록 충분히 연습하도록 합니다.

CHAPTER

03 프로시저

프로시저는 VBA를 이용하여 작업을 자동화 할 수 있는 도구입니다. 폼을 사용하여 데이터를 입력하거나 셀에 입력된 데이터를 폼에 표시하는 작업을 수행하게 됩니다. 최근에는 컨트롤의 속성을 변경하거나 작업하는 이벤트 형태가 다양화되고 있어 유형 별로 코드 정리가 필요한 작업입니다.

| 프로시저 작성 유형 |
① 폼 띄우기/나타내기. 컨트롤 채우기
② 폼과 시트에 데이터 입력 또는 표시하기
③ 폼 종료하기. 시트/셀에 이벤트 적용하기
④ 메시지 박스 표시하기

◐ Visual Basic Editor 실행방법

① [개발 도구]탭-[코드] 영역의 [Visual Basic]을 클릭합니다.

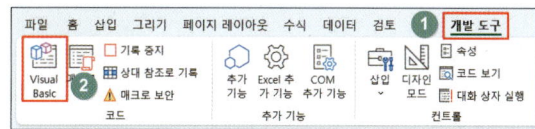

② 바로 가기 키 : [Alt] + [F11]

◐ Visual Basic Editor 구성

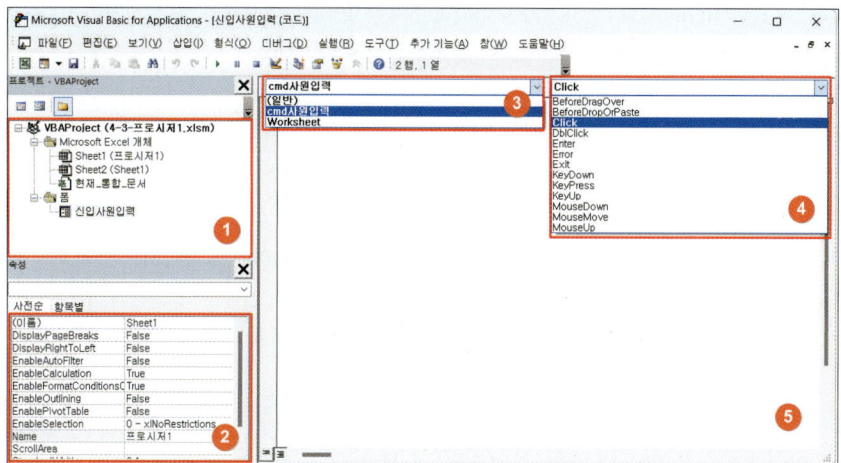

① 프로젝트 탐색기([Ctrl]+[R])	현재 작업 중인 파일의 개체와 모듈의 목록을 표시합니다.
② 속성 시트([F4])	작업 중인 개체의 속성 정보를 표시하고, 설정을 변경할 수 있습니다.
③ 개체 목록	작업 중인 개체에서 사용가능한 항목 및 컨트롤의 목록을 표시합니다.
④ 프로시저 목록	선택한 항목 또는 컨트롤의 프로시저 목록을 표시합니다.
⑤ 코드 창([F7])	개체 별 프로시저를 작성하는 곳으로, 여러 명령어를 코드 형태로 작업합니다.

■ 작업파일 스프레드시트/작업파일/기타작업/4-3-프로시저1.xlsm

출제유형 1 '프로시저1' 시트에서 다음의 지시사항을 처리하시오.

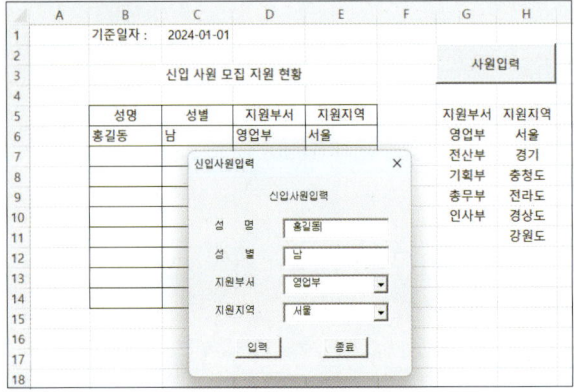

① '사원입력' 버튼을 클릭하면 〈신입사원입력〉 폼이 화면에 나타나도록 이벤트 프로시저를 작성하시오.
② 〈신입사원입력〉 폼이 실행되면 [G6:G10] 영역의 내용이 '지원부서(cmb지원부서)' 콤보 상자에 추가되고, [H6:H11] 영역의 내용이 '지원지역(cmb지원지역)' 콤보 상자에 추가되어 목록으로 표시되도록 프로시저를 작성하시오.
③ 〈신입사원입력〉 폼의 '입력(cmd입력)' 버튼을 클릭하면, 〈신입사원입력〉 폼에 입력된 '성명(txt성명)', '성별(txt성별)', '지원부서(cmb지원부서)', '지원지역(cmb지원지역)'의 데이터가 '프로시저1' 시트에 입력되어 있는 마지막 행 다음에 연속해서 추가되도록 프로시저를 작성하시오.
  ▶ 데이터는 [B5] 셀부터 입력되어 있음.
  ▶ 폼의 '입력(cmd입력)'을 클릭하면 폼의 '성명', '성별', '지원부서', '지원지역'이 초기화 되도록 설정할 것
  ▶ 워크 시트에 데이터 입력 시 표의 제목 행과 입력 내용이 일치하도록 작성할 것
  ▶ 데이터를 추가하거나 삭제해도 항상 마지막 데이터 다음에 입력되도록 설정할 것
④ 〈신입사원입력〉 폼의 '종료(cmd종료)' 버튼을 클릭하면 폼이 화면과 메모리에서 사라지도록 프로시저를 작성하시오.
⑤ '프로시저1' 시트가 활성화(Activate)되면 [C1] 셀에 오늘 날짜가 입력되도록 프로시저를 설정하시오.

문제해결 🔑

❶ 폼 나타내기

ⅰ) [개발도구]탭-[컨트롤] 영역의 [디자인 모드]를 클릭하여 편집 모드로 전환한다.

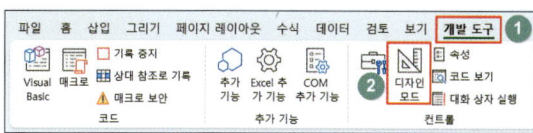

ⅱ) 워크시트의 '사원입력(cmd사원입력)' 버튼을 더블 클릭하면 'cmd사원입력_Click()' 코드 창이 만들어진다. 코드 창이 나타나면 다음과 같이 코드를 입력한다.

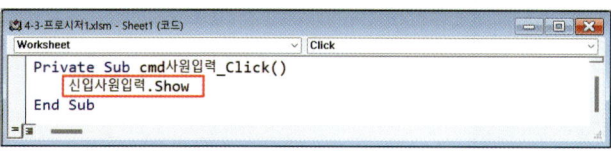

Private Sub cmd사원입력_Click( )	→ 'cmd사원입력' 버튼을 Click(선택)했을 때의 Sub 코드 정의
신입사원입력.Show	→ '신입사원입력(폼)'을 'Show(나타내기)'하도록 지정
End Sub	→ Sub 코드 종료

🧭 잠깐!

중간에 코드 결과를 확인하려면 다음의 과정을 추가적으로 진행합니다.

① 메뉴 상단 [보기 Microsoft Excel](🅧)을 클릭하여 엑셀로 돌아온다. (또는 [Sub/사용자 정의 폼 실행](▶)을 클릭하여 결과를 확인한다.)

② [개발 도구]탭-[코드] 영역의 [디자인 모드]를 클릭하여 편집 모드를 해제한 후, 워크시트의 '사원입력' 버튼을 클릭하여 <신입사원입력> 폼이 나타나는지 확인한다.

③ <신입사원입력> 폼의 [닫기](✕)를 클릭하여 폼을 종료한 후 VBA 코드 창으로 돌아간다.

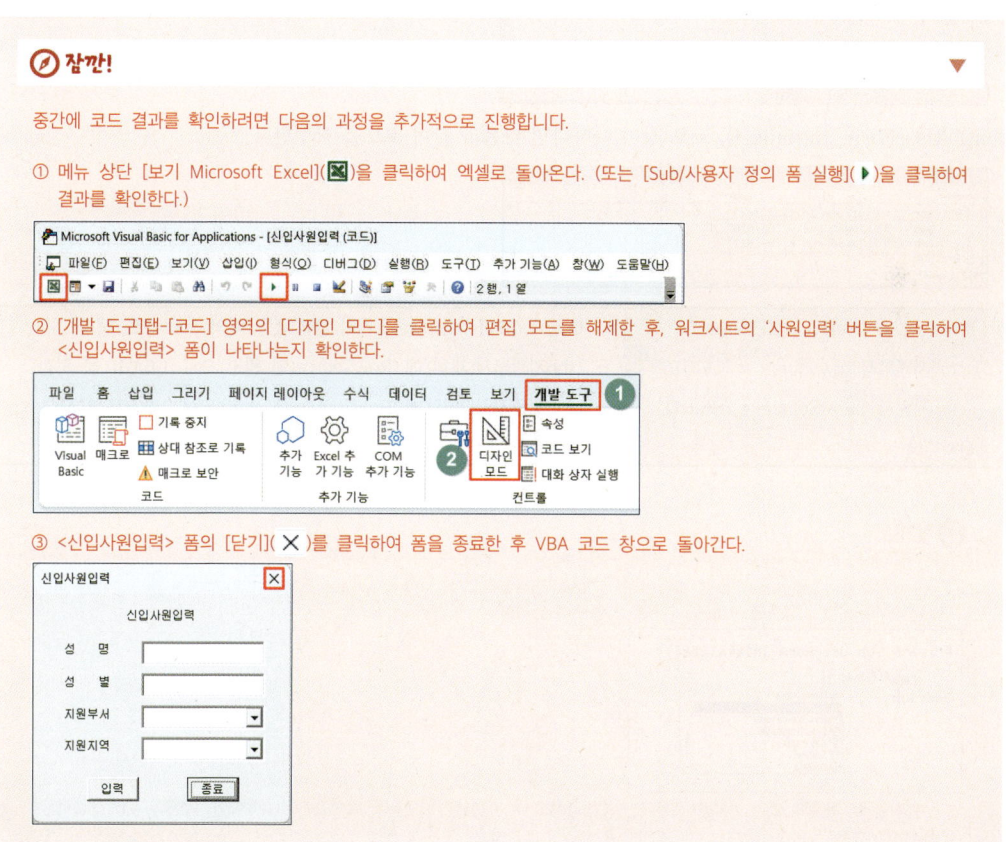

❷ 콤보 상자에 목록 표시하기

ⅰ) [프로젝트- VBA Project] 탐색기에서 [폼]을 더블 클릭한 후, 표시되는 목록에서 〈신입사원입력〉 폼을 더블 클릭한다. 코드 창 영역에 〈신입사원입력〉 폼이 표시되면 해당 폼을 더블 클릭하거나 [코드 보기] (　)를 클릭한다.

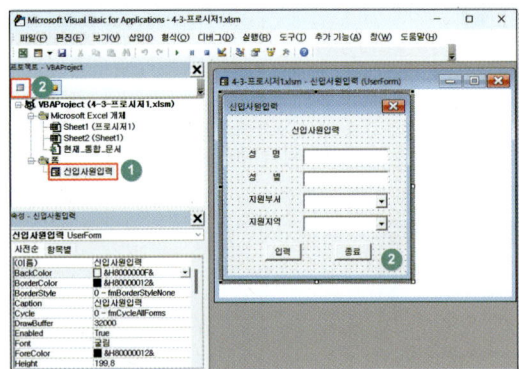

ⅱ) 'UserForm_Click()' 코드 창이 나타나면 프로시저 목록에서 'Initialize'를 선택한다.

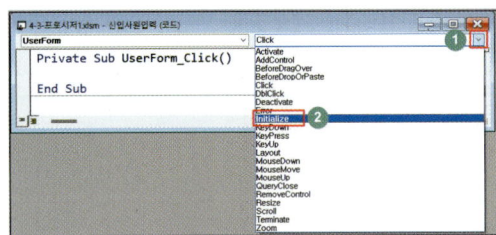

ⅲ) 'UserForm_Initialize()' 코드 창이 나타나면 다음과 같이 코드를 작성한다.

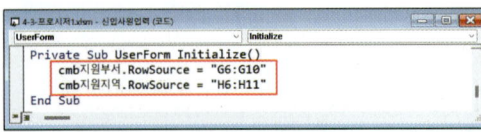

Private Sub UserForm_Initialize( )	→ 'UserForm'이 Initialize(초기화/실행)됐을 때의 Sub 코드 정의
cmb지원부서.RowSource = "G6:G10"	→ 'cmb지원부서(개체)'에 'RowSource(행 원본)'으로 'G6:G10'을 지정
cmb지원지역.RowSource = "H6:H11"	→ 'cmb지원지역(개체)'에 'RowSource(행 원본)'으로 'H6:H11'을 지정
End Sub	→ Sub 코드 종료

 잠깐!

• 「cmb지원부서.RowSource="G6:G10"」 입력 시 'R'을 입력하면 사용 가능한 명령어 목록이 나타납니다. 'RowSource'을 선택한 후 [Tab]을 사용하면 'RowSource'를 자동으로 완성할 수 있습니다.

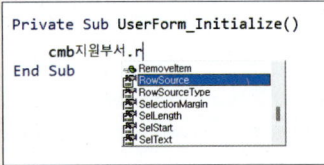

• 원본의 주소 목록이 2열 이상인 경우에는 'ColumnCount' 속성을 사용하여 열 개수를 설정해야 합니다. 예) cmb지원부서.ColumnCount = 2

❸ 폼의 자료를 워크시트에 입력하기

i) [프로젝트- VBA Project] 탐색기에서 [폼]을 더블 클릭한 후, 표시되는 목록에서 〈신입사원입력〉 폼을 더블 클릭한다. 코드 창 영역에 〈신입사원입력〉 폼이 표시되면 '입력(cmd입력)' 버튼을 더블 클릭한다.

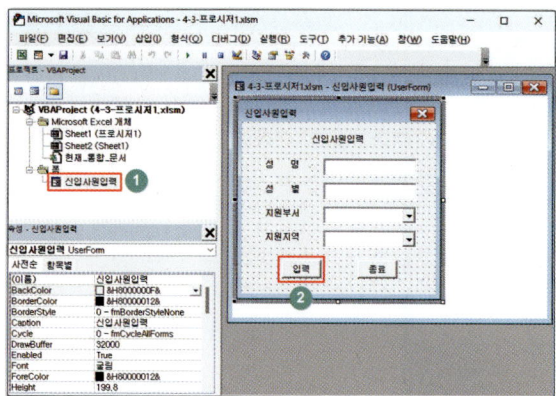

ii) 'cmd입력_Click()' 코드 창이 나타나면 다음과 같이 코드를 작성한다.

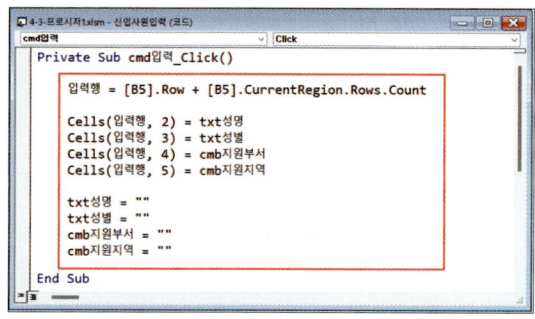

Private Sub cmd입력_Click( )	→ 'cmd입력' 버튼을 Click(선택)했을 때의 Sub 코드 정의
입력행 = [B5].Row + [B5].CurrentRegion.Rows.Count	
	→ [B5] 셀의 'Row(행)' 위치에 [B5]셀과 'CurrentRegion(연결된 범위)'의 'Rows(행)'의 'Count(개수)'를 더한 값을 입력행 값으로 반환
Cells(입력행, 2) = txt성명	→ 'txt성명'의 값을 2열(B열)의 입력행 위치에 입력
Cells(입력행, 3) = txt성별	→ 'txt성별'의 값을 3열(C열)의 입력행 위치에 입력
Cells(입력행, 4) = cmb지원부서	→ 'cmb지원부서'의 값을 4열(D열)의 입력행 위치에 입력
Cells(입력행, 5) = cmb지원지역	→ 'cmb지원지역'의 값을 5열(E열)의 입력행 위치에 입력
txt성명 = ""	
txt성별 = ""	
cmb지원부서 = ""	→ 새로운 값을 입력 받기 전 컨트롤 초기화
cmb지원지역 = ""	
End Sub	→ Sub 코드 종료

> 💡 잠깐!
>
> • 'Cells(행,열)' 속성은 셀 위치를 워크 시트의 행 번호와 열 번호 형식으로 표현한 것입니다.
>   예) Cells(4,2)는 [B4] 셀을 의미하고, Cells(5,4)는 [D5] 셀을 의미합니다.
> • 컨트롤의 값이 셀에 숫자 형식으로 입력되길 원하면 'Value' 속성을 붙여서 작업해야 합니다.
>   예) Cells(행,열) = txt비고.Value

❹ 폼 종료하기

  ⅰ) [프로젝트– VBA Project] 탐색기에서 [폼]을 더블 클릭한 후, 표시되는 목록에서 〈신입사원입력〉 폼을 더블 클릭한다. 코드 창 영역에 〈신입사원입력〉 폼이 표시되면 '종료(cmd종료)' 버튼을 더블 클릭한다.

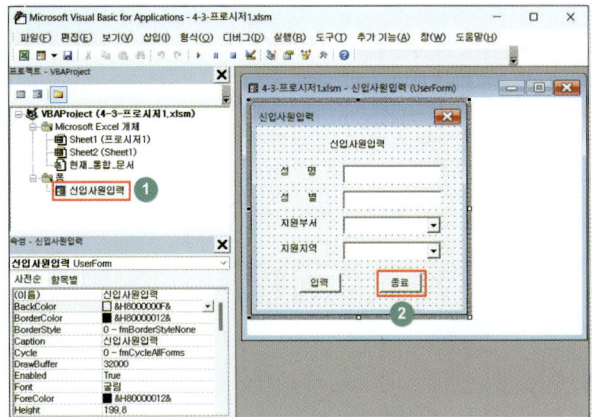

  ⅱ) 'cmd종료_Click()' 코드 창이 나타나면 다음과 같이 코드를 작성한다.

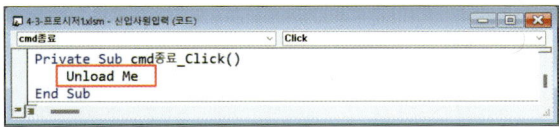

Private Sub cmd종료_Click( )	→ 'cmd종료' 버튼을 Click(선택)했을 때의 Sub 코드 정의
Unload Me	→ 'Me(현재 작업 중인 폼)'(을)를 'Unload(종료)'하도록 지정
End Sub	→ Sub 코드 종료

❺ 워크시트 이벤트 적용하기

  ⅰ) [프로젝트– VBA Project] 탐색기에서 'Sheet1(프로시저1)'을 더블 클릭하여 코드 창을 호출한다. 개체 목록에서 'Worksheet'를 선택하고, 프로시저 목록에서 'Activate'를 선택한다.

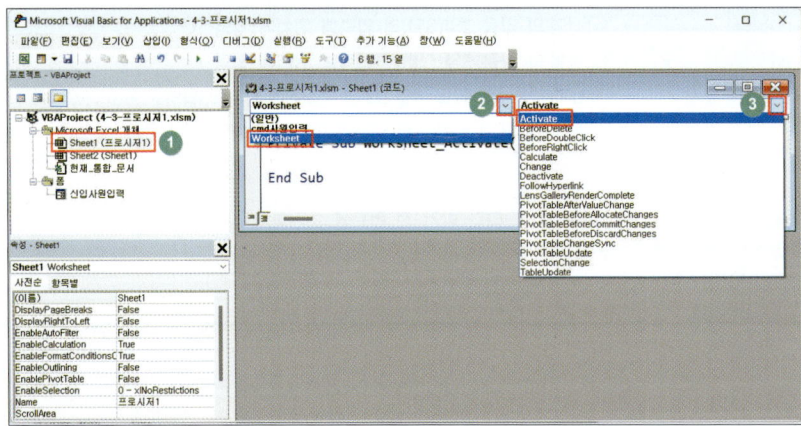

ii) 'Worksheet_Activate()' 코드 창이 나타나면 다음과 같이 코드를 작성한다.

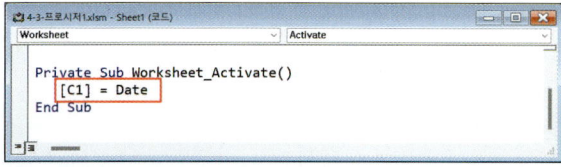

Private Sub Worksheet_Activate( )	→ 'Worksheet(워크시트)'가 Activate(활성화)됐을 때의 Sub 코드 정의
[C1] = Date	→ [C1] 셀에 'Date(오늘날짜)'를 표시
End Sub	→ Sub 코드 종료

ⓘ 잠깐!

Visual Basic Editor에서 날짜/시간 함수 사용하기
- Date : 현재 날짜만 표시 → 2025-1-1
- Time : 현재 시간만 표시 → 오후 1:28
- Now : 현재 날짜에 시간까지 표시 → 2025-1-1 오후 1:28

iii) 메뉴 상단 [보기 Microsoft Excel]( )을 클릭하여 엑셀로 돌아온다.

iv) [개발 도구]탭-[코드] 영역의 [디자인 모드]를 클릭하여 편집 모드를 해제한 후, 결과를 확인한다.

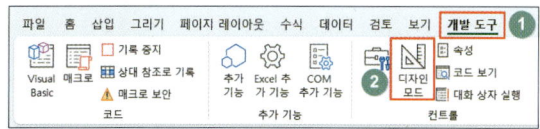

■ 작업파일 스프레드시트/작업파일/기타작업/4-3-프로시저2.xlsm

출제유형 2 '프로시저2' 시트에서 다음의 지시사항을 처리하시오.

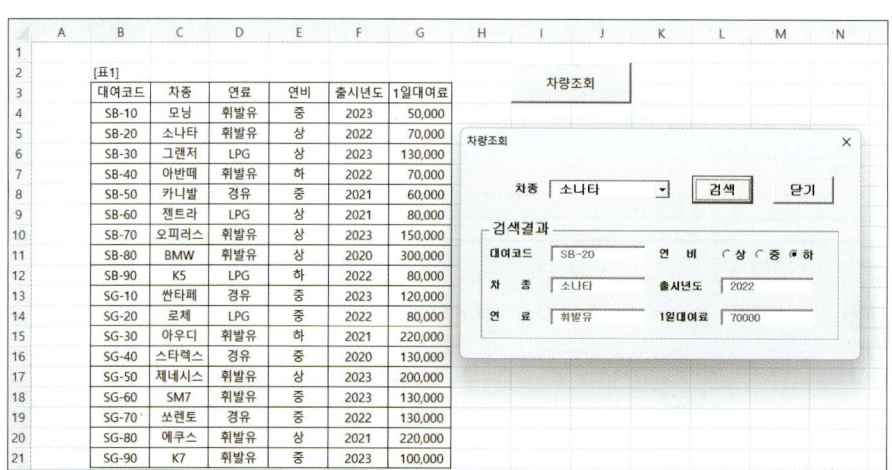

① '차량조회' 버튼을 클릭하면 〈차량조회〉 폼이 화면에 나타나도록 이벤트 프로시저를 작성하시오.
② 〈차량조회〉 폼이 실행되면 [C4:C21] 영역의 내용이 '차종(cmb차종)' 콤보 상자에 추가되고, 연비 옵션단추 중 기본적으로 '하(opt하)'가 선택되도록 설정하시오. 또한 '1일대여료(txt대여료)' 텍스트 상자에는 기본 값으로 7,000이 표시되도록 프로시저를 작성하시오.
③ 〈차량조회〉 폼의 '차종(cmb차종)'에서 조회할 차종을 선택하고 '검색(cmd검색)' 버튼을 클릭하면, '대여코드(txt대여코드)', '차종(txt차종)', '연료(txt연료)', '출시년도(txt출시년도)'에 해당하는 자료를 '프로시저2' 시트에서 찾아 폼에 표시하는 프로시저를 작성하시오.
▶ ListIndex 속성을 사용할 것
④ 〈차량조회〉 폼의 '종료(cmd닫기)' 버튼을 클릭하면 〈그림〉과 같은 메시지 박스를 표시한 후 폼이 화면과 메모리에서 사라지도록 프로시저를 작성하시오.

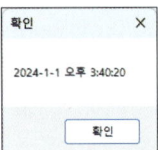

▶ 현재 날짜와 시간 표시
▶ Msgbox 명령어 사용할 것
⑤ '프로시저2' 시트에서 셀의 위치나 데이터가 변경(Change)되면 해당 셀의 글꼴이 '바탕체', 크기가 '14'로 설정되도록 프로시저를 설정하시오.

문제해결

❶ 폼 나타내기

ⅰ) [개발도구]탭-[컨트롤] 영역의 [디자인 모드]를 클릭하여 편집 모드로 전환한다.

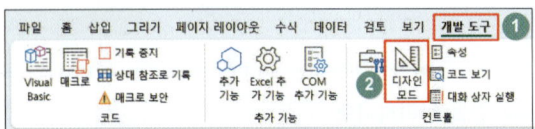

ⅱ) 워크시트의 '차량조회(cmd차량조회)' 버튼을 더블 클릭하면 'cmd차량조회_Click()' 코드 창이 만들어진다. 코드 창이 나타나면 다음과 같이 코드를 입력한다.

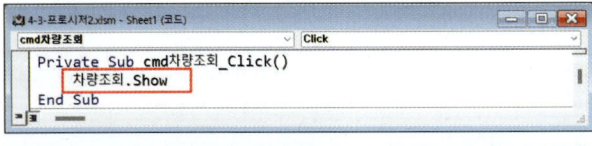

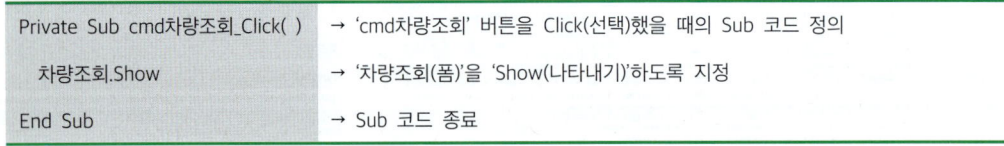

❷ 콤보 상자에 목록 표시하고, 컨트롤 설정하기

ⅰ) [프로젝트– VBA Project] 탐색기에서 [폼]을 더블 클릭한 후, 표시되는 목록에서 〈차량조회〉 폼을 더블 클릭한다. 코드 창 영역에 〈차량조회〉 폼이 표시되면 해당 폼을 더블 클릭하거나 [코드 보기](▤)를 클릭한다.

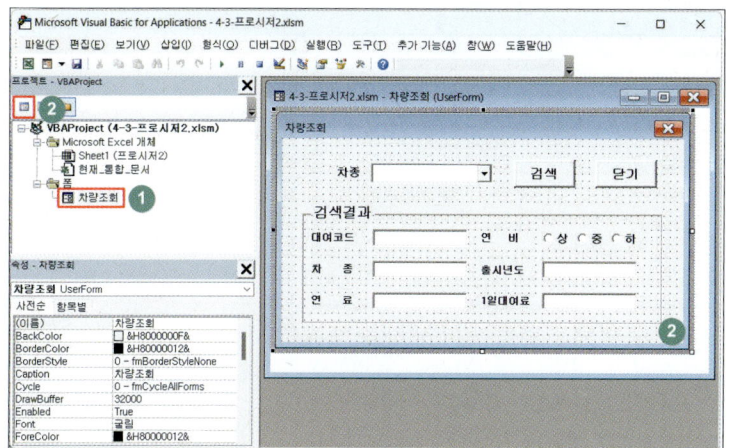

ⅱ) 'UserForm_Click()' 코드 창이 나타나면 프로시저 목록에서 'Initialize'를 선택한다.

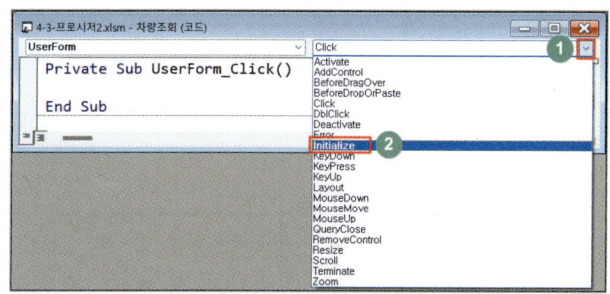

ⅲ) 'UserForm_Initialize()' 코드 창이 나타나면 다음과 같이 코드를 작성한다.

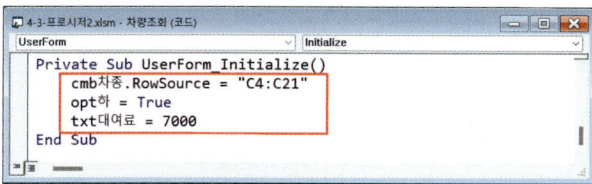

Private Sub UserForm_Initialize( )	→ 'UserForm'이 Initialize(초기화/실행)됐을 때의 Sub 코드 정의
cmb차종.RowSource = "C4:C21"	→ 'cmb차종(개체)'에 'RowSource(행 원본)'으로 'C4:C21'을 지정
opt하 = True	→ 'opt하(옵션단추)'가 'True(선택)'되도록 설정
txt대여료 = 7000	→ '대여료(txt대여료)'에 기본값으로 '7000'이 입력되도록 설정
End Sub	→ Sub 코드 종료

❸ **워크시트의 데이터를 폼에 표시하기**

ⅰ) [프로젝트- VBA Project] 탐색기에서 [폼]을 더블 클릭한 후, 표시되는 목록에서 〈차량조회〉 폼을 더블 클릭한다. 코드 창 영역에 〈차량조회〉 폼이 표시되면 '검색(cmd검색)' 버튼을 더블 클릭한다.

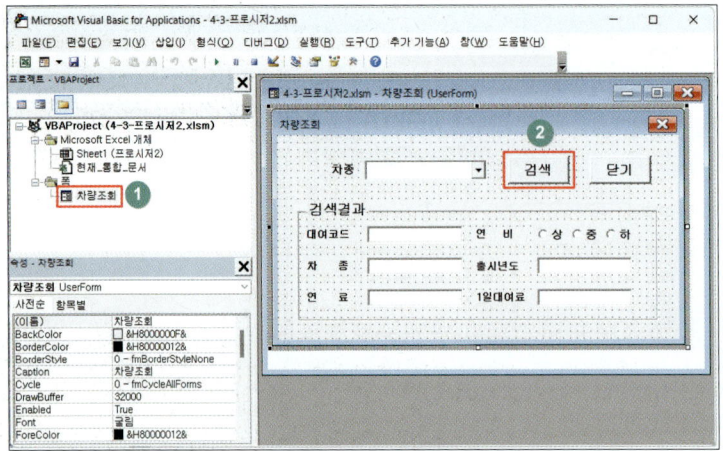

ⅱ) 'cmd검색_Click()' 코드 창이 나타나면 다음과 같이 코드를 작성한다.

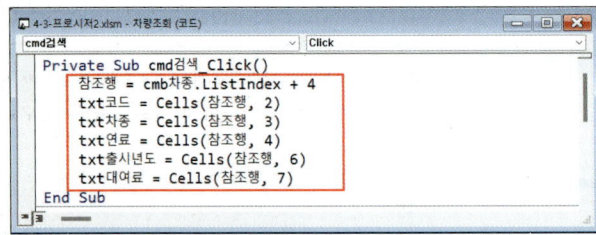

Private Sub cmd검색_Click( )	→ 'cmd검색' 버튼을 Click(선택)했을 때의 Sub 코드 정의
참조행 = cmb차종.ListIndex + 4	→ 'cmb차종'에서 선택한 값의 'ListIndex(목록번호)'의 행 번호에 4를 더해 참조행 값으로 반환
txt코드 = Cells(참조행, 2)	→ 'txt코드'에 2열(B열)의 참조행 위치 값을 입력
txt차종 = Cells(참조행, 3)	→ 'txt차종'에 3열(C열)의 참조행 위치 값을 입력
txt연료 = Cells(참조행, 4)	→ 'txt연료'에 4열(D열)의 참조행 위치 값을 입력
txt출시년도 = Cells(참조행, 6)	→ 'txt출시년도'에 6열(F열)의 참조행 위치 값을 입력
txt대여료 = Cells(참조행, 7)	→ 'txt대여료'에 7열(G열)의 참조행 위치 값을 입력
End Sub	→ Sub 코드 종료

> 🔍 **잠깐!**
>
> 'ListIndex' 속성은 컨트롤에서 선택한 항목의 위치 번호를 반환하거나 설정하는 속성입니다. ListIndex 속성은 시작 값이 1이 아니라 0이기 때문에, 참조행에 3이 아닌 4를 더해 표시해야 합니다. 즉, 데이터가 들어있는 참조 범위의 첫 행이 4행이기 때문에 참조행에 4를 더해 값을 반환하게 되는 것입니다.

❹ 메시지박스 띄우고, 폼 종료하기

ⅰ) [프로젝트- VBA Project] 탐색기에서 [폼]을 더블 클릭한 후, 표시되는 목록에서 〈차량조회〉 폼을 더블 클릭한다. 코드 창 영역에 〈차량조회〉 폼이 표시되면 '닫기(cmd닫기)' 버튼을 더블 클릭한다.

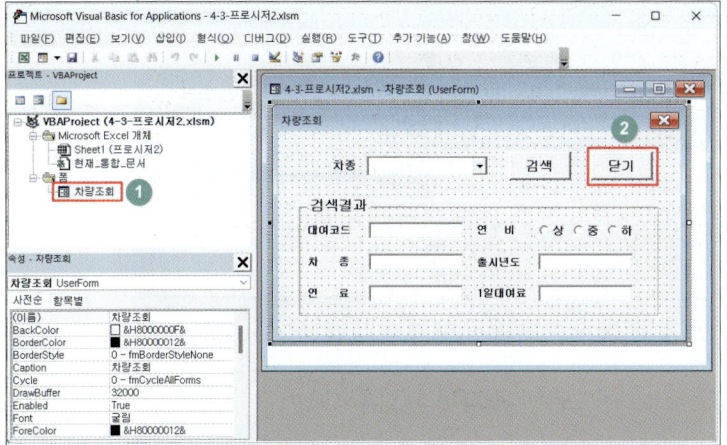

ⅱ) 'cmd닫기_Click()' 코드 창이 나타나면 다음과 같이 코드를 작성한다.

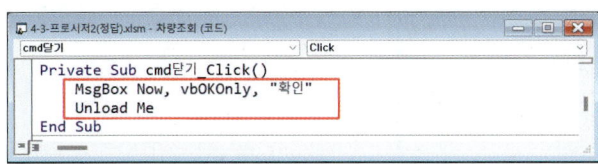

Private Sub cmd닫기_Click( )	→ 'cmd닫기' 버튼을 Click(선택)했을 때의 Sub 코드 정의
MsgBox Now, vbOKOnly, "확인"	→ 'Now(현재 날짜와 시간)'을 표시하는 'MsgBox(메시지박스)'가 'Ok(확인)' 버튼과 함께 표시
Unload Me	→ 'Me(현재 작업 중인 폼)'(을)를 'Unload(종료)'하도록 지정
End Sub	→ Sub 코드 종료

> 🔔 **잠깐!**
>
> · MsgBox 속성은 대화상자에 메시지를 표시하는 기능으로 형식은 아래와 같습니다.
>   → MsgBox 메시지 내용, 단추 + 아이콘, 창 제목
> · MsgBox Now, vbOkOnly, "확인"
>   - Now : 현재 날짜와 시간을 표시하는 함수
>   - vbOkOnly : [확인] 버튼만을 표시
>   - "확인" : 창 제목으로 "확인"이라 표시

❺ 워크시트 이벤트 적용하기

i) [프로젝트- VBA Project] 탐색기에서 'Sheet1(프로시저2)'을 더블 클릭하여 코드 창을 호출한다. 개체 목록에서 'Worksheet'를 선택하고, 프로시저 목록에서 'Change'를 선택한다.

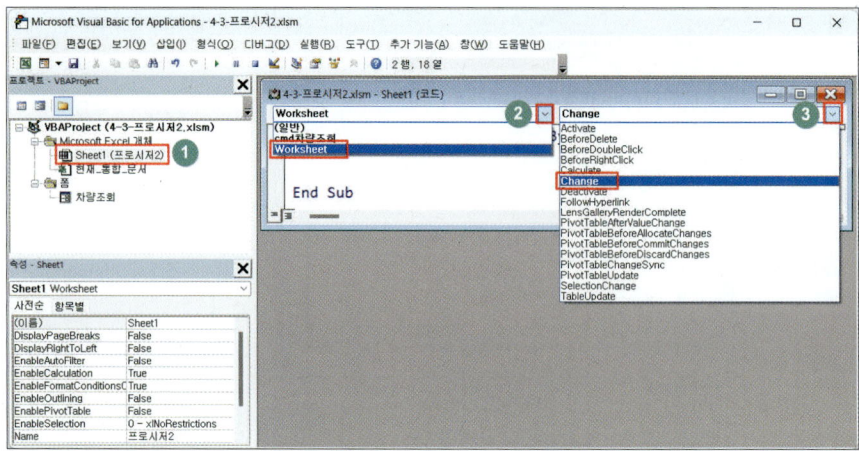

ii) 'Worksheet_Change(ByVal Target As Range)' 코드 창이 나타나면 다음과 같이 코드를 작성한다.

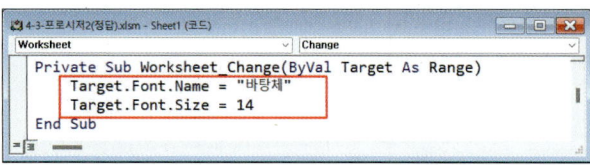

Private Sub Worksheet_Change(ByVal Target As Range)	
	→ 'Worksheet(워크시트)'가 Change(수정)됐을 때의 Sub 코드 정의
Target.Font.Name = "바탕체"	→ 'Target(해당 셀)'의 'Font(글꼴)' 'Name(이름)'을 '바탕체'로 지정
Target.Font.Size = 14	→ 'Target(해당 셀)'의 'Font(글꼴)' 'Size(크기)'를 '14'로 지정
End Sub	→ Sub 코드 종료

> 🧭 **잠깐!**
>
> * Worksheet_Change(ByVal Target As Range)는 현재 작업하고 있는 워크시트에서 사용자가 선택한 셀에 변화가 생기면, 지정된 프로시저가 실행되는 코드입니다.
> * Target.Font.속성종류 : 현재 셀에 글꼴 속성을 사용자가 지정한 값으로 활성화 함
>   - 속성종류 : Name(이름), Size(크기), Bold(굵게), UnderLine(밑줄), Italic(기울임꼴) 등

iii) 메뉴 상단 [보기 Microsoft Excel]()을 클릭하여 엑셀로 돌아온다.

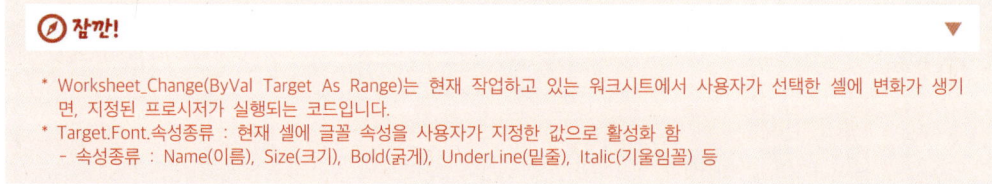

iv) [개발 도구]탭-[코드] 영역의 [디자인 모드]를 클릭하여 편집 모드를 해제한 후, 결과를 확인한다.

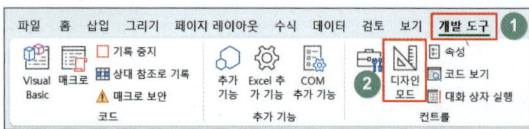

출제유형 3 '프로시저3' 시트에서 다음의 지시사항을 처리하시오.

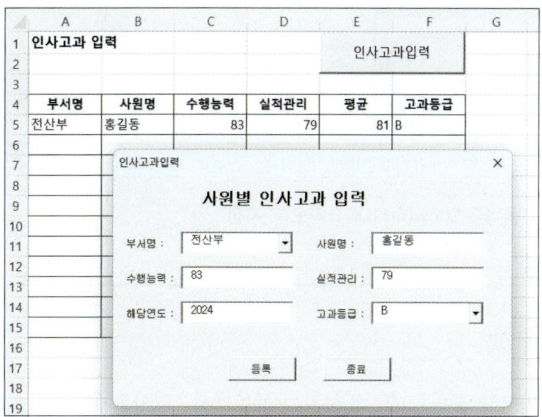

① '인사고과입력' 버튼을 클릭하면 〈인사고과입력〉 폼이 화면에 나타나도록 이벤트 프로시저를 작성하시오.
② 〈인사고과입력〉 폼이 실행되면 '부서명(cmb부서)' 콤보 상자에 '목록' 시트의 [A2:A6] 영역의 내용을 목록으로 추가하고, '고과등급(cmb등급)' 콤보 상자에 "A", "B", "C", "D"가 목록으로 추가되어 표시되도록 프로시저를 작성하시오.
  ▶ 각 콤보 상자에는 목록의 맨 처음 값이 기본으로 표시되도록 설정할 것 (List 명령어 사용)
③ 〈인사고과입력〉 폼이 실행되면 '해당연도(txt연도)' 컨트롤에 현재 날짜의 연도가 표시되도록 프로시저를 작성하시오.
  ▶ YEAR, DATE 함수 사용
④ 〈인사고과입력〉 폼의 '등록(cmd등록)' 버튼을 클릭하면, 〈인사고과입력〉 폼에 입력된 '부서명(cmb부서)', '사원명(txt사원명)', '수행능력(txt수행능력)', '실적관리(txt실적관리)', '해당연도(txt연도)', '고과등급(cmb등급)'의 데이터가 '프로시저3' 시트에 입력되어 있는 마지막 행 다음에 연속해서 추가되도록 프로시저를 작성하시오.
  ▶ 데이터는 [A4] 셀부터 입력되어 있음.
  ▶ 워크 시트에 데이터 입력 시 표의 제목 행과 입력 내용이 일치하도록 작성할 것
  ▶ 데이터를 추가하거나 삭제해도 항상 마지막 데이터 다음에 입력되도록 설정할 것
⑤ '프로시저3' 시트에서 셀의 위치나 데이터가 변경(Change)되면 해당 셀의 글꼴은 '돋움체', 글꼴 스타일은 '굵게'로 설정하는 프로시저를 설정하시오.

문제해결

❶ 폼 나타내기

ⅰ) [개발도구]탭-[컨트롤] 영역의 [디자인 모드]를 클릭하여 편집 모드로 전환한다.

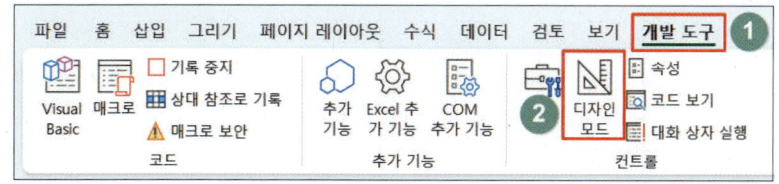

ii) 워크시트의 '인사고과입력(cmd고과입력)' 버튼을 더블 클릭하면 'cmd고과입력_Click()' 코드 창이 만들어진다. 코드 창이 나타나면 다음과 같이 코드를 입력한다.

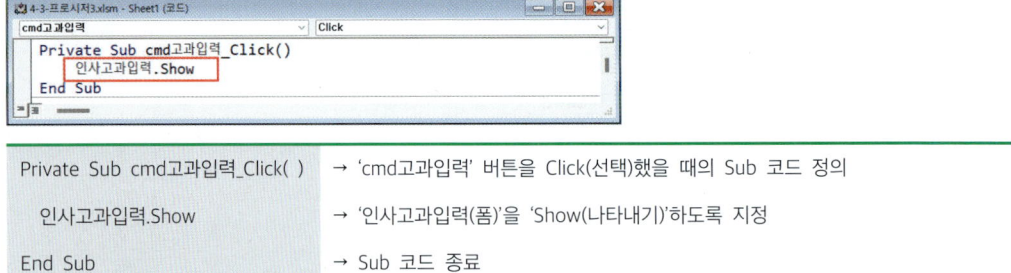

Private Sub cmd고과입력_Click( )	→ 'cmd고과입력' 버튼을 Click(선택)했을 때의 Sub 코드 정의
인사고과입력.Show	→ '인사고과입력(폼)'을 'Show(나타내기)'하도록 지정
End Sub	→ Sub 코드 종료

❷ 콤보 상자에 목록 표시하고, 컨트롤 설정하기

i) [프로젝트- VBA Project] 탐색기에서 [폼]을 더블 클릭한 후, 표시되는 목록에서 〈인사고과입력〉 폼을 더블 클릭한다. 코드 창 영역에 〈인사고과입력〉 폼이 표시되면 해당 폼을 더블 클릭하거나 [코드 보기] (🗔)를 클릭한다.

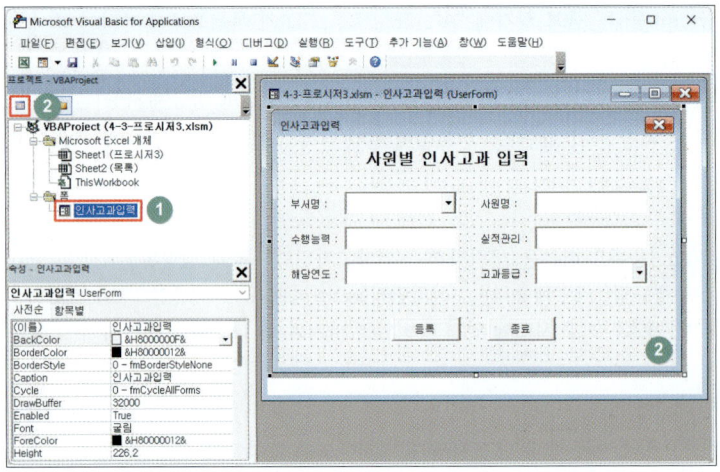

ii) 코드 창이 나타나면 개체 목록에서 'UserForm'을 선택하고, 프로시저 목록에서 'Initialize'를 선택한다.

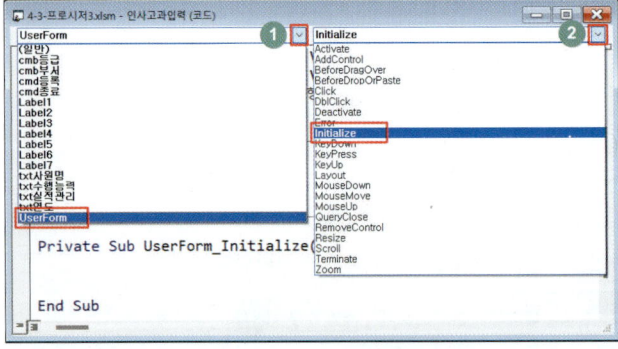

iii) 'UserForm_Initialize()' 코드 창이 나타나면 다음과 같이 코드를 작성한다.

```
Private Sub UserForm_Initialize()
    cmb부서.RowSource = "목록!A2:A6"
    cmb부서 = cmb부서.List(0, 0)
    
    cmb등급.AddItem "A"
    cmb등급.AddItem "B"
    cmb등급.AddItem "C"
    cmb등급.AddItem "D"
    cmb등급 = cmb등급.List(0, 0)
End Sub
```

Private Sub UserForm_Initialize( )	→ 'UserForm'이 Initialize(초기화/실행)됐을 때의 Sub 코드 정의
cmb부서.RowSource = "목록!A2:A6"	→ 'cmb부서'에 행 원본으로 목록 시트의 'A2:A6'을 지정
cmb부서 = cmb부서.List(0,0)	→ 'cmb부서'에 목록의 처음 값(0,0)이 표시되도록 설정
cmb등급.AddItem "A"	→ 'cmb등급'에 "A"를 추가
cmb등급.AddItem "B"	→ 'cmb등급'에 "B"를 추가
cmb등급.AddItem "C"	→ 'cmb등급'에 "C"를 추가
cmb등급.AddItem "D"	→ 'cmb등급'에 "D"를 추가
cmb등급 = cmb등급.List(0,0)	→ 'cmb등급'에 목록의 처음 값(0,0)이 표시되도록 설정
End Sub	→ Sub 코드 종료

> **잠깐!**
> * List(행,열) 속성은 목록(List) 중 지정한 행과 열이 교차되는 지점의 값을 표시합니다.
> * Visual Basic Editor에서는 시작 값이 '1'이 아닌 '0'입니다. 따라서 List 속성 사용 시 'List(1,1)'이 아닌 'List(0,0)'으로 작성합니다.

❸ 텍스트 상자에 연도 표시하기

ⅰ) [프로젝트- VBA Project] 탐색기에서 〈인사고과입력〉 폼을 선택한 후 [코드 보기]( )를 클릭한다.

ⅱ) 'UserForm_Initialize()' 코드 창이 나타나면 다음과 같이 코드를 작성한다.

```
Private Sub UserForm_Initialize()
    cmb부서.RowSource = "목록!A2:A6"
    cmb부서 = cmb부서.List(0, 0)
    
    cmb등급.AddItem "A"
    cmb등급.AddItem "B"
    cmb등급.AddItem "C"
    cmb등급.AddItem "D"
    cmb등급 = cmb등급.List(0, 0)
    
    txt연도 = Year(Date)
End Sub
```

Private Sub UserForm_Initialize( )	
txt연도 = Year(Date)	→ 'txt연도'에 현재 날짜(Date)의 연도(Year)를 표시
End Sub	

❹ 워크시트의 데이터를 폼에 표시하기

ⅰ) [프로젝트- VBA Project] 탐색기에서 [폼]을 더블 클릭한 후, 표시되는 목록에서 〈인사고과입력〉 폼을 더블 클릭한다. 코드 창 영역에 〈인사고과입력〉 폼이 표시되면 '등록(cmd등록)' 버튼을 더블 클릭한다.

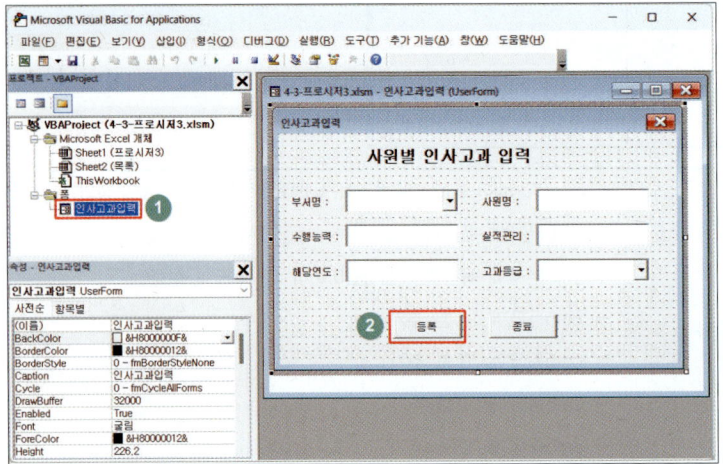

ⅱ) 'cmd등록_Click()' 코드 창이 나타나면 다음과 같이 코드를 작성한다.

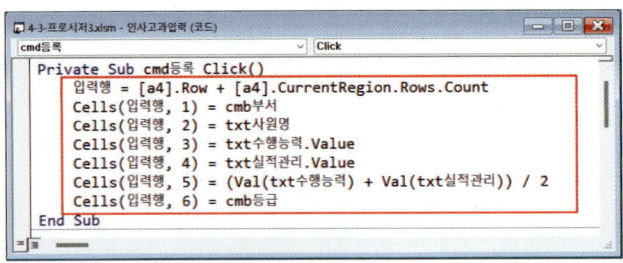

Private Sub cmd등록_Click( )	→ 'cmd등록' 버튼을 Click(선택)했을 때의 Sub 코드 정의
입력행 = [A4].Row + [A4].CurrentRegion.Rows.Count	→ [A4] 셀의 'Row(행)' 위치에 [A4]셀과 'CurrentRegion(연결된 범위)'의 'Rows(행)'의 'Count(개수)'를 더한 값을 입력행 값으로 반환
Cells(입력행, 1) = cmb부서	→ 'cmb부서'의 값을 1열(A열)의 입력행 위치에 입력
Cells(입력행, 2) = txt사원명	→ 'txt사원명'의 값을 2열(B열)의 입력행 위치에 입력
Cells(입력행, 3) = txt수행능력.Value	→ 'txt수행능력'의 숫자 값을 3열(C열)의 입력행 위치에 입력
Cells(입력행, 4) = txt실적관리.Value	→ 'txt실적관리'의 숫자 값을 4열(D열)의 입력행 위치에 입력
Cells(입력행, 5) = (Val(txt수행능력) + Val(txt실적관리)) / 2	→ 'txt수행능력'과 'txt실적관리'의 평균을 구하여 5열(E열)의 입력행 위치에 입력
Cells(입력행, 6) = cmb등급	→ 'cmb등급'의 값을 6열(F열)의 입력행 위치에 입력
End Sub	→ Sub 코드 종료

* 'txt수행능력.Value' 코드에서 사용된 Value 명령은 컨트롤의 값을 숫자 속성으로 변환합니다.
* 'Val(txt수행능력)' 코드에서 사용된 Val 함수는 컨트롤의 값을 숫자 속성으로 변환합니다.

❺ 워크시트 이벤트 적용하기

ⅰ) [프로젝트- VBA Project] 탐색기에서 'Sheet1(프로시저3)'을 더블 클릭하여 코드 창을 호출한다. 개체 목록에서 'Worksheet'를 선택하고, 프로시저 목록에서 'Change'를 선택한다.

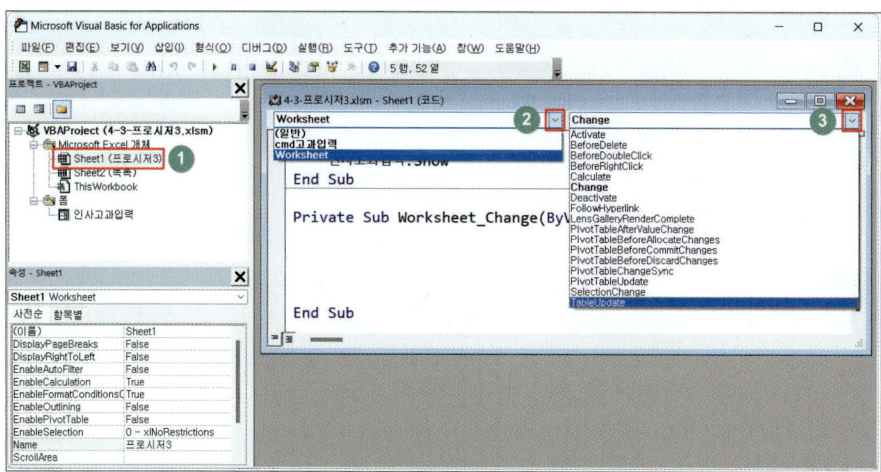

ⅱ) 'Worksheet_Change(ByVal Target As Range)' 코드 창이 나타나면 다음과 같이 코드를 작성한다.

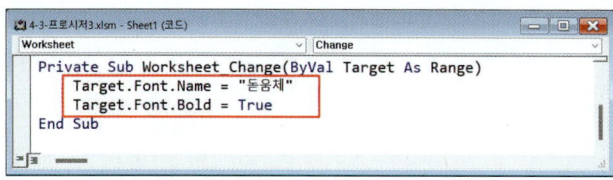

Private Sub Worksheet_Change(ByVal Target As Range)	
	→ 'Worksheet(워크시트)'가 Change(수정)됐을 때의 Sub 코드 정의
Target.Font.Name = "돋움체"	→ 'Target(해당 셀)'의 'Font(글꼴)' 'Name(이름)'을 '돋움체'로 지정
Target.Font.Bold = True	→ 'Target(해당 셀)'의 'Font(글꼴)' 'Bold(굵게)'를 설정
End Sub	→ Sub 코드 종료

ⅲ) 메뉴 상단 [보기 Microsoft Excel](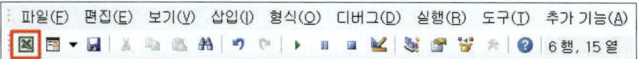)을 클릭하여 엑셀로 돌아온다.

ⅳ) [개발 도구]탭-[코드] 영역의 [디자인 모드]를 클릭하여 편집 모드를 해제한 후, 결과를 확인한다.

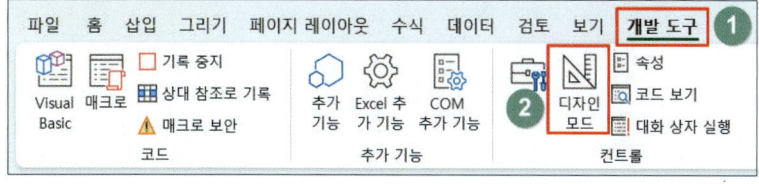

Spreadsheet

컴퓨터
활용능력
1급 실기

· 스프레드시트 ·

PART 05

모의고사

CHAPTER 01	실전모의고사 1회
CHAPTER 02	실전모의고사 2회
CHAPTER 03	실전모의고사 3회
CHAPTER 04	실전모의고사 4회
CHAPTER 05	실전모의고사 5회
CHAPTER 06	실전모의고사 6회
CHAPTER 07	실전모의고사 7회

• 스프레드시트 •

스프래드시트 실전모의고사 1회 문제

작업 파일 : 컴활1급/스프레드시트/모의고사/실전모의고사1회.xlsm
암호 : 432#17!
외부데이터 위치 : 컴활1급/스프레드시트/외부데이터

| 제1작업 | 기본작업 (15점) '기본작업' 시트에서 다음의 과정을 수행하고 저장하시오.

1 '기본작업' 시트에 대하여 다음의 지시사항을 처리하시오. (5점)

[A3:G21] 영역에서 부서명에 '기획'이 포함되어 있고 달성률이 100% 이상인 데이터의 '부서명', '성명', '직위', '달성률' 열만을 순서대로 표시하시오. (AND, SEARCH 함수 사용)
▶ 고급 필터의 조건은 [A23:A24] 범위 내에 알맞게 입력하시오.
▶ 고급 필터의 결과 복사 위치는 동일 시트의 [A26] 셀에서 시작하시오.

2 '기본작업' 시트에 대하여 다음의 지시사항을 처리하시오. (5점)

[A4:G21] 영역에 대해 직위가 '사원' 또는 '대리' 이면서 실적량이 전체 실적량의 평균 이상인 데이터 행 전체에 대해서 채우기 색을 '표준 색-노랑'으로 지정하는 조건부 서식을 작성하시오. (AND, OR, AVERAGE 함수 사용)
▶ 규칙 유형은 '수식을 사용하여 서식을 지정할 셀 결정'을 이용하시오.

3 '기본작업' 시트에서 다음과 같이 시트 보호를 설정하시오. (5점)

▶ 시트 전체의 셀 잠금을 해제한 후, [A3:G21] 영역에 셀 잠금과 수식 숨기기를 적용한 후 잠긴 셀의 내용과 워크시트를 보호하시오.
▶ 잠긴 셀의 선택, 잠금 해제된 셀 선택, 셀 서식은 허용하고 시트 보호 암호는 지정하지 마시오.
▶ '기본작업' 시트를 페이지 레이아웃 보기로 표시하고, 머리글의 왼쪽 영역에 '3월 현황'을 추가하시오.

| 제2작업 | 계산작업 (30점) '계산작업' 시트에서 다음의 과정을 수행하고 저장하시오.

1 [표1]의 고객ID의 앞 두 글자와 [표2]의 상품 구분표를 이용하여 [E3:E21] 영역에 상품종류를 계산하여 표시하시오. (6점)

▶ INDEX, MATCH, LEFT 함수 사용

2. [표1]의 대출기간, 대출금액과 [표5]의 대출 기간별 이자율 표를 이용하여 [H3:H21] 영역에 월상환액을 계산하여 다음과 같이 표시하시오. (6점)

- ▶ 월상환액은 백의 자리에서 반올림하여 표시할 것
- ▶ 표시 예 : 151,366 → 151,000
- ▶ PMT, HLOOKUP, ROUND 함수 사용

3. 사용자 정의 함수 'fn이자율'을 작성하여 [표1]의 [I3:I21] 영역에 이자율 조정을 계산하여 표시하시오. (6점)

- ▶ 'fn이자율'은 직업, 대출금액을 인수로 받아 이자율 조정을 계산하는 함수이다.
- ▶ 대출금액이 10,000,000 이상인 데이터 중 직업이 '교사' 또는 '공무원'이라면 "조정대상" 아니라면 "조정보류"라 표시하고, 나머지는 공란으로 표시할 것
- ▶ IF 구문 이용

```
Public Function fn이자율(직업, 대출금액)

End Function
```

4. [표1]의 성별과 대출금액을 이용하여 [표3]의 [M11] 영역에 성별이 '남성'이면서 대출금액이 10,000,000 이상 30,000,000 이하인 대출의 건수를 계산하여 다음과 같이 표시하시오. (6점)

- ▶ 표시 예 : 3 → 3건, 0 → 0건
- ▶ IF, COUNT, TEXT 함수를 사용한 배열 수식 사용

5. [표1]의 직업, 성별, 대출금액을 이용하여 [표4]의 [L16:M19] 영역에 직업별 성별별 대출금액의 평균을 계산하여 표시하시오. (6점)

- ▶ 단, 오류 발생 시 공백으로 표시
- ▶ AVERAGE, IF, IFERROR 함수를 사용한 배열 수식 사용

| 제3작업 | 분석작업 (20점)   주어진 시트에서 다음의 과정을 수행하고 저장하시오.

1. '분석작업-1' 시트에서 다음 그림과 같이 피벗 테이블을 작성하시오. (10점)

	A	B	C	D	E	F	G	H
1								
2		소속	(모두)					
3								
4		담당자	합계 : 1분기	합계 : 2분기	합계 : 3분기	합계 : 4분기	합계 : 실적평균	
5		김희철	816000	816000	816000	816000	816000	
6		박명수	800000	750000	740000	446000	684000	
7		성기식	310000	120000	320000	840000	397500	
8		이철진	1056000	1056000	1056000	1056000	1056000	
9		최성현	410000	330000	580000	320000	410000	
10		총합계	3392000	3072000	3512000	3478000	3363500	
11								

※ 작업 완성된 그림이며 부분 점수 없음

- ▶ 피벗 테이블의 외부 데이터를 이용하여 〈부서별실적.accdb〉의 〈부서별실적현황〉 테이블에서 '담당자', '소속', '1분기', '2분기', '3분기', '4분기' 열만 이용하시오.
- ▶ 피벗 테이블 보고서의 레이아웃과 위치는 〈그림〉을 참조하여 설정하고, 보고서 레이아웃은 '테이블 형식'으로 지정하시오.
- ▶ '실적평균'은 추가된 계산 필드로서, '1분기', '2분기', '3분기', '4분기'의 평균을 계산하여 표시하시오.(AVERAGE 함수 사용)
- ▶ 피벗 테이블 스타일은 '연한 파랑, 피벗 스타일 보통 9'로 설정하시오.

2 '분석작업-2'시트에서 다음과 같은 기능을 실행하시오. (10점)

- ▶ 데이터 도구를 이용하여 [표1]에서 '제작방법', '책임자', '가제' 열을 기준으로 중복된 값이 포함된 행을 삭제하시오.
- ▶ 부분합 기능을 이용하여 [표1]에서 '제작방법'별 '제작비용', '총 광고수익'의 평균을 계산하여 표시하시오.
- ▶ '제작방법'을 기준으로 오름차순 정렬하고, 동일한 '제작방법'인 경우 '책임자'를 기준으로 오름차순 정렬하시오.

| 제4작업 | 기타작업 (35점) | 주어진 시트에서 다음의 과정을 수행하고 저장하시오.

1 '기타작업-1'시트에서 다음의 지시사항에 따라 차트를 수정하시오. (각 2점)

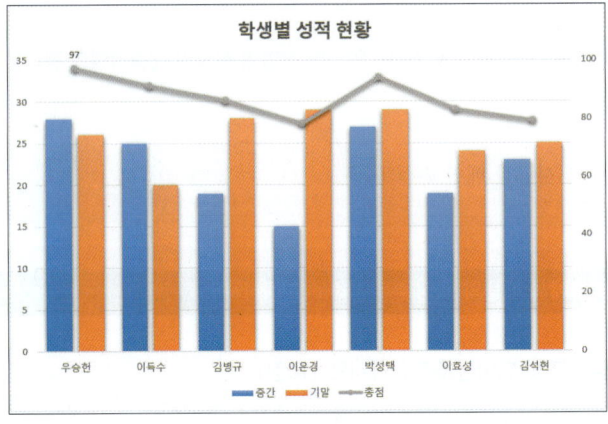

※ 차트는 반드시 문제에서 제공한 차트를 사용하여야 하며, 신규로 차트작성 시 0점 처리됨

① 차트의 종류를 '묶은 세로 막대형'으로 변경하시오.
② '총점' 계열을 추가하여 차트 종류를 '표식이 있는 꺾은선'으로 설정한 후, 보조 축으로 지정하시오.
③ 차트 레이아웃은 '레이아웃3', 차트 스타일은 '스타일 8'로 지정한 후, 차트 제목을 〈그림〉과 같이 지정하시오.
④ 보조 세로 (값) 축의 최대값을 '100', 주 단위를 '20'으로 설정하시오.
⑤ '총점' 계열의 '우승헌' 요소에만 데이터 레이블 값을 '위쪽'에 표시하시오.

2 '기타작업-2' 시트에서 다음과 같은 기능을 수행하는 매크로를 현재 통합문서에 작성하고 실행하시오. (각 5점)

① [C3:C20] 영역에 대해서 사용자 지정 표시 형식을 설정하는 '제작비용형식' 매크로를 생성하시오.
▶ 셀 값이 3,000,000 이상이면 빨강색으로 '★'기호와 함께 숫자가 천 단위 구분 기호로 표시되도록 하고, 3,000,000 미만이면 파랑색으로 '☆'기호와 함께 숫자가 천 단위 구분 기호로 표시되도록 설정하시오.
▶ [개발도구]-[삽입]-[양식 컨트롤]의 '단추'를 동일 시트의 [G6:H7] 영역에 생성한 후 텍스트를 '제작비용형식'으로 입력하고, 단추를 클릭하면 '제작비용형식' 매크로가 실행되도록 설정하시오.

② [E3:E20] 영역에 대해서 사용자 지정 표시 형식을 설정하는 '작업평가구분' 매크로를 생성하시오.
▶ 셀 값이 5 이하면 "원만"으로 표시하고, 5를 초과하면 "속도조절"이라 표시되도록 설정하시오.
▶ [개발도구]-[삽입]-[양식 컨트롤]의 '단추'를 동일 시트의 [G9:H10] 영역에 생성한 후 텍스트를 '작업평가구분'으로 입력하고, 단추를 클릭하면 '작업평가구분' 매크로가 실행되도록 설정하시오.

※ 매크로는 도형과 연결되어야 하며, 셀 포인터의 위치에 관계없이 매크로가 실행되어야 정답으로 인정됨

3 '기타작업-3' 시트에서 다음과 같은 작업을 수행하도록 프로시저를 작성하시오. (각 5점)

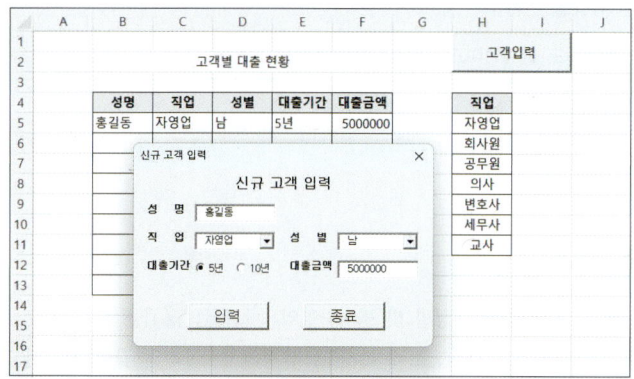

① '고객입력' 버튼을 클릭하면 〈고객입력〉 폼이 나타나고, 〈고객입력〉 폼이 초기화(Initialize) 되면 [H5:H11] 영역의 내용이 '직업(cmb직업)' 콤보상자에 표시되고, '성별(cmb성별)' 콤보상자에는 '남', '여' 목록이 표시되도록 프로시저를 작성하시오.

② 〈고객입력〉 폼의 '입력(cmd입력)' 버튼을 클릭하면 폼에 입력된 데이터가 시트의 표 마지막 행 다음에 연속적으로 추가되도록 프로시저를 작성하시오.
▶ '대출기간'은 옵션단추 중 '5년(opt단기)'을 선택하면 "5년", '10년(opt장기)'을 선택하면 "10년"이 입력되도록 설정하시오.

③ 〈고객입력〉 폼의 '종료(cmd종료)' 버튼을 클릭하면 〈그림〉과 같이 시간을 제외한 현재 날짜와 메시지를 표시한 후 폼을 종료하는 프로시저를 작성하시오.

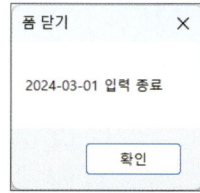

• 스프레드시트 •

실전모의고사 1회 정답 및 해설

정답 파일 : 컴활1급/스프레드시트/모의고사/정답/실전모의고사1회(정답).xlsm

| 제1작업 | 기본작업

1 고급필터

① [A23] 셀에 「**조건**」, [A24] 셀에 「**=AND(SEARCH("기획",A4)>0,G4>=100%)**」을/를 입력한다.

=AND(SEARCH("기획",A4)>0,G4>=100%)	
AND(❶,❷)	모든 조건이 참이면 TRUE, 아니면 FALSE
❶ SEARCH("기획",A4)>0	'부서명' 필드에 "기획"이 포함되어 있다면 해당 위치 번호를 표시하고, 그 값이 0보다 크면 True를 반환
❷ G4>=100%	'달성률' 필드 값이 100% 이상이라면 True를 반환

② [A26:D26] 영역에 추출할 필드명을 입력한다.

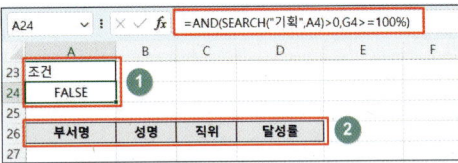

③ [A3:G21] 영역을 범위 지정한 후 [데이터]탭-[정렬 및 필터] 영역의 [고급( )]을 클릭한다.

④ [고급 필터] 대화상자가 나타나면 결과를 '다른 장소에 복사'로 설정하고, 아래와 같이 설정한 후 [확인]을 클릭한다.

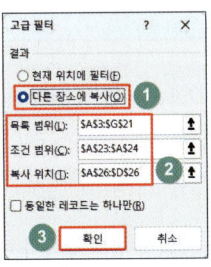

목록 범위	$A$3:$G$21
조건 범위	$A$23:$A$24
복사 위치	$A$26:$D$26

⑤ 최종 결과

	A	B	C	D
23	조건			
24	FALSE			
25				
26	**부서명**	**성명**	**직위**	**달성률**
27	기획부	장석환	과장	105.0%
28	기획부	김성기	과장	110.0%
29	광고기획실	김재춘	사원	122.5%
30	광고기획실	김성철	대리	137.1%
31				

2 조건부서식

① [A4:G21] 영역을 범위 지정한 후 [홈]탭-[스타일] 영역의 [조건부 서식(   )]의 [새 규칙(   )]을 클릭한다.
② [새 서식 규칙] 대화상자가 나타나면 규칙 유형 선택을 '수식을 사용하여 서식을 지정할 셀 결정'으로 선택한 후, 다음 수식이 참인 값의 서식 지정 영역에 「=AND(OR($C4="사원",$C4="대리"),$F4>=AVERAGE($F$4:$F$21))」와 같이 입력한다.

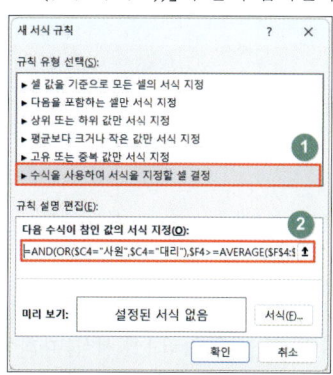

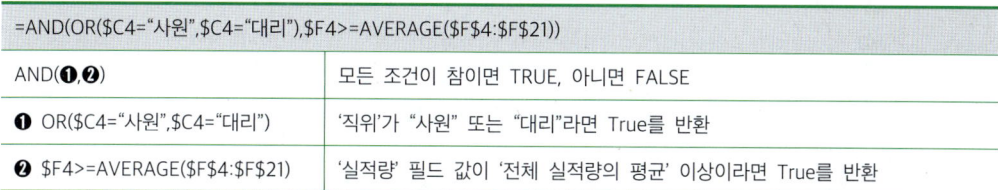

=AND(OR($C4="사원",$C4="대리"),$F4>=AVERAGE($F$4:$F$21))	
AND(❶,❷)	모든 조건이 참이면 TRUE, 아니면 FALSE
❶ OR($C4="사원",$C4="대리")	'직위'가 "사원" 또는 "대리"라면 True를 반환
❷ $F4>=AVERAGE($F$4:$F$21)	'실적량' 필드 값이 '전체 실적량의 평균' 이상이라면 True를 반환

③ [서식]을 클릭하여 [셀 서식] 대화상자를 표시한 후 [채우기]탭에서 '표준 색-노랑'을 선택한 후 [확인]을 차례로 클릭한다.

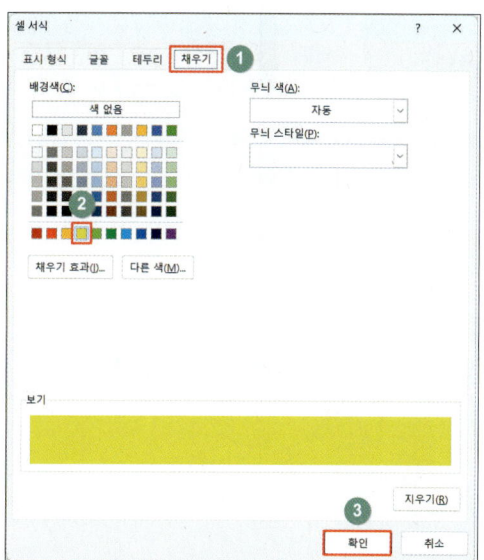

④ 최종 결과

부서명	성명	직위	생년월일	목표량	실적량	달성률
광고기획실	곽병찬	과장	1985-12-04	80	64	80.0%
경영지원부	나미혜	대리	1993-08-06	85	94	110.6%
교육부	장성원	사원	1999-11-26	105	100	95.2%
국제부	오승철	사원	2002-05-05	75	144	192.0%
기획부	장석환	과장	1986-01-29	120	126	105.0%
상품지원부	정원경	대리	1991-12-28	105	118	112.4%
국제부	성완민	과장	1989-12-07	140	108	77.1%
기획부	전나라	사원	1999-05-18	145	124	85.5%
상품지원부	조민오	과장	1989-10-16	100	70	70.0%
경영지원부	임진철	사원	2001-06-22	60	90	150.0%
교육부	이민아	대리	1993-04-28	105	158	150.5%
기획부	김성기	과장	1989-09-26	140	154	110.0%
상품지원부	최영철	과장	1990-09-15	85	92	108.2%
기획부	이명진	과장	1986-03-16	140	120	85.7%
경영지원부	박성진	사원	2003-08-06	110	74	67.3%
광고기획실	김재춘	사원	2004-01-05	160	196	122.5%
광고기획실	김성철	대리	1994-10-18	70	96	137.1%
교육부	최지영	과장	1990-06-12	140	176	125.7%

3 시트 보호 및 통합 문서 보기

① 워크시트 '모든 셀 선택'을 클릭하여 시트 전체를 선택한 후 [Ctrl]+[1]을 눌러 [셀 서식] 대화상자를 표시한다.

② [셀 서식] 대화상자가 나타나면 [보호]탭의 '잠금'과 '숨김'의 체크를 해제한 후 [확인]을 클릭한다.

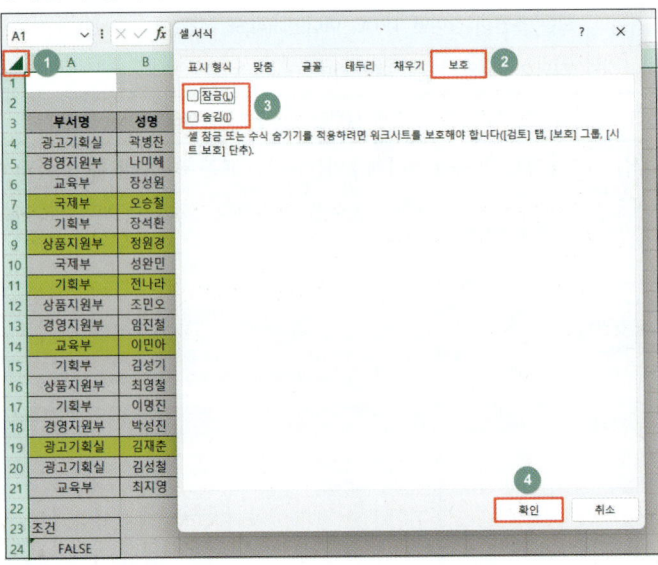

③ [A3:G21] 영역을 범위 지정한 후 [Ctrl]+[1]을 눌러 [셀 서식] 대화상자를 표시한다.

④ [셀 서식] 대화상자가 나타나면 [보호]탭의 '잠금'과 '숨김'의 체크를 선택한 후 [확인]을 클릭한다.

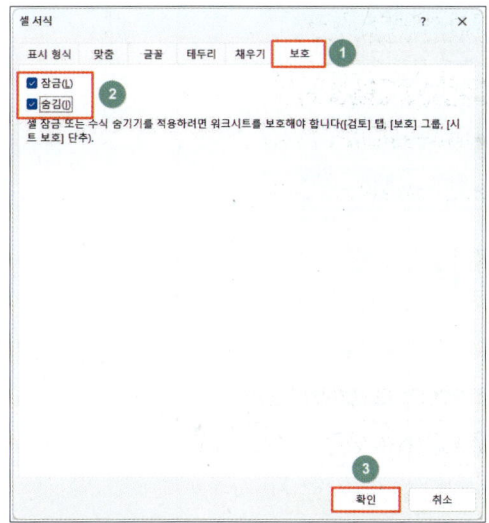

⑤ [검토]탭-[변경 내용] 영역의 [시트 보호(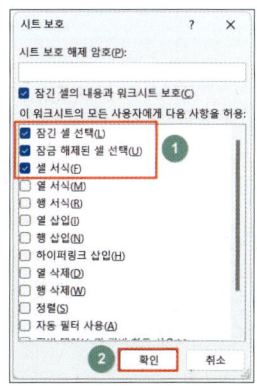)]를 선택한다.
⑥ [시트 보호] 대화상자가 나타나면 '잠금 셀 선택', '잠금 해제된 셀 선택', '셀 서식'의 체크를 선택한 후 [확인]을 클릭한다.

⑦ [보기]탭-[통합 문서 보기] 영역에서 [페이지 레이아웃]을 선택한다.
⑧ 머리글의 왼쪽 영역을 선택한 후 「**3월 현황**」이라 입력한다.

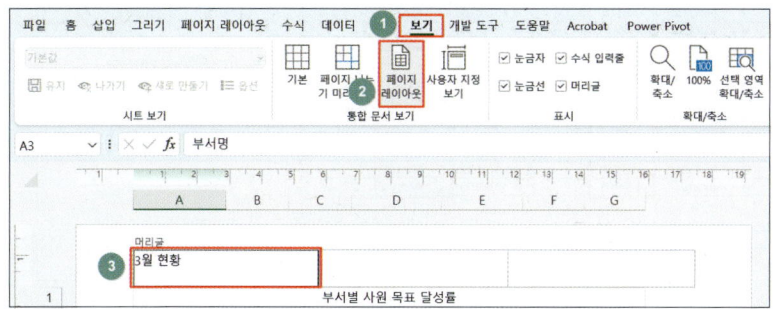

⑨ 최종 결과

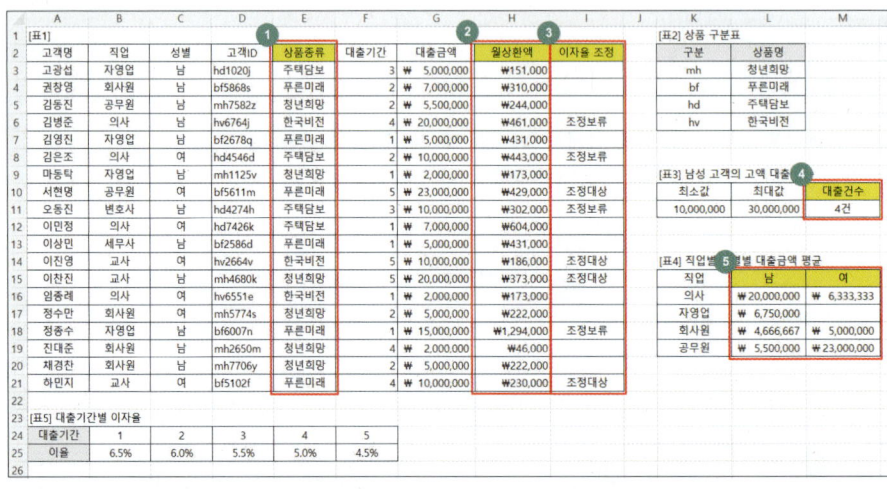

| 제2작업 | 계산작업

1 상품종류 - [E3:E21] 영역

[E3] 셀에 「=INDEX($L$3:$L$6,MATCH(LEFT(D3,2),$K$3:$K$6,0),1)」을/를 입력한 후 [E21] 셀까지 수식을 복사한다.

=INDEX($L$3:$L$6,MATCH(LEFT(D3,2),$K$3:$K$6,0),1)	
INDEX($L$3:$L$6,❶,1)	'상품명' 범위에서 ❶번째 행과 1번째 열이 교차되는 지점의 값을 표시
❶ MATCH(❷,$K$3:$K$6,0)	'구분' 범위에서 ❷의 위치 번호를 반환
❷ LEFT(D3,2)	'고객ID'의 앞 두 글자를 추출

2 월상환액 - [H3:H21] 영역

[H3] 셀에 「=ROUND(PMT(HLOOKUP(F3,$B$24:$F$25,2,0)/12,F3*12,-G3),-3)」을/를 입력한 후 [H21] 셀까지 수식을 복사한다.

=ROUND(PMT(HLOOKUP(F3,$B$24:$F$25,2,0)/12,F3*12,-G3),-3)	
ROUND(❶,-3)	❶의 값을 백의 자리에서 반올림하여 표시
❶ PMT(❷/12,F3*12,-G3)	'이율❷'과 '대출기간'을 월단위로 처리하여 '대출금액'의 월상환액을 계산
❷ HLOOKUP(F3,$B$24:$F$25,2,0)	'대출기간'을 기준으로 [표5]의 2번째 행의 값인 '이율'을 표시

3 이자율 조정 - [I3:I21] 영역

① [개발도구]탭-[코드]영역의 [Visual Basic(圖)]을 클릭하거나, [Alt]+[F11]을 눌러 VBA를 실행한다.
② [삽입]메뉴의 [모듈(圖)]을 선택한다.
③ 코드 창에 아래와 같이 코드를 입력한다.

Public Function fn이자율(직업,대출금액)	→ '직업'과 '대출금액'을 인수로 받아 'fn이자율'을 계산
If 대출금액 >= 10000000 Then	→ '대출금액'이 10000000 이상이면서
If 직업 = "교사" Or 직업 = "공무원" then	→ '직업'이 "교사" 또는 "공무원"이라면
fn이자율 = "조정대상"	→ 'fn이자율'은 "조정대상"으로 표시
Else	→ '직업'이 "교사" 또는 "공무원"이 아니라면
fn이자율 = "조정보류"	→ 'fn이자율'은 "조정보류"로 표시
End If	→ '직업'을 판단하는 If문 종료
Else	→ '대출금액'이 10000000 미만이라면
fn이자율 = ""	→ 'fn이자율'은 ""(공란)으로 표시
End If	→ '대출금액'을 판단하는 If문 종료
End Function	→ Function 코드 종료

④ [파일]-[닫고 Microsoft Excel(으)로 돌아가기]를 클릭하여 VBA를 종료하고 엑셀로 돌아온다.
⑤ [I3] 셀에 「=fn이자율(B3,G3)」을/를 입력한 후 [I21] 셀까지 수식을 복사한다.

4 성별이 남성인 고액 대출 건수 - [M11] 영역

[M11] 셀에 「=TEXT(COUNT(IF((G3:G21)=K11)*(G3:G21<=L11)*(C3:C21="남"),1)),"0건")」을/를 입력한 후 Ctrl+Shift+Enter를 눌러 마무리한다.

=TEXT(COUNT(IF((G3:G21>=K11)*(G3:G21<=L11)*(C3:C21="남"),1)),"0건")	
TEXT(❶,"0건")	❶의 값을 "0건"과 같은 형식으로 표시
❶ COUNT(IF(❷*❸,1))	'구매금액' 조건인 ❷와 '성별' 조건인 ❸을 모두 만족하는 개수를 계산
❷ (G3:G21>=K11)*(G3:G21<=L11)	'구매금액'이 최소값 이상이면서 최대값 이하라면 True를 반환
❸ (C3:C21="남")	'성별'이 "남"이라면 True를 반환

5 성별별 직업별 구매금액의 평균 - [L16:M19] 영역

[L16] 셀에 「=IFERROR(AVERAGE(IF(($B$3:$B$21=$K16)*($C$3:$C$21=L$15),$G$3:$G$21)),"")」을/를 입력하고 Ctrl + Shift + Enter 를 눌러 마무리한 후 [M19] 셀까지 수식을 복사한다.

=IFERROR(AVERAGE(IF(($B$3:$B$21=$K16)*($C$3:$C$21=L$15),$G$3:$G$21)),"")	
IFERROR(❶,"")	❶의 값 중 오류가 있다면 공란("")으로 표시
❶ AVERAGE(IF(❷*❸,$G$3:$G$21))	'직업' 조건인 ❷와 '성별' 조건인 ❸을 모두 만족하는 평균을 계산
❷ ($B$3:$B$21=$K16)	'직업' 범위의 값이 조건과 동일하면 True를 반환
❸ ($C$3:$C$21=L$15)	'성별' 범위의 값이 조건과 동일하면 True를 반환

| 제3작업 | 분석작업 |

1 피벗테이블

① [B4] 셀을 선택한 후 [데이터]탭-[외부 데이터 가져오기 및 변환] 영역의 [데이터 가져오기( )] 목록에서 [기타 원본에서( )]-[Microsoft Query에서( )]를 차례대로 선택한다.

② [데이터 원본 선택] 대화상자의 [데이터베이스]탭에서 'Ms Access Database'를 선택하고 [확인]을 클릭한다.

③ [데이터베이스 선택] 대화상자가 나타나면 '부서별실적.accdb' 파일을 선택한 후 [확인]을 클릭한다.

④ [쿼리 마법사 – 열 선택] 대화상자에서 '부서별실적현황' 테이블을 더블 클릭하여 목록을 표시 한 뒤 〈그림〉과 같이 열을 추가한 후 [다음]을 클릭한다.

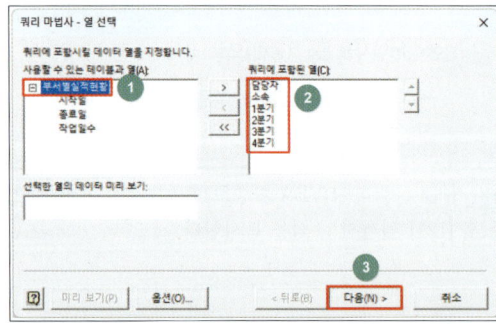

⑤ [데이터 필터]와 [정렬 순서] 단계에서는 설정 없이 [다음]을 클릭한다.

⑥ [쿼리 마법사 – 마침] 대화상자에서 'Microsoft Excel(으)로 데이터 되돌리기'를 선택한 후 [마침]을 클릭한다.

⑦ [데이터 가져오기] 대화상자에서 '피벗 테이블 보고서'를 선택하고, 데이터가 들어갈 위치를 '기존 워크시트'로 변경하여 [B4] 셀을 지정한 후 [확인]을 클릭한다.

⑧ '피벗 테이블 필드' 창에서 〈그림〉과 같이 레이아웃을 지정한다.

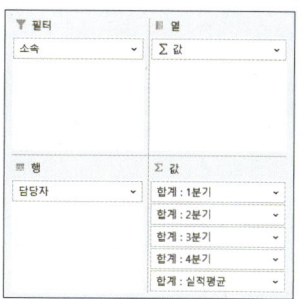

⑨ 작성된 피벗 테이블에서 임의의 셀을 선택한 후 [디자인]탭-[레이아웃] 영역의 [보고서 레이아웃(圖)] 목록에서 '테이블 형식으로 표시'를 선택한다.

⑩ 작성된 피벗 테이블에서 임의의 셀을 선택한 후 [피벗 테이블 분석]탭-[계산] 영역의 [필드, 항목 및 집합] 목록에서 '계산 필드'를 선택한다.

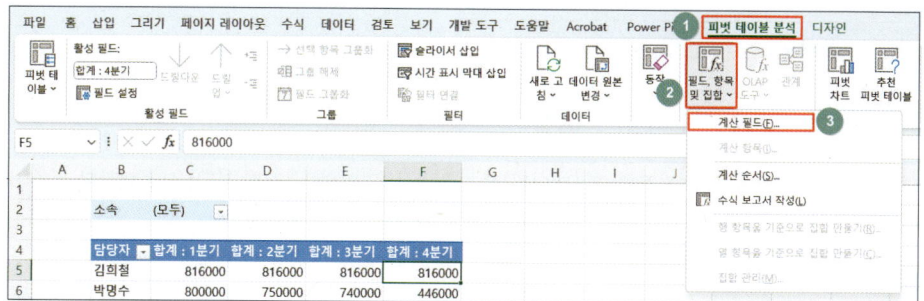

⑪ [계산 필드 삽입] 대화상자가 나타나면 이름에 「**실적평균**」, 수식에 「**=AVERAGE('1분기', '2분기', '3분기', '4분기')**」와 같이 입력하고 [추가]와 [확인]을 순서대로 클릭한다. 단, 기존 필드는 직접 입력하기보다 해당 필드를 선택한 후 [필드 삽입]을 클릭하여 입력한다.

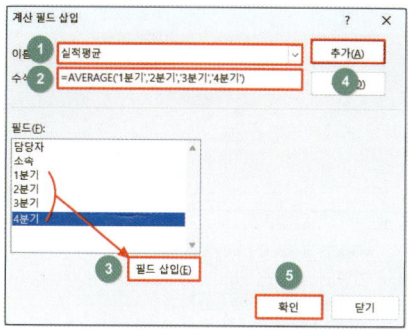

⑫ 작성된 피벗 테이블에서 임의의 셀을 선택한 후 [디자인]탭-[피벗 테이블 스타일] 목록에서 '연한 파랑, 피벗 스타일 보통 9'를 선택한다.

2 중복된 항목 제거 + 부분합

① [A2:J20] 영역을 범위 지정한 후 [데이터]탭-[데이터 도구] 영역의 [중복된 항목 제거(圖)]를 선택한다.

② [중복된 항목 제거] 대화상자가 나타나면 [모두 선택 취소]를 클릭하여 전체 열 항목의 체크를 해제한다. 열 항목에서 '제작방법', '책임자', '가제'의 체크박스를 선택한 후 [확인]을 클릭한다.

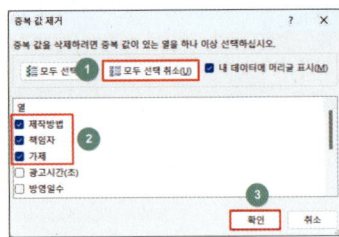

③ 중복된 항목이 제거된 [A2:J14] 영역을 범위 지정한 후 [데이터]탭-[정렬 및 필터] 영역의 [정렬()]을 선택한다.

④ [정렬] 대화상자가 나타나면 첫 번째 기준 열은 '제작방법', 정렬 기준은 '셀 값', 정렬은 '오름차순'으로 설정한 후 [기준 추가]를 선택한다. 두 번째 기준 열은 '책임자', 정렬 기준은 '셀 값', 정렬은 '오름차순'으로 설정한 후 [확인]을 클릭한다.

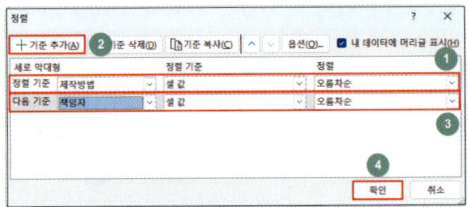

⑤ [A2:J14] 영역을 범위 지정한 후 [데이터]탭-[윤곽선] 영역의 [부분합()]을 선택한다.

⑥ [부분합] 대화상자가 나타나면 그룹화할 항목은 '제작방법', 사용할 함수는 '평균', 부분합 계산 항목은 '제작비용'과 '총 광고수익' 항목만 체크한 후 [확인]을 클릭한다.

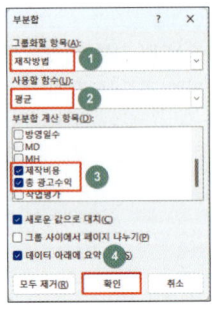

⑦ 최종 결과

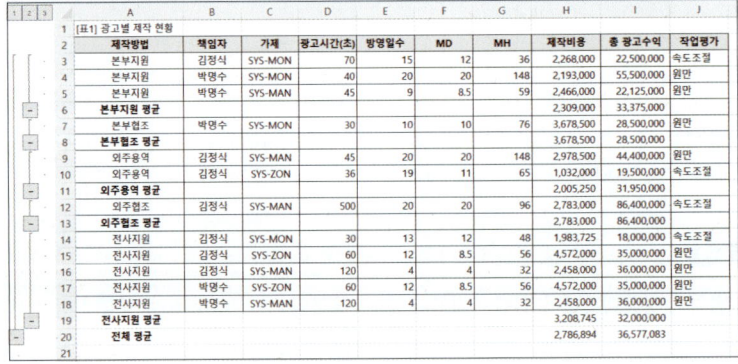

| 제4작업 | 기타작업

1 차트

① 차트 영역을 선택한 후 [차트 디자인]탭-[종류] 영역의 [차트 종류 변경(📊)]을 선택한다.
② [차트 종류 변경] 대화상자가 나타나면 '세로 막대형' 범주에서 '묶은 세로 막대형'을 선택한 후 [확인]을 클릭한다.

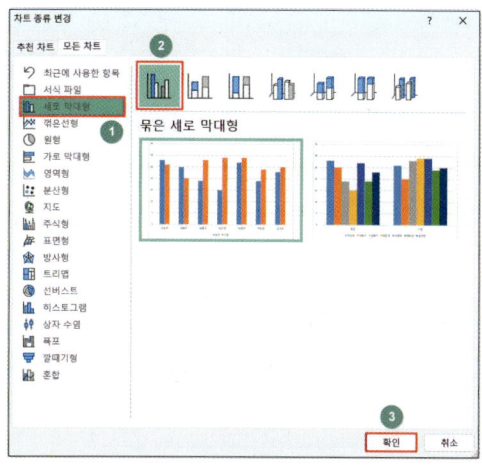

③ 차트 영역을 선택한 후 [차트 디자인]탭-[데이터] 영역의 [데이터 선택]을 선택한다.
④ [데이터 원본 선택] 대화상자가 나타나면 차트 데이터 범위를 〈그림〉과 같이 설정한 후 [확인]을 클릭한다.

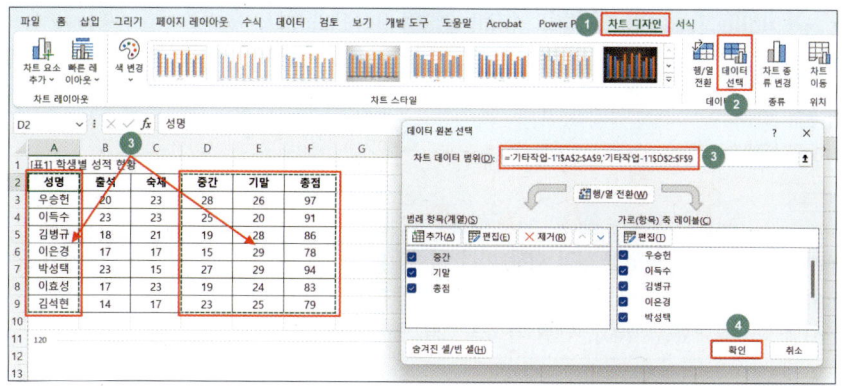

⑤ 추가된 '총점' 계열을 선택한 후 [차트 디자인]탭-[종류] 영역의 [차트 종류 변경(📊)]을 선택한다.

⑥ [차트 종류 변경] 대화상자가 나타나면 '총점' 계열의 차트 종류를 '표식이 있는 꺾은선형'으로 변경하고, 보조 축 항목에 체크한 후 [확인]을 클릭한다.

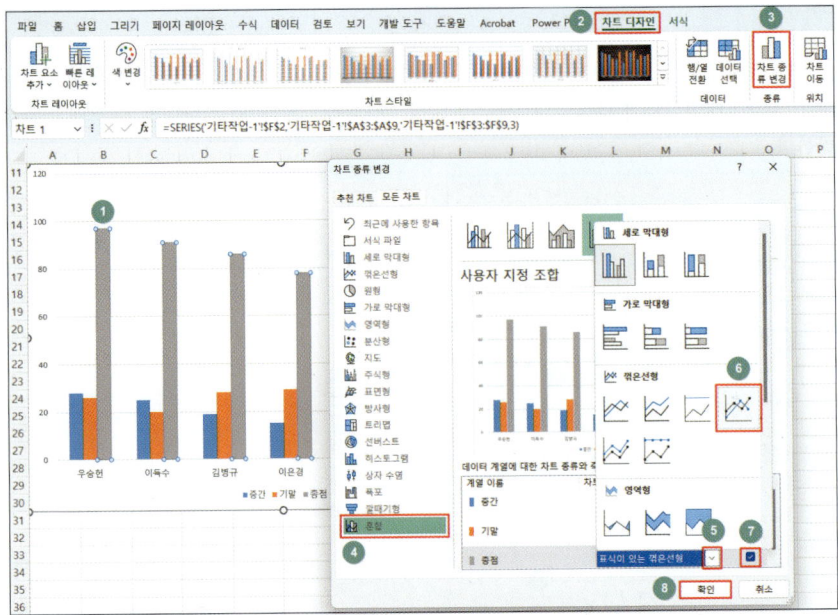

⑦ 차트 영역을 선택한 후 [차트 디자인]탭-[차트 레이아웃] 영역의 [빠른 레이아웃] 목록에서 '레이아웃 3'을 선택한다. [차트 스타일] 목록에서 '스타일8'을 선택한다.

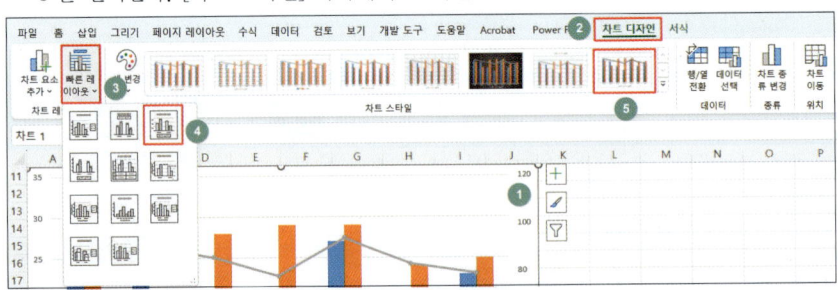

⑧ 차트 제목을 선택한 후 「학생별 성적 현황」이라 입력한다.
⑨ '보조 세로 (값) 축'을 더블 클릭하여 '축 서식' 대화상자를 표시한다.
⑩ [축 옵션]탭에서 최대값을 「100」, 단위 기본을 「20」으로 입력한다.

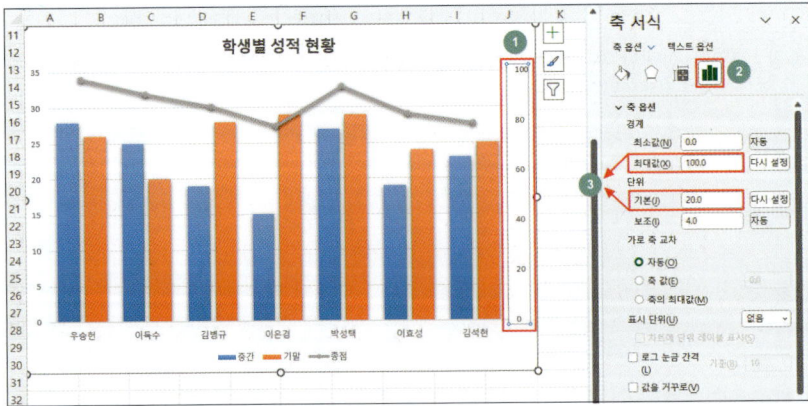

⑪ '총점' 계열을 선택 한 뒤, '우승헌' 표식만 다시 한 번 클릭하여 선택한다.
⑫ [차트 디자인]탭-[차트 레이아웃] 영역의 [차트 요소 추가( )] 목록에서 '데이터 레이블( )'과 '위쪽( )'을 차례대로 선택한다.

2 매크로

① [개발 도구]탭-[컨트롤] 영역의 [삽입( )] 목록에서 양식 컨트롤의 [단추( )]를 선택한 후, 마우스 포인터가 '+'로 바뀌면 [Alt] 키를 누른 채 [G6:H7] 영역에 드래그하여 컨트롤을 그려준다.
② [매크로] 대화상자가 나타나면 매크로 이름을 「**제작비용형식**」으로 입력하고 [기록]을 클릭한다.
③ [매크로 기록] 화면으로 전환되면 매크로 이름이 '제작비용형식'인지 확인한 후 [확인]을 클릭한다.
④ [C3:C20] 영역을 범위 지정한 후 [Ctrl] + [1]을 눌러 [셀 서식] 대화상자를 호출한다.
⑤ [셀 서식] 대화상자가 나타나면 [표시 형식]탭의 '사용자 지정' 범주의 형식에 「**[빨강][>=3000000]"★"#,##0;[파랑][<3000000]"☆"#,##0**」으로 입력한 후 [확인]을 클릭한다.

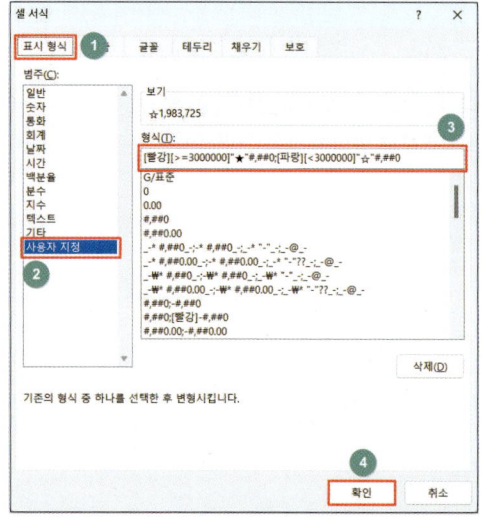

⑥ [개발 도구]탭-[코드] 영역의 [기록 중지]를 클릭한다.
⑦ 단추 컨트롤을 마우스 오른쪽으로 클릭하여 나타나는 바로 가기 메뉴에서 ' 텍스트 편집'을 선택한다. 컨트롤이 편집 상태가 되면 「**제작비용형식**」으로 입력하고 임의의 셀을 클릭하여 편집을 마무리한다.
⑧ [개발 도구]탭-[컨트롤] 영역의 [삽입( )] 목록에서 양식 컨트롤의 [단추( )]를 선택한 후, 마우스 포인터가 '+'로 바뀌면 [Alt] 키를 누른 채 [G9:H10] 영역에 드래그하여 컨트롤을 그려준다.
⑨ [매크로] 대화상자가 나타나면 매크로 이름을 「**작업평가구분**」으로 입력하고 [기록]을 클릭한다.
⑩ [매크로 기록] 화면으로 전환되면 매크로 이름이 '작업평가구분'인지 확인한 후 [확인]을 클릭한다.
⑪ [E3:E20] 영역을 범위 지정한 후 [Ctrl] + [1]을 눌러 [셀 서식] 대화상자를 호출한다.
⑫ [셀 서식] 대화상자가 나타나면 [표시 형식]탭의 '사용자 지정' 범주의 형식에 「**[<=5]"원만";[>5]"속도조절"**」으로 입력한 후 [확인]을 클릭한다.

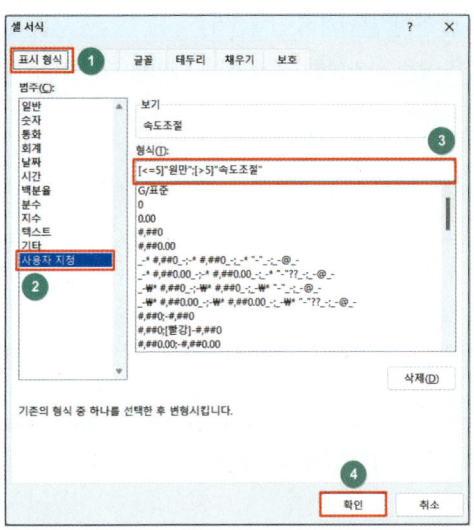

⑬ [개발 도구]탭-[코드] 영역의 [기록 중지]를 클릭한다.
⑭ 단추 컨트롤을 마우스 오른쪽으로 클릭하여 나타나는 바로 가기 메뉴에서 '[가] 텍스트 편집'을 선택한다. 컨트롤이 편집 상태가 되면 **「작업평가구분」**으로 입력하고 임의의 셀을 클릭하여 편집을 마무리한다.
⑮ 최종 결과

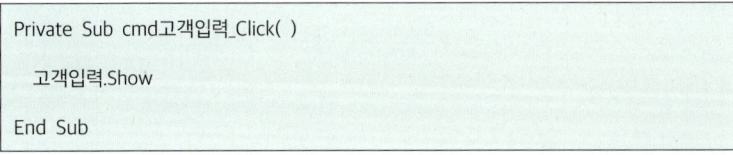

3 프로시저

❶ 폼 띄우고 컨트롤 채우기

① [개발도구]탭-[컨트롤] 영역의 [디자인 모드(🖉)]를 클릭하여 편집 모드로 전환한다.
② 워크시트의 '고객입력(cmd고객입력)' 버튼을 더블 클릭하여 코드 창이 나타나면 다음과 같이 코드를 입력한다.

```
Private Sub cmd고객입력_Click( )
    고객입력.Show
End Sub
```

③ [프로젝트- VBA Project] 탐색기에서 [폼]을 더블 클릭한 후, 표시되는 목록에서 〈고객입력〉 폼을 더블 클릭한다. 코드 창 영역에 〈고객입력〉 폼이 표시되면 해당 폼을 더블 클릭하거나 [코드 보기(▤)]를 클릭한다.
④ 'UserForm_Click()' 코드 창이 나타나면 프로시저 목록에서 'Initialize'를 선택한다.
⑤ 'UserForm_Initialize()' 코드 창이 나타나면 다음과 같이 코드를 작성한다.

```
Private Sub UserForm_Initialize( )

    cmb직업.RowSource = "H5:H11"

    cmb성별.Additem "남"

    cmb성별.Additem "여"

End Sub
```

❷ 폼의 자료를 워크시트에 입력하기
① [프로젝트- VBA Project] 탐색기에서 [폼]을 더블 클릭한 후, 표시되는 목록에서 〈고객입력〉 폼을 더블 클릭한다. 코드 창 영역에 〈고객입력〉 폼이 표시되면 '입력(cmd입력)' 버튼을 더블 클릭한다.
② 'cmd입력_Click()' 코드 창이 나타나면 다음과 같이 코드를 작성한다.

Private Sub cmd입력_Click( )	
입력행 = [B4].Row + [B4].CurrentRegion.Rows.Count	→ [B4] 셀의 행에 [B4]셀과 연결된 범위의 행 개수를 더한 값을 입력행 값으로 반환
Cells(입력행, 2) = txt성명	→ 'txt성명'의 값을 2(B)열의 입력행 위치에 입력
Cells(입력행, 3) = cmb직업	→ 'cmb직업'의 값을 3(C)열의 입력행 위치에 입력
Cells(입력행, 4) = cmb성별	→ 'cmb성별'의 값을 4(D)열의 입력행 위치에 입력
If opt단기=True Then	→ 'opt단기'가 선택된다면
Cells(입력행, 5) = "5년"	→ "5년"이 5(E)열의 입력행 위치에 입력
Else	→ 아니라면
Cells(입력행, 5) = "10년"	→ "10년"이 5(E)열의 입력행 위치에 입력
End If	→ 기간을 판단하는 If문 종료
Cells(입력행, 6) = txt대출금액.Value	→ 'txt대출금액'의 값을 6(F)열의 입력행 위치에 입력
End Sub	

❸ 메시지박스 띄우고, 폼 종료하기
① [프로젝트- VBA Project] 탐색기에서 [폼]을 더블 클릭한 후, 표시되는 목록에서 〈고객입력〉 폼을 더블 클릭한다. 코드 창 영역에 〈고객입력〉 폼이 표시되면 '종료(cmd종료)' 버튼을 더블 클릭한다.
② 'cmd종료_Click()' 코드 창이 나타나면 다음과 같이 코드를 작성한다.

Private Sub cmd종료_Click( )	
MsgBox Date & " 입력 종료", vbOKOnly, "폼 닫기"	→ 'Date(현재 날짜)'를 'Ok(확인)' 버튼과 함께 표시
Unload Me	→ 현재 작업 중인 폼을 종료
End Sub	

③ 메뉴 상단 [보기 Microsoft Excel(▣)]을 클릭하여 엑셀로 돌아온다.
④ [개발 도구]탭-[코드] 영역의 [디자인 모드(▦)]를 클릭하여 편집 모드를 해제한 후, 결과를 확인한다.

• 스프레드시트 •

스프레드시트 실전모의고사 2회 문제

작업 파일 : 컴활1급/스프레드시트/모의고사/실기모의고사2회.xlsm
암호 : 27^6$7
외부데이터 위치 : 컴활1급/스프레드시트/외부데이터

|제1작업| 기본작업 (15점) 주어진 시트에서 다음의 과정을 수행하고 저장하시오.

1 '기본작업-1' 시트에 대하여 다음의 지시사항을 처리하시오. (5점)

[A2:I19] 영역에서 강사구분이 짝수이면서 접수일이 월/수/금 중 하나인 데이터의 '이름', '분류', '강의요일', '접수일' 열만을 순서대로 표시하시오. (AND, ISEVEN, WEEKDAY 함수 사용)
▶ 고급 필터의 조건은 [A21:A22] 범위 내에 알맞게 입력하시오.
▶ 고급 필터의 결과 복사 위치는 동일 시트의 [A24] 셀에서 시작하시오.

2 '기본작업-1' 시트에 대하여 다음의 지시사항을 처리하시오. (5점)

[A3:I19] 영역에 대해 정원이 30이상이면서 접수일이 주말인 데이터 행 전체에 대해서 글꼴 스타일은 '굵은 기울임꼴', 글자색은 '표준 색-빨강'으로 지정하는 조건부 서식을 작성하시오. (WEEKDAY 함수 사용)
▶ 규칙 유형은 '수식을 사용하여 서식을 지정할 셀 결정'을 이용하시오.

3 '기본작업-2' 시트에 대하여 다음의 지시사항을 처리하시오. (5점)

▶ 인쇄 영역이 자동으로 확대/축소되도록 지정하고, 인쇄될 내용이 페이지의 가로 방향의 가운데에 인쇄되도록 '페이지 가운데 맞춤'을 설정하시오.
▶ 매 페이지 하단 가운데 구역에는 페이지 번호가 [표시 예]와 같이 표시되도록 바닥글을 설정하시오.
▶ 표시 예 : 현재 페이지가 1이고 전체 페이지가 3인 경우 → 1 / 3
▶ [B28:J40] 영역을 인쇄 영역에 추가하고, 2행이 매 페이지마다 반복하여 인쇄되도록 인쇄 제목을 설정하시오.

|제2작업| 계산작업 (30점) '계산작업' 시트에서 다음의 과정을 수행하고 저장하시오.

1 [표1]의 경력, 강사구분, 강의시수와 [표3]의 경력별 강사시급 표를 이용하여 [K3:K16] 영역에 강사료를 계산하여 표시하시오. (6점)

▶ 강사료 = 강의시수 × 강사시급
▶ 강사시급은 강사구분과 경력에 따라 다르며 [표3]을 참조하여 계산
▶ HLOOKUP, MOD 함수 사용

2 사용자 정의 함수 'fn비고'를 작성하여 [표1]의 [L3:L16] 영역에 비고를 계산하여 표시하시오. (6점)

- ▶ 'fn비고'는 강좌명, 수강료를 인수로 받아 비고를 계산하는 함수이다.
- ▶ 강좌명이 '필기'로 끝나는 강의 중 수강료가 100,000 이상이라면 "실기할인적용" 아니라면 "쿠폰발급"이라 표시하고, 나머지는 공란으로 표시할 것
- ▶ IF 구문, RIGHT 함수 사용

```
Public Function fn비고(강좌명, 수강료)

End Function
```

3 [표1]의 경력과 강사구분을 이용하여 [표2]의 [B20:B23] 영역에 강사구분별 경력이 5년 이상인 강사들의 인원수를 계산하여 다음과 같이 표시하시오. (6점)

- ▶ 결과 값이 0이면 "해당없음"이라 표시하고, 나머지는 숫자에 "명"을 붙여 표시할 것
- ▶ 표시 예 : 2 → 2명, 0 → "해당없음"
- ▶ TEXT, SUM 함수를 사용한 배열 수식 사용

4 [표1]의 강사구분과 수료율을 이용하여 [표2]의 [C20:C23] 영역에 강사구분별 수료율이 70% 이상인 강좌 수를 계산한 후 해당 개수만큼 "★"을 반복하여 표시하시오. (6점)

- ▶ 표시 예 : 강좌수가 3인 경우 → ★★★
- ▶ IF, COUNT, REPT 함수를 사용한 배열 수식 사용

5 [표1]의 강사명과 경력을 이용하여 [표4]의 [L20] 영역에 경력이 가장 많은 강사명을 찾아 표시하시오. (6점)

- ▶ INDEX, MATCH, MAX 함수 사용

| 제3작업 | 분석작업 (20점) | 주어진 시트에서 다음의 과정을 수행하고 저장하시오.

1 '분석작업-1' 시트에서 다음 그림과 같이 피벗 테이블을 작성하시오. (10점)

	A	B	C	D
1				
2	분류	(모두)		
3				
4	접수일	강사명	합계 : 수강료	수강인원
5	⊟2월		855,000	33.3%
6		강경민	170,000	8.3%
7		김아라	240,000	8.3%
8		송나라	240,000	8.3%
9		이민욱	85,000	4.2%
10		홍성아	120,000	4.2%
11	⊟3월		1,765,000	66.7%
12		강경민	85,000	4.2%
13		김아라	120,000	4.2%
14		박인혜	450,000	12.5%
15		송나라	240,000	8.3%
16		이민욱	255,000	12.5%
17		최성철	255,000	12.5%
18		홍성아	360,000	12.5%
19	총합계		2,620,000	100.0%
20				

- ▶ 피벗 테이블의 외부 데이터 원본으로 〈수강현황.xlsx〉의 〈접수현황〉 시트를 사용하고, '데이터 첫 행에 열 머리글'을 포함하시오.
- ▶ 피벗 테이블 보고서의 레이아웃과 위치는 〈그림〉을 참조하여 설정하고, 보고서 레이아웃은 '개요 형식'으로 지정하시오.
- ▶ '수강료' 필드는 값 필드 설정의 셀 서식에서 '숫자' 범주를 이용하여 〈그림〉과 같이 지정하시오.
- ▶ '수강인원' 필드는 '이름' 필드의 개수를 '열 합계 비율'로 구하여 표시하시오.
- ▶ '접수일' 필드는 〈그림〉과 같이 그룹을 설정하고, 피벗 테이블 스타일은 '연한 파랑, 피벗 스타일 밝게 9'로 설정하시오.
- ※ 작업 완성된 그림이며 부분 점수 없음

2 '분석작업-2' 시트에서 다음과 같은 기능을 실행하시오. (10점)

- ▶ 데이터 유효성 검사 도구를 이용하여 [F4:F20] 영역에 5의 배수 값만 입력되도록 제한 대상을 설정하시오.
- ▶ [F4:F20] 영역의 셀을 클릭한 경우 〈그림〉과 같은 설명 메시지를 표시하고, 유효하지 않은 데이터를 입력한 경우 〈그림〉과 같이 오류 메시지가 표시되도록 설정하시오.
- ▶ MOD 함수 사용

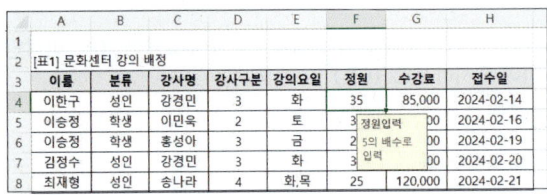 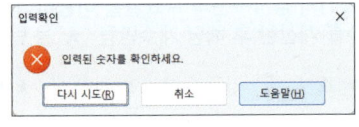

| 제4작업 | 기타작업 (35점) 주어진 시트에서 다음의 과정을 수행하고 저장하시오.

1 '기타작업-1' 시트에서 다음의 지시사항에 따라 차트를 수정하시오. (각 2점)

※ 차트는 반드시 문제에서 제공한 차트를 사용하여야 하며, 신규로 차트작성 시 0점 처리됨

① '김향진'의 항목 값을 차트 데이터 범위에 추가하시오.
② 차트 제목은 [B1] 셀과 연결하여 표시하고, 글꼴은 '돋움체', 글꼴 크기는 '16'으로 설정하시오.

③ '수강인원' 계열의 차트 종류를 '표식이 있는 꺾은선형'으로 변경하고, 데이터 레이블이 '아래쪽'에 표시되도록 설정하시오.
④ 범례의 위치를 '왼쪽'으로 변경하고, 도형 스타일을 '미세효과-녹색, 강조6'으로 설정하시오.
⑤ 차트 영역의 테두리 스타일은 '둥근 모서리', 그림자는 '안쪽 가운데'로 표시하시오.

2 '기타작업-2'시트에서 다음과 같은 기능을 수행하는 매크로를 현재 통합문서에 작성하고 실행하시오. (각 5점)

① [G3:G19] 영역에 대하여 사용자 지정 표시 형식을 설정하는 '서식적용' 매크로를 생성하시오.
  ▶ 값이 0.2이상이면 파랑색으로 '★'과 함께 백분율로 표시되고, 0.1이상이면 자홍색으로 '★'과 함께 백분율로 표시되고, 그 외에는 백분율로 표시되도록 설정하시오.
  ▶ [개발도구]-[삽입]-[양식 컨트롤]의 '단추'를 동일 시트의 [J2:K3] 영역에 생성한 후 텍스트를 '서식적용'으로 입력하고, 단추를 클릭하면 '서식적용' 매크로가 실행되도록 설정하시오.
② [G3:G19] 영역에 대하여 표시 형식을 '일반'으로 설정하는 '서식해제' 매크로를 생성하시오.
  ▶ [개발도구]-[삽입]-[양식 컨트롤]의 '단추'를 동일 시트의 [J5:K6] 영역에 생성한 후 텍스트를 '서식해제'로 입력하고, 단추를 클릭하면 '서식해제' 매크로가 실행되도록 설정하시오.
  ※ 매크로는 도형과 연결되어야 하며, 셀 포인터의 위치에 관계없이 매크로가 실행되어야 정답으로 인정됨

3 '기타작업-3'시트에서 다음과 같은 작업을 수행하도록 프로시저를 작성하시오. (각 5점)

① '학생등록' 버튼을 클릭하면 〈학생등록〉 폼이 나타나고, 〈학생등록〉 폼이 초기화(Initialize) 되면 '어린이', '학생', '성인'이 '분류(cmb분류)' 콤보상자에 목록으로 추가되도록 프로시저를 작성하시오.
  ▶ With, Additem 구문 사용
② '분류(cmb분류)' 콤보상자의 값이 변경(Change)되면 '강좌(list강좌)' 목록상자에 다음과 같이 데이터가 표시되도록 프로시저를 작성하시오.
  ▶ '분류(cmb분류)'에서 '어린이'를 선택하면 [J5:M7] 영역을, '학생'을 선택하면 [J9:M14] 영역을, '성인'을 선택하면 [J16:M21] 영역이 표시되도록 설정할 것
  ▶ Select Case 구문 사용
③ 〈학생등록〉 폼의 '종료(cmd종료)' 버튼을 클릭하면 폼이 종료되고, [F2] 셀에 시스템 상의 오늘 날짜가 입력되도록 프로시저를 작성하시오.

• 스프레드시트 •

실전모의고사 2회 정답 및 해설

정답 파일 : 컴활1급/스프레드시트/모의고사/정답/실전모의고사2회(정답).xlsm

| 제1작업 | 기본작업

1 고급필터

① [A21] 셀에 「**조건**」, [A22] 셀에 「=AND(ISEVEN(D3),ISEVEN(WEEKDAY(H3,1)))」을/를 입력한다.

=AND(ISEVEN(D3),ISEVEN(WEEKDAY(H3,1)))	
AND(❶,❷)	모든 조건이 참이면 TRUE, 아니면 FALSE
❶ ISEVEN(D3)	'강사구분' 필드 값이 짝수라면 True를 반환
❷ ISEVEN(WEEKDAY(H3,1))	'접수일' 필드 값이 짝수(월/수/금)라면 True를 반환

② [A24:D24] 영역에 추출할 필드명을 입력한다.

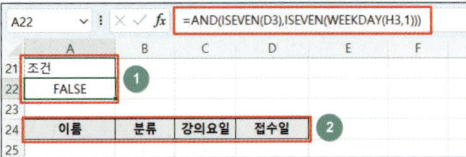

③ [A2:I19] 영역을 범위 지정한 후 [데이터]탭-[정렬 및 필터] 영역의 [고급]을 클릭한다.

④ [고급 필터] 대화상자가 나타나면 결과를 '다른 장소에 복사'로 설정하고, 아래와 같이 설정한 후 [확인]을 클릭한다.

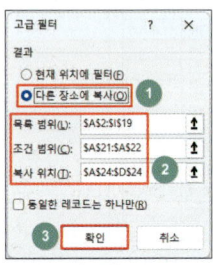

목록 범위	$A$2:$I$19
조건 범위	$A$21:$A$22
복사 위치	$A$24:$D$24

⑤ 최종 결과

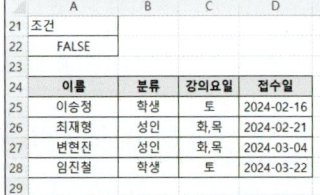

2 조건부서식

① [A3:I19] 영역을 범위 지정한 후 [홈]탭-[스타일] 영역의 [조건부 서식()]의 [새 규칙()]을 클릭한다.
② [새 서식 규칙] 대화상자가 나타나면 규칙 유형 선택을 '수식을 사용하여 서식을 지정할 셀 결정'으로 선택한 후, 다음 수식이 참인 값의 서식 지정 영역에 「=($F3>=30)*(WEEKDAY($H3,2)>=6)」와 같이 입력한다.

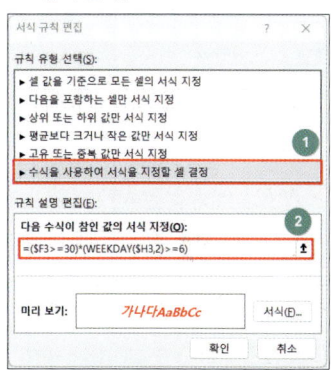

=($F3>=30)*(WEEKDAY($H3,2)>=6)	
(❶)*(❷)	AND 조건은 * 연결, OR 조건은 + 연결
❶ $F3>=30	'정원' 필드 값이 30 이상이면 True를 반환
❷ WEEKDAY($H3,2)>=6	'접수일'이 주말(6 또는 7)이라면 True를 반환

③ [서식]을 클릭하여 [셀 서식] 대화상자를 표시한 후 [글꼴]탭에서 글꼴 스타일은 '굵은 기울임꼴', 글자 색은 '표준색-빨강'을 선택한 후 [확인]을 차례대로 클릭한다.
④ 최종 결과

	A	B	C	D	E	F	G	H	I
1	[표1] 문화센터 강의 배정								
2	이름	분류	강사명	강사구분	강의요일	정원	수강료	접수일	변경일
3	이한구	성인	강경민	3	화	35	150,000	2024-02-14	2024-02-21
4	이승정	학생	이민욱	2	토	30	85,000	2024-02-16	2024-02-23
5	이승정	학생	홍성아	3	금	20	120,000	2024-02-19	2024-02-26
6	김정수	성인	강경민	3	화	35	85,000	2024-02-20	2024-02-27
7	최재형	성인	송나라	4	화,목	30	120,000	2024-02-21	2024-02-28
8	이수원	학생	홍성아	3	금	20	120,000	2024-03-02	2024-03-04
9	신오영	학생	홍성아	3	금	20	120,000	2024-03-02	2024-03-04
10	임희정	성인	이민욱	2	토	30	85,000	2024-03-02	2024-03-04
11	변현진	성인	송나라	4	화,목	25	120,000	2024-03-04	2024-03-11
12	우승헌	성인	송나라	4	화,목	25	120,000	2024-03-07	2024-03-14
13	이은경	성인	김아라	2	월,수	30	120,000	2024-03-10	2024-03-11
14	박성택	성인	최성철	5	수	30	85,000	2024-03-10	2024-03-11
15	이효성	성인	박인혜	1	목	25	150,000	2024-03-12	2024-03-19
16	김석현	성인	홍성아	3	금	20	120,000	2024-03-16	2024-03-18
17	전나라	학생	최성철	5	수	30	85,000	2024-03-16	2024-03-18
18	조민오	학생	박인혜	1	목	25	150,000	2024-03-18	2024-03-25
19	임진철	학생	이민욱	2	토	30	85,000	2024-03-22	2024-03-29
20									

3 페이지 레이아웃

① [페이지 레이아웃]탭-[페이지 설정]영역의 '화살표( )'를 클릭하여 [페이지 설정] 대화상자를 호출한다.
② [페이지]탭의 배율을 '자동 맞춤'으로 변경하고, [여백]탭 하단의 '페이지 가운데 맞춤' 항목 중 '가로'를 체크한다.

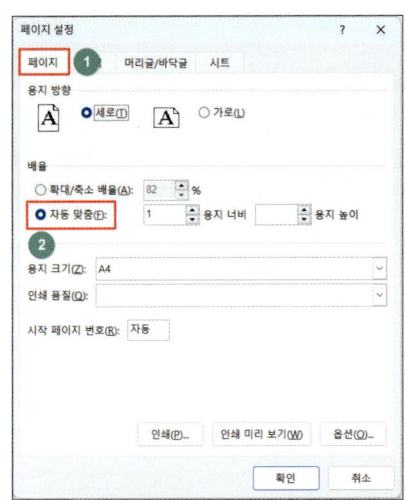 

③ [머리글/바닥글]탭의 [바닥글 편집]을 클릭한다. [바닥글] 대화상자가 나타나면 가운데 구역에 아래와 같이 「&[페이지 번호] / &[전체 페이지 수]」 입력한 후 [확인]을 클릭한다.

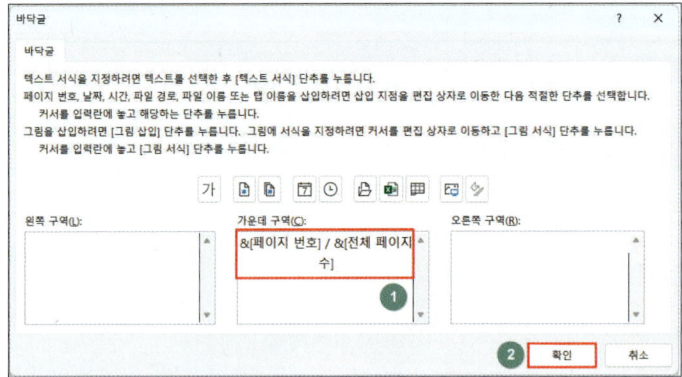

④ [시트]탭의 '인쇄 영역'의 기존 값에 [B28:J40]을 추가하여 「B2:J26,B28:J40」와 같이 입력하고, '반복할 행'에 커서를 두고 행 머리글 2를 드래그하여 지정한 후 [확인]을 클릭한다.

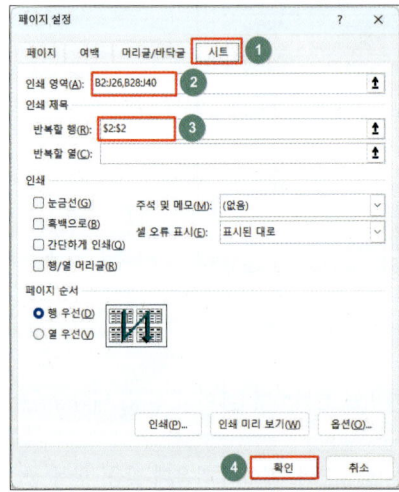

| 제2작업 | 계산작업

	A	B	C	D	E	F	G	H	I	J	K	L
1	[표1]	컴퓨터학원 강의별 수강인원 현황									❶	❷
2	강사명	경력	강좌명	강사구분	강의요일	강의시수	정원	수강료	수강인원	수료율	강사료	비고
3	강경민	5	컴퓨터활용능력2급필기	1	목	8	35	70,000	35	82.3%	304,000	쿠폰발급
4	송나라	2	컴퓨터활용능력2급실기	2	화	12	25	70,000	20	78.6%	360,000	
5	이민욱	5	컴퓨터활용능력1급필기	1	월	8	35	70,000	32	88.6%	304,000	쿠폰발급
6	홍성아	8	컴퓨터활용능력1급실기	2	화,목	24	25	150,000	27	81.4%	1,008,000	
7	김아라	7	정보처리기사실기	4	월,수	24	25	150,000	27	59.2%	960,000	
8	최성철	5	정보처리기사필기	3	수	8	30	100,000	16	65.3%	304,000	실기할인적용
9	박인혜	3	정보처리산업기사필기	3	금	8	30	100,000	25	63.1%	280,000	실기할인적용
10	김상권	2	정보처리산업기사실기	4	화,목	24	30	120,000	28	71.8%	720,000	
11	김성현	2	워드프로세서1급필기	1	화	8	40	70,000	23	76.3%	256,000	쿠폰발급
12	김영돈	3	워드프로세서1급실기	2	목	16	20	70,000	11	88.5%	528,000	
13	지영근	2	정보처리기능사필기	1	수	8	40	70,000	32	80.9%	256,000	쿠폰발급
14	곽병찬	3	정보처리기능사실기	2	금	16	20	70,000	20	77.9%	528,000	
15	장성원	5	사무자동화산업기사필기	3	월	8	30	100,000	13	62.3%	304,000	실기할인적용
16	오승철	7	사무자동화산업기사실기	4	수	16	20	150,000	21	83.2%	640,000	
17												
18	[표2]	❸	❹		[표3] 경력별 강사시급						[표4]	
19	강사구분	강사인원	강좌수		강사구분	1년~	3년~	5년~	7년~		경력이 가장 많은 강사명	❺
20	1	2명	★★★★		2, 4	30,000	33,000	36,000	40,000		홍성아	
21	2	해당없음	★★★		1, 3	32,000	35,000	38,000	42,000			
22	3	3명	★									
23	4	2명	★★									

1 강사료 - [K3:K16] 영역

[K3] 셀에 「=F3*HLOOKUP(B3,$F$19:$I$21,MOD(D3,2)+2,TRUE)」을/를 입력한 후 [K16] 셀까지 수식을 복사한다.

=F3*HLOOKUP(B3,$F$19:$I$21,MOD(D3,2)+2,TRUE)	
F3*HLOOKUP(B3,$F$19:$I$21,❶,TRUE)	'강의시수'와 [표3]에서 ❶번째 행 값인 경력별 시급을 곱하여 표시
❶ MOD(D3,2)+2	'강사구분'을 2로 나눈 나머지에 2를 더하여 행 번호로 반환

2 비고 - [L3:L16] 영역

① [개발도구]탭-[코드]영역의 [Visual Basic()]을 클릭하거나, [Alt]+[F11]을 눌러 VBA를 실행한다.
② [삽입]메뉴의 [모듈()]을 선택한다.
③ 코드 창에 아래와 같이 코드를 입력한다.

Public Function fn비고(강좌명,수강료)	→ '강좌명'과 '수강료'를 인수로 받아 'fn비고'를 계산
If Right(강좌명,2) = "필기" Then	→ '강좌명'의 마지막 2글자가 '필기'인 데이터 중에서
If 수강료 >= 100000 then	→ '수강료'가 100000 이상이라면
fn비고 = "실기할인적용"	→ 'fn비고'는 "실기할인적용"으로 표시
Else	→ '수강료'가 100000 미만이라면
fn비고 = "쿠폰발급"	→ 'fn비고'는 "쿠폰발급"으로 표시
End If	→ '수강료'를 판단하는 If문 종료
Else	→ '강좌명'의 마지막 2글자가 '필기'가 아니라면
fn비고 = ""	→ 'fn비고'는 ""(공란)으로 표시
End If	→ '강좌명'을 판단하는 If문 종료
End Function	→ Function 코드 종료

④ [파일]-[닫고 Microsoft Excel(으)로 돌아가기]를 클릭하여 VBA를 종료하고 엑셀로 돌아온다.
⑤ [L3] 셀에 「=fn비고(C3,H3)」을/를 입력한 후 [L16] 셀까지 수식을 복사한다.

3 강사인원 - [B20:B23] 영역

[B20] 셀에 「=TEXT(SUM(($D$3:$D$16=A20)*($B$3:$B$16>=5)*1),"[=0]해당없음;0명")」을/를 입력하고 Ctrl + Shift + Enter 를 눌러 마무리한 후 [B23] 셀까지 수식을 복사한다.

=TEXT(SUM(($D$3:$D$16=A20)*($B$3:$B$16>=5)),"[=0]해당없음;0명")	
TEXT(❶,"[=0]해당없음;0명")	❶의 값이 0과 같으면 "해당없음", 나머지는 값에 "명"을 붙여 표시
❶ SUM(❷*❸)	'강사구분' 조건인 ❷와 '경력' 조건인 ❸을 모두 만족하는 개수를 계산
❷ ($D$3:$D$16=A20)	'강사구분'이 조건과 동일하면 True를 반환
❸ ($B$3:$B$16>=5)	'경력'이 5 이상이면 True를 반환

4 강좌수 - [C20:C23] 영역

[C20] 셀에 「=REPT("★",COUNT(IF(($D$3:$D$16=A20)*($J$3:$J$16)=0.7),1)))」을/를 입력하고 Ctrl + Shift + Enter 를 눌러 마무리한 후 [C23] 셀까지 수식을 복사한다.

=REPT("★",COUNT(IF(($D$3:$D$16=A20)*($J$3:$J$16>=0.7),1)))	
REPT("★",❶)	"★"을 ❶의 값만큼 반복하여 표시
❶ COUNT(IF(❷*❸,1))	'강사구분' 조건인 ❷와 '수료율' 조건인 ❸을 모두 만족하는 개수를 계산
❷ ($D$3:$D$16=A20)	'강사구분'이 조건과 동일하면 True를 반환
❸ ($J$3:$J$16>=0.7)	'수료율'이 0.7 이상이면 True를 반환

5 경력이 가장 많은 강사명 - [L20] 영역

[L20] 셀에 「=INDEX(A3:A16,MATCH(MAX(B3:B16),B3:B16,0),1)」을/를 입력한다.

=INDEX(A3:A16,MATCH(MAX(B3:B16),B3:B16,0),1)	
INDEX(A3:A16,❶,1)	'강사명' 범위에서 행 번호 ❶과 열 번호 '1'의 교차 값을 표시
❶ MATCH(❷,B3:B16,0)	'경력' 범위에서 ❷의 행 번호를 표시
❷ MAX(B3:B16)	'경력' 범위의 최대값을 표시

| 제3작업 | 분석작업

1 피벗테이블

① [A4] 셀을 선택한 후 [삽입]탭-[표] 영역의 [피벗 테이블()]목록에서 '외부 데이터 원본에서'를 선택한다.
② [외부 원본의 피벗 테이블] 대화상자가 나타나면 외부 데이터의 원본 사용을 위해 [연결 선택]을 클릭한다.
③ [기존 연결] 대화상자로 창이 전환되면 하단에 [더 찾아보기]를 클릭하여 [데이터 원본 선택] 대화상자를 표시한다.
④ 외부데이터 목록에서 '수강현황.xlsx' 파일을 선택하면 [테이블 선택] 대화상자로 전환된다. '접수현황' 테이블이 선택된 상태에서 '데이터의 첫 행에 열 머리글 포함' 항목을 체크한 후 [열기]를 차례대로 클릭한다.
⑤ [외부 원본의 피벗 테이블] 대화상자로 돌아와 [확인]을 클릭한다.

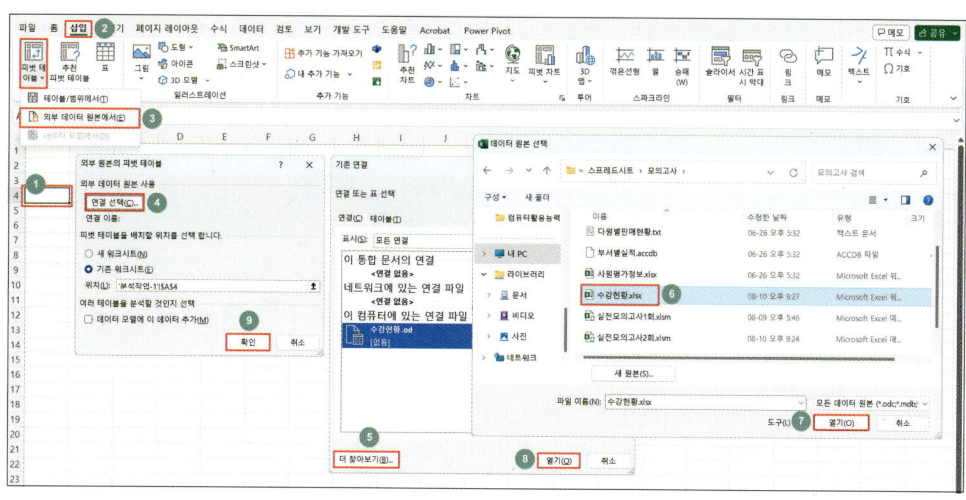

⑥ '피벗 테이블 필드' 창에서 〈그림〉과 같이 레이아웃을 지정한다.

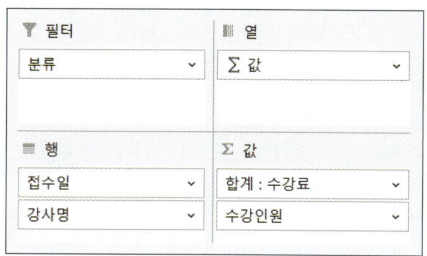

⑦ 작성된 피벗 테이블에서 임의의 셀을 선택한 후 [디자인]탭-[레이아웃] 영역의 [보고서 레이아웃()] 목록에서 ' 개요 형식으로 표시'를 선택한다.

⑧ '합계:수강료' 필드의 임의의 셀을 선택한 후 바로 가기 메뉴 중 [값 필드 설정]을 선택한다.

⑨ [값 필드 설정] 대화상자에서 [표시 형식]을 클릭한다. [셀 서식] 대화상자가 나타나면 [표시 형식]탭의 '숫자' 범주를 선택하여 '1000 단위 구분 기호'에 체크한 후 [확인]을 차례대로 클릭한다.
⑩ '개수:이름' 필드의 임의의 셀을 선택한 후 바로 가기 메뉴 중 [값 필드 설정( )]을 선택한다.
⑪ [값 필드 설정] 대화상자가 나타나면 사용자 지정 이름에 「**수강인원**」이라 입력하고, [값 표시 형식]탭을 선택한 후 값 표시 형식 목록에서 '열 합계 비율'을 선택한다.

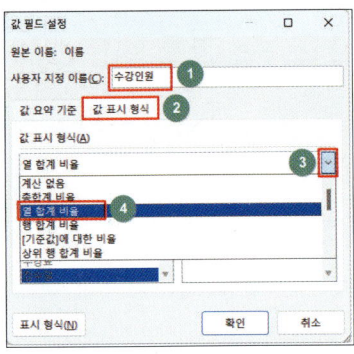

⑫ [표시 형식]을 클릭하여 [셀 서식] 대화상자가 나타나면 [표시 형식]탭을 '백분율'로 지정하고 소수 자리수를 '1'로 변경한 후 [확인]을 차례대로 클릭한다.

⑬ '접수일' 필드의 임의의 셀을 선택한 후 [피벗 테이블 분석]탭-[그룹] 영역에서 [선택 항목 그룹화(→)]를 선택한다.

⑭ [그룹화] 대화상자가 나타나면 단위를 '월'로 설정한 후 [확인]을 클릭한다.

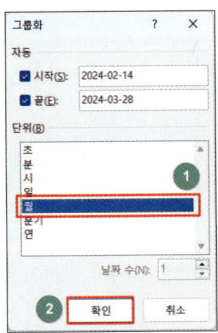

⑮ 작성된 피벗 테이블에서 임의의 셀을 선택한 후 [디자인]탭-[피벗 테이블 스타일] 목록에서 '연한 파랑, 피벗 스타일 밝게 9'를 선택한다.

2 유효성 검사 규칙

① [F4:F20] 영역을 범위 지정한 후 [데이터]탭-[데이터 도구] 영역의 [유효성 검사 규칙] 아이콘(☑)을 클릭한다.

② [데이터 유효성] 대화상자가 나타나면 [설정]탭의 제한 대상(⌄)을 클릭하여 '사용자 지정'을 선택하고, 수식에 「=MOD($F4,5)=0」이라 입력한다.

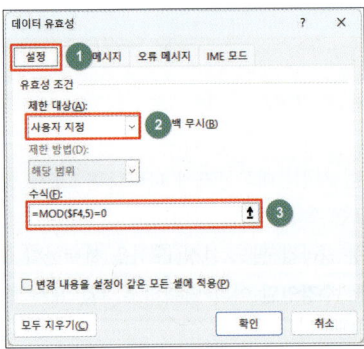

③ [설명 메시지]탭을 선택하여 제목은 「**정원입력**」, 설명 메시지는 「**5의 배수로 입력**」이라 입력한다.

④ [오류 메시지]탭을 선택하여 제목은 「**입력확인**」, 오류 메시지는 「**입력된 숫자를 확인하세요.**」와 같이 입력한 후 [확인]을 클릭한다.

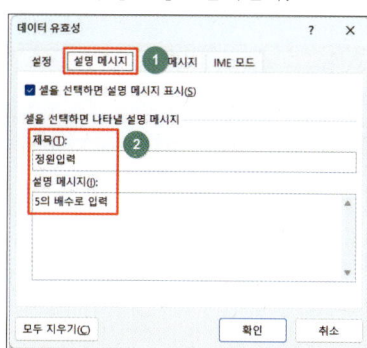 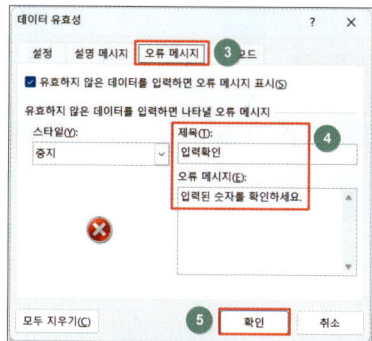

| 제4작업 | 기타작업 |

1 차트

① 차트 영역을 선택한 후 [차트 디자인]탭-[데이터] 영역의 [데이터 선택(📊)]을 선택한다.
② '데이터 원본 선택' 대화상자가 나타나면 차트 데이터 범위를 「**='기타작업-1'!$A$2:$C$5,'기타작업-1'!$A$8:$C$9**」와 같이 설정한 후 [확인]을 클릭한다.

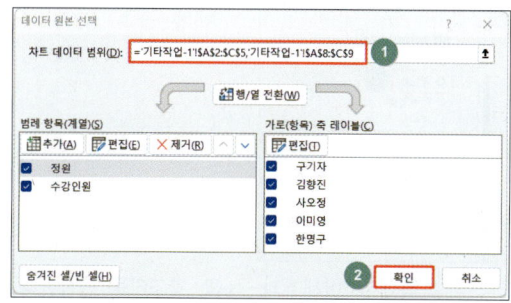

③ 차트 제목을 선택한 뒤 수식 입력줄에 「**=**」을 입력하고 [B1] 셀을 선택한 후 [Enter]을 누른다.

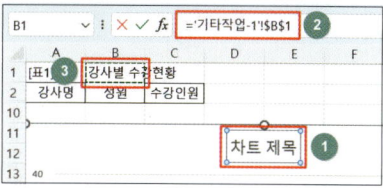

④ 차트 제목을 선택하고 [홈]탭-[글꼴] 영역의 글꼴을 '돋움체', 글꼴 크기는 '16'으로 설정한다.
⑤ '수강인원' 데이터 계열을 선택한 후 [차트 디자인]탭-[종류] 영역의 [차트 종류 변경(📊)]를 선택한다. '수강인원'의 차트 종류 목록에서 '표식이 있는 꺾은선형'으로 선택한 후 [확인]을 클릭한다.

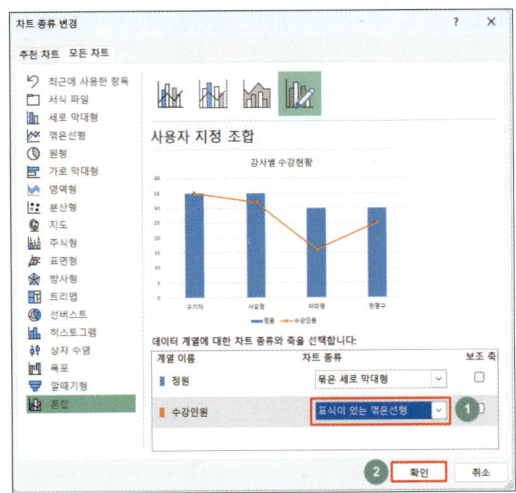

⑥ '수강인원' 데이터 계열을 선택한 후 [차트 디자인]탭-[차트 레이아웃] 영역의 [차트 요소 추가( )]를 선택한다. 데이터 레이블 목록에서 '아래쪽'을 선택한다.

⑦ '범례' 항목을 더블 클릭하여 [범례 서식] 대화상자를 표시한 후, [범례 옵션]탭에서 범례 위치를 '위쪽'으로 설정한다.

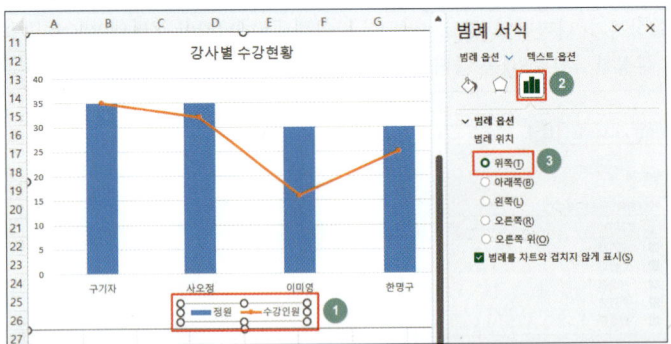

⑧ '범례' 항목을 선택하고 [서식]탭-[도형 스타일] 목록에서 '미세효과-녹색, 강조6'을 선택한다.

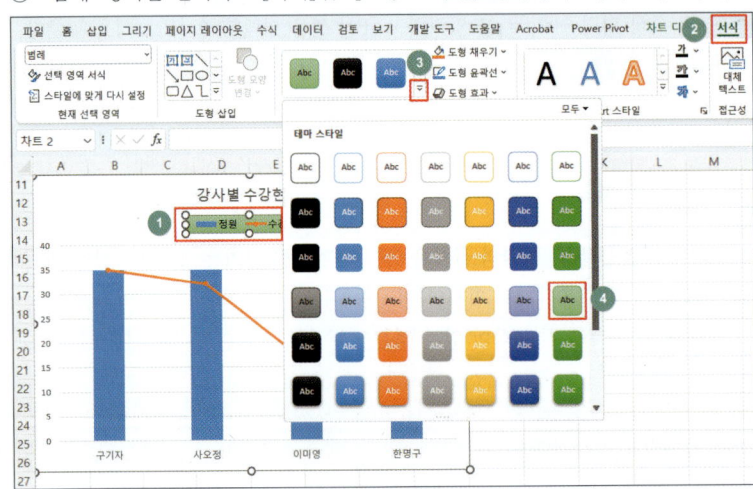

⑨ 차트 영역을 선택한 후 더블 클릭하여 [차트 영역 서식] 대화상자를 표시한다. [채우기 및 선( )]탭-[테두리] 영역에서 '둥근 모서리'의 체크박스를 선택한다.

⑩ [효과(⬠)]탭-[그림자]에서 미리 설정(▼)을 클릭하여 목록을 표시한 후, 안쪽 영역의 '안쪽: 가운데'를 선택한다.

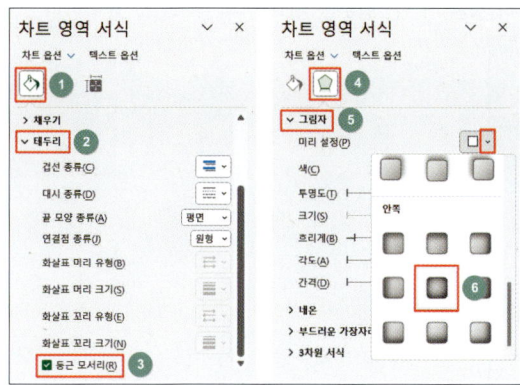

2 매크로

① [개발 도구]탭-[컨트롤] 영역의 [삽입(🗒)] 목록에서 양식 컨트롤의 [단추(▭)]를 선택한 후, 마우스 포인터가 '+'로 바뀌면 [Alt] 키를 누른 채 [J2:K3] 영역에 드래그하여 컨트롤을 그려준다.
② [매크로] 대화상자가 나타나면 매크로 이름을 「**서식적용**」으로 입력하고 [기록]을 클릭한다.
③ [매크로 기록] 화면으로 전환되면 매크로 이름이 '서식적용'인지 확인한 후 [확인]을 클릭한다.
④ [G3:G19] 영역을 범위 지정한 후 [Ctrl] + [1]을 눌러 [셀 서식] 대화상자를 호출한다.
⑤ [셀 서식] 대화상자가 나타나면 [표시 형식]탭의 '사용자 지정' 범주의 형식에 「**[파랑][>=0.2]"★"0%;[자홍][>=0.1]"★"0%;0%**」으로 입력한 후 [확인]을 클릭한다.

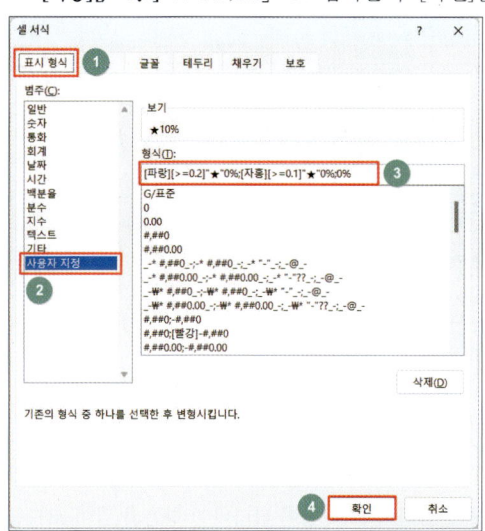

⑥ [개발 도구]탭-[코드] 영역의 [기록 중지]를 클릭한다.
⑦ 단추 컨트롤을 마우스 오른쪽으로 클릭하여 나타나는 바로 가기 메뉴에서 '텍스트 편집'을 선택한다. 컨트롤이 편집 상태가 되면 「**서식적용**」으로 입력하고 임의의 셀을 클릭하여 편집을 마무리한다.
⑧ [개발 도구]탭-[컨트롤] 영역의 [삽입(🗒)] 목록에서 양식 컨트롤의 [단추(▭)]를 선택한 후, 마우스 포인터가 '+'로 바뀌면 [Alt] 키를 누른 채 [J5:K6] 영역에 드래그하여 컨트롤을 그려준다.
⑨ [매크로] 대화상자가 나타나면 매크로 이름을 「**서식해제**」로 입력하고 [기록]을 클릭한다.

⑩ [매크로 기록] 화면으로 전환되면 매크로 이름이 '서식해제'인지 확인한 후 [확인]을 클릭한다.
⑪ [G3:G19] 영역을 범위 지정한 후 [Ctrl] + [1]을 눌러 [셀 서식] 대화상자를 호출한다.
⑫ [셀 서식] 대화상자가 나타나면 [표시 형식]탭의 '일반' 범주를 선택한 후 [확인]을 클릭한다.

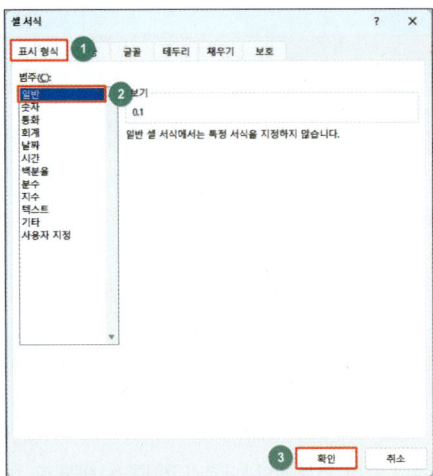

⑬ [개발 도구]탭-[코드] 영역의 [기록 중지]를 클릭한다.
⑭ 단추 컨트롤을 마우스 오른쪽으로 클릭하여 나타나는 바로 가기 메뉴에서 '텍스트 편집'을 선택한다. 컨트롤이 편집 상태가 되면 「**서식해제**」로 입력하고 임의의 셀을 클릭하여 편집을 마무리한다.
⑮ 최종 결과

3 프로시저

❶ 폼 띄우고 컨트롤 채우기

① [개발도구]탭-[컨트롤] 영역의 [디자인 모드(🔲)]를 클릭하여 편집 모드로 전환한다.
② 워크시트의 '학생등록(cmd등록)' 버튼을 더블 클릭하여 코드 창이 나타나면 다음과 같이 코드를 입력한다.

```
Private Sub cmd등록_Click( )
    학생등록.Show
End Sub
```

③ [프로젝트- VBA Project] 탐색기에서 [폼]을 더블 클릭한 후, 표시되는 목록에서 〈학생등록〉 폼을 더블 클릭한다. 코드 창 영역에 〈학생등록〉 폼이 표시되면 해당 폼을 더블 클릭하거나 [코드 보기] (□)를 클릭한다.

④ 'UserForm_Click()' 코드 창이 나타나면 프로시저 목록에서 'Initialize'를 선택한다.

⑤ 'UserForm_Initialize()' 코드 창이 나타나면 다음과 같이 코드를 작성한다.

Private Sub UserForm_Initialize( )	
With cmb분류	→ 'cmb분류' 값을 기본적으로 함께 입력
.Additem "어린이"	→ "어린이" 항목을 목록에 추가
.Additem "학생"	→ "학생" 항목을 목록에 추가
.Additem "성인"	→ "성인" 항목을 목록에 추가
End With	→ With 구문 종료
End Sub	→ Sub 코드 종료

❷ 워크시트의 자료를 폼에 표시하기

① [프로젝트- VBA Project] 탐색기에서 [폼]을 더블 클릭한 후, 표시되는 목록에서 〈학생등록〉 폼을 더블 클릭한다. 코드 창 영역에 〈학생등록〉 폼이 표시되면 '분류(cmb분류)' 콤보상자를 더블 클릭한다.

② 'cmb분류_Change()' 코드 창이 나타나면 다음과 같이 코드를 작성한다.

Private Sub cmb분류_Change( )	
Select Case cmb분류	→ 'cmb분류'가 변경 됐을 때의 Sub 코드 정의
	→ 'cmb분류'의 값들 중 하나를 선택
Case "어린이"	→ "어린이"인 경우
list강좌.RowSource = "J5:M7"	→ 'list강좌'의 행 원본을 "J5:M7"으로 지정
Case "학생"	→ "학생"인 경우
list강좌.RowSource = "J9:M14"	→ 'list강좌'의 행 원본을 "J9:M14"으로 지정
Case "성인"	→ "성인"인 경우
list강좌.RowSource = "J16:M21"	→ 'list강좌'의 행 원본을 "J16:M21"으로 지정
End Select	→ 선택을 종료
End Sub	

❸ 폼 종료하고 특정 셀에 날짜 입력하기

① [프로젝트- VBA Project] 탐색기에서 [폼]을 더블 클릭한 후, 표시되는 목록에서 〈학생등록〉 폼을 더블 클릭한다. 코드 창 영역에 〈학생등록〉 폼이 표시되면 '종료(cmd종료)' 버튼을 더블 클릭한다.

② 'cmd종료_Click()' 코드 창이 나타나면 다음과 같이 코드를 작성한다.

Private Sub cmd종료_Click( )	
Unload Me	→ 현재 작업 중인 폼을 종료
[F2] = Date	→ [F2] 셀에 현재 날짜를 표시
End Sub	

③ 메뉴 상단 [보기 Microsoft Excel(□)]을 클릭하여 엑셀로 돌아온다.

④ [개발 도구]탭-[코드] 영역의 [디자인 모드(□)]를 클릭하여 편집 모드를 해제한 후, 결과를 확인한다.

• 스프레드시트 •

스프레드시트 실전모의고사 3회 문제

작업 파일 : 컴활1급/스프레드시트/모의고사/실기모의고사3회.xlsm
암호 : 18@659
외부데이터 위치 : 컴활1급/스프레드시트/외부데이터

| 제1작업 | 기본작업 (15점) '기본작업' 시트에서 다음의 과정을 수행하고 저장하시오.

1 '기본작업' 시트에 대하여 다음의 지시사항을 처리하시오. (5점)

[A2:G20] 영역에서 지점명이 '강동' 또는 '강서'이면서 미수금이 전체 미수금의 평균보다 크거나 같은 데이터만 표시하시오. (AND, OR, AVERAGE 함수 사용)
▶ 고급 필터의 조건은 [A22:A23] 범위 내에 알맞게 입력하시오.
▶ 고급 필터의 결과 복사 위치는 동일 시트의 [A25] 셀에서 시작하시오.

2 '기본작업' 시트에 대하여 다음의 지시사항을 처리하시오. (5점)

[A3:G20] 영역에서 매출금액이 높은 상위 3개 항목과 낮은 하위 3개 항목 행 전체에 대해서 글꼴 스타일은 '굵게', 글자 색은 '표준 색-파랑'으로 지정하는 조건부 서식을 작성하시오. (OR, RANK.EQ 함수 사용)
▶ 규칙 유형은 '수식을 사용하여 서식을 지정할 셀 결정'을 이용하시오.

3 '기본작업' 시트에서 다음과 같이 시트 보호를 설정하시오. (5점)

▶ [A2:G20] 영역에 셀 잠금과 수식 숨기기를 적용한 후 잠긴 셀의 내용과 워크시트를 보호하시오.
▶ 잠긴 셀의 선택, 잠금 해제된 셀 선택, 셀 서식은 허용하고 시트 보호 암호는 지정하지 마시오.
▶ '기본작업' 시트를 페이지 레이아웃 보기로 표시하고, 머리글의 가운데 영역에 '1분기 판매 현황'을 추가하시오.

| 제2작업 | 계산작업 (30점) '계산작업' 시트에서 다음의 과정을 수행하고 저장하시오.

1 [표1]의 제품번호와 수입처, [표4]의 단가표를 이용하여 [E3:E27] 영역에 단가를 계산하여 표시하시오. (6점)

▶ HLOOKUP, MATCH 함수 사용

2 사용자 정의 함수 'fn배달금액'을 작성하여 [표1]의 [H3:H27] 영역에 배달금액을 계산하여 표시하시오. (6점)

▶ 'fn배달금액'은 판매수량과 배달방법을 인수로 받아 배달금액을 계산하는 함수이다.

- ▶ 판매수량이 10 이상이거나 배달방법이 '퀵'이라면 8000, 배달방법이 '택배'라면 3000, 나머지는 0으로 표시할 것
- ▶ IF 구문 이용

> Public Function fn배달금액(판매수량,배달방법)
>
> End Function

3. [표1]의 고객번호와 판매일을 이용하여 [I3:I27] 영역에 구매확정일을 계산하여 표시 예와 같이 표시하시오. (6점)

- ▶ 고객번호가 'G' 또는 'S'로 시작하면 판매일에 7일을 더하고, 아니라면 14일을 더하여 표시할 것
- ▶ 표시 예 : 2025-04-12
- ▶ TEXT, LEFT, OR, WORKDAY, IF 함수 사용

4. [표1]의 제품번호를 이용하여 판매일의 월별 판매수량의 합계를 [표2]의 [B31:E35] 영역에 계산하여 표시하시오. (6점)

- ▶ SUM, IF, MONTH 함수를 사용한 배열 수식 사용

5. [표1]의 배달방법을 이용하여 전체 배달건수에 대한 각 배달방법의 비율을 [표3]의 [B38:B40] 영역에 계산하여 표시하시오. (6점)

- ▶ COUNTA, COUNT, IF 함수를 사용한 배열 수식 사용

| 제3작업 | **분석작업 (20점)**　주어진 시트에서 다음의 과정을 수행하고 저장하시오.

1. '분석작업-1' 시트에서 다음 그림과 같이 피벗 테이블을 작성하시오. (10점)

	A	B	C	D	E	F	G
1							
2				성별 ▼	값		
3				여		남	
4		판매일 ▼	도서코드 ▼	합계 : 책가격	합계 : 수량	합계 : 책가격	합계 : 수량
5		⊟2024년		109,500	8	204,500	21
6			B-002	25,500	3	25,500	2
7			B-003			23,000	4
8			B-004			54,000	8
9			B-010	84,000	5	56,000	5
10			B-015			46,000	2
11		⊟2025년		186,500	13	202,000	18
12			B-002	76,500	3	51,000	4
13			B-003	23,000	1	23,000	1
14			B-004	18,000	1	72,000	10
15			B-010			56,000	3
16			B-015	69,000	8		
17		총합계		296,000	21	406,500	39
18							

- ▶ 피벗 테이블의 외부 데이터를 이용하여 〈판매현황.accdb〉의 〈도서판매〉 테이블에서 '도서코드', '책가격', '성별', '수량', '판매일' 열만 이용하시오.

▶ 피벗 테이블 보고서의 레이아웃과 위치는 〈그림〉을 참조하여 설정하고, 보고서 레이아웃은 '개요 형식'으로 지정하시오.
▶ '판매일' 필드는 그룹을 '연' 단위로 지정하시오.
▶ '책가격' 필드의 표시 형식은 값 필드 설정의 셀 서식을 이용하여 '숫자' 범주에서 지정하시오.
▶ '성별' 필드가 〈그림〉과 같이 표시되도록 정렬하고, 피벗 테이블 행의 총합계는 표시되지 않도록 설정하시오.
※ 작업 완성된 그림이며 부분 점수 없음

2 '분석작업-2' 시트에서 다음과 같은 기능을 실행하시오. (10점)

▶ 데이터 도구를 이용하여 [표1]에서 '고객코드', '지점명' 열을 기준으로 중복된 값이 포함된 행을 삭제하시오.
▶ 데이터 통합 기능을 이용하여 [표1]에 대한 지점명별 '매출금액', '받은금액', '미수금'의 최대값을 [표2]의 [J2:M2] 영역에 표시하시오.

| 제4작업 | **기타작업 (35점)**   주어진 시트에서 다음의 과정을 수행하고 저장하시오.

1 '기타작업-1' 시트에서 다음의 지시사항에 따라 차트를 수정하시오. (각 2점)

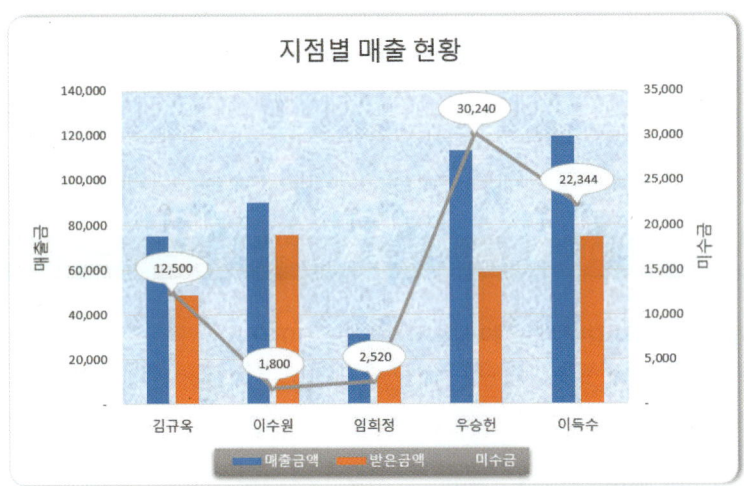

※ 차트는 반드시 문제에서 제공한 차트를 사용하여야 하며, 신규로 차트작성 시 0점 처리됨

① '미수금' 계열의 차트 종류를 '표식이 있는 꺾은선'으로 설정한 후, 보조 축으로 지정하시오.
② 차트 제목과 세로 축 제목을 〈그림〉과 같이 지정하고, 차트 제목의 글꼴 크기를 '16'으로 설정하시오.
③ '그림 영역'의 채우기는 '질감-파랑 박엽지'로 설정하고, '범례' 항목의 도형 스타일을 '강한효과-회색, 강조3'으로 설정하시오.
④ '미수금' 계열에 데이터 레이블을 〈그림〉과 같이 설정한 후 데이터 레이블 도형을 '말풍선: 타원형'으로 변경하시오.
⑤ 차트 영역의 테두리 스타일은 '둥근 모서리', 그림자는 '오프셋: 오른쪽'으로 표시하시오.

2 '기타작업-2' 시트에서 다음과 같은 기능을 수행하는 매크로를 현재 통합문서에 작성하고 실행하시오. (각 5점)

① [B3:B20] 영역에 대해서 사용자 지정 표시 형식을 설정하는 '고객구분' 매크로를 생성하시오.
▶ 셀 값이 1이면 "회원", 0이면 "비회원"으로 표시되도록 설정하시오.
▶ [개발도구]-[삽입]-[양식 컨트롤]의 '단추'를 동일 시트의 [J6:K7] 영역에 생성한 후 텍스트를 '고객구분'으로 입력하고, 단추를 클릭하면 '고객구분' 매크로가 실행되도록 설정하시오.

② [H3:H20] 영역에 대해서 사용자 지정 표시 형식을 설정하는 '백분율' 매크로를 생성하시오.
▶ 셀 값이 0.8 이상이면 "우수", 0.5 이상이면 "보통", 0.5 미만이면 "저조"라는 문자와 함께 값이 백분율로 표시되도록 설정하시오.
▶ 표시 예 : 0.8 → 우수80%, 0.6 → 보통60%, 0.3 → 저조30%
▶ [개발도구]-[삽입]-[양식 컨트롤]의 '단추'를 동일 시트의 [J9:K10] 영역에 생성한 후 텍스트를 '백분율 적용'으로 입력하고, 단추를 클릭하면 '백분율' 매크로가 실행되도록 설정하시오.
※ 매크로는 도형과 연결되어야 하며, 셀 포인터의 위치에 관계없이 매크로가 실행되어야 정답으로 인정됨

3 '기타작업-3' 시트에서 다음과 같은 작업을 수행하도록 프로시저를 작성하시오. (각 5점)

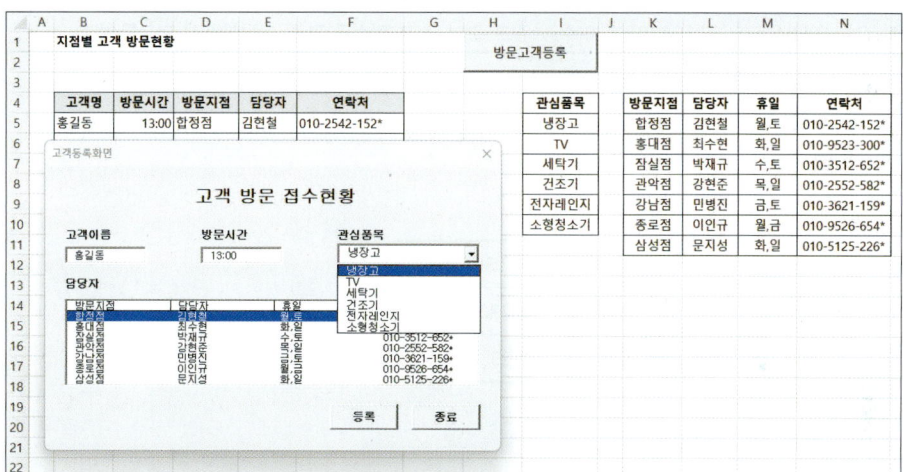

① '방문고객등록' 버튼을 클릭하면 〈방문고객등록〉 폼이 나타나고, 〈방문고객등록〉 폼이 초기화(Initialize) 되면 [I5:I10] 영역의 내용이 '관심품목(cmb관심품목)' 콤보상자에 표시되고, '담당자(list담당자)' 목록상자에는 [K5:N11] 영역의 데이터가 표시되도록 프로시저를 작성하시오.

② 〈방문고객등록〉 폼의 '등록(cmd등록)' 버튼을 클릭하면 폼에 입력된 데이터가 시트의 표 마지막 행 다음에 연속적으로 추가되도록 프로시저를 작성하시오.
▶ List, Listindex 사용

③ 〈고객입력〉 폼의 '종료(cmd종료)' 버튼을 클릭하면 '기타작업-3' 시트의 [B1] 셀에 "지점별 고객 방문현황"을 입력한 후 폼을 종료하는 프로시저를 작성하시오.

• 스프레드시트 •

실전모의고사 3회 정답 및 해설

정답 파일 : 컴활1급/스프레드시트/모의고사/정답/실전모의고사3회(정답).xlsm

| 제1작업 | 기본작업

1 고급필터

① [A22] 셀에 「**조건**」, [A23] 셀에 「=AND(OR(C3="강동",C3="강서"),G3>=AVERAGE($G$3:$G$20))」을/를 입력한다.

=AND(OR(C3="강동",C3="강서"),G3>=AVERAGE($G$3:$G$20))	
AND(❶,❷)	모든 조건이 참이면 TRUE, 아니면 FALSE
❶ OR(C3="강동",C3="강서")	'지점명' 필드 값이 "강동" 또는 "강서"라면 True를 반환
❷ G3>=AVERAGE($G$3:$G$20)	'미수금' 필드 값이 '전체 미수금 평균' 이상이라면 True를 반환

② [A2:G20] 영역을 범위 지정한 후 [데이터]탭-[정렬 및 필터] 영역의 [고급( )]을 클릭한다.

③ [고급 필터] 대화상자가 나타나면 결과를 '다른 장소에 복사'로 설정하고, 아래와 같이 설정한 후 [확인]을 클릭한다.

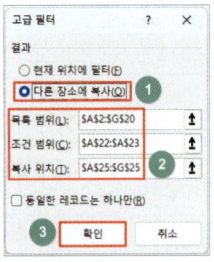

목록 범위	$A$2:$G$20
조건 범위	$A$22:$A$23
복사 위치	$A$25

④ 최종 결과

	A	B	C	D	E	F	G
22	조건						
23	TRUE						
24							
25	매출일	고객코드	지점명	담당자	매출금액	받은금액	미수금
26	2024-01-28	FRJA-05	강서	강경민	232,180	127,050	105,130
27	2024-02-19	BBNB-11	강서	이민욱	158,080	92,083	65,997
28	2024-03-22	BBNB-01	강서	박인혜	186,732	98,885	87,847
29							

2 조건부서식

① [A3:G20] 영역을 범위 지정한 후 [홈]탭-[스타일] 영역의 [조건부 서식( )]의 [새 규칙( )]을 클릭한다.

② [새 서식 규칙] 대화상자가 나타나면 규칙 유형 선택을 '수식을 사용하여 서식을 지정할 셀 결정'으로 선택한 후, 다음 수식이 참인 값의 서식 지정 영역에 「=OR(RANK.EQ($E3,$E$3:$E$20,0)<=3, RANK.EQ($E3,$E$3:$E$20,1)<=3)」와 같이 입력한다.

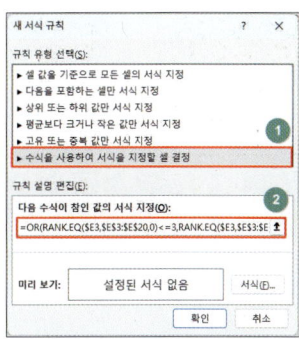

=OR(RANK.EQ($E3,$E$3:$E$20,0)<=3,RANK.EQ($E3,$E$3:$E$20,1)<=3)

OR(❶,❷)	모든 조건이 거짓이면 FALSE, 아니면 TRUE
❶ RANK.EQ($E3,$E$3:$E$20,0)<=3	'매출금액'의 내림차순 순위가 3이하이면(높은 3개) True를 반환
❷ RANK.EQ($E3,$E$3:$E$20,1)<=3	'매출금액'의 오름차순 순위가 3이하이면(낮은 3개) True를 반환

③ [서식]을 클릭하여 [셀 서식] 대화상자를 표시한 후 [글꼴]탭에서 글꼴 스타일을 '굵게', 글자 색을 '표준 색-파랑'으로 선택한 후 [확인]을 차례로 클릭한다.

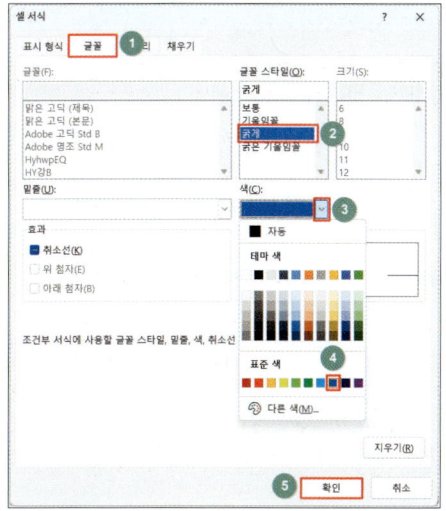

④ 최종 결과

	A	B	C	D	E	F	G
1	[표1] 매출현황						
2	매출일	고객코드	지점명	담당자	매출금액	받은금액	미수금
3	**2024-01-28**	**FRJA-05**	**강서**	**강경민**	**232,180**	**127,050**	**105,130**
4	**2024-01-31**	**AKDP-20**	**강북**	**이민욱**	**271,700**	**163,064**	**108,636**
5	2024-02-06	BBNB-13	강서	홍성아	123,500	81,750	41,750
6	**2024-02-12**	**FRJA-08**	**강동**	**강경민**	**48,906**	**20,719**	**28,187**
7	2024-02-14	JOML-25	강동	송나라	69,160	56,157	13,003
8	**2024-02-14**	**AKDP-20**	**강동**	**홍성아**	**44,460**	**21,582**	**22,878**
9	2024-02-15	AKDP-19	강남	홍성아	197,106	125,254	71,852
10	2024-02-19	BBNB-11	강서	이민욱	158,080	92,083	65,997
11	2024-02-22	JOML-25	강남	송나라	207,480	173,964	33,516
12	2024-02-26	JOML-29	강동	송나라	81,510	69,782	11,728
13	2024-02-29	BBNB-11	강동	김아라	51,570	40,286	11,584
14	**2024-03-03**	**AKDP-21**	**강북**	**최성철**	**296,400**	**222,360**	**74,040**
15	2024-03-04	AKDP-23	강북	박인혜	219,830	145,515	74,315
16	2024-03-06	BBNB-11	강서	홍성아	148,200	126,876	21,324
17	2024-03-20	FRJA-06	강동	최성철	66,196	41,581	24,715
18	2024-03-22	BBNB-01	강서	박인혜	186,732	98,885	87,847
19	2024-03-27	JOML-26	강동	이민욱	98,257	69,376	28,880
20	**2024-04-08**	**BBNB-11**	**강동**	**홍성아**	**46,930**	**29,408**	**17,522**
21							

3 시트 보호 및 통합 문서 보기

① [A2:G20] 영역을 선택한 후 [Ctrl]+[1]을 눌러 [셀 서식] 대화상자를 표시한다.
② [셀 서식] 대화상자를 나타나면 [보호]탭의 '잠금'과 '숨김'의 체크박스를 선택한 후 [확인]을 클릭한다.

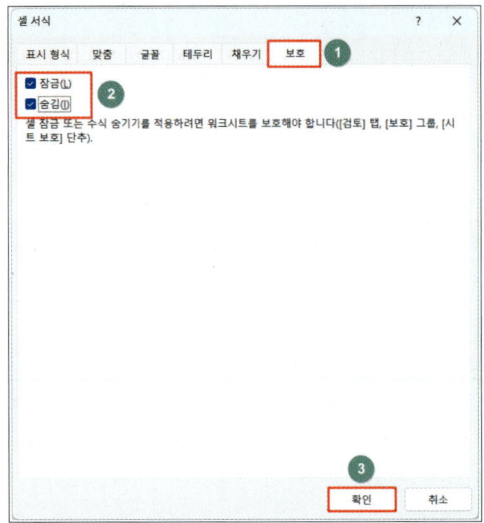

③ [검토]탭-[변경 내용] 영역의 [시트 보호(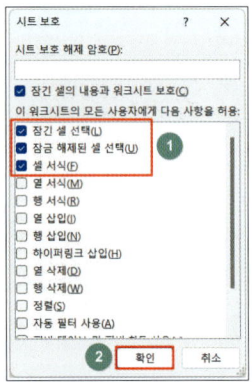)]를 선택한다.
④ [시트 보호] 대화상자가 나타나면 '잠김 셀 선택', '잠금 해제된 셀 선택', '셀 서식'의 체크박스를 선택한 후 [확인]을 클릭한다.

⑤ [보기]탭-[통합 문서 보기] 영역에서 [페이지 레이아웃(📄)]를 선택한다.
⑥ 머리글의 가운데 영역을 선택한 후 「**1분기 판매 현황**」이라 입력한다.

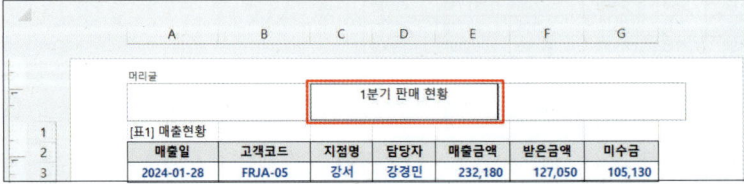

⑦ 최종 결과

1분기 판매 현황

[표1] 매출현황

매출일	고객코드	지점명	담당자	매출금액	받은금액	미수금
2024-01-28	FRJA-05	강서	강경민	232,180	127,050	105,130
2024-01-31	AKDP-20	강북	이민욱	271,700	163,064	108,636
2024-02-06	BBNB-13	강서	홍성아	123,500	81,750	41,750
2024-02-12	FRJA-08	강동	강경민	48,906	20,719	28,187
2024-02-14	JOML-25	강동	송나라	69,160	56,157	13,003
2024-02-14	AKDP-20	강동	홍성아	44,460	21,582	22,878
2024-02-15	AKDP-19	강남	홍성아	197,106	125,254	71,852
2024-02-19	BBNB-11	강서	이민욱	158,080	92,083	65,997
2024-02-22	JOML-25	강남	송나라	207,480	173,964	33,516
2024-02-26	JOML-29	강동	송나라	81,510	69,782	11,728
2024-02-29	BBNB-11	강동	김아라	51,870	40,286	11,584
2024-03-03	AKDP-21	강북	최성철	296,400	222,360	74,040
2024-03-04	AKDP-23	강북	박인혜	219,830	145,515	74,315
2024-03-06	BBNB-11	강서	홍성아	148,200	126,876	21,324
2024-03-20	FRJA-06	강동	최성철	66,196	41,481	24,715
2024-03-22	BBNB-01	강서	박인혜	186,732	98,885	87,847
2024-03-27	JOML-26	강동	이민욱	98,257	69,376	28,880
2024-04-08	BBNB-11	강동	홍성아	46,930	29,408	17,522

조건
TRUE

매출일	고객코드	지점명	담당자	매출금액	받은금액	미수금
2024-01-28	FRJA-05	강서	강경민	232,180	127,050	105,130
2024-02-19	BBNB-11	강서	이민욱	158,080	92,083	65,997
2024-03-22	BBNB-01	강서	박인혜	186,732	98,885	87,847

바닥글 추가

| 제2작업 | 계산작업

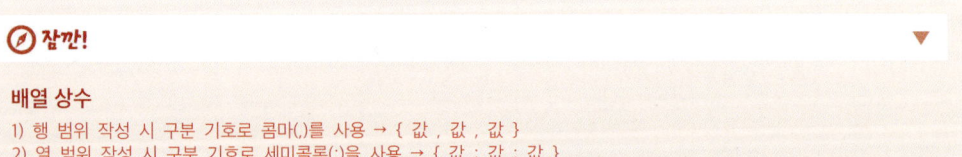

1 단가 - [E3:E27] 영역

[E3] 셀에 「=HLOOKUP(B3,$H$30:$L$33,MATCH(C3,{"미국";"일본";"중국"},1)+1,FALSE)」을/를 입력한 후 [E27] 셀까지 수식을 복사한다.

=HLOOKUP(B3,$H$30:$L$33,MATCH(C3,{"미국";"일본";"중국"},1)+1,FALSE)	
HLOOKUP(B3,$H$30:$L$33,❶,FALSE)	'제품번호'를 기준으로 [표4]에서 ❶ 행 번호의 단가를 표시
❶ MATCH(C3,{"미국";"일본";"중국"},1)+1	{"미국";"일본";"중국"} 범위에서 '수입처'의 위치 번호를 반환한 값에 (첫 행을 제외하기 위해) 1을 더하여 행 번호로 사용

> 🧭 **잠깐!**
>
> **배열 상수**
> 1) 행 범위 작성 시 구분 기호로 콤마(,)를 사용 → { 값 , 값 , 값 }
> 2) 열 범위 작성 시 구분 기호로 세미콜론(;)을 사용 → { 값 ; 값 ; 값 }

2 배달금액 - [H3:H27] 영역

① [개발도구]탭–[코드]영역의 [Visual Basic(　)]을 클릭하거나, [Alt]+[F11]을 눌러 VBA를 실행한다.
② [삽입]메뉴의 [모듈(　)]을 선택한다.
③ 코드 창에 아래와 같이 코드를 입력한다.

Public Function fn배달금액(판매수량,배달방법)	→ '판매수량'과 '배달방법'을 인수로 받아 'fn배달금액'을 계산
If 판매수량>=10 Or 배달방법 = "퀵" Then	→ '판매수량'이 10이상 이거나 '배달방법'이 "퀵"이면
fn배달금액 = 8000	→ 'fn배달금액'은 8000으로 표시
ElseIf 배달방법 = "택배"	→ '배달방법'이 "택배"이면
fn배달금액 = 3000	→ 'fn배달금액'은 3000으로 표시
Else	→ 나머지는
fn배달금액 = 0	→ 'fn배달금액'은 0으로 표시
End If	→ If문 종료
End Function	→ Function 코드 종료

④ [파일]–[닫고 Microsoft Excel(으)로 돌아가기]를 클릭하여 VBA를 종료하고 엑셀로 돌아온다.
⑤ [H3] 셀에 「=fn배달금액(G3)」을/를 입력한 후 [H27] 셀까지 수식을 복사한다.

3 구매확정일 - [I3:I27] 영역

[I3] 셀에 「=TEXT(WORKDAY(F3,IF(OR(LEFT(A3,1)="G",LEFT(A3,1)="S"),7,14)),"YYYY-MM-DD")」
를 입력한 후 [I27] 셀까지 수식을 복사한다.

=TEXT(WORKDAY(F3,IF(OR(LEFT(A3,1)="G",LEFT(A3,1)="S"),7,14)),"YYYY-MM-DD")	
TEXT(❶,"YYYY-MM-DD")	❶을 "YYYY-MM-DD" 형식으로 표시
❶ WORKDAY(F3,❷)	'판매일'로부터 ❷ 만큼의 일수가 지난 날짜를 반환
❷ IF(❸,7,14)	조건을 만족하면 7 아니라면 14를 반환
❸ OR(LEFT(A3,1)="G",LEFT(A3,1)="S")	'고객번호'가 "G" 또는 "S" 시작하면 True를 반환

4 월별 판매량 합계 - [B31:E35] 영역

[B31] 셀에 「=SUM(IF(($B$3:$B$27=$A31)*(MONTH($F$3:$F$27)=B$30),$D$3:$D$27))」을/를 입력하고
Ctrl + Shift + Enter를 눌러 마무리한 후 [E35] 셀까지 수식을 복사한다.

=SUM(IF(($B$3:$B$27=$A31)*(MONTH($F$3:$F$27)=B$30),$D$3:$D$27))	
SUM(IF(❶*❷,$D$3:$D$27))	❶과 ❷ 조건을 모두 만족하면 '판매수량'의 합계를 계산
❶ ($B$3:$B$27=$A31)	'제품번호'가 조건과 동일하면 True를 반환
❷ (MONTH($F$3:$F$27)=B$30)	'판매일'의 월이 조건과 동일하면 True를 반환

5 배달방법별 비율 - [B38:B40] 영역

[B38] 셀에 「=COUNT(IF($G$3:$G$27=A38,1))/COUNTA($G$3:$G$27)」을/를 입력하고 Ctrl + Shift + Enter 를 눌러 마무리한 후 [B40] 셀까지 수식을 복사한다.

=COUNT(IF($G$3:$G$27=A38,1))/COUNTA($G$3:$G$27)	
❶/❷	❶을 ❷로 나눈 값으로 계산
❶ COUNT(IF($G$3:$G$27=A38,1))	'배달방법' 필드 값이 조건과 동일한 개수를 표시
❷ COUNTA($G$3:$G$27)	'배달방법' 필드의 전체 개수를 표시

| 제3작업 | 분석작업

1 피벗테이블

① [B2] 셀을 선택한 후 [데이터]탭-[외부 데이터 가져오기 및 변환] 영역의 [데이터 가져오기(📷)] 목록에서 [기타 원본에서(📊)]-[Microsoft Query에서(📋)]를 차례대로 선택한다.
② [데이터 원본 선택] 대화상자의 [데이터베이스]탭에서 'Ms Access Database'를 선택하고 [확인]을 클릭한다.
③ [데이터베이스 선택] 대화상자가 나타나면 '판매현황.accdb' 파일을 선택한 후 [확인]을 클릭한다.
④ [쿼리 마법사 - 열 선택] 대화상자에서 '도서판매' 테이블을 더블 클릭하여 목록을 표시 한 뒤 〈그림〉과 같이 열을 추가한 후 [다음]을 클릭한다.

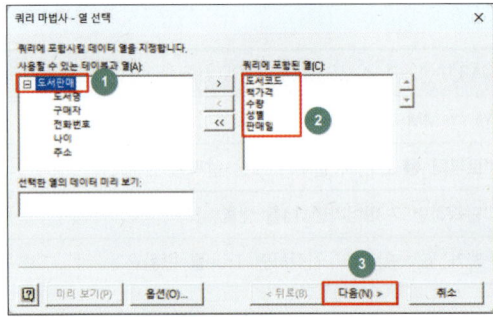

⑤ [데이터 필터]와 [정렬 순서] 대화상자에서는 설정 없이 [다음]을 클릭한다.
⑥ [쿼리 마법사 – 마침] 대화상자에서 'Microsoft Excel(으)로 데이터 되돌리기'를 선택한 후 [마침]을 클릭한다.
⑦ [데이터 가져오기] 대화상자에서 '피벗 테이블 보고서'를 선택하고, 데이터가 들어갈 위치를 '기존 워크시트'로 변경하여 [B2] 셀을 지정한 후 [확인]을 클릭한다.
⑧ '피벗 테이블 필드' 창에서 〈그림〉과 같이 레이아웃을 지정한다.

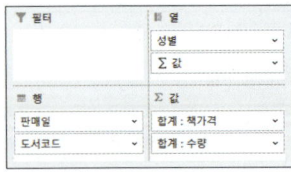

⑨ 작성된 피벗 테이블에서 임의의 셀을 선택한 후 [디자인]탭-[레이아웃] 영역의 [보고서 레이아웃(📋)] 목록에서 '개요 형식으로 표시'를 선택한다.

⑩ '판매일' 필드의 임의의 셀을 선택한 후 [피벗 테이블 분석]탭-[그룹] 영역의 [선택 항목 그룹화(→)] 를 선택한다.

⑪ [그룹화] 대화상자가 나타나면 단위를 '연'으로 선택하고 [확인]을 클릭한다.

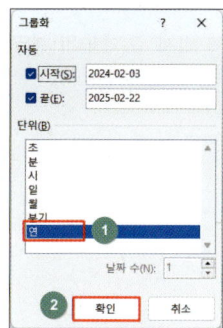

⑫ '합계:책가격' 필드의 임의의 셀을 선택한 후 바로 가기 메뉴 중 [값 필드 설정]을 선택하여 대화상자를 표시한다.

⑬ [표시 형식]을 클릭하여 [셀 서식] 대화상자를 표시한 뒤, [표시 형식]탭에서 '숫자' 범주를 선택하고 '1000 단위 구분 기호(,) 사용'을 체크한 후 [확인]을 차례대로 클릭한다.

⑭ '성별' 필드의 임의의 셀을 선택한 후 바로 가기 메뉴 중 [정렬]-[힉↓ 텍스트 내림차순 정렬]을 선택한다.

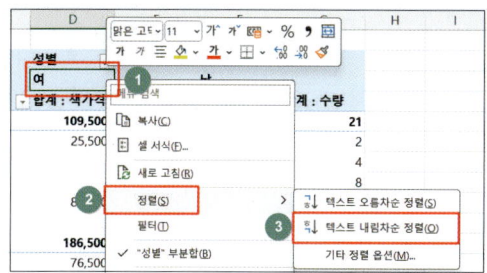

⑮ 피벗 테이블의 임의의 셀을 선택한 후 바로 가기 메뉴 중 [피벗 테이블 분석]탭-[피벗 테이블] 영역의 [옵션(🗔)]을 선택한다. 또는 바로 가기 메뉴 중 [피벗 테이블 옵션]을 선택한다.

⑯ [피벗 테이블 옵션] 대화상자가 나타나면 [요약 및 필터]탭의 총합계 영역에서 '행 총합계 표시'의 체크를 해제한 후 [확인]을 클릭한다.

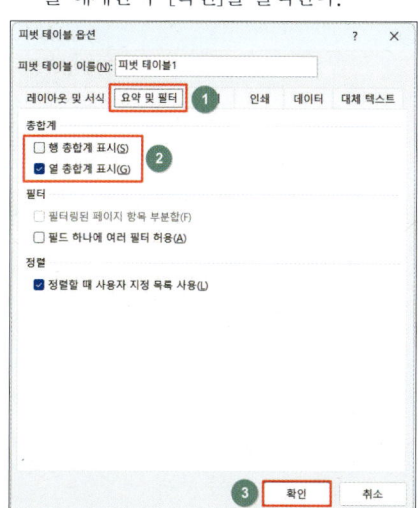

2 중복된 항목 제거 + 데이터 통합

① [A2:G20] 영역을 범위 지정한 후 [데이터]탭-[데이터 도구] 영역의 [중복된 항목 제거( )]를 선택한다.

② [중복된 항목 제거] 대화상자가 나타나면 [모두 선택 취소]를 클릭하여 전체 열 항목의 체크를 해제한다. 열 항목에서 '고객코드', '지점명'의 체크박스를 선택한 후 [확인]을 클릭한다.

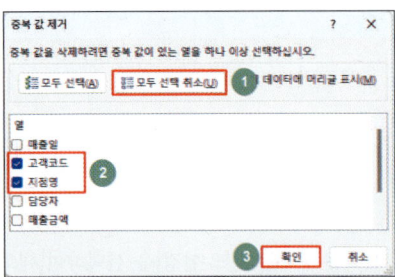

③ [J2:M2] 영역을 범위 지정한 후 [데이터]탭-[데이터 도구] 영역의 [통합( )]을 선택한다.

④ [통합] 대화상자가 나타나면 〈그림〉과 같이 함수는 '최대', 참조 영역은 [C2:G18] 영역으로 지정하여 추가하고, 사용할 레이블 영역의 '첫 행'과 '왼쪽 열'을 체크한 후 [확인]을 클릭한다.

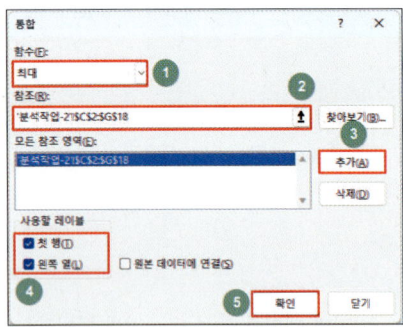

⑤ 최종 결과

	J	K	L	M
1	[표2] 지점별 최대값			
2	지점명	매출금액	받은금액	미수금
3	강서	232,180	127,050	105,130
4	강북	296,400	222,360	108,636
5	강동	98,257	69,782	28,880
6	강남	207,480	173,964	71,852
7				

| 제4작업 | 기타작업

1 차트

① '미수금' 데이터 계열을 선택한 후 [차트 디자인]탭-[종류] 영역의 [차트 종류 변경(📊)]을 선택한다.

② [차트 종류 변경] 대화상자가 나타나면 '미수금' 계열의 차트 종류를 '표식이 있는 꺾은선형'으로 변경하고, 보조 축 항목에 체크한 후 [확인]을 클릭한다.

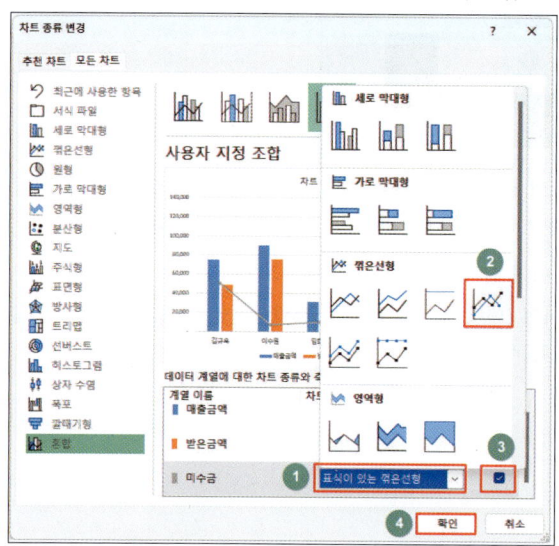

③ 차트 제목을 선택한 후 〈그림〉과 같이 「**지점별 매출 현황**」이라 입력하고, [차트 디자인]탭-[차트 레이아웃] 영역의 [차트 요소 추가(📊)]-[축 제목(📊)] 목록에서 [📊 기본 세로]와 [📊 보조 세로]를 선택하여 각각 「**매출금**」과 「**미수금**」이라 입력한다.

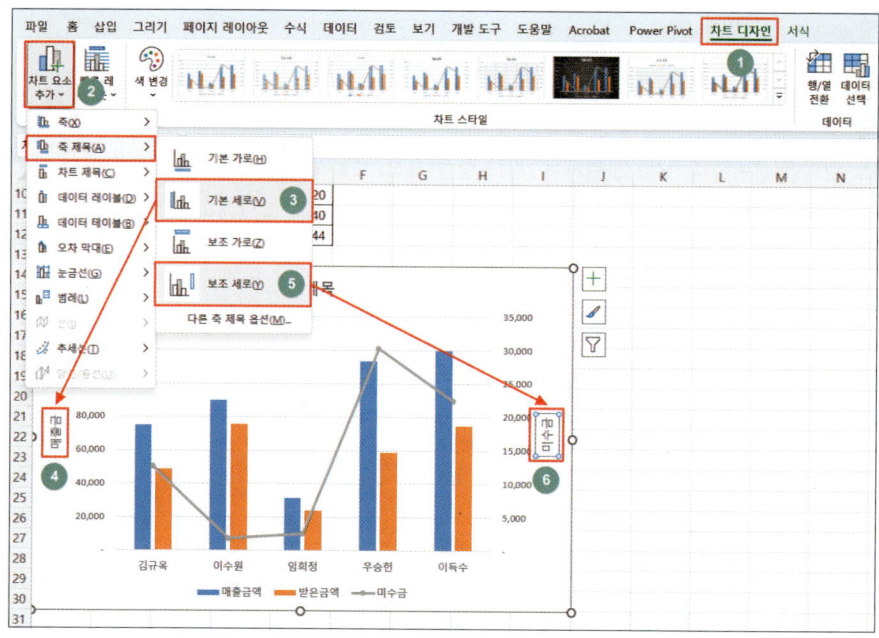

④ 차트 제목을 선택하고 [홈]탭-[글꼴] 영역의 글꼴 크기를 '16'으로 설정한다.

⑤ '그림 영역'을 더블 클릭하여 [그림 영역 서식] 대화상자를 표시한 후 [채우기 및 선]탭에서 채우기를 '그림 또는 질감 채우기'로 변경하고 질감 목록에서 '파랑 박엽지'를 선택한다.

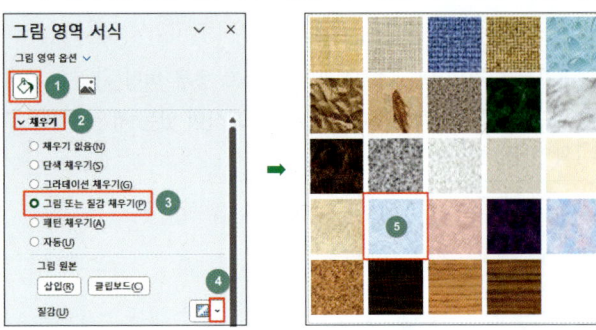

⑥ '범례' 항목을 선택하고 [서식]탭-[도형 스타일] 목록에서 '강한효과-회색, 강조3'을 선택한다.
⑦ '미수금' 데이터 계열을 선택한 후 [차트 디자인]탭-[차트 레이아웃] 영역의 [차트 요소 추가( )] 목록에서 [데이터 레이블( )]-[데이터 설명선]을 선택한다.
⑧ 추가된 '데이터 레이블'을 더블 클릭하여 [데이터 레이블 서식] 대화상자를 표시한 후 [레이블 옵션]탭에서 레이블 내용으로 '값'만 체크하고, 레이블 위치는 '위쪽'으로 설정한다.

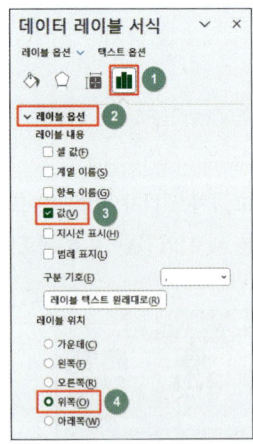

⑨ 차트 영역을 선택한 후 더블 클릭하여 [차트 영역 서식] 대화상자를 표시한다. [채우기 및 선( )]탭-[테두리] 영역에서 '둥근 모서리'의 체크박스를 선택한다.
⑩ [효과( )]탭-[그림자]에서 미리 설정( )을 클릭하여 목록을 표시한 후, 안쪽 영역의 '안쪽 가운데'를 선택한다.

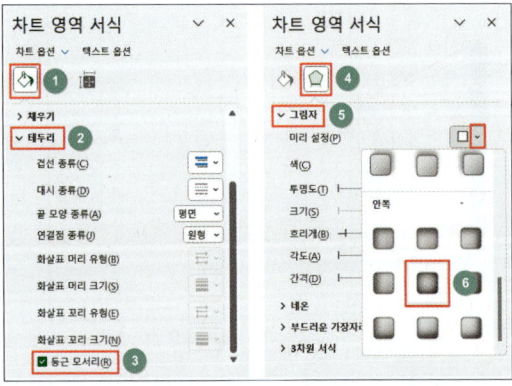

2 매크로

① [개발 도구]탭-[컨트롤] 영역의 [삽입( )] 목록에서 양식 컨트롤의 [단추(□)]를 선택한 후, 마우스 포인터가 '+'로 바뀌면 [Alt] 키를 누른 채 [J6:K7] 영역에 드래그하여 컨트롤을 그려준다.
② [매크로] 대화상자가 나타나면 매크로 이름을 「**고객구분**」으로 입력하고 [기록]을 클릭한다.
③ [매크로 기록] 화면으로 전환되면 매크로 이름이 '고객구분'인지 확인한 후 [확인]을 클릭한다.
④ [B3:B20] 영역을 범위 지정한 후 [Ctrl] + [1]을 눌러 [셀 서식] 대화상자를 호출한다.
⑤ [셀 서식] 대화상자가 나타나면 [표시 형식]탭의 '사용자 지정' 범주의 형식에 「**[=1]"회원";[=0]"비회원"**」으로 입력한 후 [확인]을 클릭한다.

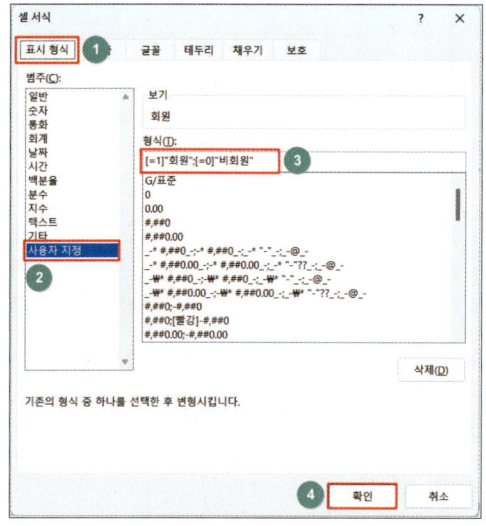

⑥ [개발 도구]탭-[코드] 영역의 [기록 중지]를 클릭한다.
⑦ 단추 컨트롤을 마우스 오른쪽으로 클릭하여 나타나는 바로 가기 메뉴에서 '텍스트 편집'을 선택한다. 컨트롤이 편집 상태가 되면 「**고객구분**」으로 입력하고 임의의 셀을 클릭하여 편집을 마무리한다.
⑧ [개발 도구]탭-[컨트롤] 영역의 [삽입( )] 목록에서 양식 컨트롤의 [단추(□)]를 선택한 후, 마우스 포인터가 '+'로 바뀌면 [Alt] 키를 누른 채 [J9:K10] 영역에 드래그하여 컨트롤을 그려준다.
⑨ [매크로] 대화상자가 나타나면 매크로 이름을 「**백분율**」로 입력하고 [기록]을 클릭한다.
⑩ [매크로 기록] 화면으로 전환되면 매크로 이름이 '백분율'인지 확인한 후 [확인]을 클릭한다.
⑪ [H3:H20] 영역을 범위 지정한 후 [Ctrl] + [1]을 눌러 [셀 서식] 대화상자를 호출한다.
⑫ [셀 서식] 대화상자가 나타나면 [표시 형식]탭의 '사용자 지정' 범주의 형식에 「**[>=0.8]"우수"0%;[>=0.5]"보통"0%;"저조"0%**」으로 입력한 후 [확인]을 클릭한다.

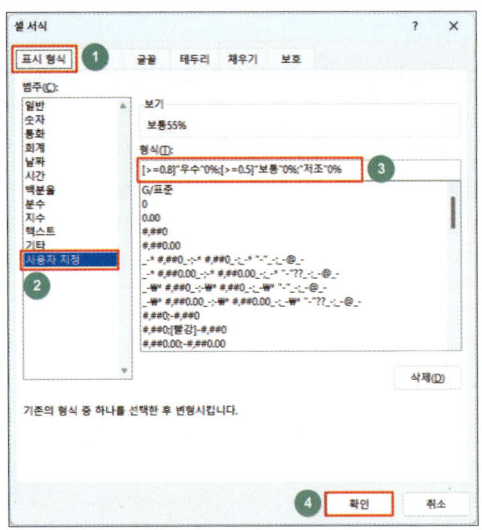

⑬ [개발 도구]탭-[코드] 영역의 [기록 중지]를 클릭한다.
⑭ 단추 컨트롤을 마우스 오른쪽으로 클릭하여 나타나는 바로 가기 메뉴에서 '텍스트 편집'을 선택한다. 컨트롤이 편집 상태가 되면 「**백분율 적용**」으로 입력하고 임의의 셀을 클릭하여 편집을 마무리한다.
⑮ 최종 결과

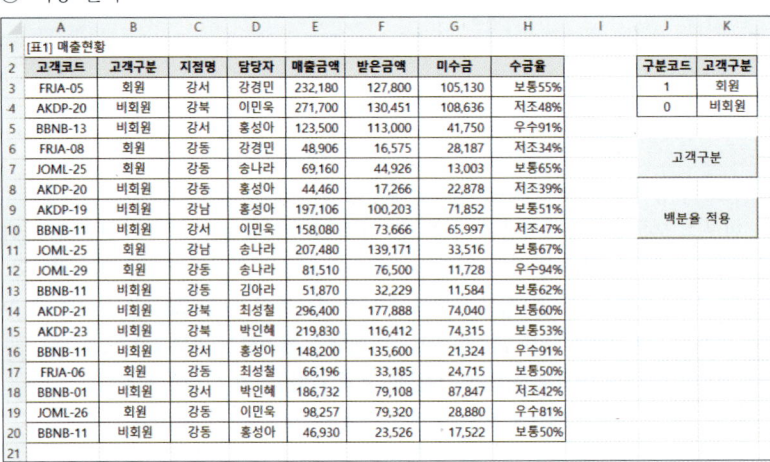

3 프로시저

❶ 폼 띄우고 컨트롤 채우기

① [개발도구]탭-[컨트롤] 영역의 [디자인 모드(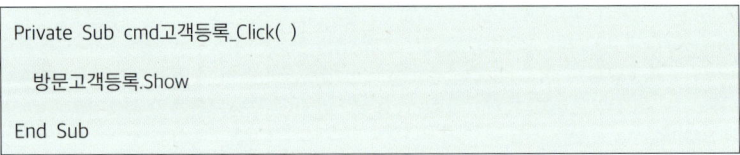)]를 클릭하여 편집 모드로 전환한다.
② 워크시트의 '방문고객등록(cmd고객등록)' 버튼을 더블 클릭하여 코드 창이 나타나면 다음과 같이 코드를 입력한다.

```
Private Sub cmd고객등록_Click( )

    방문고객등록.Show

End Sub
```

③ [프로젝트- VBA Project] 탐색기에서 [폼]을 더블 클릭한 후, 표시되는 목록에서 〈방문고객등록〉 폼을 더블 클릭한다. 코드 창 영역에 〈방문고객등록〉 폼이 표시되면 해당 폼을 더블 클릭하거나 [코드 보기](▦)를 클릭한다.
④ 'UserForm_Click()' 코드 창이 나타나면 프로시저 목록에서 'Initialize'를 선택한다.
⑤ 'UserForm_Initialize()' 코드 창이 나타나면 다음과 같이 코드를 작성한다.

```
Private Sub UserForm_Initialize( )
   cmb관심품목.RowSource = "I5:I10"
   list담당자.RowSource = "K5:N11"
End Sub
```

❷ 워크시트의 자료를 폼에 표시하기
① [프로젝트- VBA Project] 탐색기에서 [폼]을 더블 클릭한 후, 표시되는 목록에서 〈방문고객등록〉 폼을 더블 클릭한다. 코드 창 영역에 〈방문고객등록〉 폼이 표시되면 '등록(cmd등록)' 콤보상자를 더블 클릭한다.
② 'cmd등록_Click()' 코드 창이 나타나면 다음과 같이 코드를 작성한다.

Private Sub cmd등록_Click( )	
참조행 = list담당자.ListIndex	→ 'list담당자'에서 선택한 값의 목록번호를 참조행 값으로 반환
입력행 = [B4].Row + [B4].CurrentRegion.Rows.Count	→ [B4] 셀의 행 위치에 [B4]셀과 연결된 범위의 행의 개수를 더한 값을 입력행 값으로 반환
Cells(입력행,2) = txt고객이름	→ 'txt고객이름'의 값을 2(B)열의 입력행 위치에 입력
Cells(입력행,3) = txt방문시간	→ 'txt방문시간'의 값을 3(C)열의 입력행 위치에 입력
Cells(입력행,4) = cmb관심품목	→ 'cmb관심품목'의 값을 4(D)열의 입력행 위치에 입력
Cells(입력행,5) = list담당자.List(참조행,1)	→ 'list담당자' 목록의 2번째 열값을 5(E)열의 입력행 위치에 입력
Cells(입력행,6) = list담당자.List(참조행,3)	→ 'list담당자' 목록의 4번째 열값을 6(F)열의 입력행 위치에 입력
End Sub	

❸ 폼 종료하고 특정 셀에 문자열 입력하기
① [프로젝트- VBA Project] 탐색기에서 [폼]을 더블 클릭한 후, 표시되는 목록에서 〈방문고객등록〉 폼을 더블 클릭한다. 코드 창 영역에 〈방문고객등록〉 폼이 표시되면 '종료(cmd종료)' 버튼을 더블 클릭한다.
② 'cmd종료_Click()' 코드 창이 나타나면 다음과 같이 코드를 작성한다.

```
Private Sub cmd종료_Click( )
   Unload Me
   [B1] = "지점별 고객 방문현황"
End Sub
```

③ 메뉴 상단 [보기 Microsoft Excel](▦)을 클릭하여 엑셀로 돌아온다.
④ [개발 도구]탭-[코드] 영역의 [디자인 모드(▦)]를 클릭하여 편집 모드를 해제한 후, 결과를 확인한다.

• 스프레드시트 •

스프레드시트 실전모의고사 4회 문제

작업 파일 : 컴활1급/스프레드시트/모의고사/실전모의고사4회.xlsm
암호 : 32#901
외부데이터 위치 : 컴활1급/스프레드시트/외부데이터

|제1작업| 기본작업 (15점) 주어진 시트에서 다음의 과정을 수행하고 저장하시오.

1 '기본작업-1' 시트에 대하여 다음의 지시사항을 처리하시오. (5점)

[A2:I19] 영역에서 판매량이 높은 5개 항목 중 제조년도가 숫자면서 생산지가 '보성'이 아닌 데이터의 '상품명', '제조방법', '제조년도', '생산지', '판매량' 열만을 순서대로 표시하시오. (AND, LARGE, ISNUMBER 함수 사용)
- ▶ 고급 필터의 조건은 [A23:A24] 범위 내에 알맞게 입력하시오.
- ▶ 고급 필터의 결과 복사 위치는 동일 시트의 [A26] 셀에서 시작하시오.

2 '기본작업-1' 시트에 대하여 다음의 지시사항을 처리하시오. (5점)

[A3:I21] 영역에 대해 상품코드의 마지막 두 숫자와 제조년도가 모두 짝수인 데이터 행 전체에 대해서 글꼴 스타일은 '굵게', 글자색은 '표준 색-빨강'으로 지정하는 조건부 서식을 작성하시오. (AND, RIGHT, ISEVEN 함수 사용)
- ▶ 규칙 유형은 '수식을 사용하여 서식을 지정할 셀 결정'을 이용하시오.

3 '기본작업-2' 시트에 대하여 다음의 지시사항을 처리하시오. (5점)

- ▶ 인쇄될 내용이 페이지의 가로 방향의 가운데에 인쇄되도록 '페이지 가운데 맞춤'을 설정하시오.
- ▶ 매 페이지 하단 왼쪽 구역에는 인쇄 날짜가 [표시 예]와 같이 표시되도록 바닥글을 설정하시오.
- ▶ 표시 예 : 현재 날짜가 2026-03-01인 경우 → 출력일자 : 2026-03-01
- ▶ [A1:I60] 영역을 인쇄 영역으로 지정하고, 1~3행이 매 페이지마다 반복하여 인쇄되도록 인쇄 제목을 설정하시오.
- ▶ '기본작업-2' 시트를 페이지 나누기 미리보기로 표시하고, [A1:I40] 영역만 1페이지에 인쇄되도록 페이지 나누기 구분선을 조정하시오.

| 제2작업 | 계산작업 (30점) '계산작업' 시트에서 다음의 과정을 수행하고 저장하시오.

1 [표1]의 상품코드를 이용하여 [C3:C21] 영역에 구분을 계산하여 표시하시오. (6점)

- ▶ 상품코드에 'ARMO'가 포함되어 있으면 "향기차" 없으면 "일반차"로 표시할 것
- ▶ IF, ISERROR, SEARCH 함수 사용

2 [표1]의 제조년도, 친환경인증과 [표4]의 할인율을 이용하여 [표1]의 [L3:L21] 영역에 판매가격을 계산하여 다음과 같이 표시하시오. (6점)

- ▶ 판매가격 = 가격 × (1 – 할인율)
- ▶ INDEX, MATCH 함수 사용

3 사용자 정의 함수 'fn등급'을 작성하여 [표1]의 [M3:M21] 영역에 등급을 계산하여 표시하시오. (6점)

- ▶ 'fn등급'은 상품코드를 인수로 받아 등급을 계산하는 함수이다.
- ▶ 상품코드의 마지막 두 숫자가 20 이상이라면 "우전", 10 이상이라면 "세작", 나머지는 "중작"이라 표시할 것
- ▶ IF 구문, RIGHT 함수 사용

```
Public Function fn등급(상품코드)

End Function
```

4 [표1]의 다원명을 이용하여 [표2]의 [B25:B27] 영역에 다원명별로 제조년도가 2025년인 제품의 판매량 평균을 계산하여 표시하시오. (6점)

- ▶ AVERAGE, IF 함수를 사용한 배열 수식 사용

5 [표1]의 제조방법을 이용하여 [표3]의 [E25:G27] 영역에 제조방법별 누적주문량이 높은 상위 3개 값을 계산하여 표시하시오. (6점)

- ▶ LARGE, IF 함수를 사용한 배열 수식 사용

| 제3작업 | 분석작업 (20점)   주어진 시트에서 다음의 과정을 수행하고 저장하시오.

1 '분석작업-1' 시트에서 다음 그림과 같이 피벗 테이블을 작성하시오. (10점)

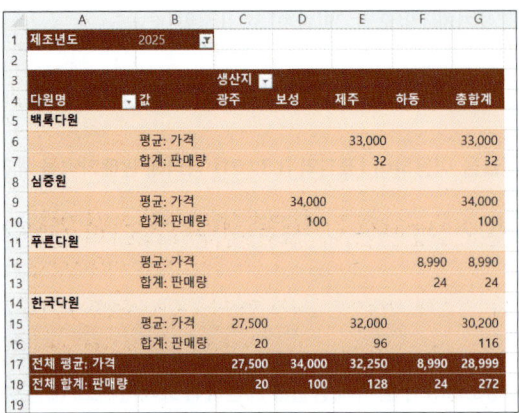

▶ 피벗 테이블의 외부 데이터 원본으로 〈다원별판매현황.txt〉을 사용하시오.
  – 원본 데이터는 쉼표(,)로 구분되어 있고, '내 데이터에 머리글 표시'를 적용하시오.
  – '다원명', '제조년도', '생산지', '가격', '판매량' 열만 가져와 데이터 모델에 이 데이터를 추가하시오.
▶ 피벗 테이블 보고서의 레이아웃과 위치는 〈그림〉을 참조하여 설정하고, 보고서 레이아웃은 '개요 형식'으로 지정하시오.
▶ '제조년도'가 2025년인 데이터 값만을 표시하시오.
▶ 값 영역의 '가격'과 '판매량' 필드는 '평균'을 구하여 표시하고, 표시 형식은 값 필드 설정의 셀 서식을 이용하여 〈그림〉과 같이 숫자 형식을 지정하시오.
▶ 피벗 테이블 스타일은 '밤색, 피벗 스타일 어둡게 3'으로 설정하시오.
  ※ 작업 완성된 그림이며 부분 점수 없음

2 '분석작업-2' 시트에서 다음과 같은 기능을 실행하시오. (10점)

▶ 데이터 도구를 이용하여 [A2:A21] 영역을 텍스트 나누기 기능을 이용하여 A열부터 G열까지 나누어 입력하시오.
  – 데이터는 쉼표(,)로 구분되어 있음
▶ [A2:G21] 영역을 데이터 통합 기능을 이용하여 [J2:L2] 영역에 다원명별 평균을 계산하여 표시하시오.

| 제4작업 | 기타작업 (35점)   주어진 시트에서 다음의 과정을 수행하고 저장하시오.

1 '기타작업-1' 시트에서 다음의 지시사항에 따라 차트를 수정하시오. (각 2점)

※ 차트는 반드시 문제에서 제공한 차트를 사용하여야 하며, 신규로 차트작성 시 0점 처리됨

① 차트 제목을 〈그림〉과 같이 지정하고 도형 스타일을 '색 채우기-파랑, 강조1'로 지정하시오.
② '스리랑카'와 '인도' 계열을 제거하고, 데이터의 행과 열을 전환하여 표시하시오.
③ '2024년' 계열의 겹치기를 '50', 간격 너비를 '150'으로 설정하시오.
④ 세로 (값) 축의 최대값은 '1,000', 주 단위는 '200'으로 설정하고, 〈그림〉과 같이 '데이터 표'를 설정하고, '범례'는 삭제하시오.
⑤ '2025년' 계열을 워크시트에 삽입된 클립아트를 이용하여 〈그림〉과 같이 표시하시오.

2 '기타작업-2' 시트에서 다음과 같은 기능을 수행하는 매크로를 현재 통합문서에 작성하고 실행하시오. (각 5점)

① [D3:D21] 영역에 대하여 사용자 지정 표시 형식을 설정하는 '용량표시' 매크로를 생성하시오.
  ▶ 셀 값이 50이상인 경우 "상급"이라는 문자열과 함께 용량이 파랑색으로 표시되고, 셀 값이 50미만인 경우 "중급"이라는 문자열과 함께 용량이 빨강색으로 표시되도록 설정하시오.
  ▶ 단, 문자열과 용량 사이에는 셀 여백만큼 공백이 반복적으로 표시되도록 설정하시오.
  ▶ [개발도구]-[삽입]-[양식 컨트롤]의 '단추'를 동일 시트의 [I2:J3] 영역에 생성한 후 텍스트를 '용량표시'로 입력하고, 단추를 클릭하면 '용량표시' 매크로가 실행되도록 설정하시오.
② [E3:E21] 영역에 대하여 사용자 지정 표시 형식을 설정하는 '작업확인' 매크로를 생성하시오.
  ▶ 셀 값이 양수인 경우 "재생산", 0인 경우 "생산보류", 음수인 경우 "생산중지"를 표시하시오.
  ▶ [개발도구]-[삽입]-[양식 컨트롤]의 '단추'를 동일 시트의 [I5:J6] 영역에 생성한 후 텍스트를 '작업확인'으로 입력하고, 단추를 클릭하면 '작업확인' 매크로가 실행되도록 설정하시오.
  ※ 매크로는 도형과 연결되어야 하며, 셀 포인터의 위치에 관계없이 매크로가 실행되어야 정답으로 인정됨

3 '기타작업-3' 시트에서 다음과 같은 작업을 수행하도록 프로시저를 작성하시오. (각 5점)

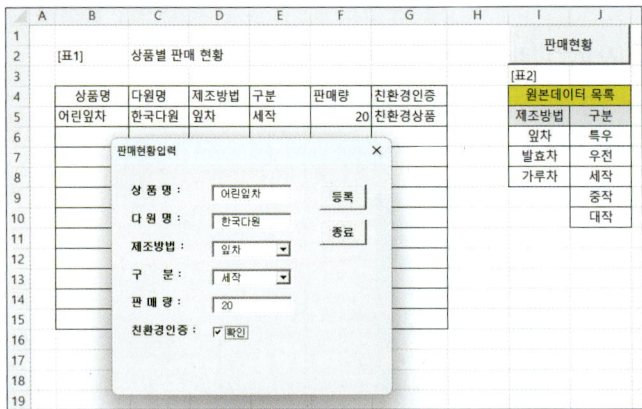

① '판매현황' 버튼을 클릭하면 〈판매현황〉 폼이 나타나고, 〈판매현황〉 폼이 초기화(Initialize) 되면 [I6:I8] 영역의 값은 '제조방법(cmb제조방법)' 콤보상자에, [J6:J10] 영역의 값은 '구분(cmb구분)' 콤보상자에 목록으로 추가되도록 프로시저를 작성하시오.

② 〈판매현황〉 폼의 '등록(cmd등록)' 버튼을 클릭하면 폼에 입력된 데이터가 시트의 표 마지막 행 다음에 연속적으로 추가되도록 프로시저를 작성하시오.
　▶ 친환경인증은 '친환경인증(chk인증)'을 선택하면 "친환경상품", 그렇지 않으면 공백으로 표시하시오.

③ 〈판매현황〉 폼의 '종료(cmd종료)' 버튼을 클릭하면 폼이 종료되고, '기타작업-3' 시트가 활성화(Activate)되면 해당 시트의 [I4] 셀에 "원본데이터 목록"이라 입력되도록 프로시저를 작성하시오.

• 스프레드시트 •

실전모의고사 4회 정답 및 해설

정답 파일 : 컴활1급/스프레드시트/모의문제/정답/모의문제4회(정답).xlsm

| 제1작업 | 기본작업

1 고급필터

① [A23] 셀에 「조건」, [A24] 셀에 「=AND(G3<>"보성",ISNUMBER(D3),I3>=LARGE($I$3:$I$21,5))」을/를 입력한다.

=AND(G3<>"보성",ISNUMBER(D3),I3>=LARGE($I$3:$I$21,5))	
AND(❶,❷,❸)	모든 조건이 참이면 TRUE, 아니면 FALSE
❶ G3<>"보성"	'생산지' 필드 값이 "보성"이 아니라면 True를 반환
❷ ISNUMBER(D3)	'제조년도'의 값이 숫자면 True를 반환
❸ I3>=LARGE($I$3:$I$21,5)	'판매량' 필드 값이 '상위 5위 판매량' 보다 크거나 같다면 True를 반환

② [A2:I21] 영역을 범위 지정한 후 [데이터]탭-[정렬 및 필터] 영역의 [고급( )]을 클릭한다.

③ [고급 필터] 대화상자가 나타나면 결과를 '다른 장소에 복사'로 설정하고, 아래와 같이 설정한 후 [확인]을 클릭한다.

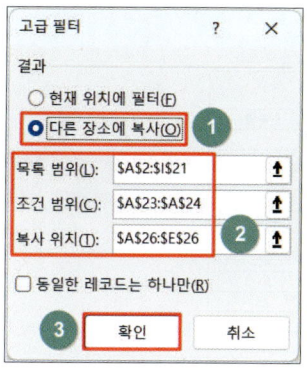

목록 범위	$A$2:$I$21
조건 범위	$A$23:$A$24
복사 위치	$A$26:$E$26

④ 최종 결과

	A	B	C	D	E
23	조건				
24	TRUE				
25					
26	상품명	제조방법	제조년도	생산지	판매량
27	한국다원차	잎차	2026	제주	53
28	맑은녹차	발효차	2026	제주	55
29	눈아차	가루차	2026	광주	55
30	감농가루	가루차	2026	제주	55
31					

2 조건부서식

① [A3:I21] 영역을 범위 지정한 후 [홈]탭-[스타일] 영역의 [조건부 서식(   )]의 [새 규칙(   )]을 클릭한다.

② [새 서식 규칙] 대화상자가 나타나면 규칙 유형 선택을 '수식을 사용하여 서식을 지정할 셀 결정'으로 선택한 후, 다음 수식이 참인 값의 서식 지정 영역에 「=AND(ISEVEN(RIGHT($A3,2)),ISEVEN($D3))」와 같이 입력한다.

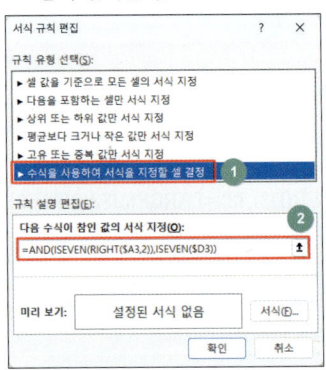

=AND(ISEVEN(RIGHT($A3,2)),ISEVEN($D3))	
AND(❶,❷)	모든 조건이 참이면 TRUE, 아니면 FALSE
❶ ISEVEN(RIGHT($A3,2))	'상품코드'의 마지막 2글자가 짝수면 True를 반환
❷ ISEVEN($D3)	'제조년도'가 짝수면 True를 반환

③ [서식]을 클릭하여 [셀 서식] 대화상자를 표시한 후 [글꼴]탭에서 글꼴 스타일을 '굵게', 글자 색을 '표준 색-빨강'으로 선택한 후 [확인]을 차례로 클릭한다.

④ 최종 결과

3 페이지 레이아웃 + 통합 문서 보기

① [페이지 레이아웃]탭-[페이지 설정]영역의 '화살표(   )'를 클릭하여 [페이지 설정] 대화상자를 호출한다.

② [여백]탭 하단의 '페이지 가운데 맞춤' 항목 중 '가로'를 체크한다.

③ [머리글/바닥글]탭의 [바닥글 편집]을 클릭한다. [바닥글] 대화상자가 나타나면 왼쪽 구역에 아래와 같이 「**출력일자 : &[날짜]**」 입력한 후 [확인]을 클릭한다.

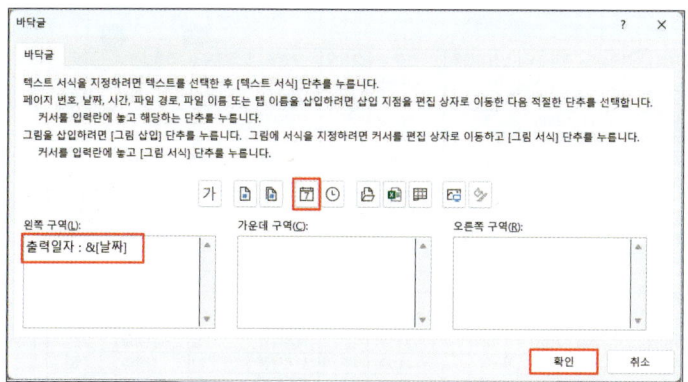

④ [시트]탭의 '인쇄 영역'에 [$A$1:$I$60]을 지정하고, '반복할 행'에 커서를 두고 행 머리글 1부터 3을 드래그한 후 [확인]을 클릭한다.

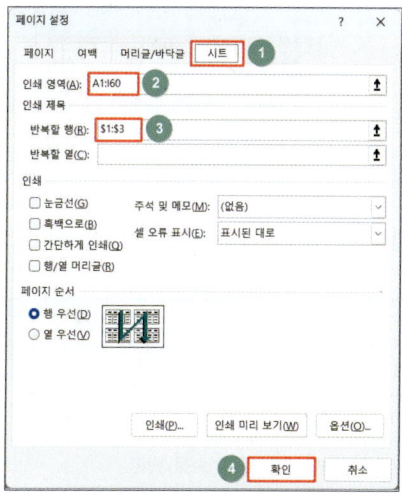

⑤ [보기]탭-[통합 문서 보기] 영역의 [페이지 나누기 미리 보기(⊞)]를 선택한 후, 아래 그림과 같이 가로 선을 40행 아래로 이동시켜 인쇄 영역을 조정한다.

	A	B	C	D	E	F	G	H	I
39	POWT-08	한국다원차	가루차	2024	유기농	25000	제주	한국다원	35
40	FERM-12	발아차	발효차	2026	무농약	29000	하동	푸른다원	52
41	ARMO-17	우린차	잎차	2026	저농약	45000	보성	심중원	20
42	ARMO-14	한국다원차	잎차	2026	무농약	30000	제주	한국다원	53
43	ARMO-18	눈아차	잎차	2026	무농약	45000	보성	심중원	41
44	FERM-10	맑은녹차	발효차	2026	유기농	60000	제주	한국다원	55
45	POWT-07	감노가루	가루차	2024	저농약	15000	광주	한국다원	5
46	FERM-01	우린녹차	발효차	2026	유기농	25000	하동	푸른다원	40
47	POWT-08	몸중녹차	가루차	2026	저농약	25000	보성	심중원	39
48	ARMO-16	한국다원차	잎차	2025	저농약	50000	제주	한국다원	40
49	POWT-06	눈아차	가루차	2026	저농약	65000	광주	한국다원	55
50	FERM-24	한국다원차	발효차	2026	유기농	30000	보성	심중원	25
51	POWT-08	감노가루	가루차	2026	무농약	28000	제주	한국다원	55
52	ARMO-15	어린잎차	잎차	2025	무농약	18000	하동	푸른다원	24
53	POWT-09	백록다원	가루차	2026	유기농	75000	제주	백록다원	15
54	ARMO-16	몸중녹차	잎차	2024	저농약	38000	보성	심중원	75
55	FERM-28	고운발효차	발효차	2025	유기농	33000	제주	백록다원	32
56	FERM-26	한국다원차	발효차	2026	저농약	21000	제주	한국다원	21
57	ARMO-15	눈아차	잎차	2025	무농약	40000	광주	한국다원	15
58	POWT-08	한국다원차	가루차	2024	유기농	25000	제주	한국다원	35
59	FERM-12	발아차	발효차	2026	무농약	29000	하동	푸른다원	52
60	ARMO-17	우린차	잎차	2026	저농약	45000	보성	심중원	20
61									

| 제2작업 | 계산작업

	A	B	C	D	E	F	G	H	I	J	K	L	M
1	[표1]												
2	상품코드	상품명	구분	제조방법	누적주문량	제조년도	친환경인증	가격	생산지	다원명	판매량	판매가격	등급
3	G-ARMO-14	한국다원차	향기차	잎차	462	2026	무농약	30,000	제주	한국다원	53	29,100	세작
4	G-ARMO-18	눈아차	향기차	잎차	367	2027	무농약	45,000	보성	심중원	41	43,650	세작
5	G-FERM-10	맑은녹차	일반차	발효차	521	2026	유기농	60,000	제주	한국다원	59	58,800	세작
6	G-POWT-07	감농가루	일반차	가루차	124	2025	저농약	15,000	광주	한국다원	5	14,250	중작
7	G-FERM-01	우린녹	일반차	발효차	320	2026	유기농	25,000	하동	푸른다원	40	24,500	중작
8	G-POWT-08	몸중녹차	일반차	가루차	463	2026	저농약	25,000	보성	심중원	39	24,000	중작
9	G-ARMO-16	한국다원차	향기차	잎차	377	2025	저농약	50,000	제주	한국다원	40	47,500	세작
10	G-POWT-06	눈아차	일반차	가루차	489	2024	저농약	65,000	광주	한국다원	59	61,100	중작
11	G-FERM-24	한국다원차	일반차	발효차	278	2025	유기농	30,000	보성	심중원	29	29,100	우전
12	G-POWT-08	감농가루	일반차	가루차	411	2026	무농약	28,000	제주	한국다원	59	27,160	중작
13	G-ARMO-15	어린잎차	향기차	잎차	385	2025	무농약	8,990	하동	푸른다원	24	8,630	세작
14	G-POWT-09	백록다원	일반차	가루차	223	2026	무농약	75,000	제주	백록다원	19	73,500	중작
15	G-ARMO-16	몸중녹차	향기차	잎차	512	2025	저농약	38,000	보성	심중원	75	36,100	세작
16	G-FERM-28	고운발효차	일반차	발효차	316	2025	유기농	33,000	제주	백록다원	32	32,010	우전
17	G-FERM-26	한국다원차	일반차	발효차	294	2025	저농약	21,000	제주	한국다원	21	19,950	우전
18	G-ARMO-15	눈아차	향기차	잎차	215	2025	저농약	40,000	광주	한국다원	19	38,400	세작
19	G-POWT-08	한국다원차	일반차	가루차	322	2024	유기농	25,000	제주	한국다원	39	24,000	중작
20	G-FERM-12	발아차	일반차	발효차	451	2027	무농약	9,890	하동	푸른다원	52	9,593	세작
21	G-ARMO-17	우린차	향기차	잎차	280	2026	저농약	45,000	보성	심중원	20	43,200	세작

	A	B	C	D	E	F	G	H	I	J	K	L	M
23	[표2] 2025년 판매량			[표3] 제법별 누적주문량				[표4]		할인율			
24	다원명	평균판매량		순위	잎차	발효차	가루차		친환경인증	2024	2025	2026	
25	백록다원	32		1위	512	521	489		저농약	0.06	0.05	0.04	
26	심중원	50		2위	462	451	463		무농약	0.05	0.04	0.03	
27	한국다원	20.25		3위	385	320	411		유기농	0.04	0.03	0.02	

1 구분 - [C3:C21] 영역

[C3] 셀에 「=IF(ISERROR(SEARCH("ARMO",A3))>0),"일반차","향기차")」을/를 입력한 후 [C21] 셀까지 수식을 복사한다.

=IF(ISERROR(SEARCH("ARMO",A3))>0),"일반차","향기차")	
IF(❶,"일반차","향기차")	❶의 결과가 참이면 "일반차" 아니라면 "향기차" 표시
❶ ISERROR(❷)	❷의 값에 오류가 있다면 True를 반환
❷ SEARCH("ARMO",A3)>0	'상품코드' 필드에 "ARMO"가 포함되어 있으면 True를 반환

2 판매가격 - [L3:L21] 영역

[L3] 셀에 「=H3*(1-INDEX($K$25:$M$27,MATCH(G3,$J$25:$J$27,0),MATCH(F3,$K$24:$M$24,1)))」 을/를 입력한 후 [L21] 셀까지 수식을 복사한다.

=H3*(1-INDEX($K$25:$M$27,MATCH(G3,$J$25:$J$27,0),MATCH(F3,$K$24:$M$24,1)))	
H3*(1-INDEX($K$25:$M$27,❶,❷)))	[$K$25:$M$27] 범위 중 ❶행과 ❷열의 교차값을 할인율로 사용하여 계산
❶ MATCH(G3,$J$25:$J$27,0)	'친환경인증'의 행 번호를 표시
❷ MATCH(F3,$K$24:$M$24,1)	'제조년도'의 열 번호를 표시

3 등급 - [M3:M21] 영역

① [개발도구]탭-[코드]영역의 [Visual Basic(　)]을 클릭하거나, [Alt]+[F11]을 눌러 VBA를 실행한다.
② [삽입]메뉴의 [모듈(　)]을 선택한다.

③ 코드 창에 아래와 같이 코드를 입력한다.

Public Function fn등급(상품코드)	→ '상품코드'를 인수로 받아 'fn등급'을 계산
If Right(상품코드,2) >= 20 Then	→ '상품코드'의 마지막 두 숫자가 20 이상이면
fn등급 = "우전"	→ 'fn등급'은 "우전"으로 표시
ElseIf Right(상품코드,2) >= 10 Then	→ '상품코드'의 마지막 두 숫자가 10 이상이면
fn등급 = "세작"	→ 'fn등급'은 "세작"으로 표시
Else	→ 나머지는
fn등급 = "중작"	→ 'fn등급'은 "중작"으로 표시
End If	→ If문 종료
End Function	→ Function 코드 종료

④ [파일]-[닫고 Microsoft Excel(으)로 돌아가기]를 클릭하여 VBA를 종료하고 엑셀로 돌아온다.
⑤ [M3] 셀에 「=fn등급(A3)」을/를 입력한 후 [M21] 셀까지 수식을 복사한다.

4 2020년 평균 판매량 - [B25:B27] 영역

[B25] 셀에 「=AVERAGE(IF(($J$3:$J$21=A25)*($F$3:$F$21=2020),$K$3:$K$21))」을/를 입력하고 Ctrl + Shift + Enter 를 눌러 마무리한 후 [B27] 셀까지 수식을 복사한다.

=AVERAGE(IF(($J$3:$J$21=A25)*($F$3:$F$21=2020),$K$3:$K$21))	
AVERAGE(IF(❶*❷,$K$3:$K$21))	❶과 ❷ 조건을 모두 만족하면 '판매량'의 평균을 계산
❶ ($J$3:$J$21=A25)	'다원명'이 조건과 동일하면 True를 반환
❷ ($F$3:$F$21=2020)	'제조년도'가 2020이면 True를 반환

5 제조방법별 누적주문량 - [E25:G27] 영역

[E25:E27] 영역을 범위 지정한 후 수식 입력줄에 「=LARGE(IF(($D$3:$D$21=E$24),$E$3:$E$21),{1;2;3})」 을/를 입력하고 Ctrl + Shift + Enter 를 눌러 마무리한 후 [G27] 셀까지 수식을 복사한다.

=LARGE(IF(($D$3:$D$21=E$24),$E$3:$E$21),{1;2;3})	
LARGE(IF(❶,$E$3:$E$21),❷)	❶조건을 만족하는 '누적판매량'의 ❷번째 값을 표시
❶ ($D$3:$D$21=E$24)	'제조방법'이 조건과 동일하면 True를 반환
❷ {1;2;3}	순서대로 1번째, 2번째, 3번째로 높은 값을 표시

> **잠깐!**
>
> **배열 상수**
> 1) 행 범위 작성 시 구분 기호로 콤마(,)를 사용 → { 값 , 값 , 값 }
> 2) 열 범위 작성 시 구분 기호로 세미콜론(;)을 사용 → { 값 ; 값 ; 값 }

| 제3작업 | 분석작업

1 피벗테이블

① [A3] 셀을 선택한 후 [삽입]탭-[표] 영역의 [피벗 테이블( )]목록에서 ' 외부 데이터 원본에서'를 선택한다.

② [외부 원본의 피벗 테이블] 대화상자가 나타나면 [연결선택]을 클릭한다. [기존 연결] 대화상자로 전환되면 [더 찾아보기]를 클릭하여 '다원별판매현황.txt' 파일을 선택한 후 [가져오기]를 클릭한다.

③ [텍스트 마법사 – 3단계 중 1단계] 대화상자가 나타나면 원본 데이터 형식을 '구분 기호로 분리됨'으로 선택하고, '내 데이터에 머리글 표시'를 체크한 후 [다음]을 클릭한다.

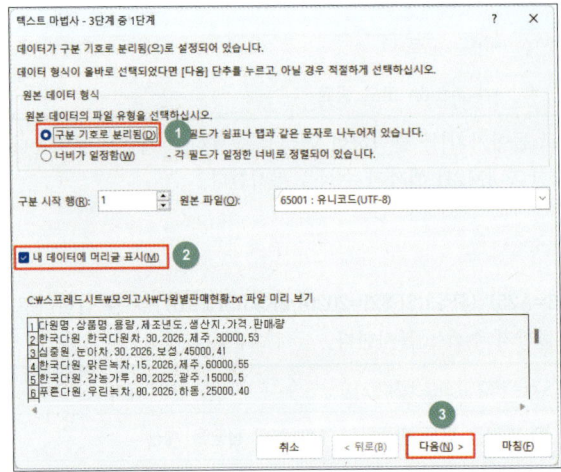

④ [텍스트 마법사 – 3단계 중 2단계] 대화상자에서 구분 기호를 '쉼표'로 변경한 후 [다음]을 클릭한다.

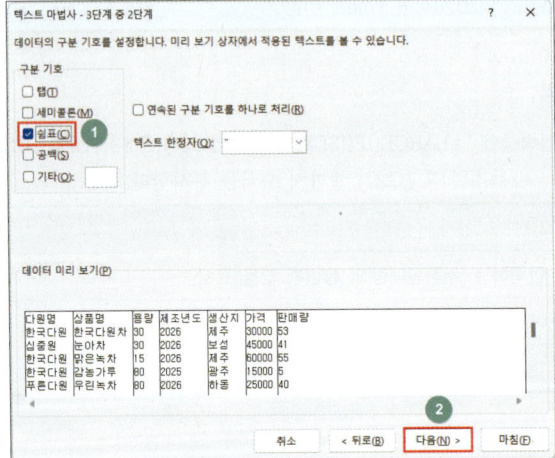

⑤ [텍스트 마법사 – 3단계 중 3단계] 대화상자로 전환되면 데이터 미리 보기 영역에서 '상품명'과 '용량' 필드를 선택한 뒤 '열 가져오지 않음(건너뜀)'으로 열 데이터 서식 옵션을 변경한 후 [다음]을 클릭한다.

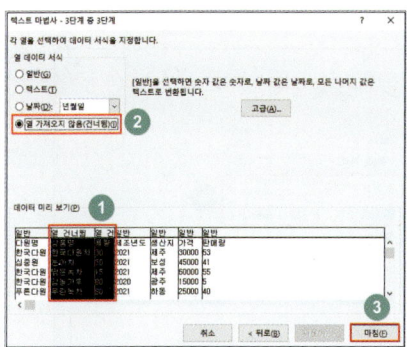

⑥ [외부 원본의 피벗 테이블] 대화상자에서 피벗 테이블을 배치할 위치로 [A3] 셀을 지정하고, '데이터 모델에 이 데이터 추가'를 체크한 뒤 [확인]을 클릭한다.

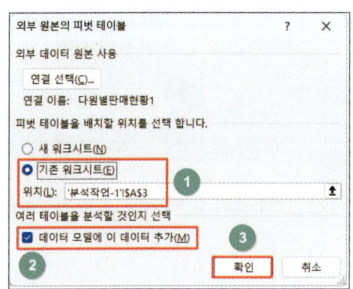

⑦ '피벗 테이블 필드' 창에서 〈그림〉과 같이 레이아웃을 지정한다.

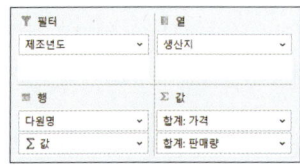

⑧ 작성된 피벗 테이블에서 임의의 셀을 선택한 후 [디자인]탭-[레이아웃] 영역의 [보고서 레이아웃(📋)] 목록에서 '📋 개요 형식으로 표시'를 선택한다.

⑨ '필터' 항목인 제조년도의 '필터(▼)' 버튼을 클릭하여 목록을 표시한 뒤, '2025'만을 선택한 후 [확인]을 클릭한다.

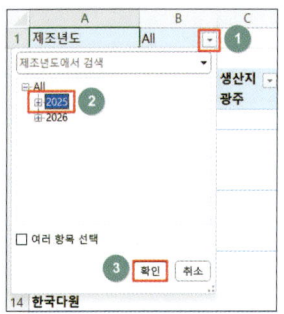

⑩ '합계:가격' 필드의 임의의 셀을 선택한 후 바로 가기 메뉴 중 [값 필드 설정(📊)]을 선택하여 대화상자를 표시한다.

⑪ 계산 유형을 '평균'으로 변경하고 [표시 형식]을 클릭하여 [셀 서식] 대화상자를 표시한 뒤, [표시 형식]탭에서 범주를 '숫자', 소수 자릿수를 '0', '1000 단위 구분 기호(,) 사용'의 체크 박스를 선택한 후 [확인]을 차례대로 클릭한다.

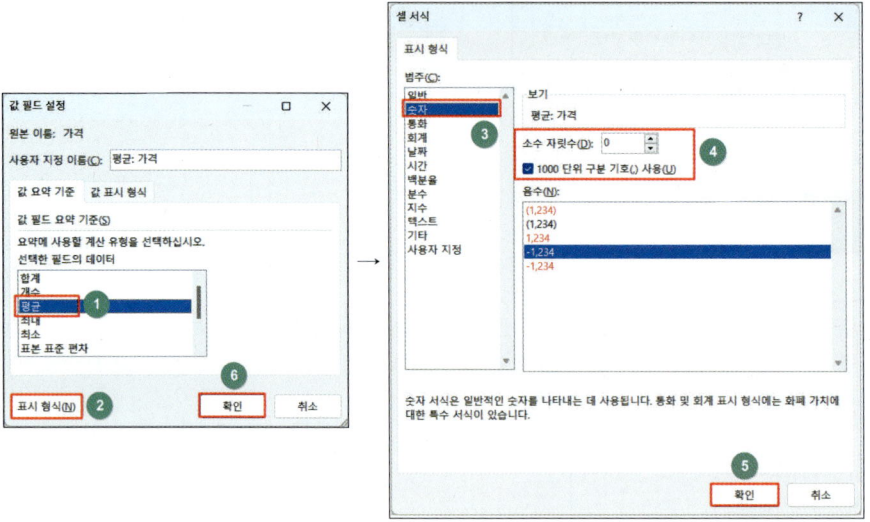

⑫ '합계:판매량' 필드에도 '평균:가격'과 동일하게 설정한다.
⑬ 피벗 테이블의 임의의 셀을 선택한 후 바로 가기 메뉴 중 [디자인]탭-[피벗 테이블 스타일] 목록에서 '밤색, 피벗 스타일 어둡게3'을 선택한다.

2 텍스트 나누기 + 데이터 통합

① [A2:A21] 영역을 범위 지정한 후 [데이터]탭-[데이터 도구] 영역의 [텍스트 나누기(   )]를 선택한다.
② [텍스트 마법사 – 3단계 중 1단계] 대화상자가 나타나면 원본 데이터의 파일 유형을 '구분 기호로 분리됨'으로 선택하고 [다음]을 클릭한다.
③ [텍스트 마법사 – 3단계 중 2단계] 대화상자에서 구분 기호를 '쉼표'로 변경한 후 [다음]을 클릭한다.
④ [텍스트 마법사 – 3단계 중 3단계] 대화상자에서 [마침]을 클릭한다.
⑤ [J2:L2] 영역을 범위 지정한 후 [데이터]탭-[데이터 도구] 영역의 [통합(   )]을 선택한다.
⑥ [통합] 대화상자가나 나타나면 〈그림〉과 같이 함수는 '평균', 참조 영역은 ['분석작업-2'!$A$2:$G$21] 영역으로 지정하여 추가하고, 사용할 레이블 영역의 '첫 행'과 '왼쪽 열'을 체크한 후 [확인]을 클릭한다.

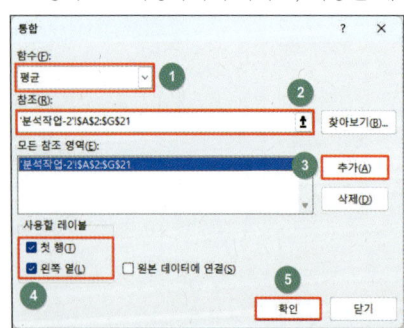

⑦ 최종 결과

	A	B	C	D	E	F	G	H	I	J	K	L
1	[표1] 상품별 거래처 판매 현황									[표2] 다원별 평균		
2	다원명	상품명	용량	제조년도	생산지	가격	판매량			다원명	가격	판매량
3	한국다원	한국다원차	30	2026	제주	30000	53			한국다원	37111.11111	37.11111111
4	심중원	눈아차	30	2026	보성	45000	41			심중원	36600	40
5	한국다원	맑은녹차	15	2026	제주	60000	55			푸른다원	14626.66667	38.66666667
6	한국다원	감농가루	80	2025	광주	15000	5			백록다원	54000	23.5
7	푸른다원	우린녹차	80	2026	하동	25000	40					
8	심중원	몸중녹차	30	2026	보성	25000	39					
9	한국다원	한국다원차	15	2025	제주	50000	40					
10	한국다원	눈아차	15	2026	광주	65000	55					
11	심중원	한국다원차	80	2025	보성	30000	25					
12	한국다원	감농가루	30	2026	제주	28000	55					
13	푸른다원	어린잎차	30	2025	하동	8990	24					
14	백록다원	백록다원	15	2026	제주	75000	15					
15	심중원	몸중녹차	50	2025	보성	38000	75					
16	백록다원	고운발효차	50	2025	제주	33000	32					
17	한국다원	한국다원차	80	2025	제주	21000	21					
18	한국다원	눈아차	30	2025	광주	40000	15					
19	한국다원	한국다원차	80	2025	제주	25000	35					
20	푸른다원	발아차	30	2026	하동	9890	52					
21	심중원	우린차	30	2026	보성	45000	20					
22												

| 제4작업 | 기타작업

1 차트

① 차트 영역이 선택된 상태에서 [차트 디자인]탭-[차트 레이아웃] 영역의 [차트 요소 추가(🔳)] 목록에서 '차트 제목'과 '차트 위'를 차례대로 선택한다.

② 차트 제목이 삽입되면 '국가별 녹차 수출현황'이라 입력한 후 [서식]탭-[도형 스타일] 목록에서 '색 채우기 - 파랑, 강조1'을 선택한다.

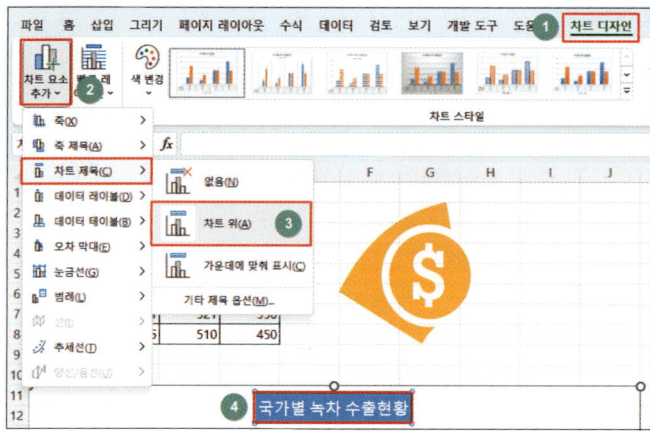

③ [차트 분석]탭-[데이터] 영역의 [데이터 선택(🔳)]을 선택한다.

④ [데이터 원본 선택] 대화상자가 나타나면 범례 항목의 '인도'와 '스리랑카'를 선택하여 [제거]를 클릭한다.

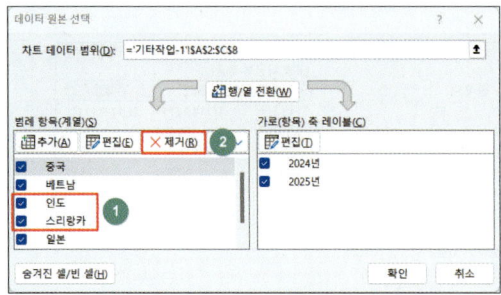

⑤ [행/열 전환]을 클릭한 후 [확인]을 클릭한다.

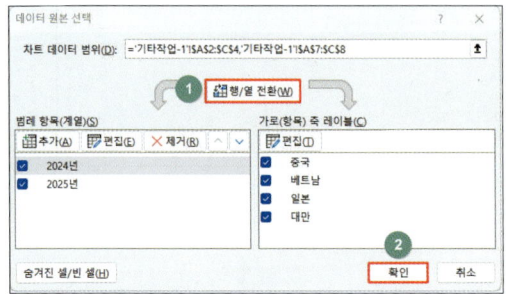

⑥ '2024년' 계열을 더블 클릭하여 '데이터 계열 서식' 대화상자를 표시한다.
⑦ [계열 옵션]탭에서 계열 겹치기를 '50%', 간격 너비를 '150%'로 설정한다.

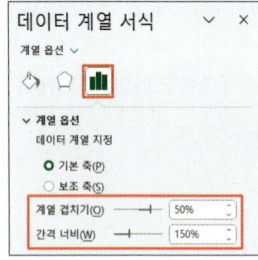

⑧ '세로 (값) 축'을 더블 클릭하여 '축 서식' 대화상자를 표시한다.
⑨ [축 옵션]탭에서 최대값을 '1,000', 주 단위를 '200'으로 설정한다.

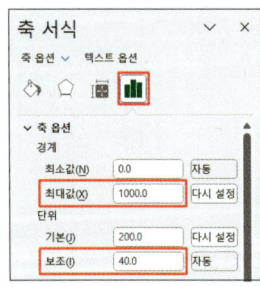

⑩ 차트 영역이 선택된 상태에서 [디자인]탭-[차트 레이아웃] 영역의 [차트 요소 추가()] 목록에서 '데이터 테이블'의 '범례 표지 포함'을 선택하고, 이어서 '범례'는 삭제한다.

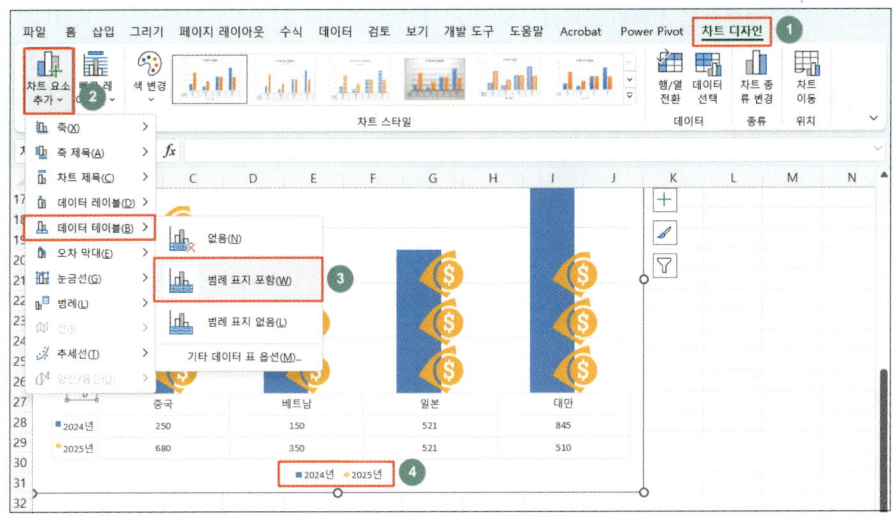

⑪ '기타작업-1' 시트에 '그림1'을 선택한 후 바로 가기 메뉴에서 [복사]를 선택한다.

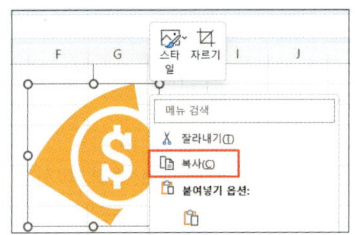

⑫ '2025년' 계열을 더블 클릭하여 [데이터 계열 서식] 대화상자를 표시한 후 [채우기 및 선]탭에서 '그림 또는 질감 채우기' 옵션을 선택한다. 그림 삽입 영역이 활성화 되면 [클립보드]와 '쌓기' 옵션을 차례대로 선택한다.

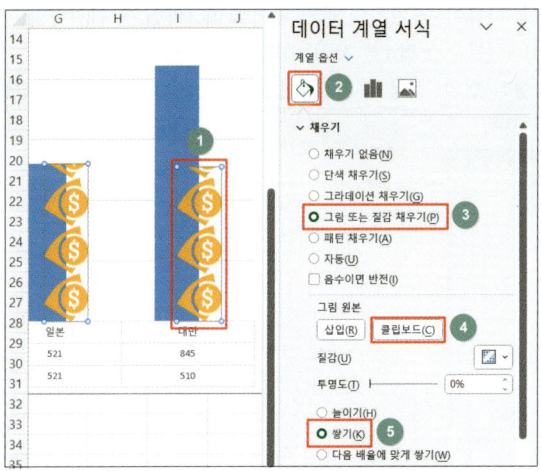

2 매크로

① [개발 도구]탭-[컨트롤] 영역의 [삽입(🗒)] 목록에서 양식 컨트롤의 [단추(□)]를 선택한 후, 마우스 포인터가 '+'로 바뀌면 [Alt] 키를 누른 채 [I2:J3] 영역에 드래그하여 컨트롤을 그려준다.

② [매크로] 대화상자가 나타나면 매크로 이름을 「**용량표시**」로 입력하고 [기록]을 클릭한다.

③ [매크로 기록] 화면으로 전환되면 매크로 이름이 '용량표시'인지 확인한 후 [확인]을 클릭한다.
④ [D3:D21] 영역을 범위 지정한 후 [Ctrl] + [1]을 눌러 [셀 서식] 대화상자를 호출한다.
⑤ [셀 서식] 대화상자가 나타나면 [표시 형식]탭의 '사용자 지정' 범주의 형식에 「**[파랑][>=50]"상급"* 0;[빨강][<50]"중급"* 0**」으로 입력한 후 [확인]을 클릭한다.

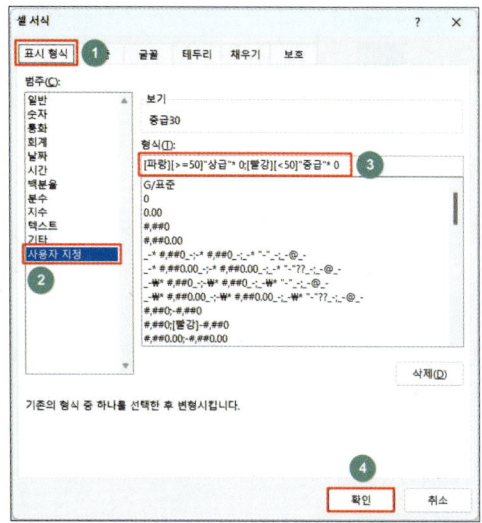

⑥ [개발 도구]탭-[코드] 영역의 [기록 중지]를 클릭한다.
⑦ 단추 컨트롤을 마우스 오른쪽으로 클릭하여 나타나는 바로 가기 메뉴에서 '텍스트 편집'을 선택한다. 컨트롤이 편집 상태가 되면 「**용량표시**」로 입력하고 임의의 셀을 클릭하여 편집을 마무리한다.
⑧ [개발 도구]탭-[컨트롤] 영역의 [삽입( )] 목록에서 양식 컨트롤의 [단추( )]를 선택한 후, 마우스 포인터가 '+'로 바뀌면 [Alt] 키를 누른 채 [I5:J6] 영역에 드래그하여 컨트롤을 그려준다.
⑨ [매크로] 대화상자가 나타나면 매크로 이름을 「**작업확인**」으로 입력하고 [기록]을 클릭한다.
⑩ [매크로 기록] 화면으로 전환되면 매크로 이름이 '작업확인'인지 확인한 후 [확인]을 클릭한다.
⑪ [E3:E21] 영역을 범위 지정한 후 [Ctrl] + [1]을 눌러 [셀 서식] 대화상자를 호출한다.
⑫ [셀 서식] 대화상자가 나타나면 [표시 형식]탭의 '사용자 지정' 범주의 형식에 「**"재생산";"생산중지";"생산보류"**」로 입력한 후 [확인]을 클릭한다.

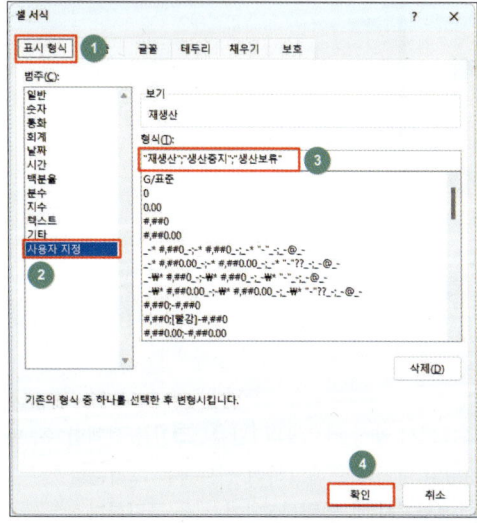

⑬ [개발 도구]탭-[코드] 영역의 [기록 중지]를 클릭한다.
⑭ 단추 컨트롤을 마우스 오른쪽으로 클릭하여 나타나는 바로 가기 메뉴에서 '텍스트 편집'을 선택한다. 컨트롤이 편집 상태가 되면 「**작업확인**」으로 입력하고 임의의 셀을 클릭하여 편집을 마무리한다.
⑮ 최종 결과

	A	B	C	D	E	F	G	H	I	J
1	[표1] 상품별 거래처 판매 현황									
2	상품코드	다원명	생산지	용량	생산지수	가격	판매량			
3	ARMO-14	한국다원	제주	중급	30	재생산	30,000	53		용량표시
4	ARMO-18	심중원	보성	중급	30	재생산	45,000	41		
5	FERM-10	한국다원	제주	중급	15	재생산	60,000	55		
6	POWT-07	한국다원	광주	상급	80	생산중지	15,000	5		작업확인
7	FERM-01	푸른다원	하동	상급	80	재생산	25,000	40		
8	POWT-08	심중원	보성	중급	30	재생산	25,000	39		
9	ARMO-16	한국다원	제주	중급	15	재생산	50,000	40		
10	POWT-06	한국다원	광주	중급	15	생산중지	65,000	8		
11	FERM-24	심중원	보성	상급	80	생산중지	30,000	5		
12	POWT-08	한국다원	제주	중급	30	재생산	28,000	55		
13	ARMO-15	푸른다원	하동	중급	30	재생산	8,990	24		
14	POWT-09	백록다원	제주	중급	15	생산보류	75,000	15		
15	ARMO-16	심중원	보성	상급	50	재생산	38,000	75		
16	FERM-28	백록다원	제주	상급	50	재생산	33,000	32		
17	FERM-26	한국다원	제주	상급	80	생산중지	21,000	2		
18	ARMO-15	한국다원	광주	중급	30	생산보류	40,000	15		
19	POWT-08	한국다원	제주	상급	80	재생산	25,000	35		
20	FERM-12	푸른다원	하동	중급	30	재생산	9,890	52		
21	ARMO-17	심중원	보성	중급	30	재생산	45,000	20		
22										

3 프로시저

❶ 폼 띄우고 컨트롤 채우기

① [개발도구]탭-[컨트롤] 영역의 [디자인 모드(󰂿)]를 클릭하여 편집 모드로 전환한다.
② 워크시트의 '판매현황(cmd판매현황)' 버튼을 더블 클릭하여 코드 창이 나타나면 다음과 같이 코드를 입력한다.

```
Private Sub cmd판매현황_Click( )

    판매현황.Show

End Sub
```

③ [프로젝트- VBA Project] 탐색기에서 [폼]을 더블 클릭한 후, 표시되는 목록에서 〈판매현황〉 폼을 더블 클릭한다. 코드 창 영역에 〈판매현황〉 폼이 표시되면 해당 폼을 더블 클릭하거나 [코드 보기](󰂾)를 클릭한다.
④ 'UserForm_Click()' 코드 창이 나타나면 프로시저 목록에서 'Initialize'를 선택한다.
⑤ 'UserForm_Initialize()' 코드 창이 나타나면 다음과 같이 코드를 작성한다.

```
Private Sub UserForm_Initialize( )

    cmb제조방법.RowSource = "I6:I8"

    cmb구분.RowSource = "J6:J10"

End Sub
```

❷ 워크시트의 자료를 폼에 표시하기

① [프로젝트- VBA Project] 탐색기에서 [폼]을 더블 클릭한 후, 표시되는 목록에서 〈판매현황〉 폼을 더블 클릭한다. 코드 창 영역에 〈판매현황〉 폼이 표시되면 '등록(cmd등록)' 버튼을 더블 클릭한다.
② 'cmd등록_Click()' 코드 창이 나타나면 다음과 같이 코드를 작성한다.

Private Sub cmd등록_Click( ) 　입력행 = [B4].Row + [B4].CurrentRegion.Rows.Count	→ [B4] 셀의 행에 [B4]셀과 연결된 범위의 행 개수를 더한 값을 입력행 값으로 반환
Cells(입력행, 2) = txt상품명	→ 'txt상품명'의 값을 2(B)열의 입력행 위치에 입력
Cells(입력행, 3) = txt다원명	→ 'txt다원명'의 값을 3(C)열의 입력행 위치에 입력
Cells(입력행, 4) = cmb제조방법	→ 'cmb제조방법'의 값을 4(D)열의 입력행 위치에 입력
Cells(입력행, 5) = cmb구분	→ 'cmb구분'의 값을 5(E)열의 입력행 위치에 입력
Cells(입력행, 6) = txt판매량.Value	→ 'txt판매량'의 값을 6(F)열의 입력행 위치에 입력
If chk인증 = True Then	→ 'chk인증'이 선택된다면
Cells(입력행, 7) = "친환경인증"	→ "친환경인증"이 7(G)열의 입력행 위치에 입력
Else	→ 아니라면
Cells(입력행, 7) = ""	→ ""(공백)이 7(G)열의 입력행 위치에 입력
End If	→ If구문 종료
End Sub	

❸ 폼 종료하고 시트 활성화 이벤트 설정하기

① [프로젝트- VBA Project] 탐색기에서 [폼]을 더블 클릭한 후, 표시되는 목록에서 〈판매현황〉 폼을 더블 클릭한다. 코드 창 영역에 〈판매현황〉 폼이 표시되면 '종료(cmd종료)' 버튼을 더블 클릭한다.
② 'cmd종료_Click()' 코드 창이 나타나면 다음과 같이 코드를 작성한다.

```
Private Sub cmd종료_Click( )
　Unload Me
End Sub
```

③ [프로젝트- VBA Project] 탐색기에서 [Microsoft Excel 개체] 목록 중 '기타작업-3'을 더블 클릭한다.
④ 코드 창이 나타나면 개체 목록에서 'Worksheet', 프로시저 목록에서 'Activate'를 선택한다.
⑤ 'Worksheet_Activate()' 코드 창이 나타나면 다음과 같이 코드를 작성한다.

```
Private Sub Worksheet_Activate( )
　[I4] = "원본데이터 목록"
End Sub
```

⑥ 메뉴 상단 [보기 Microsoft Excel](🗙)을 클릭하여 엑셀로 돌아온다.
⑦ [개발 도구]탭-[코드] 영역의 [디자인 모드(🗒)]를 클릭하여 편집 모드를 해제한 후, 결과를 확인한다.

• 스프레드시트 •

스프레드시트 실전모의고사 5회 문제

작업 파일 : 컴활1급/스프레드시트/모의고사/실전모의고사5회.xlsm
암호 : 13&5^6
외부데이터 위치 : 컴활1급/스프레드시트/외부데이터

| 제1작업 | **기본작업 (15점)** 주어진 시트에서 다음의 과정을 수행하고 저장하시오.

1 '기본작업-1' 시트에 대하여 다음의 지시사항을 처리하시오. (5점)

[A2:J22] 영역에서 사용량이 최고 또는 최저인 데이터의 '고객번호', '사용량', '사용금액' 열만을 순서대로 표시하시오. (OR, MAX, MIN 함수 사용)
▶ 고급 필터의 조건은 [A24:A25] 범위 내에 알맞게 입력하시오.
▶ 고급 필터의 결과 복사 위치는 동일 시트의 [A27] 셀에서 시작하시오.

2 '기본작업-1' 시트에 대하여 다음의 지시사항을 처리하시오. (5점)

[A3:J22] 영역에 대해 업종이 '가정용'이 아니면서 전월사용량과 사용량이 모두 300을 초과하는 데이터 행 전체에 대해서 채우기 색을 '표준색-노랑'으로 지정하는 조건부 서식을 작성하시오. (AND, COUNTIF 함수 사용)
▶ 규칙 유형은 '수식을 사용하여 서식을 지정할 셀 결정'을 이용하시오.

3 '기본작업-2' 시트에 대하여 다음의 지시사항을 처리하시오. (5점)

▶ 용지 방향을 '가로'로 설정하고, 인쇄될 내용이 페이지의 정 가운데에 인쇄되도록 '페이지 가운데 맞춤'을 설정하시오.
▶ 매 페이지 하단 오른쪽 구역에는 인쇄 시간이 파랑색으로 [표시 예]와 같이 표시되도록 바닥글을 설정하시오.
▶ 표시 예 : 현재 시간이 오후 5시 20분인 경우 → 출력 시간 : 5:20 PM
▶ [A1:K21] 영역을 인쇄 영역으로 지정하고, A열이 매 페이지마다 반복하여 인쇄되도록 인쇄 제목을 설정하시오.

| 제2작업 | 계산작업 (30점) | '계산작업' 시트에서 다음의 과정을 수행하고 저장하시오.

1 [표1]의 검침일을 이용하여 [F3:F22] 영역에 사용기간을 계산하여 표시하시오. (6점)

- ▶ 사용기간은 검침일의 한 달 전 다음 날에서부터 검침일까지로 계산하여 표시할 것
- ▶ 표시 예 : 검침일이 03-05라면 → 02/06~03/05
- ▶ CONCAT, TEXT, EDATE 함수 사용

2 [표1]의 업종, 사용량, 물이용부담금과 [표4]의 단가표를 이용하여 [표1]의 [I3:I22] 영역에 사용금액을 계산하여 표시하시오. (6점)

- ▶ 사용금액 = 사용량 × 단가 + 물이용부담금
- ▶ 사용금액은 백의 자리에서 내림하여 표시 예와 같이 표시할 것
- ▶ 표시 예 : 248,350 → 248,000
- ▶ ROUNDDOWN, HLOOKUP, MATCH 함수 사용

3 사용자 정의 함수 'fn할인적용'을 작성하여 [표1]의 [L3:L22] 영역에 할인적용을 계산하여 표시하시오. (6점)

- ▶ 'fn할인적용'은 고객번호와 청구방법을 인수로 받아 할인율을 계산하는 함수이다.
- ▶ 고객번호의 두 번째 숫자 구역(3번째부터 5번째 숫자) 값이 300이상 이면서 청구방법이 '지로'가 아니라면 "5% 할인"이라 표시하고 나머지는 공란으로 표시할 것
- ▶ IF 구문 사용

```
Public Function fn할인적용(고객번호,청구방법)

End Function
```

4 [표1]의 관할사업소를 이용하여 [표2]의 [A26:B26] 영역에 전월사용금액, 물이용부담금의 합계를 계산하여 표시하시오. (6점)

- ▶ 관할영업소가 "서부" 또는 "동부"인 데이터의 전월사용금액과 물이용부담금의 합계를 계산할 것
- ▶ SUM, IF 함수를 사용한 배열 수식 사용

5 [표1]의 사용량을 이용하여 [표3]의 [F26:F29] 영역에 구간별 빈도수를 계산하여 다음과 같이 표시하시오. (6점)

- ▶ 구간별 빈도수 값만큼 "★"을 반복하여 표시할 것
- ▶ 예 : 5 → ★★★★★, 3 → ★★★
- ▶ REPT, FREQUENCY 함수를 사용한 배열 수식 사용

| 제3작업 | 분석작업 (20점)   주어진 시트에서 다음의 과정을 수행하고 저장하시오.

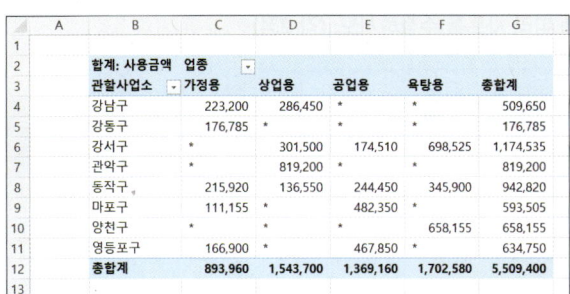

1 '분석작업-1' 시트에서 다음 그림과 같이 피벗 테이블을 작성하시오. (10점)

- 외부데이터 원본으로 〈고객목록.csv〉 파일을 이용하시오.
  - 원본 데이터는 쉼표(,)로 구분되어 있으며, 내 데이터에 머리글을 포함하도록 설정하시오.
  - '세대주', '업종', '관할사업소', '사용금액', '청구방법' 열만 가져와 데이터 모델에 이 데이터를 추가하시오.
- 피벗 테이블 보고서의 레이아웃과 위치는 〈그림〉을 참고하여 설정하고, 보고서 레이아웃은 '테이블 형식'으로 설정하시오.
- '사용금액' 필드의 표시 형식은 값 필드 설정의 셀 서식을 이용하여 기호 없는 회계 형식을 지정하시오.
- 피벗 테이블의 빈 셀에는 '*'가 표시되도록 설정하시오.
- '동작구' 데이터를 별도의 시트에 표시한 후 시트 이름을 '동작구고객'으로 지정하고, '분석작업-1' 시트 왼쪽에 위치시키시오.
- '업종'은 〈그림〉을 참조하여 정렬하시오.
※ 작업 완성된 그림이며 부분 점수 없음

2 '분석작업-2' 시트에서 다음과 같은 기능을 실행하시오. (10점)

- 데이터 유효성 검사 도구를 이용하여 [F3:F15] 영역에 '@' 문자가 반드시 포함되도록 제한 대상을 설정하시오.
  단, 입력 데이터의 첫 글자는 '@' 사용 불가능으로 설정할 것 (SEARCH 함수 사용).
- [F3:F15] 영역의 셀을 클릭한 경우 〈그림〉과 같은 설명 메시지를 표시하고, 유효하지 않은 데이터를 입력한 경우 〈그림〉과 같이 오류 메시지가 표시되도록 설정하시오.

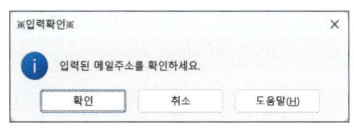

| 제4작업 | **기타작업 (35점)**   주어진 시트에서 다음의 과정을 수행하고 저장하시오.

1 '기타작업-1'시트에서 다음의 지시사항에 따라 차트를 수정하시오. (각 2점)

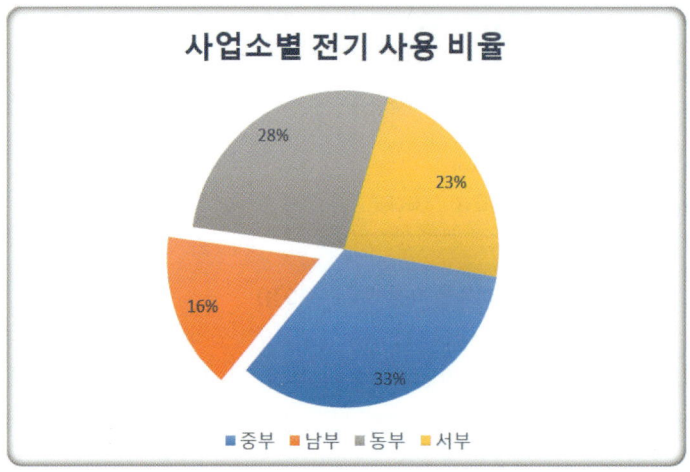

※ 차트는 반드시 문제에서 제공한 차트를 사용하여야 하며, 신규로 차트작성 시 0점 처리됨

① 차트 종류를 '원형'으로 변경하고, 차트 스타일을 '스타일5'로 설정한 후 차트 영역의 글꼴 크기를 '12'로 지정하시오.
② 차트 제목을 〈그림〉과 같이 지정하고 글꼴 크기를 '20'으로 설정하시오.
③ 차트의 데이터 레이블을 〈그림〉과 같이 표시하고, 차트의 첫째 조각의 각을 '100'도로 설정하시오.
④ '남부' 데이터 조각을 차트에서 분리시켜 표시하시오.
⑤ 차트 영역의 테두리 스타일은 '둥근 모서리', 그림자는 '안쪽 가운데'로 설정하시오.

2 '기타작업-2'시트에서 다음과 같은 기능을 수행하는 매크로를 현재 통합문서에 작성하고 실행하시오. (각 5점)

① [E3:E22] 영역에 대하여 사용자 지정 표시 형식을 설정하는 '사용량형식' 매크로를 생성하시오.
  ▶ 셀 값이 양수면 빨강색으로 숫자 앞에 "▲" 기호를 입력하여 표시하고, 음수면 파랑색으로 음수 기호(-)없이 숫자 앞에 "▼" 기호를 입력하여 표시하시오.
  ▶ [개발도구]-[삽입]-[양식 컨트롤]의 '단추'를 동일 시트의 [I2:J3] 영역에 생성한 후 텍스트를 '사용량보기'로 입력하고, 단추를 클릭하면 '사용량형식' 매크로가 실행되도록 설정하시오.
② [F3:F22] 영역에 대하여 사용자 지정 표시 형식을 설정하는 '부담금형식' 매크로를 생성하시오.
  ▶ 셀 값이 10,000 이상이면 "HIGH" 뒤에 숫자를 천 단위 구분기호를 지정하여 표시하고, 나머지는 "LOW" 뒤에 숫자를 천 단위 구분기호를 지정하여 표시하시오.
  ▶ 단, 문자와 숫자 사이에 셀 너비만큼 '-' 기호를 입력하여 표시하시오.
  ▶ 표시 예 : 값이 12,550이라면 → HIGH-----12,550, 값이 9,600이라면 → LOW------9,600
  ▶ [개발도구]-[삽입]-[양식 컨트롤]의 '단추'를 동일 시트의 [I5:J6] 영역에 생성한 후 텍스트를 '부담금확인'으로 입력하고, 단추를 클릭하면 '부담금형식' 매크로가 실행되도록 설정하시오.
  ※ 매크로는 도형과 연결되어야 하며, 셀 포인터의 위치에 관계없이 매크로가 실행되어야 정답으로 인정됨

3 '기타작업-3'시트에서 다음과 같은 작업을 수행하도록 프로시저를 작성하시오. (각 5점)

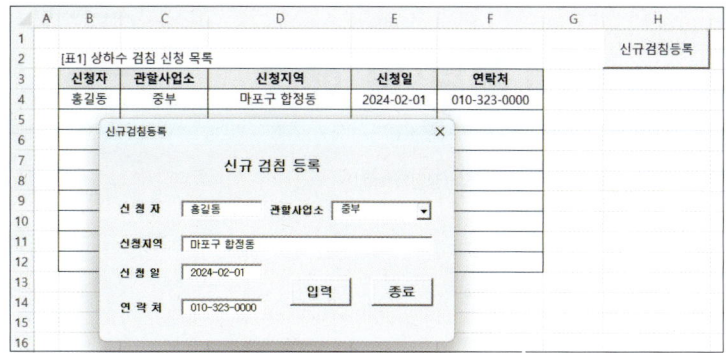

① '신규검침등록' 버튼을 클릭하면 〈신규등록〉 폼이 나타나고, 〈신규등록〉 폼이 초기화(Initialize) 되면 '기타작업-1'시트의 [A4:A7] 영역의 값이 '관할사업소(cmb관할사업소)' 콤보상자에 목록으로 추가되고, '신청일(txt신청일)' 텍스트 상자에는 오늘 날짜가 입력되도록 프로시저를 작성하시오.
▶ 콤보상자의 맨 처음 항목이 기본으로 표시되도록 설정하시오. (List 함수 사용)

② 〈신규등록〉 폼의 '입력(cmd입력)' 버튼을 클릭하면 폼에 입력된 데이터가 시트의 표 마지막 행 다음에 연속적으로 추가되도록 프로시저를 작성하시오.
▶ '신청일'은 날짜 형식으로 입력하시오. (CDATE 함수 사용)

③ 〈신규등록〉 폼의 '종료(cmd종료)' 버튼을 클릭하면 폼이 종료되고, '기타작업-3' 시트에서 셀의 위치나 데이터가 변경(Change)되면 해당 셀의 글꼴이 '바탕체', 크기가 '12'로 변경되도록 프로시저를 작성하시오.

• 스프레드시트 •

실전모의고사 5회 정답 및 해설

정답 파일 :컴활1급/스프레드시트/모의고사/정답/실전모의고사5회(정답).xlsm

| 제1작업 | 기본작업

1 고급필터

① [A24] 셀에 「**조건**」, [A25] 셀에 「**=OR(E3=MAX($E$3:$E$22),E3=MIN($E$3:$E$22))**」을/를 입력한다.

=OR(E3=MAX($E$3:$E$22),E3=MIN($E$3:$E$22))	
OR(❶,❷)	모든 조건이 거짓이면 FALSE, 아니면 TRUE
❶ E3=MAX($E$3:$E$22)	'사용량'이 '최고 사용량'과 일치하면 True를 반환
❷ E3=MIN($E$3:$E$22)	'사용량'이 '최저 사용량'과 일치하면 True를 반환

② [A27:C27] 영역에 추출할 필드명을 입력한다.

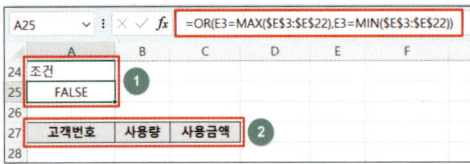

③ [A2:J22] 영역을 범위 지정한 후 [데이터]탭-[정렬 및 필터] 영역의 [고급( )]을 클릭한다.

④ [고급 필터] 대화상자가 나타나면 결과를 '다른 장소에 복사'로 설정하고, 아래와 같이 설정한 후 [확인]을 클릭한다.

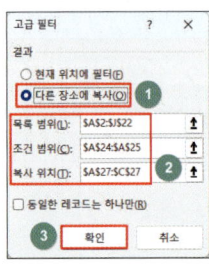

목록 범위	$A$2:$J$22
조건 범위	$A$24:$A$25
복사 위치	$A$27:$C$27

⑤ 최종 결과

2 조건부서식

① [A3:J22] 영역을 범위 지정한 후 [홈]탭-[스타일] 영역의 [조건부 서식(▦)]의 [새 규칙(▦)]을 클릭한다.
② [새 서식 규칙] 대화상자가 나타나면 규칙 유형 선택을 '수식을 사용하여 서식을 지정할 셀 결정'으로 선택한 후, 다음 수식이 참인 값의 서식 지정 영역에 「=AND($B3<>"가정용",COUNTIF($D3:$E3,">300")=2)」와 같이 입력한다.

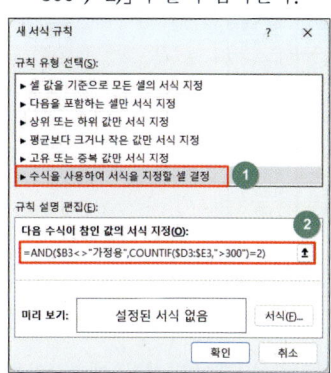

=AND($B3<>"가정용",COUNTIF($D3:$E3,">300")=2)	
AND(❶,❷)	모든 조건이 참이면 TRUE, 아니면 FALSE
❶ $B3<>"가정용"	'업종'이 "가정용"이 아니라면 True를 반환
❷ COUNTIF($D3:$E3,">300")=2	'전월사용량'과 '사용량' 모두 300을 초과한다면 True를 반환

③ [서식]을 클릭하여 [셀 서식] 대화상자를 표시한 후 [채우기]탭에서 '표준색-노랑'을 선택한 후 [확인]을 차례로 클릭한다.

④ 최종 결과

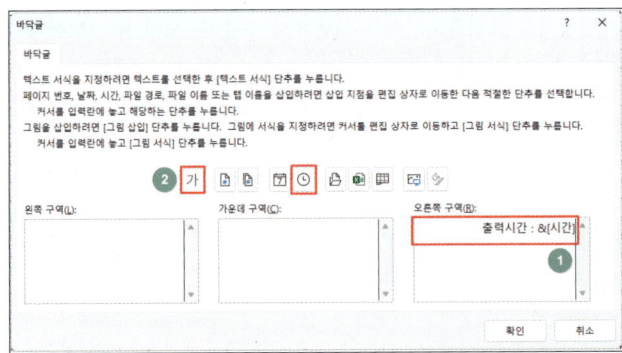

3 페이지 레이아웃

① [페이지 레이아웃]탭-[페이지 설정]영역의 '화살표( )'를 클릭하여 [페이지 설정] 대화상자를 호출한다.

② [페이지]탭에서 용지 방향을 '가로'로 변경하고, [여백]탭 하단의 페이지 가운데 맞춤 영역에서 '가로'와 '세로'를 모두 체크한다.

③ [머리글/바닥글]탭의 [바닥글 편집]을 클릭한다. [바닥글] 대화상자가 나타나면 오른쪽 구역에 아래와 같이 「**출력시간 : &[시간]**」이라 입력한다. 입력된 값을 블록 설정한 후 [글꼴]을 클릭한다.

④ [글꼴] 대화상자가 나타나면 글자 색을 '표준색-파랑'으로 지정한 후 [확인]을 차례대로 클릭한다.

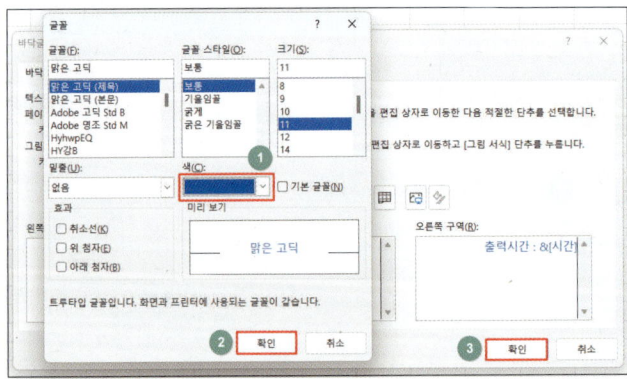

⑤ [시트]탭의 '인쇄 영역'에 [$A$1:$K$21]을 지정하고, '반복할 열'에 커서를 두고 열 머리글 A를 드래그한 후 [확인]을 클릭한다.

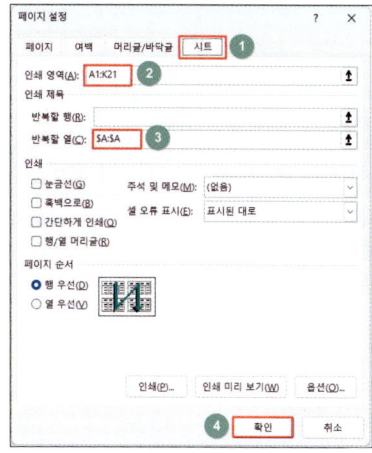

| 제2작업 | 계산작업

	A	B	C	D	E	F	G	H	I	J	K	L
1	[표1]											
2	고객번호	업종	관할사업소	사용량	검침일	사용기간	전월사용금액	물이용부담금	사용금액	청구방법	납부방법	할인적용
3	1-300-198	공업용	동부	230	03-02	02/03~03/02	289,000	14,450	244,000	E-mail	자동이체	5%할인
4	1-100-210	가정용	남부	82	03-17	02/18~03/17	15,700	785	99,000	지로	지로	
5	1-300-120	공업용	서부	350	03-02	02/03~03/02	257,050	12,850	467,000	핸드폰	가상계좌	5%할인
6	1-100-321	가정용	동부	121	03-17	02/18~03/17	192,000	9,600	166,000	지로	지로	
7	1-400-125	욕탕용	동부	240	03-12	02/13~03/12	198,000	9,900	345,000	E-mail	자동이체	5%할인
8	1-300-328	공업용	남부	195	03-02	02/03~03/02	175,200	8,760	174,000	지로	자동이체	
9	1-200-241	상업용	중부	158	03-07	02/08~03/07	165,000	8,250	166,000	지로	가상계좌	
10	1-100-109	가정용	서부	98	03-17	02/18~03/17	159,750	7,985	125,000	핸드폰	자동이체	
11	1-300-139	공업용	동부	357	03-02	02/03~03/02	365,000	18,250	482,000	지로	지로	
12	1-100-523	가정용	남부	135	03-17	02/18~03/17	25,700	1,285	176,000	E-mail	자동이체	
13	1-100-359	가정용	서부	87	03-17	02/18~03/17	135,100	6,755	111,000	지로	자동이체	
14	1-200-213	상업용	서부	265	03-07	02/08~03/07	359,000	17,950	335,000	지로	가상계좌	
15	1-400-253	욕탕용	중부	321	03-12	02/13~03/12	498,500	24,925	538,000	지로	지로	
16	1-300-207	공업용	남부	124	03-02	02/03~03/02	251,000	12,550	136,000	핸드폰	자동이체	5%할인
17	1-200-122	상업용	중부	225	03-07	02/08~03/07	329,000	16,450	286,000	E-mail	자동이체	
18	1-100-326	가정용	중부	71	03-17	02/08~03/07	102,750	5,135	90,000	E-mail	지로	
19	1-200-154	상업용	서부	310	03-07	02/08~03/07	365,000	18,250	483,000	지로	가상계좌	
20	1-400-111	욕탕용	남부	395	03-12	02/13~03/12	523,100	26,155	658,000	핸드폰	자동이체	5%할인
21	1-200-227	상업용	동부	125	03-07	02/08~03/07	205,000	10,250	135,000	지로	지로	
22	1-100-174	가정용	중부	97	03-17	02/18~03/17	152,300	7,615	124,000	지로	지로	

	A	B	C	D	E	F	G	H	I	J
24	[표2] 서부 또는 동부 지역 합계			[표3] 사용량 빈도수			[표4] 단가표			
25	전월사용금액	물이용부담금		시작값	종료값	빈도수	사용량	0 이상 100 미만	100 이상 200 미만	200 이상 300 미만	300 이상
26	2,524,800	126,240		0	100	★★★★★	가정용	1200	1300	1800	2000
27				101	200	★★★★★★	상업용	800	1000	1200	1500
28				201	300	★★★★	공업용	700	850	1000	1300
29				301	400	★★★★★	욕탕용	1100	1200	1400	1600

1 사용기간 - [F3:F22] 영역

[F3] 셀에 「=CONCAT(TEXT(EDATE(E3,-1)+1,"mm/dd"),"~",TEXT(E3,"mm/dd"))」을/를 입력한 후 [F22] 셀까지 수식을 복사한다.

=CONCAT(TEXT(EDATE(E3,-1)+1,"mm/dd"),"~",TEXT(E3,"mm/dd"))	
CONCAT(❶,"~",❸)	❶과 "~"과 ❸을 모두 연결하여 표시
❶ TEXT(❷,"mm/dd")	❷의 값을 "mm/dd" 형식으로 표시
❷ EDATE(E3,-1)+1	'검침일'로부터 한 달 전 다음 날(+1)을 계산
❸ TEXT(E3,"mm/dd")	'검침일' 값을 "mm/dd" 형식으로 표시

2 사용금액 - [I3:I22] 영역

[I3] 셀에 「=ROUNDDOWN(D3*HLOOKUP(D3,$I$25:$L$30,MATCH(B3,$H$27:$H$30,0)+2,TRUE)+H3,-3)」을/를 입력한 후 [I22] 셀까지 수식을 복사한다.

=ROUNDDOWN(D3*HLOOKUP(D3,$I$25:$L$30,MATCH(B3,$H$27:$H$30,0)+2,TRUE)+H3,-3)	
ROUNDDOWN(D3*❶+H3,-3)	'사용량'*❶+'물이용부담금' 값을 백의 자리에서 내림하여 표시
❶ HLOOKUP(D3,$I$25:$L$30,❷,TRUE)	'사용량'을 기준으로 [표4]의 ❷번째 행 값인 '단가'를 표시
❷ MATCH(B3,$H$27:$H$30,0)+2	[H27:H30] 영역에서의 '업종'의 행 번호를 표시한 후, [표4]에서 업종은 1행이 아닌 3행부터 시작하므로 결과 값에 2를 더하여 계산

3 할인적용 - [L3:L22] 영역

① [개발도구]탭-[코드]영역의 [Visual Basic(　)]을 클릭하거나, [Alt]+[F11]을 눌러 VBA를 실행한다.
② [삽입]메뉴의 [모듈(　)]을 선택한다.
③ 코드 창에 아래와 같이 코드를 입력한다.

Public Function fn할인적용(고객번호,청구방법)	
If Mid(고객번호,3,3)>=300 And 청구방법<>"지로" Then	→ '고객번호'의 3번째부터 3글자 숫자 값이 300 이상 이면서 '청구방법'이 '지로'가 아니면
fn할인적용 = "5%할인"	→ 'fn할인적용'은 "5%할인"으로 표시
Else	→ 아니라면
fn할인적용 = ""	→ 'fn할인적용'은 ""로 표시
End If	→ If문 종료
End Function	

④ [파일]-[닫고 Microsoft Excel(으)로 돌아가기]를 클릭하여 VBA를 종료하고 엑셀로 돌아온다.
⑤ [L3] 셀에 「=fn할인적용(A3,J3)」을/를 입력한 후 [L22] 셀까지 수식을 복사한다.

4 서부 또는 동부 지역 합계 - [A26:B26] 영역

[A26] 셀에 「=SUM(IF(($C$3:$C$22="서부")+($C$3:$C$22="동부"),G$3:G$22))」을/를 입력하고 [Ctrl]+[Shift]+[Enter]를 눌러 마무리한 후 [B26] 셀까지 수식을 복사한다.

=SUM(IF(($C$3:$C$22="서부")+($C$3:$C$22="동부"),G$3:G$22))	
SUM(IF(❶+❷,G$3:G$22))	❶ 또는 ❷ 조건을 만족하는 '전월사용금액'의 합계를 계산
❶ ($C$3:$C$22="서부")	'관할영업소' 범위의 값이 "서부"라면 True를 반환
❷ ($C$3:$C$22="동부")	'관할영업소' 범위의 값이 "동부"라면 True를 반환

5 사용량 구간별 빈도수 - [F26:F29] 영역

[F26:F29] 영역을 범위 지정한 후 수식 입력줄에 「=REPT("★",FREQUENCY(D3:D22,E26:E29))」을/를 입력하고 [Ctrl]+[Shift]+[Enter]를 눌러 마무리한다.

=REPT("★",FREQUENCY(D3:D22,E26:E29))	
REPT("★",❶)	"★"을 ❶만큼 반복하여 표시
❶ FREQUENCY(D3:D22,E26:E29)	'사용량' 범위의 구간별 빈도수를 계산

| 제3작업 | 분석작업

1 피벗테이블

① [A4] 셀을 선택한 후 [삽입]탭-[표] 영역의 [피벗 테이블()]목록에서 ' 외부 데이터 원본에서'를 선택한다.
② [외부 원본의 피벗 테이블] 대화상자가 나타나면 외부 데이터의 원본 사용을 위해 [연결 선택]을 클릭한다.
③ [기존 연결] 대화상자로 창이 전환되면 하단에 [더 찾아보기]를 클릭하여 [데이터 원본 선택] 대화상자를 표시한다.
④ 외부데이터 목록에서 '고객목록.csv' 파일을 선택한 후 [열기]를 클릭한다.
⑤ [외부 원본의 피벗 테이블] 대화상자로 돌아와 '데이터 모델에 이 데이터 추가' 항목을 체크한 후 [확인]을 클릭한다.

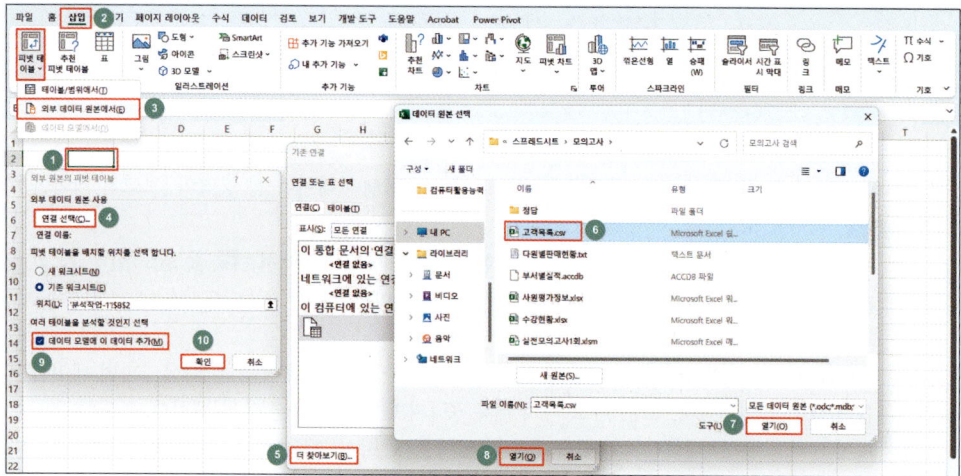

⑥ [텍스트 마법사 - 3단계 중 1단계] 대화상자에서 원본 데이터의 파일 형식을 '구분 기호로 분리됨'을 선택하고, '내 데이터에 머리글 표시'의 체크박스를 선택한 후 [다음]을 클릭한다.

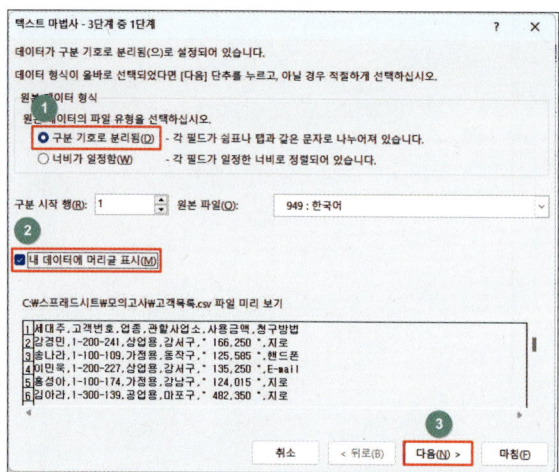

⑦ [텍스트 마법사 - 3단계 중 2단계] 화면에서 구분 기호를 '쉼표'로 체크한 후 [다음]을 클릭한다.
⑧ [텍스트 마법사 - 3단계 중 3단계] 화면에서 '고객번호' 열을 선택하고 열 데이터 서식을 '열 가져오지 않음(건너뜀)'으로 변경한 후 [마침]을 클릭한다.

⑨ [외부 원본의 피벗 테이블] 대화상자로 전환되면 피벗 테이블을 배치할 위치로 '기존 워크시트'의 [B2]을 지정한 후 [확인]을 클릭한다.

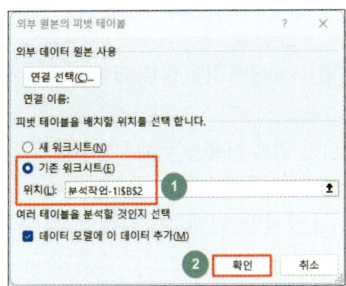

⑩ [피벗 테이블 필드] 화면이 나타나면 '관할사업소'는 '행', '업종'은 '열', '사용금액'은 'Σ값'으로 드래그한다.

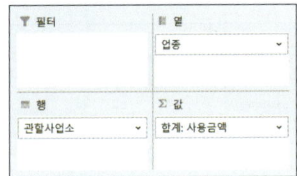

⑪ 작성된 피벗 테이블의 임의의 셀을 선택한 후 [디자인]탭-[레이아웃] 영역의 [보고서 레이아웃] 목록에서 '테이블 형식으로 표시'를 선택한다.
⑫ '합계: 사용금액' 필드의 임의의 셀을 선택한 후 바로 가기 메뉴에서 [값 필드 설정]을 선택한다.
⑬ [값 필드 설정] 대화상자가 나타나면 [표시 형식]을 클릭하여 범주를 '회계', 기호는 '없음'으로 설정한 후 [확인]을 차례대로 클릭한다.
⑭ 피벗 테이블의 임의의 셀을 선택한 후 바로 가기 메뉴 중 [피벗 테이블 분석]탭-[피벗 테이블] 영역의 [옵션( )]을 선택한다. 또는 바로 가기 메뉴 중 [피벗 테이블 옵션]을 선택한다.
⑮ [피벗 테이블 옵션] 대화상자가 나타나면 [레이아웃 및 서식] 탭의 서식 영역에서 '빈 셀 표시'의 빈 칸에 「*」를 입력한 후 [확인]을 클릭한다.

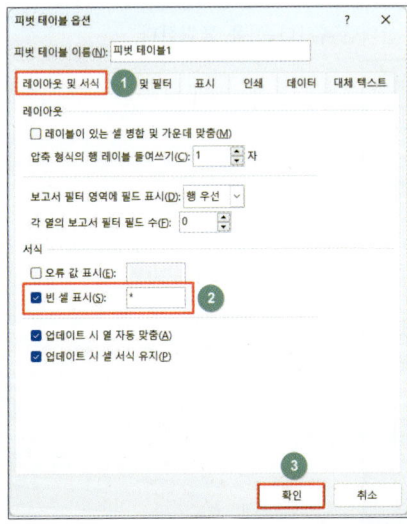

⑯ [E3] 셀을 선택한 후 외곽선 쪽으로 마우스를 가져가면 커서의 모양이 이동( ) 가능한 형태도 변경된다. 이 때 마우스를 클릭한 채 드래그하여 〈그림〉과 같이 '상업용' 데이터 영역을 움직여 '공업용' 데이터 영역 앞으로 이동시킨다.

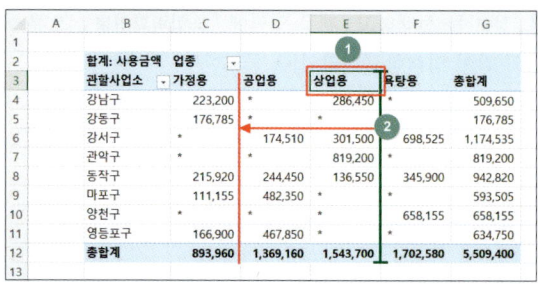

⑰ [G8] 셀을 더블 클릭하여 요약 시트를 생성하고, 생성된 시트를 더블 클릭하여 이름을 「**동작구고객**」으로 입력한다.

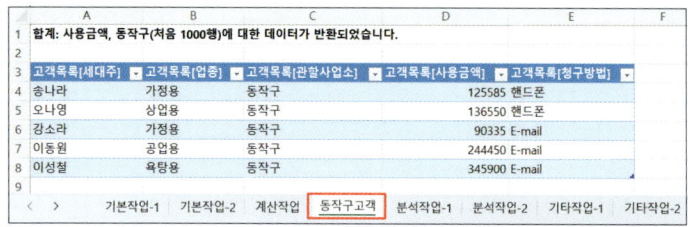

2 유효성 검사 규칙

① [F3:F15] 영역을 범위 지정한 후 [데이터]탭-[데이터 도구] 영역의 [유효성 검사 규칙] 아이콘(📋)을 클릭한다.

② [데이터 유효성] 대화상자가 나타나면 [설정]탭의 제한 대상(⌄)을 클릭하여 '사용자 지정'을 선택한 후, 원본 구역에 「=SEARCH("@",$F3)>1」이라 입력한다.

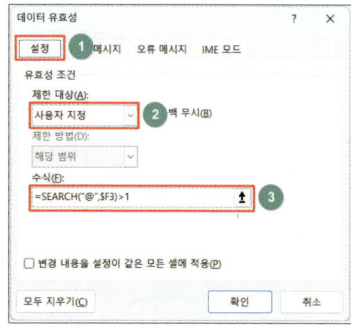

③ [설명 메시지]탭의 제목 영역에 「**메일형식**」, 설명 메시지 영역에 「**아이디@주소**」라 입력한다.

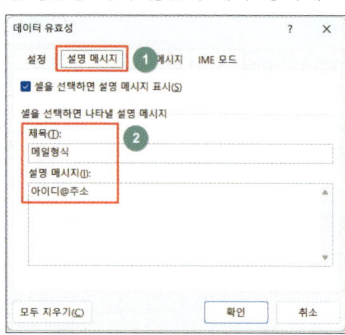

④ [오류 메시지]탭의 스타일(∨) 목록에서 '정보'를 선택하고, 제목 영역에 「※**입력확인**※」, 오류 메시지 영역에 「**입력된 메일주소를 확인하세요.**」와 같이 입력한 후 [확인]을 클릭한다.

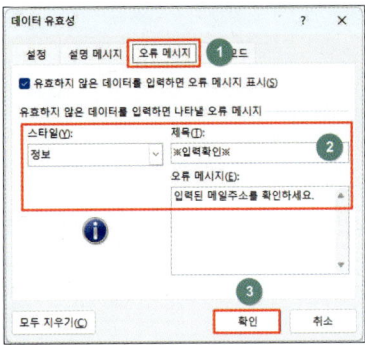

| 제4작업 | 기타작업

1 차트

① 차트 영역을 선택한 후 [차트 디자인]탭-[종류] 영역의 [차트 종류 변경(🔳)]를 선택한다.
② [차트 종류 변경] 대화상자가 나타나면 '원형' 범주에서 '원형'을 선택한 후 [확인]을 클릭한다.

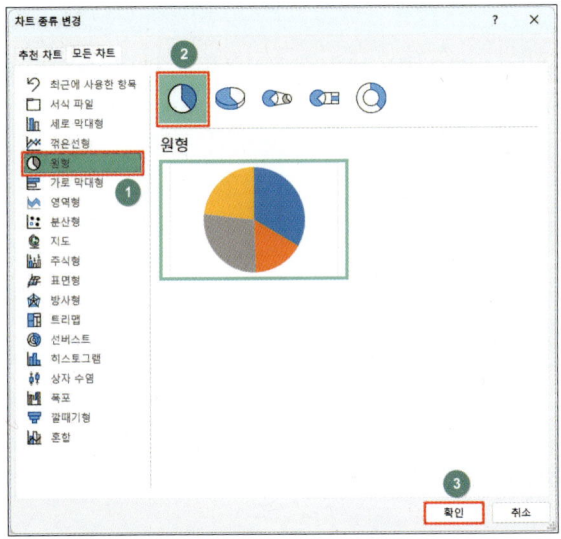

③ [차트 디자인]탭-[차트 스타일] 목록에서 '스타일5'을 선택한다. 차트 영역을 선택한 후 [홈]탭-[글꼴] 영역의 글꼴 크기를 '12'로 설정한다.
④ [차트 디자인]탭-[차트 레이아웃] 영역의 [차트 요소 추가(🔳)]를 선택한 후 '🔳 차트 제목'과 '🔳 차트 위'를 차례대로 선택한다.
⑤ 차트 제목에 「**사업소별 전기 사용 비율**」이라 입력하고 [홈]탭-[글꼴] 영역에서 글꼴 크기를 '20'으로 변경한다.

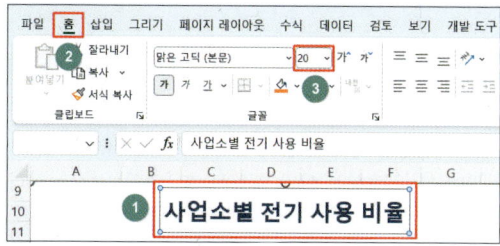

⑥ [차트 디자인]탭-[차트 레이아웃] 영역의 [차트 요소 추가( )]를 선택한 후 ' 데이터 레이블'과 ' 안쪽 끝에'를 차례대로 선택한다.

⑦ 데이터 레이블을 더블 클릭하여 [데이터 레이블 서식] 대화상자를 표시한 후 [레이블 옵션]탭에서 레이블 내용을 '백분율'만 체크하여 설정한다.

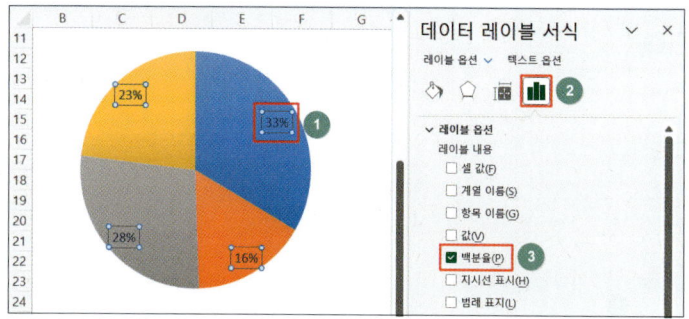

⑧ 임의의 데이터 계열을 더블 클릭하여 [데이터 계열 서식] 대화상자를 표시한 후 [계열 옵션]탭에서 첫째 조각의 각을 「100」으로 입력한다.

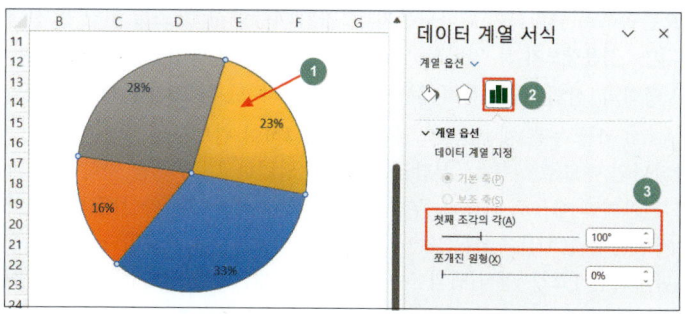

⑨ '남부' 조각을 클릭한 후, 다시 한 번 클릭하여 개별적으로 선택한 뒤 드래그하여 조각을 분리시킨다.

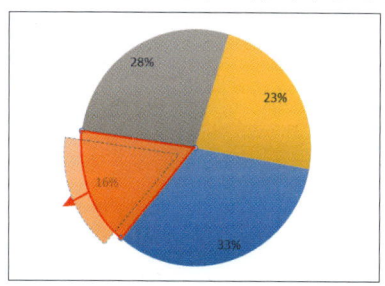

⑩ 차트 영역을 선택한 후 더블 클릭하여 [차트 영역 서식] 대화상자를 표시한다. [채우기 및 선( )]탭 -[테두리] 영역에서 '둥근 모서리'의 체크박스를 선택한다.

⑪ [효과( )]탭-[그림자]에서 미리 설정( )을 클릭하여 목록을 표시한 후, 안쪽 영역의 '안쪽: 가운데'를 선택한다.

2 매크로

① [개발 도구]탭-[컨트롤] 영역의 [삽입()] 목록에서 양식 컨트롤의 [단추(□)]를 선택한 후, 마우스 포인터가 '+'로 바뀌면 [Alt] 키를 누른 채 [I2:J3] 영역에 드래그하여 컨트롤을 그려준다.
② [매크로] 대화상자가 나타나면 매크로 이름을 「**사용량형식**」으로 입력하고 [기록]을 클릭한다.
③ [매크로 기록] 화면으로 전환되면 매크로 이름이 '사용량형식'인지 확인한 후 [확인]을 클릭한다.
④ [E3:E22] 영역을 범위 지정한 후 [Ctrl] + [1]을 눌러 [셀 서식] 대화상자를 호출한다.
⑤ [셀 서식] 대화상자가 나타나면 [표시 형식]탭의 '사용자 지정' 범주의 형식에 「**[빨강]"▲"#,##0;[파랑]"▼"#,##0**」으로 입력한 후 [확인]을 클릭한다.

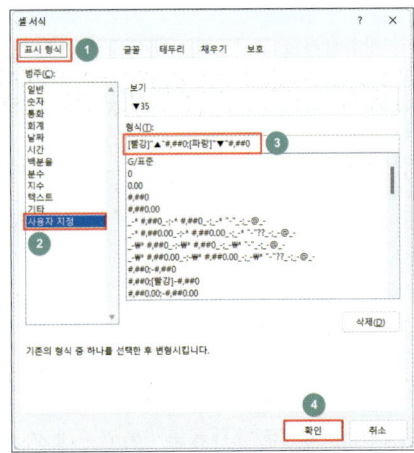

⑥ [개발 도구]탭-[코드] 영역의 [기록 중지]를 클릭한다.
⑦ 단추 컨트롤을 마우스 오른쪽으로 클릭하여 나타나는 바로 가기 메뉴에서 '텍스트 편집'을 선택한다. 컨트롤이 편집 상태가 되면 「**사용량보기**」로 입력하고 임의의 셀을 클릭하여 편집을 마무리한다.
⑧ [개발 도구]탭-[컨트롤] 영역의 [삽입()] 목록에서 양식 컨트롤의 [단추(□)]를 선택한 후, 마우스 포인터가 '+'로 바뀌면 [Alt] 키를 누른 채 [I5:J6] 영역에 드래그하여 컨트롤을 그려준다.
⑨ [매크로] 대화상자가 나타나면 매크로 이름을 「**부담금형식**」으로 입력하고 [기록]을 클릭한다.
⑩ [매크로 기록] 화면으로 전환되면 매크로 이름이 '부담금형식'인지 확인한 후 [확인]을 클릭한다.
⑪ [F3:F22] 영역을 범위 지정한 후 [Ctrl] + [1]을 눌러 [셀 서식] 대화상자를 호출한다.
⑫ [셀 서식] 대화상자가 나타나면 [표시 형식]탭의 '사용자 지정' 범주의 형식에 「**[>=10000]"HIGH"*-#,##0;"LOW"*-#,##0**」으로 입력한 후 [확인]을 클릭한다.

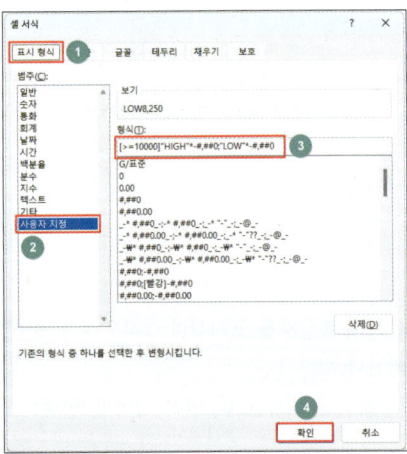

⑬ [개발 도구]탭-[코드] 영역의 [기록 중지]를 클릭한다.
⑭ 단추 컨트롤을 마우스 오른쪽으로 클릭하여 나타나는 바로 가기 메뉴에서 '텍스트 편집'을 선택한다. 컨트롤이 편집 상태가 되면 「**부담금확인**」으로 입력하고 임의의 셀을 클릭하여 편집을 마무리한다.
⑮ 최종 결과

	A	B	C	D	E	F	G
1	[표1] 수도 사용량 검침 목록						
2	세대주	고객번호	3월사용량	4월사용량	사용량변화	풀이용부담금	사용금액
3	강경민	1-200-241	123	158	▼35	LOW---------8,250	166,250
4	송나라	1-100-109	109	98	▲11	LOW---------7,985	125,585
5	이민욱	1-200-227	132	125	▲7	HIGH-------10,250	135,250
6	홍성아	1-100-174	57	97	▼40	LOW---------7,615	124,015
7	김아라	1-300-139	224	357	▼133	HIGH-------18,250	482,350
8	손석희	1-100-523	98	135	▼37	LOW---------1,285	176,785
9	오나영	1-300-207	132	124	▲8	HIGH-------12,550	136,550
10	최송길	1-200-122	207	225	▼18	HIGH-------16,450	286,450
11	강소라	1-100-326	103	71	▲32	LOW---------5,135	90,335
12	이미자	1-200-154	112	310	▼198	HIGH-------18,250	483,250
13	권인영	1-100-359	98	87	▲11	LOW---------6,755	111,155
14	우민경	1-200-213	325	265	▲60	HIGH-------17,950	335,950
15	이동원	1-300-198	198	230	▼32	HIGH-------14,450	244,450
16	고태우	1-100-210	53	82	▼29	LOW-----------785	99,185
17	박성호	1-300-120	332	350	▼18	HIGH-------12,850	467,850
18	이정준	1-100-321	101	121	▼20	LOW---------9,600	166,900
19	이성철	1-400-125	223	240	▼17	LOW---------9,900	345,900
20	한나라	1-300-328	219	195	▲24	LOW---------8,760	174,510
21	이서라	1-400-253	398	421	▼23	HIGH-------24,925	698,525
22	안성훈	1-400-111	221	395	▼174	HIGH-------26,155	658,155

(H열: 사용량보기, 부담금확인 버튼)

3 프로시저

❶ 폼 띄우고 컨트롤 채우기

① [개발도구]탭-[컨트롤] 영역의 [디자인 모드(🔲)]를 클릭하여 편집 모드로 전환한다.
② 워크시트의 '신규검침등록(cmd신규신청)' 버튼을 더블 클릭하여 코드 창이 나타나면 다음과 같이 코드를 입력한다.

```
Private Sub cmd신규신청_Click( )
    신규등록.Show
End Sub
```

③ [프로젝트- VBA Project] 탐색기에서 [폼]을 더블 클릭한 후, 표시되는 목록에서 〈신규등록〉 폼을 더블 클릭한다. 코드 창 영역에 〈신규등록〉 폼이 표시되면 해당 폼을 더블 클릭하거나 [코드 보기](🔲)를 클릭한다.
④ 'UserForm_Click()' 코드 창이 나타나면 프로시저 목록에서 'Initialize'를 선택한다.
⑤ 'UserForm_Initialize()' 코드 창이 나타나면 다음과 같이 코드를 작성한다.

Private Sub UserForm_Initialize( )	
cmb관할사업소.RowSource = "'기타작업-1'!A4:A7"	→ ['기타작업-1']!A4:A7] 영역을 행 원본으로 사용 다른 시트 목록 참조 - '시트이름'!셀주소
cmb관할사업소 = cmb관할사업소.List(0,0)	→ 'cmb관할사업소' 목록의 맨 처음 값을 표시 VBA에서는 시작 값으로 1이 아닌 0을 사용
txt신청일 = Date	→ 'txt신청일'에 오늘 날짜를 표시 날짜(Date), 시간(Time), 날짜&시간(Now)
End Sub	

❷ 폼의 자료를 워크시트에 입력하기
① [프로젝트- VBA Project] 탐색기에서 [폼]을 더블 클릭한 후, 표시되는 목록에서 〈신규등록〉 폼을 더블 클릭한다. 코드 창 영역에 〈신규등록〉 폼이 표시되면 '입력(cmd입력)' 버튼을 더블 클릭한다.
② 'cmd입력_Click()' 코드 창이 나타나면 다음과 같이 코드를 작성한다.

Private Sub cmd입력_Click( ) 　입력행 = [B3].Row+[B3].CurrentRegion.Rows.Count-1	→ [B3] 셀의 행에 [B3]셀과 연결된 범위의 행 개수를 더한 후 '표 제목' 행 값을 제외한 값으로 반환
Cells(입력행, 2) = txt신청자	→ 'txt신청자'의 값을 2(B)열의 입력행 위치에 입력
Cells(입력행, 3) = cmb관할사업소	→ 'cmb관할사업소'의 값을 3(C)열의 입력행 위치에 입력
Cells(입력행, 4) = txt신청지역	→ 'txt신청지역'의 값을 4(D)열의 입력행 위치에 입력
Cells(입력행, 5) = Cdate(txt신청일)	→ 'txt신청일'의 값을 날짜 형식으로 변환하여 5(E)열의 입력행 위치에 입력
Cells(입력행, 6) = txt연락처 End Sub	→ 'txt연락처'의 값을 6(F)열의 입력행 위치에 입력

❸ 폼 종료하고 시트 변경 이벤트 설정하기
① [프로젝트- VBA Project] 탐색기에서 [폼]을 더블 클릭한 후, 표시되는 목록에서 〈신규등록〉 폼을 더블 클릭한다. 코드 창 영역에 〈신규등록〉 폼이 표시되면 '종료(cmd종료)' 버튼을 더블 클릭한다.
② 'cmd종료_Click()' 코드 창이 나타나면 다음과 같이 코드를 작성한다.

```
Private Sub cmd종료_Click( )
  Unload Me
End Sub
```

③ [프로젝트- VBA Project] 탐색기에서 [Microsoft Excel 개체] 목록 중 '기타작업-3'을 더블 클릭한다.
④ 코드 창이 나타나면 개체 목록에서 'Worksheet', 프로시저 목록에서 'Change'를 선택한다.
⑤ 'Worksheet_Change(ByVal Target As Range)' 코드 창이 나타나면 다음과 같이 코드를 작성한다.

Private Sub Worksheet_Change(ByVal Target As Range)	
Target.Font.Name = "바탕체"	→ 해당 셀의 글꼴 이름을 '바탕체'로 지정
Target.Font.Size = 12 End Sub	→ 해당 셀의 글꼴 크기를 '12'로 지정

> **잠깐!**
>
> **글꼴(Font) 속성 종류**
> 1) 굵게 : Target.Font.Bold = True / False
> 2) 밑줄 : Target.Font.Underline = True / False
> 3) 기울임 : Target.Font.Italic = True / False
> 4) 글꼴 : Target.Font.Name = "글꼴" (바탕체, 돋움체, 궁서체 등)
> 5) 크기 : Target.Font.Size = 숫자
> * Target 대신 [셀주소]를 사용할 수도 있습니다.

⑥ 메뉴 상단 [보기 Microsoft Excel](🅧)을 클릭하여 엑셀로 돌아온다.
⑦ [개발 도구]탭-[코드] 영역의 [디자인 모드(🅝)]를 클릭하여 편집 모드를 해제한 후, 결과를 확인한다.

• 스프레드시트

스프레드시트 실전모의고사 6회 문제

작업 파일   : 컴활1급/스프레드시트/모의고사/실전모의고사6회.xlsm
암호   : 6201!!
외부데이터 위치 : 컴활1급/스프레드시트/외부데이터

제1작업 | 기본작업 (15점)   각 시트에서 다음의 과정을 수행하고 저장하시오.

1 '기본작업-1' 시트에 대하여 다음의 지시사항을 처리하시오. (5점)

[A3:I23] 영역에서 진료비가 높은 10마리 중 병명에 '수술'이 포함되어 있는 데이터의 '반려동물', '품종', '이름', '입원일자', '진료비' 열만을 순서대로 표시하시오. (AND, LARGE, SEARCH 함수 사용)
▶ 고급 필터의 조건은 [A25:A26] 범위 내에 알맞게 입력하시오.
▶ 고급 필터의 결과 복사 위치는 동일 시트의 [A28] 셀에서 시작하시오.

2 '기본작업-1' 시트에 대하여 다음의 지시사항을 처리하시오. (5점)

[A4:I23] 영역에 대해서 결제여부가 '여' 이면서 진료비가 전체 진료비의 중간값 이상이거나 결제여부가 '부' 이면서 진료비가 전체 진료비의 중간값 미만인 데이터 행 전체에 대해서 '글꼴 스타일-굵게', '글꼴 색-녹색'으로 지정하는 조건부 서식을 작성하시오. (AND, OR, MEDIAN 함수 사용)
▶ 규칙 유형은 '수식을 사용하여 서식을 지정할 셀 결정'을 이용하시오.

3 '기본작업-2' 시트에 대하여 다음의 지시사항을 처리하시오. (5점)

▶ 인쇄될 내용이 페이지 가로·세로 가운데에 인쇄되도록 페이지 가운데 맞춤을 설정하시오.
▶ 매 페이지 하단의 오른쪽 구역에는 페이지 번호가 [표시 예]와 같이 표시되도록 바닥글을 설정하시오.
▶ 표시 예 : 현재 페이지가 1이고 전체 페이지가 3인 경우 → 3페이지 중 1페이지
▶ [A1:G32] 영역을 인쇄 영역으로 설정하고, 눈금선이 인쇄되도록 설정하시오.
▶ '기본작업2' 시트를 페이지 나누기 미리보기로 표시하고, [A1:G23] 영역이 1페이지에 인쇄되도록 페이지 나누기 구분선을 조정하시오.

| 제2작업 | 계산작업 (30점) '계산작업' 시트에서 다음의 과정을 수행하고 저장하시오.

1 [표1]의 반려동물을 이용하여 [F3:F21] 영역에 등록번호를 계산하여 표시하시오. (6점)

- ▶ 등록번호 앞 4자리는 반려동물이 '개'라면 '2001'이라 표시하고 '고양이'라면 '4001'로 표시할 것
- ▶ 등록번호 뒤 3자리는 반려동물의 누적 개수를 계산하여 표시 예(1→001)와 같이 표시할 것
- ▶ 반려동물이 목록의 3번째 '고양이'라면 등록번호는 → 4001003
  반려동물이 목록의 5번째 '개'라면 등록번호는 → 2001005
- ▶ IFS, COUNTIF, CONCAT, TEXT 함수 사용

2 사용자 정의 함수 'fn진료병동'을 작성하여 [표1]의 [J3:J21] 영역에 진료병동을 계산하여 표시하시오. (6점)

- ▶ 'fn진료병동'은 반려동물, 입원통원을 인수로 받아 진료병동을 계산하는 함수이다.
- ▶ 입원통원이 '입원'인 경우 반려동물 종류가 '개'라면 '사랑동'으로 '고양이'라면 '희망동'으로 표시하고, 입원통원이 '통원'인 경우 공란으로 표시할 것
- ▶ IF 구문 이용

```
Public Function fn진료병동(반려동물, 입원통원)

End Function
```

3 [표1]의 조제약(일)과 [표2] 약제비표를 이용하여 조제방식과 투약일수에 따른 추가비용을 [M3:M21] 영역에 계산하여 표시하시오. (6점)

- ▶ 조제방식은 '조제약(일)'의 앞 3글자를 이용하여 판단하고, 투약일수는 '조제약(일)'의 마지막 1글자를 이용하여 판단할 것
- ▶ INDEX, XMATCH, LEFT, RIGHT 함수 사용

4 [표1]의 반려동물과 내원일자를 이용하여 [표3]의 [P10:Q11] 영역에 월별 평일 진료를 받은 동물별 건수를 계산하여 다음과 같이 표시하시오. (6점)

- ▶ 표시 예 : 3 → 3마리
- ▶ SUM, WEEKDAY, MONTH 함수와 & 연산자를 사용한 배열 수식 사용

5 [표1]의 성별과 진료비를 이용하여 [표4]의 [P16:P17] 영역에 반려동물 성별별 전체 진료비의 백분위 70% 이상인 진료비의 평균을 계산하여 표시하시오. (6점)

- ▶ AVERAGE, IF, PERCENTILE.INC 함수를 사용한 배열 수식 사용

| 제3작업 | **분석작업 (20점)**   주어진 시트에서 다음의 과정을 수행하고 저장하시오.

1 '분석작업-1'시트에서 다음 그림과 같이 피벗 테이블을 작성하시오. (10점)

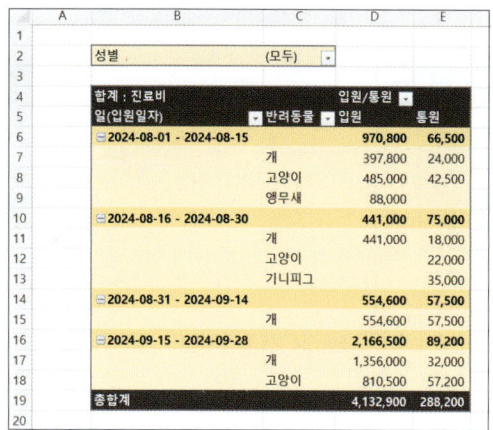

※ 작업 완성된 그림이며 부분 점수 없음

- ▶ 피벗 테이블의 외부 데이터 원본으로 〈동물병원진료내역.xlsx〉의 데이터를 사용하시오.
- ▶ 피벗 테이블 보고서의 레이아웃과 위치는 〈그림〉을 참조하여 설정하고, 보고서 레이아웃은 '개요 형식'으로 지정하시오.
- ▶ 피벗 테이블의 열의 총합계만 표시하고, '입원일자' 필드는 일별로 그룹을 지정하시오.
- ▶ 값 영역의 표시 형식은 '값 필드 설정'의 셀 서식에서 '숫자' 범주를 이용하여 〈그림〉과 같이 설정하시오.
- ▶ 피벗 테이블 스타일은 '진한 회색, 피벗 스타일 어둡게 12'로 설정하시오.
- ▶ '통원' 치료 데이터만 별도에 시트에 표시한 후 시트 이름을 '통원치료'로 지정하고, '분석작업-1' 시트 왼쪽에 위치시키시오.

2 '분석작업-2'시트에서 다음과 같은 기능을 실행하시오. (10점)

- ▶ 데이터 유효성 검사 도구를 이용하여 내원일자 [D3:D20] 영역에 7월에서 12월 사이의 데이터만 입력되도록 제한 대상을 설정하시오. (MONTH 함수 사용)
- ▶ [D3:D20] 영역의 셀을 클릭한 경우 〈그림〉과 같은 설명 메시지를 표시하고, 유효하지 않은 데이터를 입력한 경우 〈그림〉과 같이 오류 메시지가 표시되도록 설정하시오.

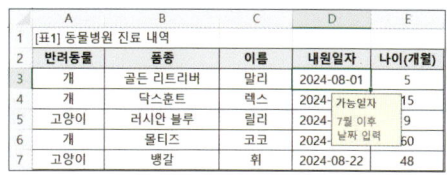 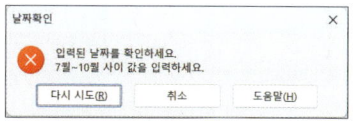

| 제4작업 | **기타작업 (35점)** 주어진 시트에서 다음의 과정을 수행하고 저장하시오.

1 '기타작업-1'시트에서 다음의 지시사항에 따라 차트를 수정하시오. (각 2점)

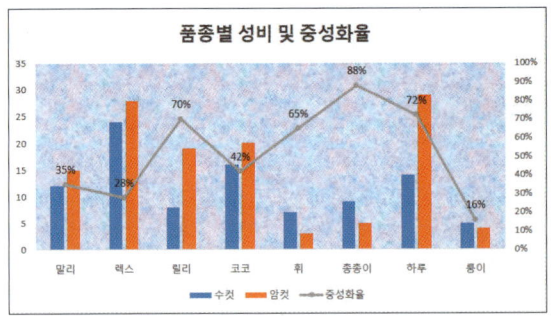

※ 차트는 반드시 문제에서 제공한 차트를 사용하여야 하며, 신규로 차트작성 시 0점 처리됨

① 차트 제목을 〈그림〉과 같이 지정하고 글꼴 크기를 '16', 글꼴 스타일을 '굵게'로 설정하시오.
② '중성화율' 계열의 차트 종류를 '표식이 있는 꺾은선'으로 설정한 후, 보조 축으로 지정하시오.
③ 가로(항목) 축과 레이블 사이의 간격을 300으로 지정하시오.
④ 그림 영역을 '질감-꽃다발'로 설정 하고, 눈금선이 표시되지 않도록 설정하시오.
⑤ '중성화율' 계열의 데이터 레이블 값을 '위쪽'에 표시하고, 레이블의 글꼴 크기를 '10'으로 설정하시오.

2 '기타작업-2'시트에서 다음과 같은 기능을 수행하는 매크로를 현재 통합문서에 작성하고 실행하시오. (각 5점)

① [F3:F20] 영역에 대해서 사용자 지정 표시 형식을 설정하는 '병실확인' 매크로를 생성하시오.
   ▶ 셀 값이 양수면 숫자 뒤에 '일-11호'를 붙여 표시하고, 0이면 '퇴원', 입력 값이 문자면 빨강색으로 '비대면'이라 표시되도록 설정하시오.
   ▶ [개발도구]-[삽입]-[양식 컨트롤]의 '단추'를 동일 시트의 [J2:K3] 영역에 생성한 후 텍스트를 '병실확인'으로 입력하고, 단추를 클릭하면 '병실확인' 매크로가 실행되도록 설정하시오.
② [H3:H20] 영역에 대해서 사용자 지정 표시 형식을 설정하는 '결제확인' 매크로를 생성하시오.
   ▶ 셀 값이 1이면 "카드"로 표시하고, 0이면 "미결제"이라 표시되도록 설정하시오.
   ▶ [개발도구]-[삽입]-[양식 컨트롤]의 '단추'를 동일 시트의 [J5:K6] 영역에 생성한 후 텍스트를 '결제확인'으로 입력하고, 단추를 클릭하면 '결제확인' 매크로가 실행되도록 설정하시오.
   ※ 매크로는 도형과 연결되어야 하며, 셀 포인터의 위치에 관계없이 매크로가 실행되어야 정답으로 인정됨

3 '기타작업-3'시트에서 다음과 같은 작업을 수행하도록 프로시저를 작성하시오. (각 5점)

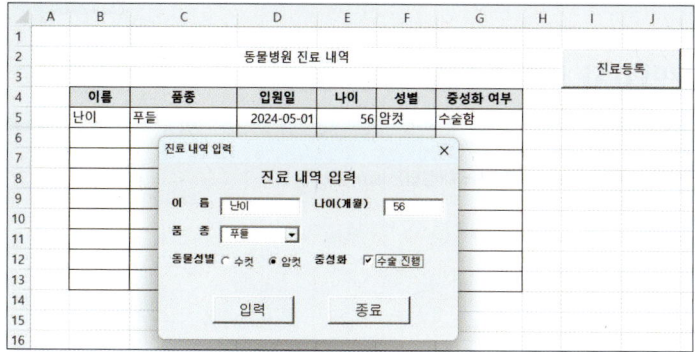

① '진료등록' 버튼을 클릭하면 〈진료내역입력〉 폼이 나타나고, 〈진료내역입력〉 폼이 초기화(Initialize)되면 '기타작업-1'시트의 [A3:A10] 영역의 내용이 '품종(cmb품종)' 콤보상자에 목록으로 표시되도록 프로시저를 작성하시오.

② 〈진료내역입력〉 폼의 '입력(cmd입력)' 버튼을 클릭하면 폼에 입력된 데이터가 시트의 표 마지막 행 다음에 연속적으로 추가되도록 프로시저를 작성하시오.
  ▶ '입원일'에는 시스템 상의 오늘 날짜가 입력되도록 설정하시오.
  ▶ '나이'는 숫자 형식으로 입력하시오. (Val 함수 사용)
  ▶ '동물성별'은 옵션단추 중 '수컷(opt수)'을 선택하면 "수컷", '암컷(opt암)'을 선택하면 "암컷"이 입력되도록 설정하시오.
  ▶ '중성화 여부'에는 중성화 체크박스가 선택되면 '수술함'이라 입력하고 아닌 경우 공란으로 표시되도록 설정하시오.

③ 〈진료내역입력〉 폼의 '종료(cmd종료)' 버튼을 클릭하면 〈그림〉과 같이 입력된 전체 진료 건수가 표시된 메시지 박스를 표시한 후 폼이 종료되도록 프로시저를 작성하시오.

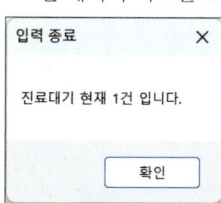

• 스프레드시트 •

실전모의고사 6회 정답 및 해설

정답 파일 :컴활1급/스프레드시트/모의고사/정답/실전모의고사6회(정답).xlsm

| 제1작업 | 기본작업

1 고급필터

① [A25] 셀에 「**조건**」, [A26] 셀에 「=AND(SEARCH("수술",F4)>=1,H4>=LARGE($H$4:$H$23,10))」을/를 입력한다.

=AND(SEARCH("수술",F4)>=1,H4>=LARGE($H$4:$H$23,10))	
AND(❶,❷)	모든 조건이 참이면 TRUE, 아니면 FALSE
❶ SEARCH("수술",F4)>=1	'병명'에 '수술'이라는 단어가 있다면 True를 반환
❷ H4>=LARGE($H$4:$H$23,10)	'진료비'가 '10번째로 큰 진료비'보다 크거나 같으면 True를 반환

② [A28:E28] 영역에 추출할 필드명을 입력한다.

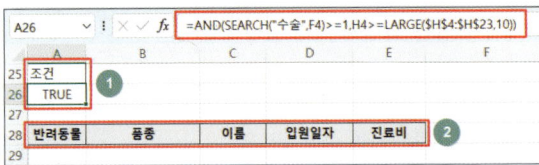

③ [A3:I23] 영역을 범위 지정한 후 [데이터]탭-[정렬 및 필터] 영역의 [고급]을 클릭한다.

④ [고급 필터] 대화상자가 나타나면 결과를 '다른 장소에 복사'로 설정하고, 아래와 같이 설정한 후 [확인]을 클릭한다.

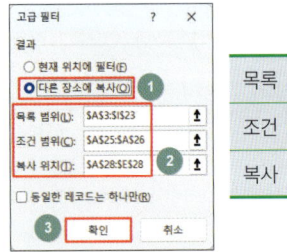

목록 범위	$A$3:$I$23
조건 범위	$A$25:$A$26
복사 위치	$A$28:$E$28

⑤ 최종 결과

	A	B	C	D	E
25	조건				
26	TRUE				
27					
28	반려동물	품종	이름	입원일자	진료비
29	개	골든 리트리버	말리	2024-08-01	328,000
30	고양이	뱅갈	휘	2024-08-15	485,000
31	개	비글	루루	2024-09-09	426,000
32	고양이	페르시안	사랑이	2024-09-19	183,500
33	개	몰티즈	용용이	2024-09-21	1,356,000
34	고양이	뱅갈	쏘피	2024-09-27	627,000
35					

2 조건부서식

① [A4:I23] 영역을 범위 지정한 후 [홈]탭-[스타일] 영역의 [조건부 서식(圖)]의 [새 규칙(圖)]을 클릭한다.
② [새 서식 규칙] 대화상자가 나타나면 규칙 유형 선택을 '수식을 사용하여 서식을 지정할 셀 결정'으로 선택한 후, 다음 수식이 참인 값의 서식 지정 영역에 「=OR(AND($I4="여",$H4)=MEDIAN($H$4:$H$23)),AND ($I4="부",$H4〈MEDIAN($H$4:$H$23)))」와 같이 입력한다.

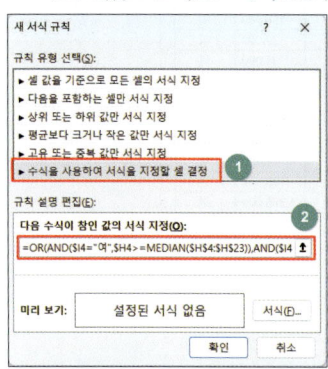

=OR(AND($I4="여",$H4>=MEDIAN($H$4:$H$23)),AND($I4="부",$H4<MEDIAN($H$4:$H$23)))	
OR(❶,❷)	모든 조건이 거짓이면 FALSE, 아니면 TRUE
❶ AND($I4="여",$H4>=MEDIAN($H$4:$H$23))	'결제여부'가 '여'이면서 '진료비'가 '진료비 중간값' 이상이면 True를 반환
❷ AND($I4="부",$H4<MEDIAN($H$4:$H$23))	'결제여부'가 '부'이면서 '진료비'가 '진료비 중간값' 미만이면 True를 반환

③ [서식]을 클릭하여 [셀 서식] 대화상자를 표시한 후 [글꼴]탭에서 글꼴 스타일을 '굵게'로 설정하고 글자색을 '녹색'으로 선택한 후 [확인]을 클릭한다.

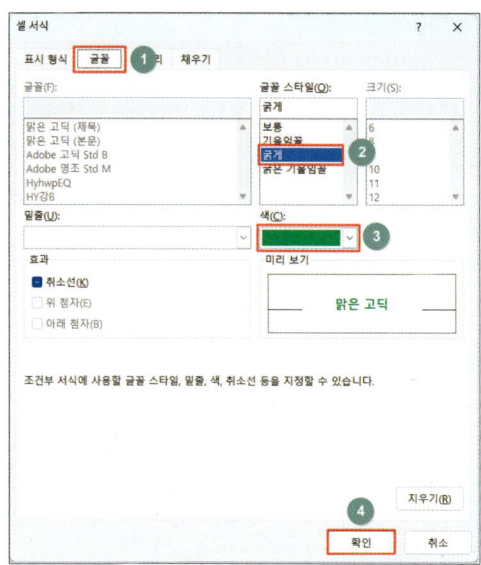

④ 최종 결과

	A	B	C	D	E	F	G	H	I
3	반려동물	품종	이름	입원일자	나이(개월)	병명	입원/통원	진료비	결제여부
4	개	골든 리트리버	말리	2024-08-01	5	심장사상충 수술	입원	328,000	여
5	개	닥스훈트	렉스	2024-08-04	15	일반	통원	24,000	여
6	고양이	러시안 블루	릴리	2024-08-07	9	피부병 진료	통원	42,500	여
7	앵무새	금강앵무	파랑	2024-08-07	18	마취 후 치석제거	입원	88,000	여
8	개	몰티즈	코코	2024-08-13	60	피부병 진료	입원	69,800	부
9	고양이	뱅갈	휘	2024-08-15	48	중성화 수술	입원	485,000	여
10	개	미니어처 슈나우저	총총이	2024-08-19	50	일반	통원	18,000	여
11	개	비숑 프리제	하루	2024-08-22	6	종합백신 접종	입원	285,000	여
12	개	몰티즈	롱이	2024-08-23	11	심장사상충 진료	입원	156,000	여
13	고양이	스핑크스	하양이	2024-08-28	12	일반	통원	22,000	여
14	기니피그	아메리카	바로	2024-08-30	80	백내장 진료	통원	35,000	여
15	개	골든 리트리버	복슬	2024-09-03	26	일반	통원	35,500	여
16	개	베들링턴 테리어	해피	2024-09-07	33	일반	통원	22,000	여
17	개	비글	루루	2024-09-09	8	중성화 수술	입원	426,000	부
18	개	미니어처 푸들	초코	2024-09-10	14	종합백신 접종	입원	128,600	부
19	고양이	스코티시폴드	연우	2024-09-15	39	피부병 진료	통원	57,200	여
20	고양이	페르시안	사랑이	2024-09-19	62	백내장 수술	입원	183,500	여
21	개	몰티즈	용용이	2024-09-21	12	종양 수술	입원	1,356,000	부
22	개	보스턴 테리어	럭키	2024-09-25	27	일반	통원	32,000	여
23	고양이	뱅갈	쏘피	2024-09-27	8	중성화 수술	입원	627,000	여

3 페이지 레이아웃 + 통합 문서 보기

① [페이지 레이아웃]탭-[페이지 설정]영역의 '화살표( )'를 클릭하여 [페이지 설정] 대화상자를 호출한다.

② [페이지]탭에서 용지 방향을 '가로'로 변경하고, [여백]탭 하단의 페이지 가운데 맞춤 영역에서 '가로'와 '세로'를 모두 체크한다.

③ [머리글/바닥글]탭의 [바닥글 편집]을 클릭한다. [바닥글] 대화상자가 나타나면 오른쪽 구역에 아래와 같이 「&[전체 페이지 수]페이지 중 &[페이지 번호]페이지」이라 입력한 후 [확인]을 클릭한다.

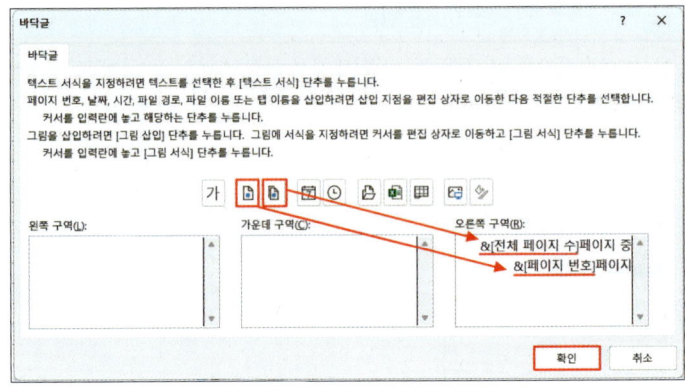

④ [시트]탭의 '인쇄 영역'에 [$A$1:$G$32]을 지정하고, 인쇄 항목에서 '눈금선'을 선택한 후 [확인]을 클릭한다.

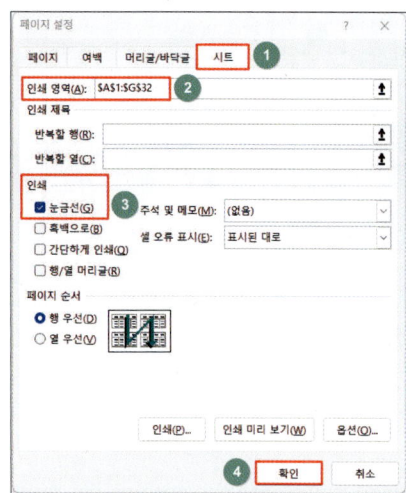

⑤ [보기]탭-[통합 문서 보기] 영역의 [페이지 나누기 미리 보기]를 선택한 후, 아래 그림과 같이 세로 선을 G열 오른쪽으로 이동시켜 인쇄 영역을 조정한다.

| 제2작업 | 계산작업

1 등록번호 - [F3:F21] 영역

[F3] 셀에 「=CONCAT(IFS(B3="개",2001,B3="고양이",4001),TEXT(COUNTIF($B$3:B3,B3),"000"))」을/를 입력한 후 [F21] 셀까지 수식을 복사한다.

=CONCAT(IFS(B3="개",2001,B3="고양이",4001),TEXT(COUNTIF($B$3:B3,B3),"000"))	
CONCAT(❶,❷)	❶과 ❷를 연결하여 표시
❶ IFS(B3="개",2001,B3="고양이",4001)	'반려동물'이 '개'와 일치하면 참값으로 2001을 '고양이'와 일치하면 참값으로 4001을 표시
❷ TEXT(❸,"000")	❸값을 '000' 숫자 형식으로 표시
❸ COUNTIF($B$3:B3,B3)	'반려동물' 영역에서 지정된 조건을 만족하는 건수를 반환

2 진료병동 - [J3:J21] 영역

① [개발도구]탭-[코드]영역의 [Visual Basic(📘)]을 클릭하거나, [Alt]+[F11]을 눌러 VBA를 실행한다.
② [삽입]메뉴의 [모듈(📄)]을 선택한다.
③ 코드 창에 아래와 같이 코드를 입력한다.

Public Function fn진료병동(반려동물,입원통원)	
If 입원통원 = "입원" Then	→ '입원통원'이 "입원"인 데이터 중에서
If 반려동물 = "개" Then	→ '반려동물'이 "개"인 경우
fn진료병동 = "사랑동"	→ 'fn진료병동'은 "사랑동"으로 표시
Else	→ '반려동물'이 "개"가 아니라면 (즉, "고양이"라면)
fn진료병동 = "희망동"	→ 'fn진료병동'은 "희망동"으로 표시
End If	→ ('반려동물'을 판단하는) If문 종료
Else	→ '입원통원'이 "입원"이 아니라면 (즉, "통원"이라면)
fn진료병동 = ""	→ 'fn진료병동'은 ""로 표시
End If	→ ('입원통원'을 판단하는) If문 종료
End Function	→ Function 코드 종료

④ [파일]-[닫고 Microsoft Excel(으)로 돌아가기]를 클릭하여 VBA를 종료하고 엑셀로 돌아온다.
⑤ [J3] 셀에 「**=fn진료병동(B3,H3)**」을/를 입력한 후 [J21] 셀까지 수식을 복사한다.

3 추가비용 - [M3:M21] 영역

[M3] 셀에 「=INDEX($P$4:$R$5,XMATCH(LEFT(K3,3),$O$4:$O$5,0),XMATCH(RIGHT(K3,1)*1,$P$3:$R$3,0,2))」을/를 입력한 후 [M21] 셀까지 수식을 복사한다.

=INDEX($P$4:$R$5,XMATCH(LEFT(K3,3),$O$4:$O$5,0),XMATCH(RIGHT(K3,1)*1,$P$3:$R$3,0,2))	
INDEX($P$4:$R$5,❶,❸)	약제비표 영역에서 ❶행 번호와 ❸열 번호가 교차되는 지점의 값을 표시
❶ XMATCH(❷,$O$4:$O$5,0)	정렬되어 있지 않은 [O4:O5] 영역에서의 ❷의 행 번호를 표시
❷ LEFT(K3,3)	'조제약(일)'의 왼쪽 3글자를 추출
❸ XMATCH(❹,$P$3:$R$3,0,2)	오름차순 정렬되어 있는 [P3:R3] 영역에서의 ❹의 열 번호를 표시
❹ RIGHT(K3,1)*1	'조제약(일)'의 오른쪽 1글자를 추출하여 숫자로 변환

4 월별 평일에 진료를 받은 반려동물 건수 - [P10:Q11] 영역

[P10] 셀에 「=SUM((MONTH($G$3:$G$21)=$O10)*(WEEKDAY($G$3:$G$21)<6)*($B$3:$B$21=P$9))&"마리"」을/를 입력하고 Ctrl + Shift + Enter를 눌러 마무리한 후 [Q11] 셀까지 수식을 복사한다.

=SUM((MONTH($G$3:$G$21)=$O10)*(WEEKDAY($G$3:$G$21)<6)*($B$3:$B$21=P$9))&"마리"	
SUM(❶*❷*❸)&"마리"	❶, ❷, ❸ 조건을 모두 만족하는 건수를 계산한 후 "마리"를 붙여 표시
❶ (MONTH($G$3:$G$21)=$O10)	'내원일자'의 월이 조건과 일치하면 True를 반환
❷ (WEEKDAY($G$3:$G$21)<6)	'내원일자'의 요일이 평일이라면 True를 반환
❸ ($B$3:$B$21=P$9)	'반려동물'이 조건과 일치하면 True를 반환

5 반려동물 성별별 진료비 평균 - [P16:P17] 영역

[P16] 셀에 「=AVERAGE(IF(($E$3:$E$21=O16)*($I$3:$I$21)>=PERCENTILE.INC($I$3:$I$21,0.7)),$I$3:$I$21))」을/를 입력하고 Ctrl + Shift + Enter를 눌러 마무리한 후 [P17] 셀까지 수식을 복사한다.

=AVERAGE(IF(($E$3:$E$21=O16)*($I$3:$I$21>=PERCENTILE.INC($I$3:$I$21,0.7)),$I$3:$I$21))	
AVERAGE(IF(❶*❷,$I$3:$I$21))	❶과 ❷ 조건을 모두 만족하는 '진료비'의 평균을 계산
❶ ($E$3:$E$21=O16)	'성별'이 조건과 일치하면 True를 반환
❷ ($I$3:$I$21>=❸)	'진료비'가 ❸의 결과값 이상이라면 True를 반환
❸ PERCENTILE.INC($I$3:$I$21,0.7)	'진료비'의 백분위 70% 값을 반환

| 제3작업 | 분석작업

1 피벗테이블

① [B4] 셀을 선택한 후 [삽입]탭-[표] 영역의 [피벗 테이블] 목록에서 '외부 데이터 원본에서'를 선택한다.
② [외부 원본의 피벗 테이블] 대화상자가 나타나면 외부 데이터의 원본 사용을 위해 [연결 선택]을 클릭한다.
③ [기존 연결] 대화상자로 창이 전환되면 하단에 [더 찾아보기]를 클릭하여 [데이터 원본 선택] 대화상자를 표시한다.

④ 외부데이터 목록에서 '동물병원진료내역.xlsx' 파일을 선택한 후 [열기]를 클릭한다.
⑤ [외부 원본의 피벗 테이블] 대화상자로 돌아와 피벗 테이블이 배치될 위치를 지정한 후 [확인]을 클릭한다.

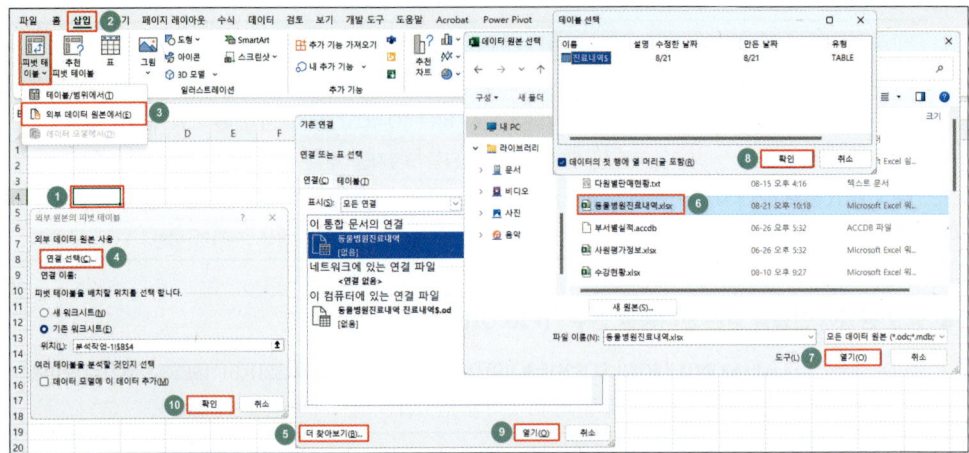

⑥ [피벗 테이블 필드] 화면이 나타나면 '성별'은 '필터', '입원일자'와 '반려동물'은 '행', '입원/퇴원'은 '열', '진료비'는 'Σ값'으로 드래그한다.

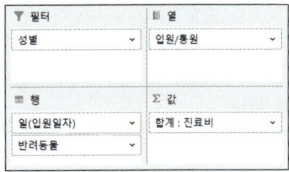

⑦ 작성된 피벗 테이블의 임의의 셀을 선택한 후 [디자인]탭-[레이아웃] 영역의 [보고서 레이아웃] 목록에서 '개요 형식으로 표시'를 선택한다.
⑧ 피벗 테이블의 임의의 셀을 선택한 후 바로 가기 메뉴 중 [피벗 테이블 분석]탭-[피벗 테이블] 영역의 [옵션(▦)]을 선택한다. 또는 바로 가기 메뉴 중 [피벗 테이블 옵션]을 선택한다.
⑨ [피벗 테이블 옵션] 대화상자가 나타나면 [요약 및 필터]탭의 총합계 영역에서 '행 총합계 표시'의 체크를 해제한 후 [확인]을 클릭한다.

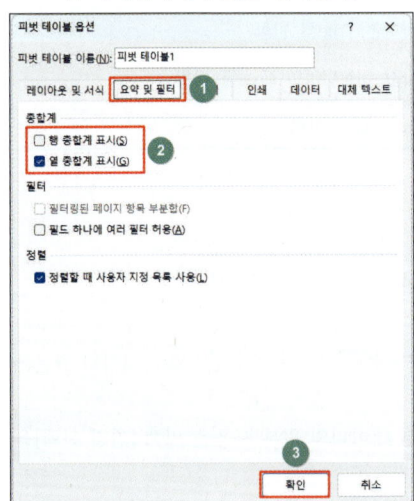

⑩ '입원일자' 필드의 임의의 셀을 선택한 후 [피벗 테이블 분석]탭-[그룹] 영역의 [→ 선택 항목 그룹화]를 선택한다.

⑪ [그룹화] 대화상자가 나타나면 단위는 '일', 날짜 수는 '14'로 설정한 후 [확인]을 클릭한다.

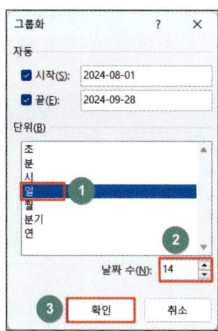

⑫ '합계: 진료비' 필드의 임의의 셀을 선택한 후 바로 가기 메뉴에서 [값 필드 설정]을 선택한다.

⑬ [표시 형식]을 클릭하여 [셀 서식] 대화상자를 표시한 뒤, [표시 형식]탭에서 '숫자' 범주를 선택하고 '1000 단위 구분 기호(,) 사용'을 체크한 후 [확인]을 차례대로 클릭한다.

⑭ 작성된 피벗 테이블에서 임의의 셀을 선택한 후 [디자인]탭-[피벗 테이블 스타일] 목록에서 '진한 회색, 피벗 스타일 어둡게 12'를 선택한다.

⑮ [E19] 셀을 더블 클릭하여 요약 시트를 생성하고, 생성된 시트를 더블 클릭하여 이름을 「**통원치료**」로 입력한다.

2 유효성 검사 규칙

① [D3:D20] 영역을 범위 지정한 후 [데이터]탭-[데이터 도구] 영역의 [유효성 검사 규칙] 아이콘( )을 클릭한다.

② [데이터 유효성] 대화상자가 나타나면 [설정]탭의 제한 대상( )을 클릭하여 '사용자 지정'을 선택한 후, 원본 구역에 「=MONTH($D3)>=7」이라 입력한다.

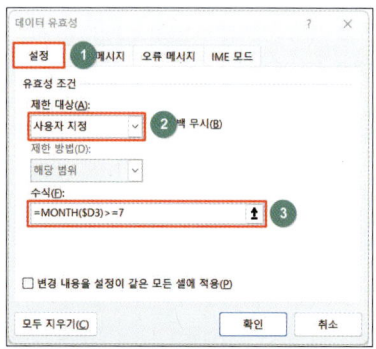

③ [설명 메시지]탭의 제목 영역에 「**가능일자**」, 설명 메시지 영역에 「**7월 이후 날짜 입력**」이라 입력한다.

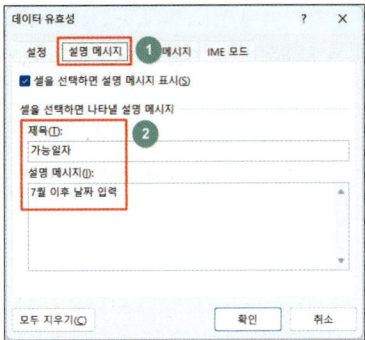

④ [오류 메시지]탭의 스타일( ) 목록에서 '중지'를 선택하고, 제목 영역에 「**날짜확인**」, 오류 메시지 영역에 「**입력된 날짜를 확인하세요. 7월~10월 사이 값을 입력하세요.**」와 같이 입력한 후 [확인]을 클릭한다.

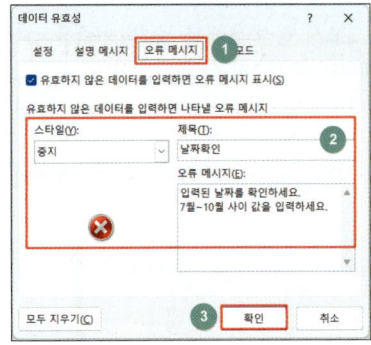

| 제4작업 | 기타작업

1 차트

① 차트 제목에 「**품종별 성비 및 중성화율**」이라 입력하고 [홈]탭-[글꼴] 영역에서 글꼴 크기를 '16', 글꼴 스타일을 '굵게'로 설정한다.

② 임의의 데이터 계열을 선택한 후 [차트 디자인]탭-[종류] 영역의 [차트 종류 변경()]를 선택한다. '중성화율'의 차트 종류 목록에서 '표식이 있는 꺾은선형'으로 선택하고, '보조 축'의 체크박스를 선택한 후 [확인]을 클릭한다.

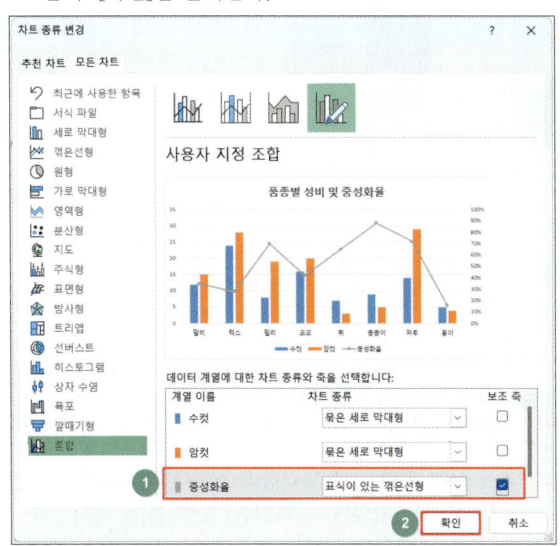

③ 가로 축을 선택한 후 더블 클릭하여 [축 서식] 대화상자를 표시한 후 [축 옵션]탭에서 레이블 영역의 '축과의 간격'을 「300」을 입력한다.

④ 그림 영역을 더블 클릭하여 [그림 영역 서식] 대화상자를 표시한 후 [채우기 및 선]탭에서 채우기를 '그림 또는 질감 채우기'를 선택한 후 질감 목록에서 '꽃다발'을 선택한다.

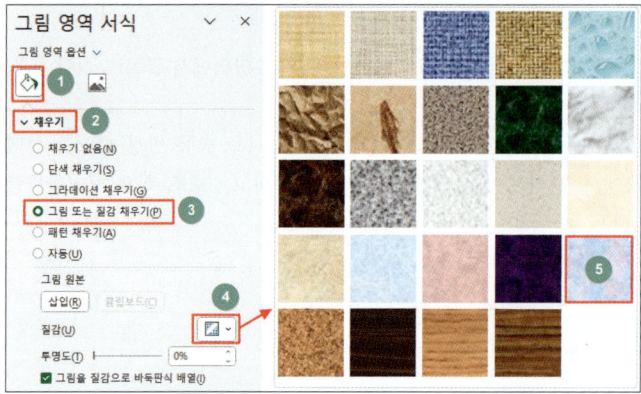

⑤ '중성화율' 계열을 선택한 후 [차트 디자인]탭-[차트 레이아웃] 영역의 [차트 요소 추가(   )]를 선택하고 '   데이터 레이블'과 '   위쪽'를 차례대로 선택한다.
⑥ 추가된 레이블을 선택한 후 [홈]탭-[글꼴] 영역에서 글꼴 크기를 '11'으로 설정한다.

2 매크로

① [개발 도구]탭-[컨트롤] 영역의 [삽입(   )] 목록에서 양식 컨트롤의 [단추(   )]를 선택한 후, 마우스 포인터가 '+'로 바뀌면 [Alt] 키를 누른 채 [J2:K3] 영역에 드래그하여 컨트롤을 그려준다.
② [매크로] 대화상자가 나타나면 매크로 이름을 「**병실확인**」으로 입력하고 [기록]을 클릭한다.
③ [매크로 기록] 화면으로 전환되면 매크로 이름이 '병실확인'인지 확인한 후 [확인]을 클릭한다.
④ [F3:F20] 영역을 범위 지정한 후 [Ctrl] + [1]을 눌러 [셀 서식] 대화상자를 호출한다.
⑤ [셀 서식] 대화상자가 나타나면 [표시 형식]탭의 '사용자 지정' 범주의 형식에 「**0"일-11호";;"통원";[빨강]"비대면"**」으로 입력한 후 [확인]을 클릭한다.

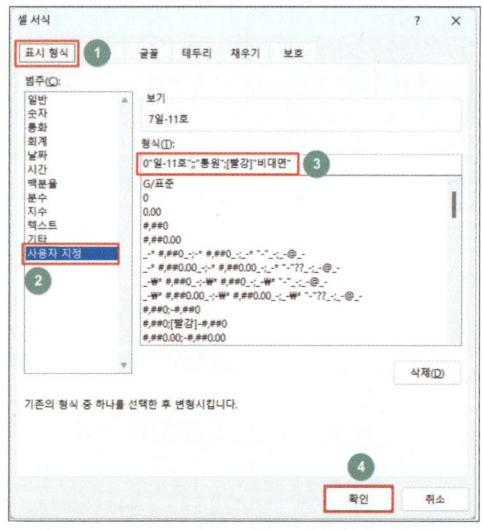

⑥ [개발 도구]탭-[코드] 영역의 [기록 중지]를 클릭한다.
⑦ 단추 컨트롤을 마우스 오른쪽으로 클릭하여 나타나는 바로 가기 메뉴에서 '텍스트 편집'을 선택한다. 컨트롤이 편집 상태가 되면 「**병실확인**」으로 입력하고 임의의 셀을 클릭하여 편집을 마무리한다.

⑧ [개발 도구]탭-[컨트롤] 영역의 [삽입] 목록에서 양식 컨트롤의 [단추()]를 선택한 후, 마우스 포인터가 '+'로 바뀌면 [Alt] 키를 누른 채 [J5:K6] 영역에 드래그하여 컨트롤을 그려준다.
⑨ [매크로] 대화상자가 나타나면 매크로 이름을 「**결제확인**」으로 입력하고 [기록]을 클릭한다.
⑩ [매크로 기록] 화면으로 전환되면 매크로 이름이 '결제확인'인지 확인한 후 [확인]을 클릭한다.
⑪ [H3:H20] 영역을 범위 지정한 후 [Ctrl] + [1]을 눌러 [셀 서식] 대화상자를 호출한다.
⑫ [셀 서식] 대화상자가 나타나면 [표시 형식]탭의 '사용자 지정' 범주의 형식에 「**[=1]"카드";[=0]"미결제"**」으로 입력한 후 [확인]을 클릭한다.

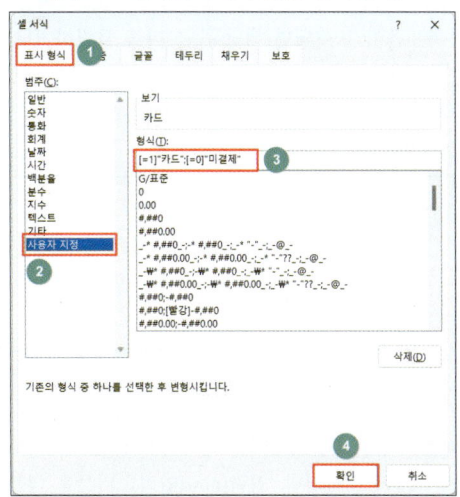

⑬ [개발 도구]탭-[코드] 영역의 [기록 중지]를 클릭한다.
⑭ 단추 컨트롤을 마우스 오른쪽으로 클릭하여 나타나는 바로 가기 메뉴에서 '텍스트 편집'을 선택한다. 컨트롤이 편집 상태가 되면 「**결제확인**」으로 입력하고 임의의 셀을 클릭하여 편집을 마무리한다.
⑮ 최종 결과

3 프로시저

❶ 폼 띄우고 컨트롤 채우기

① [개발도구]탭-[컨트롤] 영역의 [디자인 모드()]를 클릭하여 편집 모드로 전환한다.

② 워크시트의 '진료등록(cmd진료등록)' 버튼을 더블 클릭하여 코드 창이 나타나면 다음과 같이 코드를 입력한다.

```
Private Sub cmd진료등록_Click( )
    진료내역입력.Show
End Sub
```

③ [프로젝트- VBA Project] 탐색기에서 [폼]을 더블 클릭한 후, 표시되는 목록에서 〈진료내역등록〉 폼을 더블 클릭한다. 코드 창 영역에 〈진료내역등록〉 폼이 표시되면 해당 폼을 더블 클릭하거나 [코드 보기](▤)를 클릭한다.
④ 'UserForm_Click()' 코드 창이 나타나면 프로시저 목록에서 'Initialize'를 선택한다.
⑤ 'UserForm_Initialize()' 코드 창이 나타나면 다음과 같이 코드를 작성한다.

Private Sub UserForm_Initialize( ) cmb품종.RowSource = "'기타작업-1'!A3:A10" End Sub	→ ['기타작업-1'!A3:A10] 영역을 행 원본으로 사용 다른 시트 목록 참조 - '시트이름'!셀주소

❷ 폼의 자료를 워크시트에 입력하기

① [프로젝트- VBA Project] 탐색기에서 [폼]을 더블 클릭한 후, 표시되는 목록에서 〈진료내역등록〉 폼을 더블 클릭한다. 코드 창 영역에 〈진료내역등록〉 폼이 표시되면 '입력(cmd입력)' 버튼을 더블 클릭한다.
② 'cmd입력_Click()' 코드 창이 나타나면 다음과 같이 코드를 작성한다.

Private Sub cmd입력_Click( ) 입력행 = [B4].Row + [B4].CurrentRegion.Rows.Count	→ [B4] 셀의 행에 [B4]셀과 연결된 범위의 행 개수를 더한 값으로 반환
Cells(입력행, 2) = txt이름	→ 'txt이름'의 값을 2(B)열의 입력행 위치에 입력
Cells(입력행, 3) = cmb품종	→ 'cmb품종'의 값을 3(C)열의 입력행 위치에 입력
Cells(입력행, 4) = Date	→ 현재 날짜를 4(D)열의 입력행 위치에 입력
Cells(입력행, 5) = Val(txt나이)	→ 'txt나이'의 값을 숫자 형식으로 변환하여 5(E)열의 입력행 위치에 입력

If opt수 = True Then
        Cells(입력행, 6) = "수컷"
    Else
        Cells(입력행, 6) = "암컷"
    End If
	→ 만약 옵션단추 중 'opt수'를 선택하면
	6(F)열에 '수컷'이라 입력
	아니라면
	6(F)열에 '암컷'이라 입력
	성별을 판단하는 If구문 종료

If chk중성화 = True Then
        Cells(입력행, 7) = "수술함"
    End If
End Sub
	→ 만약 체크박스 'chk중성화'를 선택하면
	7(G)열에 '수술함'이라 입력
	중성화를 판단하는 If구문 종료

❸ 폼 종료하고 시트 변경 이벤트 설정하기

① [프로젝트– VBA Project] 탐색기에서 [폼]을 더블 클릭한 후, 표시되는 목록에서 〈진료내역등록〉 폼을 더블 클릭한다. 코드 창 영역에 〈진료내역등록〉 폼이 표시되면 '종료(cmd종료)' 버튼을 더블 클릭한다.

② 'cmd종료_Click()' 코드 창이 나타나면 다음과 같이 코드를 작성한다.

Private Sub cmd종료_Click( ) MsgBox "진료대기 현재 " & [B4].CurrentRegion.Rows.Count - 1 & "건 입니다.", , "입력 종료" Unload Me End Sub	→ '[B4].CurrentRegion.Rows.Count(현재 입력된 데이터의 전체 행수)'에서 제목을 제외(-1)한 값을 문자열과 함께 표시 → 현재 작업 중인 폼을 종료

③ 메뉴 상단 [보기 Microsoft Excel]()을 클릭하여 엑셀로 돌아온다.

④ [개발 도구]탭-[코드] 영역의 [디자인 모드()]를 클릭하여 편집 모드를 해제한 후, 결과를 확인한다.

스프레드시트 실전모의고사 7회 문제

작업 파일 : 컴활1급/스프레드시트/모의고사/실전모의고사7회.xlsm
암호 : 95^027
외부데이터 위치 : 컴활1급/스프레드시트/외부데이터

|제1작업| 기본작업 (15점)   각 시트에서 다음의 과정을 수행하고 저장하시오.

1 '기본작업-1' 시트에 대하여 다음의 지시사항을 처리하시오. (5점)

[A3:F25] 영역에서 전 세계 수익이 높은 상위 10개 항목 중 장르가 "판타지"를 포함하는 데이터의 '연도', '작품코드', '제목' 열만을 순서대로 표시하시오. (AND, RANK.EQ, SEARCH, ISNUMBER 함수 사용)
- ▶ 고급 필터의 조건은 [A28:A29] 범위 내에 알맞게 입력하시오.
- ▶ 고급 필터의 결과 복사 위치는 동일 시트의 [A32] 셀에서 시작하시오.

2 '기본작업-1' 시트에 대하여 다음의 지시사항을 처리하시오. (5점)

[A4:F25] 영역에 대해서 영화가 상영 된 연도와 작품코드 뒤 3자리 숫자 영역의 값이 모두 짝수인 데이터 행 전체에 대해서 글꼴 스타일을 '굵게', 글자 색은 '빨강'으로 지정하는 조건부 서식을 작성하시오. (RIGHT, ISEVEN 함수 사용)
- ▶ 규칙 유형은 '수식을 사용하여 서식을 지정할 셀 결정'을 이용하시오.

3 '기본작업-2' 시트에서 다음과 같이 시트 보호를 설정하시오. (5점)

- ▶ 용지 방향을 '가로'로 설정하고, 인쇄될 내용이 페이지의 가로 가운데에 위치되도록 '페이지 가운데 맞춤'을 설정하시오.
- ▶ 기존 인쇄 영역에 [A17:E24] 영역을 추가하고, 1행이 매 페이지마다 반복되어 인쇄되도록 인쇄 제목을 설정하시오.
- ▶ '기본작업-2' 시트를 페이지 나누기 미리 보기로 표시하고, 모든 인쇄 영역이 1페이지로 인쇄되도록 페이지 나누기 구분선을 조정하시오.

|제2작업| 계산작업 (30점)   '계산작업' 시트에서 다음의 과정을 수행하고 저장하시오.

1 [표1]의 작품코드와 플랫폼, [표2]의 플랫폼별 1회 시청가 표를 이용하여 [F3:F24] 영역에 항목별 1회 시청가를 계산하여 표시하시오. (6점)

- ▶ INDEX, MATCH, RIGHT 함수 사용

2. 사용자 정의 함수 'fn행사기간'을 작성하여 [표1]의 [H3:H24] 영역에 행사기간을 계산하여 표시하시오. (6점)

   ▶ 'fn행사기간'은 작품코드를 인수로 받아 행사기간을 계산하는 함수이다.
   ▶ 작품코드의 마지막 한 글자가 H라면 "10일", M이라면 "30일", E라면 "60일", A라면 "90일"로 표시할 것
   ▶ RIGHT 함수와 Select Case 구문 이용

   ```
   Public Function fn행사기간(작품코드)

   End Function
   ```

3. [표1]의 수익(억원)과 [표5]의 흥행등급표를 이용하여 [I3:I24] 영역에 [표5]의 흥행등급 만큼 '★'를 반복하여 다음과 같이 표시하시오. (6점)

   ▶ [표5]의 수익 기준에 해당하는 값이 없는 경우 값은 0으로 처리할 것
   ▶ 표시 예 : 수익(억원)이 12,047인 경우 → 흥행등급은 ★★
   ▶ XLOOKUP, REPT 함수 사용

4. [표1]의 연도와 작품코드의 앞 두 글자를 이용하여 [표3]의 [M11:O13] 영역에 연도별 영화 건수를 계산하여 표시하시오. (6점)

   ▶ SUM, IF, LEFT 함수를 사용한 배열 수식 사용

5. [표1]의 플랫폼과 장르를 이용하여 [표4]의 [L18:L21] 영역에 플랫폼별 판타지 장르 영화의 수익(억원)의 평균을 계산하여 표시하시오. (6점)

   ▶ AVERAGE, IF, IFERROR, SEARCH 함수를 사용한 배열 수식 사용

| 제3작업 | 분석작업 (20점)   주어진 시트에서 다음의 과정을 수행하고 저장하시오.

1. '분석작업-1' 시트에서 다음 그림과 같이 피벗 테이블을 작성하시오. (10점)

	A	B	C	D	E	F	G	H
1								
2			연도	값				
3			2020		2021		2022	
4		플랫폼	배급률	합계 : 순수익(억원)	배급률	합계 : 순수익(억원)	배급률	합계 : 순수익(억원)
5		씨네플렉스	0.0%	-	14.3%	1,447	50.0%	14,572
6		왓챠넷	28.6%	2,124	14.3%	1,556	12.5%	7,828
7		웨이스	14.3%	1,535	57.1%	12,765	37.5%	9,771
8		티비플러스	57.1%	5,395	14.3%	3,030	0.0%	-
9		총합계	100.0%	9,054	100.0%	18,798	100.0%	32,171
10								

※ 작업 완성된 그림이며 부분 점수 없음

▶ 피벗 테이블의 외부 데이터를 이용하여 〈영화배급목록.accdb〉의 〈영화리스트〉 테이블에서 '연도', '작품코드', '수익(억원)', '플랫폼' 열만 이용하시오.
▶ 피벗 테이블 보고서의 레이아웃과 위치는 〈그림〉을 참조하여 설정하고, 보고서 레이아웃은 '개요 형식'으로 지정하시오.
▶ '작품코드' 필드는 개수로 계산한 후 사용자 지정 이름을 '배급률'로 설정하고, 값 필드 설정을 '열 합계 비율'로 적용하여 표시하시오.

- ▶ '순수익(억원)'은 추가된 계산 필드로서 '수익(억원) × 0.3'으로 계산하여 표시하고, 표시 형식은 값 필드 설정의 셀 서식을 이용하여 기호 없는 회계 형식으로 지정하시오.
- ▶ 빈 셀은 '-'로 표시하고, 레이블이 있는 셀은 병합하고 가운데 맞춤되도록 설정하시오.
- ▶ 피벗 테이블의 열의 총합계만 표시하시오.

2 '분석작업-2'시트에서 다음과 같은 기능을 실행하시오. (10점)

- ▶ 데이터 유효성 검사 도구를 이용하여 누적(%) [E3:E6] 영역의 합이 100%가 되도록 제한 대상을 설정하시오. (SUM 함수 사용)
- ▶ [E3:E6] 영역의 셀을 클릭한 경우 〈그림〉과 같은 설명 메시지를 표시하고, 유효하지 않은 데이터를 입력한 경우 〈그림〉과 같이 오류 메시지가 표시되도록 설정하시오.

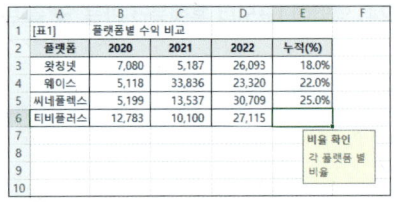
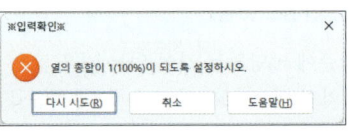

| 제4작업 | 기타작업 (35점)   주어진 시트에서 다음의 과정을 수행하고 저장하시오.

1 '기타작업-1'시트에서 다음의 지시사항에 따라 차트를 수정하시오. (각 2점)

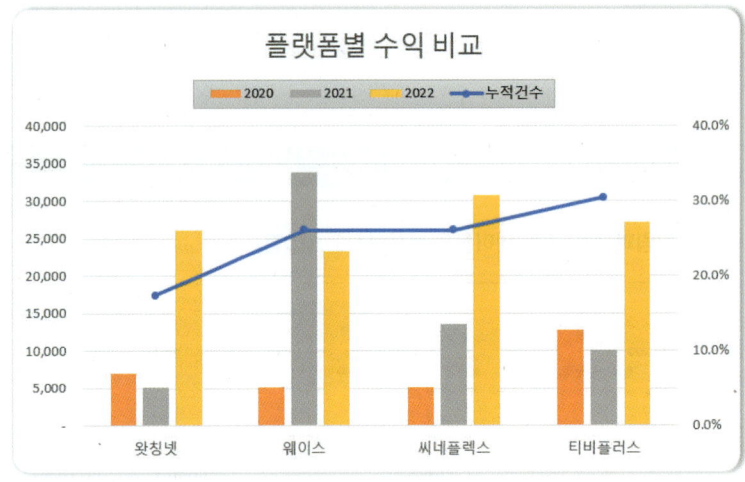

※ 차트는 반드시 문제에서 제공한 차트를 사용하여야 하며, 신규로 차트작성 시 0점 처리됨

① 차트 제목을 [B1] 셀과 연결하여 표시하고, 글꼴 크기를 '16'으로 설정하시오.
② 차트 데이터 범위에 '누적건수' 계열을 추가한 후 행과 열을 전환하고, 차트 종류를 '표식이 있는 꺾은선'으로 변경한 후 보조 축으로 지정하시오.
③ 범례 항목의 위치를 '위쪽'으로 표시하고, 도형 스타일 '미세효과 – 회색, 강조3'을 적용하시오.
④ 보조 세로 (값) 축의 최대값을 '0.4', 주 단위를 '0.1'으로 설정하시오.
⑤ 차트 영역의 테두리 스타일은 '둥근 모서리', 그림자는 '오프셋 오른쪽'으로 설정하시오.

2 '기타작업-2' 시트에서 다음과 같은 기능을 수행하는 매크로를 현재 통합문서에 작성하고 실행하시오. (각 5점)

① [F3:F21] 영역에 대해서 사용자 지정 표시 형식을 설정하는 '등급확인' 매크로를 생성하시오.
▶ 셀 값이 양수하면 자홍색으로 '★' 기호가 표시되고 음수라면 파랑색으로 '☆' 기호가 표시되도록 설정하고, 셀 값이 0이라면 빈칸, 문자라면 '해당없음'이라 표시되도록 설정하시오.
▶ [개발도구]-[삽입]-[양식 컨트롤]의 '단추'를 동일 시트의 [H2:I3] 영역에 생성한 후 텍스트를 '등급확인'으로 입력하고, 단추를 클릭하면 '등급확인' 매크로가 실행되도록 설정하시오.

② [F3:F21] 영역에 대해서 표시 형식 '일반'을 설정하는 '점수확인' 매크로를 생성하시오.
▶ [개발도구]-[삽입]-[양식 컨트롤]의 '단추'를 동일 시트의 [H5:I6] 영역에 생성한 후 텍스트를 '점수확인'으로 입력하고, 단추를 클릭하면 '점수확인' 매크로가 실행되도록 설정하시오.
※ 매크로는 도형과 연결되어야 하며, 셀 포인터의 위치에 관계없이 매크로가 실행되어야 정답으로 인정됨

3 '기타작업-3' 시트에서 다음과 같은 작업을 수행하도록 프로시저를 작성하시오. (각 5점)

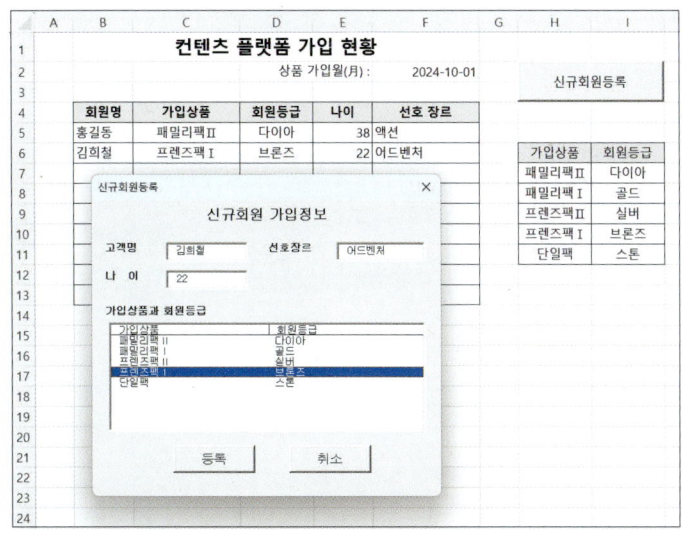

① '등록' 버튼을 클릭하면 〈신규회원등록〉 폼이 나타나고, 〈신규회원등록〉 폼이 초기화(Initialize) 되면 [H7:I11] 영역의 내용이 '가입상품(lst가입상품)' 목록 상자에 표시되도록 프로시저를 작성하시오.

② 〈신규회원등록〉 폼의 '등록(cmd등록)' 버튼을 클릭하면 폼에 입력된 데이터가 시트의 표 마지막 행 다음에 연속적으로 추가되도록 프로시저를 작성하시오.
▶ 목록 상자(lst가입상품)에서 목록을 선택하고 '고객명(txt고객명)'을 입력했을 때만 폼의 데이터가 워크시트에 입력되도록 설정하시오.
▶ 고객명(txt고객명)을 입력하지 않았거나 가입상품(lst가입상품)을 선택하지 않으면 아래 〈그림〉과 같은 메시지 박스를 표시하시오.

 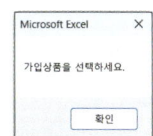

[고객명을 입력하지 않았을 때]   [가입상품을 선택하지 않았을 때]

▶ 입력되는 데이터는 워크시트에 입력된 기존 데이터와 같은 형식의 데이터로 입력하시오.

▶ 폼의 '등록(cmd등록)' 버튼을 클릭하면 목록 상자(lst가입상품)는 아무것도 선택되지 않은 상태로 초기화 되도록 설정하시오.

③ 〈신규회원등록〉 폼의 '취소(cmd취소)' 버튼을 클릭하면 [F2] 셀에 오늘 날짜를 표시한 후 폼을 종료하는 프로시저를 작성하시오.

• 스프레드시트 •

실전모의고사 7회 정답 및 해설

정답 파일 : 컴활1급/스프레드시트/모의고사/정답/실전모의고사7회(정답).xlsm

|제1작업| 기본작업

1 고급필터

① [A28] 셀에 「**조건**」, [A29] 셀에 「=AND(ISNUMBER(SEARCH("판타지",D4)),RANK.EQ(F4,$F$4:$F$25,0)<=10)」을/를 입력한다.

=AND(ISNUMBER(SEARCH("판타지",D4)),RANK.EQ(F4,$F$4:$F$25,0)<=10)	
AND(❶,❷)	모든 조건이 참이면 TRUE, 아니면 FALSE
❶ ISNUMBER(SEARCH("판타지",D4))	'장르'에서 '판타지'란 단어의 위치번호가 표시되면 True를 반환
❷ RANK.EQ(F4,$F$4:$F$25,0)<=10	'전 세계 수익'이 상위 10위 이내라면 True를 반환

② [A32:C32] 영역에 추출할 필드명을 입력한다.

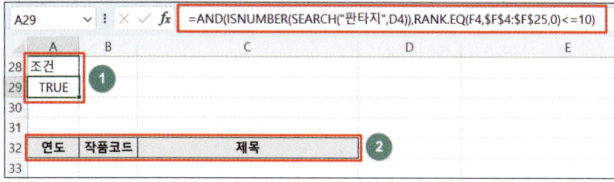

③ [A3:F25] 영역을 범위 지정한 후 [데이터]탭-[정렬 및 필터] 영역의 [고급( )]을 클릭한다.

④ [고급 필터] 대화상자가 나타나면 결과를 '다른 장소에 복사'로 설정하고, 아래와 같이 설정한 후 [확인]을 클릭한다.

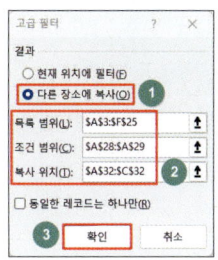

목록 범위	$A$3:$F$25
조건 범위	$A$28:$A$29
복사 위치	$A$32:$C$32

⑤ 최종 결과

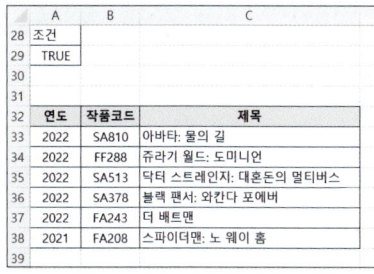

2 조건부서식

① [A4:F25] 영역을 범위 지정한 후 [홈]탭-[스타일] 영역의 [조건부 서식(▦)]의 [새 규칙(▦)]을 클릭한다.

② [새 서식 규칙] 대화상자가 나타나면 규칙 유형 선택을 '수식을 사용하여 서식을 지정할 셀 결정'으로 선택한 후, 다음 수식이 참인 값의 서식 지정 영역에 「=(ISEVEN(RIGHT($B4,3)))*(ISEVEN($A4))」와 같이 입력한다.

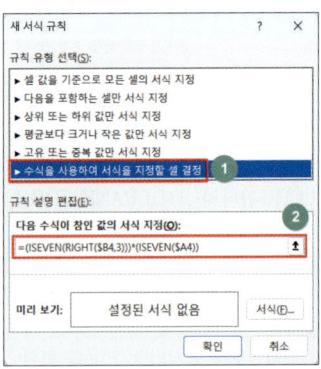

=(ISEVEN(RIGHT($B4,3)))*(ISEVEN($A4))	
(❶)*(❷)	모든 조건이 참이면 TRUE, 아니면 FALSE
❶ ISEVEN(RIGHT($B4,3))	'작품코드' 뒤 3글자가 짝수라면 True를 반환
❷ ISEVEN($A4)	'연도'가 짝수라면 True를 반환

③ [서식]을 클릭하여 [셀 서식] 대화상자를 표시한 후 [글꼴]탭에서 '글꼴 스타일-굵게'와 '색-빨강'을 선택한 후 [확인]을 차례로 클릭한다.

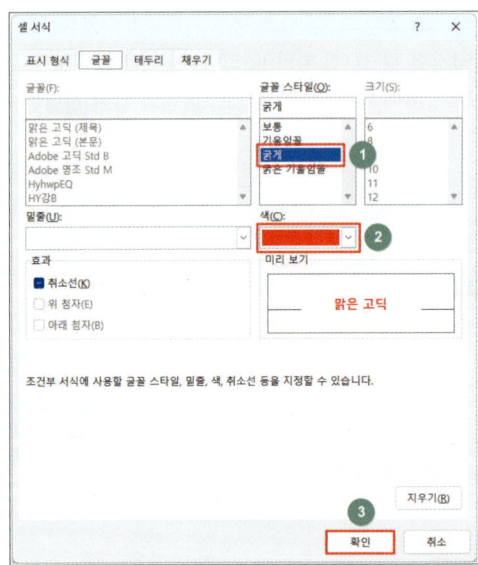

④ 최종 결과

	A	B	C	D	E	F
1	연도별 영화목록 및 수익					
2						
3	연도	작품코드	제목	장르	배급사	전 세계 수익
4	2022	SA810	아바타: 물의 길	SF/액션/판타지	디즈니 / 20세기	$2,174,420,442
5	2022	AS213	탑건: 매버릭	액션/스릴러	파라마운트	$1,488,732,821
6	2022	FF288	쥬라기 월드: 도미니언	가족/판타지	유니버설	$1,003,927,920
7	2022	SA513	닥터 스트레인지: 대혼돈의 멀티버스	SF/액션/판타지	디즈니	$955,775,804
8	2022	AN125	미니언즈 2	애니메이션	유니버설	$939,433,210
9	2022	SA378	블랙 팬서: 와칸다 포에버	SF/액션/판타지	디즈니	$842,381,066
10	2022	FA243	더 배트맨	판타지/어드벤처	소니	$770,836,163
11	2022	AS616	토르: 러브 앤 썬더	판타지/어드벤처	워너 브라더스	$760,928,081
12	2021	FA208	스파이더맨: 노 웨이 홈	판타지/어드벤처	소니	$1,544,455,963
13	2021	FA108	안녕, 엄마	가족	리안 레이 픽처스	$841,674,419
14	2021	FA780	007 노 타임 투 다이	액션/스릴러	MGM / 유니버설	$774,034,007
15	2021	SA360	분노의 질주: 더 얼티메이트	액션/스릴러	유니버설	$726,229,501
16	2021	SA288	베놈 2: 렛 데어 비 카니지	SF/액션/스릴러	소니	$501,138,437
17	2021	FA108	샹치와 텐 링즈의 전설	판타지	디즈니	$432,233,010
18	2021	FA292	이터널스	판타지	디즈니	$401,842,256
19	2020	AN129	극장판 귀멸의 칼날: 무한열차편	애니메이션	도호 / 애니플렉스 (소니 뮤직 재팬)	$500,000,000
20	2020	FA112	나와 나의 고향	가족	차이나 라이언	$433,241,288
21	2020	AS131	나쁜 녀석들: 포에버	액션/스릴러	소니	$426,505,244
22	2020	SA127	테넷	SF/액션/스릴러	워너 브라더스	$363,656,624
23	2020	AN125	슈퍼 소닉	애니메이션	파라마운트	$319,715,683
24	2020	FA110	닥터 두리틀	가족	유니버설	$245,521,062
25	2020	AS573	쇼크 웨이브 2	액션/스릴러	유니버스 필름 유통사	$226,320,000
26						

3 페이지 레이아웃 + 통합 문서 보기

① [페이지 레이아웃]탭-[페이지 설정]영역의 '화살표(🔽)'를 클릭하여 [페이지 설정] 대화상자를 호출한다.
② [페이지]탭에서 용지 방향을 '가로'로 변경하고, [여백]탭 하단의 페이지 가운데 맞춤 영역에서 '가로' 항목의 체크박스를 선택한다.
③ [시트]탭의 '인쇄 영역'에 기존에 있던 영역에 추가하여 [A1:E15,A17:E24]과 같이 지정한다.
④ '반복할 행'에 커서를 두고 행 머리글 1을 드래그한 후 [확인]을 클릭한다.

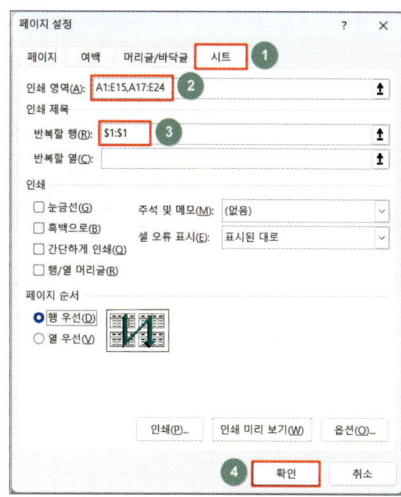

⑤ [보기]탭-[통합 문서 보기] 영역의 [페이지 나누기 미리 보기]를 선택한 후, 아래 그림과 같이 1페이지 구분 선을 24행 아래쪽으로 이동시켜 인쇄 영역을 조정한다.

| 제2작업 | 계산작업

1 1회 시청가 - [F3:F24] 영역

[F3] 셀에 「=INDEX($L$3:$O$6,MATCH(E3,$K$3:$K$6,0),MATCH(RIGHT(B3,1),$L$2:$O$2,0))」을/를 입력한 후 [F24] 셀까지 수식을 복사한다.

=INDEX($L$3:$O$6,MATCH(E3,$K$3:$K$6,0),MATCH(RIGHT(B3,1),$L$2:$O$2,0))	
INDEX($L$3:$O$6,❶,❷)	[$L$3:$O$6] 영역에서 ❶행과 ❷열의 교차값을 표시
❶ MATCH(E3,$K$3:$K$6,0)	[$K$3:$K$6] 영역에서 '플랫폼'의 행 번호를 표시
❷ MATCH(❸,$L$2:$O$2,0)	[$L$2:$O$2] 영역에서 ❸의 열 번호를 표시
❸ RIGHT(B3,1)	'작품코드'의 마지막 한 글자를 추출하여 표시

2 행사기간 - [H3:H24] 영역

① [개발도구]탭-[코드]영역의 [Visual Basic]을 클릭하거나, [Alt]+[F11]을 눌러 VBA를 실행한다.
② [삽입]메뉴의 [모듈]을 선택한다.

③ 코드 창에 아래와 같이 코드를 입력한다.

Public Function fn행사기간(작품코드)	
Select Case Right(작품코드, 1)	→ '작품코드'의 마지막 한 글자를 추출한 값이
Case "H": fn행사기간 = "10일"	→ 'H'와 같다면 'fn할인적용'은 "10일"로 표시
Case "M": fn행사기간 = "30일"	→ 'M'와 같다면 'fn할인적용'은 "30일"로 표시
Case "E": fn행사기간 = "60일"	→ 'E'와 같다면 'fn할인적용'은 "60일"로 표시
Case "A": fn행사기간 = "90일"	→ 'A'와 같다면 'fn할인적용'은 "90일"로 표시
End Select	→ 선택 종료
End Function	→ Function 코드 종료

④ [파일]-[닫고 Microsoft Excel(으)로 돌아가기]를 클릭하여 VBA를 종료하고 엑셀로 돌아온다.
⑤ [H3] 셀에 「=fn행사기간(B3)」을/를 입력한 후 [H24] 셀까지 수식을 복사한다.

3 흥행등급 - [I3:I24] 영역

[I3] 셀에 「=REPT("★",XLOOKUP(D3,$N$18:$N$21,$O$18:$O$21,0,-1,2))」을/를 입력한 후 [I24] 셀까지 수식을 복사한다.

=REPT("★",XLOOKUP(D3,$N$18:$N$21,$O$18:$O$21,0,-1,2))	
REPT("★",❶)	'★' 기호를 ❶만큼 반복하여 표시
❶ XLOOKUP(D3,$N$18:$N$21,$O$18:$O$21,0,-1,2)	'수익(억원)'과 일치하거나 작은 항목 값(-1)을 [표5]의 오름차순 정렬(2)되어 있는 수익기준 열에서 찾아 동일한 위치의 흥행등급을 표시하고, 만약 해당하는 값이 없다면 0을 표시

4 작품별 연도별 영화 건수 - [M11:O13] 영역

[M11] 셀에 「=SUM(IF((LEFT($B$3:$B$24,2)=$L11)*($A$3:$A$24=M$10),1))」을/를 입력하고 Ctrl + Shift + Enter 를 눌러 마무리한 후 [B26] 셀까지 수식을 복사한다.

=SUM(IF((LEFT($B$3:$B$24,2)=$L11)*($A$3:$A$24=M$10),1))	
SUM(IF(❶*❷,1))	❶과 ❷조건을 모두 만족하는 건수를 계산
❶ (LEFT($B$3:$B$24,2)=$L11)	'작품코드' 왼쪽 두 글자가 지정한 조건과 일치하면 True를 반환
❷ ($A$3:$A$24=M$10)	'연도' 범위의 값이 지정한 조건과 일치하면 True를 반환

5 플랫폼별 판타지 영화 수익 평균 - [L18:L21] 영역

[L18] 셀에 「=AVERAGE(IF(($E$3:$E$24=K18)*(IFERROR(SEARCH("판타지",$G$3:$G$24),0)), $D$3:$D$24))」을/를 입력하고 Ctrl + Shift + Enter 를 눌러 마무리한 후 [L21] 셀까지 수식을 복사한다.

=AVERAGE(IF(($E$3:$E$24=K18)*(IFERROR(SEARCH("판타지",$G$3:$G$24),0)),$D$3:$D$24))	
AVERAGE(IF(❶*❷,$D$3:$D$24))	❶과 ❷조건을 모두 만족하는 '수익(억원)'의 평균을 계산하여 표시
❶ ($E$3:$E$24=K18)	'플랫폼' 범위의 값이 지정한 조건과 일치하면 True를 반환
❷ (IFERROR(❸,0))	❸의 값에 오류가 있다면 0을 대신하여 표시
❸ SEARCH("판타지",$G$3:$G$24)	'장르'에 '판타지'라는 단어가 있다면 해당 위치번호를 반환

| 제3작업 | 분석작업

1 피벗테이블

① [B2] 셀을 선택한 후 [데이터]탭-[외부 데이터 가져오기 및 변환] 영역의 [데이터 가져오기( )] 목록에서 [기타 원본에서( )]-[Microsoft Query에서( )]를 차례대로 선택한다.

② [데이터 원본 선택] 대화상자가 나타나면 'Ms Access Database*'을 선택한 후 [확인]을 클릭한다.

③ [데이터베이스 선택] 대화상자로 전환되면 '영화배부현황.accdb' 파일의 위치를 찾아 선택한 후 [확인]을 클릭한다.

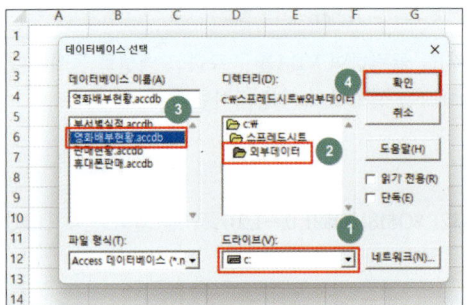

④ [열 선택] 단계의 사용할 수 있는 테이블과 열 목록에서 '영화배급현황' 테이블을 더블 클릭한다. 피벗 테이블 작성 시 사용해야 하는 '연도', '작품코드', '수익(억원)', '플랫폼' 열을 더블 클릭하거나 추가(>)를 클릭하여 '쿼리에 포함된 열' 구역으로 이동시킨다.

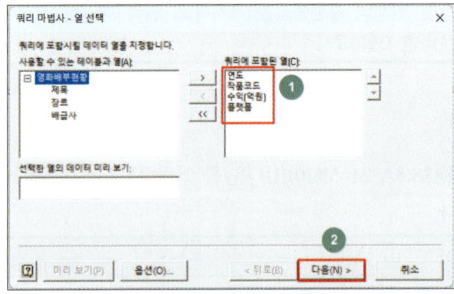

⑤ [데이터 필터]와 [정렬 순서] 단계에서는 설정 없이 [다음]을 클릭한다.

⑥ [쿼리 마법사 – 마침] 대화상자에서 'Microsoft Excel(으)로 데이터 되돌리기'를 선택한 후 [마침]을 클릭한다.

⑦ [데이터 가져오기] 대화상자에서 '피벗 테이블 보고서'를 선택하고, 데이터가 들어갈 위치를 '기존 워크시트'로 변경하여 [B2] 셀을 지정한 후 [확인]을 클릭한다.

⑧ '피벗 테이블 필드' 창에서 〈그림〉과 같이 레이아웃을 지정한다.

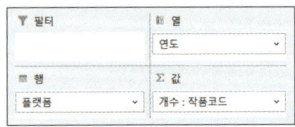

⑨ 작성된 피벗 테이블에서 임의의 셀을 선택한 후 [디자인]탭-[레이아웃] 영역의 [보고서 레이아웃( )] 목록에서 '개요 형식으로 표시'를 선택한다.

⑩ '작품코드'의 개수가 표시된 임의의 셀을 선택한 후 [피벗 테이블 분석]탭-[활성 필드] 영역의 [필드 설정( )]을 클릭한다. [값 필드 설정] 대화상자가 나타나면 '사용자 지정 이름'을 「배급률」로 변경하고, [값 표시 형식]탭의 '값 표시 형식'을 '열 합계 비율'로 변경한 후 [확인]을 클릭한다.

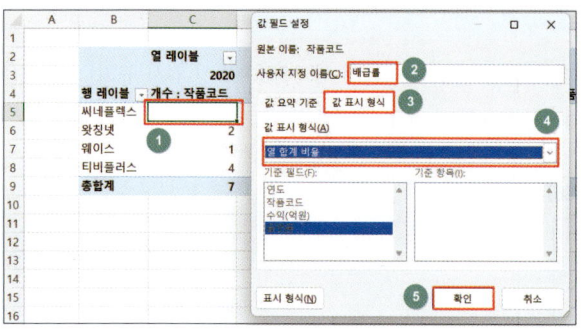

⑪ 작성된 피벗 테이블에서 임의의 셀을 선택한 후 [피벗 테이블 분석]탭-[계산] 영역의 [필드, 항목 및 집합] 목록에서 '계산 필드'를 선택한다.

⑫ [계산 필드 삽입] 대화상자가 나타나면 이름에 「**순수익(억원)**」, 수식에 「**='수익(억원)'*0.3**」와 같이 입력하고 [추가]와 [확인]을 순서대로 클릭한다.

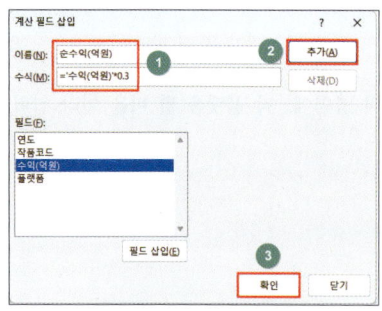

⑬ '순수익(억원)'의 합계가 표시된 임의의 셀을 선택한 후 [피벗 테이블 분석]탭-[활성 필드] 영역의 [필드 설정(📋)]을 클릭한다. [값 필드 설정] 대화상자가 나타나면 [표시 형식]을 클릭하여 범주를 '회계', 기호는 '없음'으로 설정한 후 [확인]을 차례대로 클릭한다.

⑭ 피벗 테이블의 임의의 셀을 선택한 후 바로 가기 메뉴 중 [피벗 테이블 분석]탭-[피벗 테이블] 영역의 [옵션(📋)]을 선택한다. 또는 바로 가기 메뉴 중 [피벗 테이블 옵션]을 선택한다.

⑮ [피벗 테이블 옵션] 대화상자가 나타나면 [레이아웃 및 서식] 탭의 '레이아웃' 영역에서 '레이블이 있는 셀은 병합하고 가운데 맞춤'을 선택한 후, '서식' 영역에서 '빈 셀 표시'의 빈 칸에 「**-**」를 입력한다.

⑯ [요약 및 필터] 탭의 '총합계' 영역에서 '행의 총합계'의 체크박스를 해제하고 [확인]을 클릭한다.

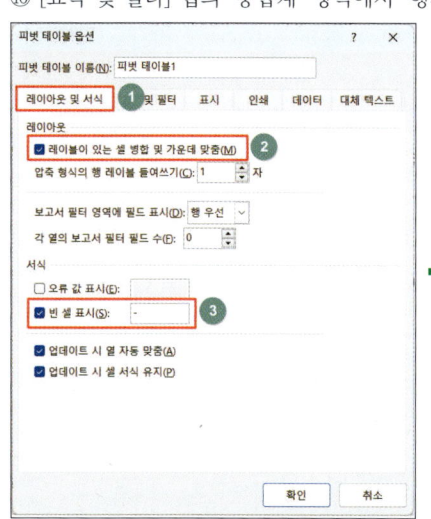 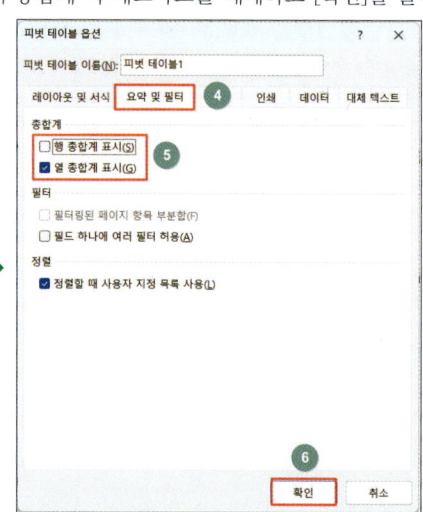

2 유효성 검사 규칙

① [E3:E6] 영역을 범위 지정한 후 [데이터]탭-[데이터 도구] 영역의 [유효성 검사 규칙] 아이콘(📋)을 클릭한다.

② [데이터 유효성] 대화상자가 나타나면 [설정]탭의 제한 대상(∨)을 클릭하여 '사용자 지정'을 선택한 후, 원본 구역에 「=SUM($E$3:$E$6)=100%」와 같이 입력한다.

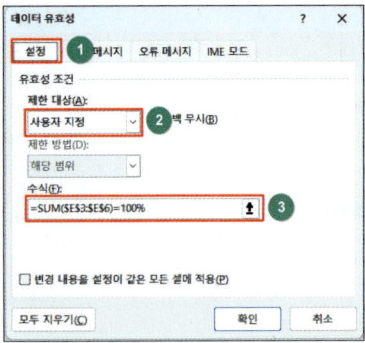

③ [설명 메시지]탭의 제목 영역에 「**비율 확인**」, 설명 메시지 영역에 「**각 플랫폼 별 비율**」이라 입력한다.

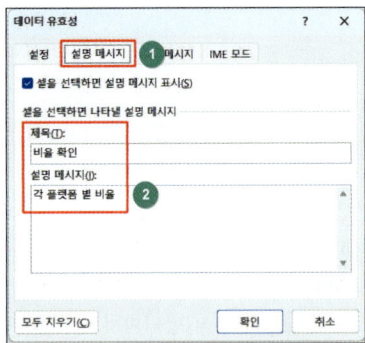

④ [오류 메시지]탭의 스타일(∨) 목록에서 '중지'를 선택하고, 제목 영역에 「**※입력확인※**」, 오류 메시지 영역에 「**열의 총합이 1(100%)이 되도록 설정하시오.**」와 같이 입력한 후 [확인]을 클릭한다.

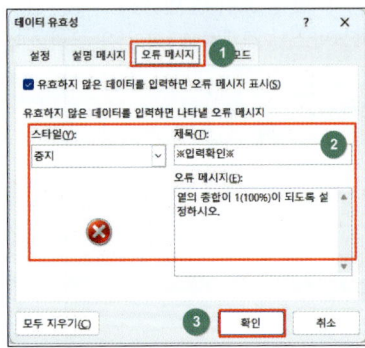

| 제4작업 | 기타작업

1 차트

① 차트 제목을 선택한 뒤 수식 입력줄에 「=」을 입력하고 [B1] 셀을 선택한 후 [Enter]을 누른다.
② 차트 제목을 선택하고 [홈]탭-[글꼴] 영역의 글꼴 크기를 '16'으로 지정한다.

③ 차트 영역을 선택한 후 [차트 디자인]탭-[데이터] 영역의 [데이터 선택( )]을 선택한다.
④ [데이터 원본 선택] 대화상자가 나타나면 차트 데이터 범위를 [A2:E6]으로 설정하고, [행/열 전환]과 [확인]을 차례대로 클릭한다.

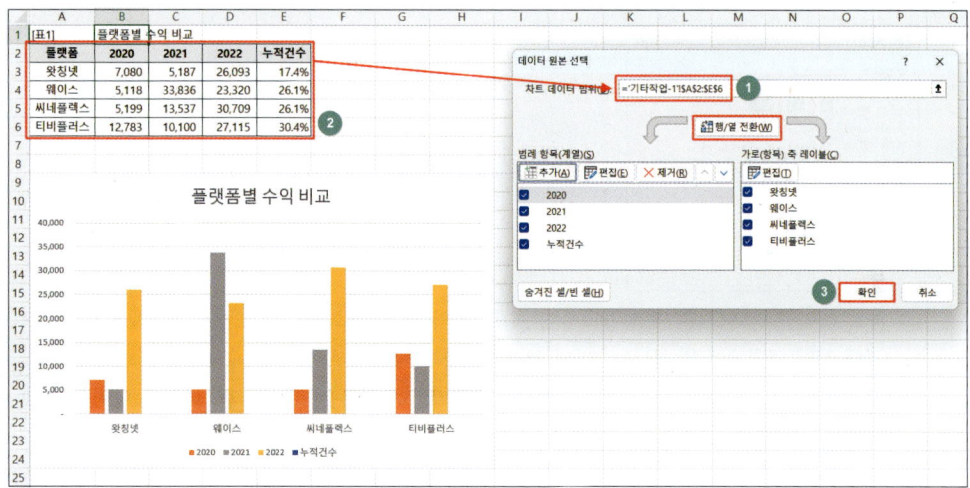

⑤ 임의의 데이터 계열을 선택한 후 [차트 디자인]탭-[종류] 영역의 [차트 종류 변경( )]을 선택한다.
⑥ [차트 종류 변경] 대화상자가 나타나면 '혼합' 범주에서 '누적건수' 항목의 차트 종류 목록을 '표식이 있는 꺾은선형'으로 선택하고, 보조 축 항목을 선택한 후 [확인]을 클릭한다.

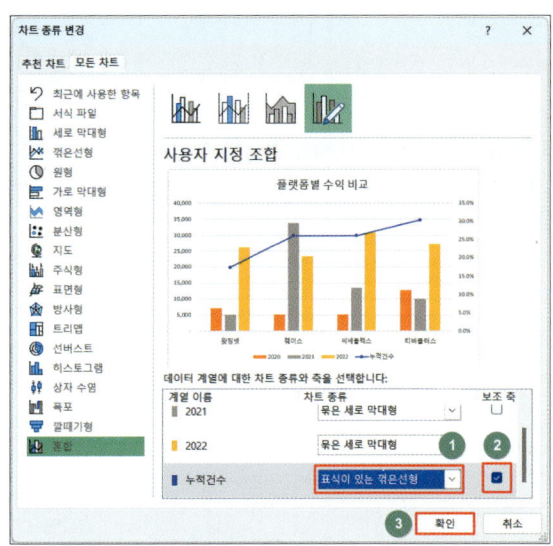

⑦ '범례' 항목을 더블 클릭하여 [범례 서식] 대화상자를 표시한 후, [범례 옵션(📊)]탭에서 범례 위치를 '위쪽'으로 설정한다.

⑧ '범례' 항목을 선택하고 [서식]탭-[도형 스타일] 목록에서 '미세효과 - 회색, 강조3'을 선택한다.

⑨ '보조 세로 (값) 축' 항목을 더블 클릭하여 [축 서식] 대화상자를 표시한 후, [축 옵션(📊)]탭에서 최대 값은 '0.4', 단위 기본은 '0.1'로 설정한다.

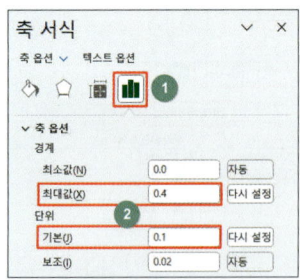

⑩ 차트 영역을 선택한 후 더블 클릭하여 [차트 영역 서식] 대화상자를 표시한다. [채우기 및 선(◇)]탭 -[테두리] 영역에서 '둥근 모서리'의 체크박스를 선택한다.

⑪ [효과(◇)]탭-[그림자]에서 미리 설정(▼)을 클릭하여 목록을 표시한 후, 바깥쪽 영역의 '오프셋: 오른쪽'을 선택한다.

2 매크로

① [개발 도구]탭-[컨트롤] 영역의 [삽입(📋)] 목록에서 양식 컨트롤의 [단추(□)]를 선택한 후, 마우스 포인터가 '+'로 바뀌면 [Alt] 키를 누른 채 [H2:I3] 영역에 드래그하여 컨트롤을 그려준다.

② [매크로] 대화상자가 나타나면 매크로 이름을 「**등급확인**」으로 입력하고 [기록]을 클릭한다.

③ [매크로 기록] 화면으로 전환되면 매크로 이름이 '등급확인'인지 확인한 후 [확인]을 클릭한다.

④ [F3:F21] 영역을 범위 지정한 후 [Ctrl] + [1]을 눌러 [셀 서식] 대화상자를 호출한다.

⑤ [셀 서식] 대화상자가 나타나면 [표시 형식]탭의 '사용자 지정' 범주의 형식에 「**[자홍]**"★"**;[파랑]**"☆";"";"**해당없음**"」으로 입력한 후 [확인]을 클릭한다.

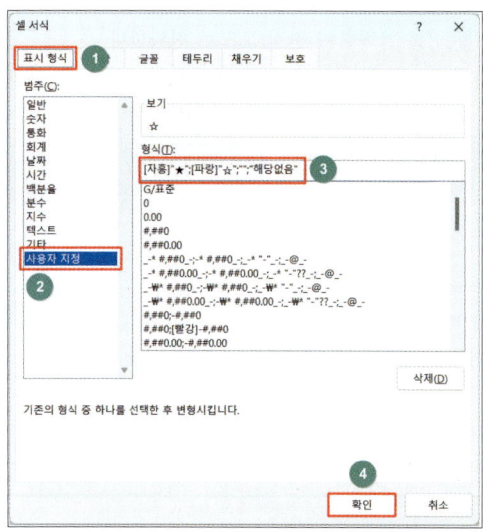

⑥ [개발 도구]탭-[코드] 영역의 [기록 중지]를 클릭한다.
⑦ 단추 컨트롤을 마우스 오른쪽으로 클릭하여 나타나는 바로 가기 메뉴에서 '텍스트 편집'을 선택한다. 컨트롤이 편집 상태가 되면 「**등급확인**」으로 입력하고 임의의 셀을 클릭하여 편집을 마무리한다.
⑧ [개발 도구]탭-[컨트롤] 영역의 [삽입(🗒)] 목록에서 양식 컨트롤의 [단추(☐)]를 선택한 후, 마우스 포인터가 '+'로 바뀌면 [Alt] 키를 누른 채 [H5:I6] 영역에 드래그하여 컨트롤을 그려준다.
⑨ [매크로] 대화상자가 나타나면 매크로 이름을 「**점수확인**」으로 입력하고 [기록]을 클릭한다.
⑩ [매크로 기록] 화면으로 전환되면 매크로 이름이 '점수확인'인지 확인한 후 [확인]을 클릭한다.
⑪ [F3:F21] 영역을 범위 지정한 후 [Ctrl] + [1]을 눌러 [셀 서식] 대화상자를 호출한다.
⑫ [셀 서식] 대화상자가 나타나면 [표시 형식]탭의 '일반' 범주를 선택한 후 [확인]을 클릭한다.
⑬ [개발 도구]탭-[코드] 영역의 [기록 중지]를 클릭한다.
⑭ 단추 컨트롤을 마우스 오른쪽으로 클릭하여 나타나는 바로 가기 메뉴에서 '텍스트 편집'을 선택한다. 컨트롤이 편집 상태가 되면 「**점수확인**」으로 입력하고 임의의 셀을 클릭하여 편집을 마무리한다.
⑮ 최종 결과

	A	B	C	D	E	F	G	H	I
1	[표1] 영화 목록								
2	연도	작품코드	제목	수익(억원)	플랫폼	평점			
3	2022	SA-810-M	아바타: 물의 길	26,093	왓칭넷	☆		등급확인	
4	2021	FA-208-M	스파이더맨: 노 웨이 홈	18,533	웨이스				
5	2022	AS-210-M	탑건: 매버릭	17,865	씨네플렉스	★		점수확인	
6	2022	FF-288-E	쥬라기 월드: 도미니언	12,047	웨이스	★			
7	2022	SA-513-M	닥터 스트레인지: 대혼돈의 멀티버스	11,469	씨네플렉스				
8	2021	FA-108-E	샹치와 텐 링즈의 전설	5,187	티비플러스	★			
9	2022	AN-120-A	미니언즈 2	11,273	웨이스	★			
10	2021	FA-780-H	007 노 타임 투 다이	9,288	웨이스	☆			
11	2021	FA-243-E	더 베트맨	9,250	웨이스	★			
12	2022	AS-616-E	토르: 러브 앤 썬더	9,131	씨네플렉스				
13	2021	SA-360-H	분노의 질주: 더 얼티메이트	8,715	웨이스	☆			
14	2021	SA-288-H	베놈 2: 렛 데어 비 카니지	6,014	웨이스				
15	2020	AN-122-M	극장판 귀멸의 칼날: 무한열차편	6,000	티비플러스	해당없음			
16	2020	FA-112-E	나와 나의 고향	5,199	티비플러스				
17	2020	AS-132-H	나쁜 녀석들: 포에버	5,118	웨이스	★			
18	2020	FA-292-E	이터널스	4,822	씨네플렉스	☆			
19	2020	SA-126-H	테넷	4,364	왓칭넷	★			
20	2020	AN-125-A	슈퍼 소닉	3,837	티비플러스				
21	2020	AS-576-E	쇼크 웨이브 2	2,716	왓칭넷	해당없음			
22									

3 프로시저

❶ 폼 띄우고 컨트롤 채우기

① [개발도구]탭-[컨트롤] 영역의 [디자인 모드(🔲)]를 클릭하여 편집 모드로 전환한다.
② 워크시트의 '신규회원등록(cmd회원등록)' 버튼을 더블 클릭하여 코드 창이 나타나면 다음과 같이 코드를 입력한다.

```
Private Sub cmd회원등록_Click( )
    신규회원등록.Show
End Sub
```

③ [프로젝트- VBA Project] 탐색기에서 [폼]을 더블 클릭한 후, 표시되는 목록에서 〈신규회원등록〉 폼을 더블 클릭한다. 코드 창 영역에 〈신규회원등록〉 폼이 표시되면 해당 폼을 더블 클릭하거나 [코드 보기](🔲)를 클릭한다.
④ 'UserForm_Click()' 코드 창이 나타나면 프로시저 목록에서 'Initialize'를 선택한다.
⑤ 'UserForm_Initialize()' 코드 창이 나타나면 다음과 같이 코드를 작성한다.

Private Sub UserForm_Initialize( ) lst가입상품.RowSource = "H7:I11" End Sub	→ 'lst가입상품'의 행 원본을 "H7:I11"으로 지정

❷ 폼의 자료를 워크시트에 입력하기

① [프로젝트- VBA Project] 탐색기에서 [폼]을 더블 클릭한 후, 표시되는 목록에서 〈신규회원등록〉 폼을 더블 클릭한다. 코드 창 영역에 〈신규회원등록〉 폼이 표시되면 '등록(cmd등록)' 버튼을 더블 클릭한다.
② 'cmd등록_Click()' 코드 창이 나타나면 다음과 같이 코드를 작성한다.

Private Sub cmd등록_Click( )	
If IsNull(lst가입상품.Value) Then	→ 'lst가입상품' 목록 상자에서 선택된 값이 없다면
MsgBox "가입상품을 선택하세요."	→ "가입상품을 선택하세요."가 표시된 메시지 상자를 표시
ElseIf txt고객명 = "" Then	→ 'txt고객명'에 입력된 값이 없다면
MsgBox "고객명을 입력하세요."	→ "고객명을 입력하세요."가 표시된 메시지 상자를 표시
Else	→ 'lst가입상품'과 'txt고객명'이 비워져 있는 것이 아니라면
참조행 = lst가입상품.ListIndex	→ 'lst가입상품'에서 선택한 값의 위치 번호를 참조행에 반환
입력행 = [B4].Row + [B4].CurrentRegion.Rows.Count	→ [B4] 셀의 행 번호에 [B4] 셀과 연결된 범위의 데이터 행 수를 더해 입력행에 반환
Cells(입력행, 2) = txt고객명	→ 'txt고객명'의 값을 2(B)열의 입력행 위치에 입력
Cells(입력행, 3) = lst가입상품.List(참조행, 0)	→ 'lst가입상품' 목록의 1번째 열값을 3(C)열의 입력행 위치에 입력

```
        Cells(입력행, 4) = lst가입상품.List(참조행, 1)    → 'lst가입상품' 목록의 2번째 열값을 4(D)열의
                                                          입력행 위치에 입력

        Cells(입력행, 5) = Val(txt나이)                   → 'txt나이'의 값을 숫자 형식으로 변환하여 5(E)
                                                          열의 입력행 위치에 입력

        Cells(입력행, 6) = txt장르                        → 'txt장르'의 값을 6(F)열의 입력행 위치에 입력
        lst가입상품 = ""                                   → 'lst가입상품' 목록 상자를 초기화
      End If
    End Sub
```

❸ 폼 종료하고 날짜 입력 이벤트 설정하기

① [프로젝트– VBA Project] 탐색기에서 [폼]을 더블 클릭한 후, 표시되는 목록에서 〈신규회원등록〉 폼을 더블 클릭한다. 코드 창 영역에 〈신규회원등록〉 폼이 표시되면 '취소(cmd취소)' 버튼을 더블 클릭한다.

② 'cmd취소_Click()' 코드 창이 나타나면 다음과 같이 코드를 작성한다.

```
Private Sub cmd취소_Click( )
    Unload Me
    [F2] = Date
End Sub
```

③ 메뉴 상단 [보기 Microsoft Excel](🗙)을 클릭하여 엑셀로 돌아온다.

④ [개발 도구]탭–[코드] 영역의 [디자인 모드(🔏)]를 클릭하여 편집 모드를 해제한 후, 결과를 확인한다.

초판1쇄 인쇄 2023년 12월 11일
초판1쇄 발행 2023년 12월 18일
지은이 박은선
기획 김응태, 정다운
디자인 서제호, 서진희, 조아현
판매영업 조재훈, 김승규, 문지영

발행처 ㈜아이비김영
펴낸이 김석철
등록번호 제22-3190호
주소 (06728) 서울 서초구 서운로 32, 우진빌딩 5층
전화 (대표전화) 1661-7022
팩스 02)3456-8073

ⓒ ㈜아이비김영
이 책은 저작권법에 따라 보호받는 저작물이므로 무단복제를 금지하며,
책 내용의 전부 또는 일부를 이용하려면 반드시 저작권자의 서면동의를 받아야 합니다.

ISBN 978-89-6512-868-7 13000
정가 25,000원

잘못된 책은 바꿔드립니다.

● 더 멋진 내일 Tomorrow 을 위한 내일 My Career ●

내일은 １급실기
박은선 지음

컴퓨터활용능력

2권 │ 데이터 베이스

데이터베이스 실기 작업별 구성

◆ **작업별 구성**

컴퓨터활용능력 1급은 스프레드시트 45분, 데이터베이스 45분 총 90분의 시간동안 작업을 진행하게 됩니다. 각 과목별로 총 4가지 유형의 작업을 진행하게 되며, 각 과목 70점 이상을 취득해야 합격이 확정됩니다.

데이터베이스 과목에서는 제2작업인 입력 및 수정 기능 구현과 제3작업인 조회 및 출력 기능 구현에서 VBA와 SQL을 활용한 코드 작성과 매크로 작업을 수행해야하기 때문에 난이도가 높은 편입니다. VBA 코드 작성 시 사용해야 하는 명령어의 종류가 많고, 조건식 작성이 까다로워 작업 시 주의해야합니다. 또한 2024년 이후 개편된 평가 기준에 따르면 단순 쿼리 작성 유형이 사라지고 복합적인 형태의 쿼리 작성 문제가 출제되기 때문에 이전 버전보다 작업 시간 분배가 매우 중요해졌습니다. 각 작업별 상세 내용은 아래와 같습니다.

작업구분	구성	점수
제1작업 DB구축	• 테이블 완성 : 필드의 속성을 변경하거나 기본 키 등의 속성을 설정	3점*5문항
	• 관계 설정 : 테이블 간의 관계를 설정하고 무결성/업데이트/삭제 속성을 설정	5점
	• 외부데이터 : 외부데이터를 가져와서 새 테이블이나 연결 테이블을 생성 • 조회 속성 설정 : 필드에 조회 속성을 지정	5점
	데이터베이스 시스템을 사용할 수 있도록 테이블을 구축하고 테이블 간의 관계를 설정하여 데이터의 호환이 가능하도록 속성을 변경하는 작업입니다. 기본 키, 인덱스, 유효성 검사 규칙 등 자주 출제되는 유형들이 정해져있어 어렵지 않게 문제를 해결할 수 있습니다. 외부데이터 가져오기와 조회 속성 설정의 경우 두 유형 중 하나의 유형이 무작위로 출제됩니다. DB구축은 전반적으로 난이도가 어렵지는 않지만 이후의 작업들을 수행하기위해 반드시 해결해야하는 문항이므로 만점을 목표로 공부합니다.	
제2작업 입력 및 수정 기능 구현	• 폼 완성 : 폼 또는 컨트롤의 속성을 변경하거나 새롭게 컨트롤을 추가	3점*3문항
	• 컨트롤 수식 작성 : 컨트롤 원본에 함수를 이용한 수식 작성 • 조회 속성 설정 : 컨트롤에 조회 속성을 지정 • 조건부 서식 : 특정 조건을 만족하는 레코드에 서식을 지정 • 하위 폼 추가/편집 : 하위 폼 개체를 추가하거나 기존 하위 폼의 설정을 변경	6점
	• 매크로 함수 : 폼 열기/보고서 열기/폼 닫기 등의 매크로 함수를 작성 • 이벤트 프로시저 작성 : SQL, If, Select Case 등의 명령을 사용한 이벤트 프로시저를 작성	5점
	테이블을 레코드 원본으로 사용하는 폼을 편집하여 데이터를 관리하는 작업입니다. 컨트롤을 생성하거나 생성된 컨트롤의 세부 속성을 변경하는 등의 작업을 진행합니다. 폼 속성과 컨트롤 속성을 구분해서 작업을 수행해야 하며 정확한 개체 선택이 무엇보다 중요한 기능입니다. 매크로 함수 작성, 조건부 서식 적용, 콤보 상자에 조회 속성 설정, 하위 폼 생성 등의 여러 유형 중 두 문항이 무작위로 출제됩니다.	

제3작업 조회 및 출력 기능 구현	• 보고서 완성 : 그룹화 및 정렬을 설정하거나 컨트롤의 속성을 설정	3점*5문항
	• 이벤트 프로시저 : OpenReport, Filter, MsgBox, OrderBy 등의 이벤트 프로시저를 작성	5점
	테이블과 폼 컨트롤을 이용하여 지정된 조건에 맞는 데이터를 조회하고 해당 결과를 보고서에 출력하는 작업입니다. 정확한 출력을 위해 보고서 및 보고서 컨트롤의 속성을 변경하거나 다양한 형태의 이벤트 프로시저를 작성하여 데이터를 조회하는 문항이 출제됩니다. 이벤트 프로시저의 경우 사용되는 명령어의 종류가 많고 난이도 역시 높은 편이기 때문에 많은 연습이 필요합니다.	
제4작업 처리 기능 구현	• 쿼리 : 선택쿼리, 매개변수쿼리, 실행쿼리 등 다양한 형태의 쿼리를 작성	7점*5문항
	처리 기능 구현에서는 다양한 유형의 쿼리들을 무작위로 생성하게 되는데 난이도의 편차가 있는 편이지만 충분히 21점 이상의 점수를 취득할 수 있는 작업입니다. 쿼리 작성 시 함수를 사용하거나 SQL 구문을 사용하기도 하고, 조건을 지정하는 실행쿼리를 작성하기도 하는 등 유형과 난이도가 매우 다채롭기 때문에 모든 유형의 쿼리를 꼼꼼하게 정리할 필요가 있습니다.	

Contents

PART 01 DB구축

CHAPTER 01	테이블 완성	10
CHAPTER 02	관계 설정	23
CHAPTER 03	필드 조회 속성 설정	30
CHAPTER 04	외부데이터 가져오기/내보내기/연결하기	36

PART 02 입력 및 수정 기능 구현

CHAPTER 01	폼 완성	50
CHAPTER 02	콤보 상자 컨트롤 속성	65
CHAPTER 03	조건부 서식	70
CHAPTER 04	하위 폼	74

PART 03 조회 및 출력 기능 구현

CHAPTER 01	보고서 완성	80
CHAPTER 02	조회 및 출력 기능	91
CHAPTER 03	이벤트 프로시저	112

PART 04 처리 기능 구현

| CHAPTER 01 | 쿼리 ··· 134 |

PART 05 모의고사

CHAPTER 01	데이터베이스 실전모의고사 1회 ································ 162
CHAPTER 02	데이터베이스 실전모의고사 2회 ································ 179
CHAPTER 03	데이터베이스 실전모의고사 3회 ································ 195
CHAPTER 04	데이터베이스 실전모의고사 4회 ································ 212
CHAPTER 05	데이터베이스 실전모의고사 5회 ································ 227
CHAPTER 06	데이터베이스 실전모의고사 6회 ································ 243
CHAPTER 07	데이터베이스 실전모의고사 7회 ································ 260

Database

컴퓨터
활용능력
1급 실기

데이터베이스

PART 01

DB구축

CHAPTER 01 테이블 완성
CHAPTER 02 관계 설정
CHAPTER 03 필드 조회 속성 설정
CHAPTER 04 외부데이터 가져오기/내보내기/연결하기

■ 작업파일 데이터베이스/작업파일/1.DB구축

CHAPTER 01 테이블 완성

테이블(Table)은 데이터베이스(Database)를 구성하는 기본 단위로 데이터가 저장되어 있는 공간입니다. 테이블은 행과 열의 2차원 형태로 구성되어 있으며, 행은 관련된 필드의 집합으로 '레코드(Record)'라고도 불립니다. 열은 테이블을 구축하는 기본 단위로 '필드(Field)'라고도 불립니다.
테이블 완성 작업을 통해 테이블 자체 또는 테이블의 각 필드별 세부 속성을 지정하게 됩니다.

◐ 데이터 형식

짧은 텍스트	문자 데이터 저장 (최대 255자)
긴 텍스트	문자 데이터 저장 (255자 초과 입력 가능, 최대 65,535자)
숫자	숫자 데이터 저장
날짜/시간	날짜 및 시간 데이터 저장
통화	숫자 데이터에 화폐 단위(₩)를 표시하기 위한 형식
일련번호	숫자를 일정한 단위로 자동으로 입력
Yes/No	둘 중 하나를 선택해야 하는 경우에 사용하는 형식(Yes/No, True/False, On/Off)
OLE개체	그래픽, 소리, 영상 등의 파일을 저장
하이퍼링크	웹 사이트나 파일의 특정 위치로 이동
첨부 파일	파일을 첨부하기 위한 형식
계산	필드에 입력된 수식의 결과값을 표시
조회 마법사	조회 마법사를 이용하여 조회 속성을 설정

◐ 필드 속성 - [일반]탭

필드의 세부적인 속성을 지정하는 기능으로, 데이터 형식에 따라 지정 가능한 속성의 값과 범위가 달라집니다.

짧은 텍스트	긴 텍스트	숫자	Yes/No
일반 조회 필드 크기 255 형식 입력 마스크 캡션 기본값 유효성 검사 규칙 유효성 검사 텍스트 필수 아니요 빈 문자열 허용 예 인덱스 아니요 유니코드 압축 예 IME 모드 한글 문장 입력 시스템 모드 없음 텍스트 맞춤 일반	일반 조회 형식 캡션 기본값 유효성 검사 규칙 유효성 검사 텍스트 필수 아니요 빈 문자열 허용 예 인덱스 아니요 유니코드 압축 예 IME 모드 한글 문장 입력 시스템 모드 없음 텍스트 형식 일반 텍스트 텍스트 맞춤 일반 추가만 아니요	일반 조회 필드 크기 정수(Long) 형식 소수 자릿수 자동 입력 마스크 캡션 기본값 0 유효성 검사 규칙 유효성 검사 텍스트 필수 아니요 인덱스 아니요 텍스트 맞춤 일반	일반 조회 형식 Yes/No 캡션 기본값 No 유효성 검사 규칙 유효성 검사 텍스트 인덱스 아니요 텍스트 맞춤 일반

필드크기	필드에 입력 가능한 데이터의 길이와 크기를 지정
형식	데이터 형식에 따라 각기 다른 목록을 표시하며, 사용자 지정 형식 사용이 가능
입력마스크	입력받는 데이터의 종류와 방식을 설정
캡션	필드 이름을 대신하여 표시 될 값을 지정
기본값	테이블에 새 레코드가 추가될 때 자동으로 입력되는 값을 지정
유효성 검사 규칙	정해진 규칙에 맞는 데이터만 입력되도록 설정
유효성 검사 텍스트	유효성 검사 규칙에 맞지 않는 값이 입력된 경우 표시될 메시지를 지정
필수	필드에 값이 반드시 입력되도록 설정
빈 문자열 허용	빈 문자열의 입력 가능 여부를 지정
인덱스	검색이 용이하도록 데이터를 일정한 기준에 맞춰 정렬
유니코드 압축	유니코드 압축 여부를 지정
IME 모드	필드에 입력될 문자의 종류를 지정
텍스트 맞춤	컨트롤에서 텍스트의 위치를 지정

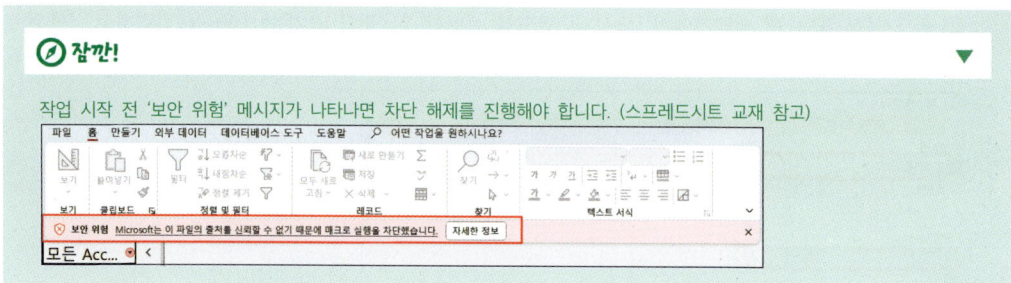

작업 시작 전 '보안 위험' 메시지가 나타나면 차단 해제를 진행해야 합니다. (스프레드시트 교재 참고)

출제유형 1 '1-1-테이블완성1.accdb' 파일을 열어 다음의 지시사항에 따라 각 테이블을 완성하시오.

<베스트셀러> 테이블

1 '도서명' 필드의 필드 크기를 50으로 설정하고, 반드시 입력되도록 설정하시오.
2 'ISBN' 필드를 기본 키로 설정하시오.
3 '저자명' 필드의 입력 모드를 '영숫자 반자'로 설정하시오.
4 '출간일' 필드에는 기본적으로 시스템상의 오늘 날짜가 입력되도록 설정하시오.
5 '출간일' 필드의 형식을 '간단한 날짜'로 설정하시오.

<주문내역> 테이블

6 마지막에 '결제구분' 필드를 추가하고 문자열을 입력받을 수 있도록 데이터 형식을 지정하시오.
7 '주문수량' 필드는 새로운 레코드가 추가되는 경우 기본적으로 20이 입력되도록 설정하시오.
8 '도서명' 필드는 반드시 입력되도록 설정하고, 빈 문자열이 허용되지 않도록 설정하시오.
9 'ISBN' 필드에 대해서 중복 가능한 인덱스를 설정하시오.
10 '재고유무' 필드는 Yes/No 두 가지 형태의 데이터만 입력되도록 데이터 형식을 설정하시오.

문제해결

1 '도서명' 필드 설정

① 화면 왼쪽 '탐색 창' 영역에서 〈베스트셀러〉 테이블을 마우스 오른쪽으로 클릭한 후, 바로 가기 메뉴에서 [디자인 보기]를 선택한다.

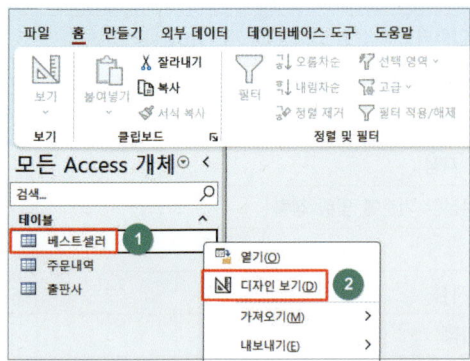

② 필드 목록 또는 행 선택기에서 '도서명' 필드를 선택한 후 '필드 크기'에 「50」을 입력하고, '필수'를 '예'로 변경한다.

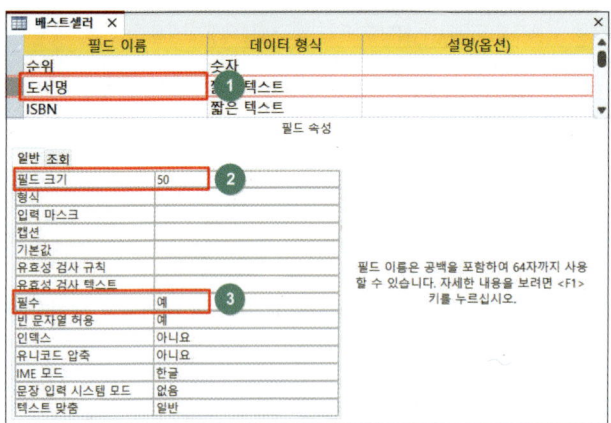

2 'ISBN' 필드 설정

필드 목록 또는 행 선택기에서 'ISBN' 필드를 선택한 후 [테이블 디자인]탭-[도구] 영역의 [기본 키]를 선택한다. 행 선택기에 열쇠 아이콘( )이 표시되는지 확인한다.

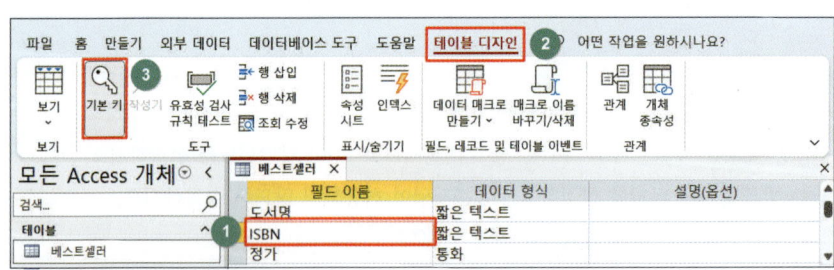

3 '저자명' 필드 설정

필드 목록 또는 행 선택기에서 '저자명' 필드를 선택한 후 'IME 모드' 목록에서 '영숫자 반자'를 선택한다.

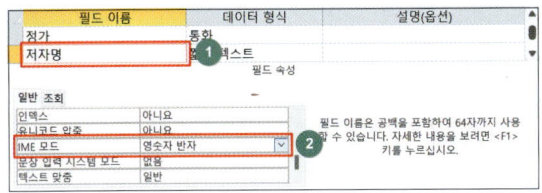

4 '출간일' 필드 설정

필드 목록 또는 행 선택기에서 '출간일' 필드를 선택한 후 '기본값'에 「Date( )」를 입력한다.

5 '출간일' 필드 설정

① 이어서 '형식' 목록에서 '간단한 날짜'를 선택한다.

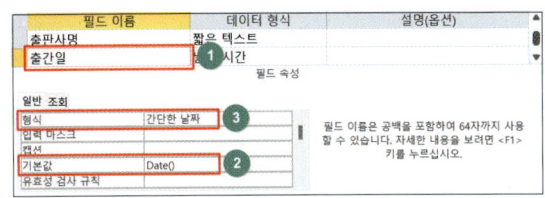

② [닫기(✗)] 버튼을 클릭하면 저장을 위한 대화상자가 나타난다. [예(Y)] 버튼을 선택하고 테이블을 종료한다.

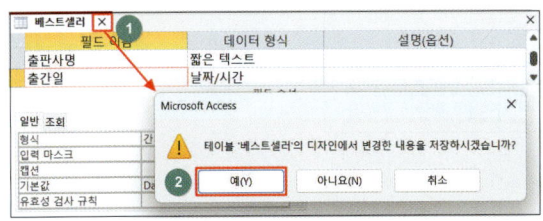

6 '결제구분' 필드 설정

① 화면 왼쪽 '탐색 창' 영역에서 〈주문내역〉 테이블을 마우스 오른쪽으로 클릭한 후, 바로 가기 메뉴에서 [디자인 보기]를 선택한다.

② 마지막 행에 「**결제구분**」이라 입력하고, '데이터 형식' 목록에서 '짧은 텍스트'를 선택한다.

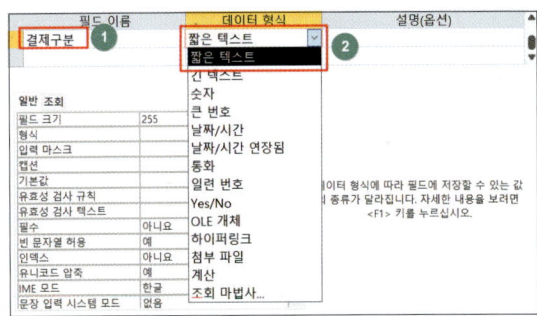

7 '주문수량' 필드 설정

필드 목록 또는 행 선택기에서 '주문수량' 필드를 선택한 후 '기본값'에 「20」을 입력한다.

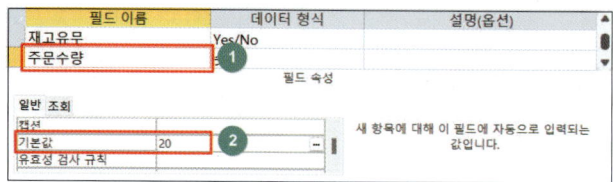

8 '도서명' 필드 설정

필드 목록 또는 행 선택기에서 '도서명' 필드를 선택한 후 '필수'를 '예', '빈 문자열 허용'을 '아니요'로 변경한다.

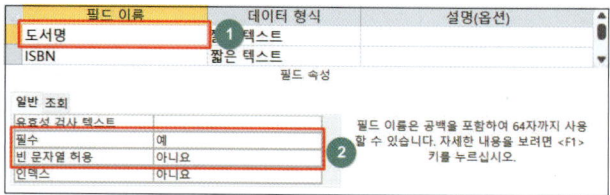

9 'ISBN' 필드 설정

필드 목록 또는 행 선택기에서 'ISBN' 필드를 선택한 후 '인덱스' 목록에서 '예(중복 가능)'를 선택한다.

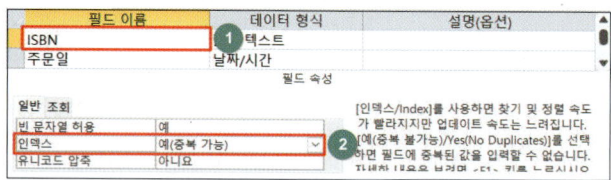

10 '재고유무' 필드 설정

① 필드 목록 또는 행 선택기에서 '재고유무' 필드를 선택한 후 '데이터 형식' 목록에서 'Yes/No'를 선택한다.

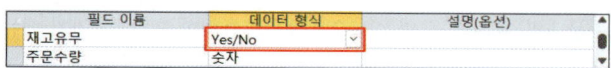

② [닫기(✖)] 버튼을 클릭하면 저장을 위한 대화상자가 나타난다. [예(Y)] 버튼을 선택하고 테이블을 종료한다.

◎ '형식' 속성

필드의 데이터 형식에 따라 각기 다른 목록을 표시합니다. 미리 정의된 형식을 지정하거나 사용자 지정 형식을 작성하여 사용할 수 있습니다.

데이터 형식 - 날짜/시간	
기본 날짜	2015-11-12 오후 5:34:23
자세한 날짜	2015년 11월 12일 목요일
보통 날짜	15년 11월 12일
간단한 날짜	2015-11-12
자세한 시간	오후 5:34:23
보통 시간	오후 5:34
간단한 시간	17:34

데이터 형식 - 숫자, 통화 외	
일반 숫자	3456.789
통화	₩3,457
유로	€3,456.79
고정	3456.79
표준	3,456.79
백분율	123.00%
공학용	3.46E+03

데이터 형식 - Yes/No	
True/False	True
Yes/No	Yes
On/Off	On

서식 기호	
#	임의의 숫자를 표시 (유효하지 않은 0 무시)
0	임의의 숫자를 표시 (유효하지 않은 0 표시)
,	천 단위 구분 기호 표시
@	임의의 문자를 표시
y	yy는 2자리 '년(연)'을 표시 yyyy는 4자리 '년(연)'을 표시
m	m은 1~12, mm은 01~12와 같이 '월'을 표시 mmm은 Jan~Dec와 같이 영문으로 '월'을 표시 mmmm은 January~December와 같이 영문으로 '월'을 표시
d	d는 1~31, dd는 01~31와 같이 '일'을 표시 ddd는 Mon~Sun와 같이 영문으로 '요일'을 표시 dddd는 Monday~Sunday와 같이 영문으로 '요일'을 표시
a	aaa는 월~일과 같이 한글로 '요일'을 표시 aaaa는 월요일~일요일과 같이 한글로 '요일'을 표시
AM/PM	am/pm은 영문 소문자로 am/pm을 표시 AM/PM은 영문 대문자로 AM/PM을 표시 ampm, AMPM은 한글로 오전/오후를 표시

◎ '입력마스크' 속성

필드에 입력 가능한 데이터의 형식을 지정하여 사용자가 오류 없이 정확하게 입력할 수 있도록 도와주는 기능입니다.

❶		❷		❸
사용자 지정 형식	;	서식 문자의 저장 여부	;	입력 시 표시 문자

❶ 사용자 지정 기호를 이용하여 입력 마스크를 지정합니다.
❷ 입력된 서식 문자(- , / , _)의 저장 여부를 지정합니다. 0을 입력하면 서식 문자를 포함하여 저장합니다.
❸ 데이터가 입력될 때 표시 될 문자를 지정합니다.

형식	설명
0 / 9 / #	[필수] 숫자, 기호 불가능 / [선택] 숫자 및 공백, 기호 불가능 / [선택] 숫자 및 공백, 기호 가능
L / ?	[필수] 문자(한글, 알파벳) / [선택] 문자(한글, 알파벳)
A / a	[필수] 문자 및 숫자 / [선택] 문자 및 숫자
& / C	[필수] 모든 종류의 문자와 공백 / [선택] 모든 종류의 문자와 공백
< / >	입력 데이터를 소문자로 변환 / 입력 데이터를 대문자로 변환
₩(\)	뒤에 나오는 한 문자를 그대로 표시

예제	설명
000₩-000;;	6자리 숫자를 필수로 입력. 단, 데이터 입력 시 표시 문자 없고 '-' 기호는 저장하지 않음
999₩-999;0;#	6자리 숫자를 선택적으로 입력. 단, 데이터 입력 시 ###-###과 같이 '#'이 표시 되고 '-' 기호도 함께 저장

● '유효성 검사 규칙' 속성

필드에 입력되는 값을 제한하는 기능으로 규칙에 맞지 않는 경우 데이터를 저장시키지 않거나 오류 메시지를 표시할 수 있습니다.

예제	설명
Is Null Is Not Null	비워져 있어야 함 비워져 있지 않아야 함
>=0 And <=100 Between 0 And 100	0이상 100이하의 값만 입력
>=#2024-01-01# And <=#2024-12-31# Between #2024-01-01# And #2024-12-31#	2024년 데이터만 입력
"서울" Or "부산" Or "대전" In("서울", "부산", "대전")	"서울", "부산", "대전" 값만 입력
Like "*@*" Not Like "*@*"	"@"를 포함하는 데이터만 입력 "@"를 포함하지 않는 데이터만 입력
Len([상품코드])=5	[상품코드] 필드의 값을 5글자로 입력

출제유형 2 '1-1-테이블완성2.accdb' 파일을 열어 다음의 지시사항에 따라 각 테이블을 완성하시오.

<주문내역> 테이블

1. 'ISBN' 필드에는 숫자 13자리가 필수로 입력되도록 입력 마스크를 설정하시오.
   ▶ 데이터시트 보기 상태에서 레코드 입력 시 '#'이 표시되도록 설정할 것
2. '주문일' 필드는 '2024-2-1' 이후의 날짜만 입력되도록 설정하시오.
3. '배송일' 필드는 '02월 17일'과 같이 표시되도록 형식 속성을 지정하시오.
4. '주문수량' 필드는 1이상 50이하의 값만 입력되도록 유효성 검사 규칙을 설정하시오. (Between 사용)
5. '결제구분' 필드에는 "신용카드" 또는 "계좌이체" 중 하나만 입력되도록 유효성 검사 규칙을 설정하시오.

<출판사> 테이블

6. '출판사코드' 필드에는 'B-001'의 형식으로 데이터가 입력되도록 입력 마스크를 설정하시오.
   ▶ 영문 대문자 1자리와 숫자 3자리가 필수로 입력되도록 설정할 것
   ▶ '-' 기호도 함께 저장되도록 설정할 것
7. '출판사명' 필드에는 공백 문자가 포함되지 않도록 유효성 검사 규칙을 설정하시오. (Like 연산자 사용)
8. '할인율' 필드는 '백분율' 형식, 소수 자릿수는 표시되지 않도록 설정하시오.
9. '담당직원' 필드는 공백 없이 최소 2글자, 최대 4글자의 문자가 입력되도록 입력 마스크를 설정하시오.
10. '내선번호' 필드에 입력되는 글자수를 3글자로 제한하시오.

문제해결

1 'ISBN' 필드 설정

① 화면 왼쪽 '탐색 창' 영역에서 <주문내역> 테이블을 마우스 오른쪽으로 클릭한 후, 나타나는 바로 가기 메뉴에서 [디자인 보기]를 선택한다.

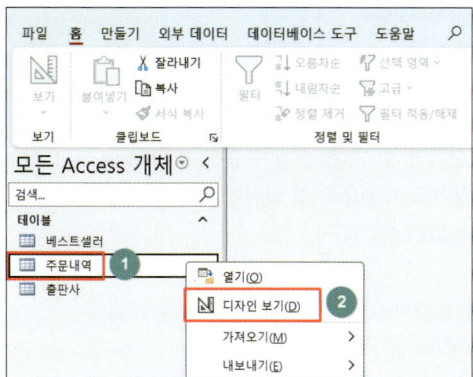

② 필드 목록 또는 행 선택기에서 'ISBN' 필드를 선택한 후 '입력 마스크'에 「0000000000000;;#」과 같이 입력한다.

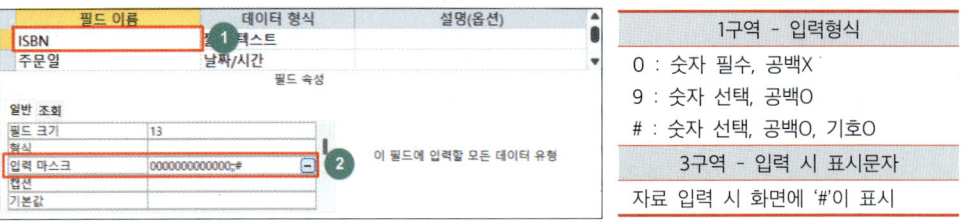

2 '주문일' 필드 설정

필드 목록 또는 행 선택기에서 '주문일' 필드를 선택한 후 '유효성 검사 규칙'에 「>=#2024-2-1#」과 같이 입력한다. 날짜 데이터 입력 시에는 양쪽에 샵(#)을 붙여 구분한다.

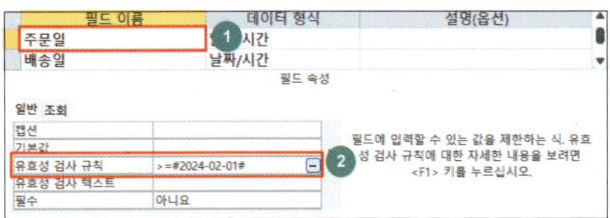

3 '배송일' 필드 설정

필드 목록 또는 행 선택기에서 '배송일' 필드를 선택한 후 '형식'에 「mm월 dd일」과 같이 입력한다. 이후 「mm"월 "dd₩일」로 자동으로 변경된다.

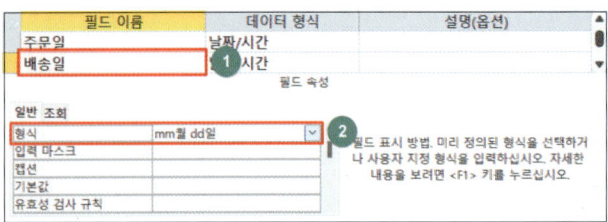

4 '주문수량' 필드 설정

필드 목록 또는 행 선택기에서 '주문수량' 필드를 선택한 후 '유효성 검사 규칙'에 「Between 1 And 50」과 같이 입력한다. 입력 시 대소문자를 구분하지 않아도 자동으로 첫 글자가 대문자로 변환된다.

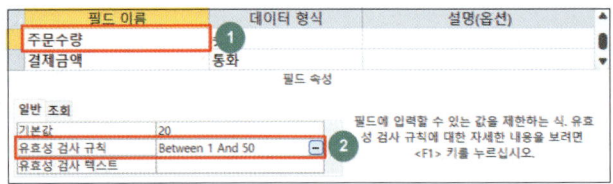

5 '결제구분' 필드 설정

① 필드 목록 또는 행 선택기에서 '결제구분' 필드를 선택한 후 '유효성 검사 규칙'에 「**신용카드 or 계좌이체**」와 같이 입력한다. 「in(신용카드,계좌이체)」와 같이 입력해도 된다. 이후 쌍따옴표("")는 자동으로 표시된다.

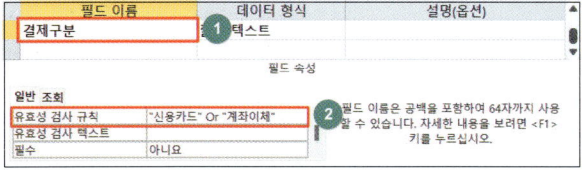

② [닫기(✕)] 버튼을 클릭하면 저장을 위한 대화상자가 나타난다. [예(Y)] 버튼을 선택하여 테이블을 종료한다.

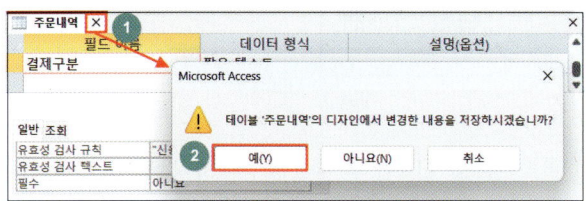

6 '출판사코드' 필드 설정

① 화면 왼쪽 '탐색 창' 영역에서 〈출판사〉 테이블을 마우스 오른쪽으로 클릭한 후, 바로 가기 메뉴에서 [디자인 보기]를 선택한다.

② 필드 목록 또는 행 선택기에서 '출판사코드' 필드를 선택한 후 '입력 마스크'에 「>L-000;0」와 같이 입력한다.

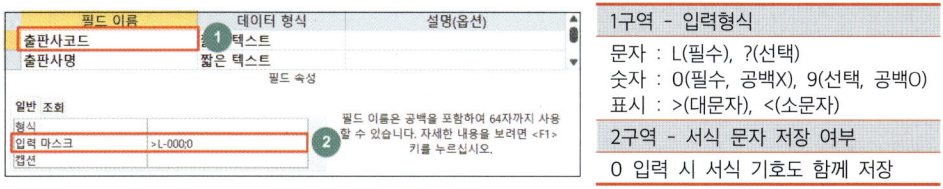

7 '출판사명' 필드 설정

필드 목록 또는 행 선택기에서 '출판사명' 필드를 선택한 후 '유효성 검사 규칙'에 「Not Like "* *"」와 같이 입력한다. 입력 시 대소문자를 구분하지 않아도 자동으로 첫 글자가 대문자로 변환된다.

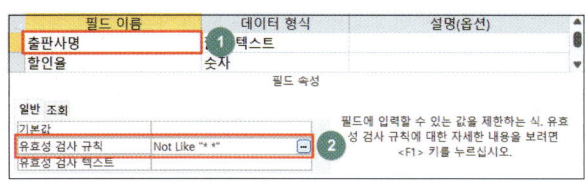

8 '할인율' 필드 설정

필드 목록 또는 행 선택기에서 '할인율' 필드를 선택한 후 '형식' 목록에서 '백분율'을 선택하고, '소수 자릿수'를 「0」으로 지정한다.

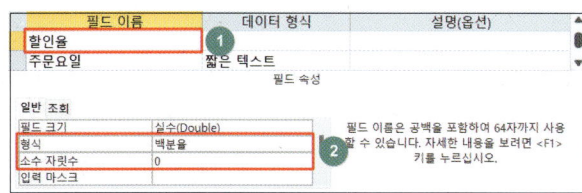

9 '담당직원' 필드 설정

필드 목록 또는 행 선택기에서 '담당직원' 필드를 선택한 후 '입력 마스크'를 「LL??」와 같이 입력한다. 필수 문자 2자리를 지정하여 최소 2글자를 받도록 설정하고, 선택 문자 2자리를 지정하여 최대 4글자까지 입력받을 수 있도록 설정한다.

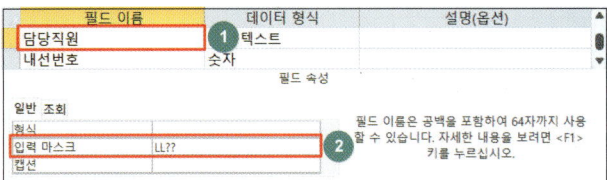

10 '내선번호' 필드 설정

① 필드 목록 또는 행 선택기에서 '내선번호' 필드를 선택한 후 '유효성 검사 규칙'에 「Len([내선번호])=3」와 같이 입력한다.

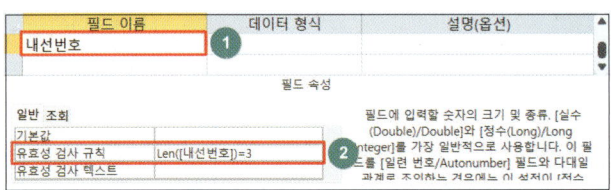

② [닫기(✕)] 버튼을 클릭하면 저장을 위한 대화상자가 나타난다. [예(Y)] 버튼을 선택하여 테이블을 종료한다.

출제유형 3 '1-1-테이블완성3.accdb' 파일을 열어 다음의 지시사항에 따라 각 테이블을 완성하시오.

<주문내역> 테이블

1 '주문번호' 필드는 반드시 입력받도록 설정하시오.
2 '회원ID' 필드는 입력기를 '영숫자 반자'로 설정하시오.
3 '배송업체' 필드는 데이터시트 보기 상태에서 필드 이름의 변경 없이 '물류업체'로 표시되도록 설정하시오.
4 '주문일' 필드에는 새 레코드 입력 시 기본적으로 오늘 날짜가 입력되도록 설정하시오.
5 '결제방법' 필드에는 "신용카드" 또는 "계좌이체" 중 하나만 입력되도록 유효성 검사 규칙을 설정하시오. (In 연산자 사용)

<회원정보> 테이블

6 '회원ID' 필드를 기본 키로 설정하시오.
7 '성별' 필드는 중복된 값이 입력 가능하도록 인덱스를 설정하시오.
8 '나이' 필드에는 14이상 값만 입력되도록 유효성 검사 규칙을 설정하시오.
9 '주문횟수' 필드는 100이하의 숫자만 입력할 수 있도록 필드 크기를 변경하시오.
10 마지막 행에 '비고' 필드를 추가하고 제품 후기를 위한 사진을 첨부할 수 있도록 데이터 형식을 설정하시오.

문제해결 🔑

1 '주문번호' 필드 설정

① 화면 왼쪽 '탐색 창' 영역에서 〈주문내역〉 테이블을 마우스 오른쪽으로 클릭한 후, 바로 가기 메뉴에서 [디자인 보기]를 선택한다.

② '주문번호' 필드를 선택한 후 '필수'를 '예'로 변경한다.

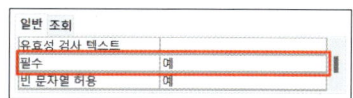

2 '회원ID' 필드 설정

'회원ID' 필드를 선택한 후 'IME모드' 목록에서 '영숫자 반자'를 선택한다.

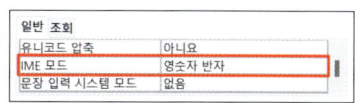

3 '배송업체' 필드 설정

'배송업체' 필드를 선택한 후 '캡션'에 「**물류업체**」와 같이 입력한다. 데이터시트 보기 모드에서 확인하면 〈그림〉과 같이 레이블 값이 변경된다.

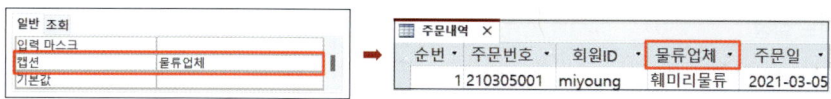

4 '주문일' 필드 설정

'주문일' 필드를 선택한 후 '기본값'에 「Date( )」와 같이 입력한다.

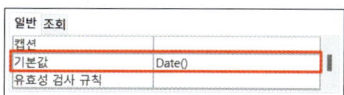

5 '결제방법' 필드 설정

① '결제방법' 필드를 선택한 후 '유효성 검사 규칙'에 「in(신용카드,계좌이체)」와 같이 입력한다. 이후 「In("신용카드", "계좌이체")」로 자동으로 변경된다.

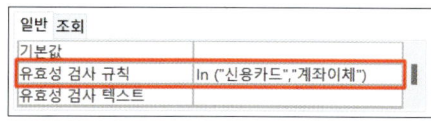

② [닫기(✕)] 버튼을 클릭하면 저장을 위한 대화상자가 나타난다. [예(Y)] 버튼을 선택하여 테이블을 종료한다.

6 '회원ID' 필드 설정

① '탐색 창' 영역에서 〈회원정보〉 테이블을 마우스 오른쪽으로 클릭한 후, 바로 가기 메뉴에서 [디자인 보기]를 선택한다.

② '회원ID' 필드를 선택한 후 [테이블 디자인]탭-[도구] 영역의 [기본 키]를 선택한다.

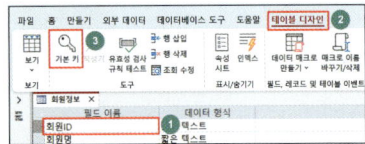

7 '성별' 필드 설정

'성별' 필드를 선택한 후 '인덱스' 목록에서 '예(중복 가능)'를 선택한다.

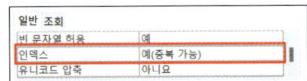

8 '나이' 필드 설정

'나이' 필드를 선택한 후 '유효성 검사 규칙'에 「>=14」와 같이 입력한다.

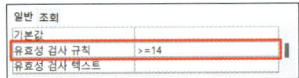

9 '주문횟수' 필드 설정

'주문횟수' 필드를 선택한 후 '필드 크기'를 '바이트'로 설정한다.

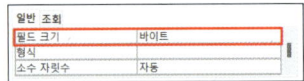

> 💡 **잠깐!**
>
> 100이하의 숫자를 입력하기에 가장 적절한 필드 크기는 '바이트'입니다. 데이터 형식이 '숫자'일 때 필드 크기 목록 중 '바이트'를 선택하면 0~255사이의 정수를 입력할 수 있습니다.

10 '비고' 필드 설정

① 마지막 행에 「비고」를 입력하고, '데이터 형식' 목록에서 '첨부 파일'을 선택한다.

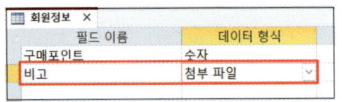

> 💡 **잠깐!**
>
> * OLE개체 : 그래픽, 소리, 동영상 등의 파일을 저장하기 위한 형식
> * 첨부파일 : 파일을 첨부하기 위한 형식
> * 해당 문제에서는 단순히 '저장'이 아닌 '첨부'를 의도했기 때문에 '첨부 파일'로 지정하는 것이 맞습니다.

② [닫기(✖)] 버튼을 클릭하면 저장을 위한 대화상자가 나타난다. [예(Y)] 버튼을 선택하여 테이블을 종료한다.

CHAPTER 02

관계 설정

■ 작업파일 데이터베이스/작업파일/DB구축

테이블 간의 필드 연결을 통해서 분산되어 있는 데이터를 조합하여 관리하거나 조회할 수 있는 기능입니다. 편집하려는 테이블이 활성화 되어 있으면 관계 설정을 진행할 수 없기 때문에 반드시 테이블이 모두 종료되어 있는 상태에서 작업을 시작합니다. 참조 무결성, 업데이트, 삭제 속성 설정은 문제의 지시사항을 확인하여 작업합니다.

◉ [관계 편집] 대화상자

관계 설정 시 연결 된 두 필드의 데이터 형식이 일치하지 않거나, 고유 인덱스 값이 없으면 설정 작업을 마무리 할 수 없습니다. 또한 기본적으로 관계 설정 시 필드는 기본키(1)에서 외래키(M) 방향으로 드래그합니다.

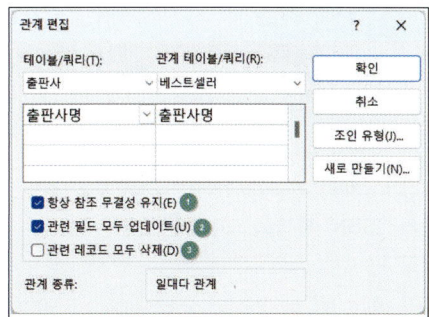

❶ 항상 참조 무결성 유지
- 참조 무결성 유지를 위해서는 관련 필드가 기본 키 또는 고유 인덱스(중복 불가능)로 설정되어 있어야 합니다.
- 관계 설정에 사용되는 두 필드의 데이터 형식은 동일해야 합니다.

❷ 관련 필드 모두 업데이트

기본 테이블의 필드 값이 변경되면 대응 값도 함께 변경됩니다.

❸ 관련 레코드 모두 삭제

기본 테이블의 필드 값이 삭제되면 대응 값도 함께 삭제됩니다.

출제유형 1 '1-2-관계설정1.accdb' 파일을 열어 다음의 지시사항을 처리하시오.

〈주문내역〉 테이블의 'ISBN' 필드는 〈베스트셀러〉 테이블의 'ISBN' 필드를 참조하며 두 테이블 간의 관계는 M:1이다. 또한, 〈베스트셀러〉 테이블의 '출판사명' 필드는 〈출판사〉 테이블의 '출판사명' 필드를 참조하며 두 테이블 간의 관계는 M:1이다. 각 테이블에 대해 다음과 같이 관계를 설정하시오.

▶ 각 테이블 간에 항상 참조 무결성이 유지되도록 설정하시오.
▶ 참조 필드의 값이 변경되면 관련 필드의 값도 따라 변경되도록 설정하시오.
▶ 다른 테이블에서 참조하고 있는 레코드는 삭제할 수 없도록 설정하시오.

문제해결

① [데이터베이스 도구]탭-[관계]영역의 [관계]를 선택한다.

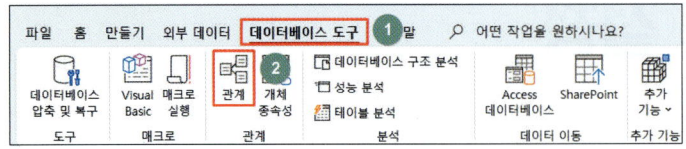

② [관계 디자인]탭에서 [테이블 추가]를 선택하여 대화상자를 표시한 후, 〈베스트셀러〉 테이블과 〈주문내역〉 테이블, 〈출판사〉 테이블을 차례대로 더블 클릭하여 [관계] 창에 추가한다. 또는 모든 테이블 목록을 선택하고 [선택한 표 추가] 버튼을 클릭하여 추가한다.

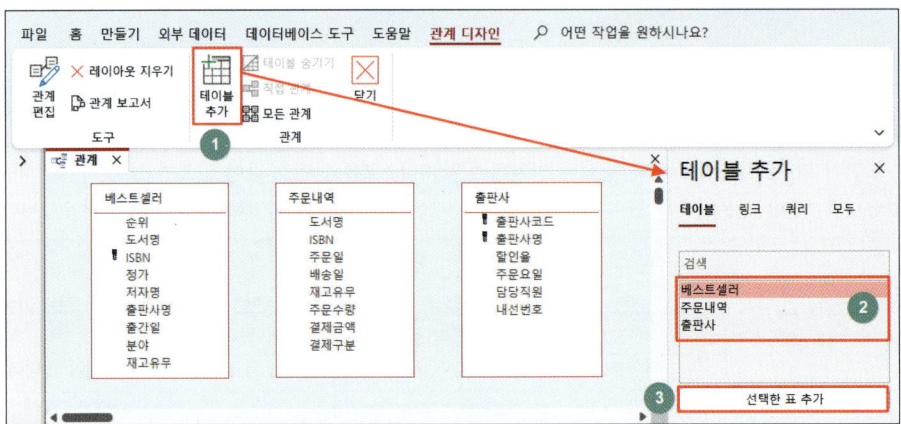

③ 〈베스트셀러〉 테이블의 'ISBN' 필드를 〈주문내역〉 테이블의 'ISBN' 필드로 드래그한다.

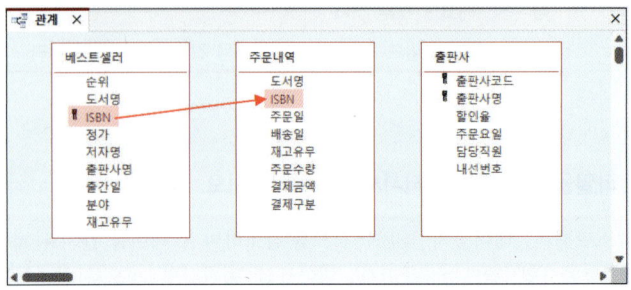

④ [관계 편집] 대화상자가 나타나면 '항상 참조 무결성 유지'와 '관련 필드 모두 업데이트'를 선택한 후 [만들기] 버튼을 클릭한다.

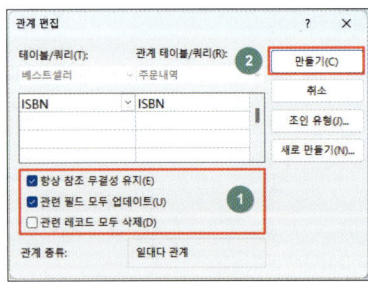

⑤ 〈출판사〉 테이블의 '출판사명' 필드를 〈베스트셀러〉 테이블의 '출판사명' 필드로 드래그한다.

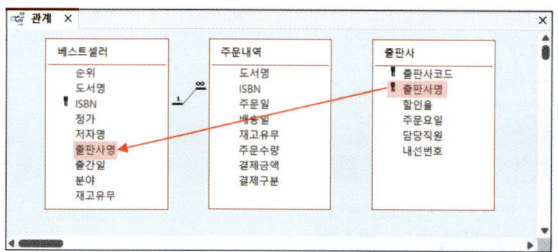

⑥ [관계 편집] 대화상자가 나타나면 '항상 참조 무결성 유지'와 '관련 필드 모두 업데이트'를 선택한 후 [만들기] 버튼을 클릭한다.

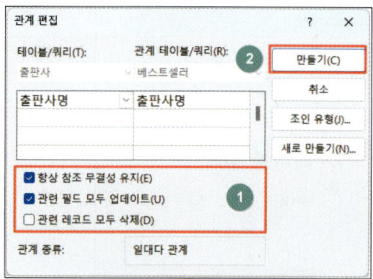

⑦ [관계]창 상단에 [닫기(✕)] 버튼을 클릭하면 저장을 위한 대화상자가 나타난다. [예(Y)]를 선택하여 관계 편집을 종료한다.

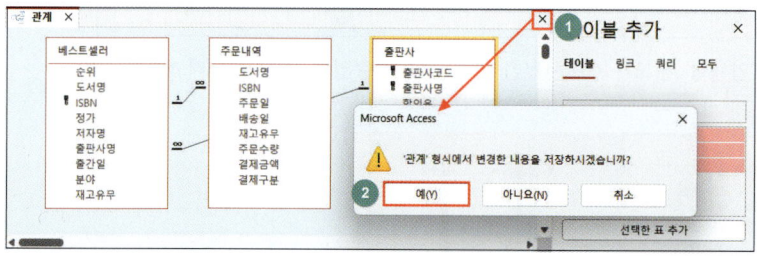

출제유형 2 '1-2-관계설정2.accdb' 파일을 열어 다음의 지시사항을 처리하시오.

〈주문내역〉 테이블의 '배송업체' 필드는 〈업체목록〉 테이블의 '업체명' 필드를 참조하며 두 테이블의 관계는 M:1이다. 또한, 〈주문내역〉 테이블의 '회원ID' 필드는 〈회원정보〉 테이블의 '회원ID' 필드를 참조하며 두 테이블의 관계는 M:1이다. 각 테이블 간의 관계를 다음과 같이 설정하시오.

▶ 각 테이블 간에 항상 참조 무결성을 유지하도록 설정하시오.
▶ 〈업체목록〉 테이블의 '업체명' 필드가 변경되면 〈주문내역〉 테이블의 '배송업체' 필드도 따라 변경되고, 〈회원정보〉 테이블의 '회원ID' 필드가 변경되면 〈주문내역〉 테이블의 '회원ID' 필드도 따라 변경되도록 설정하시오.
▶ 〈주문내역〉 테이블에서 참조하고 있는 〈업체목록〉 테이블과 〈회원정보〉 테이블의 레코드를 삭제할 수 없도록 설정하시오.

문제해결

① [데이터베이스 도구]탭-[관계]영역의 [관계]를 선택한다.

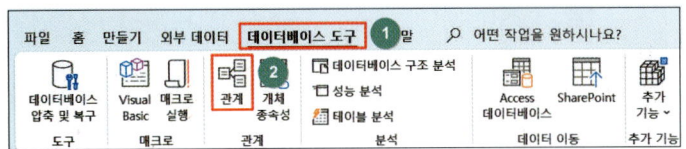

② [관계 디자인]탭에서 [테이블 추가]를 선택하여 대화상자를 표시한 후, 〈업체목록〉 테이블과 〈주문내역〉 테이블, 〈회원정보〉 테이블을 차례대로 더블 클릭하여 [관계] 창에 추가한다.

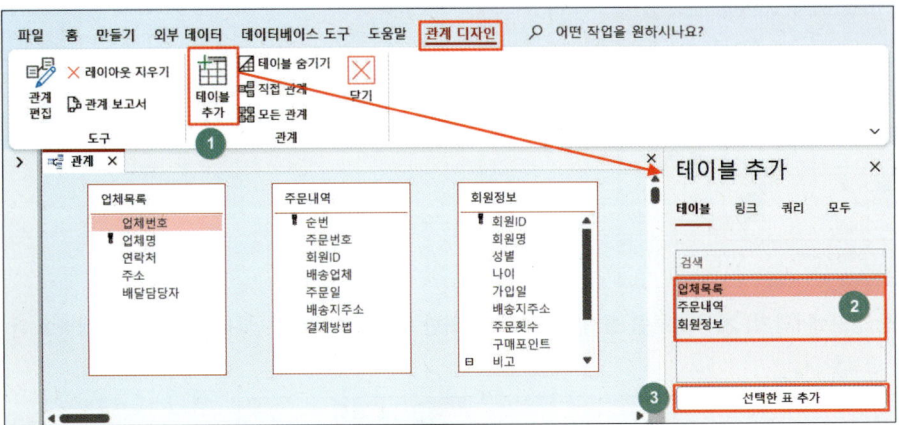

③ 〈업체목록〉 테이블의 '업체명' 필드를 〈주문내역〉 테이블의 '배송업체' 필드로 드래그한다.

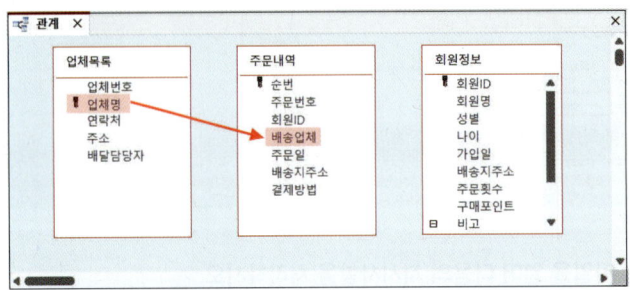

④ [관계 편집] 대화상자가 나타나면 '항상 참조 무결성 유지'와 '관련 필드 모두 업데이트'를 선택한 후 [만들기] 버튼을 클릭한다.

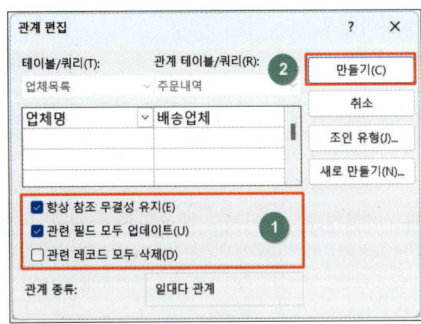

⑤ 〈회원정보〉 테이블의 '회원ID' 필드를 〈주문내역〉 테이블의 '회원ID' 필드로 드래그한다.

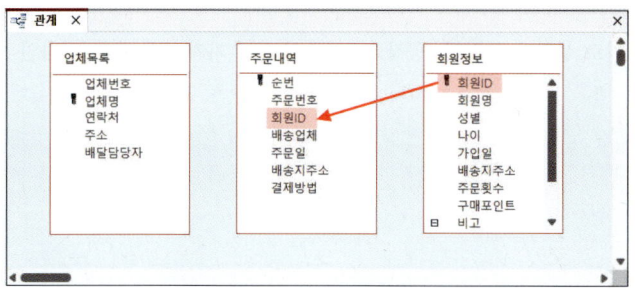

⑥ [관계 편집] 대화상자가 나타나면 '항상 참조 무결성 유지'와 '관련 필드 모두 업데이트'를 선택한 후 [만들기] 버튼을 클릭한다.

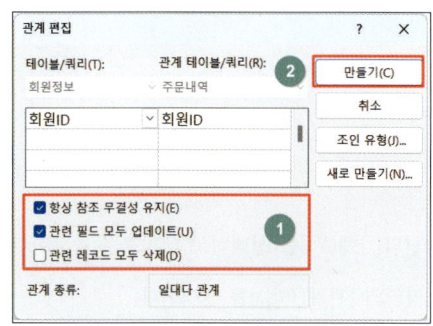

⑦ [관계]창 상단에 [닫기(✕)] 버튼을 클릭하면 저장을 위한 대화상자가 나타난다. [예(Y)]를 선택하여 관계 편집을 종료한다.

출제유형 3 '1-2-관계설정3.accdb' 파일을 열어 다음의 지시사항을 처리하시오.

〈제품〉 테이블의 '공장코드' 필드는 〈공장〉 테이블의 '공장코드' 필드를 참조하며 두 테이블 간의 관계는 M:1 이다. 두 테이블 간의 관계 설정 시 〈화면〉과 같은 에러 메시지가 표시되었다. 이를 해결한 후 다음과 같이 관계를 설정하시오.

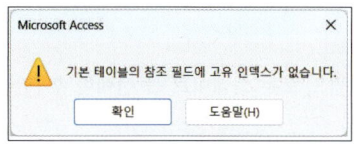

▶ 〈공장〉 테이블의 '공장코드' 필드는 각 데이터를 유일하게 구분하는 필드이다.
▶ 테이블 간에 항상 참조 무결성을 유지하도록 설정하시오.
▶ 〈공장〉 테이블의 '공장코드'가 변경되면 이를 참조하는 〈제품〉 테이블의 '공장코드'도 따라 변경되도록 설정하시오.
▶ 〈제품〉 테이블에서 참조하고 있는 〈공장〉 테이블의 레코드를 삭제할 수 없도록 설정하시오.

문제해결 🔑

① 〈공장〉 테이블의 '공장코드'를 기본 키로 설정하기 위해 〈공장〉 테이블의 바로 가기 메뉴에서 [디자인 보기]를 선택한다.

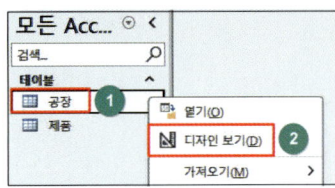

② '공장코드' 필드를 선택한 후 [테이블 디자인]탭-[도구] 영역의 [기본 키]를 선택한다.

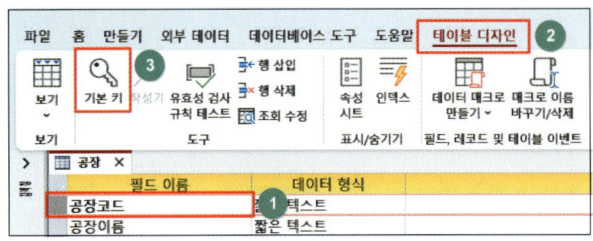

③ [닫기(✕)] 버튼을 클릭하면 저장을 위한 대화상자가 나타난다. [예(Y)]를 선택하고 테이블을 종료한다.

④ 관계 설정을 진행하기 위해 [데이터베이스 도구]탭-[관계]영역의 [관계(🗗)]를 선택한다.

⑤ [관계 디자인]탭에서 [테이블 추가]를 선택하여 대화상자를 표시한 후, 〈공장〉 테이블과 〈제품〉 테이블을 차례대로 더블 클릭하여 [관계] 창에 추가한다.

⑥ 〈공장〉 테이블의 '공장코드' 필드를 〈제품〉 테이블의 '공장코드' 필드로 드래그한다.

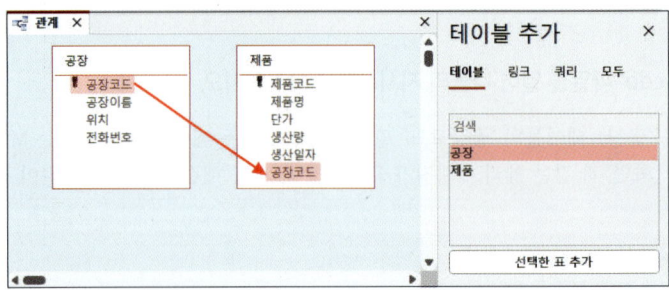

⑦ [관계 편집] 대화상자가 나타나면 '항상 참조 무결성 유지'와 '관련 필드 모두 업데이트'를 선택한 후 [만들기] 버튼을 클릭한다.

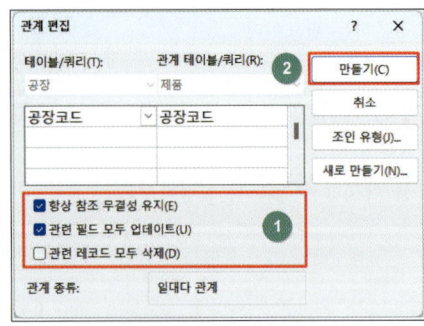

⑧ [관계]창 상단에 [닫기(✕)] 버튼을 클릭하면 저장을 위한 대화상자가 나타난다. [예(Y)]를 선택하여 관계 편집을 종료한다.

> **잠깐!**
>
> 기본 테이블의 참조 필드에는 고유 인덱스가 존재해야 합니다. 만약 '1'에 해당하는 테이블에 고유 인덱스가 없다면 관계 설정은 진행되지 않습니다. 즉, 1:M 관계에서는 '1'에 기본 키 또는 인덱스(중복 불가능) 속성이 지정되어 있어야 합니다.

■ 작업파일 데이터베이스/작업파일/DB구축

CHAPTER 03 필드 조회 속성 설정

다른 테이블 또는 쿼리의 데이터 목록을 원본으로 사용하거나, 특정 값의 목록을 원본으로 지정하여 보다 빠르고 편리하게 데이터를 입력할 수 있도록 설정하는 기능입니다.
테이블 작업뿐만 아니라 폼 작업에서도 같은 유형의 문제가 출제되고 있습니다.

출제유형 1 '1-3-조회속성설정1.accdb' 파일을 열어 다음의 지시사항을 처리하시오.

〈주문내역〉 테이블의 '배송업체' 필드에 대해서 다음과 같이 조회 속성을 설정하시오.

▶ '배송업체' 필드에 값을 입력할 때 〈업체목록〉 테이블의 '업체번호'와 '업체명' 필드의 값을 콤보 상자 형태로 표시하여 한 가지만 선택되도록 설정하시오.
▶ 필드에는 '업체번호'가 저장되도록 설정하시오.
▶ '업체번호'와 '업체명' 필드의 열 너비를 각각 1cm, 3cm로 지정하고, 목록 너비를 4cm로 지정하시오.
▶ 목록 이외의 값은 입력되지 않도록 설정하시오.

문제해결

① 화면 왼쪽 '탐색 창' 영역에서 〈주문내역〉 테이블을 마우스 오른쪽으로 클릭한 후, 바로 가기 메뉴에서 [디자인 보기]를 선택한다.

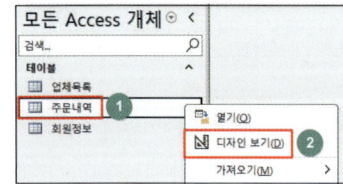

② '배송업체' 필드를 선택한 후, 필드 속성에서 [조회]탭의 '컨트롤 표시' 목록(∨)에서 '콤보 상자'를 선택한다.

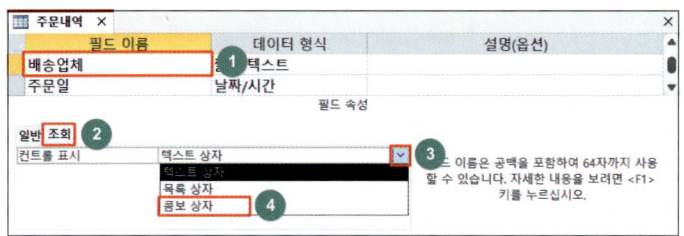

③ '행 원본' 속성을 클릭하여 커서를 넣으면 오른쪽에 '작성기(...)' 버튼이 나타난다. 이를 클릭하여 쿼리 작성기를 호출한다.

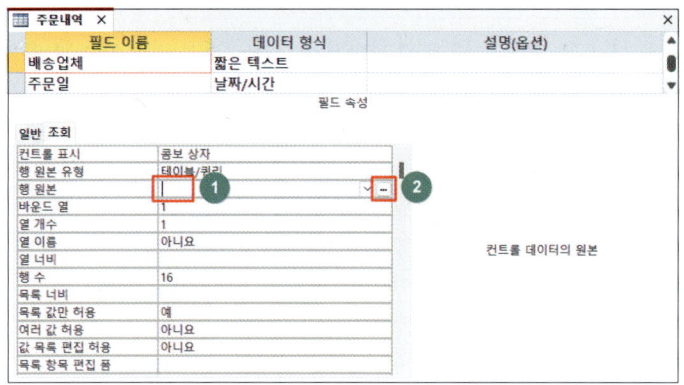

④ [테이블 추가] 대화상자에서 〈업체목록〉 테이블을 선택하고 [선택한 버튼 추가]를 클릭한다.
⑤ 첫 번째 필드 자리에 '업체코드'를 더블 클릭 또는 드래그하여 추가하고, 두 번째 필드 자리에 '업체명' 필드를 더블 클릭 또는 드래그하여 추가한다.

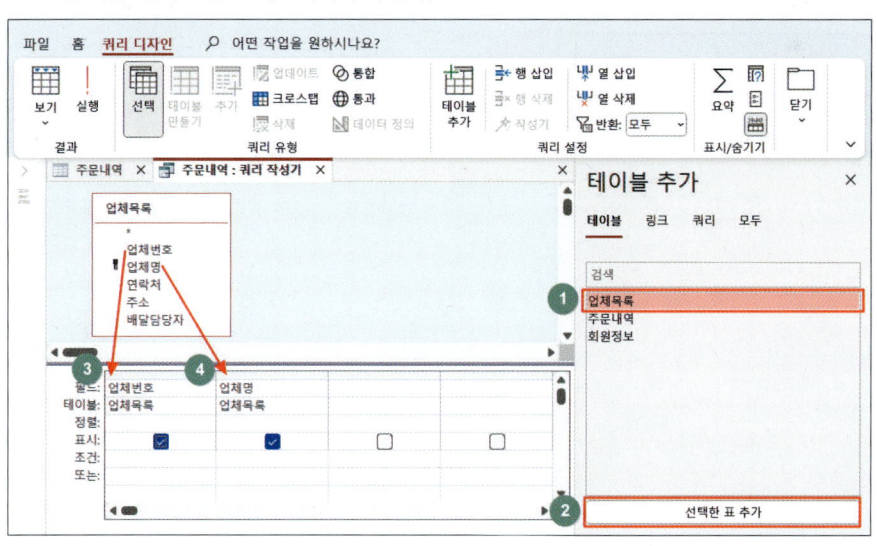

⑥ [닫기(✕)] 버튼을 클릭하고 업데이트 확인을 위한 대화상자가 나타나면 [예(Y)]를 선택한다.

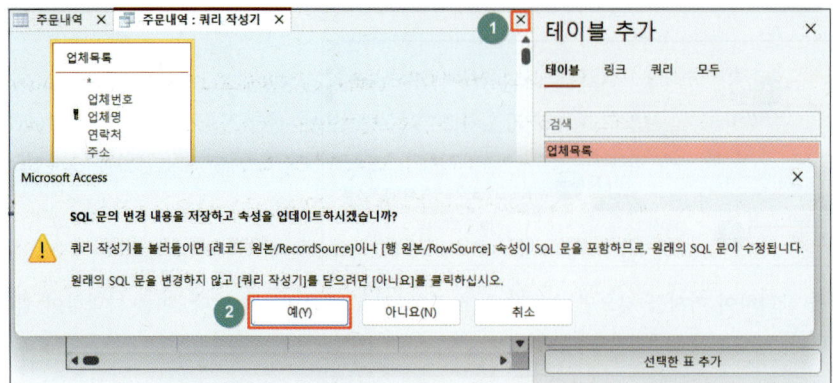

⑦ '행 원본'이 설정되면 '바운드 열'은 「1」, '열 개수'는 「2」, '열 너비'에는 「1;3」, '목록 너비'에는 「4」를 입력하고 '목록 값만 허용'은 '예'로 변경한다. 너비의 경우 단위(cm)는 자동으로 표시된다.

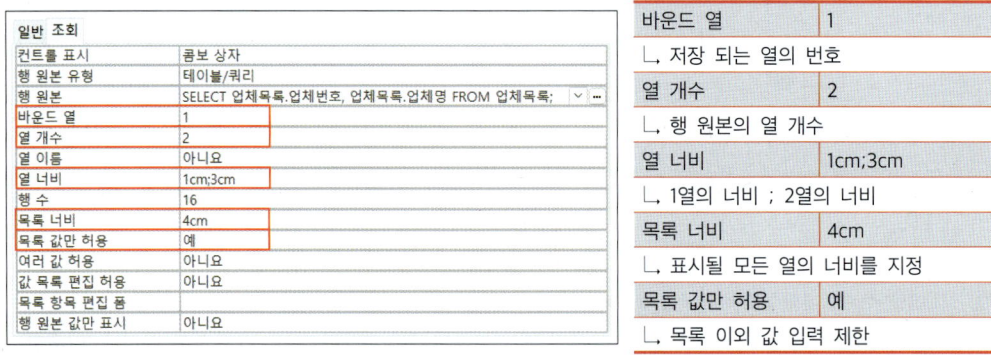

⑧ 설정이 마무리 되면 [닫기(✕)] 버튼을 클릭하고, 저장 확인 대화상자가 나타나면 [예(Y)]를 선택한다.

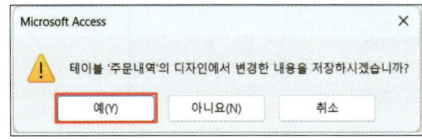

출제유형 2 '1-3-조회속성설정2.accdb' 파일을 열어 다음의 지시사항을 처리하시오.

〈제품〉 테이블의 '공장코드' 필드에 대해서 다음과 같이 조회 속성을 설정하시오.

제품코드	제품명	단가	생산량	생산일자	공장코드	추가하려면 클릭
A0001	루이보스 티백	55000	10	2024-01-11	S001	
A0002	캘리포니아 오렌지 주스	10000	100	2023-05-01	공장코드	공장이름
A0003	이온음료	25000	1	2019-02-04	B001	㈜에스비일렉트릭
A0004	아일랜드 밀크티	60000	30	2022-09-01	B002	㈜연보
A0005	아쌈 티백	30000	100	2019-02-04	C001	㈜온빈테크
A0006	제주 감귤 주스	1000	50	2022-09-01	D001	㈜원케어
A0007	베트남 콩 커피	5200	50	2022-09-01	D002	㈜유테크
A0008	코코넛 버터 쿠키	12000	50	2023-05-01	K001	㈜정한정밀
A0009	제주 감귤 주스	30000	100	2022-09-01	S001	㈜앤알코리아
A0010	커피 밀크	24000	80	2019-02-04	S002	㈜에이치엔피
A0011	아일랜드 밀크티	5100	1000	2022-07-05	S003	㈜에이스팩토리
A0012	캘리포니아 오렌지 주스	54000	10	2022-09-01	S004	㈜엠케이텍
A0013	아쌈 티백	8000	1500	2023-05-01	S005	㈜큐브스

▶ '공장코드' 필드에 값을 입력할 때 〈공장〉 테이블의 '공장코드'와 '공장이름' 필드의 값을 콤보 상자 형태로 표시하여 한 가지만 선택되도록 설정하시오.
▶ 필드에는 '공장코드'가 저장되도록 설정하시오.
▶ '공장코드'와 '공장이름' 필드의 열 너비를 각각 2cm, 4cm로 지정하고, 목록 너비를 6cm로 지정하시오.
▶ 열 이름을 함께 표시되도록 설정하시오.
▶ 목록 이외의 값은 입력되지 않도록 설정하시오.

문제해결

① 화면 왼쪽 '탐색 창' 영역에서 〈제품〉 테이블을 마우스 오른쪽으로 클릭한 후, 바로 가기 메뉴에서 [디자인 보기(🔲)]를 선택한다.

② '공장코드' 필드를 선택한 후, 필드 속성에서 [조회]탭의 '컨트롤 표시' 목록(˅)에서 '콤보 상자'를 선택한다.

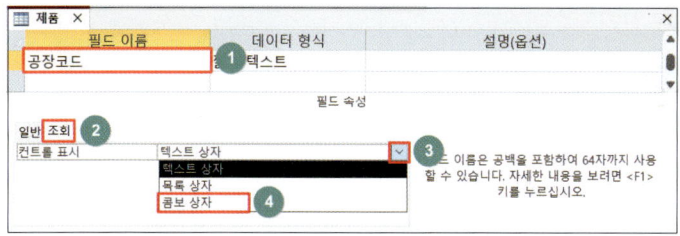

③ '행 원본' 속성을 클릭하여 커서를 넣으면 오른쪽에 '작성기(…)' 버튼이 나타난다. 이를 클릭하여 쿼리 작성기를 호출한다.

④ [테이블 추가] 대화상자에서 〈공장〉 테이블을 선택하고 [선택한 버튼 추가]를 클릭한다.

⑤ 첫 번째 필드 자리에 '공장코드'를 더블 클릭 또는 드래그하여 추가하고, 두 번째 필드 자리에 '공장이름' 필드를 더블 클릭 또는 드래그하여 추가한 후 [닫기(✖)] 버튼을 클릭한다.

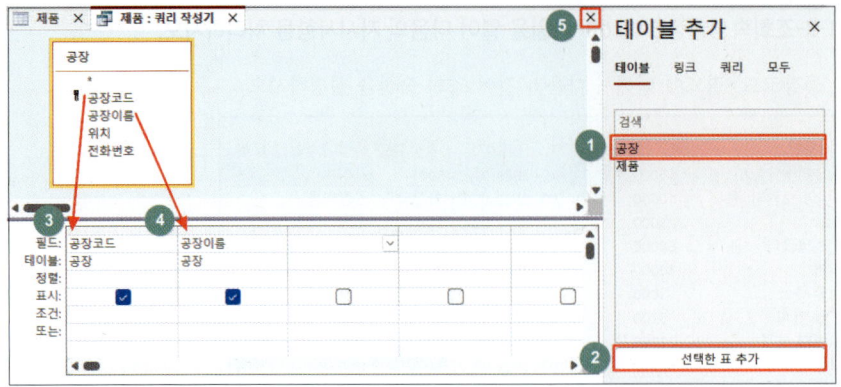

⑥ 업데이트 확인을 위한 대화상자가 나타나면 [예(Y)]를 선택한다.

⑦ '행 원본'이 설정되면 '바운드 열'은 「1」, '열 개수'는 「2」, '열 이름'은 '예', '열 너비'에는 「2;4」, '목록 너비'에는 「6」를 입력하고 '목록 값만 허용'은 '예'로 변경한다.

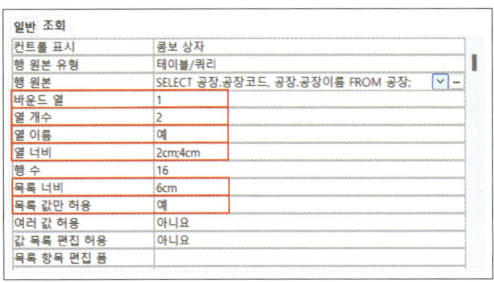

⑧ 설정이 마무리 되면 [닫기(✗)] 버튼을 클릭하고, 저장 확인 대화상자가 나타나면 [예(Y)]를 선택한다.

출제유형 3 '1-3-조회속성설정3.accdb' 파일을 열어 다음의 지시사항을 처리하시오.

〈출판사〉테이블의 '주문요일' 필드에 대해서 다음과 같이 조회 속성을 설정하시오.

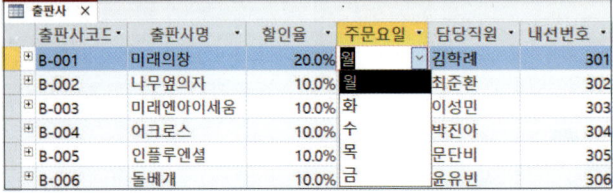

▶ '월', '화', '수', '목', '금' 순서로 값의 목록이 콤보 상자 형태로 표시되도록 설정하시오.

▶ 목록 이외의 값은 입력되지 않도록 설정하시오.

문제해결

① 화면 왼쪽 '탐색 창' 영역에서 〈출판사〉 테이블을 마우스 오른쪽으로 클릭한 후, 바로 가기 메뉴에서 [디자인 보기(🔲)]를 선택한다.

② '주문요일' 필드를 선택한 후, 필드 속성에서 [조회]탭의 '컨트롤 표시' 목록(⌄)에서 '콤보 상자'를 선택한다.

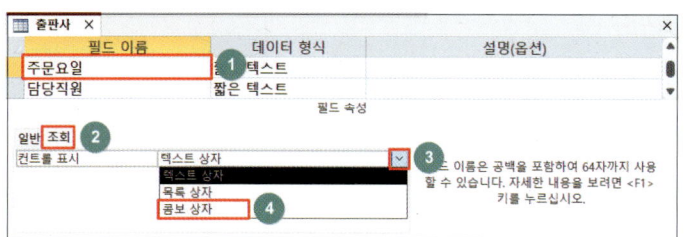

③ '행 원본 유형' 목록(⌄)에서 '값 목록'을 선택한다.

④ '행 원본'에 「월;화;수;목;금」을 입력하고, '목록 값만 허용'은 '예'로 변경한다.

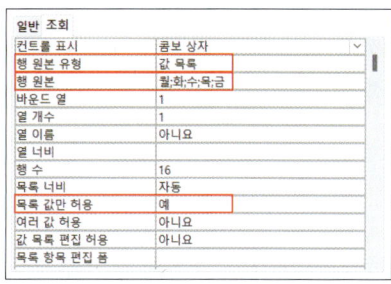

⑤ 설정이 마무리 되면 [닫기(✖)] 버튼을 클릭하고, 저장 확인 대화상자가 나타나면 [예(Y)]를 선택한다.

CHAPTER 04

작업파일 데이터베이스/작업파일/DB구축/1-4-외부데이터.accdb　**외부데이터** : 데이터베이스/외부데이터

외부데이터 가져오기/내보내기/연결하기

다른 형식의 파일을 데이터베이스로 가져오거나 연결하여 사용할 수 있는 기능입니다. 반대로 데이터베이스의 데이터를 다른 형식의 파일 형태로 내보내기 할 수도 있습니다. 주로 *.xlsx 파일과 *.txt 파일을 이용하여 작업합니다.

출제유형 1 '외부데이터' 폴더에 존재하는 '출판사별정보.xlsx' 파일을 가져오기 하시오.

▶ '업체정보'로 이름 정의된 범위를 사용하고, 범위의 첫 번째 행은 필드의 이름으로 사용할 것
▶ '홈페이지' 필드는 제외하고, 기본 키(PK)는 없음으로 설정할 것
▶ 데이터가 저장될 새 테이블의 이름은 〈출판사정보〉로 설정할 것

문제해결

① [외부 데이터]탭-[가져오기 및 연결]-[새 데이터 원본] 목록에서 [파일에서]-[Excel( )]을 선택한다.

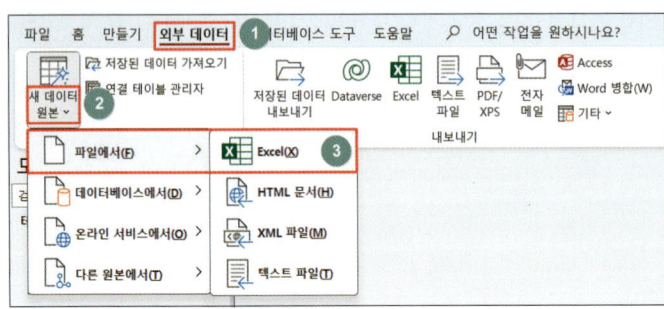

② [외부데이터 가져오기 - Excel 스프레드시트] 대화상자가 나타나면 [찾아보기]를 클릭한다.

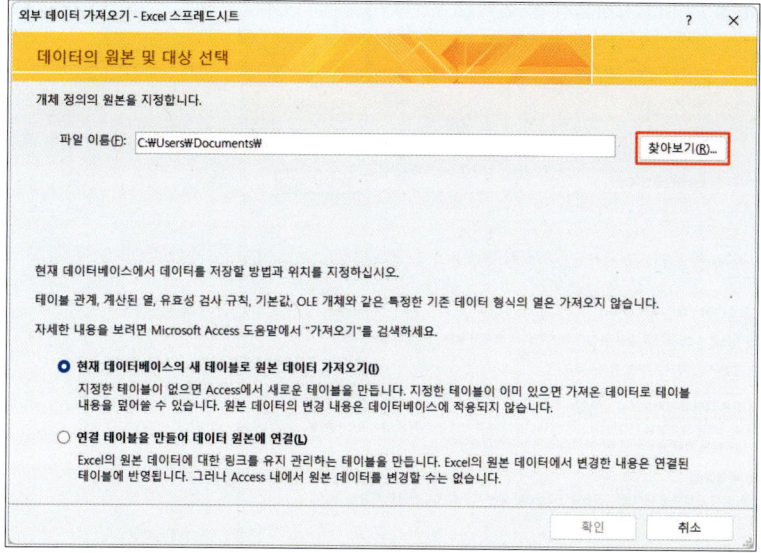

③ [파일 열기] 대화상자로 전환되면 '출판사별정보.xlsx'를 선택한 후 [열기]를 클릭한다.

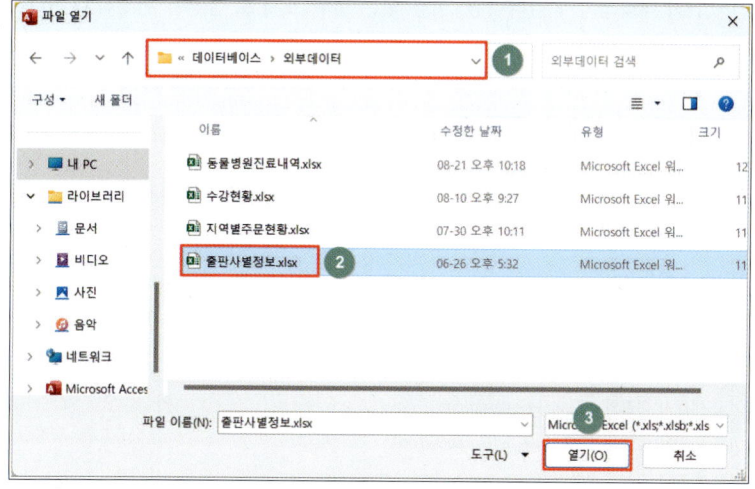

④ [외부데이터 가져오기 – Excel 스프레드시트] 대화상자로 돌아오면 데이터 저장 방법으로 '현재 데이터베이스의 새 테이블로 원본 데이터 가져오기'를 선택한 후 [확인]을 클릭한다.

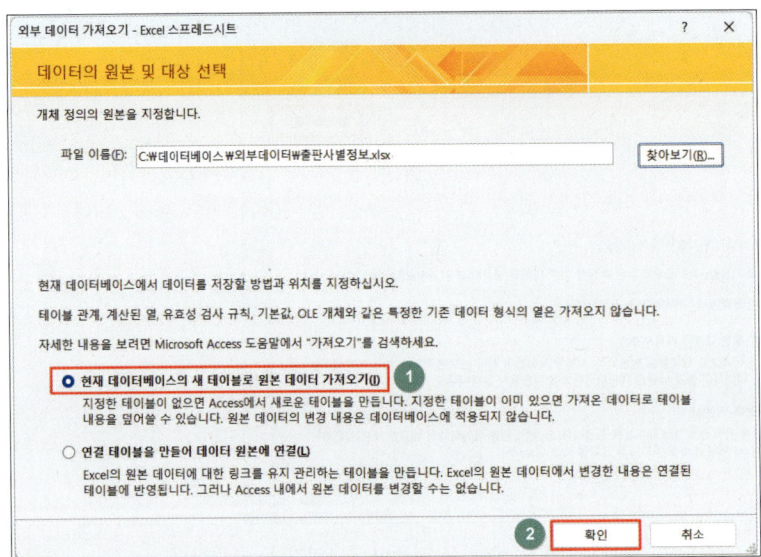

⑤ [스프레드시트 가져오기 마법사] 대화상자가 나타나면 '이름 있는 범위 표시'로 옵션을 변경하고 '업체정보' 영역을 선택한 후 [다음]을 클릭한다.

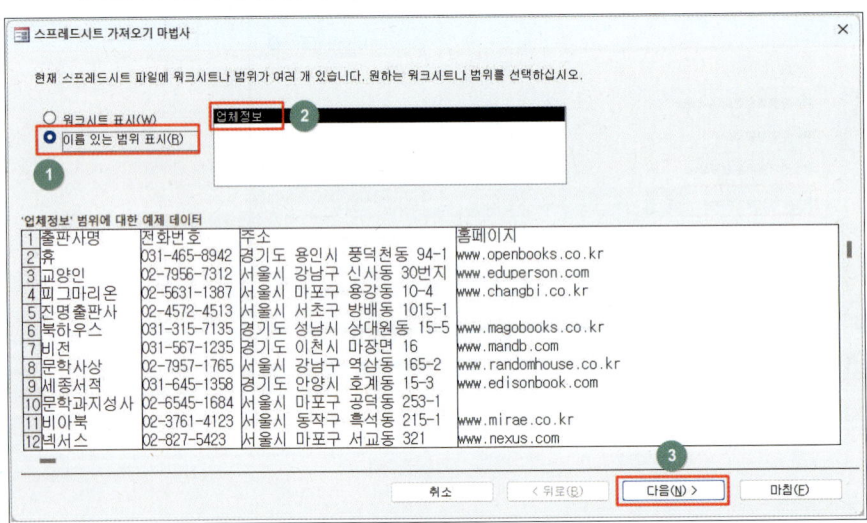

⑥ 화면이 전환되면 '첫 행에 열 머리글이 있음'에 체크한 후 [다음]을 클릭한다.

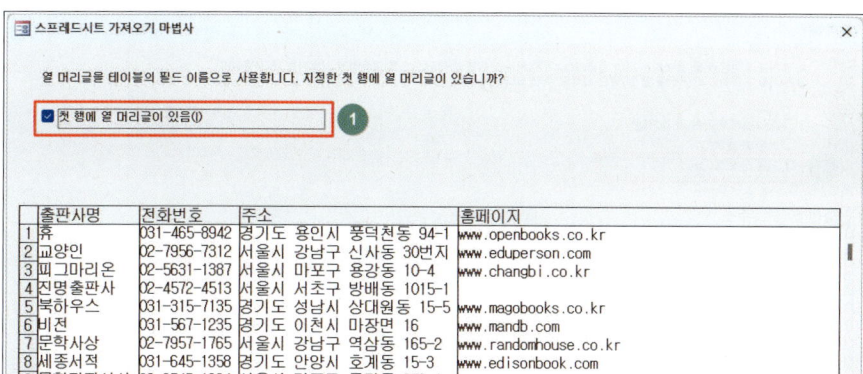

⑦ 화면이 전환되면 '홈페이지' 필드를 선택하고, '필드 포함 안 함'에 체크한 후 [다음]을 클릭한다.

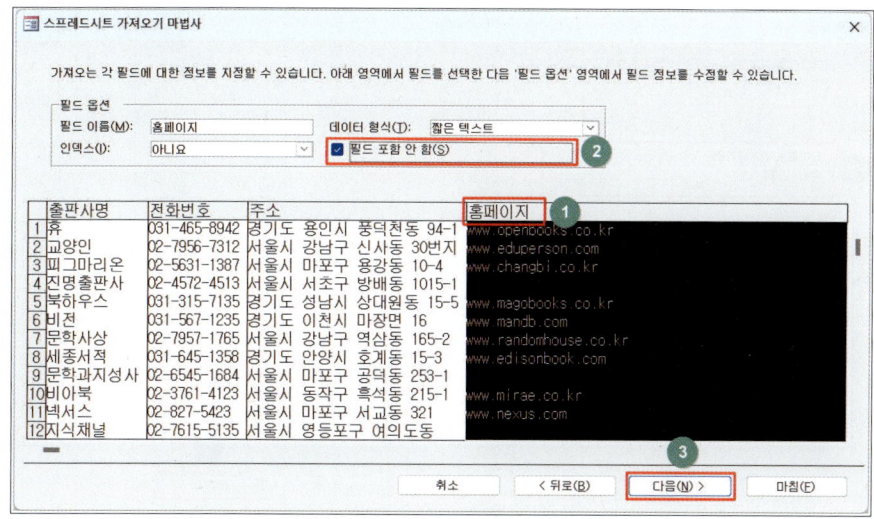

⑧ 화면이 전환되면 '기본 키 없음'으로 옵션을 변경한 후 [다음]을 클릭한다.

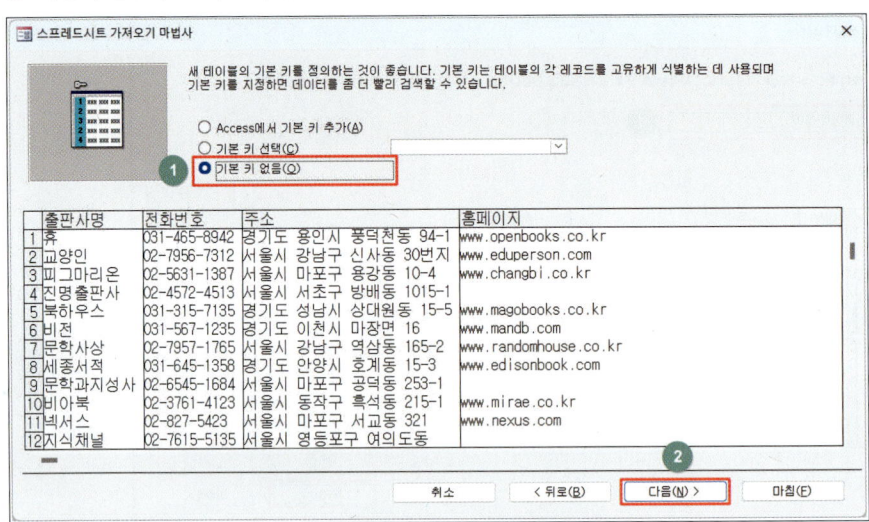

⑨ 마법사의 마지막 단계에서 테이블 이름으로 「**출판사정보**」를 입력한 후 [마침]을 클릭한다.

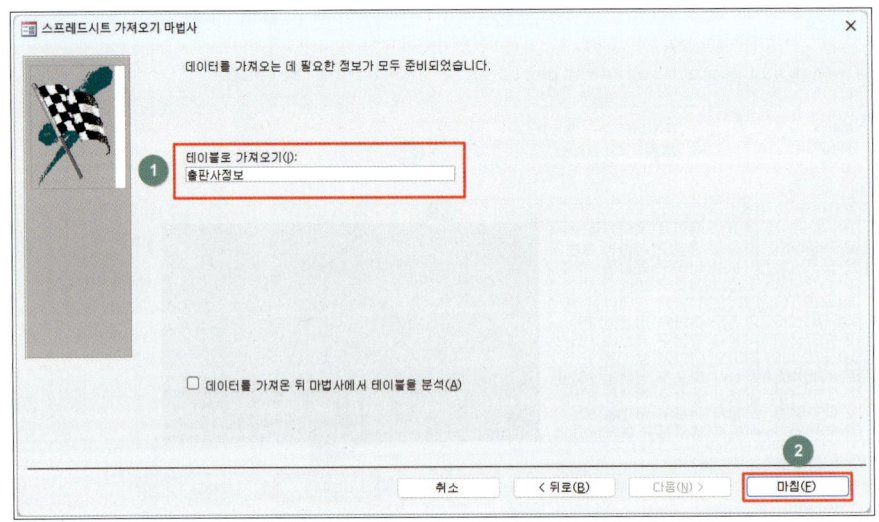

⑩ [외부 데이터 가져오기 – Excel 스프레드시트] 대화상자의 '가져오기 단계 저장'이 해제되어 있는 상태에서 [닫기]를 클릭하여 작업을 마무리한다.

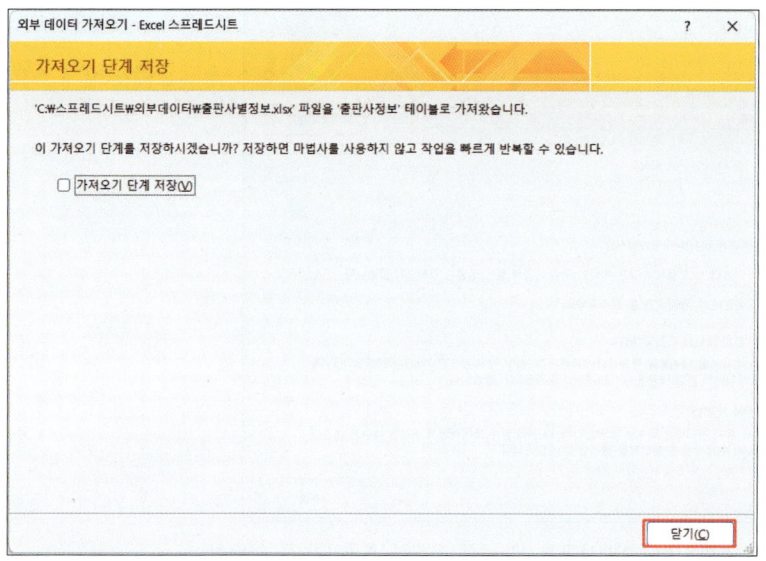

⑪ 화면 왼쪽 '탐색 창' 영역 테이블 목록에 〈출판사정보〉 테이블이 추가된다.

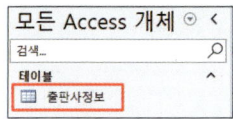

출제유형 2 '외부데이터' 폴더에 존재하는 '출판사목록.xlsx' 파일에 대한 연결 테이블을 작성하시오.

▶ '출판사' 시트의 첫 번째 행은 필드의 이름으로 사용할 것
▶ 연결 테이블의 이름은 〈출판사목록〉으로 설정할 것

문제해결

① [외부 데이터]탭-[가져오기 및 연결]-[새 데이터 원본] 목록에서 [파일에서]-[Excel(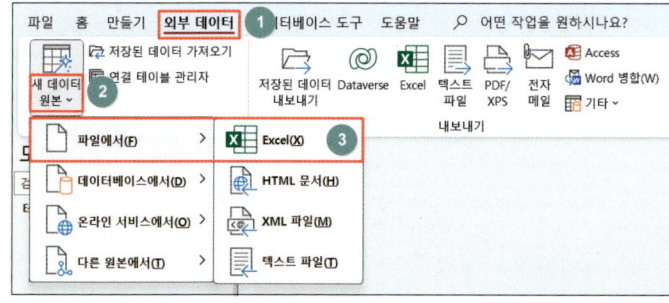)]을 선택한다.

② [외부데이터 가져오기 - Excel 스프레드시트] 대화상자가 나타나면 [찾아보기]를 클릭한다.

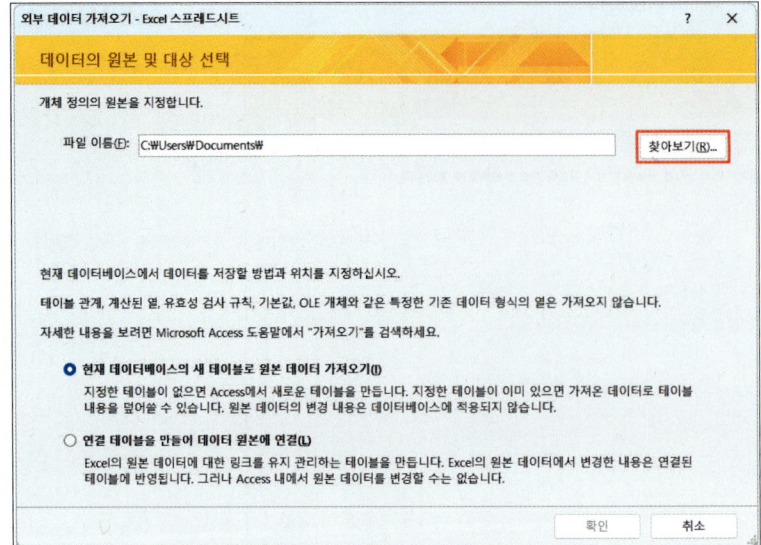

③ [파일 열기] 대화상자로 전환되면 '출판사목록.xlsx'를 선택한 후 [열기]를 선택한다.

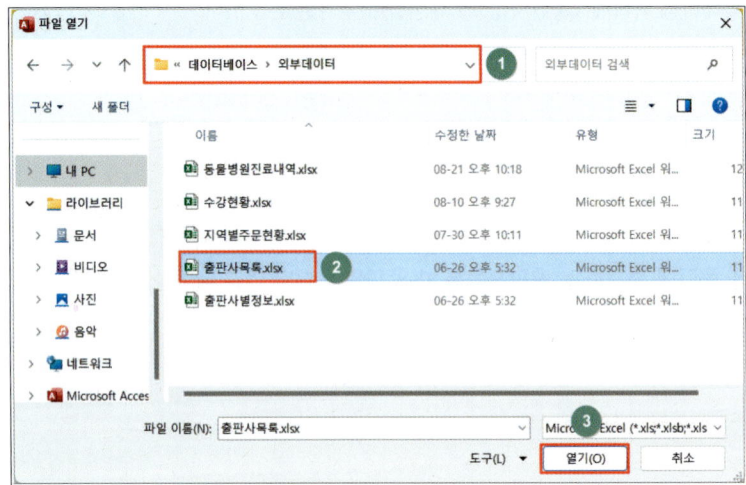

④ [외부데이터 가져오기 - Excel 스프레드시트] 대화상자로 돌아오면 데이터 저장 방법으로 '연결 테이블을 만들어 데이터 원본에 연결'을 선택한 후 [확인]을 클릭한다.

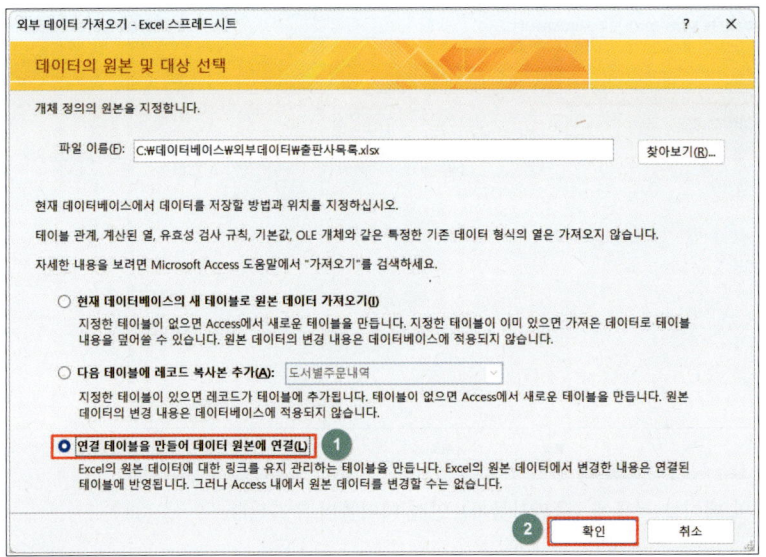

⑤ 화면이 전환되면 '첫 행에 열 머리글이 있음'에 체크한 후 [다음]을 클릭한다.

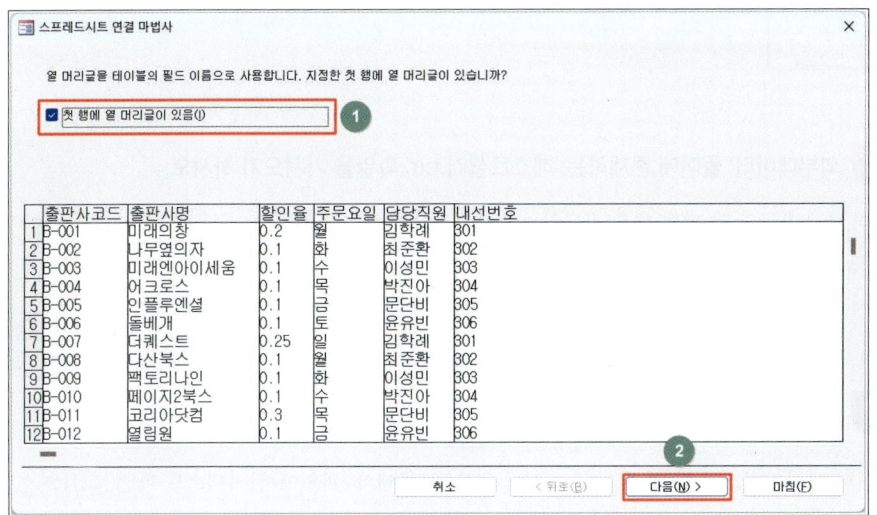

⑥ 마법사의 마지막 단계에서 테이블 이름으로「**출판사목록**」이라 입력한 후 [마침] 버튼을 클릭한다.

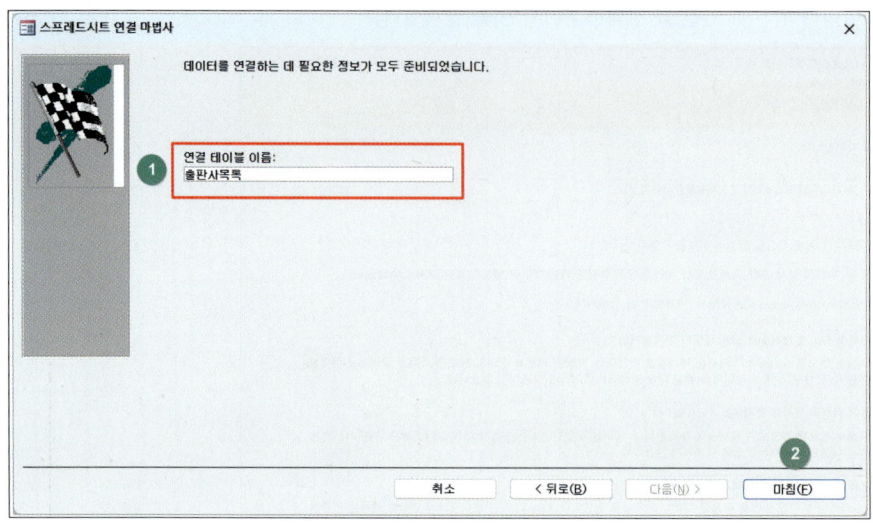

⑦ 화면 왼쪽 '탐색 창' 영역 테이블 목록에 〈출판사목록〉 연결 테이블이 추가된다.

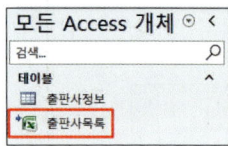

> **출제유형 3** '외부데이터' 폴더에 존재하는 '베스트셀러.txt' 파일을 가져오기 하시오.

▶ '베스트셀러.txt' 파일의 첫 번째 행은 필드의 이름으로 사용할 것
▶ 'ISBN' 필드를 기본 키(PK)로 설정할 것
▶ 데이터가 저장될 새 테이블의 이름은 〈베스트셀러〉로 설정할 것

> **문제해결**

① [외부 데이터]탭-[가져오기 및 연결]-[새 데이터 원본] 목록에서 [파일에서]-[텍스트 파일(📄)]을 선택한다.

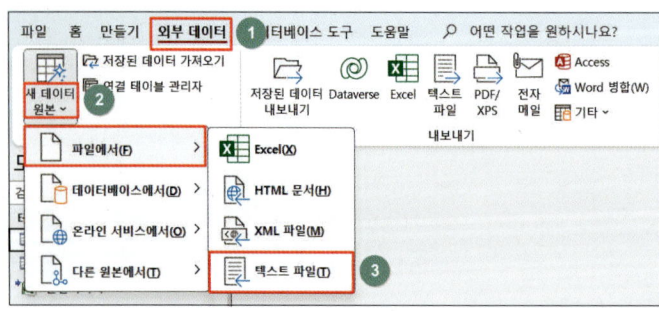

② [외부데이터 가져오기 – 텍스트 파일] 대화상자가 나타나면 [찾아보기]를 클릭한다.
③ [파일 열기] 대화상자로 전환되면 '도서별주문내역.txt'를 선택한 후 [열기]를 선택한다.

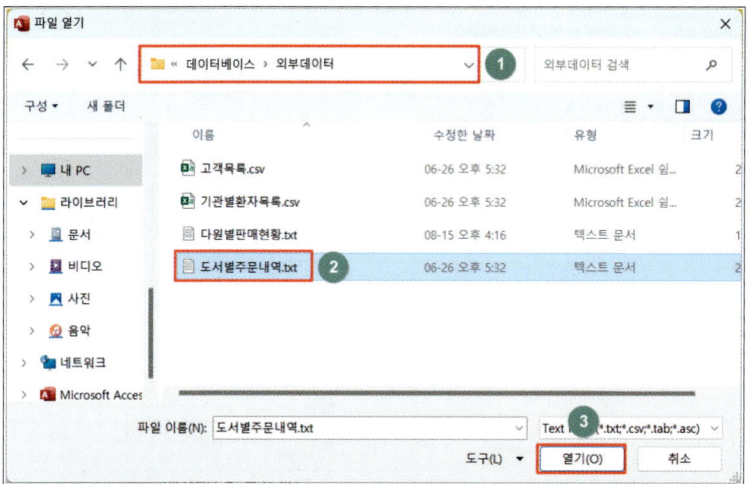

④ [외부데이터 가져오기 – 텍스트 파일] 대화상자로 돌아오면 데이터 저장 방법으로 '현재 데이터베이스의 새 테이블로 원본 데이터 가져오기'를 선택한 후 [확인]을 클릭한다.

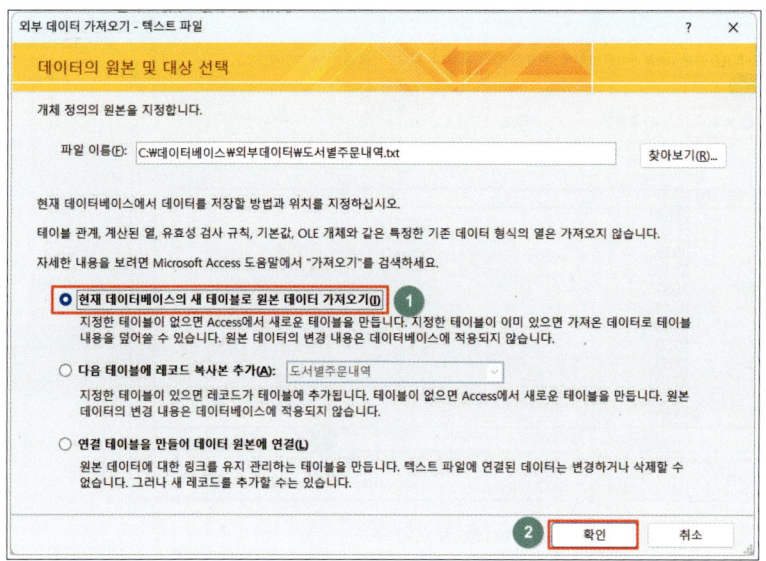

⑤ [텍스트 가져오기 마법사] 대화상자에서 '구분'을 선택한 후 [다음]을 클릭한다.

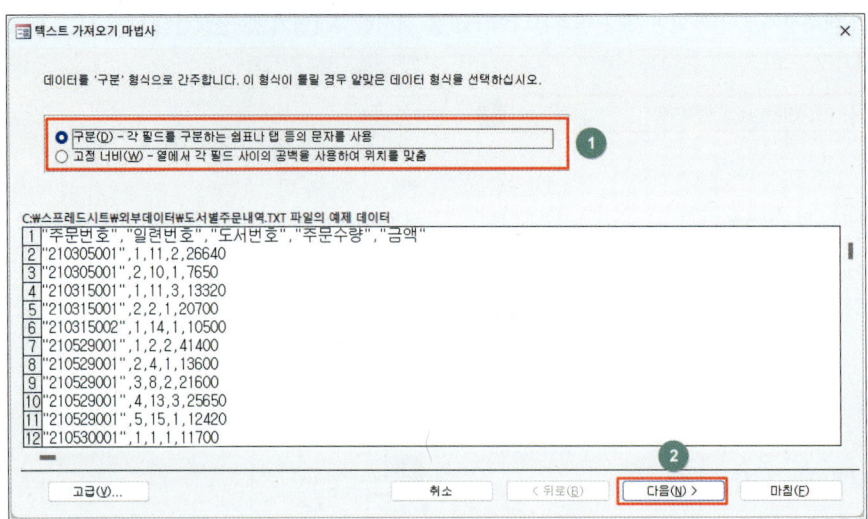

⑥ 화면이 전환되면 필드를 나눌 구분 기호로 '쉼표'를 선택하고, '첫 행에 필드 이름 포함'을 체크한 후 [다음]을 클릭한다.

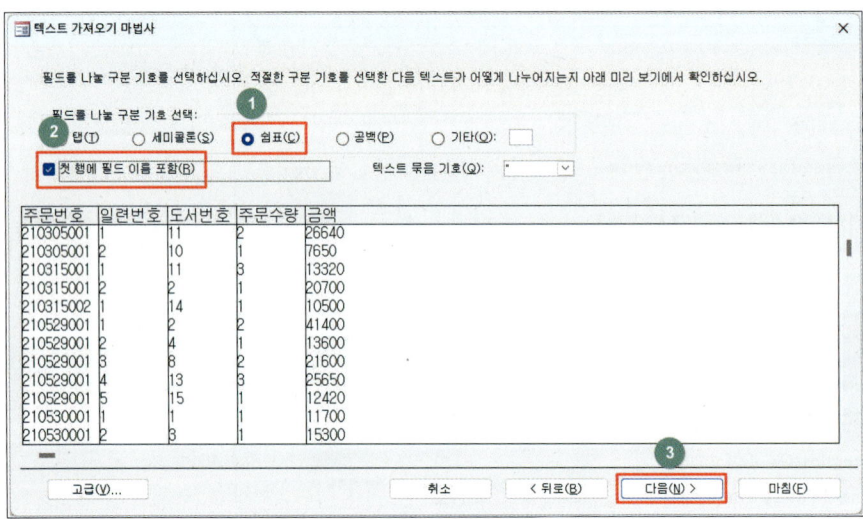

⑦ 화면이 전환되면 필드 옵션은 설정하지 않고 [다음]을 클릭한다.

⑧ 화면이 전환되면 '기본 키 없음'으로 옵션을 변경한 후 [다음]을 클릭한다.

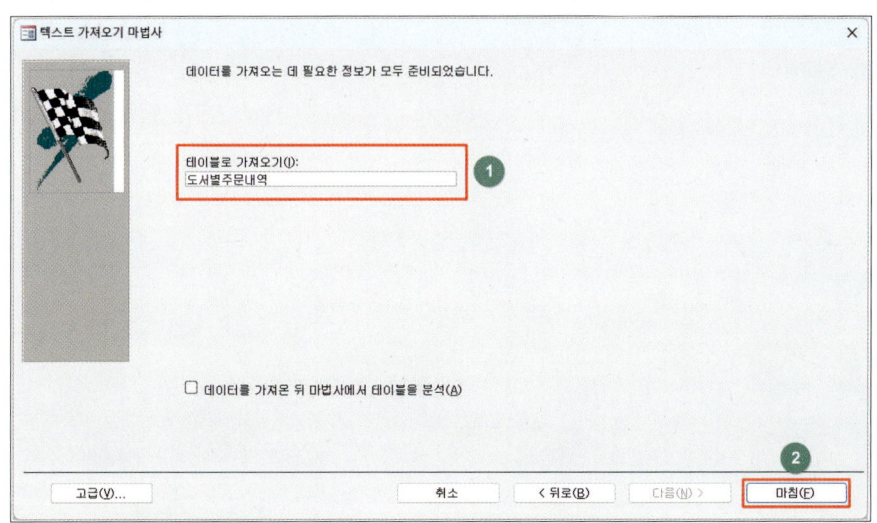

⑨ 마법사의 마지막 단계에서 테이블 이름으로 「도서별주문내역」이라 입력한 후 [마침]을 클릭한다.

⑩ [외부 데이터 가져오기 - 텍스트 파일] 대화상자의 '가져오기 단계 저장'이 해제되어 있는 상태에서 [닫기]를 클릭하여 작업을 마무리한다.

⑪ 화면 왼쪽 '탐색 창' 영역 테이블 목록에 〈도서별주문내역〉 테이블이 추가된다.

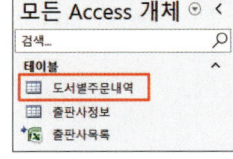

Database

**컴퓨터
활용능력
1급 실기**

데이터베이스

PART 02

입력 및 수정 기능 구현

CHAPTER 01 　폼 완성
CHAPTER 02 　콤보 상자 컨트롤 속성
CHAPTER 03 　조건부 서식
CHAPTER 04 　하위 폼

CHAPTER
01 폼 완성

■ 작업파일 데이터베이스/작업파일/2.입력및수정

데이터베이스에 포함되어 있는 다른 테이블 또는 쿼리를 원본으로 하여 자료를 입력, 수정, 조회, 삭제 할 수 있도록 폼을 편집하거나 컨트롤을 생성하는 작업입니다. 정확한 개체 선택과 속성이 지정되지 않으면 제대로 구동되지 않으니 주의해서 작업하시기 바랍니다.

◐ 폼 화면 구성요소

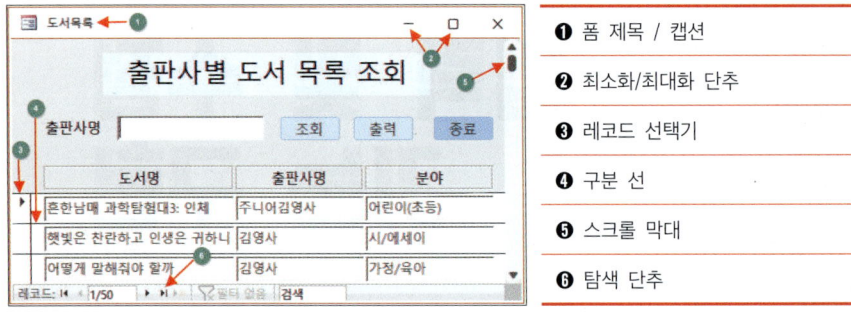

❶ 폼 제목 / 캡션
❷ 최소화/최대화 단추
❸ 레코드 선택기
❹ 구분 선
❺ 스크롤 막대
❻ 탐색 단추

◐ 컨트롤 종류

폼과 보고서 작업 시 컨트롤을 새롭게 만들어 지정하는 형태의 문항이 출제됩니다. 시험에서 다뤄지는 컨트롤의 유형은 아래와 같습니다.

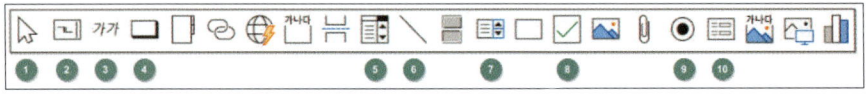

❶	❷	❸	❹	❺
선택	텍스트 상자	레이블	명령 단추	콤보 상자
❻	❼	❽	❾	❿
선	목록 상자	체크 박스	옵션 단추	하위 폼/ 하위 보고서

폼의 주요 속성 유형

레코드 원본	폼에 표시 될 데이터 원본을 설정하기 위해 사용합니다.
기본 보기	폼의 레코드를 어떤 식으로 표시할 것인지 보기 형식을 지정할 수 있습니다. - 단일 폼 : 본문의 레코드를 한 번에 하나씩 표시 - 연속 폼 : 본문의 레코드를 화면 가득 여러 개로 표시 - 데이터시트 : 스프레드시트 화면처럼 표 형식으로 표시
모달	현재 폼이 '폼 보기' 상태일 때 다른 폼을 선택하여 활성화 시킬 수 없습니다.
로드할 때 필터링	폼을 로드할 때 필터의 사용 여부를 결정합니다.
로드할 때 정렬	폼을 로드할 때 정렬 기준에 따라 정렬을 수행할지 여부를 결정합니다.
정렬 기준	정렬 기준 필드를 설정합니다. - 내림차순 : 필드명 Desc - 오름차순 : 필드명 Asc (Asc 생략 가능)
추가/삭제/편집 가능	레코드의 추가/삭제/편집 가능 여부를 결정합니다.
테두리 스타일	폼의 테두리 종류와 테두리 요소(제목 표시줄, 최소화/최대화 단추 등)를 결정합니다.

출제유형 1
'2-1-폼완성1.accdb' 파일을 열어 <도서목록> 폼을 다음의 지시사항에 따라 완성하시오.

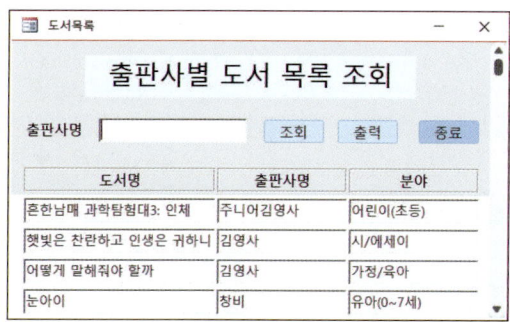

1 <베스트셀러> 테이블을 폼의 레코드 원본으로 설정하시오.
2 <화면>과 같은 형태로 나타나도록 기본 보기 속성을 설정하시오.
3 폼에 레코드를 추가하거나 삭제할 수 없도록 설정하시오.
4 폼에 탐색 단추와 구분선, 레코드 선택기가 표시되지 않도록 설정하시오.
5 폼에 세로 스크롤 막대만 표시되도록 설정하시오.
6 폼에 '최대화 단추'가 표시되지 않도록 설정하시오.
7 폼의 크기를 수정할 수 없도록 테두리 스타일을 '가늘게'로 설정하시오.
8 폼 머리글 영역의 배경색을 '밝은 텍스트'로 설정하시오.
9 본문 영역 컨트롤에 대해서 탭 순서를 'txt도서명', 'txt출판사', 'txt분야' 순으로 설정하시오.
10 본문 모든 컨트롤에 대해서 특수 효과를 '오목'으로 지정하시오.

문제해결

1 폼의 '레코드 원본' 설정

① 탐색 창에서 〈도서목록〉 폼을 선택한 후 바로 가기 메뉴에서 [디자인 보기(📐)]를 선택한다.

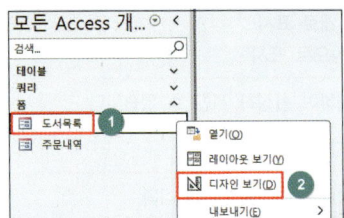

② [양식 디자인]탭-[도구]영역에서 [속성 시트]를 선택하거나 [F4]를 눌러 속성 시트를 표시한다.

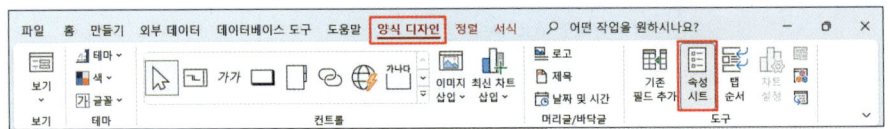

③ 속성 시트 창이 나타나면 개체 목록을 '폼'으로 선택한 후 [모두]탭 중 '레코드 원본' 속성을 '베스트셀러'로 지정한다.

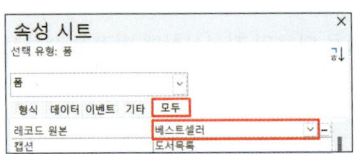

> **잠깐!**
>
> '폼'을 [디자인 보기]로 열면 기본적으로 속성 시트의 개체 목록은 '폼'으로 설정되어 있습니다.
>
> 개체 목록에서 선택하는 방법 이외에 폼 선택기를 더블 클릭하여 '폼'에 대한 속성 시트를 표시할 수 있습니다.
>
>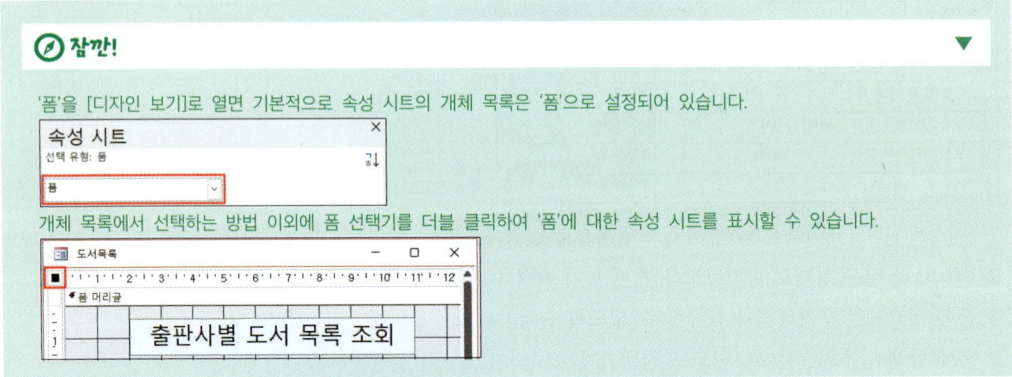

2 폼의 '기본 보기' 설정

'폼' 속성 시트 창의 [모두]탭에서 '기본 보기' 속성을 '연속 폼'으로 설정한다.

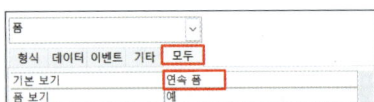

3 폼의 '추가 가능'과 '삭제 가능' 설정

'폼' 속성 시트 창의 [데이터]탭에서 '추가 가능'과 '삭제 가능' 속성을 '아니요'로 설정한다.

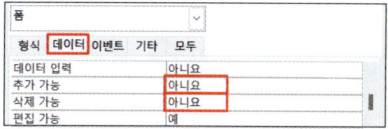

4 폼의 '레코드 선택기'와 '탐색 단추' 설정

'폼' 속성 시트 창의 [모두]탭에서 '레코드 선택기', '탐색 단추', '구분선' 속성을 '아니요'로 설정한다.

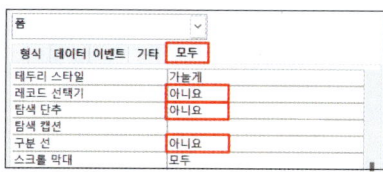

5 폼의 '스크롤 막대' 설정

'폼' 속성 시트 창의 [모두]탭에서 '스크롤 막대' 속성을 '세로만'으로 설정한다.

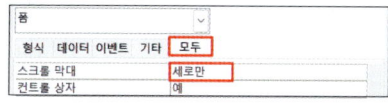

6 폼의 '최소화/최대화 단추' 설정

'폼' 속성 시트 창의 [모두]탭에서 '최소화/최대화 단추' 속성을 '최소화 단추만'으로 설정한다.

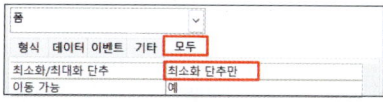

7 폼의 '테두리 스타일' 설정

'폼' 속성 시트 창의 [모두]탭에서 '테두리 스타일' 속성을 '가늘게'로 설정한다.

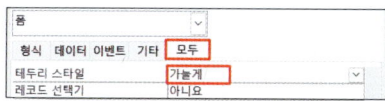

8 폼 머리글의 '배경색' 설정

[폼 머리글] 구역을 더블 클릭하여 '폼_머리글' 속성 창으로 전환시킨 뒤, '배경색' 속성 목록(∨)에서 '밝은 텍스트'를 선택한다.

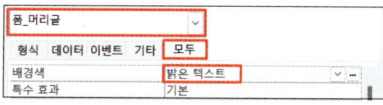

9 **본문 구역의 '탭 순서' 설정**

① [양식 디자인]탭-[도구] 영역의 [탭 순서]를 선택한다.

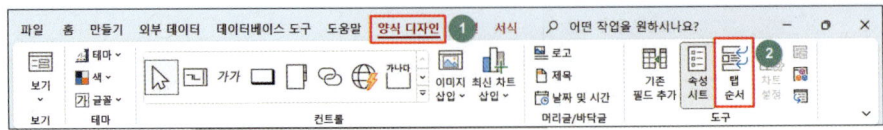

② [탭 순서] 대화상자의 구역을 '본문'으로 선택하고, 사용자 지정 순서 목록에서 'txt도서명'의 행 선택기를 선택하여 목록의 맨 위로 드래그 하여 이동시킨다.

③ 동일한 방법으로 'txt출판사', 'txt분야' 순으로 이동한 후 [확인] 버튼을 클릭한다.

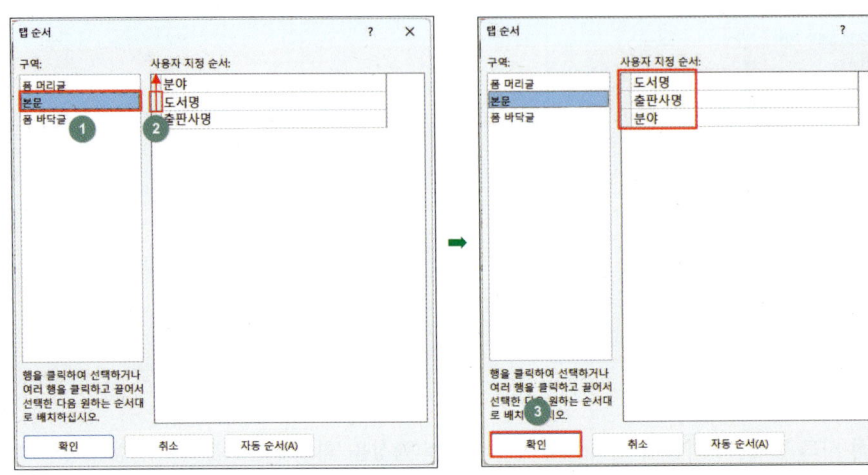

10 **컨트롤에 '특수 효과' 설정**

① 본문의 세로 눈금자 구역으로 마우스를 가져가면 마우스 커서가 화살표(➡) 모양으로 변경된다. 이때 마우스 왼쪽을 클릭하여 본문 구역의 모든 컨트롤을 선택한다.

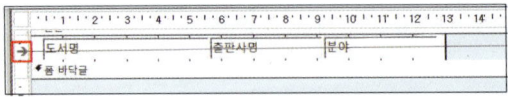

> 💡 **잠깐!**
>
> 여러 개의 컨트롤을 선택하려면 [Shift]를 누른 상태에서 개체를 차례대로 클릭하여 지정하거나, 선택하고자 하는 컨트롤이 모두 포함되도록 마우스를 클릭 & 드래그 하여 선택합니다.

② 여러 항목 선택 속성 창으로 전환되면 [모두]탭에서 '특수 효과' 속성을 '오목'으로 설정한다.

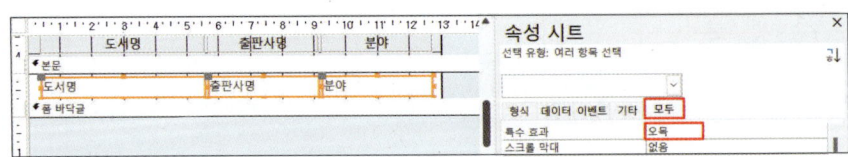

◐ 폼 컨트롤의 주요 속성 유형

컨트롤 원본	컨트롤에 표시 될 데이터 원본을 지정 또는 연결(바운드)합니다.
기본값	새 레코드 추가 시 기본적으로 입력될 값을 지정합니다.
입력 마스크	입력 될 데이터의 종류와 입력 방식을 지정합니다.
유효성 검사 규칙	입력 가능한 데이터의 조건 또는 범위를 지정합니다.
형식	입력 된 데이터의 표시 형식을 지정합니다.
탭 정지	[Tab]을 사용하여 컨트롤을 이동할 수 있게 할 것인지 여부를 결정합니다.
잠금	컨트롤에 입력 된 데이터를 편집할 수 있게 할 것인지 여부를 결정합니다.
사용 가능	컨트롤에 포커스(커서)를 삽입할 수 있게 할 것인지 여부를 결정합니다.

◐ 연산자 및 함수 목록

▶ 산술/연결 연산자

연산자	설명
+, -, *, /	더하기, 빼기, 곱하기, 나누기
MOD	나머지를 표시
&	연산자 앞뒤 내용을 연결하여 표시

▶ 논리/비교 연산자

연산자	설명
=, <, >, <=, >=, <>	같다, 작다(미만), 크다(초과), 작거나 같다(이하), 크거나 같다(이상), 같지 않다
AND	모든 인수가 참이면 TRUE, 아니면 FALSE를 표시
OR	인수 중 하나라도 참이면 TRUE, 아니면 FALSE를 표시
NOT	인수의 결과를 반대로 표시
LIKE	와일드 카드 * 또는 ?를 사용하여 특정 단어의 유무를 판단
IS	연산자 앞뒤 내용의 일치 여부를 판단

▶ SQL 계산 함수

함수	설명
SUM(인수)	인수의 합계를 표시
AVG(인수)	인수의 평균을 표시
MAX(인수)	인수 중 최대값을 표시
MIN(인수)	인수 중 최소값을 표시
COUNT(인수)	인수의 개수를 표시

▶ 날짜/시간 함수

함수	설명
DATE( ), NOW( ), TIME( )	현재 시스템의 날짜, 날짜 및 시간, 시간을 표시
YEAR(날짜), MONTH(날짜), DAY(날짜)	날짜의 년, 월, 일을 표시
HOUR(시간), MINUTE(시간), SECOND(시간)	시간의 시, 분, 초를 표시
DATESERIAL(년,월,일)	인수로 입력된 값을 날짜로 변환하여 표시
DATEVALUE(인수)	날짜 형태의 텍스트를 날짜 형식으로 변환
DATEDIFF("단위",시작날짜,끝날짜)	시작날짜와 끝날짜의 차이 값을 단위에 맞춰 표시
DATEADD("단위",숫자,날짜)	날짜로부터 지정한 단위 기간이 경과한 날짜를 표시
WEEKDAY(날짜)	날짜의 요일을 일련번호(1~7)로 표시

▶ 날짜 함수 단위

연도	분기	월	일	일(1년)	요일	주	시	분	초
yyyy	q	m	d	y	w	ww	h	n	s

▶ 문자 처리 함수

함수	설명
LEFT(문자열,추출개수)	문자열의 왼쪽부터 추출개수 만큼의 문자를 표시
RIGHT(문자열,추출개수)	문자열의 오른쪽부터 추출개수 만큼의 문자를 표시
MID(문자열,시작위치,추출개수)	문자열의 중간 시작위치부터 추출개수 만큼의 문자를 표시
TRIM(문자열)	문자열의 좌우 공백을 제거
LEN(문자열)	문자열의 글자 수를 표시
LCASE(문자열)	문자열을 소문자로 변환하여 표시
UCASE(문자열)	문자열을 대문자로 변환하여 표시
SPACE(숫자)	지정한 숫자만큼 여백(Space Bar)을 추가
STRING(숫자,문자열)	문자를 숫자만큼 반복하여 표시
INSTRING(원본문자열,찾는문자열)	원본문자열에서 찾는문자열의 위치번호를 표시
REPLACE(문자열1,문자열2,문자열3)	문자열1에서 문자열2를 찾아 문자열3으로 변경하여 표시
FORMAT(인수,"표시형식")	인수를 지정된 표시형식에 맞춰 표시

▶ 숫자 처리 함수

함수	설명
ABS(인수)	인수를 절대값으로 표시
INT(인수)	인수를 정수로 표시
ROUND(인수,자릿수)	인수를 지정한 자릿수로 반올림하여 표시

▶ 선택 함수

함수	설명
IIF(조건,참,거짓)	조건을 만족하면 참 값을 아니라면 거짓 값을 표시
SWITCH(조건1,참1,조건2,참2,...)	조건1을 만족하면 참1 값을 조건2를 만족하면 참2 값을 표시
CHOOSE(숫자,값1,값2,값3,...)	숫자 위치의 값을 두 번째 인수부터 참조하여 표시

▶ 자료 형식 변환 함수

연산자	설명
CDATE(인수)	인수를 날짜로 변환
VAL(인수)	인수를 숫자로 변환
STR(인수)	인수를 문자로 변환

▶ 자료 형식 평가 함수

연산자	설명
ISNULL(인수)	인수가 Null인지 확인
ISERROR(인수)	인수가 오류인지 확인
ISDATE(인수)	인수가 날짜인지 확인

▶ 도메인 계산 함수

연산자	설명
DSUM("필드","테이블/쿼리","조건")	테이블/쿼리에서 조건을 만족하는 필드의 합계를 계산하여 표시
DAVG("필드","테이블/쿼리","조건")	테이블/쿼리에서 조건을 만족하는 필드의 평균을 계산하여 표시
DMAX("필드","테이블/쿼리","조건")	테이블/쿼리에서 조건을 만족하는 필드의 최대값을 계산하여 표시
DMIN("필드","테이블/쿼리","조건")	테이블/쿼리에서 조건을 만족하는 필드의 최소값을 계산하여 표시
DCOUNT("필드","테이블/쿼리","조건")	테이블/쿼리에서 조건을 만족하는 레코드의 개수를 계산하여 표시
DLOOKUP("필드","테이블/쿼리","조건")	테이블/쿼리에서 조건을 만족하는 값을 찾아 표시

출제유형 2 '2-1-폼완성1.accdb' 파일을 열어 <주문내역> 폼을 다음의 지시사항에 따라 완성하시오.

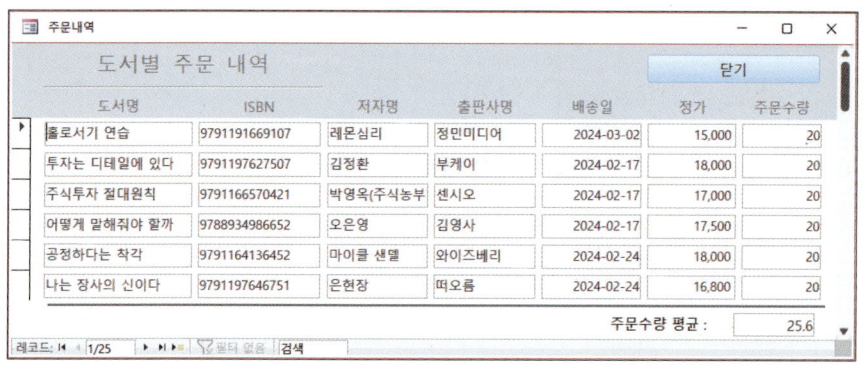

1 본문의 'txt저자명', 'txt출판사명' 필드에 각각 '저자명', '출판사명' 필드를 바운드 시키시오.
2 본문의 모든 컨트롤에 대해 가로 간격을 모두 동일하게 설정하시오.
3 본문의 'txt정가' 컨트롤은 데이터를 편집할 수 없도록 설정하시오.

4 본문의 'txt배송일'에 '주문일'로부터 3일이 경과한 날짜가 표시되도록 설정하시오.
   ▶ 주문일이 '2024-2-1'이라면 → 배송일은 '2024-2-4'
   ▶ DateAdd 함수 사용
5 본문의 'txtISBN' 컨트롤에는 Tab이 머물지 않도록 설정하시오.
6 폼 머리글에 다음과 같이 레이블 컨트롤을 작성하시오.
   ▶ 컨트롤 이름은 'lab제목'으로 지정하고, 캡션은 '도서별 주문 내역'으로 설정하시오.
   ▶ 글꼴은 '돋움체', 글꼴 크기는 '16Pt', 가로 가운데 정렬을 적용하고, 특수 효과를 '새김(밑줄)'으로 설정하시오.
7 폼이 실행될 때 '주문수량'을 기준으로 오름차순 정렬되어 표시되도록 설정하시오.
8 폼 바닥글의 'txt수량평균' 컨트롤에는 전체 주문 수량의 평균이 표시되도록 설정하시오.
9 본문 컨트롤에 대해서 다음과 같이 탭 순서를 설정하시오.
   ▶ 'txt도서명', 'txtISBN', 'txt저자명', 'txt출판사명', 'txt배송일', 'txt정가', 'txt주문수량'
10 폼 머리글 구역에 다음 지시사항에 따라 단추(▭)를 생성하시오.
   ▶ 명령 단추를 누르면 폼이 닫히도록 설정하시오.
   ▶ 컨트롤의 이름은 'cmd닫기', 캡션은 '닫기'로 설정하시오.

문제해결 🔑

1 'txt저자명'과 'txt출판사명'에 '컨트롤에 원본' 설정

① 탐색 창에서 〈주문내역〉 폼을 선택한 후 바로 가기 메뉴에서 [디자인 보기(📐)]를 선택한다.

② 폼 디자인 보기 창에서 [양식 디자인]탭-[도구]영역에서 [속성 시트(📋)]를 선택하거나 [F4]를 눌러 속성 시트를 표시한다.

③ 속성 시트 창이 나타나면 개체 목록을 'txt저자명'으로 선택한 후 [모두]탭 중 '컨트롤 원본' 속성 목록(∨)에서 '저자명'을 선택한다.

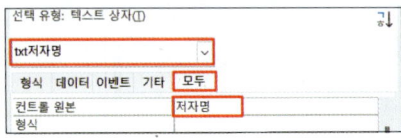

④ 동일한 방식으로 'txt출판사명'의 '컨트롤 원본' 속성을 '출판사명' 필드로 지정한다.

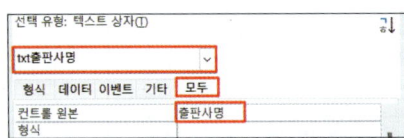

2 본문 컨트롤에 '가로 간격 같음' 설정

① 본문의 세로 눈금자 구역으로 마우스를 가져가면 마우스 커서가 화살표(➡) 모양으로 변경된다. 이 때 마우스 왼쪽을 클릭하여 본문 구역의 모든 컨트롤을 선택한다.

② [정렬]탭-[크기 및 순서 조정] 구역의 [크기/공간] 메뉴 목록에서 '가로 간격 같음'을 선택한다.

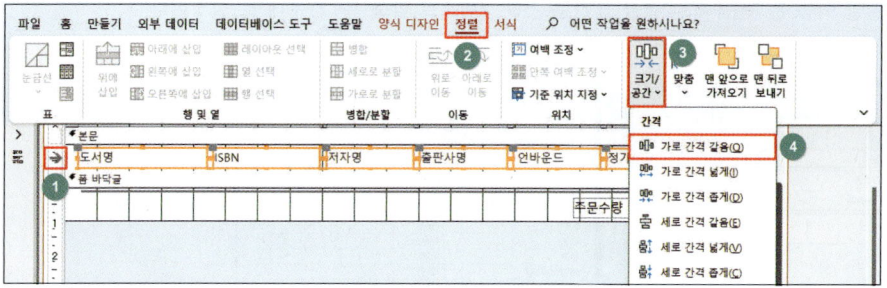

3 'txt정가'에 '잠금' 설정

본문의 'txt정가' 컨트롤을 선택한 후 속성 창의 [데이터]탭에서 '잠금' 속성을 '예'로 설정한다.

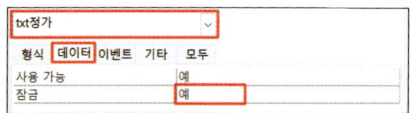

4 'txt배송일'에 '컨트롤 원본' 설정

본문의 'txt배송일' 컨트롤을 선택한 후 속성 창의 [모두]탭에서 '컨트롤 원본' 속성에 「=DateAdd("d",3,[주문일])」와 같이 입력한다.

5 'txtISBN'에 '탭 정지' 설정

본문의 'txtISBN' 컨트롤을 선택한 후 속성 창의 [기타]탭 중 '탭 정지' 속성을 '아니요'로 설정한다.

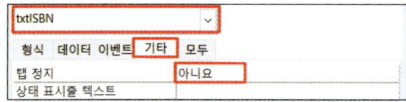

6 폼 머리글 구역에 레이블 컨트롤 추가

① [양식 디자인]탭-[컨트롤] 목록에서 '레이블'을 선택한 후 마우스 커서가 '+' 모양으로 변경되면 폼 머리글 구역에 드래그하여 생성한다.

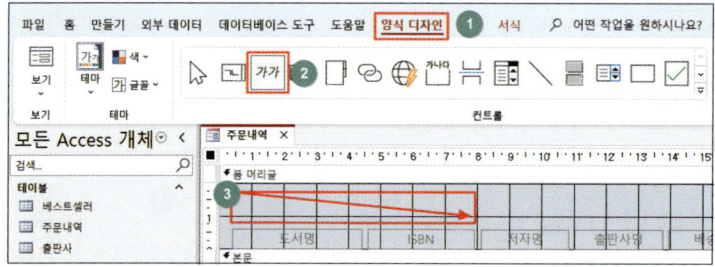

② 생성한 레이블에 '캡션'을 「도서별 주문 내역」이라 입력하고 [Enter]를 누른다.

③ '레이블' 속성 창의 [모두]탭 중 '이름' 속성에 「lab제목」이라 입력하고, '특수 효과'는 '새김(밑줄)', '글꼴 이름'은 '돋움체', '글꼴 크기'는 '16', '텍스트 맞춤'은 '가운데'로 설정한다.

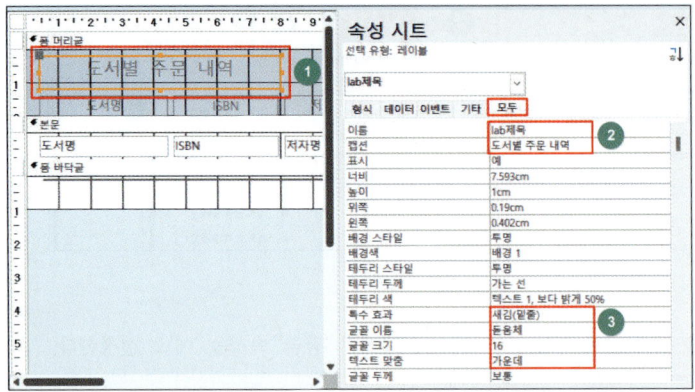

7 폼에 '정렬 기준' 설정

'폼' 속성 창의 [데이터]탭 중 '정렬 기준' 속성에 「주문수량」이라 입력하고 [Enter]를 누른다.

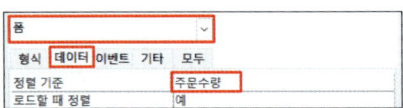

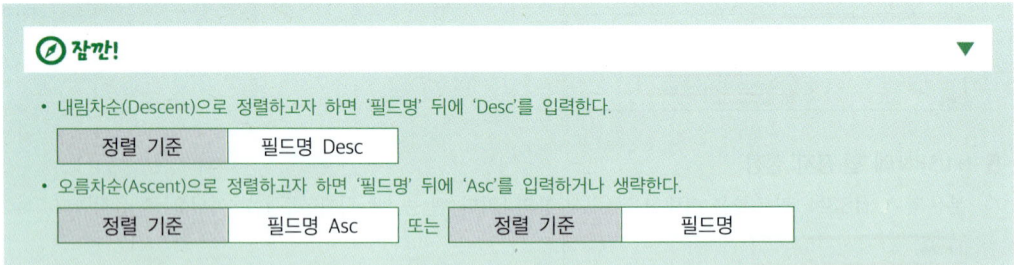

8 'txt수량평균'에 '컨트롤 원본' 설정

폼 바닥글 영역의 'txt수량평균'을 선택한 후 속성 창의 [모두]탭 중 '컨트롤 원본' 속성에 「=Avg([주문수량])」와 같이 입력하고 [Enter]를 누른다.

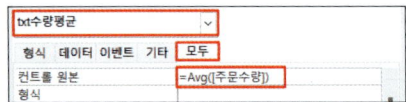

9 본문 컨트롤에 '탭 순서' 설정

① [양식 디자인]탭-[도구] 영역의 [탭 순서]를 선택한다.

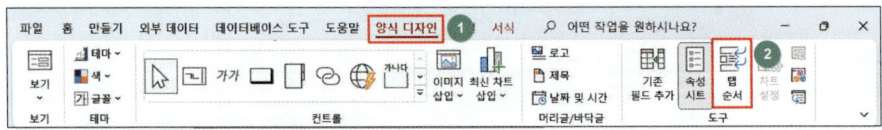

② [탭 순서] 대화상자의 구역을 '본문'으로 선택하고, 사용자 지정 순서 목록에서 'txt도서명'의 행 선택기를 선택하여 목록의 맨 위로 드래그 하여 이동시킨다.

③ 동일한 방법으로 'txtISBN', 'txt저자명', 'txt출판사명', 'txt주문일', 'txt정가', 'txt주문수량' 순으로 이동한 후 [확인] 버튼을 클릭한다.

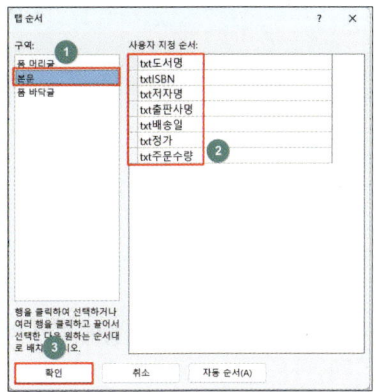

10 폼 머리글 구역에 명령 단추 컨트롤 추가

① [양식 디자인]탭-[컨트롤] 목록을 확장한 후 '컨트롤 마법사 사용'을 선택하여 활성화 시킨다.
② '단추' 컨트롤을 선택한 후 마우스 커서가 '+' 모양으로 변경되면 폼 머리글 구역에 드래그하여 생성한다.

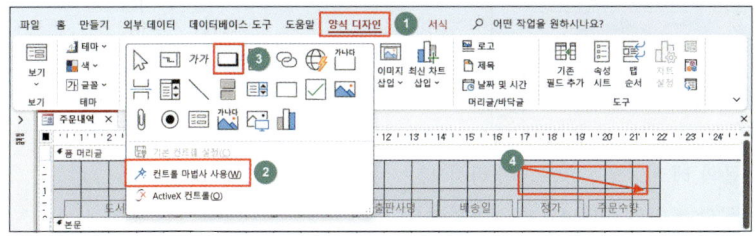

③ [명령 단추 마법사] 대화상자가 나타나면 1단계에서 종류를 '폼 작업', 매크로 함수를 '폼 닫기'로 선택한 후 [다음]을 클릭한다.

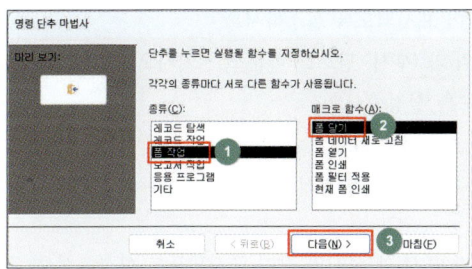

④ 2단계에서 '텍스트'로 옵션을 변경하고 「**닫기**」라 입력한 후 [다음]을 클릭한다.

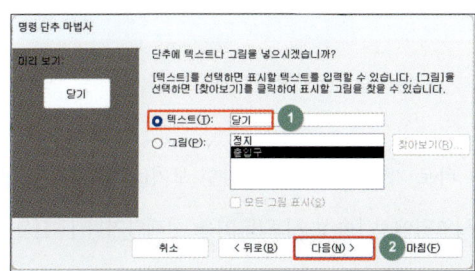

⑤ 컨트롤의 이름을 「cmd닫기」로 지정하고 [마침]을 클릭한다.

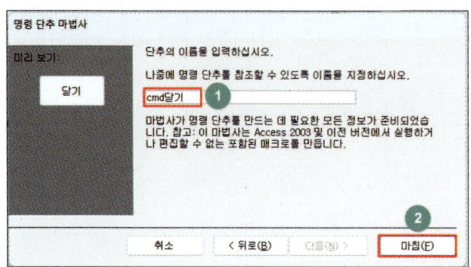

출제유형 3 '2-1-폼완성2.accdb' 파일을 열어 <직위별사원목록> 폼을 다음의 지시사항에 따라 완성하시오.

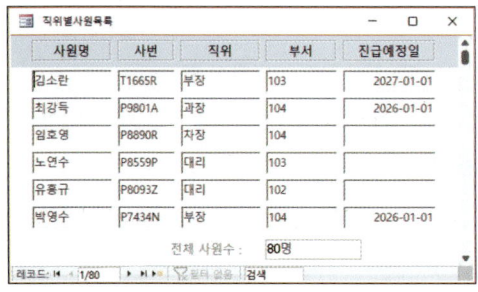

1 <사원목록> 테이블을 폼의 레코드 원본으로 설정하시오.
2 폼의 레코드가 '연속 폼'의 형태로 나타나도록 설정하시오.
3 폼의 레코드를 삭제할 수 없도록 설정하시오.
4 폼에 레코드 선택기와 구분 선이 표시되지 않도록 설정하시오.
5 폼이 실행될 때 '사번'을 기준으로 내림차순 정렬되어 표시되도록 설정하시오.
6 본문의 'txt직위'와 'txt부서' 컨트롤에는 각각 '직위'와 '부서' 필드를 바운드 시키시오.
7 본문의 'txt사번' 컨트롤은 데이터를 편집할 수 없도록 설정하시오.
8 본문의 모든 컨트롤에 대해서 특수 효과를 '오목'으로 지정하시오.
9 본문의 'txt진급예정일' 컨트롤에는 날짜가 숫자4-숫자2-숫자2 형식으로 입력되도록 입력 마스크를 설정하시오.
10 폼 바닥글의 'txt사원수' 컨트롤에는 전체 사원수가 표시 예(5명)와 같이 표시되도록 설정하시오.

문제해결

1 폼의 '레코드 원본' 설정

① 탐색 창에서 <직위별사원목록> 폼을 선택한 후 바로 가기 메뉴에서 [디자인 보기( )]를 선택한다.

② 폼 디자인 보기 창에서 [양식 디자인]탭-[도구]영역에서 [속성 시트( )]를 선택하거나 [F4]를 눌러 속성 시트를 표시한다.

③ '폼' 속성 시트 창의 [모두]탭에서 '레코드 원본' 속성을 '사원목록'으로 설정한다.

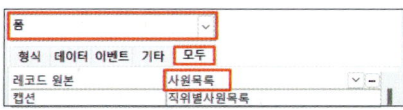

2 폼의 '기본 보기' 설정

'폼' 속성 시트 창의 [모두]탭에서 '기본 보기' 속성을 '연속 폼'으로 설정한다.

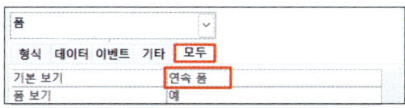

3 폼의 '삭제 가능' 설정

'폼' 속성 시트 창의 [데이터]탭에서 '삭제 가능' 속성을 '아니요'로 설정한다.

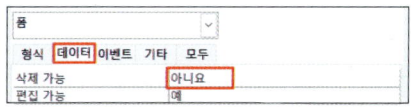

4 폼의 '레코드 선택기'와 '구분선' 설정

'폼' 속성 시트 창의 [모두]탭에서 '레코드 선택기'와 '구분 선' 속성을 '아니요'로 설정한다.

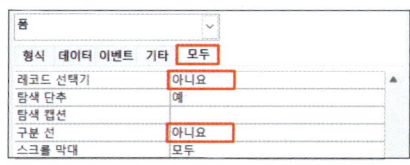

5 폼의 '정렬 기준' 설정

'폼' 속성 시트 창의 [데이터]탭 중 '정렬 기준' 속성에 「**사번 DESC**」이라 입력한다.

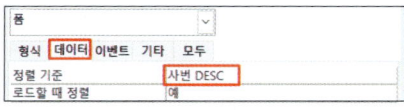

6 'txt직위'와 'txt부서'에 '컨트롤 원본' 설정

① 본문의 'txt직위' 컨트롤을 선택한 후 속성 창의 [모두]탭 중 '컨트롤 원본' 속성을 '직위' 필드로 지정한다.

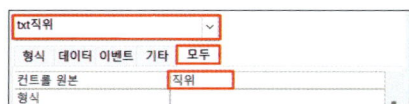

② 동일한 방식으로 'txt부서' 컨트롤의 '컨트롤 원본' 속성을 '부서' 필드로 지정한다.

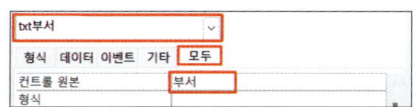

7 'txt사번' 컨트롤에 '잠금' 설정

본문의 'txt사번' 컨트롤을 선택한 후 속성 창의 [데이터]탭에서 '잠금' 속성을 '예'로 설정한다.

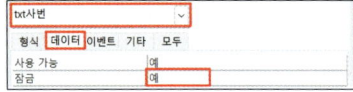

8 본문 컨트롤에 '특수 효과' 설정

① 본문의 세로 눈금자 구역으로 마우스를 가져가면 마우스 커서가 화살표(➡) 모양으로 변경된다. 이 때 마우스 왼쪽을 클릭하여 본문 구역의 모든 컨트롤을 선택한다.

② 여러 항목 선택 속성 창으로 전환되면 [모두]탭의 '특수 효과' 속성을 '오목'으로 설정한다.

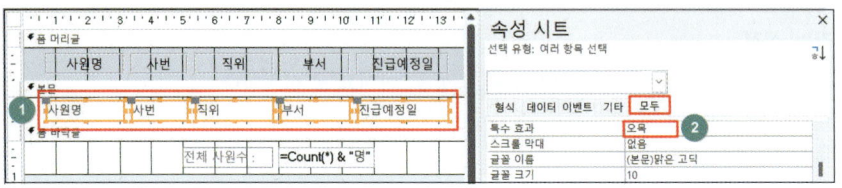

9 'txt진급예정일'에 '입력 마스크' 설정

① 본문의 'txt진급예정일' 컨트롤을 선택한 후 속성 창의 [데이터]탭 중 '입력 마스크' 속성에 커서를 삽입한 후 '작성기(...)'를 클릭한다.

② [입력 마스크 마법사] 대화상자가 나타나면 목록에서 '날짜형식(M)'을 선택한 후 [마침] 버튼을 클릭한다.

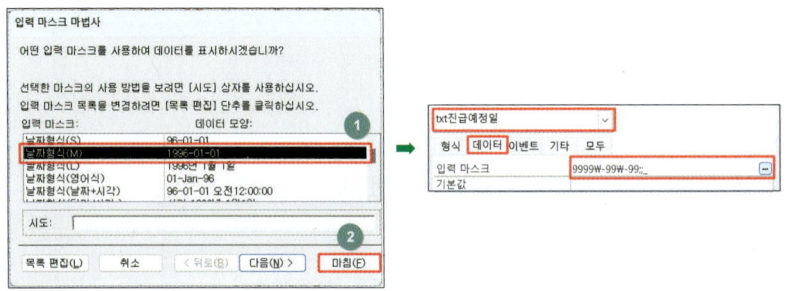

10 'txt사원수'에 '컨트롤 원본' 설정

폼 바닥글 영역의 'txt사원수' 컨트롤을 선택한 후 속성 창의 [모두]탭 중 '컨트롤 원본' 속성에 「=Count(*)&"명"」와 같이 입력한다.

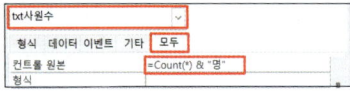

CHAPTER 02 콤보 상자 컨트롤 속성

■ 작업파일 데이터베이스/작업파일/2.입력및수정

콤보 상자나 목록 상자 컨트롤에 값을 미리 지정하여 컨트롤 작업 시 편리하게 데이터를 지정할 수 있도록 설정하는 기능입니다.
테이블 작업에서 다루었던 필드 조회 속성 설정과 유사한 기능으로 풀이 방법이 거의 동일하여 배점을 취득하기 좋은 문항입니다.

출제유형 1 '2-2-콤보 상자1.accdb' 파일을 열어 다음의 지시사항을 처리하시오.

〈도서목록〉 폼의 'cmb출판사명' 텍스트 상자 컨트롤을 콤보 상자로 변환하여 다음의 조건을 완성하시오.

▶ 컨트롤에는 〈출판사〉 테이블의 '출판사코드'와 '출판사명' 필드를 표시하고, 컨트롤에는 '출판사코드'가 저장되도록 설정할 것
▶ '출판사코드'와 '출판사명'의 열 너비를 2cm, 4cm로 설정하고, 목록 너비는 6cm로 설정할 것
▶ 목록 이외의 값은 입력되지 않도록 설정할 것

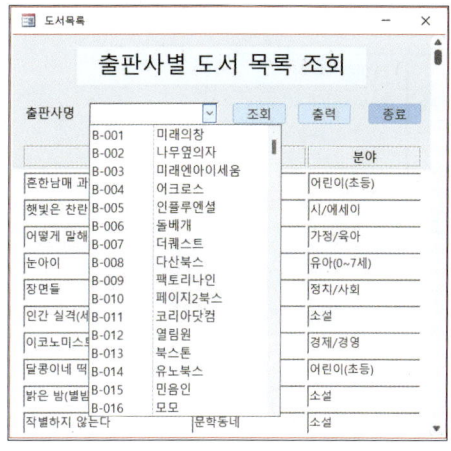

문제해결

① 탐색 창의 〈도서목록〉 폼의 바로 가기 메뉴에서 [디자인 보기(📐)]를 선택한다.

② 폼 머리글 영역의 'cmb출판사명' 컨트롤의 바로 가기 메뉴에서 [변경]-[콤보 상자]를 선택한다.

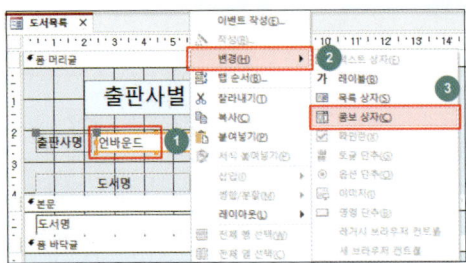

③ 'cmb출판사명' 컨트롤 속성 창의 [데이터]탭에서 '행 원본 유형'을 '테이블/쿼리'로 설정한 후, '행 원본' 속성의 '작성기(⋯)'를 클릭한다.

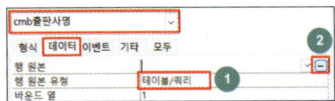

④ [쿼리 작성기] 창의 [테이블 추가] 대화상자에서 〈출판사〉 테이블을 더블 클릭하여 추가한다.

⑤ 〈출판사〉 테이블의 '출판사코드'와 '출판사명' 필드를 차례대로 더블 클릭하여 필드 영역에 추가한 후 [닫기(✕)]를 클릭한다.

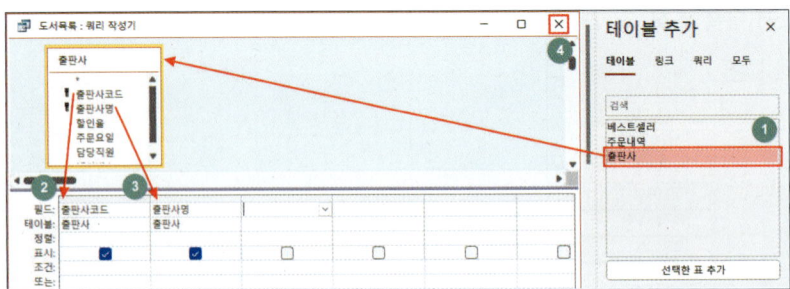

⑥ 업데이트 확인 창이 나타나면 [예(Y)]를 선택한다.

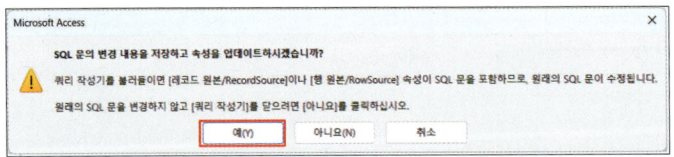

⑦ [데이터]탭에서 '행 원본' 속성이 설정된 것을 확인한 후, '바운드 열'에는 「1」을 입력하고 '목록 값만 허용'은 '예'로 변경한다.

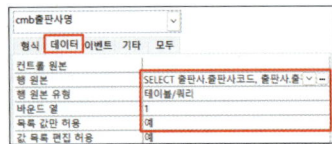

⑧ [형식]탭에서 '열 개수'는 「2」, '열 너비'는 「2;4」, '목록 너비'는 「6」으로 입력하여 설정을 마무리한다.

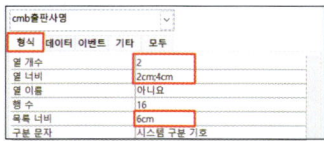

출제유형 2 '2-2-콤보 상자2.accdb' 파일을 열어 다음의 지시사항을 처리하시오.

〈직위별사원목록〉 폼의 'cmb부서' 텍스트 상자 컨트롤을 콤보 상자로 변환하여 다음의 조건을 완성하시오.

▶ 〈부서목록〉 테이블의 '부서코드'와 '부서이름' 필드를 표시하고, 컨트롤에는 '부서코드'가 저장되도록 설정할 것

▶ '부서코드'와 '부서이름'의 열 너비를 1cm, 2cm로 설정하고, 목록 너비는 3cm로 설정할 것

▶ 목록 이외의 값은 입력되지 않도록 설정할 것

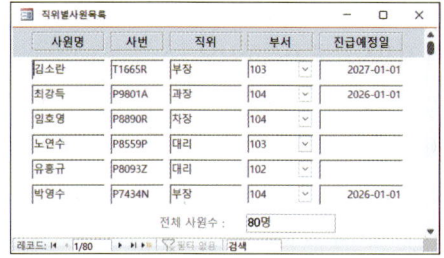

문제해결

① 탐색 창의 〈직위별사원목록〉 폼의 바로 가기 메뉴에서 [디자인 보기( )]를 선택한다.
② 폼 머리글 영역의 'cmb부서' 컨트롤의 바로 가기 메뉴에서 [변경]-[콤보 상자]를 선택한다.
③ 'cmb부서' 컨트롤 속성 창의 [데이터]탭에서 '행 원본 유형'을 '테이블/쿼리'로 설정한 후, '행 원본' 속성의 '작성기( )'를 클릭한다.
④ [쿼리 작성기] 창의 [테이블 추가] 대화상자에서 〈부서목록〉 테이블을 더블 클릭하여 추가한다.
⑤ 〈부서목록〉 테이블의 '부서코드'와 '부서이름' 필드를 차례대로 더블 클릭하여 필드 영역에 추가한 후 [닫기( )]를 클릭한다.

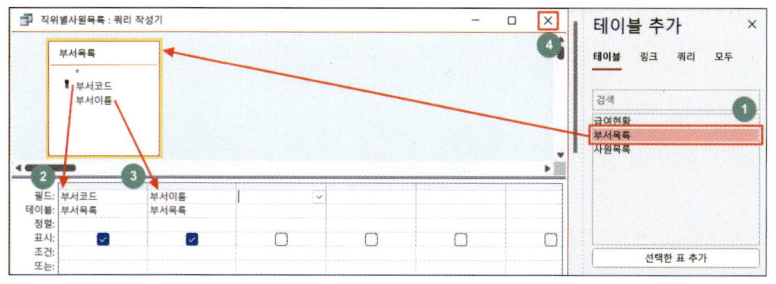

⑥ 업데이트 확인 창이 나타나면 [예(Y)]를 선택한다.
⑦ [데이터]탭에서 '행 원본' 속성이 설정된 것을 확인한 후, '바운드 열'에는 「1」을 입력하고 '목록 값만 허용'은 '예'로 변경한다.

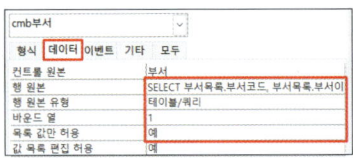

⑧ [형식]탭에서 '열 개수'는 「2」, '열 너비'는 「1;2」, '목록 너비'는 「3」으로 입력하여 설정을 마무리한다.

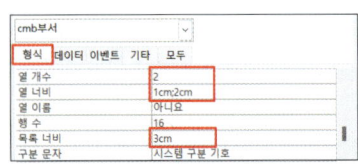

출제유형 3 '2-2-콤보 상자3.accdb' 파일을 열어 다음의 지시사항을 처리하시오.

〈업체별주문내역〉 폼의 'cmb업체명' 컨트롤에 다음의 조건을 적용하시오.
▶ 〈주문내역〉 테이블의 '배송업체' 필드를 컨트롤에 행 원본으로 설정할 것
▶ 배송업체는 오름차순으로 정렬되어 표시되도록 설정할 것
▶ 콤보 상자에 표시되는 배송업체는 중복되지 않게 한번만 나타나도록 설정할 것

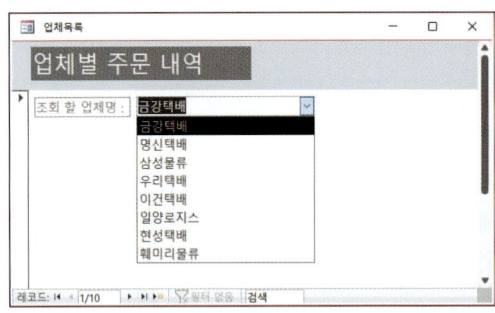

문제해결

① 탐색 창의 〈업체별주문내역〉 폼의 바로 가기 메뉴에서 [디자인 보기(📄)]를 선택한다.
② 'cmb업체명' 컨트롤 속성 창의 [데이터]탭에서 '행 원본 유형'을 '테이블/쿼리'로 설정한 후, '행 원본' 속성의 '작성기(…)'를 클릭한다.
③ [쿼리 작성기] 창의 [테이블 추가] 대화상자에서 〈주문내역〉 테이블을 더블 클릭하여 추가한다.
④ 〈주문내역〉 테이블의 '배송업체' 필드를 더블 클릭하여 필드 영역에 추가한 후 [닫기(✖)]를 클릭한다.

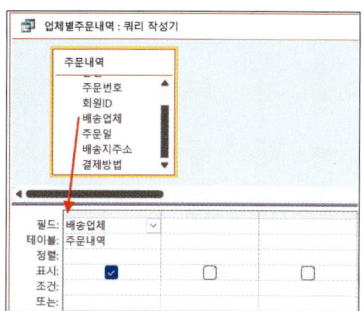

⑤ '정렬:' 영역을 선택하면 나타나는 목록(⌄)에서 '오름차순'을 선택한다.

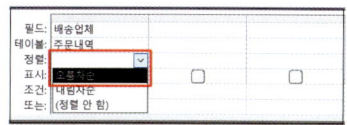

⑥ [업체별주문내역 : 쿼리 작성기] 창의 빈 영역을 클릭하여 쿼리 속성 창을 표시한다. 속성 창의 '고유 값' 속성을 '예'로 변경한 후 [닫기(✖)] 버튼을 클릭한다.

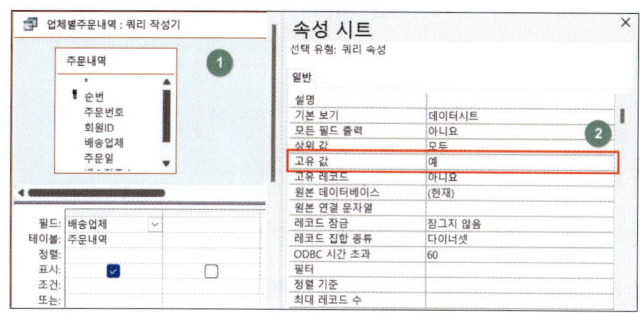

> **잠깐!** ▼
>
> 만약 [쿼리 작성기] 화면에 '속성 시트'가 보이지 않는다면 [쿼리 디자인]탭-[표시/숨기기] 영역의 [속성 시트(📋)]를 클릭하거나, [F4]을 눌러 표시한 후 작업을 진행합니다.

⑦ 업데이트 확인 창이 나타나면 [예(Y)]를 선택한다.
⑧ [데이터]탭에서 '행 원본' 속성이 설정된 것을 확인한 후 설정을 마무리한다.

■ 작업파일 데이터베이스/작업파일/2.입력및수정

CHAPTER 03 조건부 서식

지정된 조건을 만족하는 필드 또는 레코드에 사용자가 지정하는 서식을 적용하는 기능입니다. 단순히 값을 비교하여 서식을 적용하기도 하고, 스프레드시트와 마찬가지로 수식을 사용하여 조건을 지정할 수도 있습니다.

출제유형 1 '2-3-조건부서식1.accdb' 파일을 열어 다음의 지시사항을 처리하시오.

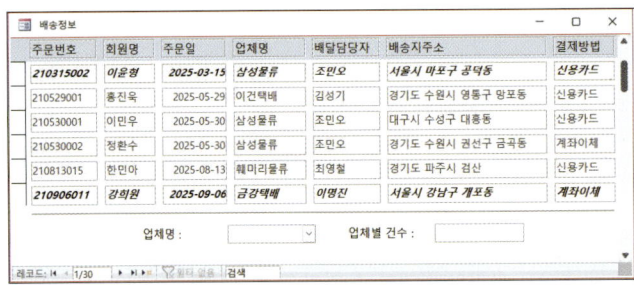

〈배송정보〉 폼의 본문 모든 컨트롤에 다음과 같은 조건부 서식을 설정하시오.
▶ '배송지주소'가 "서울"로 시작하는 레코드에 대해 글꼴 스타일을 '굵게', '기울임꼴'로 설정하시오.
▶ Left 함수 사용

문제해결

① 탐색 창에서 〈배송정보〉 폼을 선택한 후 바로 가기 메뉴에서 [디자인 보기(🗒)]를 선택한다.
② 본문의 세로 눈금자 구역으로 마우스를 가져가면 마우스 커서가 화살표(➡) 모양으로 변경된다. 이 때 마우스 왼쪽을 클릭하여 본문 구역의 모든 컨트롤을 선택한다.
③ [서식]탭-[컨트롤 서식] 영역에서 [조건부 서식]을 클릭한다.

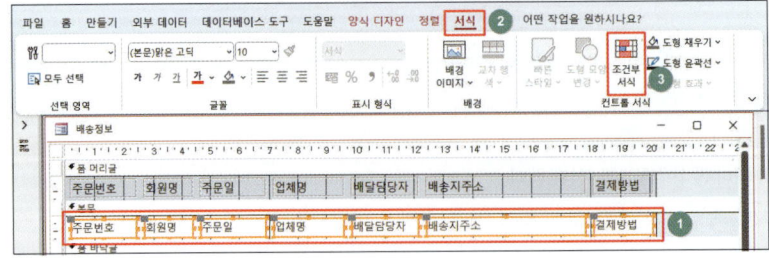

④ [조건부 서식 규칙 관리자] 대화상자가 나타나면 [새 규칙]을 클릭한다.

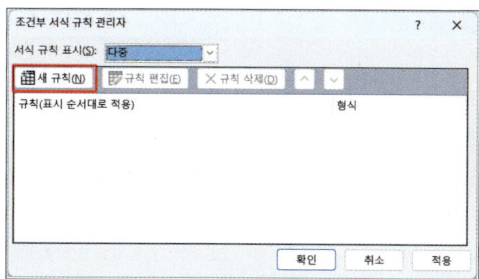

⑤ [새 서식 규칙] 대화상자로 전환되면 서식 설정 방식을 '식이'로 변경한다.
⑥ 변경된 화면의 수식 입력란에 「LEFT([배송지주소],2)="서울"」와 같이 입력하고, 〈그림〉과 같이 서식을 설정한 후 [확인]을 클릭한다.

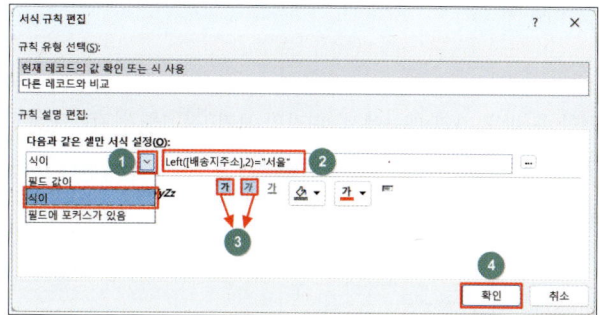

⑦ [조건부 서식 규칙 관리자] 대화상자에서도 [확인]을 클릭한다.

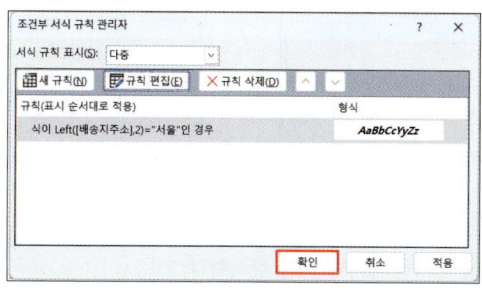

출제유형 2 '2-3-조건부서식2.accdb' 파일을 열어 다음의 지시사항을 처리하시오.

〈직위별사원목록〉 폼의 본문 모든 컨트롤에 다음과 같은 조건부 서식을 설정하시오.
▶ '진급예정일'의 값이 Null이 아닌 레코드에 대해 글꼴을 '굵게', 배경색을 '표준 색-노랑'으로 설정하시오.

문제해결

① 탐색 창에서 〈직위별사원목록〉 폼을 선택한 후 바로 가기 메뉴에서 [디자인 보기(📐)]를 선택한다.
② 본문의 세로 눈금자 구역으로 마우스를 가져가면 마우스 커서가 화살표(➡) 모양으로 변경된다. 이 때 마우스 왼쪽을 클릭하여 본문 구역의 모든 컨트롤을 선택한다.
③ [서식]탭-[컨트롤 서식] 영역에서 [조건부 서식]을 클릭한다.

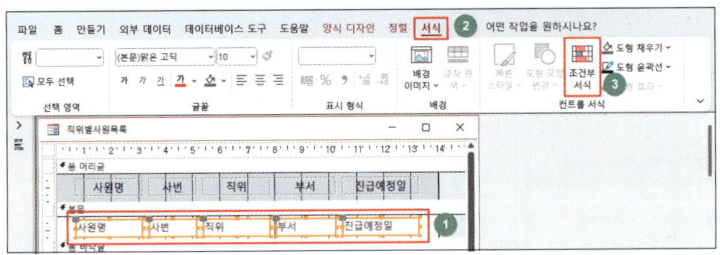

④ [조건부 서식 규칙 관리자] 대화상자가 나타나면 [새 규칙]을 클릭한다.
⑤ [새 서식 규칙] 대화상자로 전환되면 서식 설정 방식을 '식이'로 변경하고, 수식 입력란에 「**[진급예정일] is not null**」와 같이 입력하고, 〈그림〉과 같이 서식을 설정한 후 [확인]을 클릭한다.

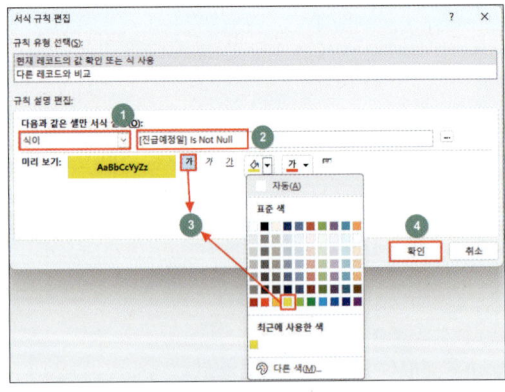

⑥ [조건부 서식 규칙 관리자] 대화상자에서도 [확인]을 클릭한다.

출제유형 3 '2-3-조건부서식3.accdb' 파일을 열어 다음의 지시사항을 처리하시오.

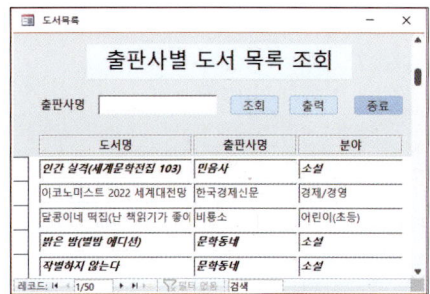

〈도서목록〉 폼의 본문 모든 컨트롤에 다음과 같은 조건부 서식을 설정하시오.

▶ '분야'가 "소설" 이거나 "인문"인 레코드에 대해 글꼴 스타일을 '굵게', '기울임꼴'로 설정하시오.
▶ Or 연산자 사용

문제해결

① 탐색 창에서 〈배송정보〉 폼을 선택한 후 바로 가기 메뉴에서 [디자인 보기(🖉)]를 선택한다.
② 본문의 세로 눈금자 구역으로 마우스를 가져가면 마우스 커서가 화살표(➡) 모양으로 변경된다. 이 때 마우스 왼쪽을 클릭하여 본문 구역의 모든 컨트롤을 선택한다.
③ [서식]탭-[컨트롤 서식] 영역에서 [조건부 서식]을 클릭한다.

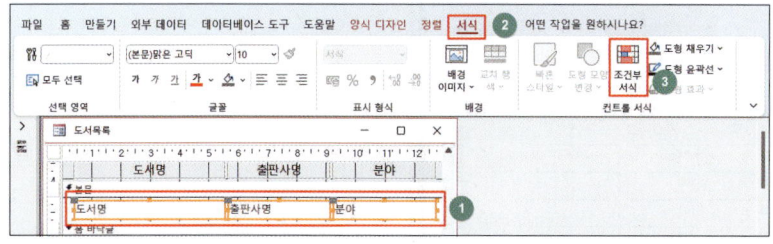

④ [조건부 서식 규칙 관리자] 대화상자가 나타나면 [새 규칙]을 클릭한다.
⑤ [새 서식 규칙] 대화상자로 전환되면 서식 설정 방식을 '식이'로 변경하고, 수식 입력란에 「**[분야]="소설"** **Or [분야]="인문"**」와 같이 입력하고, 〈그림〉과 같이 서식을 설정한 후 [확인]을 클릭한다.

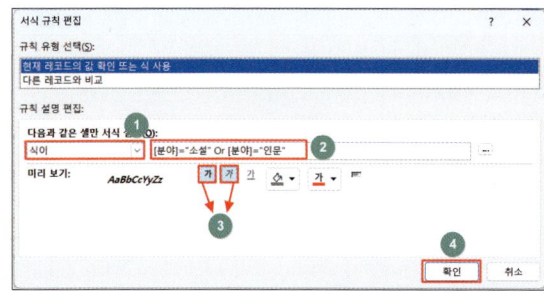

⑥ [조건부 서식 규칙 관리자] 대화상자에서도 [확인]을 클릭한다.

CHAPTER 04

하위 폼

■ 작업파일 데이터베이스/작업파일/2.입력및수정

하위 폼 문제는 대상 폼에 새롭게 하위 폼을 추가하는 유형과 두 폼의 필드 연결 속성을 설정하는 유형으로 구분됩니다. 조건부 서식 기능과 함께 무작위로 출제되고 있으며 난이도가 높지 않아 배점을 취득하기 용이합니다.

출제유형 1 '2-4-하위폼1.accdb' 파일을 열어 다음의 지시사항을 처리하시오.

〈직위별급여현황〉 폼의 본문 영역에 〈화면〉과 같이 〈직위별사원목록〉 폼을 하위 폼으로 추가하시오.

▶ 하위 폼/보고서 컨트롤의 이름은 '직위별사원목록'으로 하시오.
▶ 기본 폼과 하위 폼을 '직위' 필드를 기준으로 연결하시오.

문제해결 🔑

① 탐색 창에서 〈직위별급여현황〉 폼을 선택한 후 바로 가기 메뉴에서 [디자인 보기(📐)]를 선택한다.

② [양식 디자인]탭의 컨트롤 목록에서 '하위 폼/하위 보고서'를 선택한다. 단, 작업 시작 전 '컨트롤 마법사 사용' 버튼이 활성화 되어 있는지 확인한다.

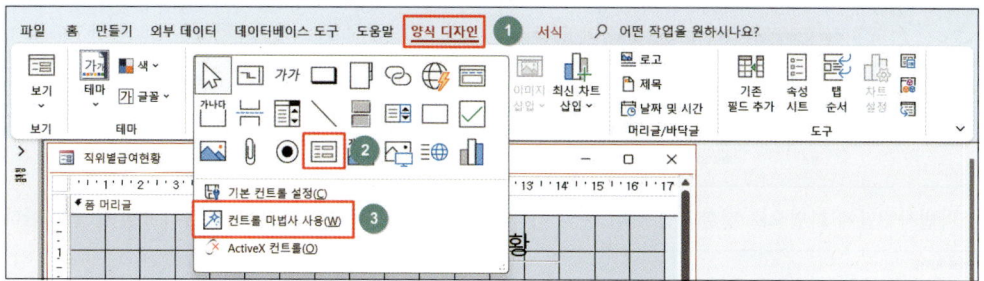

③ 〈직위별급여현황〉 폼의 본문 영역에 〈화면〉을 참고하여 적절한 크기로 드래그한다.

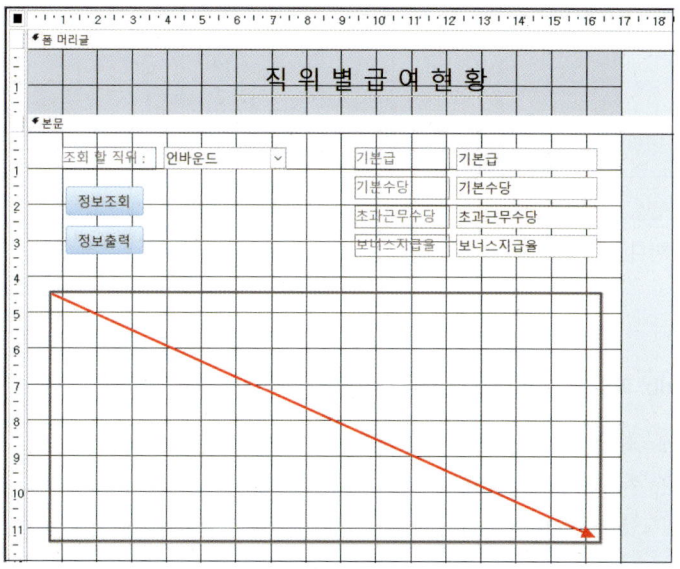

④ [하위 폼 마법사] 대화상자가 나타나면 1단계에서 기존 폼 사용 목록 중 '직위별사원목록'을 선택하고 [다음]을 클릭한다.

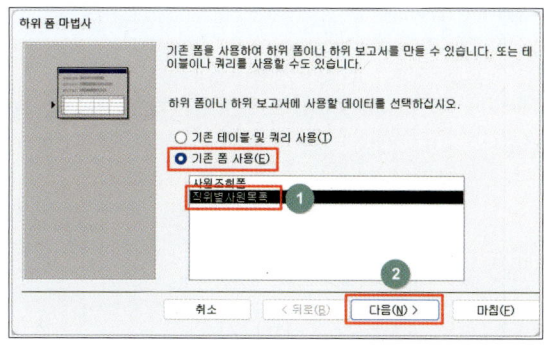

⑤ 마법사 2단계 화면으로 전환되면 연결 필드 목록 중 '직위을(를) 사용하여 급여현황의 각 레코드에 대해 사원목록을(를) 표시합니다.'를 선택하고 [다음]을 클릭한다.

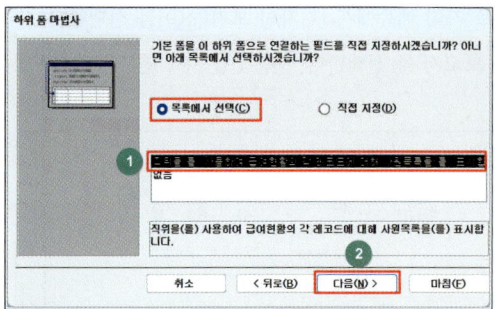

⑥ 마법사 3단계 화면으로 전환되면 하위 폼의 이름을 「**직위별사원목록**」으로 입력한 후 [마침]을 클릭한다.

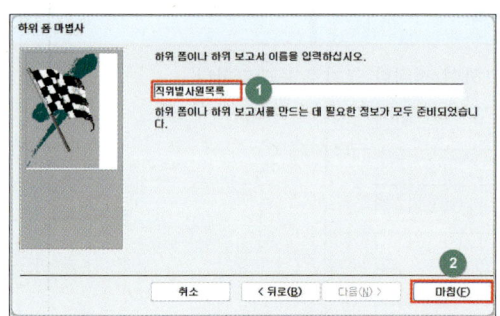

⑦ '폼 보기' 상태에서 결과를 확인한다.

출제유형 2 '2-4-하위폼2.accdb' 파일을 열어 다음의 지시사항을 처리하시오.

〈업체별주문내역〉 폼의 본문 영역에 〈화면〉과 같이 〈주문내역〉 폼을 하위 폼으로 추가하시오.
▶ 하위 폼/보고서 컨트롤의 이름은 '주문내역'으로 하시오.
▶ 기본 폼과 하위 폼을 '업체명' 필드를 기준으로 연결하시오.
▶ 하위 폼의 레이블은 삭제하시오.

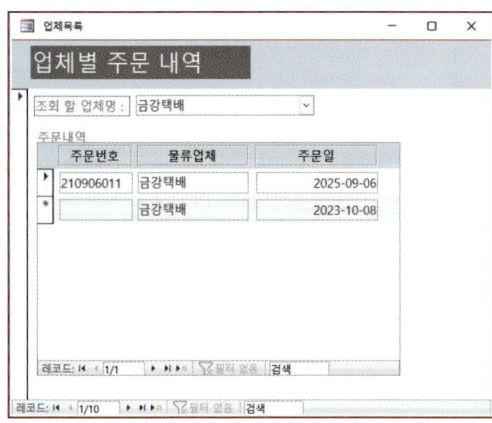

문제해결

① 탐색 창에서 〈업체별주문내역〉 폼을 선택한 후 바로 가기 메뉴에서 [디자인 보기(📐)]를 선택한다.

② [양식 디자인]탭의 컨트롤 목록에서 '하위 폼/하위 보고서'를 선택한 후, 폼의 본문에 〈화면〉을 참고하여 적절한 크기로 드래그한다.

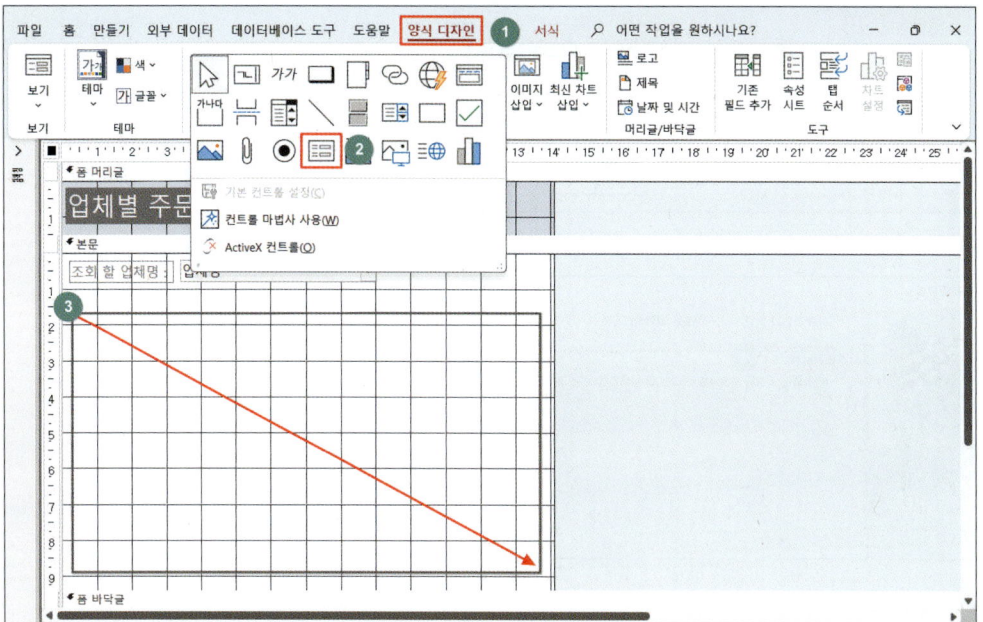

③ [하위 폼 마법사] 대화상자가 나타나면 1단계에서 기존 폼 사용 목록 중 '주문내역'을 선택하고 [다음]을 클릭한다.

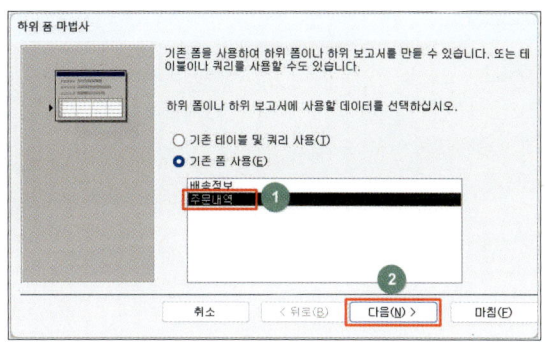

④ 마법사 2단계 화면으로 전환되면 연결 필드 목록 중 '업체명을(를) 사용하여 업체목록의 각 레코드에 대해 주문내역(를) 표시합니다.'를 선택하고 [다음]을 클릭한다.

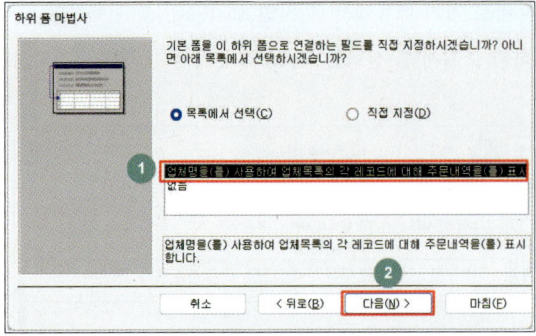

⑤ 마법사 3단계 화면으로 전환되면 하위 폼의 이름을 「**주문내역**」으로 입력한 후 [마침]을 클릭한다.

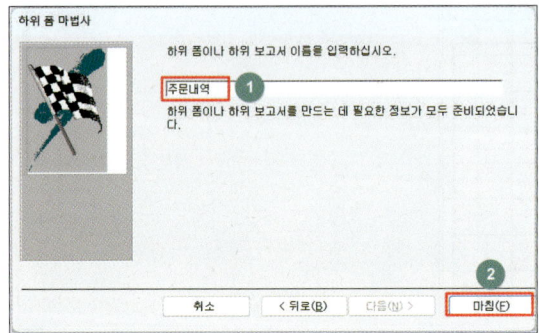

⑥ 하위 폼의 레이블을 선택한 후 [Delete]를 눌러 삭제한다.

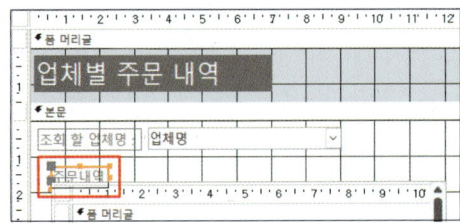

⑦ '폼 보기' 상태에서 결과를 확인한다.

· 데이터베이스 ·

PART **03**

조회 및 출력 기능 구현

CHAPTER 01   보고서 완성
CHAPTER 02   조회 및 출력 기능
CHAPTER 03   이벤트 프로시저

■ 작업파일 데이터베이스/작업파일/3.조회및출력

CHAPTER 01 보고서 완성

데이터베이스에 저장되어 있는 테이블 또는 쿼리의 출력이나 요약을 목적으로 편집하는 작업입니다. 출력물의 형태로 자료를 가공하기 때문에 데이터의 입력이나 편집 보다는 출력과 표시 기능과 관련한 문항들이 출제됩니다.
SQL 질의를 이용하여 매크로 함수, 이벤트 프로시저를 작성하고, 조건을 활용한 작업들을 수행하기 때문에 이전 작업보다 난이도가 높은 편입니다.

◐ 보고서 구역 구분

❶ 보고서 머리글	보고서 첫 페이지 상단에 한 번만 표시됩니다. (ex) 보고서 제목
❷ 페이지 머리글	보고서의 모든 페이지 상단에 표시됩니다. (ex) 출력 일자
❸ 그룹 머리글	그룹이 설정되면 각 그룹 상단에 반복적으로 표시됩니다. (ex) 소제목, 레이블
❹ 본문	보고서의 데이터가 표시됩니다.
❺ 그룹 바닥글	그룹이 설정되면 각 그룹 하단에 반복적으로 표시됩니다. (ex) 누적합계
❻ 페이지 바닥글	보고서의 모든 페이지 하단에 표시됩니다. (ex) 페이지 번호
❼ 보고서 바닥글	보고서의 마지막 페이지 하단에 한 번만 표시됩니다. (ex) 작성자명, 기관명

◐ 보고서 구역의 주요 속성 유형

높이	해당 구역의 높이를 설정합니다.
배경색	해당 구역의 배경색을 지정합니다.
표시	해당 구역을 보고서 보기 화면에 표시할 것인지 여부를 결정합니다.
페이지 바꿈	해당 구역 전/후로 페이지를 변경하여 다른 페이지에 표시합니다.
반복 실행 구역	해당 구역을 인쇄 제목과 같이 반복하여 표시할 것인지 여부를 결정합니다.

◐ 폼 컨트롤의 주요 속성 유형

컨트롤 원본	컨트롤에 표시 될 데이터 원본을 지정 또는 연결(바운드)합니다.
형식	입력 된 데이터의 표시 형식을 지정합니다.
누적 합계	컨트롤 원본의 누적 합계를 계산하여 표시합니다.
중복 내용 숨기기	이전 레코드와 동일한 값들은 표시하지 않습니다.
특수 효과	특수 효과(기본, 볼록, 오목, 그림자 등)를 설정합니다.

출제유형 1 '3-1-보고서완성1.accdb' 파일을 열어 <도서주문현황> 보고서를 다음의 지시사항에 따라 완성하시오.

1. '주문일' 필드를 기준으로 내림차순 정렬하고, 주문일이 동일한 경우 '출판사명'을 기준으로 오름차순 정렬되어 표시되도록 설정하시오.

2 보고서 머리글 구역에 〈화면〉과 같이 레이블 컨트롤을 생성하시오.
- ▶ 제목 : 일자별 도서 주문 현황
- ▶ 이름 : lab제목
- ▶ 글꼴 이름은 '돋움체', 글꼴 크기는 '24', 글꼴 스타일은 '굵게'로 지정할 것

3 '주문일'이 바뀌면 새 페이지에 표시되도록 '주문일 바닥글'을 설정하시오.

4 '주문일 머리글' 영역이 매 페이지 마다 반복해서 표시되도록 설정하시오.

5 주문일 머리글 영역의 'txt주문일' 컨트롤에는 '주문일'이 표시 예와 같이 표시되도록 설정하시오.
- ▶ 표시 예 : 2024-02-14 주문내역입니다.

6 본문 영역의 'txt순번' 컨트롤에는 그룹별 일련번호가 표시되도록 설정하시오.

7 주문일 바닥글 영역의 'txt건수' 컨트롤에는 총 주문 건수가 표시 예와 같이 표시되도록 설정하시오.
- ▶ 표시 예 : 5 → ★ 총 5건 ★
- ▶ Format, Count 함수 사용

8 페이지 바닥글 영역의 'txt날짜' 컨트롤에는 현재 시스템의 날짜가 표시 예와 같이 표시되도록 설정하시오.
- ▶ 표시 예 : 현재 날짜가 '2024-02-14'라면 → 2024년 02월 14일 월요일

9 페이지 바닥글 영역의 'txt페이지' 컨트롤에는 페이지 번호가 표시 예와 같이 표시되도록 설정하시오.
- ▶ 표시 예 : 현재 페이지가 1이고 전체 페이지가 3이라면 → 전체 3페이지 중 1페이지

10 페이지 레이아웃을 이용하여 용지 방향이 '세로'로 인쇄되도록 설정하시오.

문제해결

1 정렬 및 그룹화 설정

① 탐색 창에서 〈도서주문현황〉 보고서의 바로 가기 메뉴에서 [디자인 보기(☒)]를 선택한 후 [F4]을 눌러 속성 창을 표시한다.

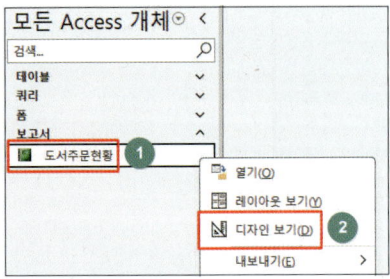

② [보고서 디자인]탭-[그룹화 및 요약] 영역에서 [그룹화 및 정렬]을 선택한다.

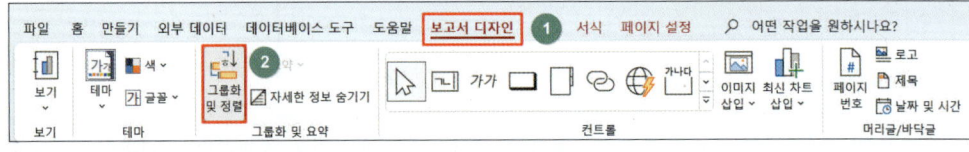

③ 화면 하단에 '그룹, 정렬 및 요약' 창이 나타나면, '주문일' 필드의 정렬 방식을 '내림차순'으로 변경한다.

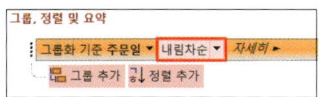

④ 2차 정렬을 위해 [정렬 추가]를 클릭한 후, 필드 목록에서 '출판사명'을 선택한다. '출판사명' 필드의 정렬 방식을 '오름차순'으로 설정한다.

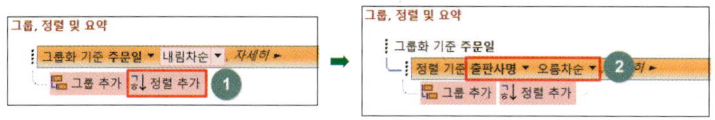

2 보고서 머리글 영역에 레이블 컨트롤 추가

① [보고서 디자인]탭의 컨트롤 목록에서 '레이블(*가가*)'을 선택한 후, '보고서 머리글' 영역에 적절한 크기로 드래그한다.

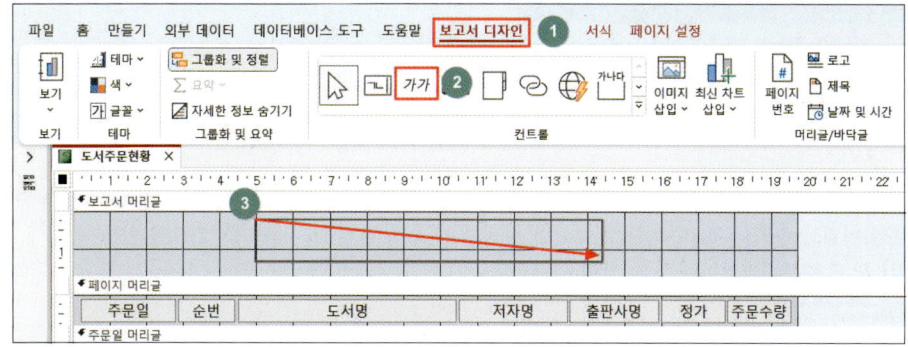

② 추가된 레이블에 「**일자별 도서 주문 현황**」이라 입력하고 [Enter]를 누른다.

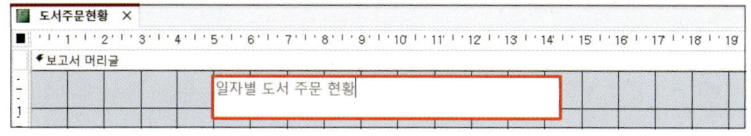

③ '레이블' 속성 창의 [모두]탭 중 '이름' 속성에 「**lab제목**」이라 입력하고 [Enter]를 누른다.

④ '글꼴 이름'은 '돋움체', '글꼴 크기'는 '24', '글꼴 두께'는 '굵게'로 설정한다.

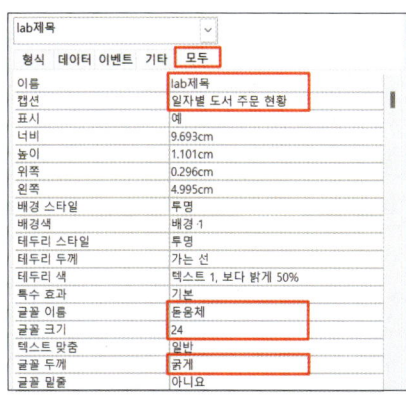

3 바닥글 영역에 속성 설정

'주문일 바닥글' 영역을 더블 클릭하여 속성 창을 표시한 후 [모두]탭에서 '페이지 바꿈' 속성을 '구역 후'로 설정한다.

4 머리글 영역에 속성 설정

'주문일 머리글' 영역을 더블 클릭하여 속성 창을 표시한 후 [모두]탭에서 '반복 실행 구역' 속성을 '예'로 설정한다.

5 'txt주문일'에 '컨트롤 원본' 설정

주문일 머리글 영역의 'txt주문일' 컨트롤을 선택한 후 속성 창의 [모두]탭 중 '컨트롤 원본' 속성에 「=[주문일] & " 주문내역입니다."」와 같이 입력한다.

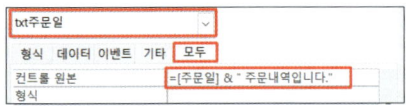

6 'txt순번'에 '누적 합계' 설정

① 본문 영역의 'txt순번' 컨트롤을 선택한 후 속성 창의 [데이터]탭 중 '컨트롤 원본' 속성에 「=1」과 같이 입력한다.

② 이어서 '누적 합계' 속성 목록에서 '그룹'을 선택한다.

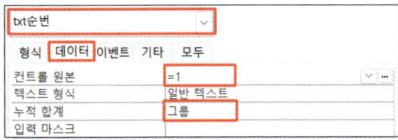

7 'txt건수'에 '컨트롤 원본' 설정

주문일 바닥글 영역의 'txt건수' 컨트롤을 선택한 후 속성 창의 [모두]탭 중 '컨트롤 원본' 속성에 「=format(count(*),"★ 총 0건 ★")」와 같이 입력한다.

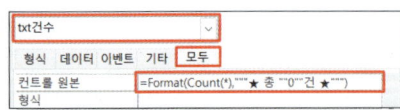

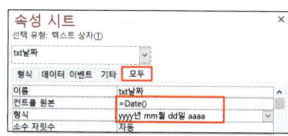

컨트롤 원본에 「=format(count(*),"★ 총 0건 ★")」와 같이 입력하면 자동으로 「=Format(Count(*),"""★ 총 ""0""건 ★""")」와 같이 변경된다.

8 'txt날짜'에 '컨트롤 원본'과 '형식' 설정

① 페이지 바닥글 영역의 'txt날짜' 컨트롤을 선택한 후 속성 창의 [모두]탭 중 '컨트롤 원본' 속성에 「=date()」와 같이 입력한다.

② 이어서 '형식' 속성에 「yyyy년 mm월 dd일 aaaa」와 같이 입력한다.

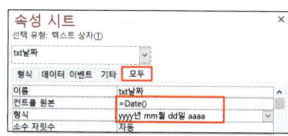

형식에 「yyyy년 mm월 dd일 aaaa」와 같이 입력하면 자동으로 「yyyy"년 "mm"월 "dd"일 "aaaa」와 같이 변경된다.

9 'txt페이지'에 '컨트롤 원본' 설정

페이지 바닥글 영역의 'txt페이지' 컨트롤을 선택한 후 속성 창의 [모두]탭 중 '컨트롤 원본' 속성에 「="전체 " & pages & "페이지 중 " & page & "페이지"」와 같이 입력한다.

10 페이지 레이아웃 설정

[페이지 설정]탭–[페이지 레이아웃] 영역에서 [세로]를 선택한다.

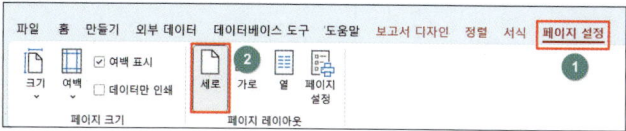

● 페이지 번호 입력

유형1	컨트롤 원본	= [Page] & "/" & [Pages]
	결과	1/5
유형2	컨트롤 원본	= "총 " & [Pages] & "페이지 중 " & [Page] & "페이지"
	결과	총 5페이지 중 1페이지

● 필드명과 문자열 입력

유형1	컨트롤 원본	= [고객명] & " 고객님 - " & [고객구분] & "등급"
	결과	홍길동 고객님 - 실버등급
유형2	컨트롤 원본	= [상품명] & "(" & [상품코드] & ")"
	결과	충전기(ED001)

◐ 날짜 및 시간 입력

Date( ) 함수는 날짜만을, Now( ) 함수는 날짜에 시간까지 표시합니다. 실제 기출 문제에서는 이 둘을 구분해서 언급하지 않고 지문을 보고 수험자가 직접 판단하도록 출제되는 경향이 있습니다.

유형1	컨트롤 원본	=Date( )
	형식	yy년 mm월 dd일
	결과	22년 01월 01일
유형2	컨트롤 원본	=Now( )
	형식	mm월 dd일 ampm hh:nn
	결과	01월 01일 오후 01:30
유형3	컨트롤 원본	=Time( )
	형식	AM/PM hh:nn:ss
	결과	PM 03:20:40

예제와 같이 '형식' 속성에 사용자 지정 기호를 이용하여 형식을 만들어서 사용해야 문제도 있지만, Access에서 기본적으로 제공하는 형식을 사용할 수도 있습니다.

날짜/시간 형식으로 사용가능한 목록은 아래와 같습니다.

기본 날짜	2015-11-12 오후 5:34:23
자세한 날짜	2015년 11월 12일 목요일
보통 날짜	15년 11월 12일
간단한 날짜	2015-11-12
자세한 시간	오후 5:34:23
보통 시간	오후 5:34
간단한 시간	17:34

출제유형 2

'3-1-보고서완성2.accdb' 파일을 열어 <부서별사원목록> 보고서를 다음의 지시사항에 따라 완성하시오.

부서별 사원 목록

경영지원부   부서코드 : 103

순번	사번	사원명	직위	기본급	급여총액	보너스지급율
1	E3911C	백형기	대리	₩2,400,000	₩2,880,000	5%
2	P8559P	노연수		₩2,400,000	₩2,880,000	5%
3	H1265R	김지은		₩2,400,000	₩2,880,000	5%
4	E2802D	임형철		₩2,400,000	₩2,880,000	5%
5	P4286E	이경순	부장	₩4,200,000	₩5,040,000	7%
6	K1245E	이덕자	사원	₩1,800,000	₩2,160,000	5%
7	C3898E	김민지		₩1,800,000	₩2,160,000	5%
8	K5102F	이명호	차장	₩3,800,000	₩4,560,000	7%
			평균:	2,650,000	3,180,000	

영업부   부서코드 : 102

순번	사번	사원명	직위	기본급	급여총액	보너스지급율
1	D2994H	박영자	과장	₩3,000,000	₩3,600,000	7%
2	P4377M	하연란		₩3,000,000	₩3,600,000	7%
3	E7896K	최정숙	대리	₩2,400,000	₩2,880,000	5%
4	P8093Z	유홍규		₩2,400,000	₩2,880,000	5%
5	E4274H	이지선		₩2,400,000	₩2,880,000	5%
6	P3554A	이옥성	부장	₩4,200,000	₩5,040,000	7%
7	H3396D	오연수		₩4,200,000	₩5,040,000	7%
8	H3455C	이주희	사원	₩1,800,000	₩2,160,000	5%
9	H4674R	임현덕		₩1,800,000	₩2,160,000	5%
10	A4731J	이정철		₩1,800,000	₩2,160,000	5%
11	E1189H	이영자		₩1,800,000	₩2,160,000	5%
12	P1234W	김수현	차장	₩3,800,000	₩4,560,000	7%
13	D9226H	정한나		₩3,800,000	₩4,560,000	7%

10/08 오후 08:23   1페이지 / 3페이지

1 〈진급대상자목록〉 쿼리를 레코드 원본으로 설정하시오.
2 '부서이름' 필드를 기준으로 오름차순 정렬하고, 동일한 부서이름인 경우 '직위'를 기준으로 오름차순 정렬되어 표시되도록 설정하시오.
3 부서이름 머리글 영역의 'txt부서코드' 컨트롤에는 '부서코드'가 표시 예와 같은 형식으로 표시되도록 설정하시오.
   ▶ 표시 예 : 부서코드 : 103
4 본문 영역의 'txt순번' 컨트롤에는 그룹별 순번이 표시되도록 설정하시오.
5 본문 영역의 'txt직위' 컨트롤의 값이 이전 레코드와 동일한 경우에는 표시되지 않도록 설정하시오.
6 부서이름 바닥글 영역의 'txt기본급평균'과 'txt급여평균' 컨트롤에는 각각 '기본급'과 '급여총액' 필드의 평균을 표시하시오.
7 부서이름 바닥글 영역에 〈화면〉과 같이 선(line) 컨트롤을 생성하시오.
   ▶ 테두리 스타일 : 실선
   ▶ 테두리 두께 : 1pt
8 페이지 바닥글 구역의 배경색을 'Access 테마 3'으로 설정하시오.
9 페이지 바닥글 구역의 'txt날짜' 컨트롤에는 현재 날짜 및 시간이 표시 예와 같이 표시되도록 설정하시오.
   ▶ 표시 예 : 2024-2-14 15:30 → 02/14 오후 03:30
   ▶ Format, Now 함수 사용
10 페이지 바닥글 구역의 'txt페이지' 컨트롤에는 페이지 번호가 표시 예와 같이 표시되도록 설정하시오.
   ▶ 표시 예 : 현재 페이지가 1이고 전체 페이지가 3이라면 → 1페이지 / 3페이지

문제해결

1 보고서의 '레코드 원본' 설정

① 탐색 창에서 〈부서별사원목록〉 보고서의 바로 가기 메뉴에서 [디자인 보기(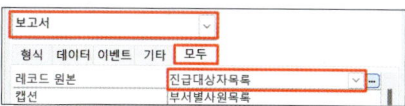)]를 선택한 후 [F4]을 눌러 속성 창을 표시한다.

② '보고서' 속성 시트 창의 [모두]탭 중 '레코드 원본' 속성 목록에서 '진급대상자목록'을 선택한다.

2 정렬 및 그룹화 설정

① [보고서 디자인]탭-[그룹화 및 요약] 영역에서 [그룹화 및 정렬]을 선택한다.

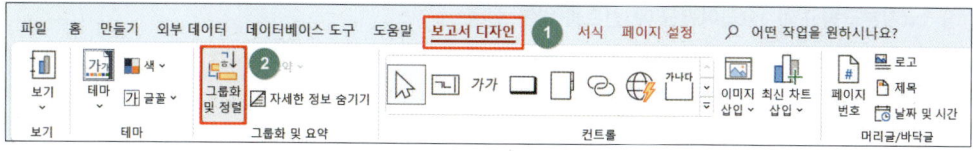

② 화면 하단에 '그룹, 정렬 및 요약' 창이 나타나면, '부서이름' 필드의 정렬 방식을 '오름차순'으로 변경한다.

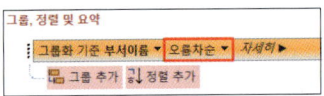

③ 2차 정렬을 위해 [정렬 추가]를 클릭한 후, 필드 목록에서 '직위'를 선택한다. '직위' 필드의 정렬 방식을 '오름차순'으로 설정한다.

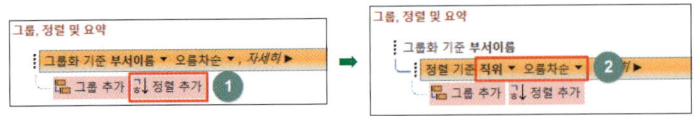

3 'txt부서코드'에 '컨트롤 원본' 설정

부서이름 머리글 영역의 'txt부서코드' 컨트롤을 선택한 후 속성 창의 [모두]탭 중 '컨트롤 원본'에 「="부서코드 : " & [부서코드]」와 같이 입력한다.

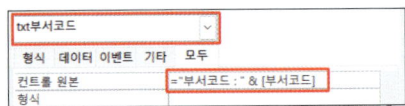

4 'txt순번'에 '누적 합계' 설정

① 본문 영역의 'txt순번' 컨트롤을 선택한 후 속성 창의 [데이터]탭 중 '컨트롤 원본' 속성에 「=1」와 같이 입력한다.

② 이어서 '누적 합계' 속성 목록에서 '그룹'을 선택한다.

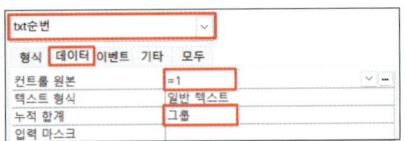

5 'txt직위'에 '중복 내용 숨기기' 설정

본문 영역의 'txt직위' 컨트롤을 선택한 후 속성 창의 [형식]탭에서 '중복 내용 숨기기' 속성을 '예'로 설정한다.

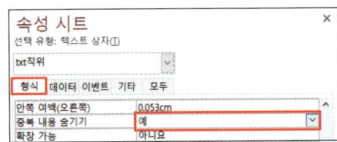

6 'txt기본급평균'과 'txt급여평균'에 '컨트롤 원본' 설정

① 본문 영역의 'txt기본급평균' 컨트롤을 선택한 후 속성 창의 [모두]탭 중 '컨트롤 원본' 속성에 「=Avg([기본급])」와 같이 입력한다.

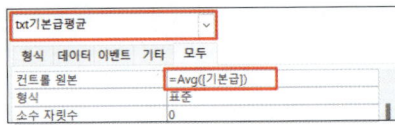

② 본문 영역의 'txt급여평균' 컨트롤을 선택한 후 속성 창의 [모두]탭 중 '컨트롤 원본' 속성에 「=Avg([급여총액])」와 같이 입력한다.

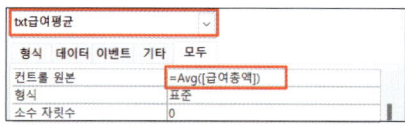

7 그룹 바닥글 영역에 선 컨트롤 추가

① [보고서 디자인]탭의 컨트롤 목록에서 '선(＼)'을 선택한 후 부서이름 바닥글 영역에 〈그림〉을 참고하여 드래그한다.

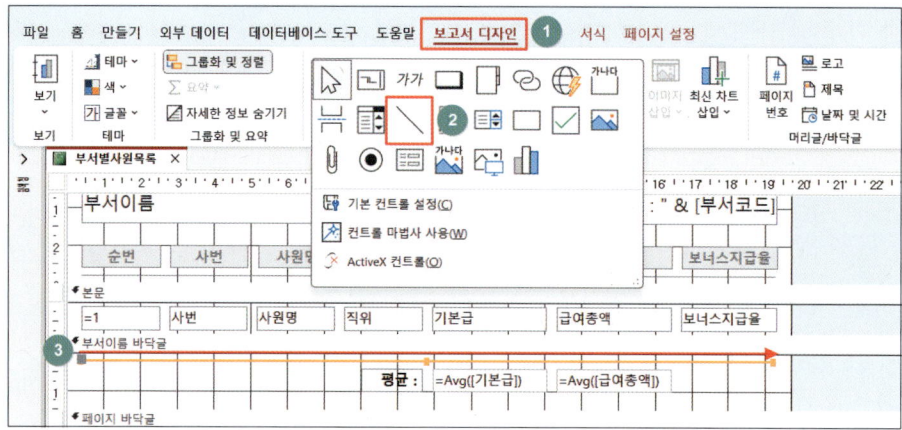

② 속성 창의 [모두]탭에서 '테두리 스타일'은 '실선'으로, '테두리 두께'는 '1pt'로 설정한다.

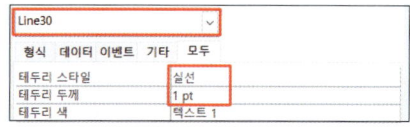

8 페이지 바닥글에 배경색 설정

'페이지 바닥글' 영역을 선택한 후 속성 창의 [모두]탭에서 '배경색' 속성 목록 중 'Access 테마 3'을 선택한다.

9 'txt날짜'에 '컨트롤 원본' 설정

페이지 바닥글 영역의 'txt날짜' 컨트롤을 선택한 후 속성 창의 [모두]탭 중 '컨트롤 원본' 속성에 「=format(now(), "mm/dd   ampm hh:nn")」와 같이 입력한다.

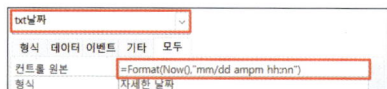

10 'txt페이지'에 '컨트롤 원본' 설정

페이지 바닥글 영역의 'txt페이지' 컨트롤을 선택한 후 속성 창의 [모두]탭 중 '컨트롤 원본' 속성에 「=page & "페이지 / " & pages & "페이지"」와 같이 입력한다.

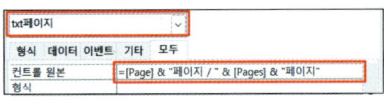

■ 작업파일 데이터베이스/작업파일/3.조회및출력

CHAPTER 02 조회 및 출력 기능

다량의 데이터에서 사용자에게 유의미한 정보를 검색해서 표시하는 기능입니다. 지정된 조건을 만족하는 레코드만을 표시하거나, 필터링 된 데이터를 원본으로 재설정하여 사용할 수도 있습니다.
조회 기능은 매크로 함수를 사용하기도 하지만 대부분의 문제는 Visual Basic Program을 이용하여 코드를 작성하는 형태로 출제되고 있습니다. 자주 나오는 출제유형이 정해져있기 때문에 관련 코드와 조건식 작성 방법에 대해 이해한다면 충분히 배점 취득이 가능한 기능입니다.

◐ 조회 구문

데이터베이스에 저장되어 있는 데이터에서 조건을 지정하여 이를 만족하는 레코드만 검색하는 기능으로, 조회 결과를 작업하고 있는 폼의 레코드 원본으로 재설정하거나 조건에 맞는 레코드만 화면에 표시할 수 있습니다.

Filter, FilterOn	조건을 만족하는 레코드만 표시합니다.	
	Me.Filter = 조건식 Me.FilterOn = True	
FilterOn	설정된 필터를 해제하여 모든 원본 데이터를 표시합니다.	
	Me.FilterOn = False	
ApplyFilter	조건을 만족하는 레코드를 검색합니다.	
	DoCmd.ApplyFilter, 조건식	
RecordSource	조건을 만족하는 레코드를 검색하여 레코드 원본으로 재설정합니다.	
	Me.RecordSource = Select 필드 From 테이블/쿼리 Where 조건식	
RecordsetClone	조건을 만족하는 유일한(또는 첫 번째) 데이터를 검색하여 표시합니다.	
	Me.RecordsetClone.FindFirst 조건식 Me.Bookmark = Me.RecorsetClone.Bookmark	

◐ 조건식 작성 절차

조건식은 레코드를 검색하고자 하는 경우 작성하는 구문으로, SQL 구문의 Where 절이 대표적인 조건식 구문입니다. 조건식은 필드의 데이터 형식에 따라 작성하는 방법이 달라지며, 완전 일치인지 부분 일치인지 여부에 따라서도 작성 문법이 달라집니다. 조건식을 작성하는 절차는 아래와 같습니다.

1단계	필드와 컨트롤을 파악하는 단계	필드와 컨트롤을 파악
2단계	필드의 데이터 형식을 파악하는 단계	숫자, '문자', #날짜#
3단계	컨트롤 유/무를 확인하고 구분하는 단계	컨트롤이 아닌 나머지를 쌍따옴표("")로 묶어 표시
4단계	컨트롤을 연결하여 마무리하는 단계	& 연산자로 개체를 연결

데이터 형식 별 조건식 작성

조건식 작성 시 쌍따옴표("") 사이에는 공백이 있어서는 안 됩니다. 또한 연산자(&, Like, Select, From, Where 등) 사용 시 연산자의 앞뒤에 반드시 공백(띄어쓰기)을 입력해야 합니다. 작성 방법이 복잡해 보일 수 있지만 규칙만 이해한다면 어려운 부분이 아니니 각 단계에 맞춰서 충분히 연습하도록 합니다.

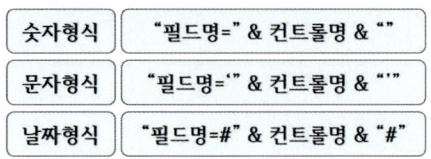

구분	데이터 형식이 숫자인 경우	데이터 형식이 날짜인 경우
1단계	주문수량=txt주문수량	주문일>=txt주문일
2단계	주문수량=txt주문수량	주문일>=#주문일#
3단계	"주문수량="txt주문수량	"주문일>=#"주문일"#"
4단계	"주문수량=" & txt주문수량	"주문일>=#" & 주문일 & "#"

구분	데이터 형식이 문자이면서 완전 일치인 경우	데이터 형식이 문자이면서 부분 일치인 경우
1단계	주문지역=txt주소	주문지역 like *txt주소*
2단계	주문지역='txt주소'	주문열 like '*txt주소*'
3단계	"주문지역='"txt주소"'"	"주문지역 like '*"txt주소"*'"
4단계	"주문지역='" & txt주소 & "'"	"주문지역 like '*" & txt주소 & "*'"

출제유형 1 '3-2-조회이벤트1.accdb' 파일을 열어 작업하시오.

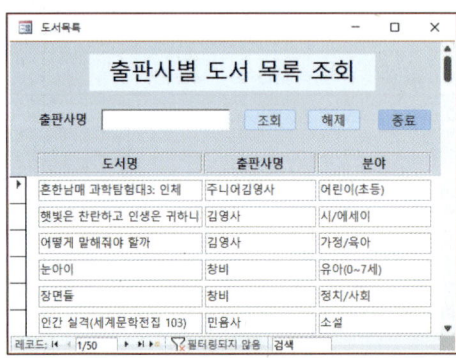

1 〈도서목록〉 폼의 'txt출판사명' 컨트롤에 조회할 '출판사명'을 입력하고 '조회(cmd조회)' 버튼을 클릭(Click)하면 입력된 출판사와 일치하는 정보를 찾아 표시하도록 기능을 구현하시오.
  ▶ Filter, FilterOn 속성을 이용하여 이벤트 프로시저를 작성하시오.

2 〈도서목록〉 폼의 '해제(cmd해제)' 버튼을 클릭(Click)하면 폼의 모든 레코드가 표시되도록 구현하시오.
  ▶ FilterOn 속성을 이용하여 이벤트 프로시저를 작성하시오.

문제해결

1 '조회(cmd조회)' 이벤트 프로시저

① 탐색 창에서 〈도서목록〉 폼을 선택한 후 바로 가기 메뉴에서 [디자인 보기(📐)]를 선택한다.

② 'cmd조회' 컨트롤을 더블 클릭한 후 속성 창의 [이벤트]탭에서 'On Click' 속성을 선택한다. 커서를 삽입하면 나타나는 '작성기(...)' 버튼을 클릭한다.

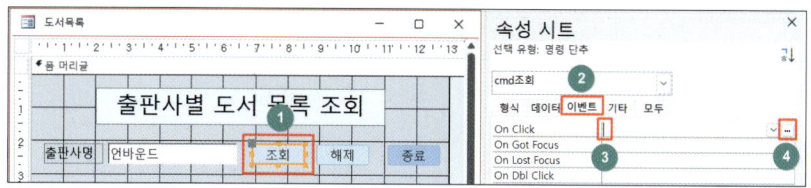

③ [작성기 선택] 대화상자가 나타나면, '코드 작성기'를 선택한 후 [확인]을 클릭한다.

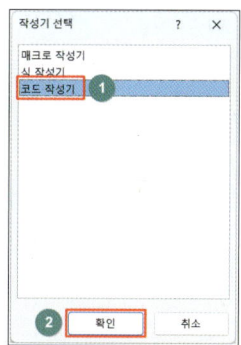

④ 'cmd조회_Click()' 코드 창이 나타나면 다음과 같이 코드를 작성한다.

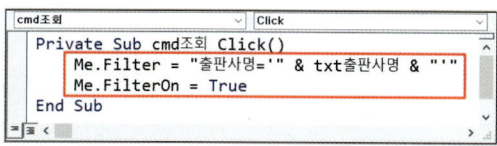

```
Private Sub cmd조회_Click( )
    Me.Filter = "출판사명='" & txt출판사명 & "'"
    → '출판사명'이 'txt출판사명'에 입력된 값과 동일한 레코드를 Filter
    Me.FilterOn = True
    → Filter를 적용
End Sub
```

⑤ 입력이 완료되면 [닫기(✕)]를 클릭하여 VBA를 종료한다.

⑥ 'On Click' 속성란에 '[이벤트 프로시저]'가 지정된다.

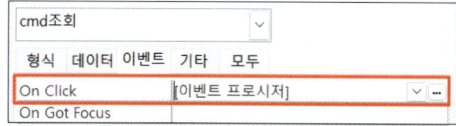

2 '해제(cmd해제)' 이벤트 프로시저

① 'cmd해제' 컨트롤을 더블 클릭한 후 속성 창의 [이벤트]탭에서 'On Click' 속성을 선택한다. 커서를 삽입하면 나타나는 '작성기(...)' 버튼을 클릭한다.

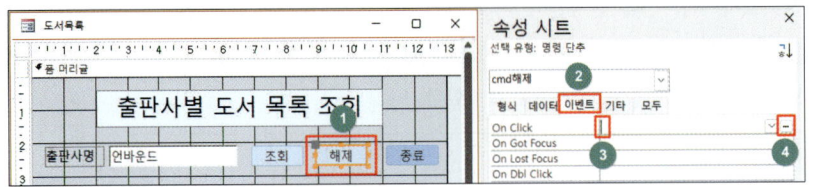

② [작성기 선택] 대화상자가 나타나면, '코드 작성기'를 선택한 후 [확인]을 클릭한다.

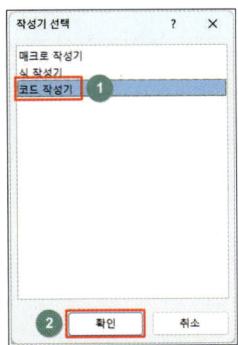

③ 'cmd해제_Click()' 코드 창이 나타나면 다음과 같이 코드를 작성한다.

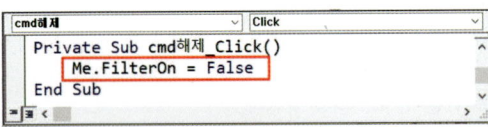

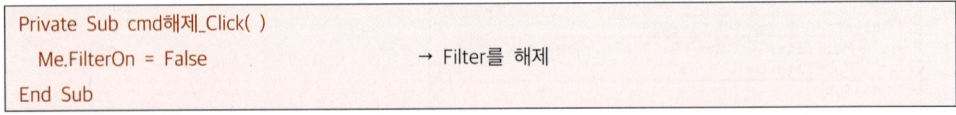

④ 입력이 완료되면 [닫기(✕)]를 클릭하여 VBA를 종료한다.

⑤ 'On Click' 속성란에 '[이벤트 프로시저]'가 지정된다.

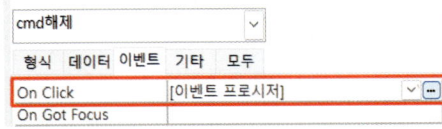

출제유형 2 '3-2-조회이벤트2.accdb' 파일을 열어 작업하시오.

1. 〈사원조회〉 폼의 상단에 있는 'txt조회' 컨트롤에 조회할 '사번'을 입력하고 '검색(cmd검색)' 버튼을 클릭(Click)하면 입력된 '사번'에 해당하는 사원 정보를 찾아 표시하도록 기능을 구현하시오.
   ▶ 현재 폼의 RecordSource 속성을 이용하여 이벤트 프로시저를 작성하시오.
2. 〈직급별급여현황〉 폼의 'cmb직위' 컨트롤에서 조회할 직위를 선택하고 '정보조회(cmd조회)' 버튼을 클릭(Click)하면 선택된 '직위'에 해당하는 정보를 찾아 표시하도록 기능을 구현하시오.
   ▶ 현재 폼의 RecordsetClone, Bookmark, FindFirst 속성을 이용하여 이벤트 프로시저를 작성하시오.

문제해결

1 '검색(cmd검색)' 이벤트 프로시저

① 탐색 창에서 〈사원조회〉 폼을 선택한 후 바로 가기 메뉴에서 [디자인 보기]를 선택한다.

② 'cmd검색' 컨트롤을 더블 클릭한 후 속성 창의 [이벤트]탭에서 'On Click' 속성을 선택한다. 커서를 삽입하면 나타나는 '작성기(...)' 버튼을 클릭한다.

③ [작성기 선택] 대화상자가 나타나면, '코드 작성기'를 선택한 후 [확인]을 클릭한다.

④ 'cmd검색_Click()' 코드 창이 나타나면 다음과 같이 코드를 작성한다.

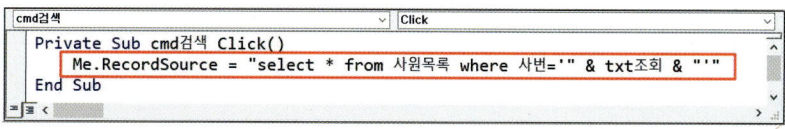

Private Sub cmd검색_Click( )
   Me.RecordSource = "select * from 사원목록 where 사번='" & txt조회 & "'"
   → '사번'이 'txt조회'에 입력된 값과 동일한 레코드를 〈사원목록〉 테이블에서 찾아 현재 폼에 원본으로 재설정
End Sub

⑤ 입력이 완료되면 [닫기(✕)]를 클릭하여 VBA를 종료한다.
⑥ 'On Click' 속성란에 [이벤트 프로시저]가 지정된다.

2 '조회(cmd조회)' 이벤트 프로시저

① 탐색 창에서 〈직위별급여현황〉 폼을 선택한 후 바로 가기 메뉴에서 [디자인 보기]를 선택한다.
② 'cmd조회' 컨트롤을 더블 클릭한 후 속성 창의 [이벤트]탭에서 'On Click' 속성을 선택한다. 커서를 삽입하면 나타나는 '작성기(...)' 버튼을 클릭한다.

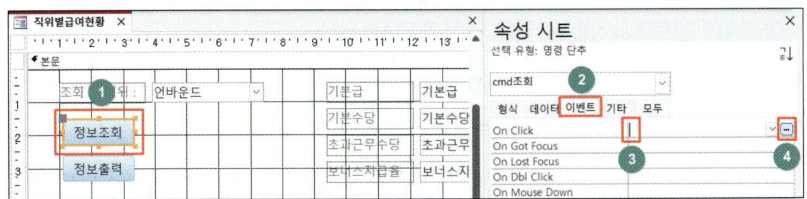

③ [작성기 선택] 대화상자가 나타나면, '코드 작성기'를 선택한 후 [확인]을 클릭한다.
④ 'cmd조회_Click()' 코드 창이 나타나면 다음과 같이 코드를 작성한다.

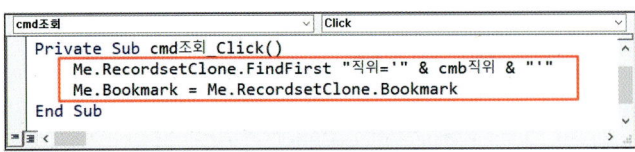

```
Private Sub cmd조회_Click( )
    Me.RecordsetClone.FindFirst "직위='" & cmb직위 & "'"
    → '직위'가 'cmb직위'에서 선택한 값과 동일한 레코드를 검색
    Me.Bookmark = Me.RecordsetClone.Bookmark
    → 검색한 값을 현재 폼에 대입하여 원본으로 재설정
End Sub
```

⑤ 입력이 완료되면 [닫기(×)]를 클릭하여 VBA를 종료한다.
⑥ 'On Click' 속성란에 '[이벤트 프로시저]'가 지정된다.

출제유형 3 '3-2-조회이벤트3.accdb' 파일을 열어 작업하시오.

〈업체별주문내역〉 폼의 'txt업체명' 컨트롤에 조회할 업체명의 일부를 입력하고 '검색(cmd검색)' 버튼을 클릭(Click)하면 다음과 같은 기능이 수행되도록 구현하시오.

▶ 'txt업체명'에 입력된 글자를 포함하는 '업체명'의 정보를 표시하시오.
▶ ApplyFilter 속성을 이용하여 이벤트 프로시저를 작성하시오.

문제해결

① 탐색 창에서 〈업체별주문내역〉 폼을 선택한 후 바로 가기 메뉴에서 [디자인 보기(📐)]를 선택한다.
② 'cmd검색' 컨트롤을 더블 클릭한 후 속성 창의 [이벤트]탭에서 'On Click' 속성을 선택한다. 커서를 삽입하면 나타나는 '작성기(⋯)' 버튼을 클릭한다.

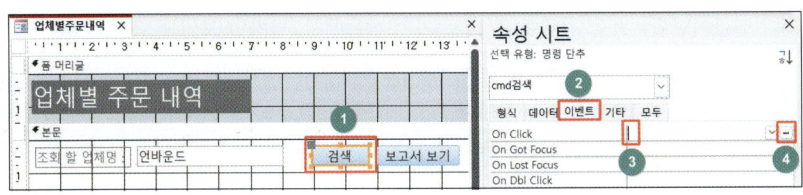

③ [작성기 선택] 대화상자가 나타나면, '코드 작성기'를 선택한 후 [확인]을 클릭한다.

④ 'cmd검색_Click()' 코드 창이 나타나면 다음과 같이 코드를 작성한다.

```
Private Sub cmd검색_Click()
    DoCmd.ApplyFilter , "업체명 like '*" & txt업체명 & "*'"
End Sub
```

Private Sub cmd검색_Click( )
   DoCmd.ApplyFilter , "업체명 like '*" & txt업체명 & "*"
→ '업체명'이 'txt업체명'에 입력한 값을 포함하는 레코드를 검색
End Sub

⑤ 입력이 완료되면 [닫기(✕)]를 클릭하여 VBA를 종료한다.

⑥ 'On Click' 속성란에 '[이벤트 프로시저]'가 지정된다.

◎ 출력 구문

데이터베이스에 저장되어 있는 데이터 목록 중 지정된 조건을 만족하는 레코드만 조회하는 기능으로, 결과를 폼의 레코드 원본 형식으로 표시하거나 보고서 형태로 출력하여 표시할 수 있습니다.

OpenForm	작성된 폼을 지정된 보기 형식과 조건에 맞게 호출합니다.
	DoCmd.OpenForm "폼 이름",보기 형식, (필터 이름), 조건식
OpenReport	작성된 보고서를 지정된 보기 형식과 조건에 맞게 호출합니다.
	DoCmd.OpenReport "보고서 이름",보기 형식, (필터 이름), 조건식
Close	활성화되어 있는 개체를 종료합니다.
	DoCmd.Close 개체 유형, "개체 이름", 저장 방법

출제유형 4 '3-3-출력이벤트1.accdb' 파일을 열어 작업하시오.

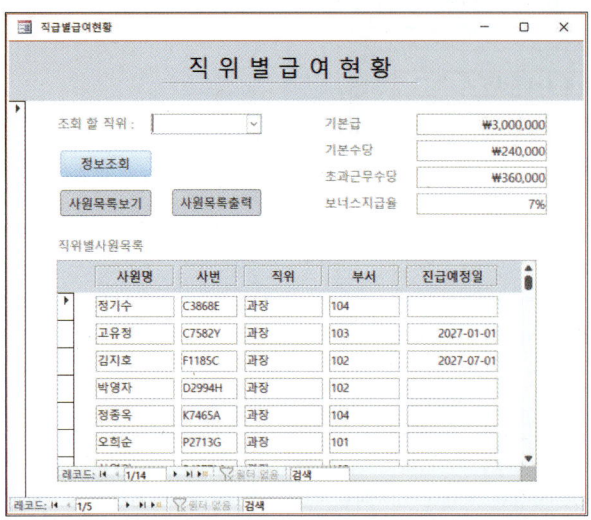

1. 〈직위별급여현황〉 폼에서 '사원목록보기(cmd폼열기)' 버튼을 클릭(Click)하면 〈직위별사원목록〉 폼이 나타나도록 이벤트 프로시저를 작성하시오.
   ▶ 'cmb직위' 컨트롤에서 선택된 직위에 해당하는 레코드만 표시되도록 설정하시오.
2. 〈직위별급여현황〉 폼에서 '사원목록출력(cmd보고서열기)' 버튼을 클릭(Click)하면 〈부서별사원목록〉 보고서를 인쇄 미리 보기 형태로 출력하는 이벤트 프로시저를 작성하시오.
   ▶ 'cmb직위' 컨트롤에서 선택된 직위에 당하는 레코드만 표시되도록 설정하시오.

문제해결

1 '사원목록보기(cmd폼열기)' 이벤트 프로시저

① 탐색 창에서 〈직위별급여현황〉 폼을 선택한 후 바로 가기 메뉴에서 [디자인 보기(🗔)]를 선택한다.

② 'cmd폼열기' 컨트롤을 더블 클릭한 후 속성 창의 [이벤트]탭에서 'On Click' 속성을 선택한다. 커서를 삽입하면 나타나는 '작성기(⋯)' 버튼을 클릭한다.

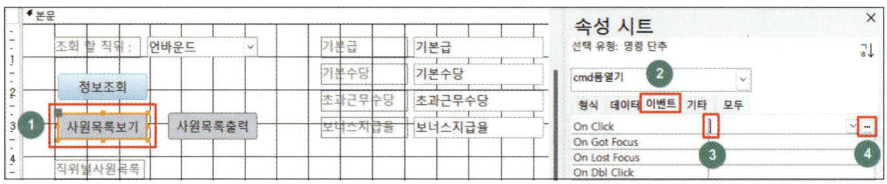

③ [작성기 선택] 대화상자가 나타나면, '코드 작성기'를 선택한 후 [확인]을 클릭한다.

④ 'cmd폼열기_Click()' 코드 창이 나타나면 다음과 같이 코드를 작성한다.

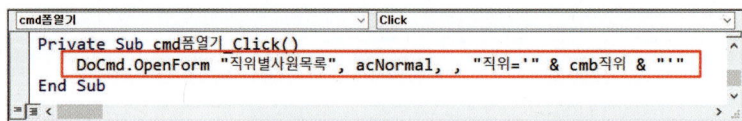

```
Private Sub cmd폼열기_Click( )
    DoCmd.OpenForm "직위별사원목록", acNormal, , "직위='" & cmb직위 & "'"
    → '직위'가 'cmb직위'에서 선택한 값과 동일한 레코드를 검색하여 "직위별사원목록" 폼에 표시
End Sub
```

⑤ 입력이 완료되면 [닫기(✕)]를 클릭하여 VBA를 종료한다.

⑥ 'On Click' 속성란에 '[이벤트 프로시저]'가 지정된다.

2 '사원목록출력(cmd보고서열기)' 이벤트 프로시저

① 탐색 창에서 〈직위별급여현황〉 폼을 선택한 후 바로 가기 메뉴에서 [디자인 보기( )]를 선택한다.

② 'cmd보고서열기' 컨트롤을 더블 클릭한 후 속성 창의 [이벤트]탭에서 'On Click' 속성을 선택한다. 커서를 삽입하면 나타나는 '작성기(…)' 버튼을 클릭한다.

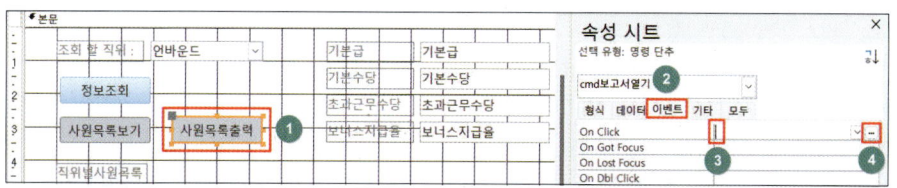

③ [작성기 선택] 대화상자가 나타나면, '코드 작성기'를 선택한 후 [확인]을 클릭한다.

④ 'cmd보고서열기_Click()' 코드 창이 나타나면 다음과 같이 코드를 작성한다.

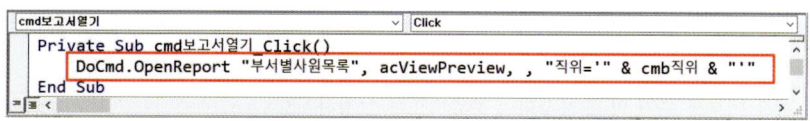

```
Private Sub cmd보고서열기_Click( )
    DoCmd.OpenReport "부서별사원목록", acViewPreview, , "직위='" & cmb직위 & "'"
    → '직위'가 'cmb직위'에서 선택한 값과 동일한 레코드를 검색하여 "부서별사원목록" 보고서에 표시
End Sub
```

⑤ 입력이 완료되면 [닫기(✕)]를 클릭하여 VBA를 종료한다.

⑥ 'On Click' 속성란에 '[이벤트 프로시저]'가 지정된다.

출제유형 5 '3-3-출력이벤트2.accdb' 파일을 열어 작업하시오.

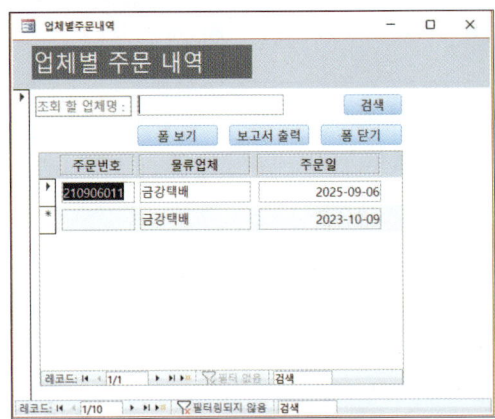

1. 〈업체별주문내역〉 폼에서 '폼보기(cmd폼보기)' 버튼을 클릭(Click)하면 〈주문내역〉 폼이 나타나도록 이벤트 프로시저를 작성하시오.
   ▶ 'txt업체명' 컨트롤에 입력된 업체와 일치하는 레코드만 표시되도록 설정하시오.

2. 〈업체별주문내역〉 폼에서 '보고서출력(cmd보고서출력)' 버튼을 클릭(Click)하면 〈고객배송정보〉 보고서를 인쇄 미리 보기 형태로 출력하는 이벤트 프로시저를 작성하시오.
   ▶ 'txt업체명' 컨트롤에 입력된 업체와 일치하는 레코드만 표시되도록 설정하시오.

3. 〈업체별주문내역〉 폼에서 '폼닫기(cmd닫기)' 버튼을 클릭(Click)하면 다음과 같은 기능을 수행하도록 이벤트 프로시저를 작성하시오.
   ▶ 해당 폼의 저장 여부를 묻지 않고 저장되며 종료되도록 설정하시오.

문제해결

1 '폼 보기(cmd폼보기)' 이벤트 프로시저

① 탐색 창에서 〈업체별주문내역〉 폼을 선택한 후 바로 가기 메뉴에서 [디자인 보기(🔲)]를 선택한다.

② 'cmd폼보기' 컨트롤을 더블 클릭한 후 속성 창의 [이벤트]탭에서 'On Click' 속성을 선택한다. 커서를 삽입하면 나타나는 '작성기(...)' 버튼을 클릭한다.

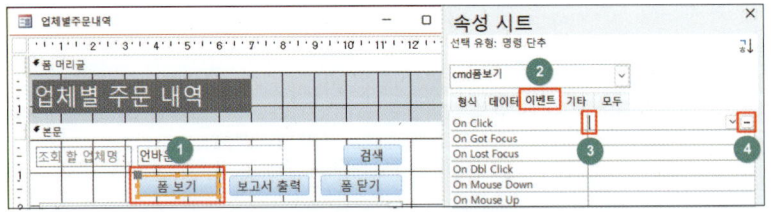

③ [작성기 선택] 대화상자가 나타나면, '코드 작성기'를 선택한 후 [확인]을 클릭한다.

④ 'cmd폼보기_Click()' 코드 창이 나타나면 다음과 같이 코드를 작성한다.

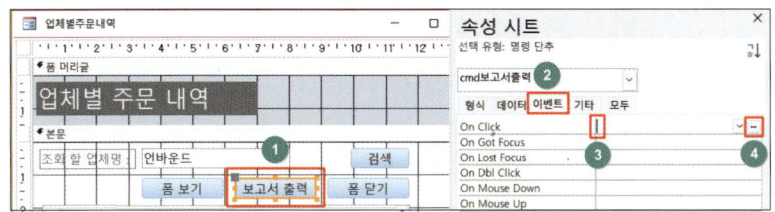

Private Sub cmd폼보기_Click( )
　DoCmd.OpenForm "주문내역", acNormal, , "배송업체='" & txt업체명 & "'"
　→ '배송업체'가 'txt업체명'에 입력된 값과 동일한 레코드를 검색하여 "주문내역" 폼에 표시
　* <업체별주문내역> 폼의 레코드 원본과 <주문내역> 폼의 레코드 원본이 달라 필드의 이름이 다른 점에 주의!
End Sub

⑤ 입력이 완료되면 [닫기(✕)]를 클릭하여 VBA를 종료한다.
⑥ 'On Click' 속성란에 '[이벤트 프로시저]'가 지정된다.

2 '보고서 출력(cmd보고서출력)' 이벤트 프로시저

① 탐색 창에서 <업체별주문내역> 폼을 선택한 후 바로 가기 메뉴에서 [디자인 보기( )]를 선택한다.
② 'cmd보고서출력' 컨트롤을 더블 클릭한 후 속성 창의 [이벤트]탭에서 'On Click' 속성을 선택한다. 커서를 삽입하면 나타나는 '작성기( )' 버튼을 클릭한다.

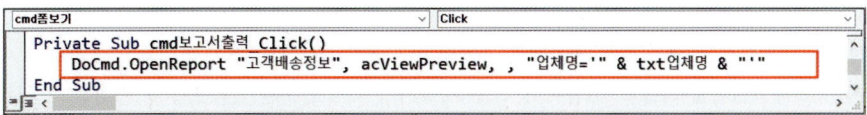

③ [작성기 선택] 대화상자가 나타나면, '코드 작성기'를 선택한 후 [확인]을 클릭한다.
④ 'cmd보고서출력_Click()' 코드 창이 나타나면 다음과 같이 코드를 작성한다.

Private Sub cmd보고서출력_Click()
　DoCmd.OpenReport "고객배송정보", acViewPreview, , "업체명='" & txt업체명 & "'"
End Sub

Private Sub cmd보고서출력_Click( )
　DoCmd.OpenReport "고객배송정보", acViewPreview, , "업체명='" & txt업체명 & "'"
　→ '업체명'이 'txt업체명'에 입력된 값과 동일한 레코드를 검색하여 "고객배송정보" 보고서에 표시
End Sub

⑤ 입력이 완료되면 [닫기(✕)]를 클릭하여 VBA를 종료한다.
⑥ 'On Click' 속성란에 '[이벤트 프로시저]'가 지정된다.

3 '폼 닫기(cmd닫기)' 이벤트 프로시저

① 탐색 창에서 〈업체별주문내역〉 폼을 선택한 후 바로 가기 메뉴에서 [디자인 보기(   )]를 선택한다.

② 'cmd닫기' 컨트롤을 더블 클릭한 후 속성 창의 [이벤트]탭에서 'On Click' 속성을 선택한다. 커서를 삽입하면 나타나는 '작성기(   )' 버튼을 클릭한다.

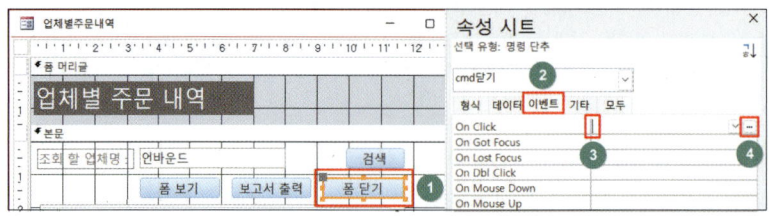

③ [작성기 선택] 대화상자가 나타나면, '코드 작성기'를 선택한 후 [확인]을 클릭한다.

④ 'cmd닫기_Click()' 코드 창이 나타나면 다음과 같이 코드를 작성한다.

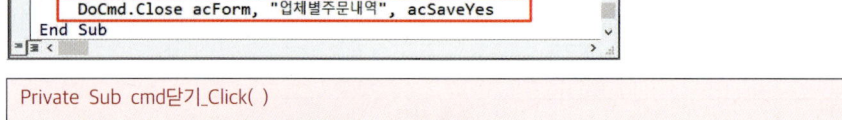

> Private Sub cmd닫기_Click( )
>   DoCmd.Close acForm, "업체별주문내역", acSaveYes
>   → "업체별주문내역" 폼을 저장하며 종료
> End Sub

⑤ 입력이 완료되면 [닫기(✕)]를 클릭하여 VBA를 종료한다.

⑥ 'On Click' 속성란에 '[이벤트 프로시저]'가 지정된다.

● 메시지 박스 (MessageBox)

MsgBox 함수는 대화상자 안에 간단히 메시지를 표시하거나 여러 형태의 단추와 아이콘을 조합하여 사용자가 원하는 형태로 대화상자를 띄울 수 있습니다. 또한 사용자가 특정 단추를 선택했을 때 지정된 이벤트 프로시저가 수행되도록 설정할 수 있습니다.

❶ 기본 MsgBox 형식

MsgBox 메시지 내용, 단추 종류 + 아이콘 종류, 창 제목

예)   MsgBox "안녕",vbYesNo+vbQuestion,"연습"

❷ 변수를 사용한 MsgBox 형식

Dim 변수명
변수명 = MsgBox(메시지 내용, 단추 종류 + 아이콘 종류, 창 제목)

예)   Dim i
       i = MsgBox("안녕",vbYesNo+vbQuestion,"연습")

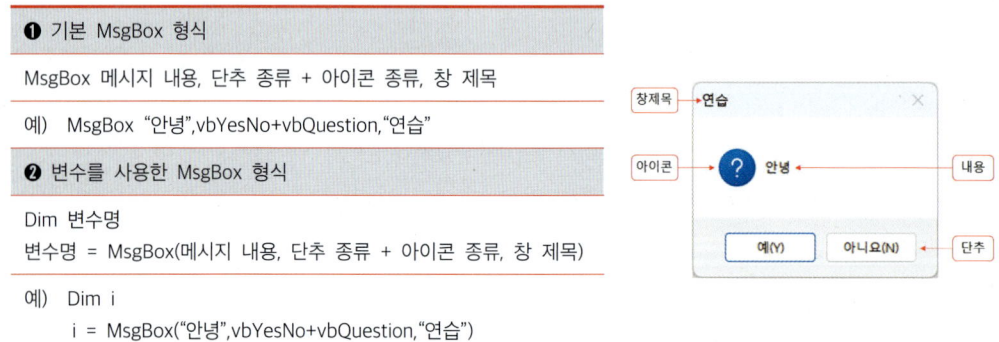

◎ 단추 및 아이콘 종류

단추(버튼) 종류	설명	아이콘 종류	설명
vbOkOnly	<확인>	vbCritical	경고 표시
vbOkCancel	<확인>, <취소>	vbQuestion	질문(물음표) 표시
vbYesNo	<예>, <아니오>	vbInformation	정보 표시
vbYesNoCancel	<예>, <아니오>, <취소>	vbExclamation	알림(느낌표) 표시

> **⊘ 잠깐!**
>
> **vbDefaultButton1**
> 단추 종류 지정 후 'vbDefaultButton1' 속성을 설정하면 메시지 박스가 표시될 때 기본적으로 첫 번째 단추(button)가 선택되도록 설정합니다. 두 번째 단추가 선택되도록 하려면 'vbDefaultButton2'로 설정하면 됩니다.
> 예) MsgBox "안녕",vbYesNo+vbDefaultButton1,"연습"

출제유형 6 '3-4-MsgBox1.accdb' 파일을 열어 작업하시오.

1 〈도서목록〉 폼의 '종료(cmd종료)' 버튼을 클릭(Click)하면 〈화면〉과 같은 메시지 박스를 표시한 후, [예(Y)]를 누르면 해당 폼을 종료하는 기능을 수행하는 이벤트 프로시저를 작성하시오.
   ▶ 해당 폼은 저장 여부를 묻지 않고 저장되며 종료되도록 설정할 것

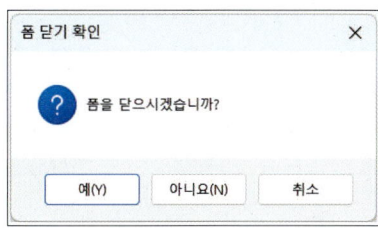

2 〈주문내역〉 폼의 '주문수량(txt주문수량)' 컨트롤에 포커스가 이동(Got Focus)되면 〈화면〉과 같은 메시지 박스가 표시되도록 이벤트 프로시저를 작성하시오.
   ▶ 'txt주문수량' 컨트롤의 값이 30이상이면 "인기상품", 그 외에는 "일반상품"으로 표시하시오.
   ▶ IF 구문 사용

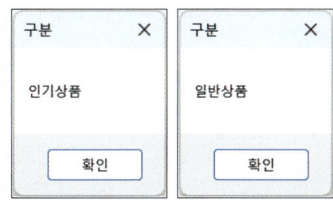

문제해결

1 '종료(cmd종료)' 이벤트 프로시저

① 탐색 창에서 〈도서목록〉 폼을 선택한 후 바로 가기 메뉴에서 [디자인 보기(📐)]를 선택한다.

② 'cmd종료' 컨트롤을 더블 클릭한 후 속성 창의 [이벤트]탭에서 'On Click' 속성을 선택한다. 커서를 삽입하면 나타나는 '작성기(⋯)' 버튼을 클릭한다.

③ [작성기 선택] 대화상자가 나타나면, '코드 작성기'를 선택한 후 [확인]을 클릭한다.

④ 'cmd종료_Click()' 코드 창이 나타나면 다음과 같이 코드를 작성한다.

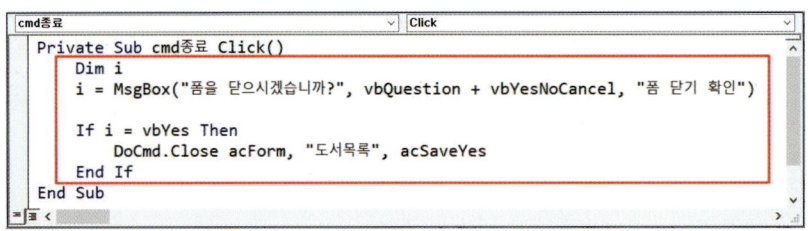

```
Private Sub cmd종료_Click( )
  Dim i
  i = MsgBox("폼을 닫으시겠습니까?", vbQuestion + vbYesNoCancel, "폼 닫기 확인")
  → "폼을 닫으시겠습니까?"를 표시하는 메시지 박스를 [?] 아이콘과 [예],[아니요],[취소] 단추와 함께 출력
  If i = vbYes Then
  → 메시지 박스에서 [예]를 선택하면
    DoCmd.Close acForm, "도서목록", acSaveYes
    → "도서목록" 폼이 저장되며 종료되도록 설정
  End If
End Sub
```

⑤ 입력이 완료되면 [닫기(✕)]를 클릭하여 VBA를 종료한다.

⑥ 'On Click' 속성란에 '[이벤트 프로시저]'가 지정된다.

2 '주문수량(txt주문수량)' 이벤트 프로시저

① 탐색 창에서 〈주문내역〉 폼을 선택한 후 바로 가기 메뉴에서 [디자인 보기(📐)]를 선택한다.

② 'txt주문수량' 컨트롤을 더블 클릭한 후 속성 창의 [이벤트]탭에서 'On Got Focus' 속성을 클릭한다. 커서를 삽입하면 나타나는 '작성기(⋯)' 버튼을 클릭한다.

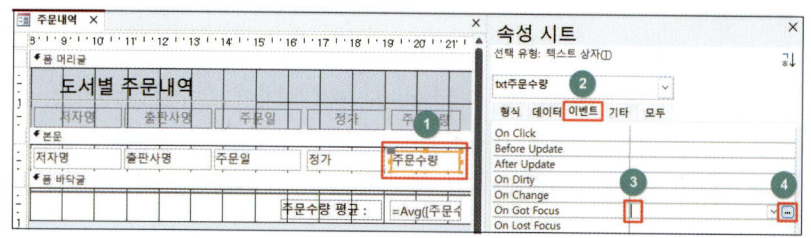

③ [작성기 선택] 대화상자가 나타나면, '코드 작성기'를 선택한 후 [확인]을 클릭한다.

④ 'txt주문수량_GotFocus()' 코드 창이 나타나면 다음과 같이 코드를 작성한다.

```
Private Sub txt주문수량_GotFocus( )
    If 주문수량 >= 30 Then
→ 주문수량이 30이상이라면
        MsgBox "인기상품", vbOKOnly, "구분"
→ "인기상품"이라 표시된 메시지 박스를 출력
    Else
        MsgBox "일반상품", vbOKOnly, "구분"
→ "일반상품"이라 표시된 메시지 박스를 출력
    End If
End Sub
```

⑤ 입력이 완료되면 [닫기(✕)]를 클릭하여 VBA를 종료한다.
⑥ 'On Got Focus' 속성란에 '[이벤트 프로시저]'가 지정된다.

출제유형 7 '3-4-MsgBox2.accdb' 파일을 열어 작업하시오.

〈업체별주문내역〉 폼의 '폼닫기(cmd닫기)' 버튼을 클릭(Click)하면 〈화면〉과 같은 메시지 박스를 표시한 후 해당 폼을 종료하는 이벤트 프로시저를 작성하시오.

▶ Time, Format 함수 사용

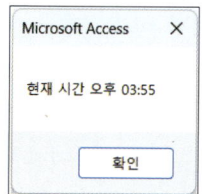

문제해결 🔑

① 탐색 창에서 〈업체별주문내역〉 폼을 선택한 후 바로 가기 메뉴에서 [디자인 보기(📐)]를 선택한다.
② 'cmd닫기' 컨트롤을 더블 클릭한 후 속성 창의 [이벤트]탭에서 'On Click' 속성을 선택한다. 커서를 삽입하면 나타나는 '작성기(...)' 버튼을 클릭한다.

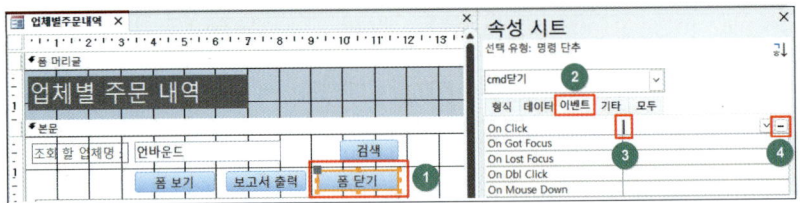

③ [작성기 선택] 대화상자가 나타나면, '코드 작성기'를 선택한 후 [확인]을 클릭한다.
④ 'cmd닫기_Click()' 코드 창이 나타나면 다음과 같이 코드를 작성한다.

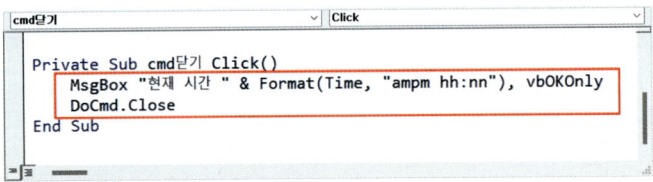

Private Sub cmd닫기_Click( )
　MsgBox "현재 시간 " & Format(Time, "ampm hh:nn"), vbOKOnly
　→ "현재 시간 오후 02:30"과 같이 표시하는 메시지 박스를 [확인] 단추와 함께 출력
　DoCmd.Close
　→ 현재 폼을 종료하도록 설정
End Sub

⑤ 입력이 완료되면 [닫기(✕)]를 클릭하여 VBA를 종료한다.
⑥ 'On Click' 속성란에 '[이벤트 프로시저]'가 지정된다.

◎ 매크로(Macro) 함수

매크로는 자주 사용하는 작업을 미리 등록해 두었다가 필요할 때 호출해서 사용할 수 있는 기능으로 반복적인 작업을 수행할 때 유용하게 사용할 수 있는 기능입니다. 출력 기능은 VBA 코드를 입력하여 사용하는 방법 이외에도 매크로 함수를 생성하여 사용할 수도 있는데, 같은 기능도 VBA 코드 버전과 매크로 버전에서 명령어의 형태가 달라지기 때문에 작업 시 주의해야 합니다.

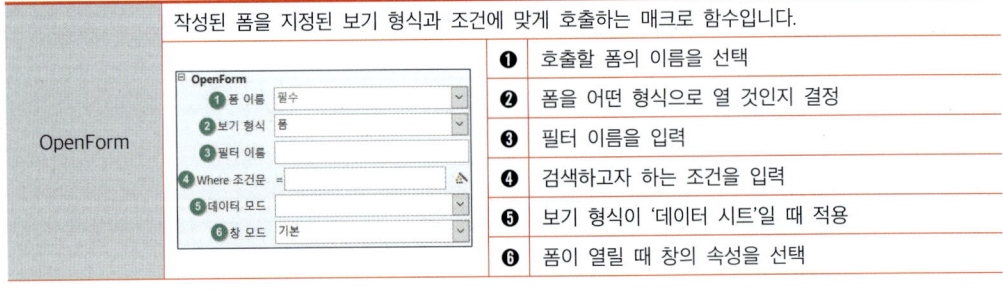

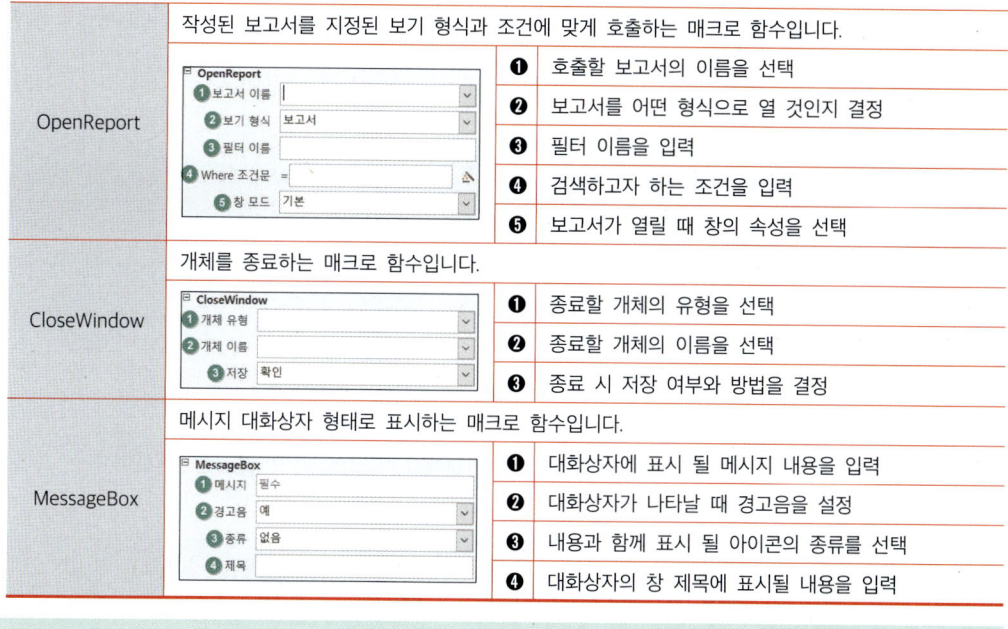

	작성된 보고서를 지정된 보기 형식과 조건에 맞게 호출하는 매크로 함수입니다.	
OpenReport		❶ 호출할 보고서의 이름을 선택
		❷ 보고서를 어떤 형식으로 열 것인지 결정
		❸ 필터 이름을 입력
		❹ 검색하고자 하는 조건을 입력
		❺ 보고서가 열릴 때 창의 속성을 선택
CloseWindow	개체를 종료하는 매크로 함수입니다.	
		❶ 종료할 개체의 유형을 선택
		❷ 종료할 개체의 이름을 선택
		❸ 종료 시 저장 여부와 방법을 결정
MessageBox	메시지 대화상자 형태로 표시하는 매크로 함수입니다.	
		❶ 대화상자에 표시 될 메시지 내용을 입력
		❷ 대화상자가 나타날 때 경고음을 설정
		❸ 내용과 함께 표시 될 아이콘의 종류를 선택
		❹ 대화상자의 창 제목에 표시될 내용을 입력

> **잠깐!**
>
> 작성된 매크로는 개체 탐색 창에 목록으로 표시됩니다. 해당 매크로 개체를 더블 클릭하여 실행하거나, 폼 또는 보고서의 특정 컨트롤에 지정하여 사용할 수 있습니다.

출제유형 8 '3-5-매크로.accdb' 파일을 열어 작업하시오.

1 〈배송정보〉 폼의 본문 영역에 'txt배달담당자' 컨트롤을 더블 클릭(Dbl Click)하면 〈고객배송정보〉 보고서를 인쇄 미리 보기 형식으로 여는 〈목록보기〉 매크로를 작성하시오.

▶ 'txt배달담당자' 컨트롤에 입력된 담당자와 일치하는 레코드만 표시되도록 설정하시오.

2 〈일자별주문내역〉 폼의 'txt주문번호' 컨트롤에 조회할 주문번호를 입력하고 '검색(cmd검색)' 버튼을 클릭(Click)하면 입력된 주문번호에 해당하는 정보를 찾아 표시하도록 〈업체조회〉 매크로를 작성하시오.

▶ ApplyFilter 속성 사용

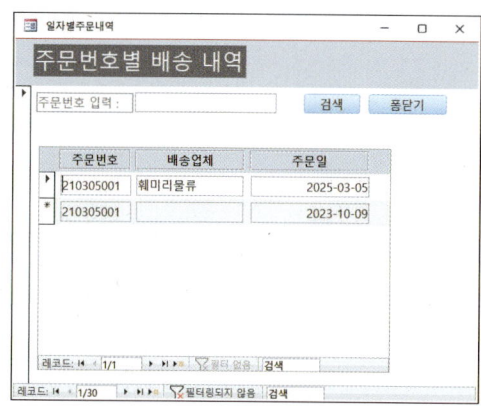

3 〈일자별주문내역〉 폼의 '폼닫기(cmd닫기)' 버튼을 클릭하면 〈화면〉과 같은 메시지 박스가 표시된 후 해당 폼이 항상 저장되며 종료 되는 〈종료하기〉 매크로를 작성하시오.

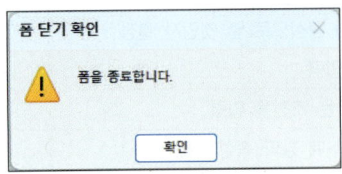

문제해결

1 <목록보기> 매크로

① 탐색 창에서 〈배송정보〉 폼을 선택한 후 바로 가기 메뉴에서 [디자인 보기(📐)]를 선택한다.

② [만들기]탭-[매크로 및 코드] 영역에서 [매크로]를 선택한다.

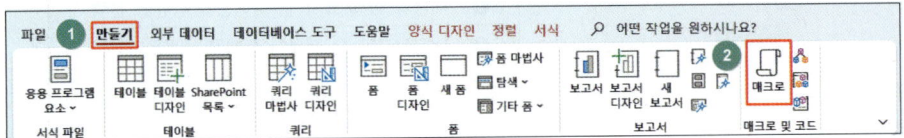

③ 매크로 함수 목록(∨)에서 'OpenReport'를 선택한다.

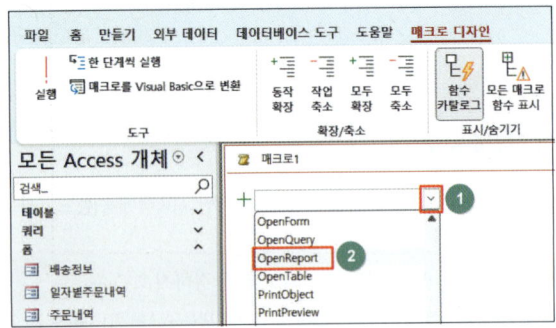

④ 매크로 대화상자로 전환되면 '보고서 이름'은 '고객배송정보', '보기 형식'은 '인쇄 미리 보기'를 선택한다. '필터 이름'은 생략하고 'Where 조건식'은 '식 작성기(✨)'를 클릭한다.

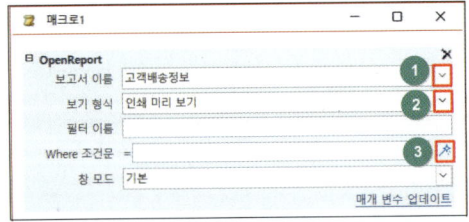

⑤ [식 작성기] 대화상자가 나타나면 「**배달담당자=**」와 같이 입력한 후, '식 요소'에서 '3-5-매크로.accdb → Forms → 로드된 폼 → 배송정보'를 차례대로 더블 클릭하여 펼쳐준다. '식 범주' 목록이 채워지면 'txt배달담당자'를 더블 클릭하여 「[Forms]![배송정보]![txt배달담당자]」를 수식에 추가한 후 [확인]을 클릭한다.

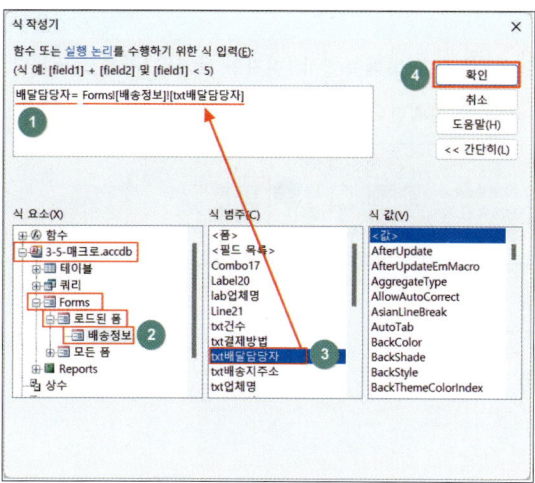

⑥ 매크로 대화상자로 전환되면 [닫기(✕)]를 클릭하고, 저장 확인창이 나타나면 [예(Y)]를 선택한다.

⑦ [다른 이름으로 저장] 대화상자가 나타나면 매크로 이름을 「**목록보기**」로 입력한 후 [확인]을 클릭한다. 저장이 마무리되면 탐색 창 목록에서 매크로를 확인할 수 있다.

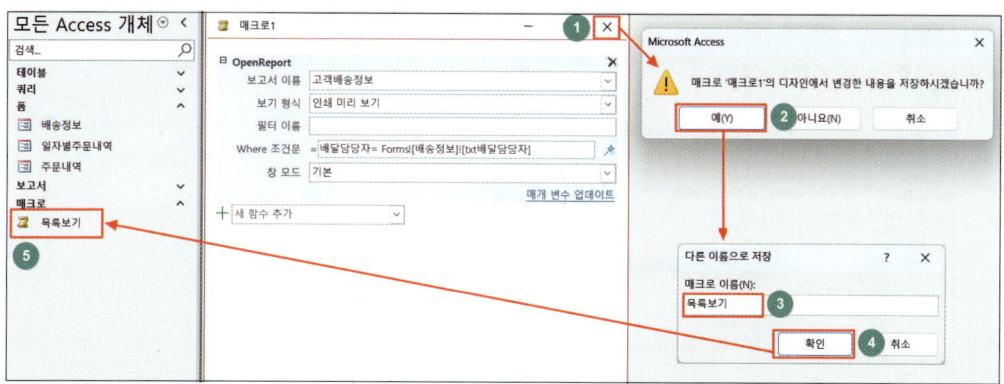

> **잠깐!**
>
> Where 조건문 영역에 다음과 같이 「배달담당자=[Forms]![배송정보]![txt배달담당자]」를 입력하면, 필드명에 괄호([ ])는 자동으로 입력됩니다.

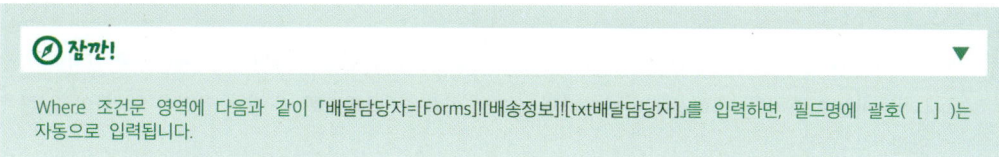

⑧ 〈배송정보〉 폼의 'txt배달담당자' 컨트롤을 더블 클릭한 후 속성 창의 [이벤트]탭에서 'On Dbl Click' 속성을 선택한다. 커서를 삽입하면 나타나는 목록(▼)에서 '목록보기' 매크로를 선택한다.

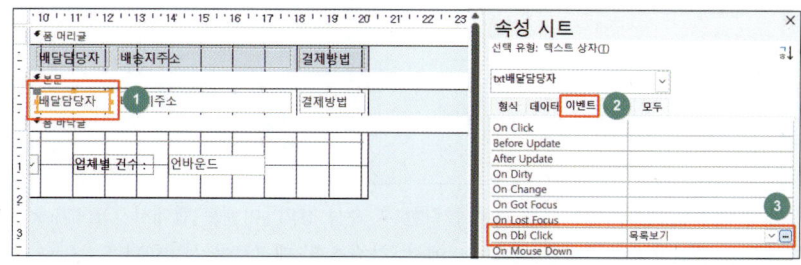

2 <주문조회> 매크로

① 탐색 창에서 〈일자별주문내역〉 폼을 선택한 후 바로 가기 메뉴에서 [디자인 보기(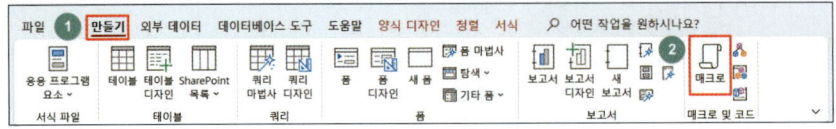)]를 선택한다.

② [만들기]탭-[매크로 및 코드] 영역에서 [매크로]를 선택한다.

③ 매크로 함수 목록(˅)에서 'ApplyFilter'를 선택한다.

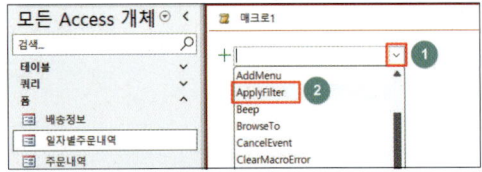

④ 매크로 대화상자로 전환되면 '필터 이름'은 생략하고 'Where 조건식'은 '식 작성기(✶)'를 이용하여 「[주문번호]>=[Forms]![일자별주문내역]![txt주문번호]」와 같이 입력한다.

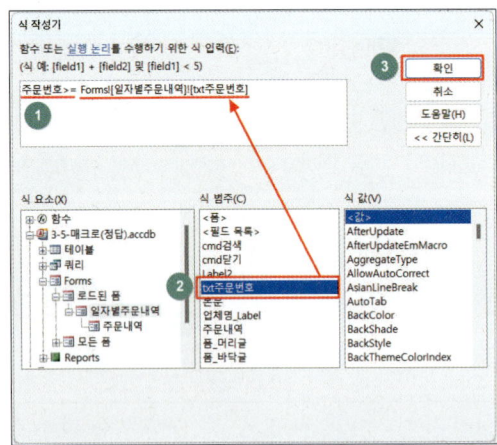

⑤ 매크로 대화상자로 전환되면 [닫기(✕)]를 클릭하고, 저장 확인창이 나타나면 [예(Y)]를 선택한다.

⑥ [다른 이름으로 저장] 대화상자가 나타나면 매크로 이름을 「**업체조회**」와 같이 입력한 후 [확인]을 클릭한다.

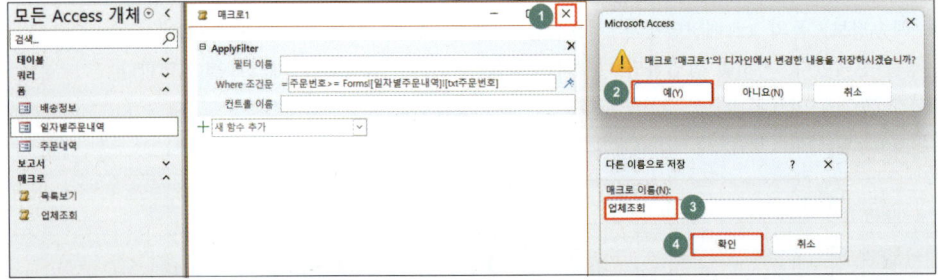

⑦ 〈일자별주문내역〉 폼의 'cmd검색' 컨트롤을 더블 클릭한 후 속성 창의 [이벤트]탭에서 'On Click' 속성을 선택한다. 커서를 삽입하면 나타나는 목록(˅)에서 '업체조회' 매크로를 선택한다.

3 <종료하기> 매크로

① 탐색 창에서 〈일자별주문내역〉 폼을 선택한 후 바로 가기 메뉴에서 [디자인 보기(	)]를 선택한다.

② [만들기]탭-[매크로 및 코드] 영역에서 [매크로]를 선택한다.

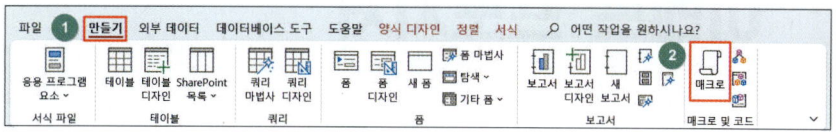

③ 매크로 함수 목록(∨)에서 'MessageBox'를 선택한다.

④ MessageBox 매크로 대화상자로 전환되면 '메시지'는 「폼을 종료합니다.」와 같이 입력하고, '경고음'은 언급된 사항이 없으니 작업하지 않는다. '종류'는 '경고!'를 선택하고, '제목'은 「폼 닫기 확인」과 같이 입력한다.

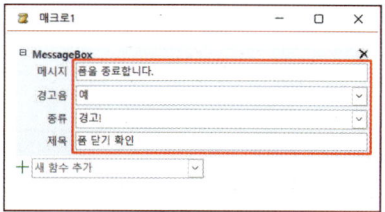

⑤ 새 함수 추가 목록(∨)에서 'CloseWindows'를 선택한다.

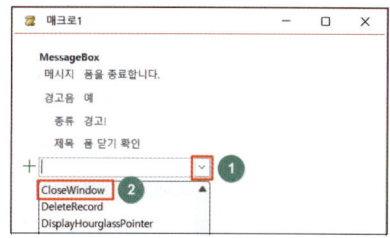

⑥ CloseWindows 매크로 대화상자로 전환되면 '개체 유형'을 '폼'으로 선택한다. '개체 이름'은 「일자별주문내역」으로 입력하고, '저장'은 '예'로 선택한다. 화면 상단의 [닫기(✕)]를 클릭한 후, 저장 확인 창이 나타나면 [예(Y)]를 선택한다.

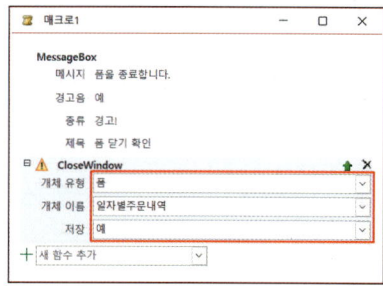

⑦ [다른 이름으로 저장] 대화상자가 나타나면 매크로 이름을 「종료하기」로 입력한 후 [확인]을 클릭한다.

⑧ 〈일자별주문내역〉 폼의 'cmd폼닫기' 컨트롤을 더블 클릭한 후 속성 창의 [이벤트]탭에서 'On Click' 속성을 선택한다. 커서를 삽입하면 나타나는 목록(∨)에서 '종료하기' 매크로를 선택한다.

CHAPTER 03

이벤트 프로시저

작업파일 데이터베이스/작업파일/3.조회및출력

이벤트 프로시저 기능을 이용하여 다양한 형태의 명령어를 처리할 수 있습니다. 테이블 또는 쿼리의 데이터를 추가, 변경, 삭제할 수 있고, 폼 또는 보고서의 레코드 원본을 변경할 수 있습니다.
스프레드시트에서 다루었던 If구문, Select Case구문 등을 사용하기도 하고, 체크 박스와 옵션 단추 등의 컨트롤을 사용하여 프로시저를 작성하기도 합니다.

● 처리 구문

IF 구문	SELECT CASE 구문	

If 조건 Then
　실행문1
Else
　실행문2
End If
	Select Case 기준
	　Case is >= 값1
	　　실행문1
	　Case Else
	　　실행문2
	End Select
		Select Case 기준
		　Case 값1 : 실행문1
		　Case 값2 : 실행문2
		End Select

● SQL 구문

작성기로는 해결되지 않는 작업들의 경우 SQL 구문을 이용합니다. SQL 문은 선택(Select), 추가(Insert), 수정(Update), 삭제(Delete) 구문이 있으며, 각 구문별로 테이블과 필드의 위치가 다르기 때문에 입력 시 주의해야 합니다.

SELECT	테이블에서 레코드를 불러올 때 사용합니다. Select 필드 From 테이블 Where 조건
INSERT	테이블에 레코드를 추가할 때 사용합니다. Insert Into 테이블(필드1,필드2,...) Values(입력값1,입력값2,...)
UPDATE	테이블에 필드 값을 변경할 때 사용합니다. Update 테이블 Set 필드1=변경값1,필드2=변경값2,... Where 조건
DELETE	테이블에서 레코드를 삭제할 때 사용합니다. Delete * From 테이블 Where 조건

출제유형 1 '3-6-이벤트프로시저1.accdb' 파일을 열어 작업하시오.

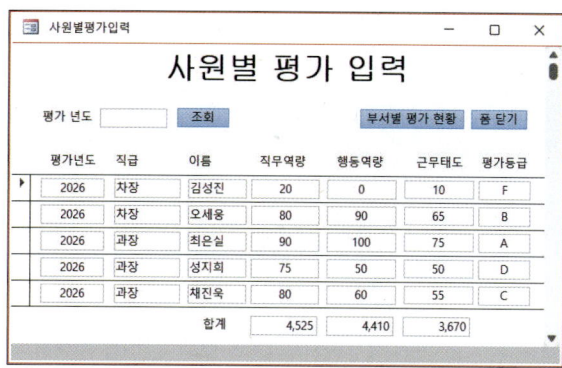

1. 〈사원별평가입력〉 폼의 '조회(cmd조회)' 버튼을 클릭(Click)하면 다음과 같은 기능을 수행하는 이벤트 프로시저를 작성하시오.
   ▶ 'txt조회' 컨트롤에 입력된 연도와 일치하는 레코드만 표시할 것
   ▶ ApplyFilter 명령어 사용할 것

2. 〈사원별평가입력〉 폼의 '부서별 평가 현황(cmd부서별평가현황)' 버튼을 클릭(Click)하면 〈부서별평가현황〉 보고서를 '인쇄 미리 보기' 형식으로 여는 〈보고서열기〉 매크로를 작성하시오.
   ▶ 'txt조회' 컨트롤에 입력된 연도와 일치하는 레코드만 표시할 것

3. 〈사원별평가입력〉 폼의 '폼 닫기(cmd닫기)' 버튼을 클릭(Click)하면 다음과 같은 기능을 수행하는 이벤트 프로시저를 작성하시오
   ▶ 현재 폼의 '폼이름'과 함께 〈화면〉과 같은 메시지 대화상자가 나타나고, 〈확인〉을 클릭하면 현재 폼이 닫히도록 구현할 것
   ▶ MsgBox 명령어 사용할 것

   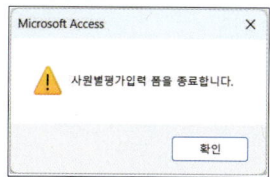

4. 〈사원별평가입력〉 폼의 '직급(txt직급)' 컨트롤을 더블 클릭(Dbl Click)하면 〈사원〉 폼을 여는 이벤트 프로시저를 작성하시오.
   ▶ 'txt직급' 컨트롤에 입력된 직급과 일치하는 레코드만 표시할 것

5. 〈사원별평가입력〉 폼의 'txt근무태도' 컨트롤에 포커스가 이동되면(Got Focus) 다음과 같은 기능이 수행되도록 이벤트 프로시저를 작성하시오.
   ▶ 근무태도(txt근무태도)가 70점 이상이면 "승진대상", 아니라면 "면담대상"이라 표시하시오.

▶ MsgBox 명령어 사용할 것

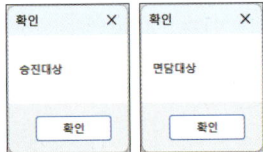

문제해결

1 '조회(cmd조회)' 이벤트 프로시저

① 탐색 창에서 〈사원별평가입력〉 폼을 선택한 후 바로 가기 메뉴에서 [디자인 보기(📄)]를 선택한다.
② 'cmd조회' 컨트롤을 더블 클릭한 후 속성 창의 [이벤트]탭에서 'On Click' 속성을 선택한다. 커서를 삽입하면 나타나는 '작성기(...)' 버튼을 클릭한다.

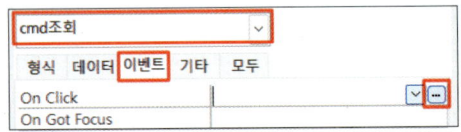

③ [작성기 선택] 대화상자가 나타나면, '코드 작성기'를 선택한 후 [확인]을 클릭한다.
④ 'cmd조회_Click()' 코드 창이 나타나면 다음과 같이 코드를 작성한다.

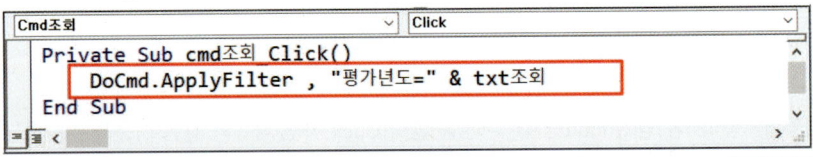

```
Private Sub cmd조회_Click( )
    DoCmd.ApplyFilter , "평가년도=" & txt조회
    → '평가년도'가 'txt조회'에 입력한 값과 일치하는 레코드를 검색
End Sub
```

⑤ 입력이 완료되면 [닫기(✕)]를 클릭하여 VBA를 종료한다.
⑥ 'On Click' 속성란에 '[이벤트 프로시저]'가 지정된다.

2 <보고서열기> 매크로

① [만들기]탭-[매크로 및 코드] 영역에서 [매크로]를 선택한다.

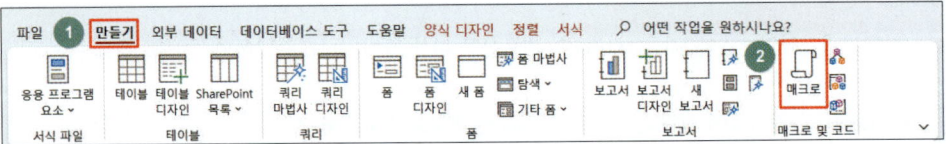

② 매크로 함수 목록(∨)에서 'OpenReport'를 선택한다.
③ 매크로 대화상자로 전환되면 '보고서 이름'은 '부서별평가현황', '보기 형식'은 '인쇄 미리 보기'를 선택한다. '필터 이름'은 생략하고 'Where 조건식'은 「**[평가년도]=[Forms]![사원별평가입력]![txt조회]**」와 같이 입력한다.

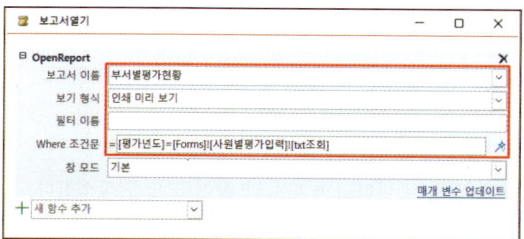

④ 화면 상단의 [닫기(✕)]를 클릭한 후, 저장 확인창이 나타나면 [예(Y)]를 선택한다.
⑤ [다른 이름으로 저장] 대화상자가 나타나면 매크로 이름을 「보고서열기」와 같이 입력한 후 [확인]을 클릭한다.

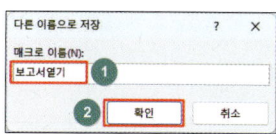

⑥ 〈사원별평가입력〉 폼의 'cmd부서별평가현황' 컨트롤을 더블 클릭한 후 속성 창의 [이벤트]탭에서 'On Click' 속성을 선택한다. 커서를 삽입하면 나타나는 목록(∨)에서 '보고서열기' 매크로를 선택한다.

3 '폼 닫기(cmd닫기)' 이벤트 프로시저

① 'cmd닫기' 컨트롤을 더블 클릭한 후 속성 창의 [이벤트]탭에서 'On Click' 속성을 선택한다. 커서를 삽입하면 나타나는 '작성기(⋯)' 버튼을 클릭한다.

② [작성기 선택] 대화상자가 나타나면, '코드 작성기'를 선택한 후 [확인]을 클릭한다.
③ 'cmd닫기_Click()' 코드 창이 나타나면 다음과 같이 코드를 작성한다.

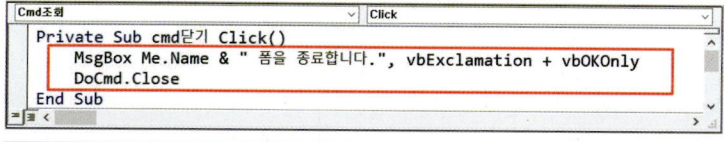

Private Sub cmd닫기_Click( )
  MsgBox Me.Name & " 폼을 종료합니다.", vbExclamation + vbOKOnly
  → '현재 폼의 이름'과 함께 메시지 박스를 출력
  DoCmd.Close
  → 폼을 종료
End Sub

④ 입력이 완료되면 [닫기(✕)]를 클릭하여 VBA를 종료한다.
⑤ 'On Click' 속성란에 '[이벤트 프로시저]'가 지정된다.

4 '직급(txt직급)' 이벤트 프로시저

① 'txt직급' 컨트롤을 더블 클릭한 후 속성 창의 [이벤트]탭에서 'On Dbl Click' 속성을 선택한다. 커서를 삽입하면 나타나는 '작성기(⋯)' 버튼을 클릭한다.

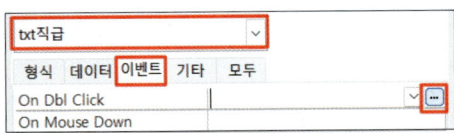

② [작성기 선택] 대화상자가 나타나면, '코드 작성기'를 선택한 후 [확인]을 클릭한다.
③ 'txt직급_DblClick(Cancel As Integer)' 코드 창이 나타나면 다음과 같이 코드를 작성한다.

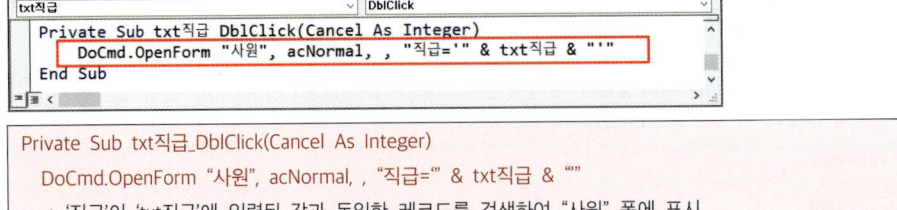

Private Sub txt직급_DblClick(Cancel As Integer)
　DoCmd.OpenForm "사원", acNormal, , "직급='" & txt직급 & "'"
　→ '직급'이 'txt직급'에 입력된 값과 동일한 레코드를 검색하여 "사원" 폼에 표시
End Sub

④ 입력이 완료되면 [닫기(✕)]를 클릭하여 VBA를 종료한다.
⑤ 'On Dbl Click' 속성란에 [이벤트 프로시저]가 지정된다.

5 '근무태도(txt근무태도)' 이벤트 프로시저

① 'txt근무태도' 컨트롤을 더블 클릭한 후 속성 창의 [이벤트]탭에서 'On Got Focus' 속성을 선택한다. 커서를 삽입하면 나타나는 '작성기(...)' 버튼을 클릭한다.

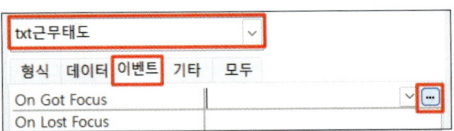

② [작성기 선택] 대화상자가 나타나면, '코드 작성기'를 선택한 후 [확인]을 클릭한다.
③ 'txt근무태도_GotFocus()' 코드 창이 나타나면 다음과 같이 코드를 작성한다.

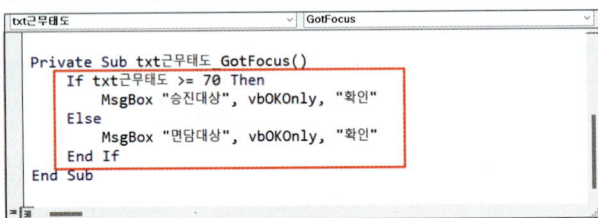

Private Sub txt근무태도_GotFocus( )
　If 근무태도 >= 70 Then
　→ '근무태도' 값이 70 이상이면
　　MsgBox "승진대상", vbOKOnly, "확인"
　　→ "승진대상"이라 메시지 출력
　Else
　　MsgBox "면담대상", vbOKOnly, "확인"
　　→ "면담대상"이라 메시지 출력
　End If
End Sub

④ 입력이 완료되면 [닫기(✕)]를 클릭하여 VBA를 종료한다.
⑤ 'On Got Focus' 속성란에 '[이벤트 프로시저]'가 지정된다.

출제유형 2 '3-6-이벤트프로시저2.accdb' 파일을 열어 작업하시오.

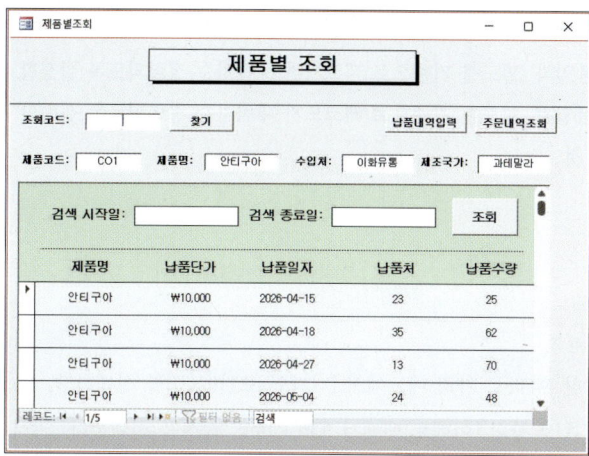

1 〈제품별조회〉 폼의 '찾기(cmd찾기)' 버튼을 클릭(Click)하면 다음과 같은 기능을 수행하는 이벤트 프로시저를 작성하시오.
   ▶ 'txt조회' 컨트롤에 입력된 '제품코드'와 일치하는 레코드를 찾아 표시할 것
   ▶ RecordsetClone, FindFirst, Bookmark 속성 사용할 것

2 〈제품별조회〉 폼의 '납품내역입력(cmd납품내역입력)' 버튼을 클릭(Click)하면 다음과 같은 메시지 박스를 표시한 후 〈납품내역입력〉 폼을 여는 이벤트 프로시저를 작성하시오.
   ▶ 'txt조회' 컨트롤에 입력된 '제품코드'와 일치하는 레코드를 찾아 표시할 것
   ▶ 메시지 박스에는 Dcount함수와 '주문내역' 테이블을 사용하여 검색한 레코드의 개수를 〈화면〉과 같이 표시할 것
   ▶ MsgBox 명령어와 Dcount 함수 사용할 것

   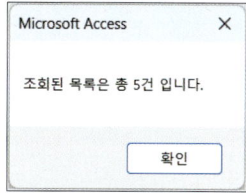

   ※ 화면은 제품코드에 'C01' 입력한 후 이벤트를 실행한 화면임.

3 〈제품별조회〉 폼의 '주문내역조회(cmd주문내역조회)' 버튼을 클릭(Click)하면 〈주문내역조회〉 보고서를 '인쇄 미리 보기' 형식으로 여는 〈보고서열기〉 매크로를 작성하시오.
   ▶ 'txt조회' 컨트롤에 입력된 '제품코드'와 일치하는 레코드를 찾아 표시할 것

4 〈납품내역현황〉 폼 머리글 영역의 '조회(cmd조회)' 버튼을 클릭(Click)하면 다음과 같은 기능을 수행하는 이벤트 프로시저를 작성하시오.
- ▶ '납품일자'가 'txt시작일'과 'txt종료일' 컨트롤에 입력된 기간에 해당하는 레코드만을 표시할 것
- ▶ Filter, FilterOn 속성 사용할 것

5 〈납품내역입력〉 폼 바닥글 영역의 '오름차순(cmd오름)'과 '내림차순(cmd내림)' 버튼을 클릭(Click)하면 다음과 같은 기능을 수행하는 이벤트 프로시저를 작성하시오.
- ▶ '오름차순(cmd오름)'을 클릭하면 '납품일자' 필드를 기준으로 레코드가 오름차순 정렬되도록 설정할 것
- ▶ '내림차순(cmd내림)'을 클릭하면 '납품일자' 필드를 기준으로 레코드가 내림차순 정렬되도록 설정할 것
- ▶ OrderBy, OrderByOn 속성 사용할 것

문제해결

1 '찾기(cmd찾기)' 이벤트 프로시저

① 탐색 창에서 〈제품별조회〉 폼을 선택한 후 바로 가기 메뉴에서 [디자인 보기(   )]를 선택한다.

② 'cmd찾기' 컨트롤을 더블 클릭한 후 속성 창의 [이벤트]탭에서 'On Click' 속성을 선택한다. 커서를 삽입하면 나타나는 '작성기(   )' 버튼을 클릭한다.

③ [작성기 선택] 대화상자가 나타나면, '코드 작성기'를 선택한 후 [확인]을 클릭한다.

④ 'cmd찾기_Click()' 코드 창이 나타나면 다음과 같이 코드를 작성한다.

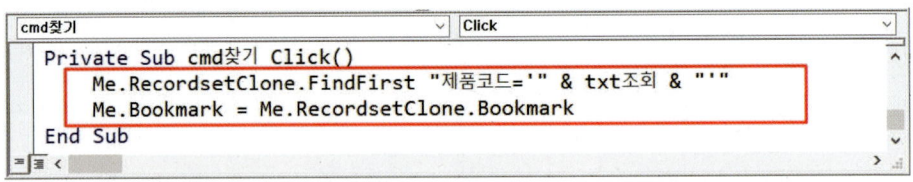

Private Sub cmd찾기_Click( )
    Me.RecordsetClone.FindFirst "제품코드='" & txt조회 & "'"
        → '제품코드'가 'txt조회'에 입력한 값과 일치하는 레코드를 검색
    Me.Bookmark = Me.RecordsetClone.Bookmark
        → 검색한 값을 현재 폼에 대입하여 원본을 재설정
End Sub

⑤ 입력이 완료되면 [닫기(✕)]를 클릭하여 VBA를 종료한다.

⑥ 'On Click' 속성란에 '[이벤트 프로시저]'가 지정된다.

2 '납품내역입력(cmd납품내역입력)' 이벤트 프로시저

① 'cmd납품내역입력' 컨트롤을 더블 클릭한 후 속성 창의 [이벤트]탭에서 'On Click' 속성을 선택한다. 커서를 삽입하면 나타나는 '작성기(   )' 버튼을 클릭한다.

② [작성기 선택] 대화상자가 나타나면, '코드 작성기'를 선택한 후 [확인]을 클릭한다.

③ 'cmd납품내역입력_Click()' 코드 창이 나타나면 다음과 같이 코드를 작성한다.

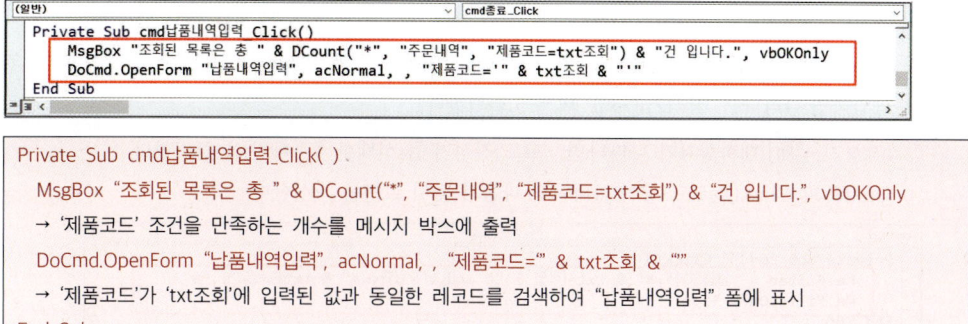

Private Sub cmd납품내역입력_Click( ).
  MsgBox "조회된 목록은 총 " & DCount("*", "주문내역", "제품코드=txt조회") & "건 입니다.", vbOKOnly
  → '제품코드' 조건을 만족하는 개수를 메시지 박스에 출력
  DoCmd.OpenForm "납품내역입력", acNormal, , "제품코드='" & txt조회 & "'"
  → '제품코드'가 'txt조회'에 입력된 값과 동일한 레코드를 검색하여 "납품내역입력" 폼에 표시
End Sub

④ 입력이 완료되면 [닫기(✕)]를 클릭하여 VBA를 종료한다.
⑤ 'On Click' 속성란에 '[이벤트 프로시저]'가 지정된다.

3 <보고서열기> 매크로

① [만들기]탭-[매크로 및 코드] 영역에서 [매크로]를 선택한다.

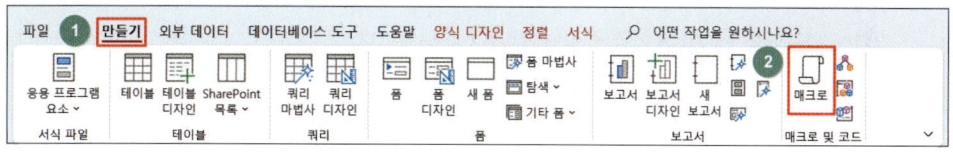

② 매크로 함수 목록(∨)에서 'OpenReport'를 선택한다.

③ 매크로 대화상자로 전환되면 '보고서 이름'은 '주문내역조회', '보기 형식'은 '인쇄 미리 보기'를 선택한다. '필터 이름'은 생략하고 'Where 조건식'은 「[제품코드]= Forms![제품별조회]![txt조회]」와 같이 입력한다.

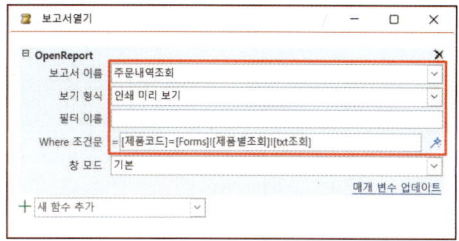

④ 화면 상단의 [닫기(✕)]를 클릭한 후, 저장 확인창이 나타나면 [예(Y)]를 선택한다.
⑤ [다른 이름으로 저장] 대화상자가 나타나면 매크로 이름을 「**보고서열기**」라 입력한 후 [확인]을 클릭한다.

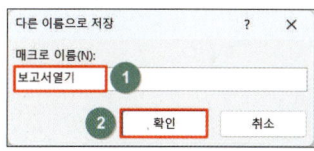

⑥ 〈제품별조회〉 폼의 'cmd주문내역조회' 컨트롤을 더블 클릭한 후 속성 창의 [이벤트]탭에서 'On Click' 속성을 선택한다. 커서를 삽입하면 나타나는 목록(∨)에서 '보고서열기' 매크로를 선택한다.

4 '조회(cmd조회)' 이벤트 프로시저

① 탐색 창에서 〈납품내역현황〉 폼을 선택한 후 바로 가기 메뉴에서 [디자인 보기(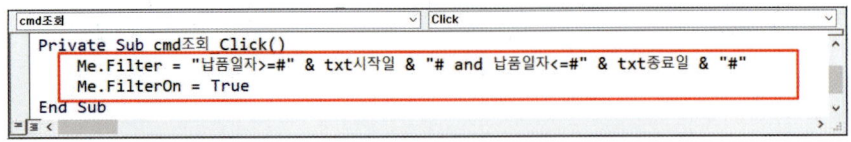)]를 선택한다.

② 'cmd조회' 컨트롤을 더블 클릭한 후 속성 창의 [이벤트]탭에서 'On Click' 속성을 선택한다. 커서를 삽입하면 나타나는 '작성기(···)' 버튼을 클릭한다.

③ [작성기 선택] 대화상자가 나타나면, '코드 작성기'를 선택한 후 [확인]을 클릭한다.

④ 'cmd조회_Click()' 코드 창이 나타나면 다음과 같이 코드를 작성한다.

```
Private Sub cmd조회_Click()
    Me.Filter = "납품일자>=#" & txt시작일 & "# and 납품일자<=#" & txt종료일 & "#"
    Me.FilterOn = True
End Sub
```

Private Sub cmd조회_Click( )

　Me.Filter = "납품일자>=#" & txt시작일 & "# and 납품일자<=#" & txt종료일 & "#"

　→ '납품일자'가 'tx시작일'이후이면서 'txt종료일' 이전인 레코드를 검색

　Me.FilterOn = True

　→ Filter를 적용

End Sub

⑤ 입력이 완료되면 [닫기(✕)]를 클릭하여 VBA를 종료한다.

⑥ 'On Click' 속성란에 '[이벤트 프로시저]'가 지정된다.

5 '오름차순(cmd오름)'과 '내림차순(cmd내림)' 이벤트 프로시저

① 탐색 창에서 〈납품내역입력〉 폼을 선택한 후 바로 가기 메뉴에서 [디자인 보기(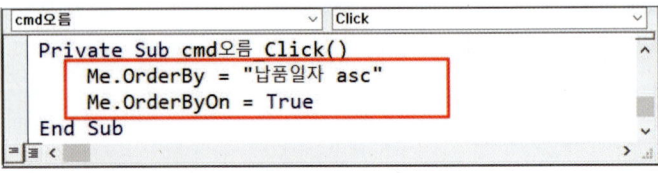)]를 선택한다.

② 'cmd오름' 컨트롤을 더블 클릭한 후 속성 창의 [이벤트]탭에서 'On Click' 속성을 선택한다. 커서를 삽입하면 나타나는 '작성기(···)' 버튼을 클릭한다.

③ [작성기 선택] 대화상자가 나타나면, '코드 작성기'를 선택한 후 [확인]을 클릭한다.

④ 'cmd오름_Click()' 코드 창이 나타나면 다음과 같이 코드를 작성한다.

```
Private Sub cmd오름_Click()
    Me.OrderBy = "납품일자 asc"
    Me.OrderByOn = True
End Sub
```

Private Sub cmd오름_Click( )

　Me.OrderBy = "납품일자 asc"

　→ '납품일자'를 기준으로 오름차순(asc) 정렬

　Me.OrderByOn = True

　→ 정렬을 적용

End Sub

⑤ 입력이 완료되면 [닫기(✕)]를 클릭하여 VBA를 종료한다.
⑥ 'cmd내림' 컨트롤을 더블 클릭한 후 속성 창의 [이벤트]탭에서 'On Click' 속성을 선택한다. 커서를 삽입하면 나타나는 '작성기(⋯)' 버튼을 클릭한다.
⑦ [작성기 선택] 대화상자가 나타나면, '코드 작성기'를 선택한 후 [확인]을 클릭한다.
⑧ 'cmd내림_Click()' 코드 창이 나타나면 다음과 같이 코드를 작성한다.

```
Private Sub cmd내림_Click()
    Me.OrderBy = "납품일자 desc"
    Me.OrderByOn = True
End Sub
```

Private Sub cmd내림_Click( )
  Me.OrderBy = "납품일자 desc"
  → '납품일자'를 기준으로 내림차순(desc) 정렬
  Me.OrderByOn = True
  → 정렬을 적용
End Sub

⑨ 입력이 완료되면 [닫기(✕)]를 클릭하여 VBA를 종료한다.
⑩ 'On Click' 속성란에 '[이벤트 프로시저]'가 지정된다.

출제유형 3 '3-6-이벤트프로시저3.accdb' 파일을 열어 작업하시오.

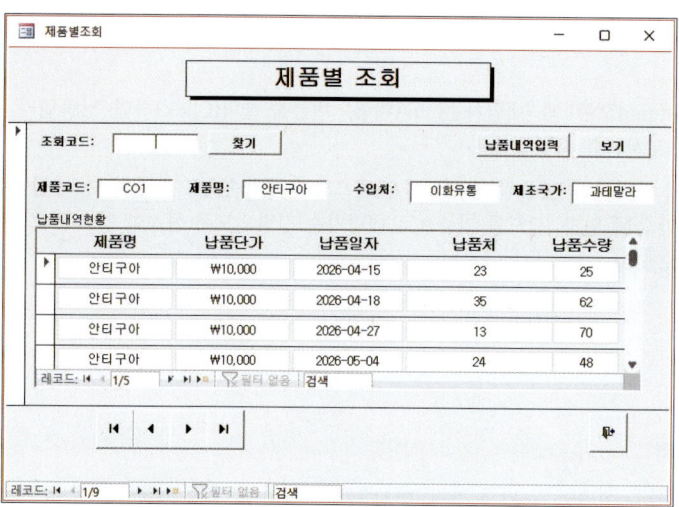

1. 〈제품별조회〉 폼의 'txt조회' 컨트롤에 조회할 제품코드를 입력하고 '찾기(cmd찾기)' 버튼을 클릭(Click)하면 입력된 '제품코드'와 동일한 제품의 정보를 찾아 표시하도록 기능을 구현하시오.
   ▶ 현재 폼의 RecordsetClone, Bookmark, FindFirst 속성을 이용하여 이벤트 프로시저를 작성하시오.

2 〈제품별조회〉 폼에서 '납품내역입력(cmd납품내역입력)' 버튼을 클릭(Click)하면 〈납품내역입력〉 폼이 나타나도록 이벤트 프로시저를 작성하시오.
   ▶ 'txt조회' 컨트롤에 입력된 제품코드와 일치하는 레코드만 표시되도록 설정하시오.

3 〈제품별조회〉 폼에서 '종료(cmd종료)' 버튼을 클릭(Click)하면 〈화면〉과 같은 메시지 박스가 표시된 후 현재 폼이 종료되도록 〈폼닫기〉 매크로를 작성하시오.
   ▶ 해당 폼은 저장 여부를 묻지 않고 저장되며 종료되도록 설정할 것
   ▶ Time 함수 사용

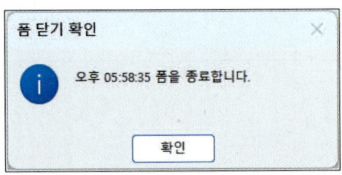

4 〈납품내역입력〉 폼의 'txt납품수량' 컨트롤을 더블 클릭(Dbl Click)하면 다음과 같은 기능을 수행하는 이벤트 프로시저를 작성하시오.
   ▶ 납품수량이 50이상인 경우 '박스포장', 50미만이면 '개별포장'이라 표시할 것

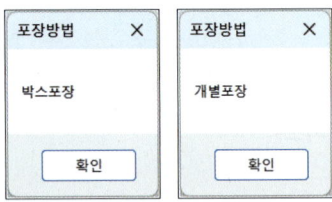

5 〈납품내역입력〉 폼의 '오름차순(cmd오름)'과 '내림차순(cmd내림)' 버튼을 클릭(Click)하면 '납품일자'를 기준으로 정렬되도록 이벤트 프로시저를 작성하시오.
   ▶ '오름차순(cmd오름)' 버튼을 클릭하면 '납품일자' 필드를 기준으로 오름차순으로 정렬되고, '내림차순(cmd내림)' 버튼을 클릭하면 '납품일자' 필드를 기준으로 내림차순 정렬되도록 설정할 것
   ▶ OrderBy, OrderByOn 속성 사용

문제해결

1 '찾기(cmd찾기)' 이벤트 프로시저
   ① 탐색 창에서 〈제품별조회〉 폼을 선택한 후 바로 가기 메뉴에서 [디자인 보기(🔲)]를 선택한다.
   ② 'cmd찾기' 컨트롤을 더블 클릭한 후 속성 창의 [이벤트]탭에서 'On Click' 속성을 선택한다. 커서를 삽입하면 나타나는 '작성기(...)' 버튼을 클릭한다.

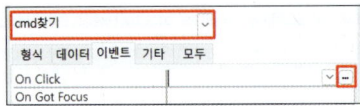

③ [작성기 선택] 대화상자가 나타나면, '코드 작성기'를 선택한 후 [확인]을 클릭한다.
④ 'cmd찾기_Click()' 코드 창이 나타나면 다음과 같이 코드를 작성한다.

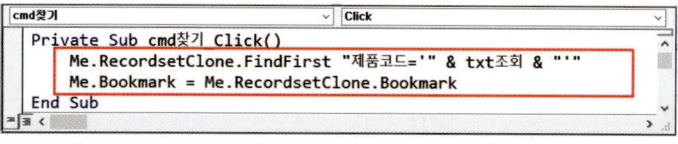

Private Sub cmd찾기_Click( )
  Me.RecordsetClone.FindFirst "제품코드='" & txt조회 & "'"
  → '제품코드'가 'txt조회'에 입력한 값과 동일한 레코드를 검색
  Me.Bookmark = Me.RecordsetClone.Bookmark
  → 검색한 값을 현재 폼에 대입하여 원본을 재설정
End Sub

⑤ 입력이 완료되면 [닫기(✕)]를 클릭하여 VBA를 종료한다.
⑥ 'On Click' 속성란에 '[이벤트 프로시저]'가 지정된다.

2 '납품내역입력(cmd납품내역입력)' 이벤트 프로시저

① 'cmd납품내역입력' 컨트롤을 더블 클릭한 후 속성 창의 [이벤트]탭에서 'On Click' 속성을 선택한다. 커서를 삽입하면 나타나는 '작성기(…)' 버튼을 클릭한다.

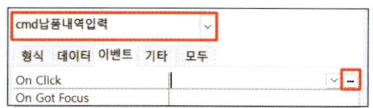

② [작성기 선택] 대화상자가 나타나면, '코드 작성기'를 선택한 후 [확인]을 클릭한다.
③ 'cmd납품내역입력_Click()' 코드 창이 나타나면 다음과 같이 코드를 작성한다.

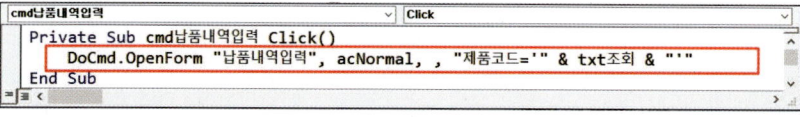

Private Sub cmd납품내역입력_Click( )
  DoCmd.OpenForm "납품내역입력", acNormal, , "제품코드='" & txt조회 & "'"
  → '제품코드'가 'txt조회'에 입력한 값과 동일한 레코드를 검색하여 "납품내역입력" 폼에 표시
End Sub

④ 입력이 완료되면 [닫기(✕)]를 클릭하여 VBA를 종료한다.
⑤ 'On Click' 속성란에 '[이벤트 프로시저]'가 지정된다.

3 <폼닫기> 매크로

① [만들기]탭-[매크로 및 코드] 영역에서 [매크로]를 선택한다.

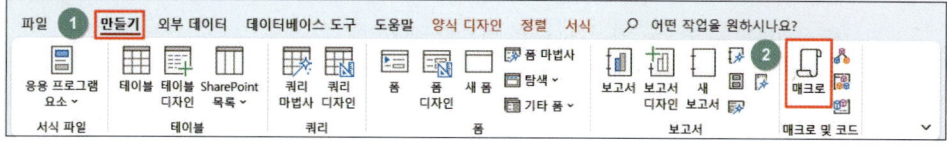

② 매크로 함수 목록(∨)에서 'MessageBox'를 선택한다.

③ MessageBox 매크로 대화상자로 전환되면 '메시지'는 「=Time() & " 폼을 종료합니다."」와 같이 입력하고, '경고음'은 언급된 사항이 없으니 작업하지 않는다. '종류'는 '정보'를 선택하고, '제목'은 「폼 닫기 확인」과 같이 입력한다.

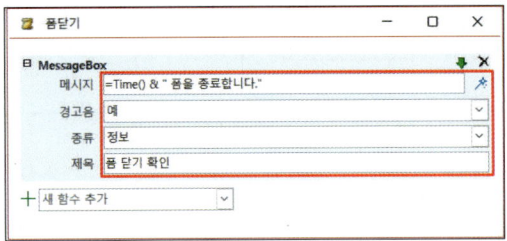

④ 새 함수 추가 목록(∨)에서 'CloseWindows'를 선택한다.

⑤ CloseWindows 매크로 대화상자로 전환되면 '개체 유형'을 '폼'으로 선택한 후, '개체 이름'은 「제품별조회」로 입력하고, '저장'은 '예'로 선택한다. 화면 상단의 [닫기(✕)]를 클릭한 후, 저장 확인창이 나타나면 [예(Y)]를 선택한다.

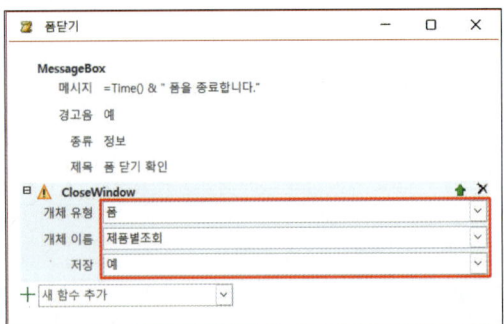

⑥ [다른 이름으로 저장] 대화상자가 나타나면 매크로 이름을 「폼닫기」라 입력한 후 [확인]을 클릭한다.
⑦ 〈제품별조회〉 폼의 'cmd종료' 컨트롤을 더블 클릭한 후 속성 창의 [이벤트]탭에서 'On Click' 속성을 선택한다. 커서를 삽입하면 나타나는 목록(∨)에서 '폼닫기' 매크로를 선택한다.

4 '납품수량(txt납품수량)' 이벤트 프로시저

① 'txt납품수량' 컨트롤을 더블 클릭한 후 속성 창의 [이벤트]탭에서 'On Dbl Click' 속성을 선택한다. 커서를 삽입하면 나타나는 '작성기(...)' 버튼을 클릭한다.

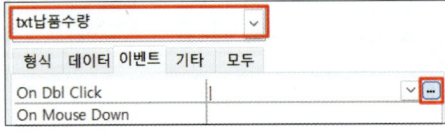

② [작성기 선택] 대화상자가 나타나면, '코드 작성기'를 선택한 후 [확인]을 클릭한다.
③ 'txt납품수량_DblClick(Cancel As Integer)' 코드 창이 나타나면 다음과 같이 코드를 작성한다.

```
Private Sub txt납품수량_DblClick(Cancel As Integer)
    If 납품수량 >= 50 Then
        MsgBox "박스포장", vbOKOnly, "포장방법"
    Else
        MsgBox "개별포장", vbOKOnly, "포장방법"
    End If
End Sub
```

Private Sub txt납품수량_DblClick(Cancel As Integer)

　If 납품수량 >= 50 Then

　→ '납품수량' 값이 50이상이면

　　MsgBox "박스포장", vbOkOnly, "포장방법"

　　→ "박스포장"이라 메시지 출력

　Else

　　MsgBox "개별포장", vbOkOnly, "포장방법"

　　→ "개별포장"이라 메시지 출력

　End If

End Sub

④ 입력이 완료되면 [닫기(✕)]를 클릭하여 VBA를 종료한다.
⑤ 'On Dbl Click' 속성란에 '[이벤트 프로시저]'가 지정된다.

5 '오름차순(cmd오름)' & '내림차순(cmd내림)' 이벤트 프로시저

① 'cmd오름' 컨트롤을 더블 클릭한 후 속성 창의 [이벤트]탭에서 'On Click' 속성을 선택한다. 커서를 삽입하면 나타나는 '작성기(...)' 버튼을 클릭한다.
② [작성기 선택] 대화상자가 나타나면, '코드 작성기'를 선택한 후 [확인]을 클릭한다.
③ 'cmd오름_Click()' 코드 창이 나타나면 다음과 같이 코드를 작성한다.

```
Private Sub cmd오름_Click()
    Me.OrderBy = "납품일자 asc"
    Me.OrderByOn = True
End Sub
```

Private Sub cmd오름_Click( )

　Me.OederBy = "납품일자 asc"

　→ '납품일자' 필드를 기준으로 오름차순(asc) 정렬

　Me.OrderByOn = True

　→ 정렬을 실행

End Sub

④ 입력이 완료되면 [닫기(✕)]를 클릭하여 VBA를 종료한다.
⑤ 'cmd내림' 컨트롤을 더블 클릭한 후 속성 창의 [이벤트]탭에서 'On Click' 속성을 선택한다. 커서를 삽입하면 나타나는 '작성기(...)' 버튼을 클릭한다.
⑥ [작성기 선택] 대화상자가 나타나면, '코드 작성기'를 선택한 후 [확인]을 클릭한다.

⑦ 'cmd내림_Click()' 코드 창이 나타나면 다음과 같이 코드를 작성한다.

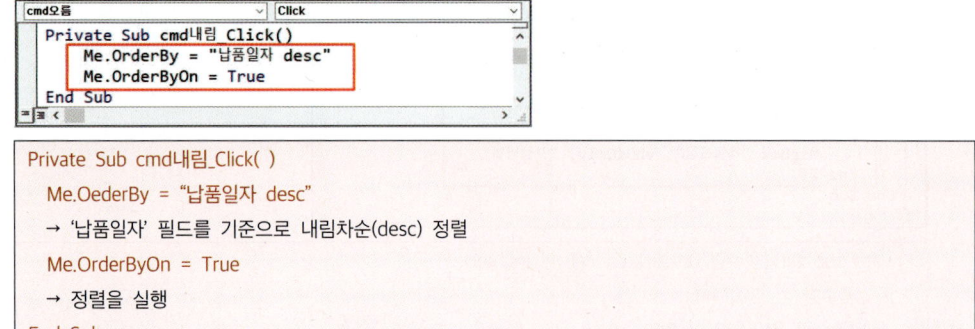

Private Sub cmd내림_Click( )
　Me.OederBy = "납품일자 desc"
　→ '납품일자' 필드를 기준으로 내림차순(desc) 정렬
　Me.OrderByOn = True
　→ 정렬을 실행
End Sub

⑧ 입력이 완료되면 [닫기(✕)]를 클릭하여 VBA를 종료한다.
⑨ 'On Click' 속성란에 '[이벤트 프로시저]'가 지정된다.

출제유형 4 '3-6-이벤트프로시저4.accdb' 파일을 열어 작업하시오.

1 〈지역매출조회〉 폼의 'cmb지역명' 컨트롤에서 조회할 지역을 선택(After Update)하면 해당 지역별 매출 정보를 표시하도록 기능을 구현하시오.
　▶ Filter, FilterOn 속성을 이용하여 이벤트 프로시저를 작성하시오.

2 〈지역매출조회〉 폼의 '전체보기(cmd전체보기)' 버튼을 클릭(Click)하면 현재 폼의 모든 레코드가 표시되도록 구현하시오.
　▶ FilterOn 속성을 이용하여 이벤트 프로시저를 작성하시오.

3 〈지역매출조회〉 폼의 '출력(cmd출력)' 버튼을 클릭(Click)하면 〈지역매출현황〉 보고서가 나타나도록 〈보고서열기〉 매크로를 작성하시오.
　▶ 'cmb지역명' 컨트롤에서 선택된 지역에 해당하는 레코드만 표시되도록 설정하시오.
　▶ 〈지역매출현황〉 보고서를 인쇄 미리 보기 형식으로 출력하시오.

4 〈판매현황〉 폼의 본문 영역에 '판매수량(txt판매수량)' 컨트롤의 값이 변경(Before Update)되면 다음과 같은 계산을 수행하는 이벤트 프로시저를 작성하시오.
  ▶ '판매가(txt판매가)'와 '판매수량(txt판매수량)'을 곱한 값을 계산하여 '매출액(txt매출액)' 컨트롤에 표시하시오.
  ▶ '매출액(txt매출액)'의 10%를 계산하여 '매출수수료(txt매출수수료)' 컨트롤에 표시하시오.

5 〈판매현황〉 폼의 본문 영역에 '매출수수료(txt매출수수료)' 컨트롤에 포커스가 이동되면(Got Focus) 다음과 같은 계산을 수행하는 이벤트 프로시저를 작성하시오.
  ▶ '판매수량(txt판매수량)'에 따라 '매출액(txt매출액)'에 다음과 같이 수수료율을 곱하여 '매출수수료(txt매출수수료)' 컨트롤에 표시하시오.
  ▶ 수수료율은 '판매수량(txt판매수량)'이 100이상이면 10%, 50이상이면 15%, 나머지는 20%를 적용하시오.
  ▶ Select Case 구문 사용

6 〈판매현황〉 폼의 '닫기(cmd닫기)' 버튼을 클릭(Click)하면 〈화면〉과 같은 메시지 박스가 표시된 후 해당 폼이 종료되도록 이벤트 프로시저를 작성하시오.
  ▶ 해당 폼은 저장 여부를 묻지 않고 저장되며 종료되도록 설정할 것

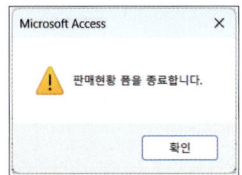

문제해결

1 'cmb지역명' 이벤트 프로시저

① 탐색 창에서 〈지역매출조회〉 폼을 선택한 후 바로 가기 메뉴에서 [디자인 보기()]를 선택한다.
② 'cmb지역명' 컨트롤을 더블 클릭한 후 속성 창의 [이벤트]탭에서 'After Update' 속성을 선택한다. 커서를 삽입하면 나타나는 '작성기(⋯)' 버튼을 클릭한다.

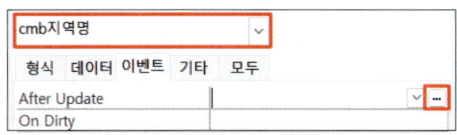

③ [작성기 선택] 대화상자가 나타나면, '코드 작성기'를 선택한 후 [확인]을 클릭한다.
④ 'cmb지역명_AfterUpdate()' 코드 창이 나타나면 다음과 같이 코드를 작성한다.

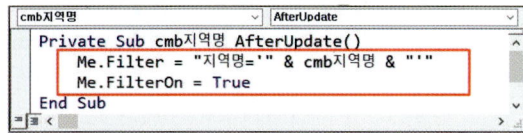

```
Private Sub cmb지역명_AfterUpdate( )
    Me.Filter = "지역명='" & cmb지역명 & "'"
    → '지역명'이 'cmb지역명'에서 선택한 값과 동일한 레코드를 Filter
    Me.FilterOn = True
    → Filter를 적용
End Sub
```

⑤ 입력이 완료되면 [닫기(✕)]를 클릭하여 VBA를 종료한다.
⑥ 'After Update' 속성란에 '[이벤트 프로시저]'가 지정된다.

2 '전체보기(cmd전체보기)' 이벤트 프로시저

① 'cmd전체보기' 컨트롤을 더블 클릭한 후 속성 창의 [이벤트]탭에서 'On Click' 속성을 선택한다. 커서를 삽입하면 나타나는 '작성기(⋯)' 버튼을 클릭한다.

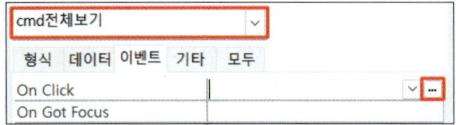

② [작성기 선택] 대화상자가 나타나면, '코드 작성기'를 선택한 후 [확인]을 클릭한다.
③ 'cmd전체보기_Click()' 코드 창이 나타나면 다음과 같이 코드를 작성한다.

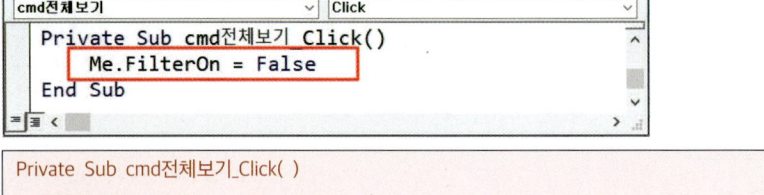

```
Private Sub cmd전체보기_Click( )
    Me.FilterOn = False
    → Filter를 해제
End Sub
```

④ 입력이 완료되면 [닫기(✕)]를 클릭하여 VBA를 종료한다.
⑤ 'On Click' 속성란에 '[이벤트 프로시저]'가 지정된다.

3 <보고서열기> 매크로

① [만들기]탭-[매크로 및 코드] 영역에서 [매크로]를 선택한다.

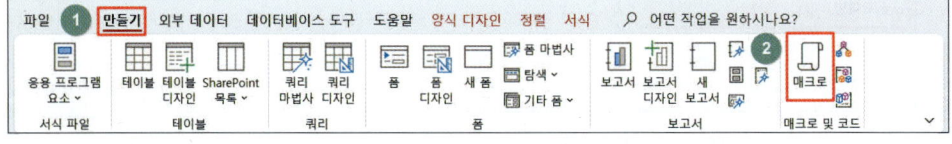

② 매크로 함수 목록(∨)에서 'OpenReport'를 선택한다.
③ 매크로 대화상자로 전환되면 '보고서 이름'은 '지역매출현황', '보기 형식'은 '인쇄 미리 보기'로 선택한다. '필터 이름'은 작업하지 않고, 'Where 조건문'에 「[지역명]=Forms![지역매출조회]![cmb지역명]」과 같이 입력한다.

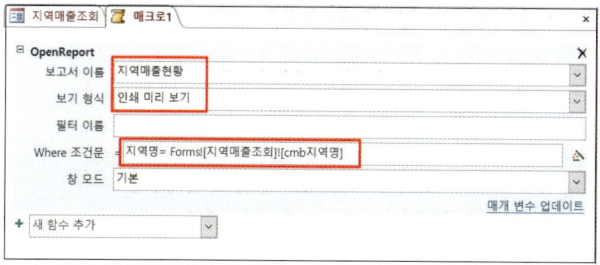

④ 매크로 대화상자로 전환되면 [닫기(✕)]를 클릭하고, 저장 확인창이 나타나면 [예(Y)]를 선택한다.
⑤ [다른 이름으로 저장] 대화상자가 나타나면 매크로 이름을 「**보고서열기**」로 입력한 후 [확인]을 클릭한다.
⑥ 〈지역매출조회〉 폼의 'cmd출력' 컨트롤을 더블 클릭한 후 속성 창의 [이벤트]탭에서 'On Click' 속성을 선택한다. 커서를 삽입하면 나타나는 목록(∨)에서 '보고서열기' 매크로를 선택한다.

4 '판매수량(txt판매수량)' 이벤트 프로시저

① 탐색 창에서 〈판매현황〉 폼을 선택한 후 바로 가기 메뉴에서 [디자인 보기(📐)]를 선택한다.
② 'txt판매수량' 컨트롤을 더블 클릭한 후 속성 창의 [이벤트]탭에서 'Before Update' 속성을 선택한다. 커서를 삽입하면 나타나는 '작성기(…)' 버튼을 클릭한다.

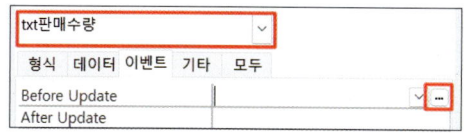

③ [작성기 선택] 대화상자가 나타나면, '코드 작성기'를 선택한 후 [확인]을 클릭한다.
④ 'txt판매수량_BeforeUpdate(Cancel As Integer)' 코드 창이 나타나면 다음과 같이 코드를 작성한다.

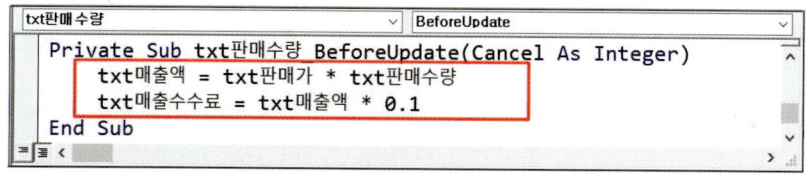

```
Private Sub txt판매수량_BeforeUpdate(Cancel As Integer)
    txt매출액 = txt판매가 * txt판매수량
```
→ 'txt매출액'에 'txt판매가'와 'txt판매수량'의 곱을 구하여 표시
```
    txt매출수수료 = txt매출액 * 0.1
```
→ 'txt매출수수료'에 'txt매출액'의 10% 값을 계산하여 표시
```
End Sub
```

⑤ 입력이 완료되면 [닫기(✕)]를 클릭하여 VBA를 종료한다.
⑥ 'Before Update' 속성란에 [이벤트 프로시저]가 지정된다.

5 '매출수수료(txt매출수수료)' 이벤트 프로시저

① 'txt매출수수료' 컨트롤을 더블 클릭한 후 속성 창의 [이벤트]탭에서 'On Got Focus' 속성을 선택한다. 커서를 삽입하면 나타나는 '작성기(⋯)' 버튼을 클릭한다.

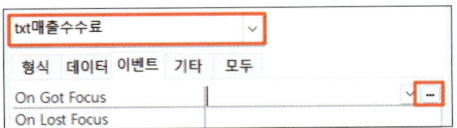

② [작성기 선택] 대화상자가 나타나면, '코드 작성기'를 선택한 후 [확인]을 클릭한다.
③ 'txt매출수수료_GotFocus()' 코드 창이 나타나면 다음과 같이 코드를 작성한다.

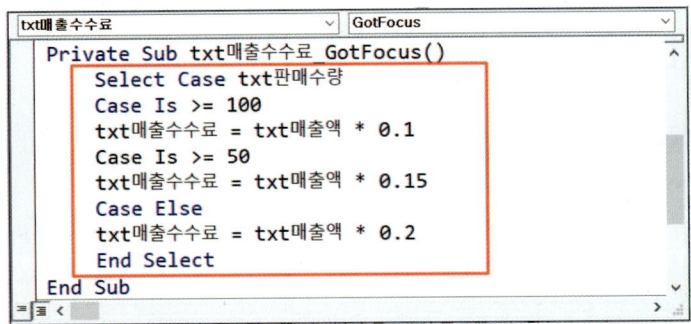

Private Sub txt매출수수료_GotFocus( )
  Select Case txt판매수량
    Case is >= 100 ; txt매출수수료 = txt매출액 * 0.1
      → 'txt판매수량'이 100이상이면 'txt매출액'에 0.1을 곱한 값을 'txt매출수수료' 컨트롤에 표시
    Case is >= 50 ; txt매출수수료 = txt매출액 * 0.15
      → 'txt판매수량'이 50이상이면 'txt매출액'에 0.15를 곱한 값을 'txt매출수수료' 컨트롤에 표시
    Case Else ; txt매출수수료 = txt매출액 * 0.2
      → 나머지는 'txt매출액'에 0.2을 곱한 값을 'txt매출수수료' 컨트롤에 표시
  End Select
End Sub

④ 입력이 완료되면 [닫기(✕)]를 클릭하여 VBA를 종료한다.
⑤ 'On Got Focus' 속성란에 '[이벤트 프로시저]'가 지정된다.

6 '닫기(cmd닫기)' 이벤트 프로시저

① 'cmd닫기' 컨트롤을 더블 클릭한 후 속성 창의 [이벤트]탭에서 'On Click' 속성을 선택한다. 커서를 삽입하면 나타나는 '작성기(⋯)' 버튼을 클릭한다.

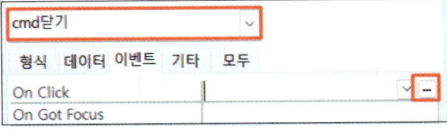

② [작성기 선택] 대화상자가 나타나면, '코드 작성기'를 선택한 후 [확인]을 클릭한다.

③ 'cmd닫기_Click()' 코드 창이 나타나면 다음과 같이 코드를 작성한다.

```
Private Sub cmd닫기_Click()
    MsgBox Me.Name & " 폼을 종료합니다.", vbExclamation + vbOKOnly
    DoCmd.Close acForm, "판매현황", acSaveYes
End Sub
```

Private Sub cmd닫기_Click( )
　MsgBox Me.Name & " 폼을 종료합니다.", vbExclamation + vbOKOnly
→ '현재 폼의 이름'을 표시하는 메시지 박스를 [!] 단추 및 [확인] 단추와 함께 출력
　DoCmd.Close acForm, "판매현황", acSaveYes
→ 현재 폼을 저장하며 종료
End Sub

④ 입력이 완료되면 [닫기(✕)]를 클릭하여 VBA를 종료한다.
⑤ 'On Click' 속성란에 '[이벤트 프로시저]'가 지정된다.

Database

컴퓨터
활용능력
1급 실기

• 데이터베이스 •

PART 04

처리 기능 구현

CHAPTER 01 쿼리

CHAPTER 01 쿼리

■ 작업파일 데이터베이스/작업파일/4.처리기능구현

쿼리는 데이터베이스에 저장되어 있는 테이블 또는 쿼리를 대상으로 자료를 검색, 추가, 수정, 삭제하여 필드와 레코드를 재가공하는 기능입니다. 만들어진 쿼리는 테이블과 동일하게 폼이나 보고서의 등의 개체에서 레코드 원본으로 사용할 수 있습니다. 쿼리 문제는 문제지에서 제시하는 <그림>을 참고하여 동일한 결과를 출력해야하며, 선택쿼리, 매개변수쿼리, 크로스탭쿼리, 실행쿼리 등 유형이 다양하기 때문에 종류별로 작성법을 정확하게 숙지해야 합니다.

◆ 쿼리(Query) 종류별 특징

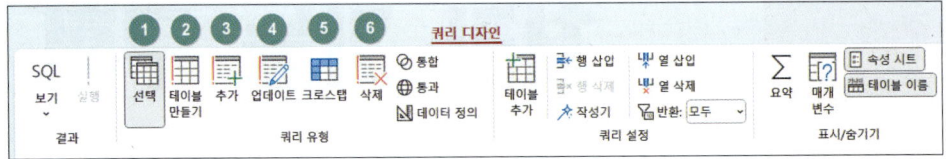

① 선택 쿼리(❶)
- 가장 일반적인 형태의 쿼리로 테이블 또는 쿼리에서 데이터를 검색하여 표시합니다.
- 레코드를 그룹으로 묶어 합계, 개수, 평균 등의 계산 작업을 수행할 수 있습니다.
- 제한적인 수정은 가능하지만, 일반적으로 원본 데이터에 영향을 미치지는 않습니다.

② 매개변수 쿼리(❶)
- 쿼리를 실행할 때 원하는 레코드 검색 조건을 입력하여 해당 결과를 표시합니다.
- 검색 조건은 대화상자를 이용하여 외부로부터 입력받아 작업합니다.
- 매개 변수 입력을 위해 '조건' 부분에 [ ]를 이용하여 유도 질문을 작성합니다.

③ 크로스탭 쿼리(❺)
- 테이블 또는 쿼리에서 특정 필드의 요약(합계, 개수, 평균 등) 값을 표시하고, 그 값들을 행 머리글 그룹과 열 머리글 그룹으로 분류하여 표시합니다.
- 스프레드시트의 피벗테이블과 작성 방식이 유사합니다.
- 크로스탭 쿼리 항목 구분 : 행머리글, 열머리글, 값

④ 실행 쿼리(❷,❸,❹,❻)
- 쿼리를 실행하면 테이블 또는 쿼리의 데이터가 변경되며, 쿼리 작성 후 결과 확인을 위해 실행([!])을 진행합니다.

- 테이블 만들기, 추가, 업데이트, 삭제 등으로 유형이 다양합니다.
- 실행([!])을 통해 여러 레코드를 한 번에 변경할 수 있으며, 변경한 내용은 되돌릴 수 없으니 주의합니다.

5 **불일치 검색 쿼리(❶)**
- 테이블 간에 특정 필드를 기준으로 레코드가 일치하지 않는 데이터를 검색하여 표시합니다.
- 기준 필드 하단 '조건' 부분에 「Not In(Select 필드 From 테이블/쿼리)」와 같이 조건식을 입력합니다.
- 실행 쿼리와 함께 혼합 쿼리 형식으로 자주 출제되고 있습니다.

쿼리 조건 지정 방법

쿼리 작성 시 조건을 지정하는 방법은 스프레드시트의 고급 필터와 유사하기 때문에 쿼리 편집기 사용법에 익숙해지면 어렵지 않게 작성할 수 있습니다.

AND 조건

'주문일'이 2024-1-1이후이고 '주문수량'이 1,000이상 3,000이하인 레코드

필드:	주문일	주문수량
테이블:	제품	제품
표시:	☐	☐
조건:	>=#2024-1-1#	>=1000 and <=3000
또는:		

필드:	주문일	주문수량
테이블:	제품	제품
표시:	☐	☐
조건:	>=#2024-1-1#	between 1000 and 3000
또는:		

OR 조건

'주문수량'이 50이하 이거나 5,000이상인 레코드

필드:	주문수량
테이블:	제품
표시:	☐
조건:	<=50 or >=5000
또는:	

필드:	주문수량
테이블:	제품
표시:	☐
조건:	<=50
또는:	>=5000

'고객구분'이 '실버' 또는 '골드'인 레코드

필드:	고객구분
테이블:	제품
표시:	☐
조건:	"실버" Or "골드"
또는:	

필드:	고객구분
테이블:	제품
표시:	☐
조건:	"실버"
또는:	"골드"

필드:	고객구분
테이블:	제품
표시:	☐
조건:	In("실버","골드")
또는:	

AND와 OR 복합 조건

'고객구분'이 'VIP'이면서 '주문수량'이 500이상 이거나 '결제금액'이 1,000,000 이상인 레코드

필드:	고객구분	주문수량	결제금액
테이블:	제품	제품	제품
표시:	☐	☐	☐
조건:	"VIP"	>=500	
또는:	"VIP"		>=1000000

출제유형 1 '4-2-쿼리1.accdb' 파일을 열어 작업하시오.

1. 다음과 같은 기능을 수행하는 〈인문도서목록〉 쿼리를 작성하시오.
   ▶ 〈베스트셀러〉 테이블을 이용할 것
   ▶ '분야'가 '소설', '인문', '자기계발' 중 하나이면서 '순위'가 20위 이내인 레코드만 표시할 것 (In 연산자 사용)
   ▶ 결과 필드는 〈화면〉과 같이 설정할 것

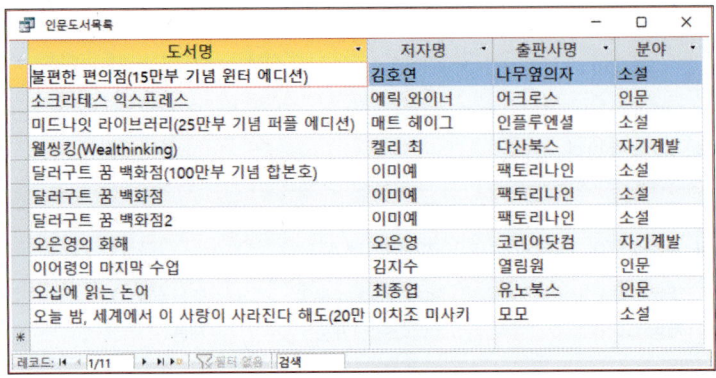

2. 다음과 같은 기능을 수행하는 〈아동도서현황〉 쿼리를 작성하시오.
   ▶ 〈베스트셀러〉 테이블을 이용하여 '도서명', '출판사명', '출판기간', '분야'를 조회할 것
   ▶ '출판기간'은 '출간일'과 현재 날짜 사이의 개월(month) 수 차이를 구하여 표시할 것(Date, Datediff 함수 및 & 연산자 사용)
   ▶ '분야'에는 '어린이' 또는 '유아'가 포함되어 있는 도서만 검색되도록 설정할 것
   ▶ 결과 필드는 〈화면〉과 같이 설정할 것

   * 그림은 '2023년 10월' 기준의 결과이며, [출판기간]은 '현재 날짜'에 따라 달라집니다.

3. 다음과 같은 기능을 수행하는 〈출판사별주문내역〉 쿼리를 작성하시오.
   ▶ 〈베스트셀러〉 테이블을 이용할 것
   ▶ '출간일'을 기준으로 오름차순 정렬하여 표시할 것
   ▶ '출판사명'을 매개변수로 입력받아 도서목록을 조회할 것
   ▶ 결과 필드는 〈화면〉과 같이 설정할 것

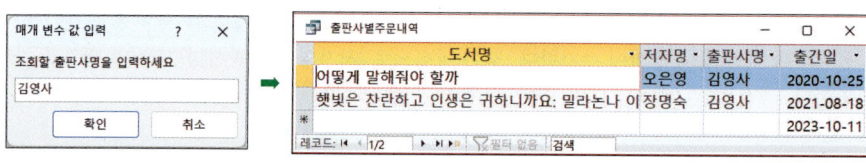

4 다음과 같은 기능을 수행하는 〈주문량조회〉 쿼리를 작성하시오.
- ▶ 〈주문내역〉 테이블을 이용하여 '재고유무'에 따른 총주문량을 조회할 것
- ▶ '총주문량'은 '재고유무'값이 유(-1)라면 기존 주문수량을 유지하고, 무(0)이면 '주문수량'에 1.5를 곱하여 주문할 것(Iif 함수 사용)
- ▶ '결제금액'이 500,000 이상인 레코드만을 표시할 것
- ▶ 결과 필드는 〈화면〉과 같이 설정할 것

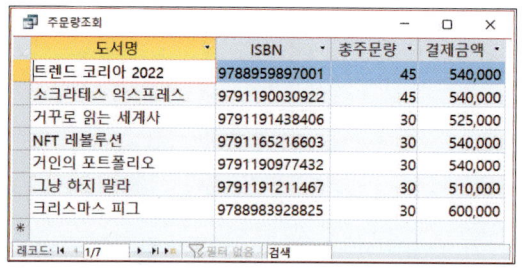

문제해결

1 <인문도서목록> 쿼리

① [만들기]-[쿼리] 영역에서 [쿼리 디자인] 메뉴를 클릭한다.

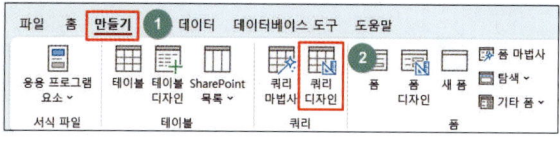

② [테이블 추가] 대화상자가 나타나면 [테이블]탭의 〈베스트셀러〉 테이블을 더블 클릭하거나 [선택한 표 추가]를 클릭한다.

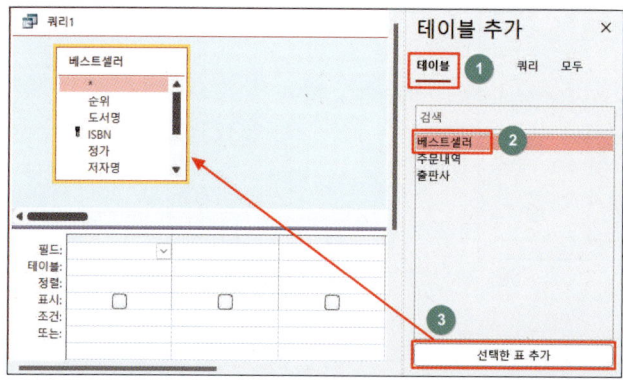

③ 쿼리 디자인 창에 삽입된 〈베스트셀러〉 테이블 목록에서 '도서명' 필드를 클릭 & 드래그 하거나 더블 클릭하여 하단 필드 영역에 추가한다. 같은 방식으로 '저자명', '출판사명', '분야' 필드를 차례대로 추가한다.

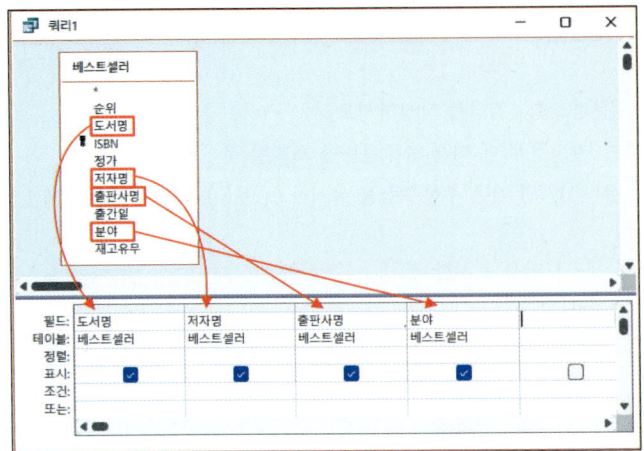

> **잠깐!**
>
> - 추가할 필드를 하나씩 클릭& 드래그 하거나 더블 클릭하여 추가할 수도 있지만, [Ctrl] 또는 [Shift]를 사용하여 여러 개의 필드를 한꺼번에 클릭 & 드래그하여 추가할 수도 있습니다.
> - 잘못 추가된 필드는 '필드 선택기'를 클릭한 후 [Delete]를 눌러 삭제할 수 있습니다.
>
>

④ '분야' 필드의 '조건:' 영역에 「In ("소설","인문","자기계발")」과 같이 입력한다.

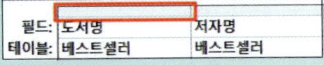

⑤ 〈베스트셀러〉 테이블에서 '순위' 필드를 더블 클릭하여 추가한 후, '조건:' 영역에 「<=20」과 같이 입력한다. 단, '표시:' 영역의 체크 박스는 해제한다.

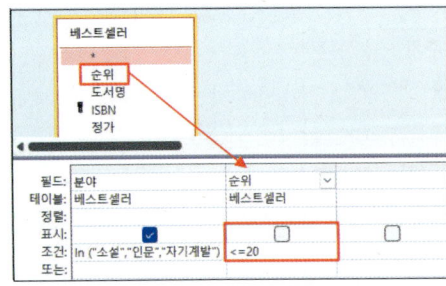

> **잠깐!**
>
> 조건 설정 시 AND 조건이면 같은 행에 입력하고, OR 조건이면 다른 행에 입력합니다.
>
> | 분야가 '인문'이면서 순위가 20위 이내 | | | 분야가 '인문'이거나 순위가 20위 이내 | | |
> |---|---|---|---|---|---|
> | 필드: | 분야 | 순위 | 필드: | 분야 | 순위 |
> | 조건: | "인문" | <=20 | 조건: | "인문" | |
> | 또는: | | | 또는: | | <=20 |

⑥ 쿼리 디자인 탭의 바로 가기 메뉴에서 [저장(📄)]을 선택하거나, [닫기(✕)]를 클릭한다.

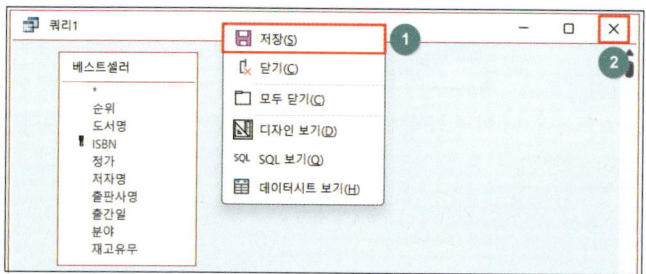

⑦ [다른 이름으로 저장] 대화상자가 나타나면 쿼리 이름을 「**인문도서목록**」으로 입력한 후 [확인]을 클릭한다.

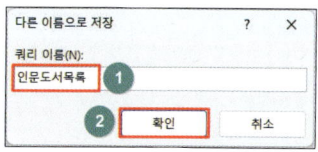

2 <아동도서현황> 쿼리

① [만들기]-[쿼리] 영역에서 [쿼리 디자인] 메뉴를 클릭한다.

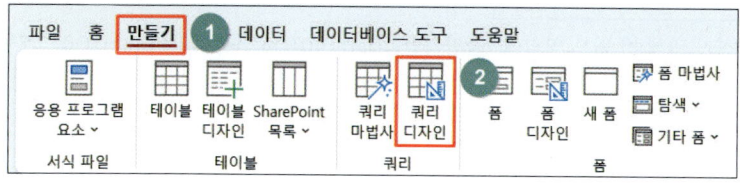

② [테이블 추가] 대화상자가 나타나면 [테이블]탭의 〈베스트셀러〉 테이블을 더블 클릭하거나 [선택한 표 추가]를 클릭한다.

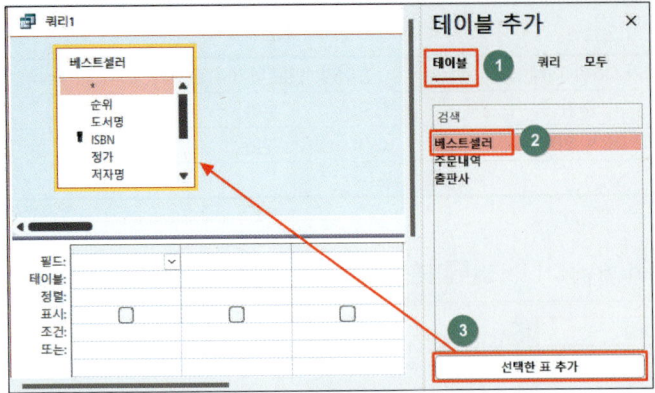

③ 쿼리 디자인 창에 삽입된 〈베스트셀러〉 테이블 목록에서 '도서명'과 '출판사명' 필드를 차례대로 더블 클릭하여 추가한다.

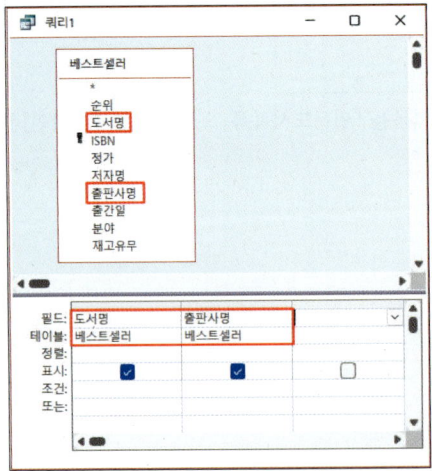

④ 출판기간을 표시하기 위해 빈 필드 영역에 「**출판기간: DateDiff("m",[출간일],Date()) & "개월"**」과 같이 입력한다.

⑤ 〈베스트셀러〉 테이블에서 '분야' 필드를 더블 클릭하여 추가한 후, '조건:' 영역에 「***어린이****」와 같이 입력한다. 행을 바꿔 '또는:' 영역에 「***유아****」와 같이 입력한다. 입력이 완료되면 각각 「Like "***어린이****"」와 「Like "***유아****"」와 같이 자동으로 변경된다.

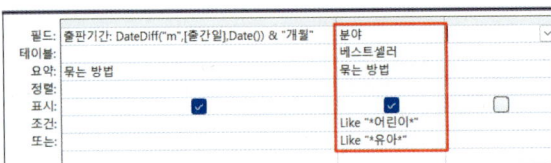

⑥ 쿼리 디자인 탭의 바로 가기 메뉴에서 [저장(🖫)]을 선택하거나, [닫기(🗙)]를 클릭한다.

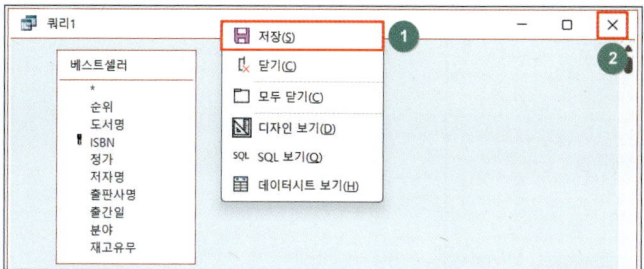

⑦ [다른 이름으로 저장] 대화상자에서 쿼리 이름을 「아동도서현황」으로 입력한 후 [확인] 버튼을 클릭한다.

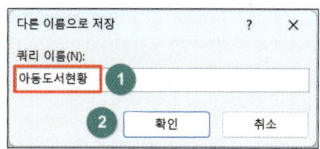

3 <출판사별주문내역> 쿼리

① [만들기]-[쿼리] 영역에서 [쿼리 디자인] 메뉴를 클릭한다.

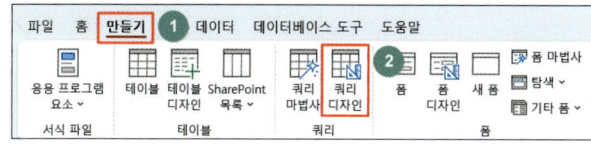

② [테이블 추가] 대화상자가 나타나면 [테이블]탭의 <베스트셀러> 테이블을 더블 클릭하거나 [선택한 표 추가]를 클릭한다.

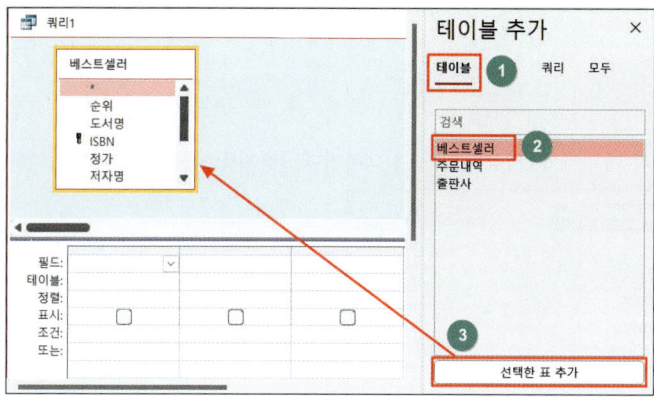

③ 쿼리 디자인 창에 삽입된 〈베스트셀러〉 테이블 목록에서 '도서명', '저자명', '출판사명', '출간일' 필드를 차례대로 더블 클릭하여 추가한다.

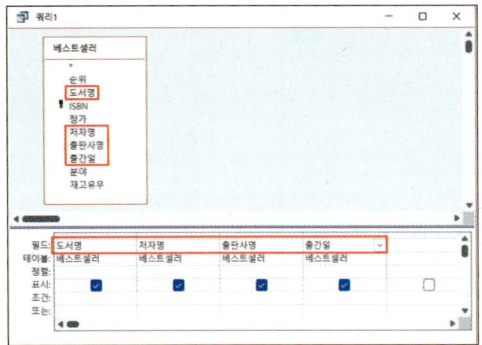

④ '출간일' 필드의 '정렬:' 영역을 '오름차순'으로 설정한다. 단, '표시:' 영역의 체크 박스는 해제한다.

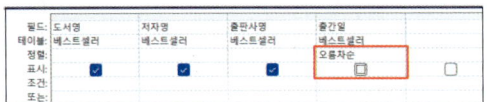

⑤ 매개변수를 지정하기 위해 '출판사명' 필드의 '조건:' 영역에 「[조회할 출판사명을 입력하세요]」와 같이 입력한다.

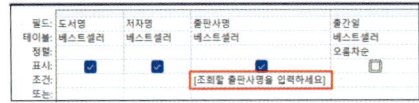

> **잠깐!**
>
> - 매개변수는 사용자가 조건을 입력할 수 있도록 유도 질문을 작성해야 합니다. 입력할 변수 필드의 '조건:' 영역에 대괄호 ([ ])를 이용하여 작성합니다.
> - 유도 질문 작성 시 마침표(.)나 물음표(?)는 사용할 수 없으니 주의합니다.

⑥ 쿼리 디자인 탭의 바로 가기 메뉴에서 [저장(🖫)]을 선택하거나, [닫기(🗙)]를 클릭한다.

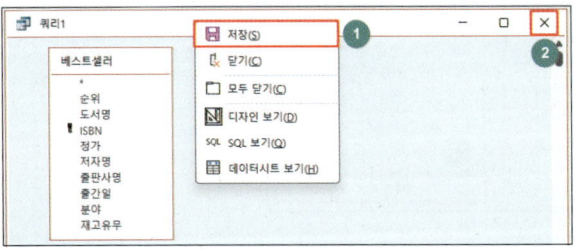

⑦ [다른 이름으로 저장] 대화상자에서 쿼리 이름을 「**출판사별주문내역**」으로 입력한 후 [확인] 버튼을 클릭한다.

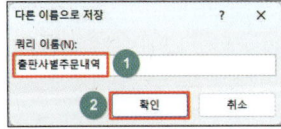

4 <주문량조회> 쿼리

① [만들기]-[쿼리] 영역에서 [쿼리 디자인] 메뉴를 클릭한다.

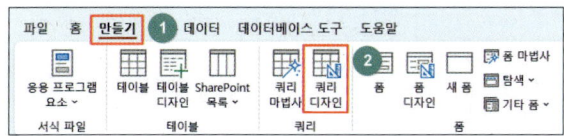

② [테이블 추가] 대화상자가 나타나면 [테이블]탭의 <주문내역> 테이블을 더블 클릭하거나 [선택한 표 추가]를 클릭한다.

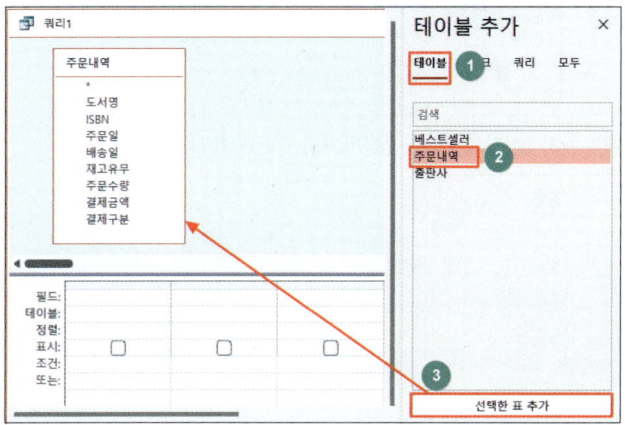

③ 쿼리 디자인 창에 삽입된 <주문내역> 테이블 목록에서 '도서명', 'ISBN' 필드를 차례대로 더블 클릭하여 추가한다.

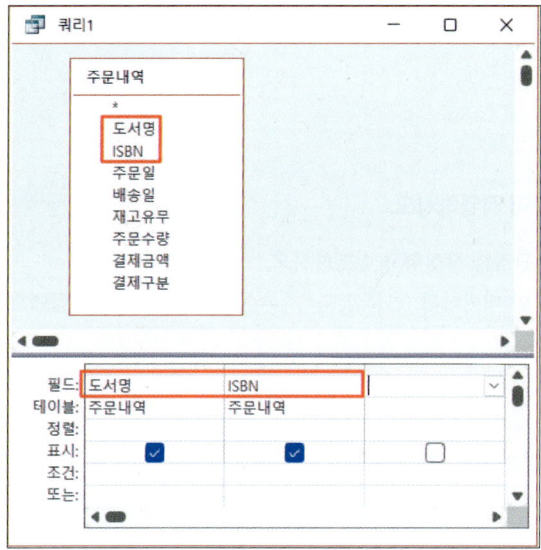

④ 총주문량을 표시하기 위해 빈 필드 영역에 「**총주문량:IIF([재고유무]=-1,[주문수량],[주문수량]*1.5)**」와 같이 입력한다.

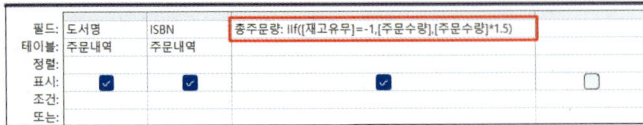

⑤ 〈주문내역〉 테이블에서 '결제금액' 필드를 더블 클릭하여 추가한 후, '조건:' 영역에 「>=500000」와 같이 입력한다.

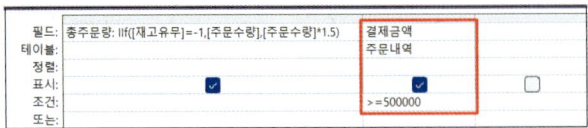

⑥ 쿼리 디자인 탭의 바로 가기 메뉴에서 [저장(💾)]을 선택하거나, [닫기(✕)]를 클릭한다.

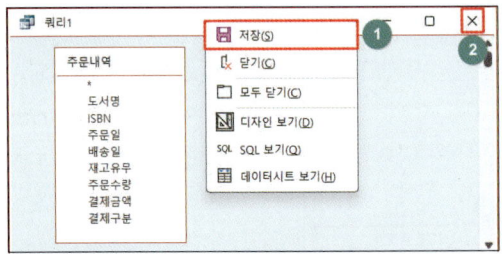

⑦ [다른 이름으로 저장] 대화상자에서 쿼리 이름을 「**주문량조회**」로 입력한 후 [확인] 버튼을 클릭한다.

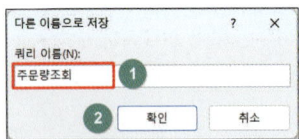

출제유형 2 '4-2-쿼리2.accdb' 파일을 열어 작업하시오.

1 다음과 같은 기능을 수행하는 〈급여인상〉 쿼리를 작성하고 실행하시오.
   ▶ 〈급여현황〉 테이블에서 '직위'가 '대리'인 데이터의 '기본급'과 '기본수당'을 10% 인상된 금액으로 변경할 것

2 다음과 같은 기능을 수행하는 〈부서추가〉 쿼리를 작성하고 실행하시오.
   ▶ 〈신규부서〉 테이블의 모든 레코드를 〈부서목록〉 테이블에 추가할 것

3 다음과 같은 기능을 수행하는 〈진급사원명단조회〉 쿼리를 작성하고 실행하시오.
   ▶ 〈사원목록〉 테이블을 이용하여 '사원명', '직위', '부서', '진급예정일', '진급대상' 필드만을 이용할 것
   ▶ '진급대상' 필드 값이 'False(0)'인 레코드만 표시할 것
   ▶ '대리'를 매개변수로 입력받아 진급대상자를 조회하고 해당 결과를 〈직위별진급대상자〉 테이블로 생성할 것

▶ 결과 필드는 〈화면〉과 같이 설정할 것

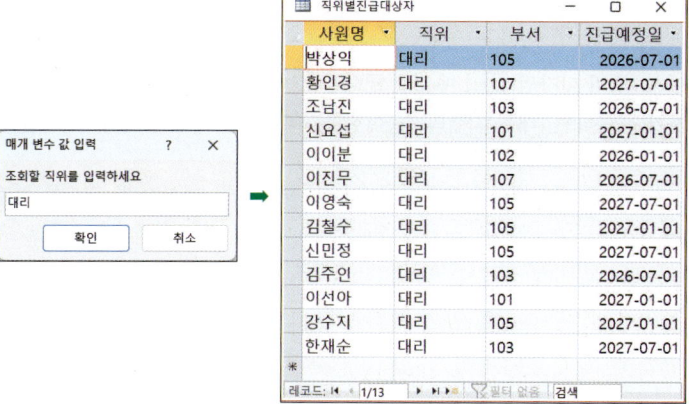

4 다음과 같은 기능을 수행하는 〈당직을하지않는사원〉 쿼리를 작성하시오.

▶ 〈본관출근사원〉 테이블을 사용하여 〈당직사원〉 테이블에 없는 사원의 모든 정보를 표시할 것
▶ 〈당직사원〉 테이블에 '사번'이 존재하지 않는 사원은 당직을 하지 않는 것으로 가정할 것
▶ 결과 필드는 〈화면〉과 같이 설정할 것
▶ Not In 구문을 사용한 SQL 명령으로 작성할 것

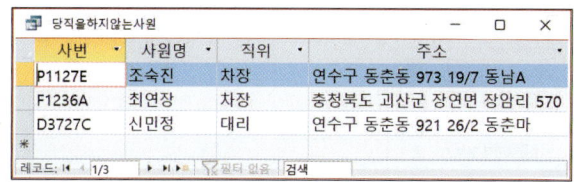

5 직위별, 부서별 인원수를 조회하는 〈사원현황〉 크로스탭 쿼리를 작성하시오.

▶ 〈진급대상자목록〉 쿼리를 이용할 것
▶ 인원수는 '사원명' 필드를 이용하고, 결과에 표시되는 필드는 〈화면〉을 참고하여 생성할 것

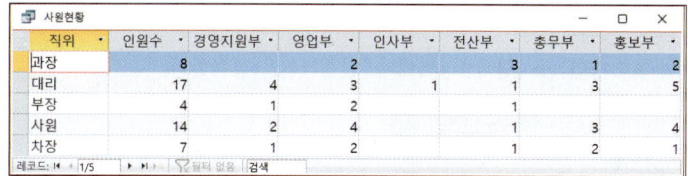

문제해결

1 <급여인상> 쿼리

① [만들기]-[쿼리] 영역에서 [쿼리 디자인( )] 메뉴를 클릭한다.
② [테이블 추가] 대화상자가 나타나면 [테이블]탭의 <급여현황> 테이블을 더블 클릭하거나 [선택한 표 추가]를 클릭한다.
③ 쿼리 디자인 창에 삽입된 <급여현황> 테이블 목록에서 '직위', '기본급', '기본수당' 필드를 차례대로 더블 클릭하여 추가한다.

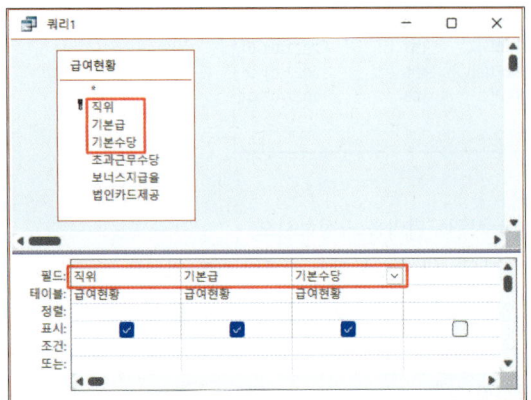

④ 쿼리 유형을 변경하기 위해 [쿼리 디자인]탭-[쿼리 유형] 영역에서 [업데이트( )]를 클릭한다.

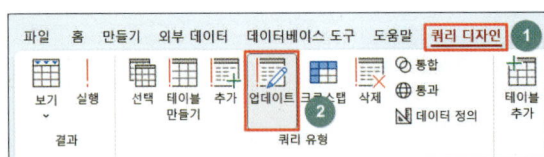

⑤ '직위' 필드의 '조건:' 영역에 「**대리**」, '기본급' 필드의 '업데이트:' 영역에 「**[기본급]***1.1」, '기본수당' 필드의 '업데이트:' 영역에 「**[기본수당]***1.1」과 같이 입력한다.

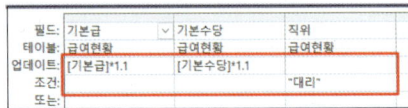

⑥ 쿼리를 실행하기 위해 [쿼리 디자인]탭-[결과] 영역에서 [실행( )]을 클릭한다.

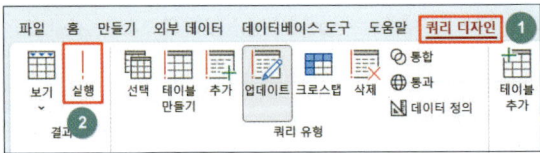

⑦ '1행을 새로 고칩니다.'와 같은 메시지 대화상자가 나타나면 [예]를 클릭한다.

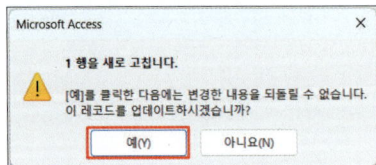

⑧ 쿼리 디자인 탭의 바로 가기 메뉴에서 [저장(💾)]을 선택하거나, [닫기(✕)]를 클릭한다.
⑨ [다른 이름으로 저장] 대화상자가 나타나면 쿼리 이름을 「**급여인상**」으로 입력한 후 [확인]을 클릭한다.

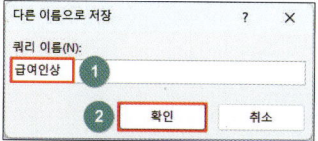

⑩ 쿼리 실행 결과

직위	기본급	기본수당	초과근무수당
과장	₩3,000,000	₩240,000	₩360,000
대리	₩2,400,000	₩192,000	₩288,000
부장	₩4,200,000	₩336,000	₩504,000
사원	₩1,800,000	₩144,000	₩216,000
차장	₩3,800,000	₩304,000	₩456,000

➡

직위	기본급	기본수당	초과근무수당
과장	₩3,000,000	₩240,000	₩360,000
대리	₩2,640,000	₩211,200	₩288,000
부장	₩4,200,000	₩336,000	₩504,000
사원	₩1,800,000	₩144,000	₩216,000
차장	₩3,800,000	₩304,000	₩456,000

2 **<부서추가> 쿼리**

① [만들기]-[쿼리] 영역에서 [쿼리 디자인(📋)] 메뉴를 클릭한다.
② [테이블 추가] 대화상자가 나타나면 [테이블]탭의 〈신규부서〉 테이블을 더블 클릭하거나 [선택한 표 추가]를 클릭한다.
③ 쿼리 디자인 창에 삽입된 〈신규부서〉 테이블의 모든 필드를 더블 클릭하여 추가한다.

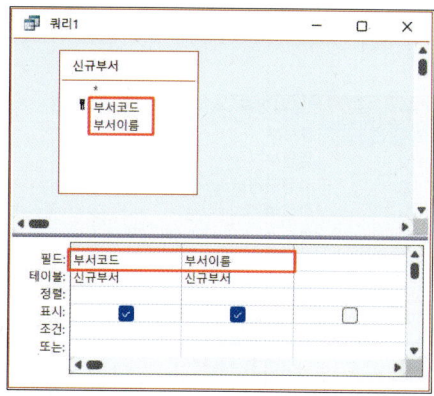

④ 쿼리 유형을 변경하기 위해 [쿼리 디자인]탭-[쿼리 유형] 영역에서 [추가(📋)]를 클릭한다. [추가] 대화상자가 나타나면 레코드가 추가될 '테이블 이름'을 '부서목록'으로 지정한 후 [확인]을 클릭한다.

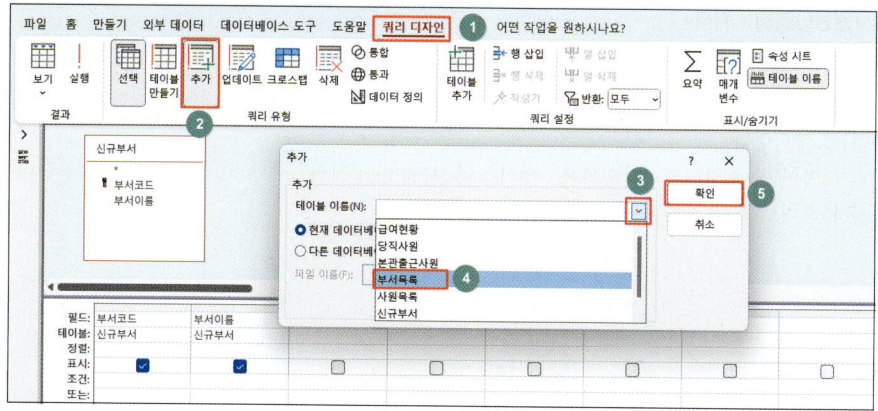

⑤ 각 필드별 '추가:' 영역에 추가될 필드가 입력되면 쿼리를 실행하기 위해 [쿼리 디자인]탭-[결과] 영역에서 [실행(!)]을 클릭한다.

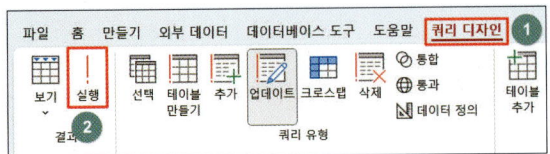

⑥ '3행을 추가합니다.'와 같은 메시지 대화상자가 나타나면 [예]를 클릭한다.

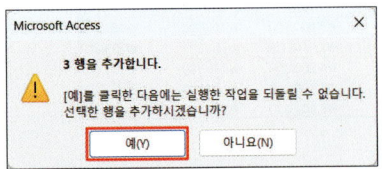

⑦ 쿼리 디자인 탭의 바로 가기 메뉴에서 [저장(💾)]을 선택하거나, [닫기(🗙)]를 클릭한다.
⑧ [다른 이름으로 저장] 대화상자가 나타나면 쿼리 이름을 「**부서추가**」로 입력한 후 [확인]을 클릭한다.

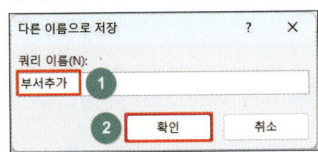

⑨ 쿼리 실행 결과

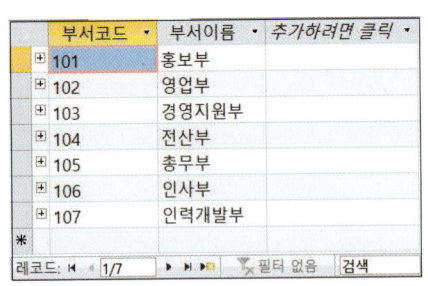 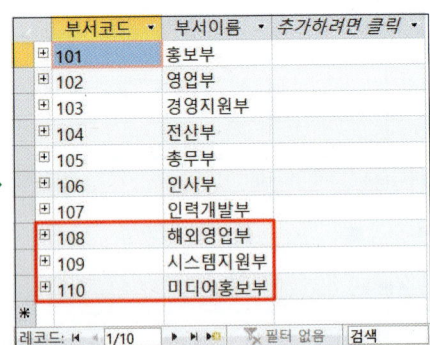

3 <진급사원명단조회> 쿼리

① [만들기]-[쿼리] 영역에서 [쿼리 디자인(📋)] 메뉴를 클릭한다.
② [테이블 추가] 대화상자가 나타나면 [테이블]탭의 〈사원목록〉 테이블을 더블 클릭하거나 [선택한 표 추가]를 클릭한다.
③ 쿼리 디자인 창에 삽입된 〈사원목록〉 테이블의 '사원명', '직위', '부서', '진급예정일', '진급대상' 필드를 차례대로 더블 클릭하여 추가한다.

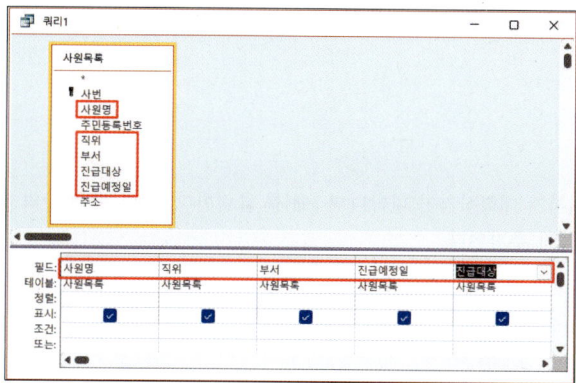

④ '직위' 필드의 '조건:' 영역에 「[조회할 직위를 입력하세요]」와 같이 입력한다. 또한 '진급대상' 필드의 '조건:' 영역에 「0」을 입력하고, '표시:' 영역의 체크 박스를 해제한다.

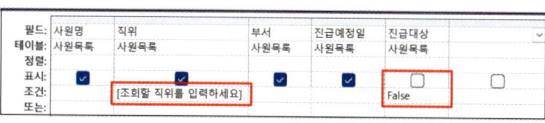

> **잠깐!**
>
> '진급대상' 필드는 원본에서 'Yes/No' 형식으로 설정되어있다. X(-1 즉, True)와 O(0 즉, False)로 형식이 지정되어 있기 때문에 진급대상인 값을 찾기 위해 '조건:' 영역에 숫자 0을 입력하면 자동으로 False로 변환된다.

⑤ 쿼리 유형을 변경하기 위해 [쿼리 디자인]탭-[쿼리 유형] 영역에서 [테이블 만들기(▦)]를 클릭한다. [테이블 만들기] 대화상자가 나타나면 새 테이블 이름을 「직위별진급대상자」와 같이 입력한 후 [확인]을 클릭한다.

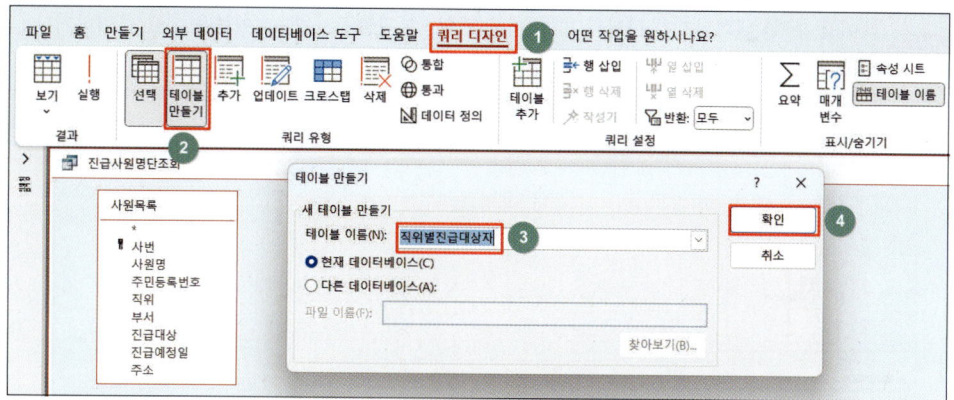

⑥ 쿼리를 실행하기 위해 [쿼리 디자인]탭-[결과] 영역에서 [실행(!)]을 클릭한다.

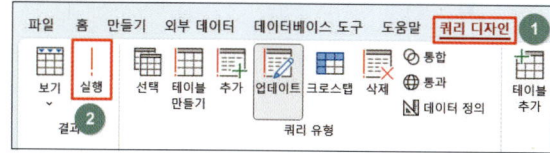

⑦ [매개 변수 값 입력] 대화상자가 나타나면 「**대리**」를 입력하고 [확인]을 클릭한다.

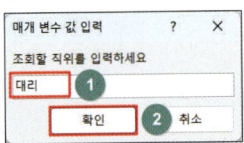

⑧ '13행을 붙여 넣습니다.'와 같은 메시지 대화상자가 나타나면 [예]를 클릭한다. 이후 탐색 창의 테이블 목록에 〈직위별진급대상자〉 테이블이 추가된다.

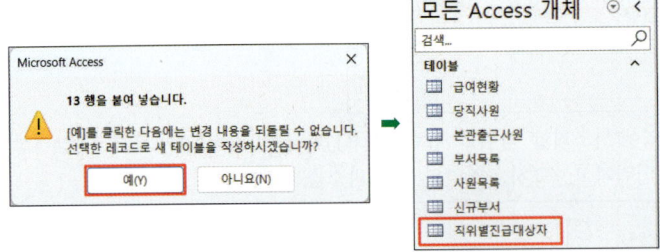

⑨ 쿼리 디자인 탭의 바로 가기 메뉴에서 [저장(🖫)]을 선택하거나, [닫기(⊠)]를 클릭한다.
⑩ [다른 이름으로 저장] 대화상자가 나타나면 쿼리 이름을 「**진급사원명단조회**」로 입력한 후 [확인]을 클릭한다.

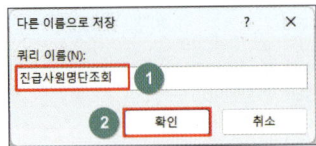

4 〈당직을하지않은사원〉 쿼리

① [만들기]-[쿼리] 영역에서 [쿼리 디자인(▦)] 메뉴를 클릭한다.
② [테이블 추가] 대화상자가 나타나면 [테이블]탭의 〈본관출근사원〉 테이블을 더블 클릭하거나 [선택한 표 추가]를 클릭한다.
③ 쿼리 디자인 창에 삽입된 〈본관출근사원〉 테이블의 '사번', '사원명', '직위', '주소' 필드를 차례대로 더블 클릭하여 추가한다.

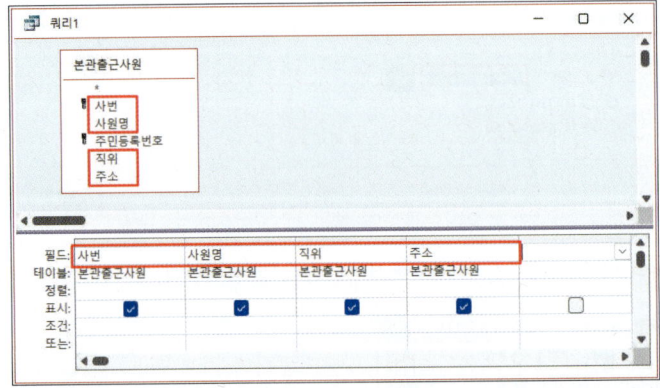

④ '사번' 필드의 '조건:' 영역에 「Not In (select 사번 from 당직사원)」과 같이 입력한다.

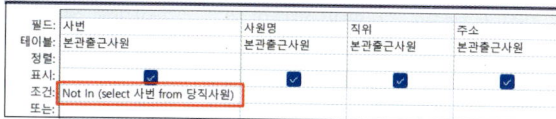

⑤ 쿼리 디자인 탭의 바로 가기 메뉴에서 [저장(🖫)]을 선택하거나, [닫기(⊠)]를 클릭한다.
⑥ [다른 이름으로 저장] 대화상자가 나타나면 쿼리 이름을 「당직을하지않는사원」으로 입력한 후 [확인]을 클릭한다.

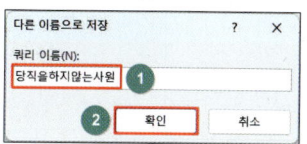

5 <사원현황> 쿼리

① [만들기]-[쿼리] 영역에서 [쿼리 디자인(🔳)] 메뉴를 클릭한다.
② [테이블 추가] 대화상자가 나타나면 [쿼리]탭의 〈진급대상자목록〉 쿼리를 더블 클릭하거나 [선택한 표 추가]를 클릭한다.

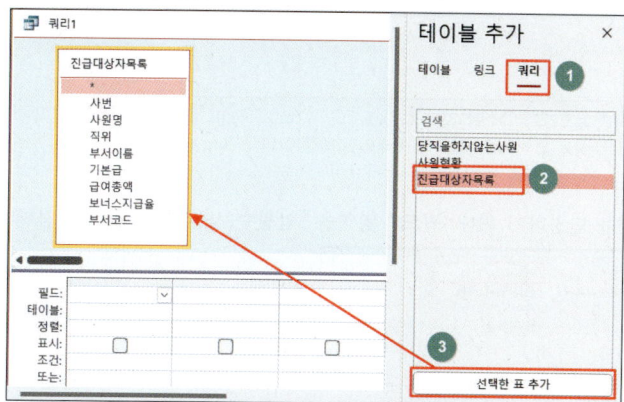

③ 쿼리 디자인 창에 삽입된 〈진급대상자목록〉 쿼리의 '직위', '부서이름', '사원명' 필드를 차례대로 더블 클릭하여 추가한다.

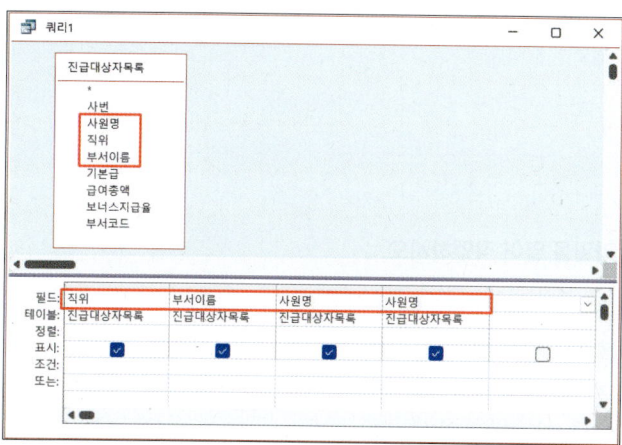

④ 쿼리 유형을 변경하기 위해 [쿼리 디자인]탭-[쿼리 유형] 영역에서 [크로스탭(⊞)]을 클릭한다. 각 필드별 '크로스탭:' 영역을 〈그림〉과 같이 설정한다. '사원명' 필드의 경우 수강인원을 계산하기 위하여 '요약:'을 '개수'로 지정한다.

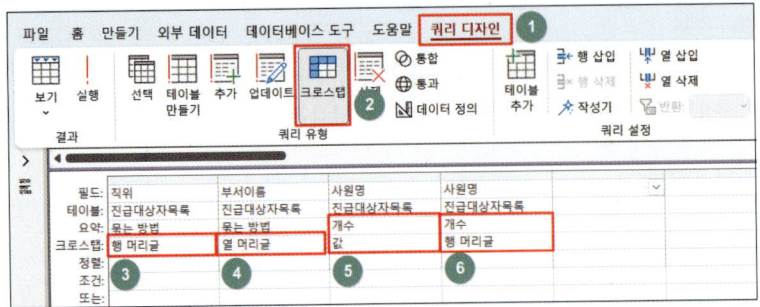

> **잠깐!**
>
> - 크로스탭 쿼리는 문제지에서 제시하는 〈그림〉을 보고 행 머리글과 열 머리글을 구분해야 합니다. 필드의 데이터가 나열되는 방향이 아래쪽이면 '행 머리글', 오른쪽이면 '열 머리글'로 지정합니다.
>
>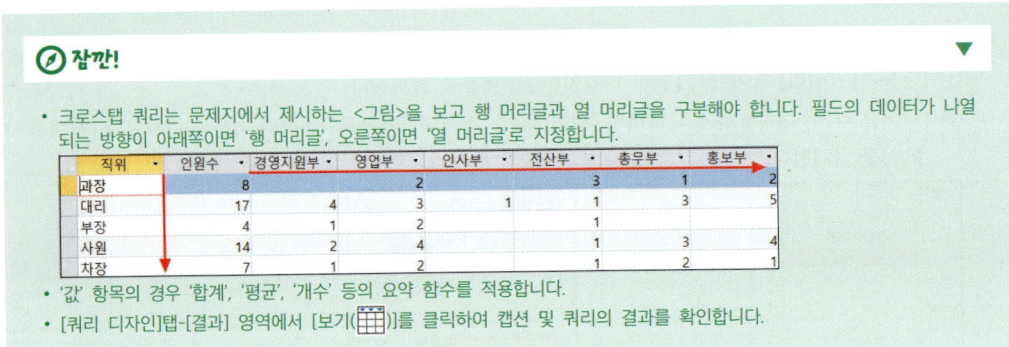
>
> - '값' 항목의 경우 '합계', '평균', '개수' 등의 요약 함수를 적용합니다.
> - [쿼리 디자인]탭-[결과] 영역에서 [보기(⊞)]를 클릭하여 캡션 및 쿼리의 결과를 확인합니다.

⑤ 값의 대한 '행 머리글'의 캡션을 변경하기 위해 '필드:' 영역을 「**인원수:사원명**」과 같이 변경한다.

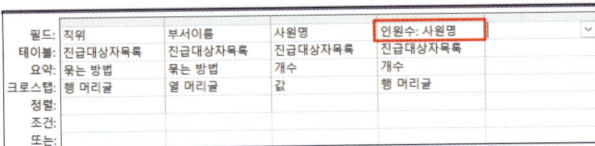

⑥ 쿼리 디자인 탭의 바로 가기 메뉴에서 [저장(💾)]을 선택하거나, [닫기(✕)]를 클릭한다.
⑦ [다른 이름으로 저장] 대화상자가 나타나면 쿼리 이름을 「**사원현황**」으로 입력한 후 [확인]을 클릭한다.

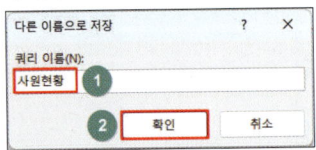

출제유형 3 '4-2-쿼리3.accdb' 파일을 열어 작업하시오.

1 다음과 같은 기능을 수행하는 〈업체별주문건수〉 쿼리를 작성하시오.
▶ 〈주문내역〉, 〈업체목록〉 테이블을 이용할 것
▶ '배송업체'별 '주문일' 필드의 개수를 구하여 표시할 것
▶ 결과 필드는 〈화면〉과 같이 설정할 것

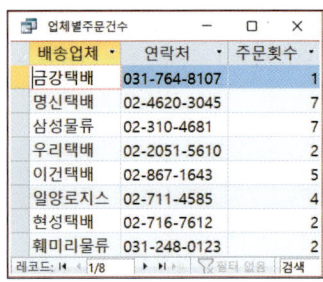

2 다음과 같은 기능을 수행하는 〈제품별유통기한〉 쿼리를 작성하시오.

▶ 〈제품목록〉 테이블을 이용할 것
▶ '판매단가' 필드를 기준으로 내림차순 정렬하여 표시할 것
▶ 유통기한은 '제품코드'의 첫 글자가 'B'라면 "10일", 'G'라면 "5일"로 표시할 것(Switch, Left 함수 사용)
▶ 결과 필드는 〈화면〉과 같이 설정할 것

3 다음과 같은 기능을 수행하는 〈미발주제품〉 쿼리를 작성하시오.

▶ 〈제품목록〉 테이블을 사용하여 〈발주제품〉 테이블에 없는 제품의 모든 정보를 표시할 것
▶ 〈발주제품〉 테이블에 '제품코드'가 존재하지 않으면 미발주 제품으로 가정할 것
▶ 결과 필드는 〈화면〉과 같이 설정할 것
▶ Not In 구문을 사용한 SQL 명령으로 작성할 것

4 다음과 같은 기능을 수행하는 〈제품목록추가〉 쿼리를 작성하고 실행하시오.
▶ 〈추가제품〉 테이블의 모든 레코드를 〈제품목록〉 테이블에 추가할 것

5 다음과 같은 기능을 수행하는 〈지역별주문내역〉 쿼리를 작성하시오.
▶ 〈주문배송현황〉 쿼리를 이용할 것
▶ '주소'의 일부를 매개변수로 입력받아 이를 포함하는 주문 내역을 조회할 것
▶ '주문일'을 기준으로 오름차순 정렬하여 표시할 것
▶ 결과 필드는 〈화면〉과 같이 설정할 것

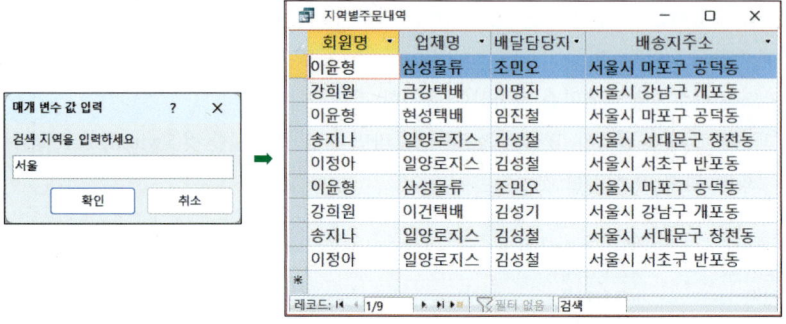

6 다음과 같은 기능을 수행하는 〈월별주문조회〉 쿼리를 작성고 실행하시오.
▶ 〈주문내역〉 테이블을 이용할 것
▶ 월별 주문횟수를 표시하는 〈월별주문건수〉 테이블을 생성할 것 (Month 함수와 & 연산자 사용)
▶ 주문횟수는 '주문번호' 필드의 개수를 구하여 표시할 것
▶ '주문월'을 기준으로 오름차순 정렬하여 표시할 것
▶ 결과 필드는 〈화면〉과 같이 설정할 것

문제해결

1 <업체별주문건수> 쿼리

① [만들기]-[쿼리] 영역에서 [쿼리 디자인( )] 메뉴를 클릭한다.
② [테이블 추가] 대화상자가 나타나면 [테이블]탭의 <주문내역>과 <업체목록> 테이블을 더블 클릭하거나 [선택한 표 추가]를 클릭한다.
③ 쿼리 디자인 창에 삽입된 <주문내역> 테이블에서 '배송업체'와 '주문일' 필드를 더블 클릭하여 추가하고, <업체목록> 테이블에서 '연락처' 필드를 더블 클릭하여 추가한다.

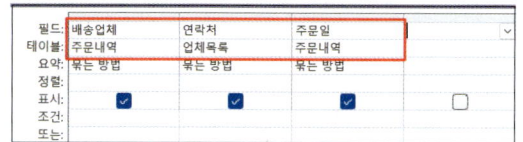

④ 그룹을 지정하기 위해 [쿼리 디자인]탭-[표시/숨기기] 영역의 [요약(Σ)]을 클릭한 후, '주문일' 필드의 '요약:' 목록( )에서 '개수'를 선택한다.

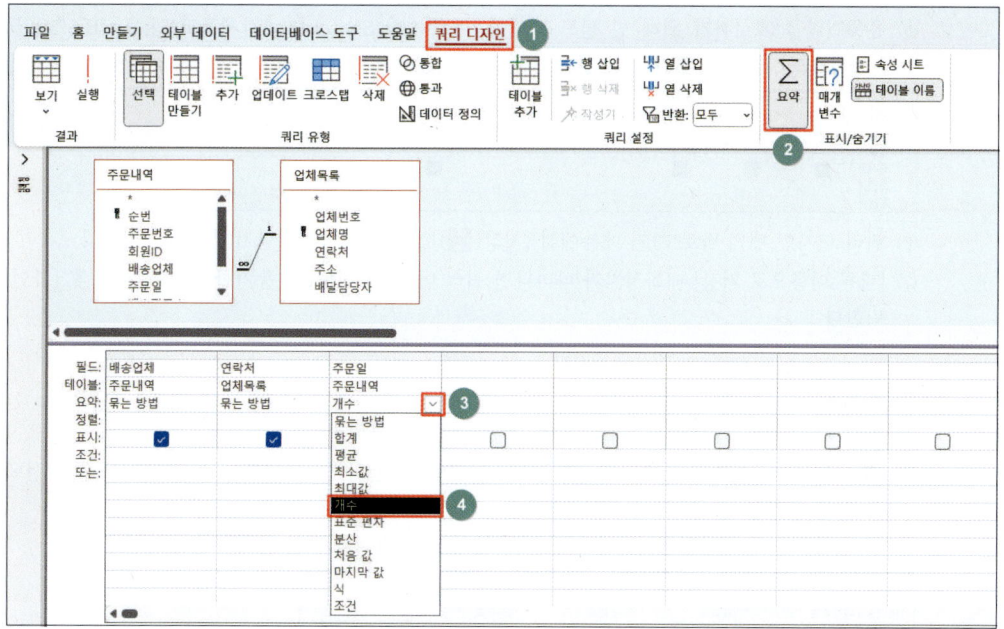

⑤ 주문일 필드의 캡션을 변경하기 위해 '필드:' 영역을 「**주문횟수: 주문일**」과 같이 변경한다.

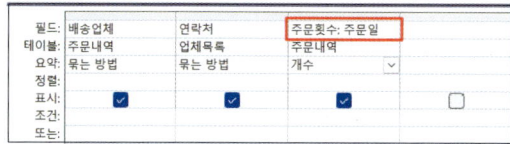

⑥ 쿼리 디자인 탭의 바로 가기 메뉴에서 [저장( )]을 선택하거나, [닫기( )]를 클릭한다.
⑦ [다른 이름으로 저장] 대화상자가 나타나면 쿼리 이름을 「**업체별주문건수**」로 입력한 후 [확인]을 클릭한다.

2 <제품별유통기한> 쿼리

① [만들기]-[쿼리] 영역에서 [쿼리 디자인(🏗)] 메뉴를 클릭한다.
② [테이블 추가] 대화상자가 나타나면 [테이블]탭의 〈제품목록〉 테이블을 더블 클릭하거나 [선택한 표 추가]를 클릭한다.
③ 쿼리 디자인 창에 삽입된 〈제품목록〉 테이블에서 '제품코드', '제품명', '판매단가' 필드를 더블 클릭하여 추가한다.

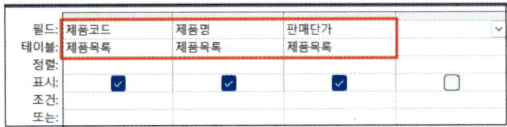

④ '판매단가' 필드의 '정렬:' 영역을 '내림차순'으로 설정한다.

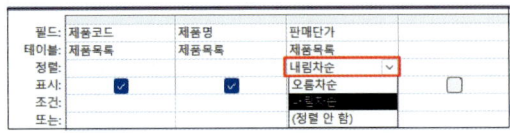

⑤ 유통기한을 표시하기 위해 빈 필드 영역에 「유통기한:Switch(Left([제품코드],1)="B","10일",Left([제품코드],1)="G","5일")」과 같이 입력한다.

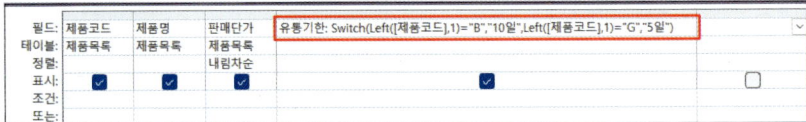

⑥ 쿼리 디자인 탭의 바로 가기 메뉴에서 [저장(💾)]을 선택하거나, [닫기(✖)]를 클릭한다.
⑦ [다른 이름으로 저장] 대화상자가 나타나면 쿼리 이름을 「제품별유통기한」으로 입력한 후 [확인]을 클릭한다.

3 <미발주제품> 쿼리

① [만들기]-[쿼리] 영역에서 [쿼리 디자인(🏗)] 메뉴를 클릭한다.
② [테이블 추가] 대화상자가 나타나면 [테이블]탭의 〈제품목록〉 테이블을 더블 클릭하거나 [선택한 표 추가]를 클릭한다.
③ 쿼리 디자인 창에 삽입된 〈제품목록〉 테이블의 모든 필드를 더블 클릭하여 추가한다.

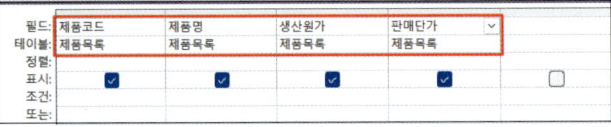

④ '제품코드' 필드의 '조건:' 영역에 「Not In (select 제품코드 from 발주제품)」과 같이 입력한다.

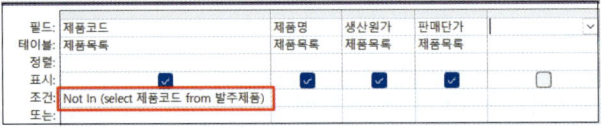

⑤ 쿼리 디자인 탭의 바로 가기 메뉴에서 [저장(💾)]을 선택하거나, [닫기(✖)]를 클릭한다.
⑥ [다른 이름으로 저장] 대화상자가 나타나면 쿼리 이름을 「미발주제품」으로 입력한 후 [확인]을 클릭한다.

4 <제품목록추가> 쿼리

① [만들기]-[쿼리] 영역에서 [쿼리 디자인(□)] 메뉴를 클릭한다.
② [테이블 추가] 대화상자가 나타나면 [테이블]탭의 〈추가제품〉 테이블을 더블 클릭하거나 [선택한 표 추가]를 클릭한다.
③ 쿼리 디자인 창에 삽입된 〈추가제품〉 테이블의 모든 필드를 더블 클릭하여 추가한다.

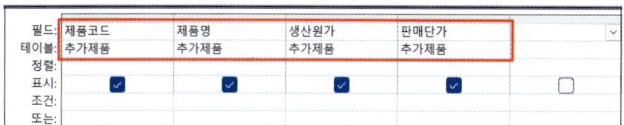

④ 쿼리 유형을 변경하기 위해 [쿼리 디자인]탭-[쿼리 유형] 영역에서 [추가(□)]를 클릭한다. [추가] 대화상자가 나타나면 레코드가 추가될 테이블의 이름을 '제품목록'으로 지정한 후 [확인]을 클릭한다.

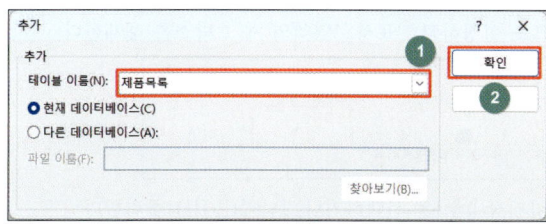

⑤ 각 필드별 '추가:' 영역에 추가될 필드가 입력되면 쿼리 실행을 위해 [쿼리 디자인]탭-[결과] 영역에서 [실행(!)]을 클릭한다.
⑥ '4행을 추가합니다.'와 같은 메시지 대화상자가 나타나면 [예]를 클릭한다.

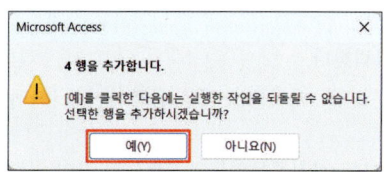

⑦ 쿼리 디자인 탭의 바로 가기 메뉴에서 [저장(□)]을 선택하거나, [닫기(□)]를 클릭한다.
⑧ [다른 이름으로 저장] 대화상자가 나타나면 쿼리 이름을 「**제품목록추가**」로 입력한 후 [확인]을 클릭한다.
⑨ 쿼리 실행 결과

 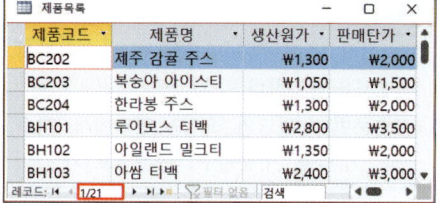

5 <지역별주문내역> 쿼리

① [만들기]-[쿼리] 영역에서 [쿼리 디자인(□)] 메뉴를 클릭한다.
② [테이블 추가] 대화상자가 나타나면 [쿼리]탭의 〈주문배송현황〉 쿼리를 더블 클릭하거나 [선택한 표 추가]를 클릭한다.

③ 쿼리 디자인 창에 삽입된 〈주문배송현황〉 쿼리의 '회원명', '업체명', '배달담당자', '배송지주소', '주문일' 필드를 차례대로 더블 클릭하여 추가한다.

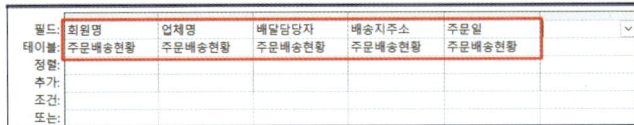

④ '배송지주소' 필드의 '조건:' 영역에 「Like "*" & [검색 지역을 입력하세요] & "*"」와 같이 입력한다.

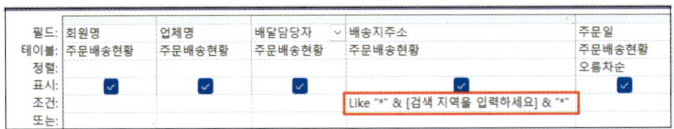

⑤ '주문일' 필드의 '정렬:'을 '오름차순'으로 설정하고, '표시:' 영역의 체크 박스를 해제한다.

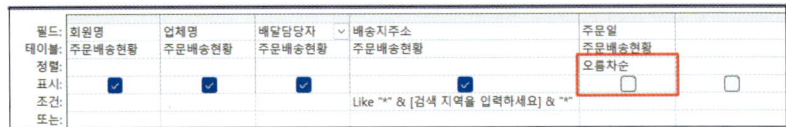

⑥ 쿼리 디자인 탭의 바로 가기 메뉴에서 [저장(🖫)]을 선택하거나, [닫기(🗙)]를 클릭한다.
⑦ [다른 이름으로 저장] 대화상자가 나타나면 쿼리 이름을 「**지역별주문내역**」으로 입력한 후 [확인]을 클릭한다.

6 〈월별주문조회〉 쿼리

① [만들기]-[쿼리] 영역에서 [쿼리 디자인(🎛)] 메뉴를 클릭한다.
② [테이블 추가] 대화상자가 나타나면 [테이블]탭의 〈주문내역〉 테이블을 더블 클릭하거나 [선택한 표 추가]를 클릭한다.
③ 주문월을 표시하기 위해 첫 번째 '필드:' 영역에 「**주문월:Month([주문일]) & "월"**」과 같이 입력한다.

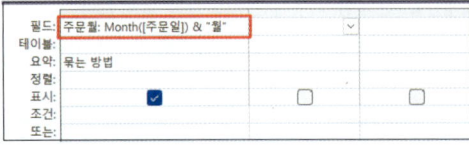

④ 이어서 '주문번호' 필드를 더블 클릭하여 추가하고, 그룹을 지정하기 위해 [쿼리 디자인]탭-[요약(Σ)]을 클릭한다.
⑤ '주문번호' 필드의 '요약:' 영역에서 '개수'를 선택한 후, 주문번호 필드의 캡션을 변경하기 위해 '필드:' 영역을 「**주문횟수: 주문번호**」와 같이 변경한다.

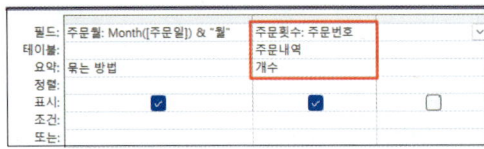

⑥ 정렬을 수행하기 위해 빈 '필드:' 영역에 「**정렬:Month([주문일])**」과 같이 입력한 후, '정렬:'을 '오름차순'으로 설정한다. 단, 결과에 표시되지 않도록 '표시:' 영역의 체크 박스는 해제한다.

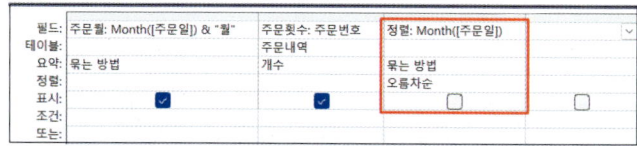

마지막 필드의 경우는 오름차순 정렬을 적용하기 위한 필드로 결과에 표시가 되지는 않기 때문에 '캡션' 항목은 임의로 작업하거나 생략해도 됩니다. 즉, '정렬:' 부분은 생략해도 결과에 영향을 미치지 않습니다.

⑦ 쿼리 유형을 변경하기 위해 [쿼리 디자인]탭-[쿼리 유형] 영역에서 [테이블 만들기(▦)]를 클릭한다. [테이블 만들기] 대화상자가 나타나면 새 테이블의 이름을 「**월별주문건수**」와 같이 입력한 후 [확인]을 클릭한다.

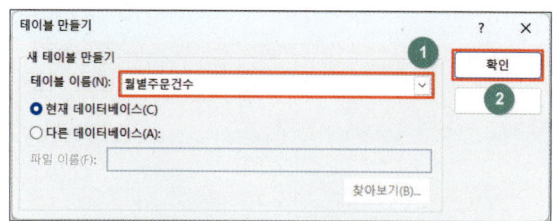

⑧ 쿼리 실행을 위해 [쿼리 디자인]탭-[결과] 영역에서 [실행(!)]을 클릭한다.

⑨ '9행을 붙여 넣습니다.'와 같은 메시지 대화상자가 나타나면 [예]를 클릭한다. 이후 탐색 창의 테이블 목록에 〈월별주문건수〉 테이블이 추가된다.

⑩ 쿼리 디자인 탭의 바로 가기 메뉴에서 [저장(🖫)]을 선택하거나, [닫기(🗙)]를 클릭한다.

⑪ [다른 이름으로 저장] 대화상자가 나타나면 쿼리 이름을 「**월별주문조회**」로 입력한 후 [확인]을 클릭한다.

Database

**컴퓨터
활용능력
1급 실기**

데이터베이스

PART 05

모의고사

CHAPTER 01	실전모의고사 1회
CHAPTER 02	실전모의고사 2회
CHAPTER 03	실전모의고사 3회
CHAPTER 04	실전모의고사 4회
CHAPTER 05	실전모의고사 5회
CHAPTER 06	실전모의고사 6회
CHAPTER 07	실전모의고사 7회

• 데이터베이스 •

데이터베이스 실전모의고사 1회 문제

작업 파일   : 컴활1급/데이터베이스/모의고사/실전모의고사1회.accdb
암호   : 326715
외부데이터 위치 : 컴활1급/데이터베이스/외부데이터

| 제1작업 | **DB구축 (25점)**

1 다음의 지시사항에 따라 <강사목록> 테이블을 완성하시오. (각 3점)

① '강사코드'와 '강사명' 필드를 기본 키(PK)로 지정하시오.
② '강사코드' 필드는 'T001'과 같이 대문자 1글자와, 숫자 3글자가 필수로 입력되도록 입력 마스크를 설정하시오.
   ▶ 새 레코드 입력 시 '#'이 표시되도록 설정할 것
③ '강의경력' 필드에는 새 레코드 입력 시 기본적으로 1이 입력되도록 설정하시오.
④ '연락처' 필드에는 값이 반드시 입력되도록 설정하시오.
⑤ '메일주소' 필드에는 입력 시 '@'가 포함되도록 유효성 검사 규칙을 설정하시오.
   ▶ Like 연산자 사용

2 <수강생목록> 테이블의 '접수강좌' 필드는 <강좌개설현황> 테이블의 '강좌관리번호' 필드를 참조하며 테이블 간의 관계는 M:1이다. 또한 <강좌개설현황> 테이블의 '과목코드' 필드는 <과정목록> 테이블의 '과목코드' 필드를 참조하며 테이블 간의 관계는 M:1이다. 각 테이블에 대해 다음과 같이 관계를 설정하시오. (5점)

   ▶ 테이블 간에는 항상 참조 무결성을 유지하도록 설정하시오.
   ▶ 참조 필드 값이 변경되면 관련 필드의 값도 따라 변경되도록 설정하시오.

3 <강좌개설현황> 테이블의 '강사명' 필드에 대하여 다음과 같이 조회 속성을 설정하시오. (5점)

   ▶ <강사목록> 테이블의 '강사코드', '강사명' 필드를 가져와서 콤보 상자 형태로 표시되도록 설정하시오.
   ▶ 필드에는 '강사코드'가 저장되도록 하시오.
   ▶ '강사코드'와 '강사명' 필드의 열 너비를 각각 2cm로 설정하고, 목록 너비를 4cm로 설정하시오.
   ▶ 목록 이외의 값은 입력되지 않도록 설정하시오.

| 제2작업 | 입력 및 수정 기능 구현 (20점)

1. 다음의 지시사항 및 화면을 참고하여 <수강생목록> 폼을 완성하시오. (각 3점)

   ① '연속 폼'의 형태로 나타나도록 기본 보기 속성을 설정하시오.
   ② 폼의 '레코드 선택기'와 '구분선'이 표시되지 않도록 설정하시오.
   ③ 폼 머리글 영역의 'txt강사명'과 'txt수강료' 컨트롤에 각각 '강사명'과 '수강료' 필드를 바운드 시키시오.

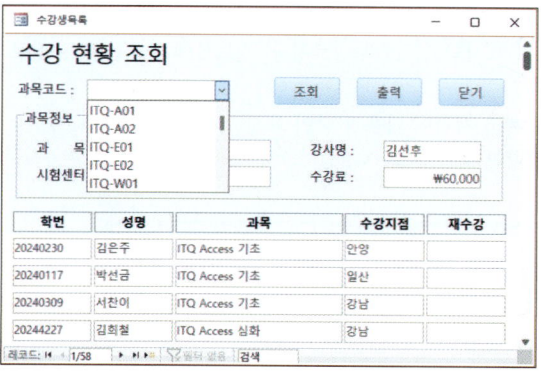

2. <수강생목록> 폼의 머리글 영역에서 '과목코드(cmb과목코드)'를 선택(After Update)하면 다음과 같은 기능을 수행하는 이벤트 프로시저를 작성하시오. (6점)

   ▶ 'txt과목명'과 'txt시험센터' 컨트롤에는 선택한 과목코드와 일치하는 '과목'과 '시험센터'가 표시되도록 설정하시오.
   ▶ 〈과정목록〉 테이블과 Dlookup 함수 사용

3. <수강현황조회> 폼의 본문 모든 컨트롤에 대하여 다음과 같이 조건부 서식을 설정하시오. (5점)

   ▶ '접수강좌'의 값이 짝수인 레코드에 대해 '굵게'와 '기울임꼴' 서식이 적용되도록 설정하시오.
   ▶ Mod 연산자 사용

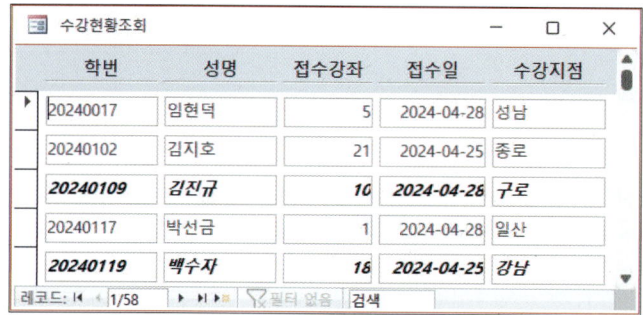

| 제3작업 | 조회 및 출력 기능 구현 (20점)

1 다음의 지시사항 및 화면을 참고하여 <지점별수강생목록> 보고서를 완성하시오. (각 3점)

① 동일한 수강지점에 대해서는 '과목' 필드를 기준으로 '내림차순' 정렬되어 표시되도록 정렬을 추가하시오.
② 수강지점 바닥글 영역은 수강지점별로 서로 다른 페이지에 출력되도록 페이지 바꿈 속성을 설정하시오.
③ 'txt강사명' 컨트롤의 값이 이전 레코드와 동일한 경우에는 표시되지 않도록 설정하시오.
④ 'txt인원수' 컨트롤에는 그룹별 인원수가 표시되고, 'txt수강료평균' 컨트롤에는 그룹별 '수강료'의 평균이 표시되도록 설정하시오.
⑤ 'txt날짜' 컨트롤에는 현재 시스템의 날짜와 시간이 다음과 같이 표시되도록 설정하시오.
  ▶ 표시 예 : 2024-3-1 PM 4:20 → 03월 01일 오후 04:20
  ▶ Format, Now 함수 사용

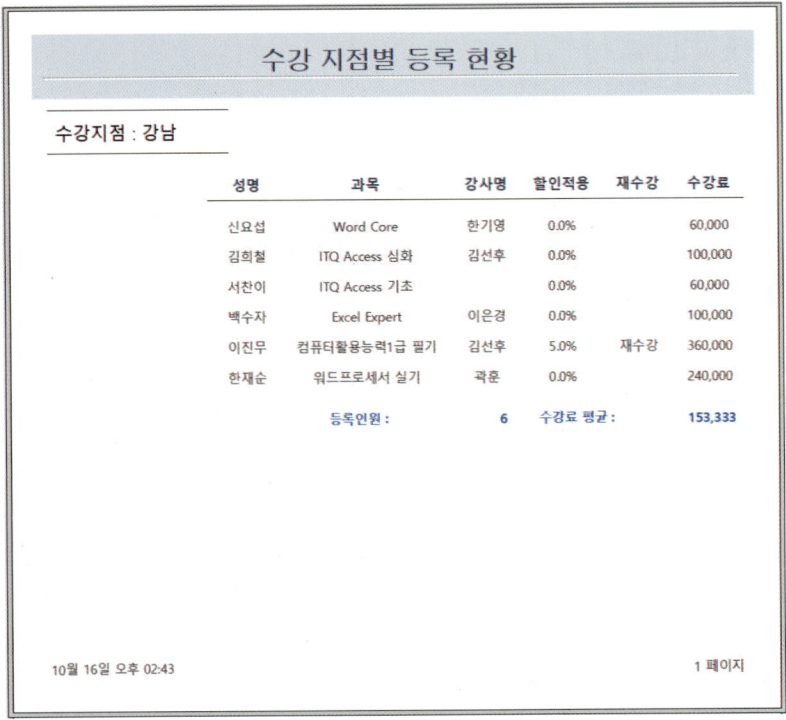

2 <수강생목록> 폼에서 '닫기(cmd닫기)' 버튼을 클릭(Click)하면 <화면>과 같은 메시지 박스가 표시된 후 해당 폼이 종료 되도록 <폼닫기> 매크로를 생성한 후 지정하시오. (5점)

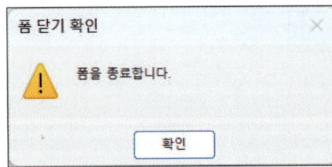

| 제4작업 | 처리 기능 구현 (35점)

1 <수강생목록> 테이블을 이용하여 수강생별 만료일을 조회하는 <수강만료일조회> 쿼리를 작성하시오. (7점)

▶ '접수일' 필드를 기준으로 오름차순 정렬할 것
▶ '만료일'은 '접수일'로부터 45일(日)이 경과한 날짜로 계산할 것 (DateAdd 함수 사용)
▶ 결과 필드는 <화면>을 참고하여 설정할 것

학번	성명	접수일	만료일
20240210	윤진찬	2024-04-25	2024-06-09
20242013	이지선	2024-04-25	2024-06-09
20240119	백수자	2024-04-25	2024-06-09
20246510	이형기	2024-04-25	2024-06-09
20240309	서찬이	2024-04-25	2024-06-09
20240709	임호영	2024-04-25	2024-06-09

2 다음과 같은 기능을 수행하는 <등록학생수조회> 쿼리를 작성하고 실행하시오. (7점)

▶ <강좌개설현황>과 <수강생목록> 테이블을 이용할 것
▶ 강사명별 수강생의 인원수를 계산하여 표시하는 <강사별등록학생수> 테이블을 생성할 것
▶ 결과 필드는 <화면>을 참고하여 설정할 것

강사명	등록학생수
곽훈	5
김선후	11
박선영	10
이은경	7
임세라	6
최태성	7
한기영	12

※ 쿼리를 실행한 후의 <강사별등록학생수> 테이블

3 수강지점별 과정별 수강인원을 조회하는 <지점별과정별수강인원> 크로스탭 쿼리를 작성하시오. (7점)

▶ <수강등록현황> 쿼리를 이용할 것
▶ '과목' 필드는 '과목코드' 필드의 앞 3글자를 이용하여 표시할 것 (Left 함수 사용)
▶ '수강료'가 100,000이상인 데이터만 표시할 것
▶ 결과 필드는 <화면>을 참고하여 설정할 것

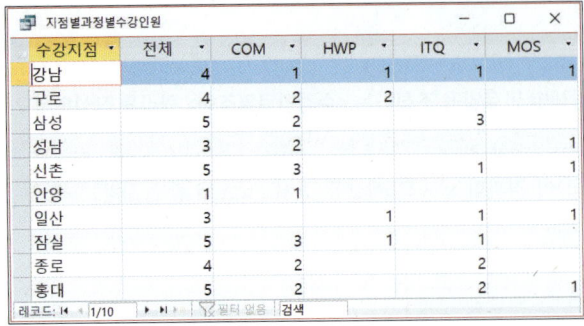

4 <수강생목록> 쿼리를 이용하여 조회할 지점을 매개변수로 입력받아 해당 지점별 신입 수강생들의 목록을 조회하는 <신규수강생조회> 쿼리를 작성하시오. (7점)

- ▶ '재수강' 필드의 값이 비어 있는 수강생이 신규 수강생임 (Is Null 연산자 사용)
- ▶ 조회할 '수강지점'을 매개변수로 입력받아 목록을 조회할 것
- ▶ 결과 필드는 〈화면〉을 참고하여 설정할 것

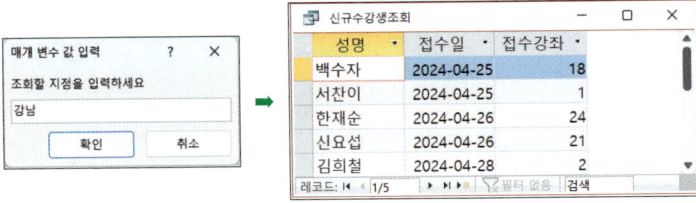

5 <수강등록현황> 쿼리를 이용하여 다음과 같은 기능을 수행하는 <상위매출지점현황> 쿼리를 작성하시오. (7점)

- ▶ '수강지점'이 '강남' 또는 '홍대'인 수강목록을 표시할 것 (In 연산자 사용)
- ▶ '성명' 필드를 기준으로 오름차순 정렬할 것
- ▶ 결제금액 = 수강료 × (1 – 할인적용)
- ▶ '결제금액' 필드는 표시 예와 같이 표시되도록 '형식' 속성을 설정할 것 (표시 예: 12340 → ₩12,340)
- ▶ 결과 필드는 〈화면〉을 참고하여 설정할 것

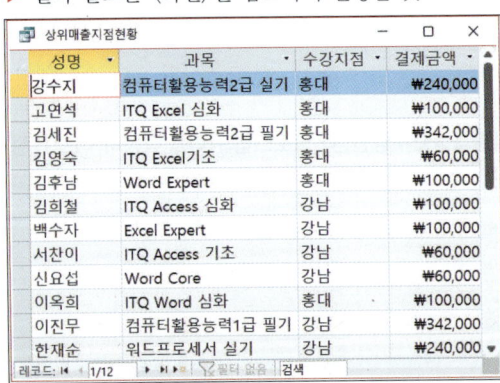

• 데이터베이스 •

데이터베이스 실전모의고사 1회 정답 및 해설

정답 파일 : 컴활1급/데이터베이스/모의고사/정답/실전모의고사1회(정답).accdb

| 제1작업 | DB구축

1 <강사목록> 테이블 완성하기

① 〈강사목록〉 테이블의 바로 가기 메뉴에서 [디자인 보기(🔲)]를 선택한다.
② '강사코드'와 '강사명' 필드를 선택한 후 [테이블 디자인]탭-[도구] 영역에서 [기본 키]를 선택한다.

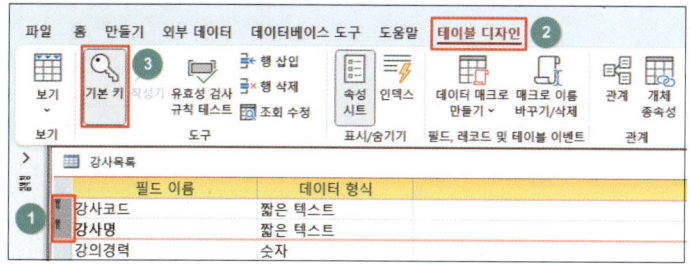

③ '강사코드' 필드를 선택한 후 '입력 마스크'에 「>L000;;#」과 같이 입력한다.

일반 조회	
필드 크기	10
형식	
입력 마스크	>L000;;#
캡션	

④ '강의경력' 필드를 선택한 후 '기본값'에 「1」과 같이 입력한다.

일반 조회	
기본값	1
유효성 검사 규칙	
유효성 검사 텍스트	

⑤ '연락처' 필드를 선택한 후 '필수'를 '예'로 설정한다.

일반 조회	
필수	예
빈 문자열 허용	예
인덱스	아니요

⑥ '메일주소' 필드를 선택한 후 '유효성 검사 규칙'에 「Like "*@*"」과 같이 입력한다.

일반 조회	
기본값	
유효성 검사 규칙	Like "*@*"
유효성 검사 텍스트	

⑦ 닫기(✕) 버튼을 클릭하면 저장을 위한 대화상자가 나타난다. [예(Y)]를 선택하고 테이블을 종료한다.

2 테이블 간 관계 설정하기

① [데이터베이스 도구]탭-[관계]영역의 [관계(   )]를 선택한다.
② [관계 디자인]탭-[관계]영역에서 [테이블 추가(   )]를 클릭하여 대화상자를 표시한 후, 〈수강생목록〉 테이블, 〈강좌개설현황〉 테이블, 〈과정목록〉 테이블을 차례대로 더블 클릭하거나 [선택한 표 추가]를 클릭하여 [관계] 창에 추가한다.

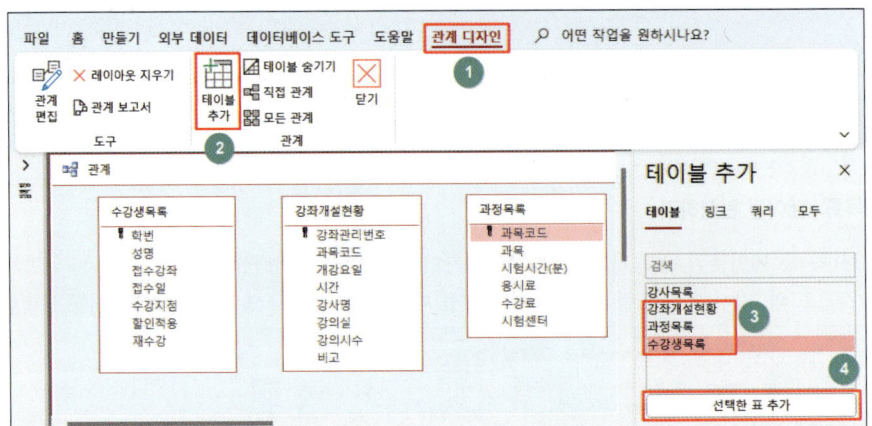

③ 〈강좌개설현황〉 테이블의 '강좌관리번호' 필드를 〈수강생목록〉 테이블의 '접수강좌' 필드로 드래그한다.
④ [관계 편집] 대화상자가 나타나면 '항상 참조 무결성 유지'와 '관련 필드 모두 업데이트'를 선택한 후 [만들기] 버튼을 클릭한다.

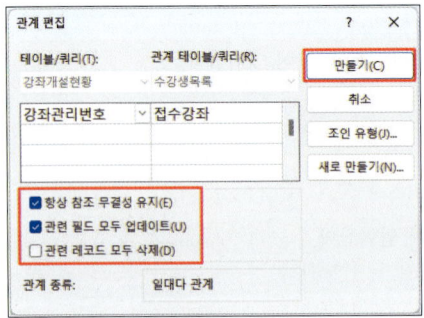

⑤ 〈과정목록〉 테이블의 '과목코드' 필드를 〈강좌개설현황〉 테이블의 '과목코드' 필드로 드래그한다.
⑥ [관계 편집] 대화상자가 나타나면 '항상 참조 무결성 유지'와 '관련 필드 모두 업데이트'를 선택한 후 [만들기] 버튼을 클릭한다.

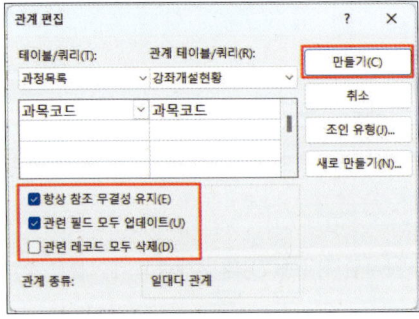

⑦ [관계]창 상단에 닫기(✖) 버튼을 클릭하면 저장을 위한 대화상자가 나타난다. [예(Y)]를 선택하여 관계 편집을 종료한다.

3 필드 조회 속성 설정하기

① 〈강좌개설현황〉 테이블의 바로 가기 메뉴에서 [디자인 보기(📐)]를 선택한다.
② '강사명' 필드를 선택한 후, 필드 속성에서 [조회]탭의 '컨트롤 표시' 목록(⌄)에서 '콤보 상자'를 선택한다.

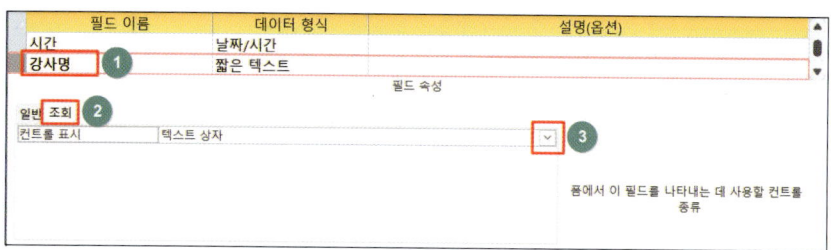

③ '행 원본' 속성의 '작성기(...)'를 클릭한다.
④ [테이블 추가] 대화상자가 나타나면 〈강사목록〉 테이블을 더블 클릭하여 추가한다.
⑤ 첫 번째 필드 자리에 '강사코드'를 더블 클릭하여 추가하고, 두 번째 필드 자리에 '강사명' 필드를 더블 클릭하여 추가한 후 닫기(✖) 버튼을 클릭한다.

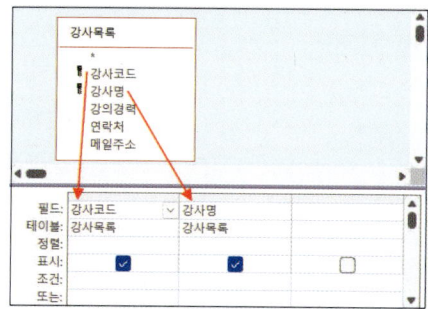

⑥ 업데이트 확인을 위한 대화상자가 나타나면 [예(Y)]를 선택한다.
⑦ '행 원본'이 설정되면 '바운드 열'에는 「1」, '열 개수'에는 「2」, '열 너비'에는 「2;2」, '목록 너비'에는 「4」를 입력하고 '목록 값만 허용'은 '예'로 변경한다. 입력이 마무리되면 너비의 단위(cm)는 자동으로 표시된다.

일반	조회	
컨트롤 표시		콤보 상자
행 원본 유형		테이블/쿼리
행 원본		SELECT 강사목록.강사코드, 강사목록.강사명 FROM 강사목록;
바운드 열		1
열 개수		2
열 이름		아니요
열 너비		2cm;2cm
행 수		16
목록 너비		4cm
목록 값만 허용		예
여러 값 허용		아니요
값 목록 편집 허용		아니요
목록 항목 편집 폼		
행 원본 값만 표시		아니요

⑧ 설정이 마무리 되면 닫기(✖) 버튼을 클릭하고, 저장 확인 대화상자가 나타나면 [예(Y)]를 선택한다.

| 제2작업 | 입력 및 수정 기능 구현

1 <수강생목록> 폼 완성하기

① 〈수강생목록〉 폼을 선택한 후 바로 가기 메뉴에서 [디자인 보기(📐)]를 선택한다.
② [양식 디자인]탭-[도구]영역에서 [속성 시트(🗐)]를 선택하거나 [F4]를 눌러 속성 시트를 표시한다.
③ '폼' 속성 시트 창의 [모두]탭에서 '기본 보기' 속성을 '연속 폼'으로 설정한다.

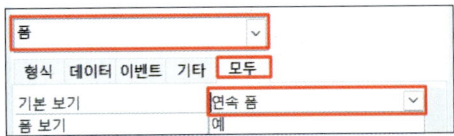

④ '폼' 속성 시트 창의 [모두]탭에서 '레코드 선택기'와 '구분선' 속성을 '아니요'로 설정한다.

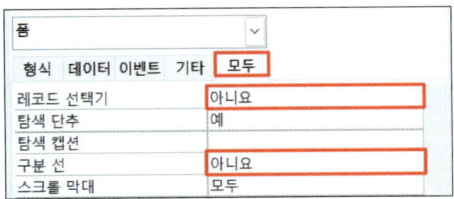

⑤ 'txt강사명' 컨트롤을 선택한 후 속성 시트 창의 [모두]탭 중 '컨트롤 원본' 속성 목록(⌄)에서 '강사명' 을 선택한다.

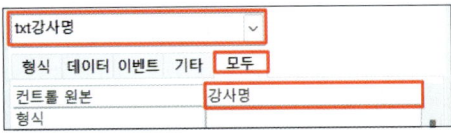

⑥ 동일한 방식으로 'txt수강료'의 '컨트롤 원본' 속성 목록(⌄)에서 '수강료'를 선택한다.

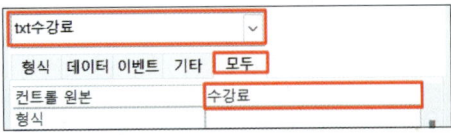

⑦ 설정이 마무리 되면 닫기(✖) 버튼을 클릭하고, 저장 확인 대화상자가 나타나면 [예(Y)]를 선택한다.

2 '과목코드(cmb과목코드)' 이벤트 프로시저

① 탐색 창에서 〈수강생목록〉 폼을 선택한 후 바로 가기 메뉴에서 [디자인 보기(📐)]를 선택한다.
② 'cmb과목코드' 컨트롤을 더블 클릭한 후 속성 창의 [이벤트]탭에서 'After Update' 속성을 선택한다. 커서를 삽입하면 나타나는 '작성기(⋯)' 버튼을 클릭한다.
③ [작성기 선택] 대화상자가 나타나면, '코드 작성기'를 선택한 후 [확인]을 클릭한다.
④ 'cmb과목코드_AfterUpdate()' 코드 창이 나타나면 다음과 같이 코드를 작성한다.

```
Private Sub cmb과목코드_AfterUpdate()
    txt과목명 = DLookup("과목", "과정목록", "과목코드=cmb과목코드")
    txt시험센터 = DLookup("시험센터", "과정목록", "과목코드=cmb과목코드")
End Sub
```

```
Private Sub cmb과목코드_AfterUpdate( )
    txt과목명 = DLookup("과목", "과정목록", "과목코드=cmb과목코드")
    → '과목코드'가 'cmb과목코드'와 일치하는 '과목'을 '과정목록'에서 찾아 표시
    txt시험센터 = DLookup("시험센터", "과정목록", "과목코드=cmb과목코드")
    → '과목코드'가 'cmb과목코드'와 일치하는 '시험센터'를 '과정목록'에서 찾아 표시
End Sub
```

⑤ 입력이 완료되면 [닫기(✕)] 버튼을 클릭하여 VBA를 종료한다.
⑥ 'After Update' 속성란에 '[이벤트 프로시저]'가 지정된다.

3 조건부 서식 설정하기

① 〈수강현황조회〉 폼을 선택한 후 바로 가기 메뉴에서 [디자인 보기(📄)]를 선택한다.
② 본문의 세로 눈금자 구역으로 마우스를 가져가면 마우스 커서가 화살표(➡) 모양으로 변경된다. 이 때 마우스 왼쪽을 클릭하여 본문 구역의 모든 컨트롤을 선택한다.
③ [서식]탭-[컨트롤 서식] 영역에서 [조건부 서식]을 클릭한다.

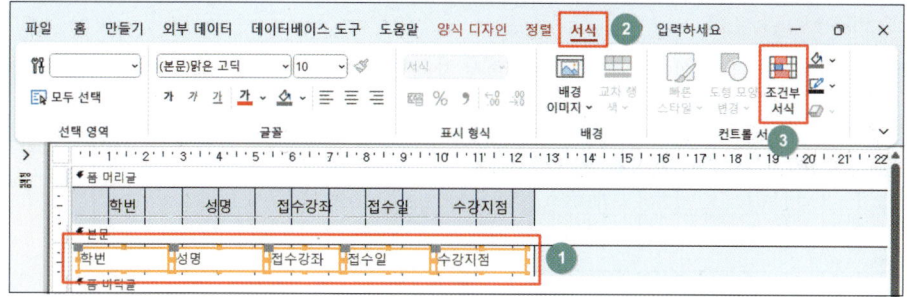

④ [조건부 서식 규칙 관리자] 대화상자가 나타나면 [🆕 새 규칙] 버튼을 클릭한다.
⑤ [새 서식 규칙] 대화상자로 전환되면 서식 설정 목록을 '식이'로 변경하고, 수식 입력란에 「**[접수강좌] mod 2 = 0**」과 같이 입력하고, 〈그림〉과 같이 서식을 설정한 후 [확인]을 클릭한다.

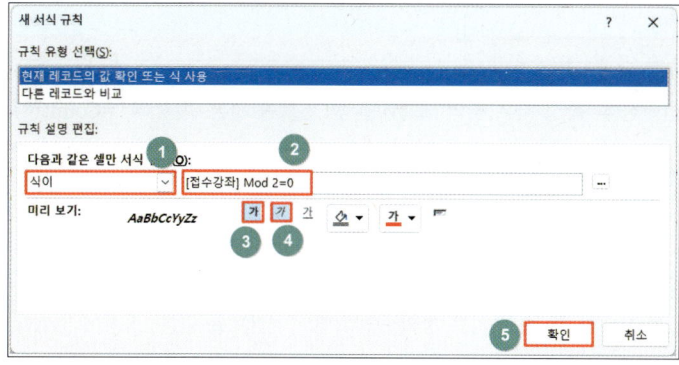

⑥ [조건부 서식 규칙 관리자] 대화상자에서도 [확인]을 클릭하여 마무리한다.

| 제3작업 | 조회 및 출력 기능 구현

1 <지점별수강생목록> 보고서 완성하기

① 〈지점별수강생목록〉 보고서의 바로 가기 메뉴에서 [디자인 보기(🔲)]를 선택한 후 [F4]을 눌러 속성 창을 표시한다.

② [보고서 디자인]탭-[그룹화 및 요약] 영역에서 [그룹화 및 정렬]을 선택한다.

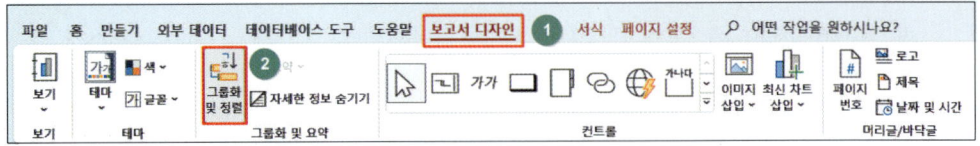

③ 화면 하단에 '그룹, 정렬 및 요약' 창이 나타나면, [정렬 추가] 버튼을 클릭한다.
④ 정렬 기준으로 '과목'을 선택한 후 정렬 방식을 '내림차순'으로 설정한다.

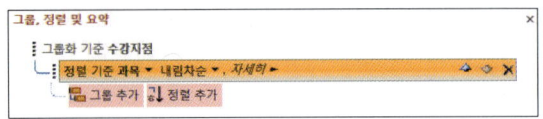

⑤ '수강지점 바닥글' 영역을 더블 클릭하여 속성 창을 표시한 후 [모두]탭에서 '페이지 바꿈' 속성을 '구역 후'로 설정한다.

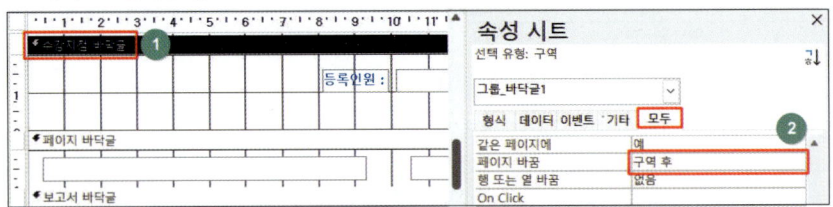

⑥ 'txt강사명' 컨트롤을 선택한 후 속성 창의 [형식]탭에서 '중복 내용 숨기기' 속성을 '예'로 설정한다.

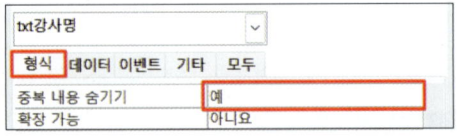

⑦ 'txt인원수' 컨트롤을 선택한 후 속성 시트 창의 [모두]탭 중 '컨트롤 원본' 속성에 「=Count(*)」와 같이 입력한다.

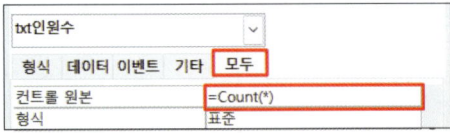

⑧ 'txt수강료평균' 컨트롤을 선택한 후 속성 시트 창의 [모두]탭 중 '컨트롤 원본' 속성에 「=Avg([수강료])」와 같이 입력한다.

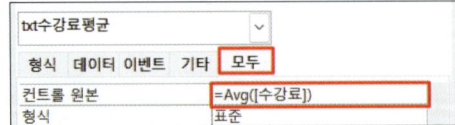

⑨ 'txt날짜' 컨트롤을 선택한 후 속성 시트 창의 [모두]탭 중 '컨트롤 원본' 속성에 「=Format(Now(), "mm월 dd일 ampm hh:nn")」와 같이 입력한다.

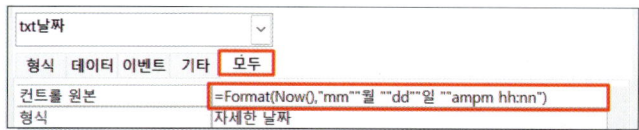

⑩ 설정이 마무리 되면 닫기(✕) 버튼을 클릭하고, 저장 확인 대화상자가 나타나면 [예(Y)]를 선택한다.

2 '폼닫기' 매크로

① 탐색 창에서 〈수강생목록〉 폼을 선택한 후 바로 가기 메뉴에서 [디자인 보기(📐)]를 선택한다.
② [만들기]탭-[매크로 및 코드] 영역에서 [매크로]를 선택한다.

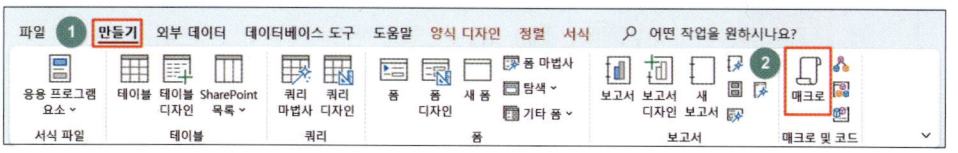

③ 매크로 함수 목록(∨)에서 'MessageBox'를 선택한다.
④ MessageBox 매크로 대화상자로 전환되면 '메시지'는 「**폼을 종료합니다.**」와 같이 입력하고, '경고음'은 언급된 사항이 없으니 작업하지 않는다. '종류'는 '경고!'를 선택하고, '제목'은 「**폼 닫기 확인**」과 같이 입력한다.

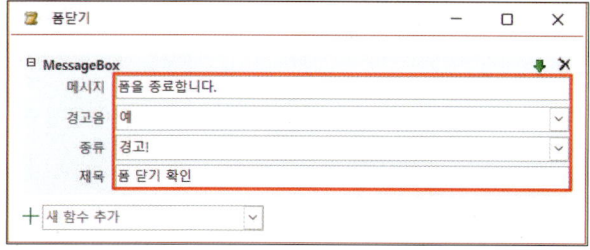

⑤ '새 함수 추가' 목록(∨)에서 'CloseWindows'를 선택한다.
⑥ CloseWindows 매크로 대화상자로 전환되면 '개체 유형'은 '폼'으로, '개체 이름'은 '수강생목록'으로 설정하고, '저장'은 언급된 사항이 없으니 작업하지 않는다. 화면 상단의 [닫기(✕)]를 클릭한 후, 저장 확인창이 나타나면 [예(Y)]를 선택한다.

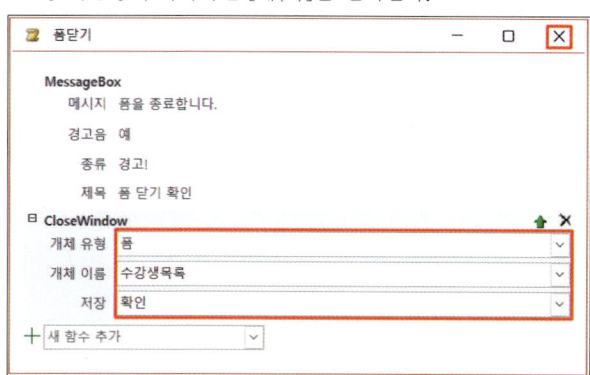

⑦ [다른 이름으로 저장] 대화상자가 나타나면 매크로 이름을 「**폼닫기**」로 입력한 후 [확인] 버튼을 클릭한다. 저장이 마무리되면 탐색 창 목록에서 매크로를 확인할 수 있다.
⑧ 〈수강생목록〉 폼의 'cmd닫기' 컨트롤을 더블 클릭한 후 속성 창의 [이벤트]탭에서 'On Click' 속성을 선택한다. 커서를 삽입하면 나타나는 목록(∨)에서 '폼닫기' 매크로를 선택한다.

| 제4작업 | 처리 기능 구현

1 〈수강만료일조회〉 쿼리

① [만들기]-[쿼리] 영역에서 [쿼리 디자인] 메뉴를 클릭한다.

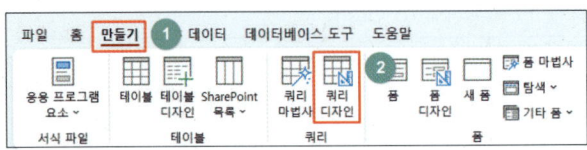

② [테이블 추가] 대화상자가 나타나면 〈수강생목록〉 테이블을 더블 클릭하거나 [선택한 표 추가]를 클릭한다.
③ 쿼리 디자인 창에 삽입된 〈수강생목록〉 테이블에서 '학번', '성명', '접수일', '수강지점' 필드를 차례대로 더블 클릭하여 추가한다.

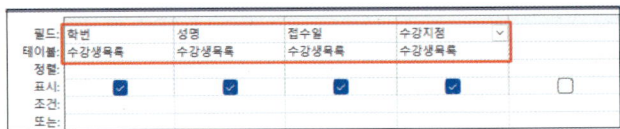

④ '접수일' 필드의 '정렬:'을 '오름차순'으로 설정하고, '만료일' 필드를 만들기 위해 마지막 '필드:' 영역에 「**만료일:DateAdd("d",45,[접수일])**」과 같이 입력한다.

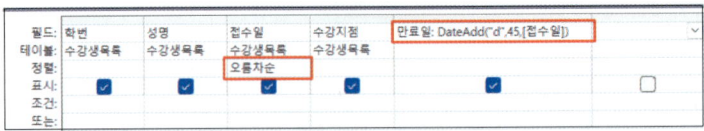

> **잠깐!**
> - Dateadd("단위", 숫자, [시작날짜]) : [시작날짜]로부터 숫자 단위만큼 경과한 날짜를 표시
> - '만료일' 필드는 [접수일]로부터 45일(d)이 경과한 날짜로 계산되어야 합니다. 따라서 Dateadd("d", 45, [접수일])과 같이 작업합니다.

⑤ 쿼리 디자인 탭의 바로 가기 메뉴에서 [저장(💾)]을 선택하거나, [닫기(✕)]를 클릭한다.
⑥ [다른 이름으로 저장] 대화상자에서 쿼리 이름을 「**수강만료일조회**」로 입력한 후 [확인]을 클릭한다.

2 〈등록학생수조회〉 쿼리

① [만들기]-[쿼리] 영역에서 [쿼리 디자인(🔲)] 메뉴를 클릭한다.
② [테이블 추가] 대화상자가 나타나면 〈강좌개설현황〉과 〈수강생목록〉 테이블을 더블 클릭하거나 [선택한 표 추가]를 클릭한다.

③ 쿼리 디자인 창에 삽입된 〈강좌개설현황〉 테이블에서 '강사명' 필드를 더블 클릭하여 추가하고, 〈수강생목록〉 테이블에서 '학번' 필드를 더블 클릭하여 추가한다.

④ 강사명별 그룹을 지정하기 위해 [쿼리 디자인]탭-[표시/숨기기] 영역에서 [요약(∑)]을 클릭한다.

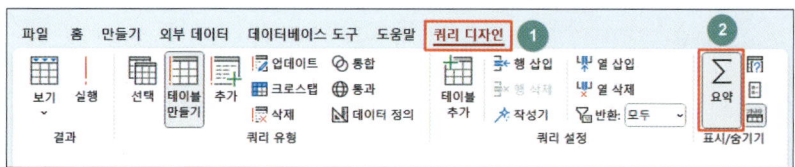

⑤ '학번' 필드의 '요약:' 영역에서 '개수'를 선택한 후, 캡션을 설정하기 위해 '필드:' 값을 「등록학생수: 학번」과 같이 변경한다.

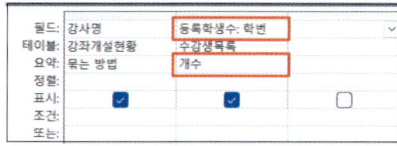

⑥ 쿼리 유형을 변경하기 위해 [쿼리 디자인]탭-[쿼리 유형] 영역에서 [테이블 만들기(▦)]를 클릭한다. [테이블 만들기] 대화상자가 나타나면 새 테이블의 이름을 「강사별등록학생수」로 입력한 후 [확인]을 클릭한다.

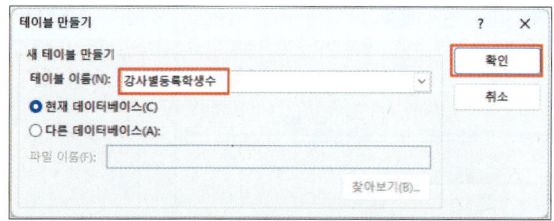

⑦ 쿼리 실행을 위해 [쿼리 디자인]탭-[결과] 영역에서 [실행(!)]을 클릭한다.
⑧ '7행을 붙여 넣습니다.'와 같은 메시지 대화상자가 나타나면 [예]를 클릭한다. 이후 탐색 창의 테이블 목록에 〈강사별등록학생수〉 테이블이 추가된다.

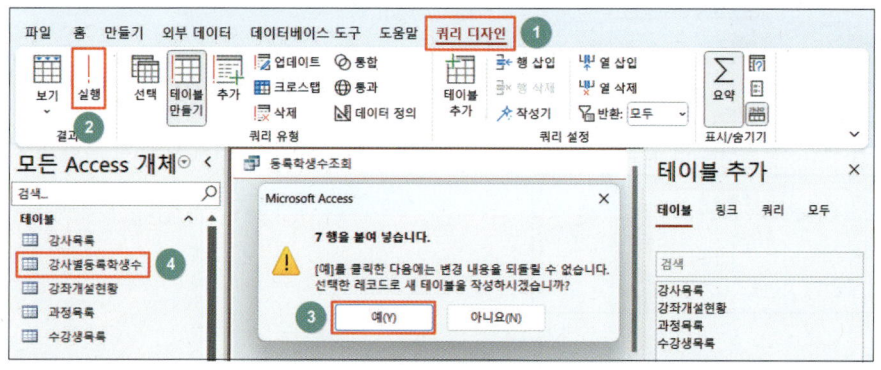

⑨ 쿼리 디자인 탭의 바로 가기 메뉴에서 [저장(💾)]을 선택하거나, [닫기(✕)]를 클릭한다.
⑩ [다른 이름으로 저장] 대화상자에서 쿼리 이름을 「등록학생수조회」로 입력한 후 [확인]을 클릭한다.

3 <지점별과정별수강인원> 쿼리

① [만들기]-[쿼리] 영역에서 [쿼리 디자인( )] 메뉴를 클릭한다.
② [테이블 추가] 대화상자가 나타나면 <수강등록현황> 쿼리를 더블 클릭하거나 [선택한 표 추가]를 클릭한다.

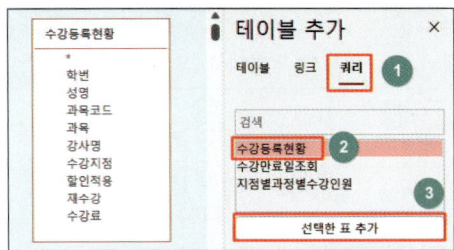

③ 쿼리 디자인 창에 삽입된 <수강등록현황> 쿼리에서 '수강지점', '과목코드', '학번' 필드를 차례대로 더블 클릭하여 추가한다.

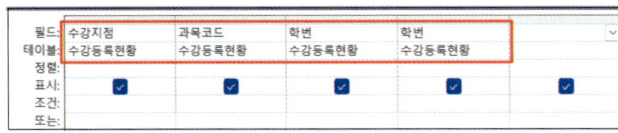

④ 쿼리 유형을 변경하기 위해 [쿼리 디자인]탭-[쿼리 유형] 영역에서 [크로스탭( )]을 클릭한다. 각 필드별 '크로스탭:' 영역을 <그림>과 같이 설정한다. '학번' 필드의 경우 인원수를 계산하기 위하여 '요약:'을 '개수'로 지정한다.

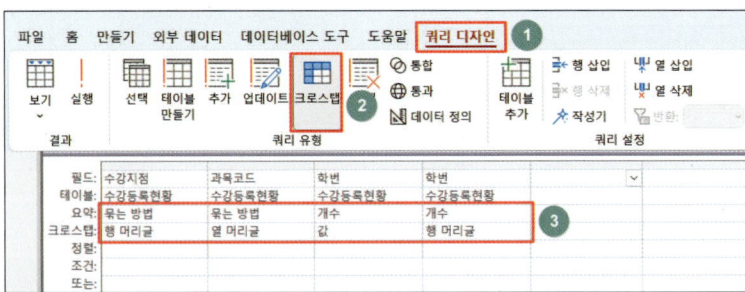

⑤ '열 머리글' 편집을 위해 두 번째 '필드:' 영역을 「과목:Left([과목코드],3)」과 같이 변경한다.

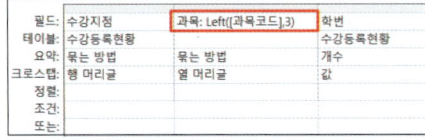

⑥ 값의 대한 '행 머리글'의 캡션을 변경하기 위해 마지막 '필드:' 영역을 「전체:학번」과 같이 변경한다.

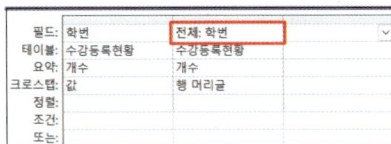

⑦ 마지막으로 조건을 설정하기 위해 '수강료' 필드를 더블 클릭하여 추가한 후 '요약:'을 '조건'으로 설정하고, '조건:' 영역에 「>=100000」와 같이 입력한다.

⑧ 쿼리 디자인 탭의 바로 가기 메뉴에서 [저장(💾)]을 선택하거나, [닫기(✖)]를 클릭한다.
⑨ [다른 이름으로 저장] 대화상자에서 쿼리 이름을 「**지점별과정별수강인원**」으로 입력한 후 [확인]을 클릭한다.

4 <신규수강생조회> 쿼리

① [만들기]-[쿼리] 영역에서 [쿼리 디자인(🔲)] 메뉴를 클릭한다.
② [테이블 추가] 대화상자가 나타나면 〈수강생목록〉 테이블을 더블 클릭하거나 [선택한 표 추가]를 클릭한다.
③ 쿼리 디자인 창에 삽입된 〈수강생목록〉 테이블에서 '성명', '접수일', '접수강좌', '재수강', '수강지점' 필드를 차례대로 더블 클릭하여 추가한다.

④ '재수강' 필드가 비어 있는지 여부를 판단하기 위해 '조건:' 영역에 「Is Null」과 같이 입력하고, '표시:' 영역의 체크 박스를 해제한다.
⑤ '수강지점' 필드의 '조건:' 영역에 「**조회할 지점을 입력하세요**」와 같이 입력하고, '표시:' 영역의 체크 박스를 해제한다.

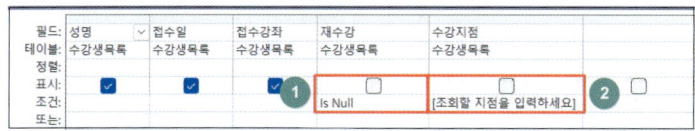

⑥ 쿼리 디자인 탭의 바로 가기 메뉴에서 [저장(💾)]을 선택하거나, [닫기(✖)]를 클릭한다.
⑦ [다른 이름으로 저장] 대화상자에서 쿼리 이름을 「**신규수강생조회**」로 입력한 후 [확인]을 클릭한다.

5 <상위매출지점현황> 쿼리

① [만들기]-[쿼리] 영역에서 [쿼리 디자인(🔲)] 메뉴를 클릭한다.
② [테이블 추가] 대화상자가 나타나면 〈수강등록현황〉 쿼리를 더블 클릭하거나 [선택한 표 추가]를 클릭한다.
③ 쿼리 디자인 창에 삽입된 〈수강등록현황〉 쿼리에서 '성명', '과목', '수강과목' 필드를 차례대로 더블 클릭하여 추가한다.

④ '성명' 필드의 '정렬:'을 오름차순으로 설정하고, '수강지점'의 '조건:' 영역에 「In("강남", "홍대")」와 같이 입력한다.

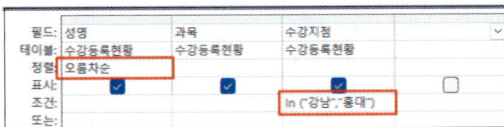

⑤ 결제금액을 계산하기 위해 빈 필드 영역에 「결제금액: [수강료]*(1-[할인적용])」과 같이 입력한다.

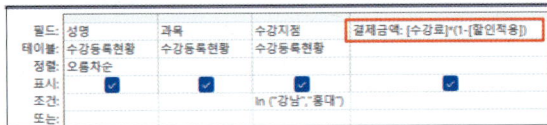

⑥ 쿼리 디자인 탭의 바로 가기 메뉴에서 [저장(🖫)]을 선택하거나, [닫기(🗙)]를 클릭한다.
⑦ [다른 이름으로 저장] 대화상자에서 쿼리 이름을 「상위매출지점현황」으로 입력한 후 [확인]을 클릭한다.

• 데이터베이스 •

데이터베이스 실전모의고사 2회 문제

작업 파일 : 컴활1급/데이터베이스/모의고사/실전모의고사2회.accdb
암호 : 240732
외부데이터 위치 : 컴활1급/데이터베이스/외부데이터

| 제1작업 | DB구축 (25점)

1 다음의 지시사항에 따라 <주문자> 테이블을 완성하시오. (각 3점)

① '주문코드' 필드를 기본 키(PK)로 지정하시오.
② '주문자' 필드는 반드시 입력되도록 설정하시오.
③ '주문자' 필드에는 공백 없이 최소 2글자, 최대 4글자가 입력되도록 입력 마스크를 설정하시오.
④ 새 레코드가 추가되는 경우 '거래일' 필드에는 기본적으로 오늘 날짜가 입력되도록 설정하시오.
⑤ '회원등급' 필드에는 "일반", "실버", "골드", "VIP" 중 하나의 값을 입력받도록 설정하고, 이외의 값이 입력되면 "입력 값을 확인하세요."와 같은 메시지가 표시되도록 설정하시오.

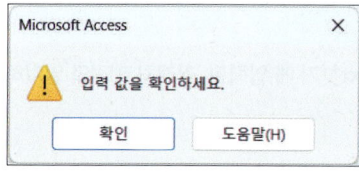

2 <주문내역> 테이블의 '거래처코드' 필드는 <거래처> 테이블의 '거래처코드' 필드를 참조하며 테이블 간의 관계는 M:1이다. 두 테이블에 대해 다음과 같이 관계를 설정하시오. (5점)

▶ 테이블 간에는 항상 참조 무결성을 유지하도록 설정하시오.
▶ 참조 필드 값이 변경되면 관련 필드의 값도 따라 변경되도록 설정하시오.
▶ 참조 필드 값이 삭제되더라도 관련 필드의 값을 삭제할 수 없도록 설정하시오.

3 '거래처목록.xlsx' 파일의 내용을 가져와 <단골거래처> 테이블에 추가하시오. (5점)

▶ 이름 있는 범위에서 '기존거래처' 범위를 사용할 것
▶ 첫 행에 열 머리글이 있음을 설정할 것

제2작업 | 입력 및 수정 기능 구현 (20점)

1 다음의 지시사항 및 화면을 참고하여 <주문현황> 폼을 완성하시오. (각 3점)

① 폼의 레코드를 추가할 수 없도록 설정하시오.
② 폼의 본문 영역의 'txt배송료' 컨트롤에는 'txt수량'의 값이 50이상이면 0, 나머지는 3000이 표시되도록 설정하시오.
  ▶ Iif 함수 사용
③ 폼의 본문 영역의 'txt단가' 컨트롤에는 탭 전환 기능이 적용되지 않도록 설정하시오.

2 <거래처검색> 폼의 '조회(cmd조회)' 버튼을 클릭(Click)하면 'txt찾기'에 입력된 '거래처코드'와 일치하는 레코드를 찾아 표시하는 이벤트 프로시저를 작성하시오. (6점)

  ▶ RecordsetClone, Bookmark, FindFirst 속성 사용

3 <주문현황> 폼의 'cmb거래처코드' 컨트롤을 콤보 상자로 변경한 후 다음과 같이 표시되도록 설정하시오. (5점)

  ▶ 〈거래처〉 테이블의 '거래처코드'와 '거래처'가 표시되도록 설정할 것
  ▶ 필드에는 '거래처코드'가 저장되도록 설정할 것
  ▶ 열 너비는 1cm, 3cm로 설정하고 목록 너비는 4cm로 설정할 것
  ▶ 컨트롤에는 목록 값만 입력할 수 있도록 설정할 것

제3작업 | 조회 및 출력 기능 구현 (20점)

1 다음의 지시사항 및 화면을 참고하여 <지역별주문내역> 보고서를 완성하시오. (각 3점)

① 동일한 주문지역에 대해서는 '주문자' 필드를 기준으로 '오름차순' 정렬되어 표시되도록 설정하시오.
② 본문의 'txt거래처' 컨트롤에는 '거래처(거래처코드)'와 같은 형식으로 표시되도록 설정하시오.
  ▶ 표시 예 : 창신글로벌(C001)
③ 본문의 'txt순번' 컨트롤에는 그룹별 일련번호가 표시되도록 설정하시오.

④ 본문의 'txt주문건수' 컨트롤에는 그룹별 주문건수가 다음과 같이 표시되도록 설정하시오.
   ▶ 표시 예 : ● 총 : 100건 ●
   ▶ Format, Count 함수 사용
⑤ 페이지 바닥글의 'txt페이지' 컨트롤에는 페이지 번호가 다음과 같이 표시되도록 설정하시오.
   ▶ 표시 예 : 전체 5쪽 중 1쪽

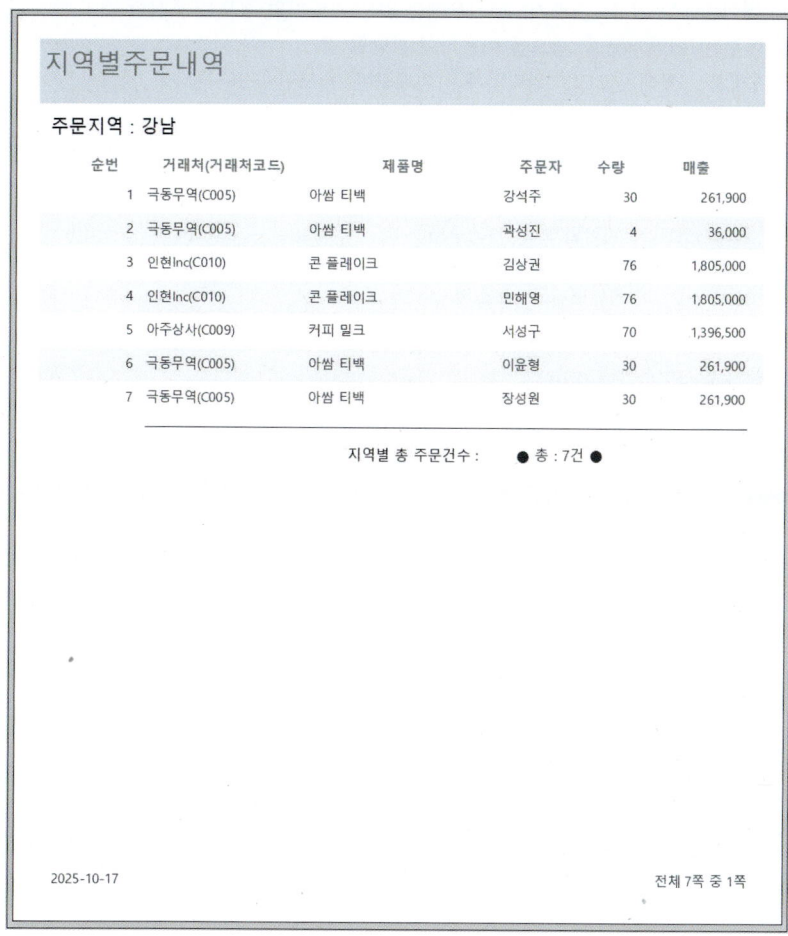

2. <거래처검색> 폼의 '열기(cmd열기)' 버튼을 클릭(Click)하면 <화면>과 같은 메시지 박스가 표시된 후 <주문현황> 폼을 여는 <폼열기> 매크로를 생성한 후 지정하시오. (5점)
   ▶ 'txt찾기'에 입력된 '거래처코드'와 일치하는 거래처의 주문내역만을 표시할 것

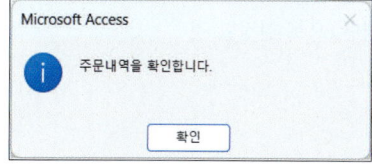

| 제4작업 | 처리 기능 구현 (35점)

1 <거래처> 테이블에 존재하지 않는 거래처의 정보를 <단골거래처> 테이블에서 찾아 표시하는 <주문하지않은 거래처> 쿼리를 작성하시오. (7점)

▶ <단골거래처> 테이블에는 있고 <거래처> 테이블에는 없는 거래처의 정보를 표시할 것
▶ 데이터의 중복여부는 '거래처코드' 필드를 이용하여 판단할 것
▶ 결과 필드는 '거래처', '거래처코드', '위탁업체', '거래구분' 필드만을 표시할 것
▶ Not In을 사용하여 SQL 명령문을 사용할 것
▶ 결과 필드는 <화면>을 참고하여 설정할 것

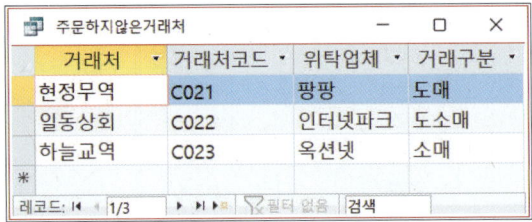

2 <주문내역> 테이블을 이용하여 수량과 결제금액의 평균을 조회하는 <주문내역평균> 쿼리를 작성하시오. (7점)

▶ 결제금액 = 매출 × (1 - 할인율)
▶ 결과 필드는 <화면>을 참고하여 설정할 것

3 <주문자> 테이블을 이용하여 회원 등급별 미수금을 조회하여 새 테이블로 생성하는 <미수금조회> 쿼리를 작성하고 실행하시오. (7점)

▶ '미수금'이 100,000이상인 데이터만 표시할 것
▶ 회원등급을 매개변수로 입력받아 주문자별 미수금을 조회할 것
▶ 쿼리 실행 후 생성되는 테이블의 이름은 <연체실버회원명단>으로 설정할 것
▶ 결과 필드는 <화면>을 참고하여 설정할 것

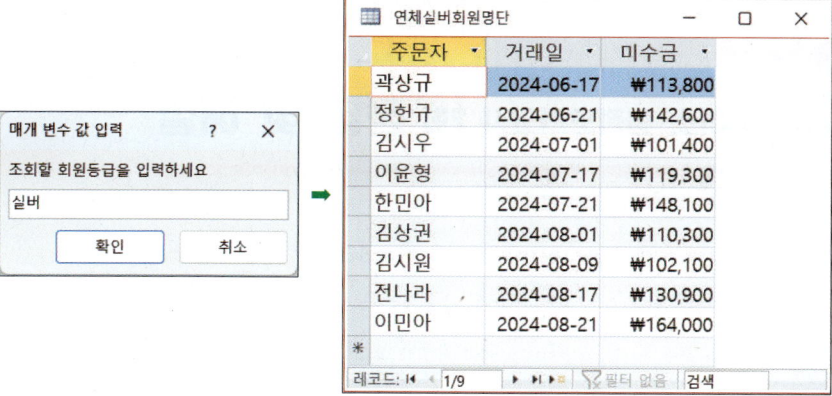

※ 쿼리를 실행한 후의 〈연체실버회원명단〉 테이블

4. <주문현황> 폼의 '수량(txt수량)' 컨트롤에 포커스가 이동되면(Got Focus) 다음과 같은 메시지 박스가 표시되도록 이벤트 프로시저를 작성하시오. (7점)

▶ '수량(txt수량)' 값이 100이상이면 "도매", 100미만이면 "소매"라 표시할 것
▶ Msgbox 명령어 사용

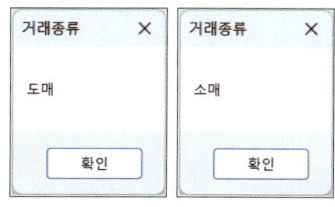

5. 주문지역별 거래처코드별 수량의 합계를 조회하는 <짝수코드업체주문현황> 크로스탭 쿼리를 작성하시오. (7점)

▶ 〈주문내역〉 테이블을 사용할 것
▶ '거래처코드'의 숫자 영역이 짝수인 데이터만 표시되도록 할 것
▶ Right 함수와 Mod 연산자 사용
▶ 결과 필드는 〈화면〉을 참고하여 설정할 것

주문지역	짝수코드	C002	C004	C006	C008	C010
강남	152					152
명동	74				74	
분당	200					200
신사	28	28				
여의도	89			9		80
종로	882	264	30	186	402	
합정	255	95		160		

• 데이터베이스 •

데이터베이스 실전모의고사 2회 정답 및 해설

정답 파일 : 컴활1급/데이터베이스/모의고사/정답/실전모의고사2회(정답).accdb

| 제1작업 | DB구축

1 <주문자> 테이블 완성하기

① 〈주문자〉 테이블의 바로 가기 메뉴에서 [디자인 보기(📐)]를 선택한다.

② '주문코드' 필드를 선택한 후 [테이블 디자인]탭-[도구] 영역에서 [기본 키(🔑)]를 선택한다.

주문자	
필드 이름	데이터 형식
🔑 주문코드	짧은 텍스트
주문자	짧은 텍스트

③ '주문자' 필드를 선택한 후 '필수'를 '예'로 설정한다.

일반 조회	
유효성 검사 규칙	
유효성 검사 텍스트	
필수	예
빈 문자열 허용	아니요

④ '주문자' 필드를 선택한 후 '입력 마스크'에 「LL??」와 같이 입력한다.

일반 조회	
필드 크기	10
형식	
입력 마스크	LL??
캡션	

⑤ '거래일' 필드를 선택한 후 '기본값'에 「Date()」와 같이 입력한다.

일반 조회	
형식	간단한 날짜
입력 마스크	
캡션	
기본값	Date()
유효성 검사 규칙	

⑥ '회원등급' 필드를 선택한 후 '유효성 검사 규칙'에 「In("일반","실버","골드","VIP")」와 같이 입력한다. 또한 오류 메시지 작업을 하기 위해 '유효성 검사 텍스트'에 「입력 값을 확인하세요.」와 같이 입력한다.

일반 조회	
기본값	
유효성 검사 규칙	In ("일반","실버","골드","VIP")
유효성 검사 텍스트	입력 값을 확인하세요.
필수	아니요

⑦ 닫기(✕) 버튼을 클릭하면 저장을 위한 대화상자가 나타난다. [예(Y)]를 선택하고 테이블을 종료한다.

2 테이블 간 관계 설정하기

① [데이터베이스 도구]탭-[관계]영역의 [관계(⬛)]를 선택한다.
② [관계 디자인]탭-[관계]영역에서 [테이블 추가(⬛)]를 클릭하여 대화상자를 표시한 후, 〈주문내역〉 테이블과 〈거래처〉 테이블을 차례대로 더블 클릭하거나 [선택한 표 추가]를 클릭하여 [관계] 창에 추가한다.
③ 〈거래처〉 테이블의 '거래처코드' 필드를 〈주문내역〉 테이블의 '거래처코드' 필드로 드래그한다.
④ [관계 편집] 대화상자가 나타나면 '항상 참조 무결성 유지'와 '관련 필드 모두 업데이트'를 선택한 후 [만들기] 버튼을 클릭한다.

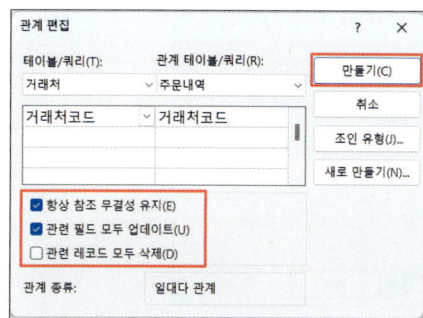

⑤ [관계]창 상단에 닫기(✕) 버튼을 클릭하면 저장을 위한 대화상자가 나타난다. [예(Y)]를 선택하여 관계 편집을 종료한다.

3 〈단골거래처〉 테이블에 레코드 추가하기

① [외부 데이터]탭-[가져오기 및 연결]-[새 데이터 원본] 목록에서 [파일에서]-[Excel(⬛)]을 선택한다.

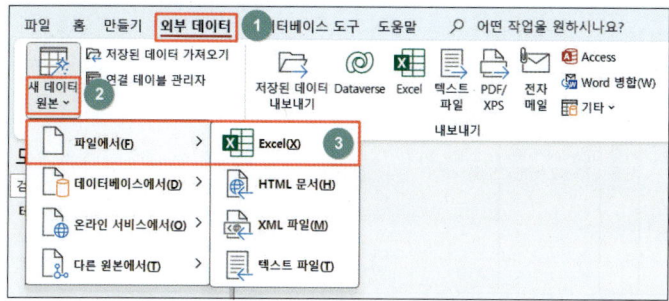

② [외부데이터 가져오기 – Excel 스프레드시트] 대화상자가 나타나면 [찾아보기]를 클릭한다.
③ [파일 열기] 대화상자로 전환되면 '거래처목록.xlsx'을 선택한 후 [열기]를 클릭한다.

④ [외부데이터 가져오기 - Excel 스프레드시트] 대화상자로 돌아오면 데이터 저장 방법으로 '다음 테이블에 레코드 복사본 추가'를 선택한 후 목록에서 '단골거래처' 테이블을 선택하고 [확인]을 클릭한다.

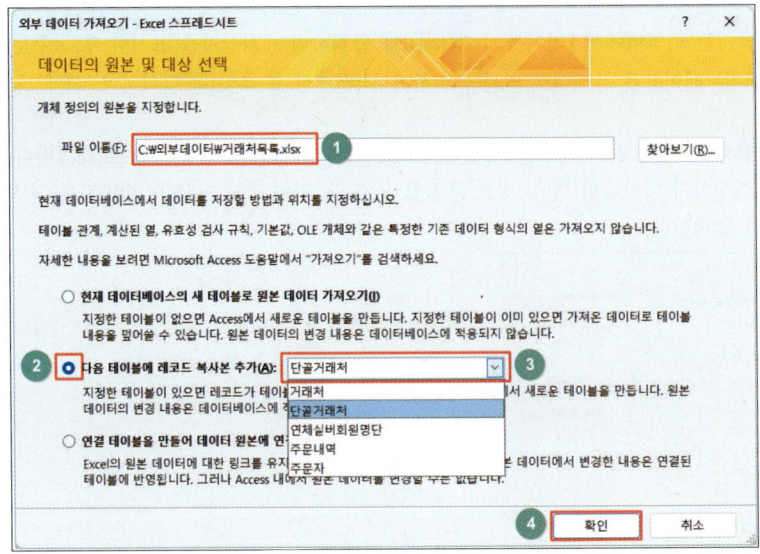

⑤ [스프레드시트 가져오기 마법사] 대화상자가 나타나면 '이름 있는 범위 표시'로 옵션을 변경하여 '기존거래처' 항목을 선택한 후 [다음]을 클릭한다.

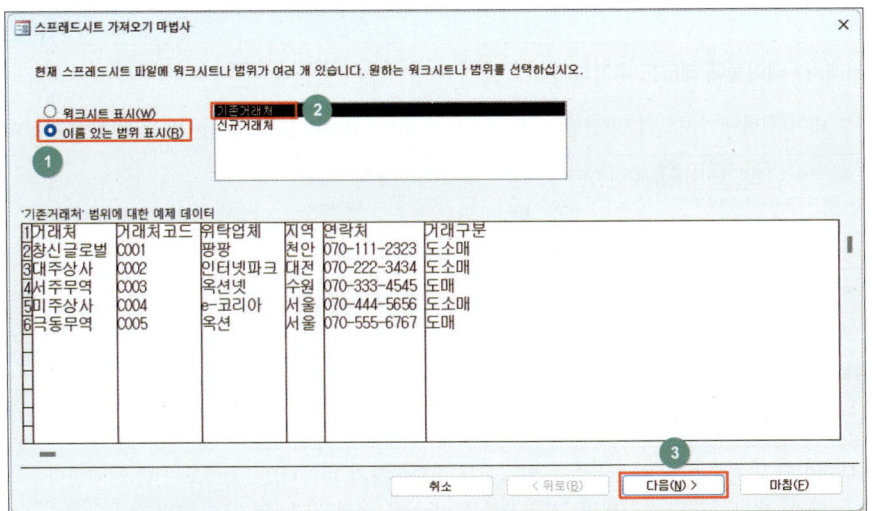

⑥ 마법사 2단계로 전환되면 '첫 행에 열 머리글이 있음'을 체크한 후 [다음]을 클릭한다.
⑦ 마법사 3단계로 전환되면 '테이블로 가져오기' 영역이 '단골거래처'인지 확인한 후 [마침]을 클릭한다.
⑧ [외부 데이터 가져오기 - Excel 스프레드시트] 대화상자의 '가져오기 단계 저장'이 해제되어 있는 상태에서 [닫기]를 클릭하여 작업을 마무리한다.

| 제2작업 | 입력 및 수정 기능 구현

1 <주문현황> 폼 완성하기

① 〈주문현황〉 폼을 선택한 후 바로 가기 메뉴에서 [디자인 보기(📐)]를 선택한다.
② [양식 디자인]탭-[도구]영역에서 [속성 시트(📋)]를 선택하거나 [F4]를 눌러 속성 시트를 표시한다.
③ '폼' 속성 시트 창의 [데이터]탭에서 '추가 가능' 속성을 '아니요'로 설정한다.

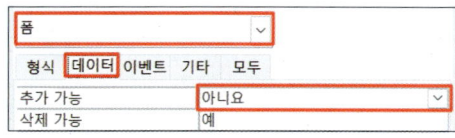

④ 'txt배송료' 컨트롤을 선택한 후 속성 시트 창의 [모두]탭 중 '컨트롤 원본' 속성에 「=IIF([수량]>=50,0,3000)」와 같이 입력한다.

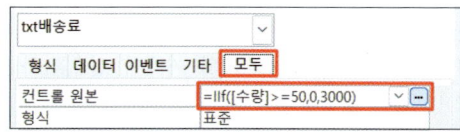

⑤ 'txt단가' 컨트롤을 선택한 후 속성 시트 창의 [기타]탭 중 '탭 정지' 속성을 '아니요'로 설정한다.

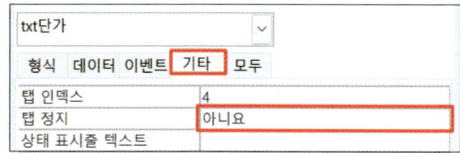

⑥ 설정이 마무리 되면 닫기(✕) 버튼을 클릭하고, 저장 확인 대화상자가 나타나면 [예(Y)]를 선택한다.

2 '조회(cmd조회)' 이벤트 프로시저

① 〈거래처검색〉 폼을 선택한 후 바로 가기 메뉴에서 [디자인 보기(📐)]를 선택한다.
② 'cmd조회' 컨트롤을 더블 클릭한 후 속성 창의 [이벤트]탭에서 'On Click' 속성을 선택한다. 커서를 삽입하면 나타나는 '작성기(…)' 버튼을 클릭한다.
③ [작성기 선택] 대화상자가 나타나면, '코드 작성기'를 선택한 후 [확인]을 클릭한다.
④ 'cmd조회_Click()' 코드 창이 나타나면 다음과 같이 코드를 작성한다.

Private Sub cmd조회_Click( )
 Me.RecordsetClone.FindFirst "거래처코드='" & txt찾기 & "'"
 → '거래처코드'가 'txt찾기'에 입력된 값과 동일한 레코드를 검색
 Me.Bookmark = Me.RecordsetClone.Bookmark
 → 검색한 값을 현재 폼에 대입하여 원본을 재설정
End Sub

⑤ 입력이 완료되면 [닫기(✕)] 버튼을 클릭하여 VBA를 종료한다.
⑥ 'On Click' 속성란에 '[이벤트 프로시저]'가 지정된다.

3 'cmb거래처코드' 속성 설정하기

① 〈주문현황〉 폼의 바로 가기 메뉴에서 [디자인 보기()]를 선택한다.
② 본문 영역의 'cmb거래처코드' 컨트롤의 바로 가기 메뉴에서 [변경]-[콤보 상자]를 선택한다.

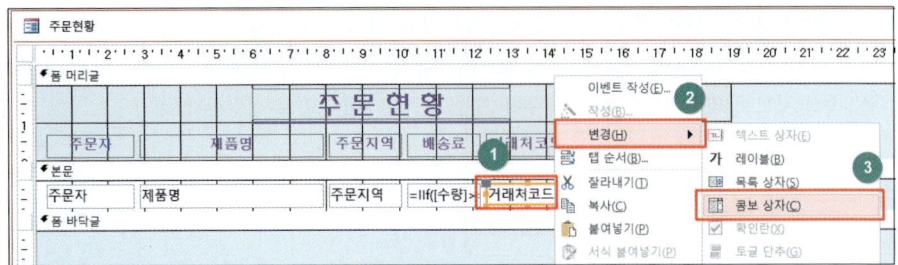

③ 'cmb거래처코드' 컨트롤 속성 창의 [데이터]탭에서 '행 원본 유형'을 '테이블/쿼리'로 설정한 후, '행 원본' 속성의 '작성기(...)'를 클릭한다.
④ [테이블 추가] 대화상자에서 〈거래처〉 테이블을 더블 클릭하여 추가한다.
⑤ [주문현황 : 쿼리 작성기] 창에 〈거래처〉 테이블이 추가되면 '거래처코드'와 '거래처' 필드를 차례대로 더블 클릭하여 필드 영역에 추가한 후 [닫기(✕)] 버튼을 클릭한다.

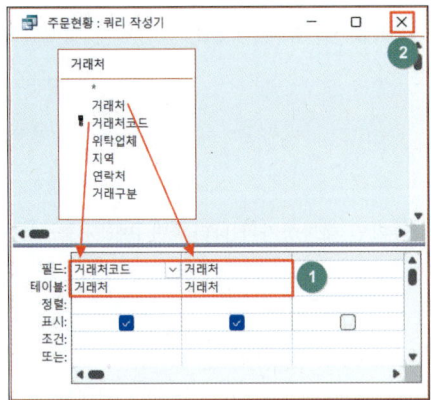

⑥ 업데이트 확인 창이 나타나면 [예(Y)]를 선택한다.
⑦ [데이터]탭에서 '행 원본' 속성이 설정된 것을 확인한 후, '바운드 열'에는 「1」을 입력하고 '목록 값만 허용'은 '예'로 설정한다.

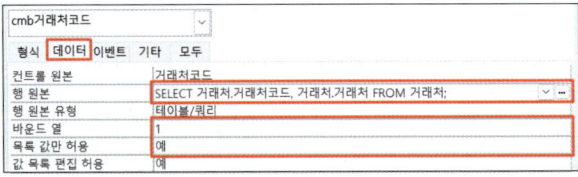

⑧ [형식]탭에서 '열 개수'에는 「2」, '열 너비'에는 「1;3」, '목록 너비'에는 「4」를 입력한다. 입력이 마무리되면 너비의 단위(cm)는 자동으로 표시된다.

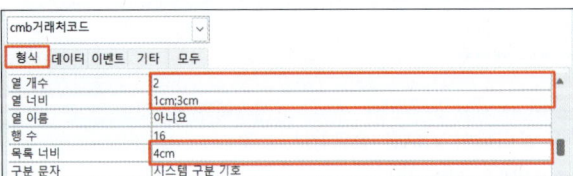

| 제3작업 | 조회 및 출력 기능 구현

1 〈지역별주문내역〉 보고서 완성하기

① 〈지역별주문내역〉 보고서의 바로 가기 메뉴에서 [디자인 보기(🔲)]를 선택한 후 [F4]을 눌러 속성 창을 표시한다.

② [보고서 디자인]탭-[그룹화 및 요약] 영역의 [그룹화 및 정렬]을 선택한다.

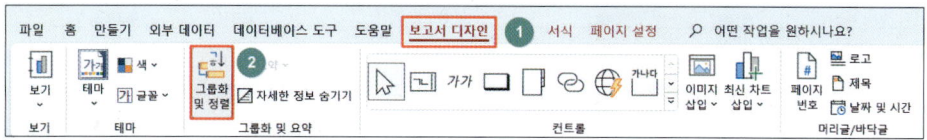

③ 화면 하단에 '그룹, 정렬 및 요약' 창이 나타나면, [정렬 추가] 버튼을 클릭한다.

④ 정렬 기준으로 '주문자'를 선택한 후 정렬 방식을 '오름차순'으로 설정한다.

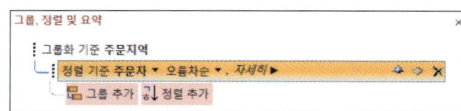

⑤ 'txt거래처' 컨트롤을 선택한 후 속성 시트 창의 [모두]탭 중 '컨트롤 원본' 속성에 「=[거래처]&"("&[거래처코드]&")"」와 같이 입력한다.

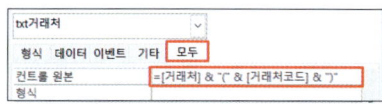

⑥ 'txt순번' 컨트롤을 선택한 후 속성 창의 [데이터]탭 중 '컨트롤 원본' 속성에 「=1」과 같이 입력하고, '누적 합계' 속성을 '그룹'으로 설정한다.

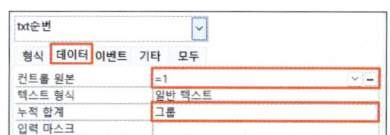

⑦ 'txt주문건수' 컨트롤을 선택한 후 속성 시트 창의 [모두]탭 중 '컨트롤 원본' 속성에 「=Format(Count(*),"""● 총 :   ""0""건 ●""")」와 같이 입력한다.

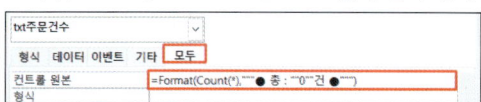

> **잠깐!** ▼
>
> 컨트롤 원본에 「=Format(Count(*),"● 총 :" 0건 ●")」와 같이 입력하고 [Enter]를 누르면 자동으로 「=Format(Count(*),"""● 총 : ""0""건 ●""")」와 같이 변경됩니다.

⑧ 'txt페이지' 컨트롤을 선택한 후 속성 시트 창의 [모두]탭 중 '컨트롤 원본' 속성에 「="전체 " & [Pages] & "쪽 중 " & [Page] & "쪽"」와 같이 입력한다.

⑨ 설정이 마무리 되면 닫기(✖) 버튼을 클릭하고, 저장 확인 대화상자가 나타나면 [예(Y)]를 선택한다.

2 '폼열기' 매크로

① 탐색 창에서 〈거래처검색〉 폼을 선택한 후 바로 가기 메뉴에서 [디자인 보기(![)]를 선택한다.
② [만들기]탭-[매크로 및 코드] 영역에서 [매크로]를 선택한다.

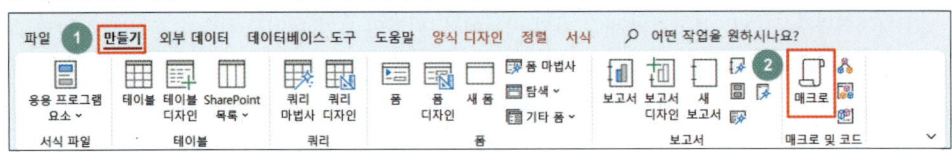

③ 매크로 함수 목록(∨)에서 'MessageBox'를 선택한다.
④ MessageBox 매크로 대화상자로 전환되면 '메시지'는 「**주문내역을 확인합니다.**」와 같이 입력하고, '경고음'은 언급된 사항이 없으니 작업하지 않는다. '종류'는 '정보'를 선택하고, '제목'은 작업하지 않는다.

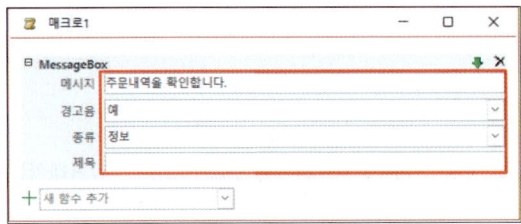

⑤ '새 함수 추가' 목록(∨)에서 'OpenForm'을 선택한다.
⑥ OpenForm 매크로 대화상자로 전환되면 '폼 이름'은 '주문현황', '개체 유형'은 '폼'을 선택한다. '필터 이름'은 생략하고 'Where 조건식'은 「[거래처코드]=[Forms]![거래처검색]![txt찾기]」와 같이 입력한다.

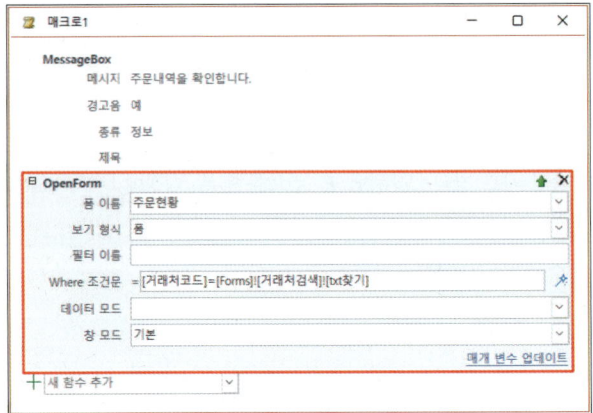

⑦ 화면 상단의 [닫기(✕)]를 클릭한 후, 저장 확인창이 나타나면 [예(Y)]를 선택한다.
⑧ [다른 이름으로 저장] 대화상자가 나타나면 매크로 이름을 '**폼열기**'로 입력한 후 [확인]을 클릭한다. 저장이 마무리되면 탐색 창 목록에서 매크로를 확인할 수 있다.
⑨ 〈거래처검색〉 폼의 'cmd열기' 컨트롤을 더블 클릭한 후 속성 창의 [이벤트]탭에서 'On Click' 속성을 선택한다. 커서를 삽입하면 나타나는 목록(∨)에서 '폼열기' 매크로를 선택한다.

| 제4작업 | 처리 기능 구현

1 <주문하지않은거래처> 쿼리

① [만들기]-[쿼리] 영역에서 [쿼리 디자인(▦)] 메뉴를 클릭한다.
② [테이블 추가] 대화상자가 나타나면 <단골거래처> 테이블을 더블 클릭하여 추가한다.
③ 쿼리 디자인 창에 삽입된 <단골거래처> 테이블에서 '거래처', '거래처코드', '위탁업체', '거래구분' 필드를 차례대로 더블 클릭하여 추가한다.
④ 중복 여부를 판단하기 위해 '거래처코드' 필드의 '조건:' 영역에 「Not In(select 거래처코드 from 거래처)」와 같이 입력한다.

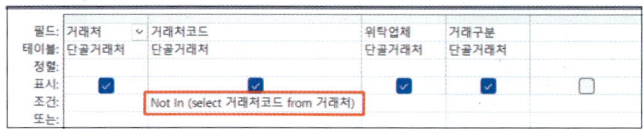

⑤ 쿼리 디자인 탭의 바로 가기 메뉴에서 [저장(🖫)]을 선택하거나, [닫기(🗙)]를 클릭한다.
⑥ [다른 이름으로 저장] 대화상자에서 쿼리 이름을 「**주문하지않은거래처**」로 입력한 후 [확인]을 클릭한다.

2 <주문내역평균> 쿼리

① [만들기]-[쿼리] 영역에서 [쿼리 디자인(▦)] 메뉴를 클릭한다.
② [테이블 추가] 대화상자가 나타나면 <주문내역> 테이블을 더블 클릭하여 추가한다.
③ 쿼리 디자인 창에 삽입된 <주문내역> 테이블에서 '주문지역'과 '수량' 필드를 차례대로 더블 클릭하여 추가한다.
④ 결제금액을 계산하기 위해 마지막 '필드:' 영역에 「**결제금액평균:[매출]*(1-[할인율])**」과 같이 입력한다.

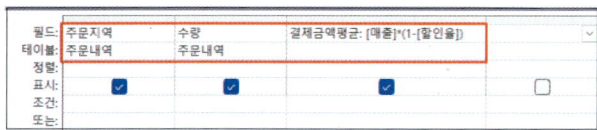

⑤ 주문지역별 그룹을 지정하기 위해 [쿼리 디자인]탭-[표시/숨기기] 영역에서 [요약(Σ)]을 클릭한다.

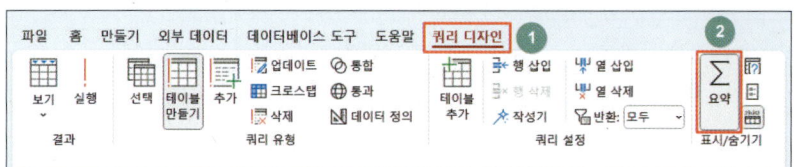

⑥ '수량' 필드의 '요약:' 영역에서 '평균'을 선택한 후, 캡션을 설정하기 위해 '필드:' 값을 「**수량평균:수량**」으로 변경한다. 이어서 '결제금액평균' 필드의 '요약:' 영역에서 '평균'을 선택한다.

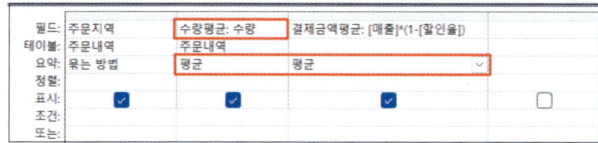

⑦ '수량평균' 필드를 선택한 후 속성 시트의 '형식'을 '표준'으로 설정하고, '소수 자릿수'를 「1」로 설정한다. 만약, 속성 시트가 보이지 않는다면 [F4]를 눌러 표시한다.

⑧ '결제금액평균' 필드를 선택한 후 속성 시트의 '형식'을 '통화'로 설정한다.

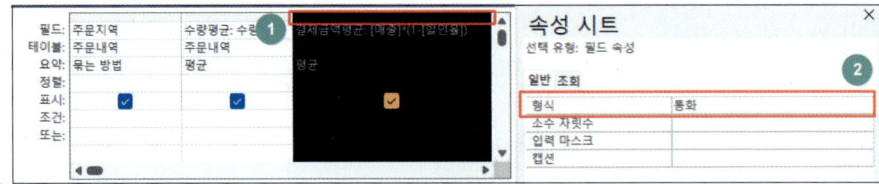

⑨ 쿼리 디자인 탭의 바로 가기 메뉴에서 [저장(🖬)]을 선택하거나, [닫기(🗙)]를 클릭한다.
⑩ [다른 이름으로 저장] 대화상자에서 쿼리 이름을 「주문내역평균」으로 입력한 후 [확인]을 클릭한다.

3 <미수금조회> 쿼리

① [만들기]-[쿼리] 영역에서 [쿼리 디자인(🖽)] 메뉴를 클릭한다.
② [테이블 추가] 대화상자가 나타나면 <주문자> 테이블을 더블 클릭하여 추가한다.
③ 쿼리 디자인 창에 삽입된 <주문자> 테이블에서 '주문자', '거래일', '미수금', '회원등급' 필드를 차례대로 더블 클릭하여 추가한다.
④ '미수금' 필드의 '조건:' 영역에 「>=100000」과 같이 입력한다.

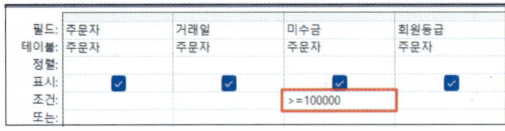

⑤ 매개변수 작업을 위해 '회원등급' 필드의 '조건:' 영역에 「조회할 회원등급을 입력하세요」와 같이 입력한다. 단, '표시:' 영역의 체크 박스는 해제한다.

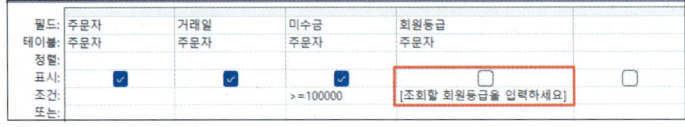

⑥ 쿼리 유형을 변경하기 위해 [쿼리 디자인]탭-[쿼리 유형] 영역에서 [테이블 만들기(🖽)]를 클릭한다. [테이블 만들기] 대화상자가 나타나면 새 테이블의 이름을 「연체실버회원명단」으로 입력한 후 [확인]을 클릭한다.

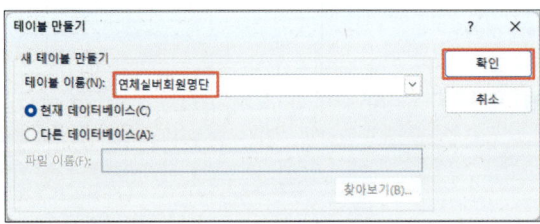

⑦ 쿼리 실행을 위해 [쿼리 디자인]탭-[결과] 영역에서 [실행(!)]을 클릭한다.
⑧ '매개 변수 값 입력' 대화상자가 나타나면 조회할 회원 등급으로 「실버」를 입력한다. '9행을 붙여 넣습니다.'와 같은 메시지 대화상자가 나타나면 [예]를 클릭한다. 이후 탐색 창의 테이블 목록에 〈연체실버회원명단〉 테이블이 추가된다.

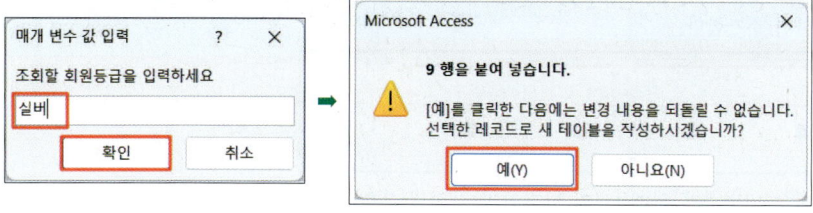

⑨ 쿼리 디자인 탭의 바로 가기 메뉴에서 [저장(💾)]을 선택하거나, [닫기(✕)]를 클릭한다.
⑩ [다른 이름으로 저장] 대화상자에서 쿼리 이름을 「미수금조회」로 입력한 후 [확인]을 클릭한다.

4 '수량(txt수량)' 이벤트 프로시저

① 〈주문현황〉 폼을 선택한 후 바로 가기 메뉴에서 [디자인 보기(🖾)]를 선택한다.
② 'txt수량' 컨트롤을 더블 클릭한 후 속성 창의 [이벤트]탭에서 'On Got Focus' 속성을 선택한다. 커서를 삽입하면 나타나는 '작성기(…)' 버튼을 클릭한다.
③ [작성기 선택] 대화상자가 나타나면, '코드 작성기'를 선택한 후 [확인]을 클릭한다.
④ 'txt수량_GotFocus()' 코드 창이 나타나면 다음과 같이 코드를 작성한다.

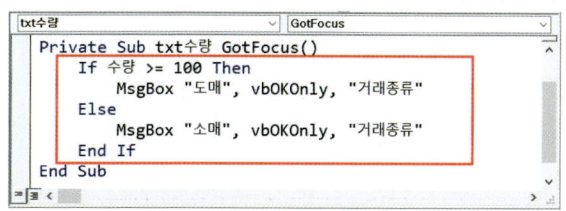

Private Sub txt수량_GotFocus( )
　If 수량 >= 100 Then
　→ '수량' 값이 100이상이면
　　MsgBox "도매", vbOkOnly, "거래종류"
　　→ "도매"라 메시지 출력
　Else
　　MsgBox "소매", vbOkOnly, "거래종류"
　　→ "소매"라 메시지 출력
　End If
End Sub

⑤ 입력이 완료되면 [닫기(✕)] 버튼을 클릭하여 VBA를 종료한다.
⑥ 'On Got Focus' 속성란에 '[이벤트 프로시저]'가 지정된다.

5 <짝수코드업체주문현황> 쿼리

① [만들기]-[쿼리] 영역에서 [쿼리 디자인(　)] 메뉴를 클릭한다.
② [테이블 추가] 대화상자가 나타나면 <주문내역> 테이블을 더블 클릭하여 추가한다.
③ 쿼리 디자인 창에 삽입된 <주문자> 테이블에서 '주문지역', '거래처코드', '수량' 필드를 차례대로 더블 클릭하여 추가한다.

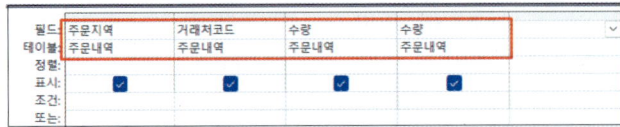

④ 쿼리 유형을 변경하기 위해 [쿼리 디자인]탭-[쿼리 유형] 영역에서 [크로스탭(　)]을 클릭한다. 각 필드별 '크로스탭:' 영역을 <그림>과 같이 설정한다. '수량' 필드의 경우 계산을 위해 '요약:'을 '합계'로 지정한다.

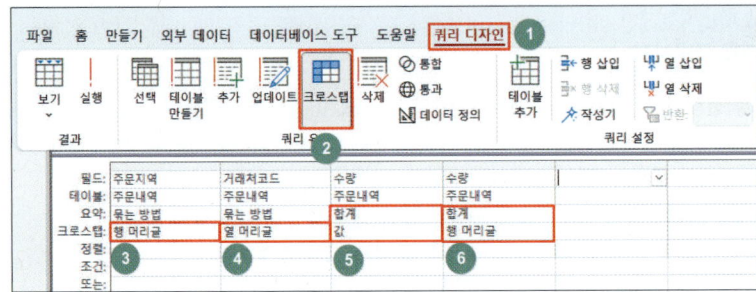

⑤ 값의 대한 '행 머리글'의 캡션을 변경하기 위해 '필드:' 영역을 「짝수코드:수량」과 같이 변경한다.

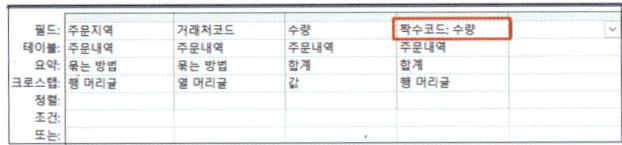

⑥ 조건을 설정하기 위해 마지막 '필드:' 영역에 「Right([거래처코드],2) Mod 2」와 같이 입력한다. '요약:'을 '조건'으로 설정하고 거래처코드 숫자 영역이 짝수인 데이터만 표시하기 위해 '조건:' 영역에 「0」을 입력한다.

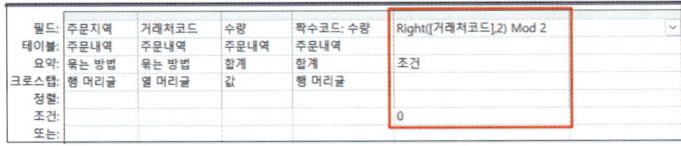

⑦ 쿼리 디자인 탭의 바로 가기 메뉴에서 [저장(　)]을 선택하거나, [닫기(　)]를 클릭한다.
⑧ [다른 이름으로 저장] 대화상자가 나타나면 쿼리 이름을 「**짝수코드업체주문현황**」으로 입력한 후 [확인]을 클릭한다.

데이터베이스 실전모의고사 3회 문제

작업 파일 : 컴활1급/데이터베이스/모의고사/실전모의고사3회.accdb
암호 : 864376
외부데이터 위치 : 컴활1급/데이터베이스/외부데이터

| 제1작업 | DB구축 (25점)

1 다음의 지시사항에 따라 <고객정보> 테이블을 완성하시오. (각 3점)

① '신청번호' 필드를 기본 키(PK)로 지정하시오.
② '고객명' 필드에는 공백이 입력되지 않도록 유효성 검사 규칙을 설정하시오.
▶ Instr 함수 사용
③ '주민등록번호' 필드에는 710730-2080011과 같이 숫자 13자리가 필수로 입력되도록 입력 마스크를 설정하시오.
▶ '-' 서식 문자도 함께 저장되도록 설정할 것
④ '신용등급' 필드는 1~9사이의 숫자만 입력되도록 설정하시오.
▶ Between 연산자 사용
⑤ '직업' 필드에는 빈 문자열이 허용되지 않도록 설정하시오.

2 <대출현황> 테이블의 '신청번호' 필드는 <고객정보> 테이블의 '신청번호' 필드를 참조하며 테이블 간의 관계는 M:1이다. 또한 <대출현황> 테이블의 '상품코드' 필드는 <상품구분> 테이블의 '상품코드' 필드를 참조하며 테이블 간의 관계는 M:1이다. 각 테이블에 대해 다음과 같이 관계를 설정하시오. (5점)

▶ 각 테이블 간에는 항상 참조 무결성을 유지하도록 설정하시오.
▶ <고객정보> 테이블의 '신청번호'가 변경되면 이를 참조하는 <대출현황> 테이블의 '신청번호'도 따라 변경되도록 설정하고, <상품구분> 테이블의 '상품코드'가 변경되면 이를 참조하는 <대출현황> 테이블의 '상품코드'도 따라 변경되도록 설정하시오.
▶ <대출현황> 테이블에서 참조하고 있는 <고객정보> 테이블의 레코드를 삭제할 수 있도록 설정하시오.
▶ <대출현황> 테이블에서 참조하고 있는 <상품구분> 테이블의 레코드를 삭제할 수 없도록 설정하시오.

3 <대출현황> 테이블의 '상품코드' 필드에 대해 다음과 같이 조회 속성을 설정하시오. (5점)

▶ 〈상품구분〉 테이블의 '상품코드'와 '상품종류'가 콤보 상자의 형태로 표시되도록 설정할 것
▶ 필드에는 '상품코드'가 저장되도록 설정할 것
▶ 열 너비를 각각 2cm로 설정하고, 목록 너비를 4cm로 설정할 것

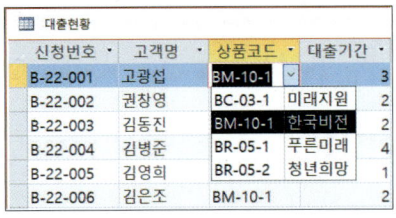

| 제2작업 | 입력 및 수정 기능 구현 (20점)

1 다음의 지시사항 및 화면을 참고하여 <고객정보조회> 폼을 완성하시오. (각 3점)

① 〈고객정보〉 테이블을 폼의 레코드 원본으로 설정하시오.
② 폼 머리글 영역에 'txt고객명'과 'txt신용등급' 컨트롤에 각각 '고객명'과 '신용등급' 필드를 바운드 시키시오.
③ 기본 폼과 하위 폼을 '신청번호' 필드를 기준으로 연결하시오.

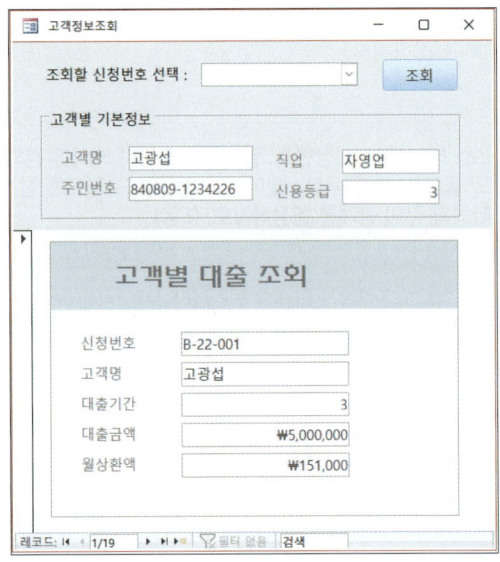

196

2 <대출상품별현황> 폼의 '상품종류(lst상품종류)' 컨트롤을 클릭(Click)하면 다음과 같은 기능을 수행하는 이벤트 프로시저를 작성하시오. (6점)

▶ 'lst상품종류' 컨트롤을 클릭하면 선택한 상품종류에 대한 정보가 표시되고, 'chk확인' 컨트롤이 해제(False)되도록 설정할 것
▶ Filter, FilterOn 속성 사용

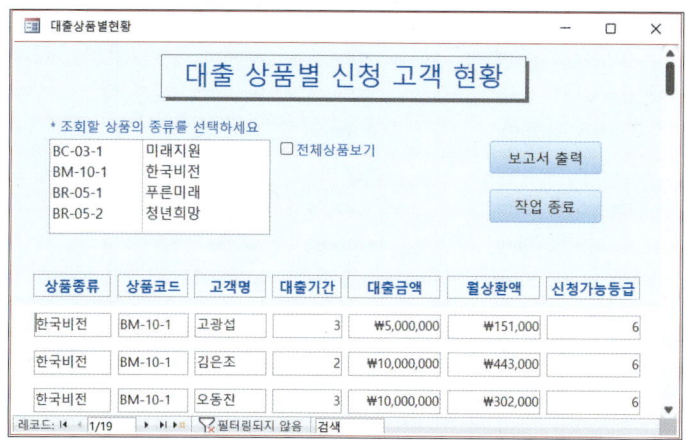

3 <대출상품별현황> 폼의 'chk확인' 컨트롤을 클릭(Click)하면 다음과 같은 기능을 수행하는 이벤트 프로시저를 작성하시오. (5점)

▶ 'chk확인' 컨트롤이 선택(True)되면 상품종류 조건이 해제되어 전체 대출 목록이 표시되도록 설정할 것
▶ If 구문과 FilterOn 속성 사용

| 제3작업 | 조회 및 출력 기능 구현 (20점)

1 다음의 지시사항 및 화면을 참고하여 <대출내역현황> 보고서를 완성하시오. (각 3점)

① <대출상황요약> 쿼리를 보고서의 레코드 원본으로 설정하시오.
② '상품종류' 필드를 기준으로 내림차순 정렬하여 표시하시오.
③ 보고서 머리글 영역에 <화면>과 같이 레이블 컨트롤을 생성하시오.
  ▶ 레이블 컨트롤에 이름은 'lab제목'으로 설정할 것
  ▶ 캡션은 "상품별 대출 조회"로 지정할 것
  ▶ 글꼴 크기는 20, 글자색은 '표준 색-파랑', 텍스트 맞춤은 '가운데'로 설정할 것
④ 본문의 'txt순번' 컨트롤에는 그룹별 일련번호가 표시되도록 설정하시오.
⑤ 페이지 바닥글의 'txt날짜' 컨트롤에는 시스템의 현재 날짜가 다음과 같이 표시되도록 설정하시오.
  ▶ 표시 예 : 2024년 3월 1일 금요일

상품별 대출 조회

순번	상품종류	상품코드	고객명	대출기간	대출금액	월상환액
1	한국비전	BM-10-1	김은조	2	₩10,000,000	₩443,000
2	한국비전	BM-10-1	오동진	3	₩10,000,000	₩302,000
3	한국비전	BM-10-1	이민정	1	₩7,000,000	₩604,000
4	한국비전	BM-10-1	고광섭	3	₩5,000,000	₩151,000
5	푸른미래	BR-05-1	하민지	4	₩10,000,000	₩230,000
6	푸른미래	BR-05-1	권창영	2	₩7,000,000	₩310,000
7	푸른미래	BR-05-1	김영희	1	₩5,000,000	₩431,000
8	푸른미래	BR-05-1	서현명	5	₩23,000,000	₩429,000
9	푸른미래	BR-05-1	이상민	1	₩5,000,000	₩431,000
10	푸른미래	BR-05-1	정종수	1	₩15,000,000	₩1,294,000
11	청년희망	BR-05-2	마동탁	1	₩2,000,000	₩173,000
12	청년희망	BR-05-2	이찬진	5	₩20,000,000	₩373,000
13	청년희망	BR-05-2	정수만	2	₩5,000,000	₩222,000
14	청년희망	BR-05-2	진대준	4	₩2,000,000	₩46,000
15	청년희망	BR-05-2	채경찬	2	₩5,000,000	₩222,000
16	청년희망	BR-05-2	김동진	2	₩5,500,000	₩244,000
17	미래지원	BC-03-1	임종례	1	₩2,000,000	₩173,000
18	미래지원	BC-03-1	김병준	4	₩20,000,000	₩461,000
19	미래지원	BC-03-1	이진영	5	₩10,000,000	₩186,000

2024년 10월 16일 수요일　　　　　　　　　　　　　　　현재 페이지 : 1

2 <대출상품별현황> 폼의 '보고서 출력(cmd보고서)' 버튼을 클릭(Click)하면 <대출내역현황> 보고서를 '인쇄 미리 보기' 방식으로 여는 <대출내역보기> 매크로를 생성한 후 지정하시오. (5점)

▶ 'lst상품종류'에서 선택된 상품종류와 일치하는 거래내역만을 표시할 것

| 제4작업 | 처리 기능 구현 (35점)

1 <대출현황> 테이블을 이용하여 월별 대출금액과 월상환액의 평균을 조회하는 <월별대출평균> 쿼리를 작성하시오. (7점)

▶ '신청일' 필드를 이용하여 월별 '대출금액'과 '월상환액'의 평균을 구하여 표시할 것 (Month 함수와 & 연산자 사용)
▶ 결과 필드는 〈화면〉을 참고하여 설정할 것

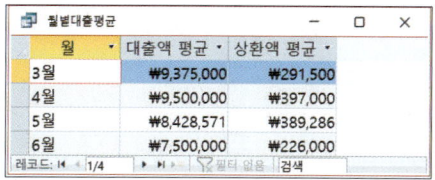

2 직업별 성별별 인원수를 조회하는 <직업별성별별인원수> 크로스탭 쿼리를 작성하시오. (7점)

▶ 〈고객정보〉 테이블을 사용할 것
▶ 인원수는 '고객명' 필드를 이용할 것
▶ 크로스탭 쿼리의 열은 Iif 함수를 이용하여 '성별' 필드의 값이 '-1'이면 "남", '0'이면 "여"로 표시할 것

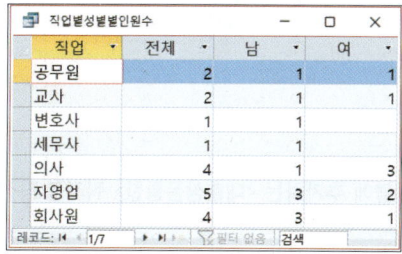

3 <대출현황> 테이블을 사용하여 고객별 대출상환일을 계산하는 <장기대출자명단> 쿼리를 작성하시오. (7점)

▶ '상환일'은 '신청일'로부터 '대출기간'이 경과한 날짜로 계산할 것 (DateAdd 함수 사용)
▶ 대출기간이 3년 이상 5년 이하인 데이터만 표시할 것 (Between 연산자 사용)
▶ 결과 필드는 〈화면〉을 참고하여 설정할 것

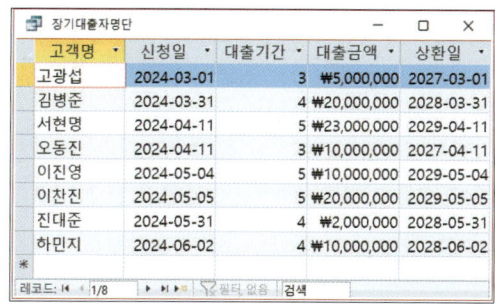

4 <추가대출신청명단> 테이블을 이용하여 신규 고객의 신용등급조회 정보를 변경하는 <신규고객정보변경> 업데이트 쿼리를 작성하고 실행하시오. (7점)

▶ <추가대출신청명단> 테이블에는 있고 <고객정보> 테이블에는 없는 고객이 신규 고객임
▶ 데이터의 중복여부는 '주민등록번호' 필드를 이용하여 판단할 것
▶ 신규 고객이 조회되면 '신용등급조회' 필드의 값을 'Yes'로 변경할 것
▶ Not In을 사용하여 SQL 명령문을 사용할 것
▶ 결과 필드는 <화면>을 참고하여 설정할 것

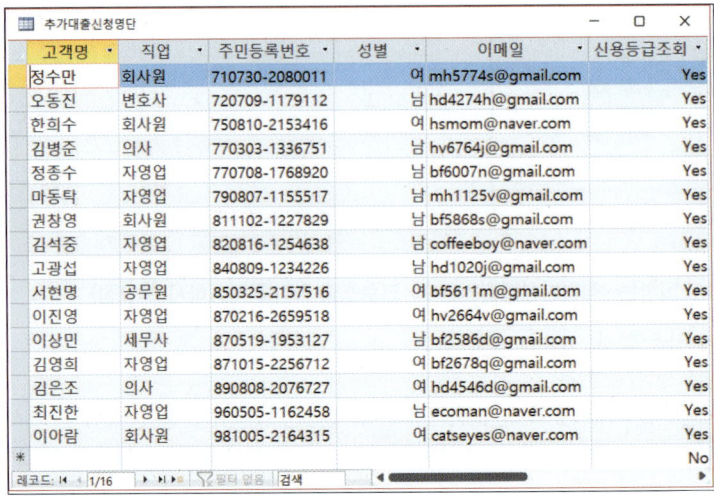

※ 쿼리를 실행한 후의 <추가대출신청명단> 테이블

5 <상품구분> 테이블의 모든 레코드를 <신규개발상품> 테이블에 추가하는 <대출상품통합> 쿼리를 작성하고 실행하시오. (7점)

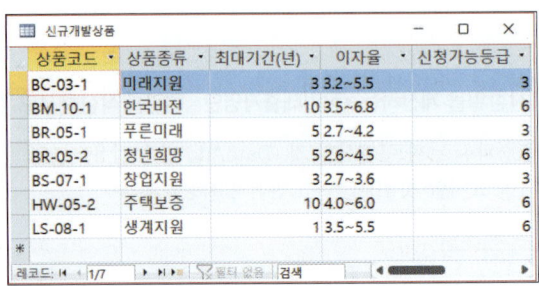

※ 쿼리를 실행한 후의 <신규개발상품> 테이블

• 데이터베이스 •

데이터베이스 실전모의고사 3회 정답 및 해설

정답 파일 : 컴활1급/데이터베이스/모의고사/정답/실전모의고사3회(정답).accdb

| 제1작업 | DB구축

1 <고객정보> 테이블 완성하기

① 〈고객정보〉 테이블의 바로 가기 메뉴에서 [디자인 보기(🔍)]를 선택한다.

② '신청번호' 필드를 선택한 후 [테이블 디자인]탭-[도구] 영역에서 [기본 키(🔑)]를 선택한다.

③ '고객명' 필드를 선택한 후 '유효성 검사 규칙'에 「Instr([고객명]," ")=0」과 같이 입력한다.

④ '주민등록번호' 필드를 선택한 후 '입력 마스크'에 「000000-0000000;0」과 같이 입력한다.

⑤ '신용등급' 필드를 선택한 후 '유효성 검사 규칙'에 「Between 1 And 9」와 같이 입력한다.

⑥ '직업' 필드를 선택한 후 '빈 문자열 허용'을 '아니요'로 변경한다.

⑦ 닫기(✕) 버튼을 클릭하면 저장을 위한 대화상자가 나타난다. [예(Y)]를 선택하고 테이블을 종료한다.

2 테이블 간 관계 설정하기

① [데이터베이스 도구]탭-[관계]영역의 [관계(🗐)]를 선택한다.
② [관계 디자인]탭-[관계]영역에서 [테이블 추가(🗃)]를 클릭하여 대화상자를 표시한 후, 〈고객정보〉 테이블, 〈대출현황〉 테이블, 〈상품구분〉 테이블을 차례대로 더블 클릭하거나 [선택한 표 추가]를 클릭하여 [관계] 창에 추가한다.
③ 〈고객정보〉 테이블의 '신청번호' 필드를 〈대출현황〉 테이블의 '신청번호' 필드로 드래그한다.
④ [관계 편집] 대화상자가 나타나면 '항상 참조 무결성 유지', '관련 필드 모두 업데이트', '관련 레코드 모두 삭제'를 모두 선택한 후 [만들기] 버튼을 클릭한다.

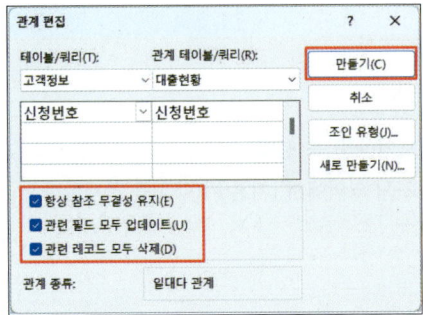

⑤ 〈상품구분〉 테이블의 '상품코드' 필드를 〈대출현황〉 테이블의 '상품코드' 필드로 드래그한다.
⑥ [관계 편집] 대화상자가 나타나면 '항상 참조 무결성 유지'와 '관련 필드 모두 업데이트'를 선택한 후 [만들기] 버튼을 클릭한다.

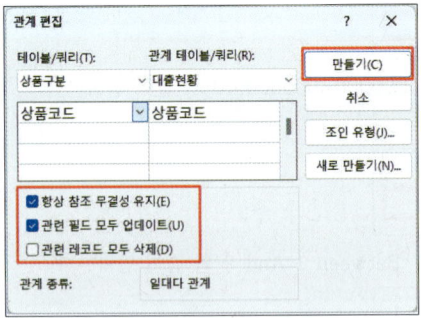

⑦ [관계]창 상단에 닫기(✕) 버튼을 클릭하면 저장을 위한 대화상자가 나타난다. [예(Y)]를 선택하여 관계 편집을 종료한다.

3 필드 조회 속성 설정하기

① 〈대출현황〉 테이블의 바로 가기 메뉴에서 [디자인 보기(🗐)]를 선택한다.
② '상품코드' 필드를 선택한 후, 필드 속성에서 [조회]탭의 '컨트롤 표시' 목록(⌄)에서 '콤보 상자'를 선택한다.

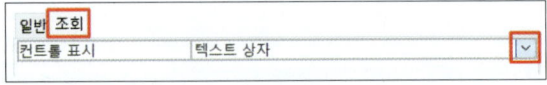

③ '행 원본' 속성의 '작성기(…)'를 클릭한다.

④ [테이블 추가] 대화상자가 나타나면 〈상품구분〉 테이블을 더블 클릭하여 추가한다.
⑤ 첫 번째 필드 자리에 '상품코드'를 더블 클릭하여 추가하고, 두 번째 필드 자리에 '상품종류' 필드를 더블 클릭하여 추가한 후 닫기(✕) 버튼을 클릭한다.

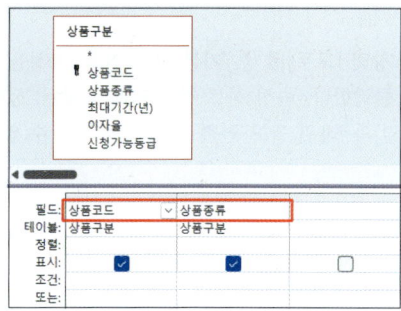

⑥ 업데이트 확인을 위한 대화상자가 나타나면 [예(Y)]를 선택한다.
⑦ '행 원본'이 설정되면 '바운드 열'에는 「1」, '열 개수'에는 「2」, '열 너비'에는 「2;2」, '목록 너비'에는 「4」를 입력한다. 입력이 마무리되면 너비의 단위(cm)는 자동으로 표시된다.

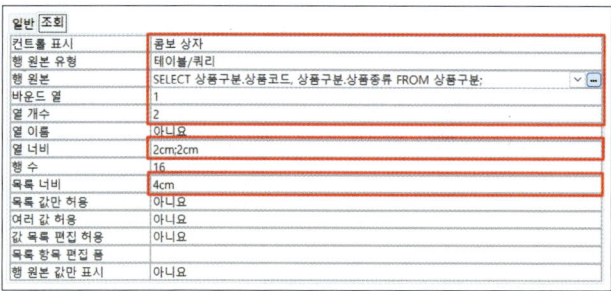

⑧ 설정이 마무리 되면 닫기(✕) 버튼을 클릭하고, 저장 확인 대화상자가 나타나면 [예(Y)]를 선택한다.

| 제2작업 | 입력 및 수정 기능 구현

1 〈고객정보조회〉 폼 완성하기

① 〈고객정보조회〉 폼을 선택한 후 바로 가기 메뉴에서 [디자인 보기(🔲)]를 선택한다.
② [양식 디자인]탭-[도구]영역에서 [속성 시트(📋)]를 선택하거나 [F4]를 눌러 속성 시트를 표시한다.
③ 속성 시트 창이 나타나면 개체 목록을 '폼'으로 선택한 후 [모두]탭 중 '레코드 원본' 속성 목록(⌵)에서 '고객정보'를 선택한다.

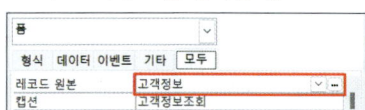

④ 'txt고객명' 컨트롤을 선택한 후 속성 시트 창의 [모두]탭 중 '컨트롤 원본' 속성 목록(⌵)에서 '고객명'을 선택한다.

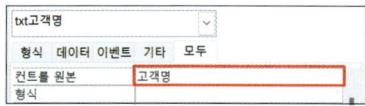

⑤ 동일한 방식으로 'txt신용등급'의 '컨트롤 원본' 속성 목록(∨)에서 '신용등급'을 선택한다.

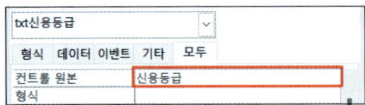

⑥ '하위 폼/하위 보고서' 컨트롤을 선택한 후 속성 시트 창의 [모두]탭 중 '기본 필드 연결' 속성을 선택한다. 커서를 삽입하면 나타나는 '연결기(…)' 버튼을 클릭한다. 속성 시트 창 상단에 표시된 '선택 유형:'이 '하위 폼/하위 보고서'가 아니면 '기본 필드 연결'과 '하위 필드 연결' 속성을 설정할 수 없으니 개체 선택 시 주의한다.

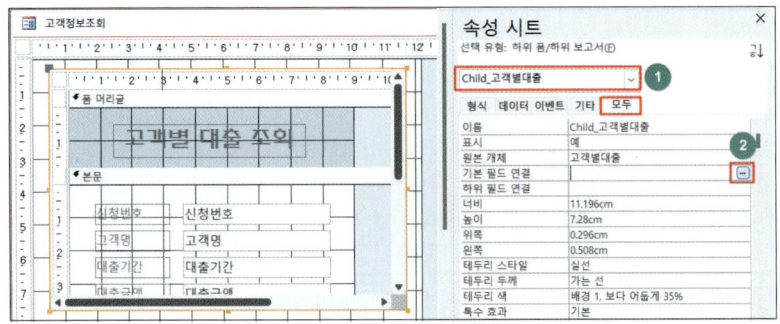

⑦ [하위 폼 필드 연결기] 대화상자가 나타나면 기본 필드와 하위 필드의 연결이 자동으로 설정되어 있을 것이다. 관계 설정 작업의 결과이니 지문과 동일한 필드라면 별도의 작업을 하지 않고 [확인]을 클릭하여 설정을 마무리한다.

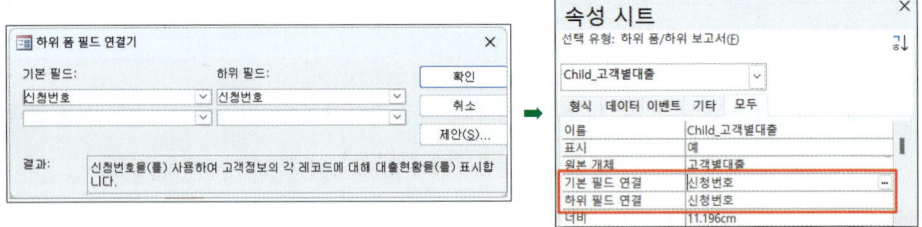

⑧ 설정이 마무리 되면 닫기(✕) 버튼을 클릭하고, 저장 확인 대화상자가 나타나면 [예(Y)]를 선택한다.

2 '상품종류(lst상품종류)' 이벤트 프로시저

① 〈대출상품별현황〉 폼을 선택한 후 바로 가기 메뉴에서 [디자인 보기(🔲)]를 선택한다.
② 'lst상품종류' 컨트롤을 더블 클릭한 후 속성 창의 [이벤트]탭에서 'On Click' 속성을 선택한다. 커서를 삽입하면 나타나는 '작성기(…)' 버튼을 클릭한다.

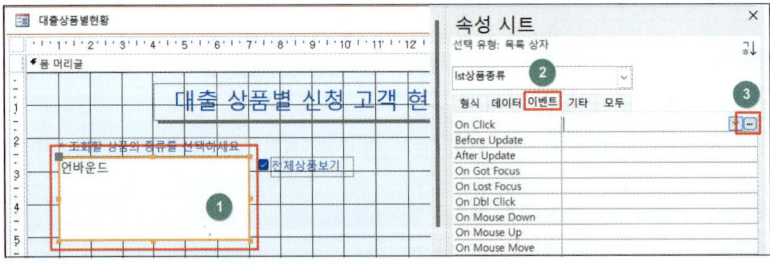

③ [작성기 선택] 대화상자가 나타나면, '코드 작성기'를 선택한 후 [확인]을 클릭한다.
④ 'lst상품종류_Click()' 코드 창이 나타나면 다음과 같이 코드를 작성한다.

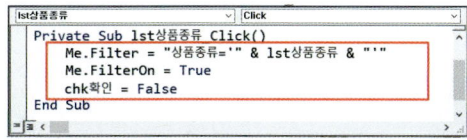

Private Sub lst상품종류_Click( )

  Me.Filter = "상품종류='" & lst상품종류 & "'"

  → '상품종류'가 'lst상품종류'에서 선택된 값과 동일한 레코드를 검색

  Me.FilterOn = True

  → Filter를 실행

  chk확인 = False

  → 'chk확인' 컨트롤을 해제

End Sub

⑤ 입력이 완료되면 [닫기(✕)] 버튼을 클릭하여 VBA를 종료한다.
⑥ 'On Click' 속성란에 '[이벤트 프로시저]'가 지정된다.

3 'chk확인' 이벤트 프로시저

① 〈대출상품별현황〉 폼의 바로 가기 메뉴에서 [디자인 보기(📐)]를 선택한다.
② 'chk확인' 컨트롤을 더블 클릭한 후 속성 창의 [이벤트]탭에서 'On Click' 속성을 선택한다. 커서를 삽입하면 나타나는 '작성기(…)' 버튼을 클릭한다.

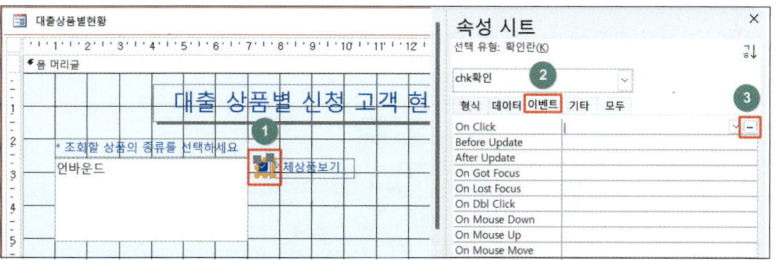

③ [작성기 선택] 대화상자가 나타나면, '코드 작성기'를 선택한 후 [확인]을 클릭한다.
④ 'chk확인_Click()' 코드 창이 나타나면 다음과 같이 코드를 작성한다.

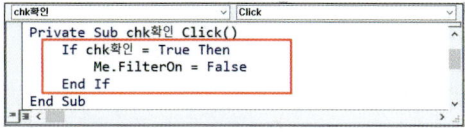

Private Sub chk확인_Click( )

  If chk확인 = True Then

  → 'chk확인' 컨트롤이 선택되면

    Me.FilterOn = False

  → Filter를 해제

  End If

End Sub

⑤ 입력이 완료되면 [닫기(✕)] 버튼을 클릭하여 VBA를 종료한다.
⑥ 'On Click' 속성란에 '[이벤트 프로시저]'가 지정된다.

| 제3작업 | 조회 및 출력 기능 구현

1 <대출내역현황> 보고서 완성하기

① 〈대출내역현황〉 보고서의 바로 가기 메뉴에서 [디자인 보기(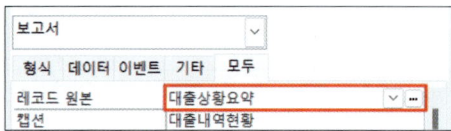)]를 선택한 후 [F4]을 눌러 속성 창을 표시한다.
② 속성 시트 창이 나타나면 개체 목록을 '보고서'로 선택한 후 [모두]탭 중 '레코드 원본' 속성 목록(▽) 에서 '대출상황요약'을 선택한다.

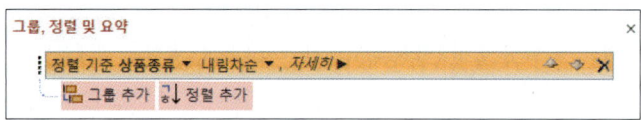

③ [보고서 디자인]탭-[그룹화 및 요약] 영역에서 [그룹화 및 정렬]을 선택한다.
④ 화면 하단에 '그룹, 정렬 및 요약' 창이 나타나면, [정렬 추가] 버튼을 클릭한다.
⑤ 정렬 기준으로 '상품종류'를 선택한 후 정렬 방식을 '내림차순'으로 설정한다.

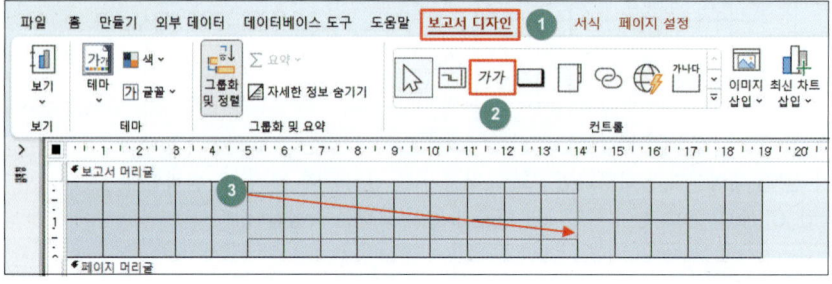

⑥ [보고서 디자인]탭-컨트롤 목록에서 '레이블(**가가**)'을 선택한 후, 마우스 커서가 '+' 모양으로 바뀌면 보고서 머리글 영역에 적절한 크기로 드래그한다.

⑦ 추가된 레이블에 「**상품별 대출 조회**」와 같이 입력하고 [Enter]를 누른다.
⑧ '레이블' 속성 창의 [모두]탭 중 '이름' 속성에 「lab제목」을 입력한다.

⑨ '글꼴 크기'는 '20', '문자색'은 '표준 색-파랑', '텍스트 맞춤'은 '가운데'로 설정한다.

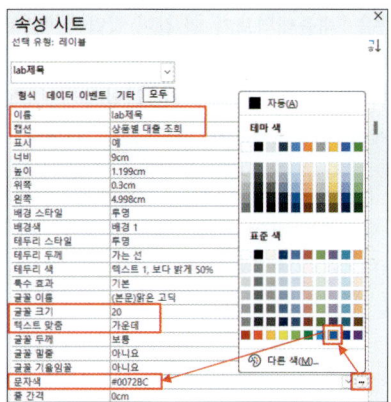

⑩ 'txt순번' 컨트롤을 선택한 후 속성 창의 [데이터]탭 중 '컨트롤 원본' 속성에 「=1」과 같이 입력하고, '누적 합계' 속성을 '그룹'으로 설정한다.

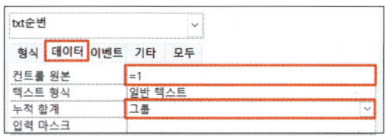

⑪ 'txt날짜' 컨트롤을 선택한 후 속성 시트 창의 [모두]탭 중 '컨트롤 원본' 속성에 「=Date()」와 같이 입력하고, '형식' 속성 목록(∨)에서 '자세한 날짜'를 선택한다.

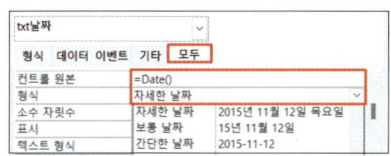

⑫ 설정이 마무리 되면 닫기(X) 버튼을 클릭하고, 저장 확인 대화상자가 나타나면 [예(Y)]를 선택한다.

2 <대출내역보기> 매크로

① 〈대출상품별현황〉 폼을 선택한 후 바로 가기 메뉴에서 [디자인 보기(⌐)]를 선택한다.
② [만들기]탭-[매크로 및 코드] 영역에서 [매크로(□)]를 선택한다.
③ 매크로 함수 목록(∨)에서 'OpenReport'를 선택한다.
④ OpenReport 매크로 대화상자로 전환되면 '보고서 이름'은 '대출내역현황', '보기 형식'은 '인쇄 미리 보기'를 선택한다. '필터 이름'은 생략하고 'Where 조건식'은 「[상품종류]= Forms![대출상품별현황]![lst상품종류]」와 같이 입력한다.

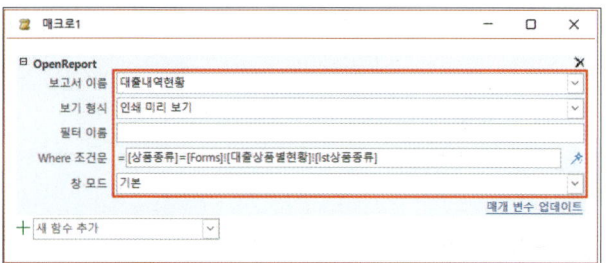

⑤ 매크로 대화상자로 전환되면 [닫기(✕)]를 클릭하고, 저장 확인창이 나타나면 [예(Y)]를 선택한다.
⑥ [다른 이름으로 저장] 대화상자가 나타나면 매크로 이름을 「**대출내역보기**」와 같이 입력한 후 [확인]을 클릭한다. 저장이 마무리되면 탐색 창 목록에서 매크로를 확인할 수 있다.
⑦ 〈대출상품별현황〉 폼의 'cmd보고서' 컨트롤을 더블 클릭한 후 속성 창의 [이벤트]탭에서 'On Click' 속성을 선택한다. 커서를 삽입하면 나타나는 목록(⌵)에서 '대출내역보기' 매크로를 선택한다.

| 제4작업 | 처리 기능 구현

1 〈월별대출평균〉 쿼리

① [만들기]-[쿼리] 영역에서 [쿼리 디자인(⊞)] 메뉴를 클릭한다.
② [테이블 추가] 대화상자가 나타나면 〈대출현황〉 테이블을 더블 클릭하여 추가한다.
③ 쿼리 디자인 창에 삽입된 〈대출현황〉 테이블에서 '신청일', '대출금액', '월상환액' 필드를 차례대로 더블 클릭하여 추가한다.
④ '월' 필드를 만들기 위해 '신청일'의 '필드:' 영역을 「**월:Month([신청일])&"월"**」과 같이 변경한다.

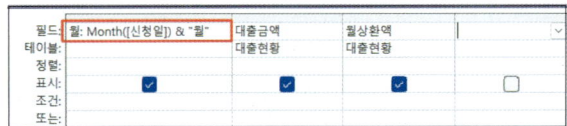

⑤ 월별 그룹을 지정하기 위해 [쿼리 디자인]탭-[표시/숨기기] 영역에서 [요약(Σ)]을 클릭한다.

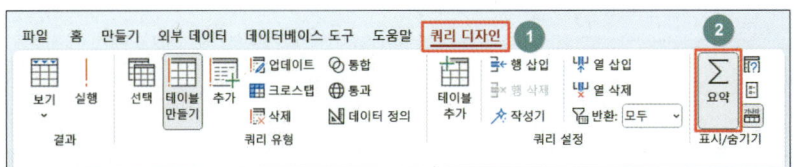

⑥ '대출금액' 필드의 '요약:' 영역에서 '평균'을 선택한 후, 캡션을 설정하기 위해 '필드:' 값을 「**대출액 평균:대출금액**」과 같이 변경한다. 이어서 '월상환액' 필드의 '요약:' 영역에서 '평균'을 선택하고, '필드:' 값을 「**상환액 평균:월상환액**」과 같이 변경한다.

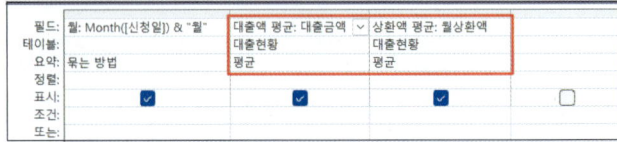

⑦ 쿼리 디자인 탭의 바로 가기 메뉴에서 [저장(💾)]을 선택하거나, [닫기(⊠)]를 클릭한다.
⑧ [다른 이름으로 저장] 대화상자에서 쿼리 이름을 「**월별대출평균**」로 입력한 후 [확인]을 클릭한다.

2 <직업별성별별인원수> 쿼리

① [만들기]-[쿼리] 영역에서 [쿼리 디자인(📋)] 메뉴를 클릭한다.
② [테이블 추가] 대화상자가 나타나면 <고객정보> 테이블을 더블 클릭하여 추가한다.
③ 쿼리 디자인 창에 삽입된 <고객정보> 테이블에서 '직업', '성별', '고객명', '고객명' 필드를 차례대로 더블 클릭하여 추가한다.

필드:	직업	성별	고객명	고객명	
테이블:	고객정보	고객정보	고객정보	고객정보	
정렬:					
표시:	✓	✓	✓	✓	
조건:					
또는:					

④ 쿼리 유형을 변경하기 위해 [쿼리 디자인]탭-[쿼리 유형] 영역에서 [크로스탭(📋)]을 클릭한다. 각 필드별 '크로스탭:' 영역을 <그림>과 같이 설정한다. '고객명' 필드의 경우 인원수를 계산하기 위하여 '요약:'을 '개수'로 지정한다.

필드:	직업	성별	고객명	고객명	
테이블:	고객정보	고객정보	고객정보	고객정보	
요약:	묶는 방법	묶는 방법	개수	개수	
크로스탭:	행 머리글	열 머리글	값	행 머리글	
정렬:					
조건:					
또는:					

⑤ 값의 대한 '행 머리글'의 캡션을 설정하기 위해 '필드:' 영역을 「**전체:고객명**」과 같이 변경한다.

필드:	직업	성별	고객명	전체: 고객명	
테이블:	고객정보	고객정보	고객정보	고객정보	
요약:	묶는 방법	묶는 방법	개수	개수	
크로스탭:	행 머리글	열 머리글	값	행 머리글	
정렬:					
조건:					
또는:					

⑥ '열 머리글' 항목 값을 설정하기 위해 '필드:' 영역을 「**열:IIF([성별]=-1,"남","여")**」와 같이 변경한다.

필드:	직업	열: IIf([성별]=-1,"남","여")	고객명	전체: 고객명	
테이블:	고객정보		고객정보	고객정보	
요약:	묶는 방법	묶는 방법	개수	개수	
크로스탭:	행 머리글	열 머리글	값	행 머리글	
정렬:					
조건:					
또는:					

⑦ 쿼리 디자인 탭의 바로 가기 메뉴에서 [저장(💾)]을 선택하거나, [닫기(✕)]를 클릭한다.
⑧ [다른 이름으로 저장] 대화상자에서 쿼리 이름을 「**직업별성별별인원수**」로 입력한 후 [확인]을 클릭한다.

3 <장기대출자명단> 쿼리

① [만들기]-[쿼리] 영역에서 [쿼리 디자인(📋)] 메뉴를 클릭한다.
② [테이블 추가] 대화상자가 나타나면 <대출현황> 테이블을 더블 클릭하여 추가한다.
③ 쿼리 디자인 창에 삽입된 <대출현황> 테이블에서 '고객명', '신청일', '대출기간', '대출금액' 필드를 차례대로 더블 클릭하여 추가한다.
④ '상환일' 필드를 만들기 위해 마지막 '필드:' 영역에 「**상환일: DateAdd("yyyy",[대출기간],[신청일])**」과 같이 입력한다.

필드:	고객명	신청일	대출기간	대출금액	상환일: DateAdd("yyyy",[대출기간],[신청일])	
테이블:	대출현황	대출현황	대출현황	대출현황		
정렬:						
표시:	✓	✓	✓	✓	✓	☐
조건:						
또는:						

⑤ '대출기간' 필드의 '조건:' 영역에 「Between 3 And 5」와 같이 입력한다.

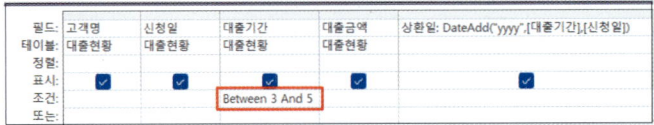

⑥ 쿼리 디자인 탭의 바로 가기 메뉴에서 [저장(💾)]을 선택하거나, [닫기(❌)]를 클릭한다.
⑦ [다른 이름으로 저장] 대화상자에서 쿼리 이름을 「장기대출자명단」으로 입력한 후 [확인]을 클릭한다.

4 〈신규고객정보변경〉 쿼리

① [만들기]-[쿼리] 영역에서 [쿼리 디자인(🔲)] 메뉴를 클릭한다.
② [테이블 추가] 대화상자가 나타나면 〈추가대출신청명단〉 테이블을 더블 클릭하여 추가한다.
③ 쿼리 디자인 창에 삽입된 〈추가대출신청명단〉 테이블에서 '주민등록번호', '신용등급조회' 필드를 차례대로 더블 클릭하여 추가한다.

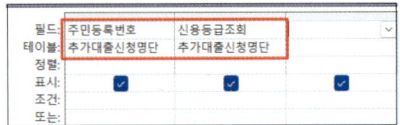

④ 쿼리 유형을 변경하기 위해 [쿼리 디자인]탭-[쿼리 유형] 영역에서 [업데이트(📝)]를 클릭한다.
⑤ 〈고객정보〉 테이블에 없는 신규 고객 정보를 검색하기 위해 '주민등록번호' 필드의 '조건:' 영역에 「Not In (select 주민등록번호 from 고객정보)」와 같이 입력하고, 정보를 변경하기 위해 '신용등급조회' 필드의 '업데이트:' 영역에 「Yes」를 입력한다.

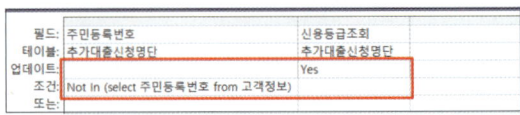

⑥ 쿼리를 실행하기 위해 [쿼리 디자인]탭-[결과] 영역에서 [실행(❗)]을 클릭한다. '4행을 새로 고칩니다.'와 같은 메시지 대화상자가 나타나면 [예]를 클릭한다.

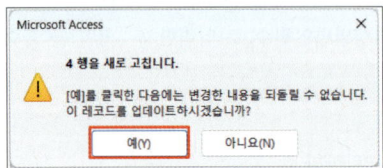

⑦ 쿼리 디자인 탭의 바로 가기 메뉴에서 [저장(💾)]을 선택하거나, [닫기(❌)]를 클릭한다.
⑧ [다른 이름으로 저장] 대화상자가 나타나면 쿼리 이름을 「신규고객정보변경」로 입력한 후 [확인]을 클릭한다.

5 〈대출상품통합〉 쿼리

① [만들기]-[쿼리] 영역에서 [쿼리 디자인(🔲)] 메뉴를 클릭한다.
② [테이블 추가] 대화상자가 나타나면 〈상품구분〉 테이블을 더블 클릭하여 추가한다.
③ 쿼리 디자인 창에 삽입된 〈상품구분〉 테이블의 모든 필드를 더블 클릭하여 추가한다.

④ 쿼리 유형을 변경하기 위해 [쿼리 디자인]탭-[쿼리 유형] 영역에서 [추가(　)]를 클릭한다. [추가] 대화상자가 나타나면 레코드가 추가될 테이블의 이름을 '신규개발상품'으로 지정한 후 [확인]을 클릭한다.

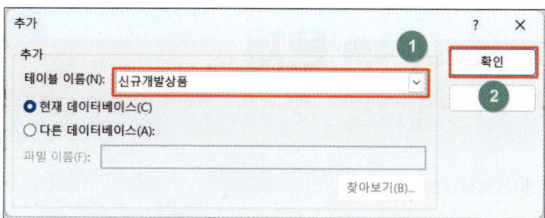

⑤ 각 필드별 '추가:' 영역에 추가될 필드가 입력되면 쿼리 실행을 위해 [쿼리 디자인]탭-[결과] 영역에서 [실행(　)]을 클릭한다.
⑥ '4행을 추가합니다.'와 같은 메시지 대화상자가 나타나면 [예]를 클릭한다.

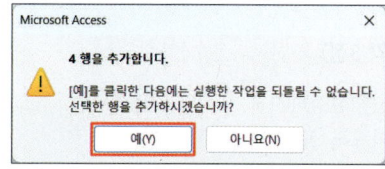

⑦ 쿼리 디자인 탭의 바로 가기 메뉴에서 [저장(　)]을 선택하거나, [닫기(　)]를 클릭한다.
⑧ [다른 이름으로 저장] 대화상자가 나타나면 쿼리 이름을 「**대출상품통합**」으로 입력한 후 [확인]을 클릭한다.

• 데이터베이스 •

데이터베이스 실전모의고사 4회 문제

작업 파일	: 컴활1급/데이터베이스/모의고사/실전모의고사4회.accdb
암호	: 154735
외부데이터 위치	: 컴활1급/데이터베이스/외부데이터

| 제1작업 | DB구축 (25점)

1 다음의 지시사항에 따라 <입원환자> 테이블을 완성하시오. (각 3점)

① '환자번호' 필드는 중복된 값이 입력되지 않도록 인덱스를 설정하시오.
② '담당의사' 필드는 데이터 입력 시 '한글' 입력 상태가 되도록 설정하시오.
③ '입원종류' 필드에는 "일반" 또는 "응급" 중 하나의 값만 입력되도록 설정하시오.
④ 마지막 필드에 '실손보험' 필드를 추가한 후 '예/아니요' 중 하나만 입력받도록 데이터 형식을 지정하시오.
⑤ '퇴원일' 필드에는 '입원일' 이후의 날짜만 입력되도록 설정하시오.

2 <입원환자> 테이블의 '담당의사' 필드는 <의사> 테이블의 '교수명' 필드를 참조하며 테이블 간의 관계는 M:1 이다. 두 테이블에 대해 다음과 같이 관계를 설정하시오. (5점)

  ※ 액세스 파일에 이미 설정되어 있는 관계는 수정하지 마시오.
  ▶ 두 테이블 간에는 항상 참조 무결성을 유지하도록 설정하시오.
  ▶ 참조 필드 값이 변경되면 관련 필드의 값도 따라 변경되도록 설정하시오.
  ▶ 참조 필드 값이 삭제되더라도 관련 필드의 값을 삭제할 수 없도록 설정하시오.

3 '질병분류.xlsx' 파일을 테이블 형태로 가져오기 하시오. (5점)

  ▶ 첫 번째 행은 필드의 이름으로 할 것
  ▶ 기본 키는 없음으로 설정할 것
  ▶ 가져온 새 테이블의 이름은 '질병분류'로 설정할 것

| 제2작업 | 입력 및 수정 기능 구현 (20점)

1 다음의 지시사항 및 화면을 참고하여 <환자검색> 폼을 완성하시오. (각 3점)

① 폼의 '레코드 선택기'와 '구분선'이 표시되지 않도록 설정하시오.
② 폼 머리글 영역의 배경색을 'Access 테마3'로 변경하시오.
③ 본문의 'txt퇴원예정일' 컨트롤에는 입원일로부터 14일이 지난 날짜가 표시되도록 설정하시오.
   ▶ DateAdd 함수 사용

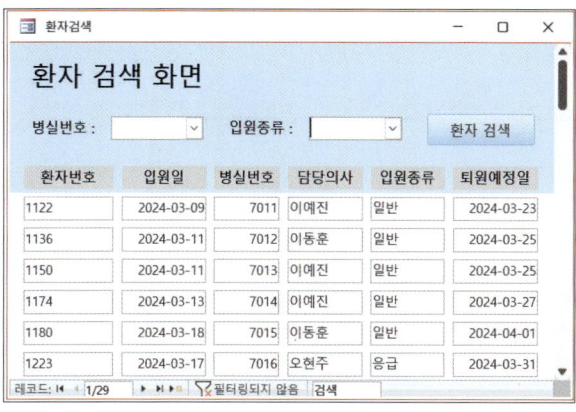

2 <환자검색> 폼의 '환자검색(cmd검색)' 컨트롤을 클릭(Click)하면 다음과 같은 기능을 수행하는 이벤트 프로시저를 작성하시오. (6점)

▶ 'cmb병실'과 'cmb입원'에서 선택된 값을 모두 만족하는 레코드만을 표시할 것
▶ Filter, FilterOn 속성 사용

3 <환자검색> 폼 본문 영역에 '담당의사(txt담당의사)' 컨트롤을 더블 클릭(Dbl Click)하면 <담당교수검색> 폼이 '폼 보기' 형태로 열리는 <폼열기> 매크로를 생성한 후 지정하시오. (5점)

▶ 'txt담당의사' 컨트롤에 입력된 값과 일치하는 정보를 표시할 것

| 제3작업 | 조회 및 출력 기능 구현 (20점)

1 다음의 지시사항 및 화면을 참고하여 <병실환자목록> 보고서를 완성하시오. (각 3점)

① '병실번호' 필드를 기준으로 오름차순 정렬하여 표시하시오.
② 병실번호 머리글 구역이 매 페이지 마다 반복하여 표시되도록 설정하시오.
③ 본문 영역의 모든 컨트롤의 가로 간격을 동일하게 설정하시오.
④ 본문 영역의 'txt위치' 컨트롤의 값이 이전 레코드와 같은 경우에는 표시되지 않도록 설정하시오.
⑤ 병실번호 바닥글 영역의 'txt환자수' 컨트롤에는 다음과 같이 병실별 환자수가 표시되도록 설정하시오.
  ▶ 표시 예 : ★ 총 : 3명 ★
  ▶ Format, Count 함수 사용

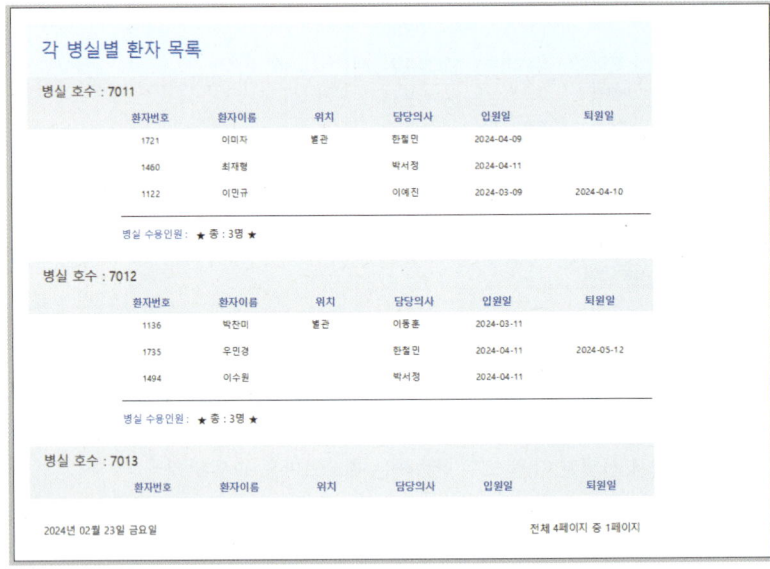

2 <담당교수검색> 폼의 '입력(cmd입력)' 컨트롤을 클릭(Click)하면 새 레코드가 추가되고, 추가된 레코드의 'txt교수명' 컨트롤에 포커스가 이동되도록 이벤트 프로시저를 작성하시오. (5점)

▶ DoCmd 명령어와 GotoRecord, SetFocus 메서드를 사용할 것

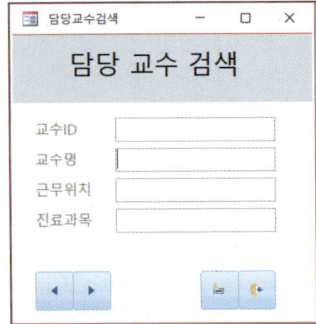

| 제4작업 | 처리 기능 구현 (35점)

1 <환자명단> 테이블을 이용하여 '환자구분'이 "입원"이면서 성별이 남자인 환자들의 목록을 조회하는 <남자입원환자명단> 쿼리를 작성하시오. (7점)

▶ 성별은 '주민등록번호' 8번째 한 글자를 이용하여 판단할 것 (Mid 함수 사용)
▶ 결과 필드는 〈화면〉과 같이 설정할 것

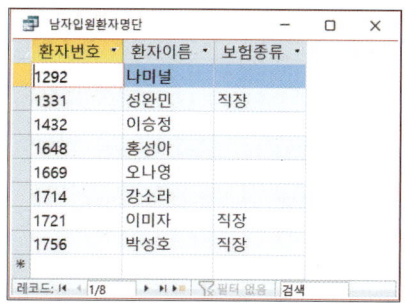

2 <입원환자>와 <환자명단> 테이블을 이용하여 '입원종류'가 "응급"인 환자 목록을 조회하는 <월별응급환자조회> 쿼리를 작성하시오. (7점)

▶ 입원일의 월을 매개변수로 입력받아 조회할 것 (Month 함수 사용)
▶ 결과 필드는 〈화면〉과 같이 설정할 것

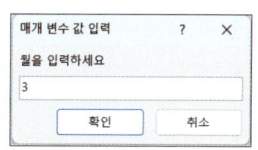 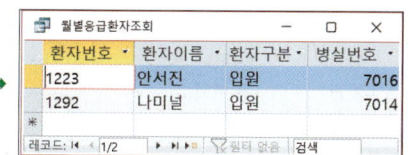

3 다음과 같은 기능을 수행하는 <병실별배정인원> 쿼리를 작성하고 실행하시오. (7점)

▶ 〈입원환자〉 테이블의 '병실번호'와 '환자번호'의 개수를 구하여 병실별 환자수를 조회할 것
▶ 결과를 〈병실별인원수〉 테이블로 생성할 것
▶ 결과 필드는 〈화면〉과 같이 설정할 것

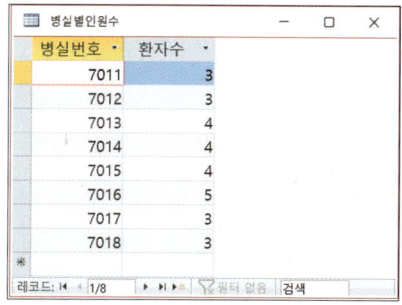

※ 쿼리를 실행한 후의 〈병실별인원수〉 테이블

4 월별 위치별 환자수를 조회하는 <월별일반환자수> 크로스탭 쿼리를 작성하시오. (7점)

▶ <환자목록> 쿼리를 사용할 것
▶ 크로스탭 쿼리의 열은 '입원일'의 월(月)만 표시할 것 (Month 함수와 & 연산자 사용)
▶ 환자수는 '환자이름' 필드의 개수를 구하여 표시하고, '입원종류'가 '일반'인 환자들만 표시할 것
▶ 결과 필드는 <화면>과 같이 설정할 것

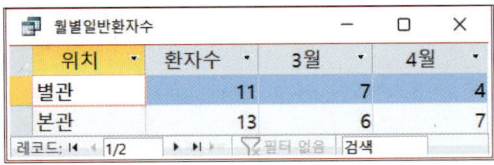

5 <의사> 테이블을 이용하여 다음과 같은 기능을 수행하는 <의사명단삭제> 쿼리를 작성하고 실행하시오. (7점)

▶ '진료과목'이 '방사선과' 또는 '소아과'인 레코드를 제거할 것

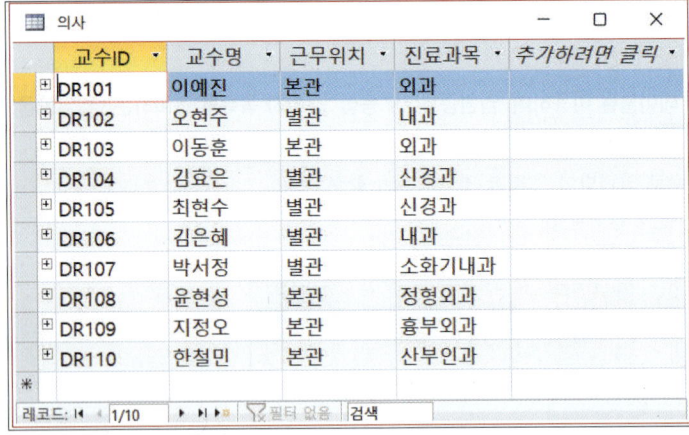

※ 쿼리를 실행한 후의 <의사> 테이블

• 데이터베이스 •

데이터베이스 실전모의고사 4회 정답 및 해설

정답 파일 : 컴활1급/데이터베이스/모의고사/정답/실전모의고사4회(정답).accdb

| 제1작업 | DB구축

1 <입원환자> 테이블 완성하기

① 〈입원환자〉 테이블의 바로 가기 메뉴에서 [디자인 보기(🔲)]를 선택한다.

② '환자번호' 필드를 선택한 후 '인덱스'를 '예(중복 불가능)'으로 설정한다.

일반 조회	
빈 문자열 허용	아니요
인덱스	예(중복 불가능)
유니코드 압축	아니요

③ '담당의사' 필드를 선택한 후 'IME모드'를 '한글'로 설정한다.

일반 조회	
유니코드 압축	아니요
IME 모드	한글
문장 입력 시스템 모드	없음

④ '입원종류' 필드를 선택한 후 '유효성 검사 규칙'에 「일반 or 응급」과 같이 입력한다. 이후 쌍따옴표 ("")는 자동으로 입력된다.

일반 조회	
기본값	
유효성 검사 규칙	"일반" Or "응급"
유효성 검사 텍스트	

⑤ 마지막 행에 '실손보험' 필드를 추가한 후 '데이터 형식' 목록에서 'Yes/No'를 선택한다.

필드 이름	데이터 형식
퇴원일	날짜/시간
실손보험	Yes/No

⑥ [테이블 디자인]탭-[표시/숨기기] 영역에서 [속성 시트(🔲)]를 선택하거나 [F4]를 눌러 속성 시트를 표시한다.

⑦ 테이블 속성을 표시하는 시트 창이 나타나면 '유효성 검사 규칙'에 「[퇴원일]>=[입원일]」과 같이 입력 한다.

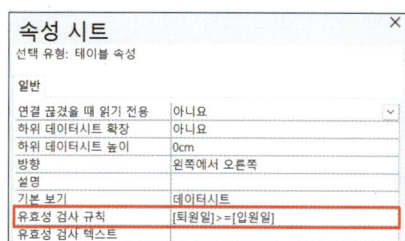

⑧ 닫기(✕) 버튼을 클릭하면 저장을 위한 대화상자가 나타난다. [예(Y)]를 선택하고 테이블을 종료한다.

2 테이블 간 관계 설정하기

① [데이터베이스 도구]탭-[관계]영역의 [관계(　)]를 선택한다.
② [관계 디자인]탭-[관계]영역에서 [테이블 추가(　)]를 클릭하여 대화상자를 표시한 후, 〈의사〉 테이블을 더블 클릭하거나 [선택한 표 추가]를 클릭하여 [관계] 창에 추가한다.
③ 〈의사〉 테이블의 '교수명' 필드를 〈입원환자〉 테이블의 '담당의사' 필드로 드래그한다.
④ [관계 편집] 대화상자가 나타나면 '항상 참조 무결성 유지'와 '관련 필드 모두 업데이트'를 선택한 후 [만들기] 버튼을 클릭한다.

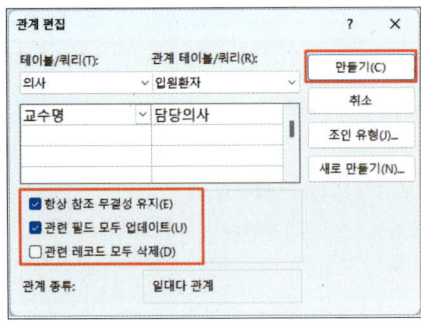

⑤ [관계]창 상단에 닫기(✕) 버튼을 클릭하면 저장을 위한 대화상자가 나타난다. [예(Y)]를 선택하여 관계 편집을 종료한다.

3 〈질병분류〉 테이블 만들기

① [외부 데이터]탭-[가져오기 및 연결]-[새 데이터 원본] 목록에서 [파일에서]-[Excel(　)]을 선택한다.

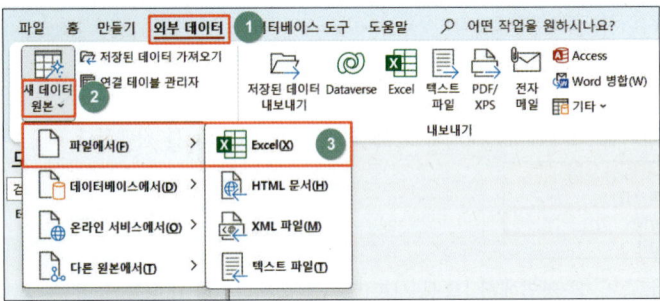

② [외부데이터 가져오기 - Excel 스프레드시트] 대화상자가 나타나면 [찾아보기]를 클릭한다.
③ [파일 열기] 대화상자로 전환되면 '질병분류.xlsx'를 선택한 후 [열기]를 클릭한다.
④ [외부데이터 가져오기 - Excel 스프레드시트] 대화상자로 돌아오면 데이터 저장 방법으로 '현재 데이터베이스의 새 테이블로 원본 데이터 가져오기'를 선택한 후 [확인]을 클릭한다.

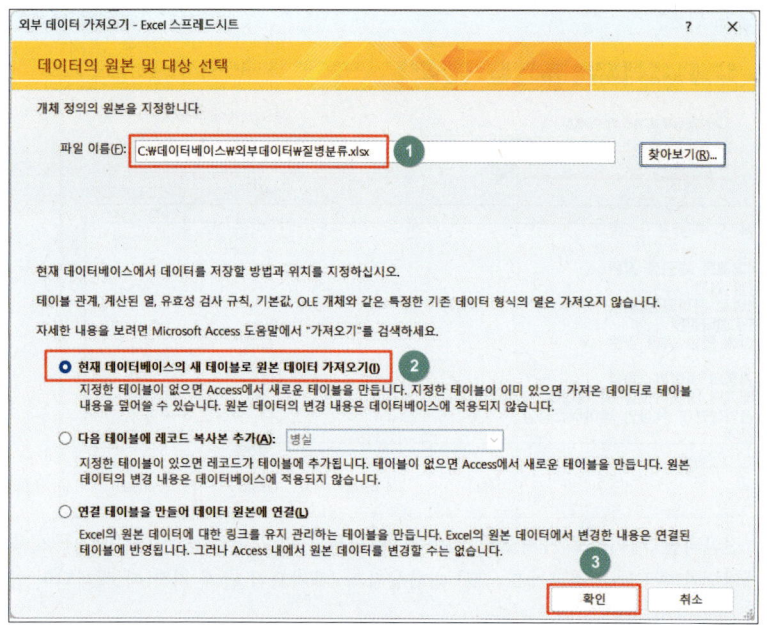

⑤ [스프레드시트 가져오기 마법사] 대화상자가 나타나면 '첫 행에 열 머리글이 있음'을 선택한 후 [다음]을 클릭한다.

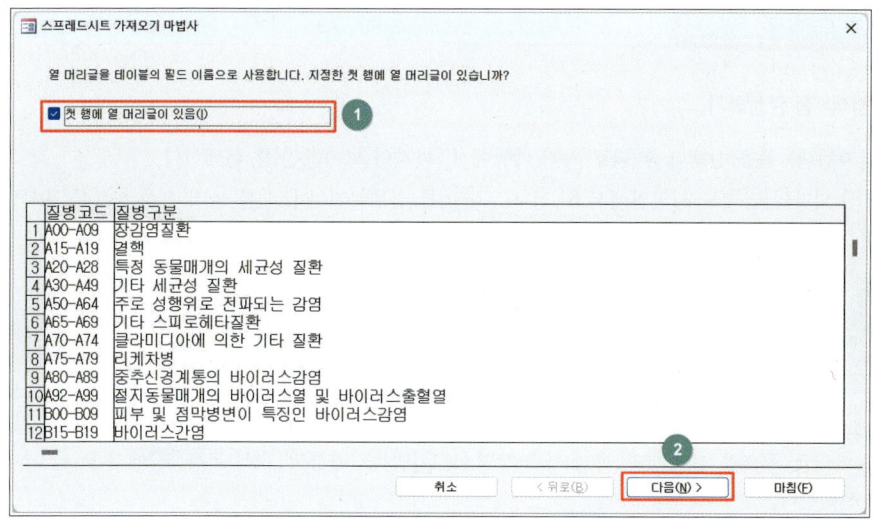

⑥ 마법사 2단계로 전환되면 관련 내용이 없으므로 추가 작업을 하지 않고 [다음]을 클릭한다.
⑦ 마법사 3단계로 전환되면 '기본 키 없음'으로 변경한 후 [다음]을 클릭한다.

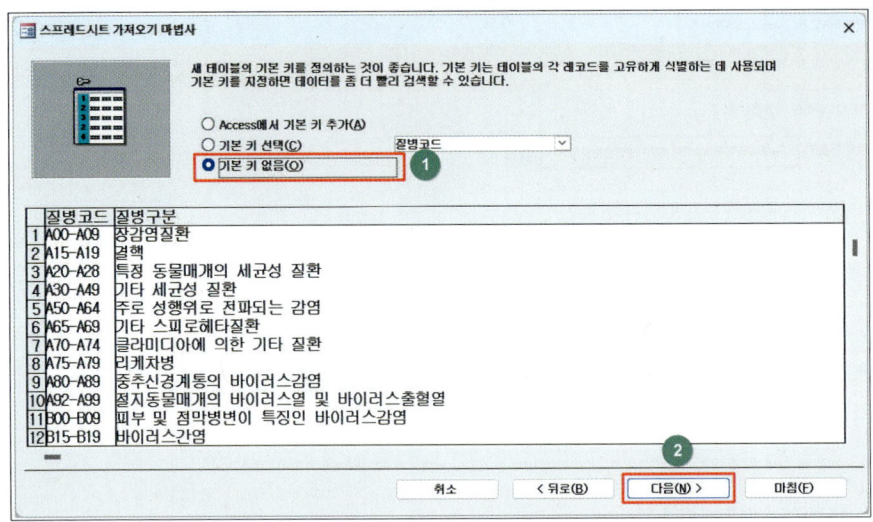

⑧ 마법사 4단계로 전환되면 '테이블로 가져오기' 영역에 **「질병분류」**와 같이 입력한 후 [마침]을 클릭한다.
⑨ [외부 데이터 가져오기 – Excel 스프레드시트] 대화상자의 '가져오기 단계 저장'이 해제되어 있는 상태에서 [닫기]를 클릭하여 작업을 마무리한다.

| 제2작업 | 입력 및 수정 기능 구현

1 〈환자검색〉 폼 완성하기

① 〈환자검색〉 폼을 선택한 후 바로 가기 메뉴에서 [디자인 보기(■)]를 선택한다.
② [양식 디자인]탭-[도구]영역에서 [속성 시트(■)]를 선택하거나 [F4]를 눌러 속성 시트를 표시한다.
③ '폼' 속성 시트 창의 [모두]탭에서 '레코드 선택기'와 '구분선' 속성을 '아니요'로 설정한다.

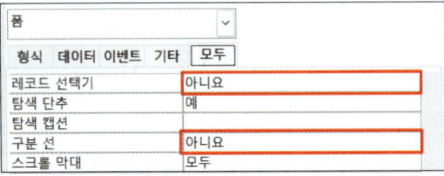

④ '폼 머리글' 구역을 선택한 후 속성 시트 창의 [모두]탭 중 '배경색' 속성 목록(▼)에서 'Access 테마3'을 선택한다.

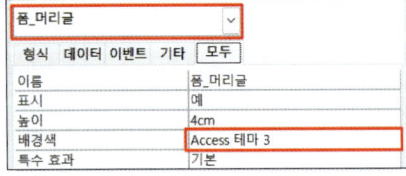

⑤ 'txt퇴원예정일' 컨트롤을 선택한 후 속성 시트 창의 [모두]탭 중 '컨트롤 원본' 속성에 「=DateAdd("d",14,[입원일])」와 같이 입력한다.

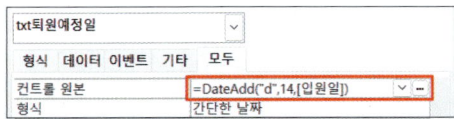

⑥ 설정이 마무리 되면 닫기(✕) 버튼을 클릭하고, 저장 확인 대화상자가 나타나면 [예(Y)]를 선택한다.

2 '환자검색(cmd검색)' 이벤트 프로시저

① 〈환자검색〉 폼을 선택한 후 바로 가기 메뉴에서 [디자인 보기(📐)]를 선택한다.
② 'cmd검색' 컨트롤을 더블 클릭한 후 속성 창의 [이벤트]탭에서 'On Click' 속성을 선택한다. 커서를 삽입하면 나타나는 '작성기(⋯)' 버튼을 클릭한다.
③ [작성기 선택] 대화상자가 나타나면, '코드 작성기'를 선택한 후 [확인]을 클릭한다.
④ 'cmd검색_Click()' 코드 창이 나타나면 다음과 같이 코드를 작성한다.

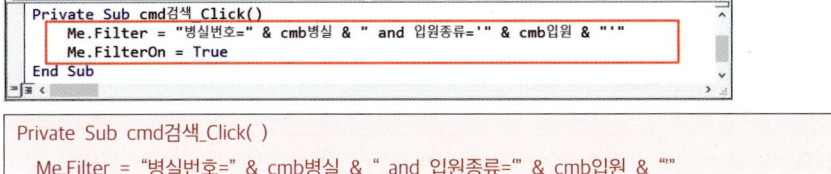

Private Sub cmd검색_Click( )
   Me.Filter = "병실번호=" & cmb병실 & " and 입원종류='" & cmb입원 & "'"
   → '병실번호' 조건과 '입원종류' 조건을 모두 만족하는 레코드를 검색
   Me.FilterOn = True
   → Filter를 실행
End Sub

⑤ 입력이 완료되면 [닫기(✕)] 버튼을 클릭하여 VBA를 종료한다.
⑥ 'On Click' 속성란에 '[이벤트 프로시저]'가 지정된다.

3 〈폼열기〉 매크로

① 〈환자검색〉 폼의 바로 가기 메뉴에서 [디자인 보기(📐)]를 선택한다.
② [만들기]탭-[매크로 및 코드] 영역에서 [매크로(📄)]를 선택한다.
③ 매크로 함수 목록(▼)에서 'OpenForm'을 선택한다.
④ OpenForm 매크로 대화상자로 전환되면 '폼 이름'은 '담당교수검색', '보기 형식'은 '폼'을 선택한다. '필터 이름'은 생략하고 'Where 조건식'은 「[교수명]=[Forms]![환자검색]![txt담당의사]」와 같이 입력한다.

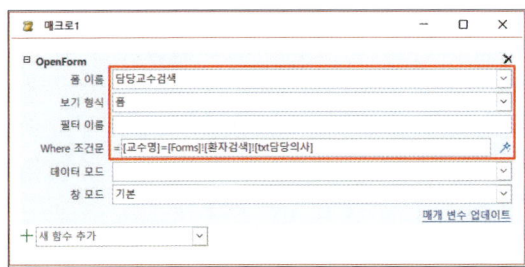

⑤ 매크로 대화상자로 전환되면 [닫기(✕)]를 클릭하고, 저장 확인창이 나타나면 [예(Y)]를 선택한다.
⑥ [다른 이름으로 저장] 대화상자가 나타나면 매크로 이름을 「폼열기」라 입력한 후 [확인]을 클릭한다.
⑦ 〈환자검색〉 폼의 'txt담당의사' 컨트롤을 더블 클릭한 후 속성 창의 [이벤트]탭에서 'On Dbl Click' 속성을 선택한다. 커서를 삽입하면 나타나는 목록(∨)에서 '폼열기' 매크로를 선택한다.

| 제3작업 | 조회 및 출력 기능 구현

1 〈병실환자목록〉 보고서 완성하기

① 〈병실환자목록〉 보고서의 바로 가기 메뉴에서 [디자인 보기(📐)]를 선택한 후 [F4]을 눌러 속성 시트를 표시한다.
② [보고서 디자인]탭-[그룹화 및 요약] 영역의 [그룹화 및 정렬(📊)]을 선택한다.
③ 화면 하단에 '그룹, 정렬 및 요약' 창이 나타나면, '병실번호' 필드의 정렬 방식을 '오름차순'으로 변경한다.

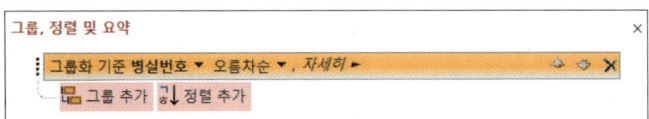

④ '병실번호 머리글' 영역을 선택한 후 속성 시트 창의 [모두]탭에서 '반복 실행 구역' 속성을 '예'로 설정한다.

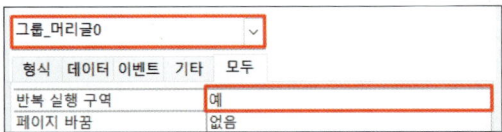

⑤ 본문의 세로 눈금자 구역으로 마우스를 가져가면 마우스 커서가 화살표(➡) 모양으로 변경된다. 이때 마우스 왼쪽을 클릭하여 본문 구역의 모든 컨트롤을 선택한다.
⑥ [정렬]탭-[크기 및 순서 조정] 영역에서 [크기/공간]을 선택한 후, 목록에서 '가로 간격 같음'을 선택한다.

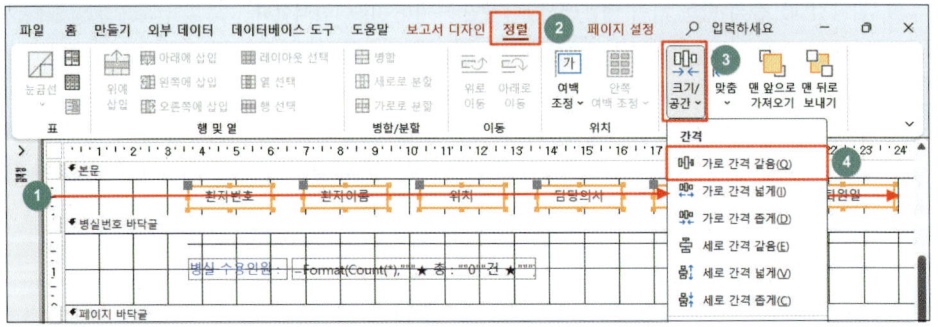

⑦ 'txt위치' 컨트롤을 선택한 후 속성 시트 창의 [모두]탭 중 '중복 내용 숨기기' 속성을 '예'로 설정한다.

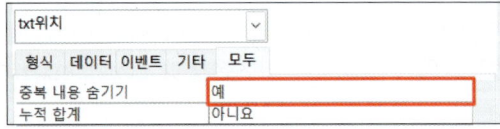

⑧ 'txt환자수' 컨트롤을 선택한 후 속성 시트 창의 [모두]탭 중 '컨트롤 원본' 속성에 「=Format(Count(*), """★ 총 : ""0""명 ★""")」와 같이 입력한다.

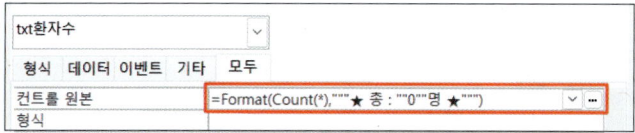

⑨ 설정이 마무리 되면 닫기(✕) 버튼을 클릭하고, 저장 확인 대화상자가 나타나면 [예(Y)]를 선택한다.

2 '입력(cmd입력)' 이벤트 프로시저

① 〈담당교수검색〉 폼을 선택한 후 바로 가기 메뉴에서 [디자인 보기(📐)]를 선택한다.
② 'cmd입력' 컨트롤을 더블 클릭한 후 속성 창의 [이벤트]탭에서 'On Click' 속성을 선택한다. 커서를 삽입하면 나타나는 '작성기(...)' 버튼을 클릭한다.

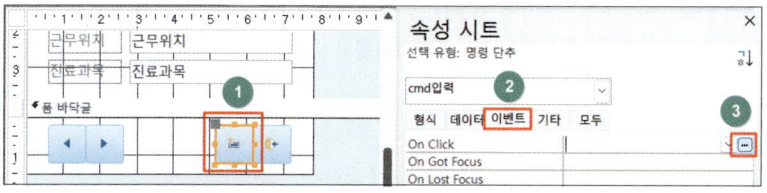

③ [작성기 선택] 대화상자가 나타나면, '코드 작성기'를 선택한 후 [확인]을 클릭한다.
④ 'cmd입력_Click()' 코드 창이 나타나면 다음과 같이 코드를 작성한다.

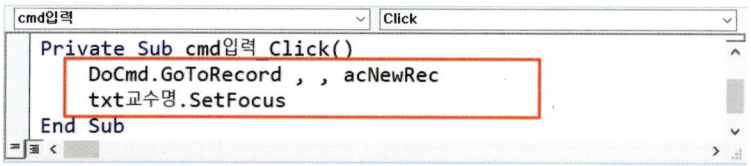

Private Sub cmd입력_Click( )
   DoCmd.GoToRecord , , acNewRec
   → 새 레코드(NewRec)로 이동(GoToRecord) 시킴
   txt교수명.SetFocus
   → 'txt교수명' 컨트롤에 커서(Focus)를 위치(Set) 시킴
End Sub

⑤ 입력이 완료되면 [닫기(✕)] 버튼을 클릭하여 VBA를 종료한다.
⑥ 'On Click' 속성란에 '[이벤트 프로시저]'가 지정된다.

| 제4작업 | 처리 기능 구현

1 〈남자입원환자명단〉 쿼리

① [만들기]-[쿼리] 영역에서 [쿼리 디자인(🔲)] 메뉴를 클릭한다.
② [테이블 추가] 대화상자가 나타나면 〈환자명단〉 테이블을 더블 클릭하거나 [선택한 표 추가]를 클릭한다.
③ 쿼리 디자인 창에 삽입된 〈환자명단〉 테이블에서 '환자번호', '환자이름', '보험종류', '환자구분' 필드를 차례대로 더블 클릭하여 추가한다.

④ 조건을 적용하기 위해 '환자구분' 필드의 '조건:' 영역에 「**입원**」과 같이 입력한다. 단, '표시:' 영역의 체크 박스는 해제한다.

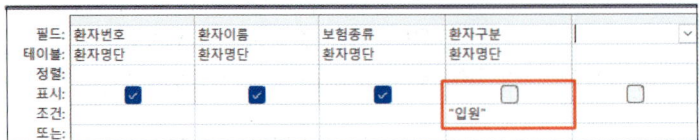

⑤ 성별을 구분하기 위해 마지막 '필드:' 영역에 「**Mid([주민등록번호],8,1)**」과 같이 입력하고, '조건:' 영역에는 「**1 Or 3**」과 같이 입력한다. 단, '표시:' 영역의 체크 박스는 해제한다.

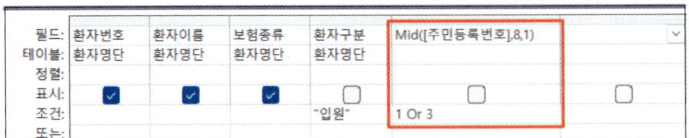

⑥ 쿼리 디자인 탭의 바로 가기 메뉴에서 [저장(💾)]을 선택하거나, [닫기(✖)]를 클릭한다.

⑦ [다른 이름으로 저장] 대화상자에서 쿼리 이름을 「**남자입원환자명단**」으로 입력한 후 [확인]을 클릭한다.

2 <월별응급환자조회> 쿼리

① [만들기]-[쿼리] 영역에서 [쿼리 디자인(▦)] 메뉴를 클릭한다.
② [테이블 추가] 대화상자가 나타나면 <입원환자> 테이블과 <환자명단> 테이블을 더블 클릭하거나 [선택한 표 추가]를 클릭한다.
③ 쿼리 디자인 창에 삽입된 <환자명단> 테이블에서 '환자번호', '환자이름', '환자구분' 필드를, <입원환자> 테이블에서 '병실번호', '입원종류' 필드를 차례대로 더블 클릭하여 추가한다.

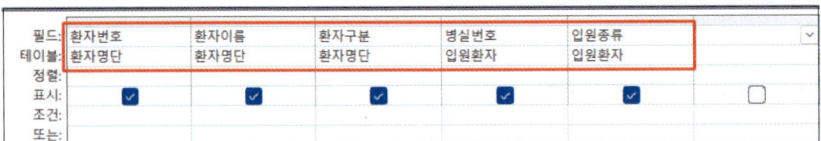

④ 조건을 적용하기 위해 '입원종류' 필드의 '조건:' 영역에 「**응급**」과 같이 입력한다. 단, '표시:' 영역의 체크 박스는 해제한다.

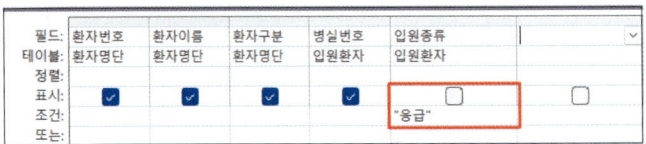

⑤ '입원일'의 월을 조회하기 위해 마지막 '필드:' 영역에 「**Month([입원일])**」과 같이 입력하고, '조건:' 영역에는 「**[월을 입력하세요]**」와 같이 입력한다. 단, '표시:' 영역의 체크 박스는 해제한다.

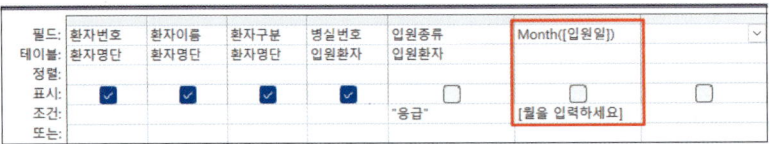

⑥ 쿼리 디자인 탭의 바로 가기 메뉴에서 [저장(💾)]을 선택하거나, [닫기(✖)]를 클릭한다.
⑦ [다른 이름으로 저장] 대화상자에서 쿼리 이름을 「**월별응급환자조회**」로 입력한 후 [확인]을 클릭한다.

3 <병실별배정인원> 쿼리

① [만들기]-[쿼리] 영역에서 [쿼리 디자인(🗔)] 메뉴를 클릭한다.
② [테이블 추가] 대화상자가 나타나면 〈입원환자〉 테이블을 더블 클릭하거나 [선택한 표 추가]를 클릭한다.
③ 쿼리 디자인 창에 삽입된 〈입원환자〉 테이블에서 '병실번호', '환자번호' 필드를 차례대로 더블 클릭하여 추가한다.
④ 병실번호별 그룹을 지정하기 위해 [쿼리 디자인]탭-[표시/숨기기] 영역의 [요약(Σ)]을 클릭한 후, '환자번호' 필드의 '요약:' 영역에서 '개수'를 선택한다.
⑤ 환자번호 필드의 캡션을 설정하기 위해 '필드:' 영역을 「**환자수: 환자번호**」와 같이 변경한다.

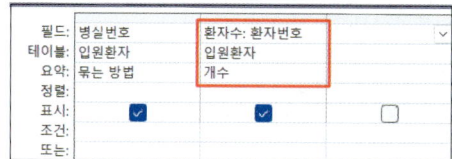

⑥ 쿼리 유형을 변경하기 위해 [쿼리 디자인]탭-[쿼리 유형] 영역에서 [테이블 만들기(🗔)]를 클릭한다.
[테이블 만들기] 대화상자가 나타나면 새 테이블의 이름을 「**병실별인원수**」와 같이 입력한 후 [확인]을 클릭한다.

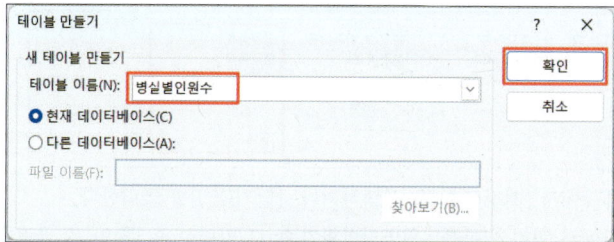

⑦ 쿼리를 실행하기 위해 [쿼리 디자인]탭-[결과] 영역에서 [실행(❗)]을 클릭한다.
⑧ '8행을 붙여 넣습니다.'와 같은 메시지 대화상자가 나타나면 [예]를 클릭한다. 이후 탐색 창의 테이블 목록에 〈병실별인원수〉 테이블이 추가된다.
⑨ 쿼리 디자인 탭의 바로 가기 메뉴에서 [저장(💾)]을 선택하거나, [닫기(✖)]를 클릭한다.
⑩ [다른 이름으로 저장] 대화상자에서 쿼리 이름을 「**병실별배정인원**」으로 입력한 후 [확인]을 클릭한다.

4 <월별일반환자수> 쿼리

① [만들기]-[쿼리] 영역에서 [쿼리 디자인(🗔)] 메뉴를 클릭한다.
② [테이블 추가] 대화상자가 나타나면 〈환자목록〉 쿼리를 더블 클릭하거나 [선택한 표 추가]를 클릭한다.
③ 쿼리 디자인 창에 삽입된 〈환자목록〉 쿼리에서 '위치', '입원일', '환자이름' 필드를 차례대로 더블 클릭하여 추가한다.

④ 쿼리 유형을 변경하기 위해 [쿼리 디자인]탭-[쿼리 유형] 영역에서 [크로스탭(　)]을 클릭한다. 각 필드별 '크로스탭:' 영역을 〈그림〉과 같이 설정한다. '환자이름' 필드의 경우 환자수를 계산하기 위하여 '요약:'을 '개수'로 지정한다.

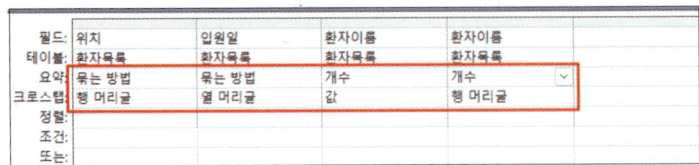

⑤ 열 머리글의 '필드:' 영역을 「열: Month([입원일]) & "월"」과 같이 변경하고, 값에 대한 '행 머리글'의 캡션을 변경하기 위해 '필드:' 영역을 「환자수:환자이름」과 같이 변경한다.

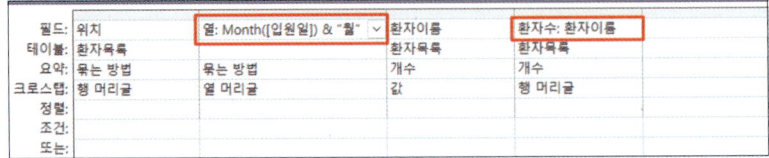

⑥ 조건을 설정하기 위해 마지막 '필드:' 영역에 '입원종류'를 추가한다. '요약:'은 '조건'으로 설정하고 '조건:' 영역에 「일반」이라 입력한다.

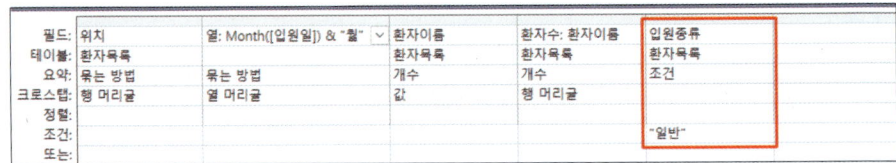

⑦ 쿼리 디자인 탭의 바로 가기 메뉴에서 [저장(　)]을 선택하거나, [닫기(　)]를 클릭한다.
⑧ [다른 이름으로 저장] 대화상자에서 쿼리 이름을 「월별일반환자수」로 입력한 후 [확인]을 클릭한다.

5 〈의사명단삭제〉 쿼리

① [만들기]-[쿼리] 영역에서 [쿼리 디자인(　)] 메뉴를 클릭한다.
② [테이블 추가] 대화상자가 나타나면 〈의사〉 테이블을 더블 클릭하거나 [선택한 표 추가]를 클릭한다.
③ 쿼리 디자인 창에 삽입된 〈의사〉 테이블의 모든 필드를 더블 클릭하여 추가한다.
④ 쿼리 유형을 변경하기 위해 [쿼리 디자인]탭-[쿼리 유형] 영역에서 [삭제(　)]를 클릭한다.
⑤ 삭제될 레코드를 선별하기 위해 '진료과목'의 '조건:' 영역에 「방사선과 OR 소아과」와 같이 입력한다.

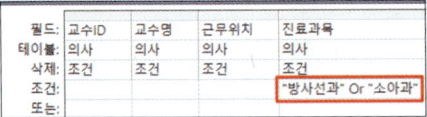

⑥ 쿼리를 실행하기 위해 [쿼리 디자인]탭-[결과] 영역에서 [실행(!)]을 클릭한다.
⑦ '지정된 테이블에서 3행을 삭제합니다.'와 같은 메시지 대화상자가 나타나면 [예]를 클릭한다.
⑧ 쿼리 디자인 탭의 바로 가기 메뉴에서 [저장(　)]을 선택하거나, [닫기(　)]를 클릭한다.
⑨ [다른 이름으로 저장] 대화상자에서 쿼리 이름을 「의사명단삭제」로 입력한 후 [확인]을 클릭한다.

데이터베이스 실전모의고사 5회 문제

작업 파일 : 컴활1급/데이터베이스/모의고사/실전모의고사5회.accdb
암호 : 267789
외부데이터 위치 : 컴활1급/데이터베이스/외부데이터

|제1작업| DB구축 (25점)

1 다음의 지시사항에 따라 <과정목록> 테이블을 완성하시오. (각 3점)

① '과정코드' 필드를 기본 키(PK)로 설정하고, 'C1001'과 같은 형식으로 입력되도록 입력 마스크를 설정하시오.
  ▶ 영문 대문자 1글자와 숫자 4글자가 반드시 입력되도록 설정할 것
② '과정분류' 필드에는 중복된 데이터가 입력 가능하도록 인덱스 속성을 설정하시오.
③ '학점' 필드는 1~3 사이의 정수로 입력되도록 유효성 검사 규칙을 설정하시오.
  ▶ Between 연산자 사용
④ '담당교수' 필드에는 값이 반드시 입력되도록 설정하시오.
⑤ '구분' 필드에 입력 값이 2글자로 제한되도록 설정하시오.

2 <수강내역> 테이블의 '과정코드' 필드는 <과정목록> 테이블의 '과정코드' 필드를 참조하며 테이블 간의 관계는 M:1이다. 또한 <수강내역> 테이블의 '학번' 필드는 <학생명단> 테이블을 '학번' 필드를 참조하여 테이블 간의 관계는 M:1이다. 각 테이블에 대해 다음과 같이 관계를 설정하시오. (5점)

▶ 각 테이블 간에는 항상 참조 무결성을 유지하도록 설정하시오.
▶ <과정목록> 테이블의 '과정코드' 필드가 변경되면 이를 참조하는 <수강내역> 테이블의 '과정코드' 필드도 따라 변경되고, <학생명단> 테이블의 '학번' 필드가 변경되면 이를 참조하는 <수강내역> 테이블의 '학번' 필드도 따라 변경되도록 설정하시오.
▶ <수강내역> 테이블이 참조하고 있는 <과정목록> 테이블의 레코드나 <학생명단> 테이블의 레코드를 삭제할 수 있도록 설정하시오.

3 <학생명단> 테이블의 '학과' 필드에 대해 다음과 같이 조회 속성을 설정하시오. (5점)

▶ <학과목록> 테이블의 '학과명'과 '학과코드'가 콤보 상자의 형태로 표시되도록 설정할 것
▶ 필드에는 '학과명'이 저장되도록 설정할 것
▶ 열 너비를 3cm, 2cm로 설정하고, 목록 너비를 5cm로 설정할 것
▶ 목록 이외의 값은 입력될 수 없도록 설정할 것

| 제2작업 | 입력 및 수정 기능 구현 (20점)

1 다음의 지시사항 및 화면을 참고하여 <과정수료현황> 폼을 완성하시오. (각 3점)

① '연속 폼'의 형태로 나타나도록 '기본 보기' 속성을 설정하시오.
② 본문의 'txt학번'과 'txt학생명' 컨트롤에는 각각 '학번'과 '학생명' 필드를 바운드 시키시오.
③ 본문의 'txt평가' 필드에 다음과 같이 수료여부를 계산하여 표시하시오.
  ▶ '과제'가 80이상이면 "수료" 나머지는 "미수료"라 표시할 것
  ▶ Switch 함수 사용

2 <과정수료현황> 폼 바닥글 영역의 'cmd닫기' 컨트롤을 클릭(Click)하면 다음과 같은 기능을 수행하는 <폼닫기> 매크로를 생성한 후 지정하시오. (6점)

  ▶ 오늘 날짜와 시간을 나타내는 다음과 같은 메시지 박스를 표시하고, [확인]을 클릭하면 해당 폼이 항상 저장되며 종료되도록 설정할 것
  ▶ Msgbox 명령어와 Now 함수 사용

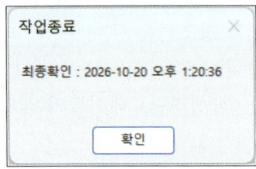

3 <과정수료현황> 폼 바닥글 영역의 '오름차순(cmd오름)' 컨트롤을 클릭(Click)하면 레코드가 '과정코드'를 기준으로 오름차순 정렬되고, '내림차순(cmd내림)' 컨트롤을 클릭(Click)하면 레코드가 '과정코드'를 기준으로 내림차순 정렬되어 표시되도록 이벤트 프로시저를 작성하시오. (5점)

  ▶ OrderBy, OrderByOn 속성 사용

| 제3작업 | 조회 및 출력 기능 구현 (20점)

1 다음의 지시사항 및 화면을 참고하여 <과정별수강현황> 보고서를 완성하시오. (각 3점)

① 과정명 머리글 영역의 'txt과정명' 컨트롤에 과정명과 과정코드를 표기 예와 같이 표시하시오.
  ▶ 표기 예 : 자료구조(C1001)
② 본문 영역의 'txt장학' 컨트롤에는 중간과 기말의 평균이 90이상이면 "대상", 나머지는 공란을 표시하시오.
  ▶ IIf 함수 사용
③ 과정명 바닥글 영역의 'txt중간평균'과 'txt기말평균' 컨트롤에는 각각 '중간'과 '기말'의 평균을 표시하시오.
④ 페이지 바닥글의 'txt페이지' 컨트롤에는 페이지가 다음과 같이 표시되도록 설정하시오.
  ▶ 표시 예 : 1/6페이지
⑤ 페이지 바닥글의 'txt날짜' 컨트롤에는 오늘 날짜와 시간이 다음과 같이 표시되도록 설정하시오.
  ▶ 표시 예 : 10월 15일 오후 2:30

과정별 수강 현황

개체지향프로그래밍(C1016)

담당교수	학번	과정분류	학생명	중간	기말	과제	장학
이인교	202401022	프로그래밍	천성대	79	90	76	
이인교	202208029	프로그래밍	이서라	76	92	75	

수강 인원 : 2명   점수 평균 : 77.5   91.0

데이터마이닝(C1004)

담당교수	학번	과정분류	학생명	중간	기말	과제	장학
문성준	202309018	응용서비스	박재연	65	85	67	
문성준	202208015	응용서비스	김아라	83	87	76	

수강 인원 : 2명   점수 평균 : 74.0   86.0

데이터베이스(C1008)

담당교수	학번	과정분류	학생명	중간	기말	과제	장학
서민정	202401014	컴퓨터일반	홍진욱	84	65	67	

수강 인원 : 1명   점수 평균 : 84.0   65.0

디지털공학개론(C1011)

담당교수	학번	과정분류	학생명	중간	기말	과제	장학
김은영	202401117	컴퓨터일반	강희원	76	95	76	
김은영	202208024	컴퓨터일반	고태우	79	81	72	

수강 인원 : 2명   점수 평균 : 77.5   88.0

10월 20일 오후 1:27   1/6페이지

2 <학생조회> 폼의 '검색(cmd검색)' 컨트롤을 클릭(Click)하면 다음과 같은 기능을 수행하는 이벤트 프로시저를 작성하시오. (5점)

▶ 'txt코드' 컨트롤에 입력된 '과정코드'와 일치하는 레코드를 표시할 것
▶ RecordSource 속성 사용

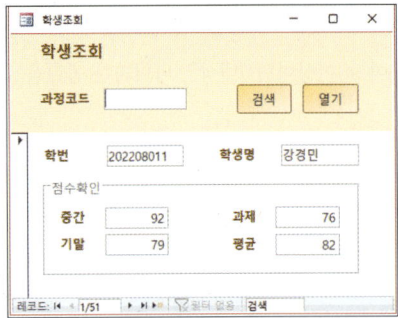

| 제4작업 | 처리 기능 구현 (35점)

1 <학생명단> 테이블을 이용하여 <수강내역> 테이블에 없는 학생들의 명단을 조회하는 <휴학한공대생> 쿼리를 작성하시오. (7점)

▶ 데이터의 중복 여부는 '학번' 필드를 이용하여 판단할 것
▶ '학과'가 공학으로 끝나는 데이터만 표시할 것
▶ Not In을 사용하여 SQL 명령문을 사용할 것

2 <수강현황> 쿼리를 이용하여 과정별 학생수와 중간 및 기말의 평균을 계산하는 <과정별등록조회> 쿼리를 작성하시오. (7점)

▶ 과정별 학생수는 '학번' 필드를 이용하여 계산하고, '중간'과 '기말'의 평균을 〈화면〉과 같이 표시할 것
▶ '비고' 필드는 '학생수'가 10미만이라면 "정원미달"이라 표시하고 나머지는 공란으로 표시할 것 (Iif 함수 사용)
▶ 결과 필드는 〈화면〉을 참고하여 설정할 것

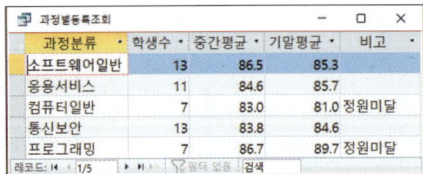

3 <수강현황> 쿼리를 이용하여 과정별 학번별 수강신청 인원 현황을 조회하는 <학번별이론과목신청현황> 크로스탭 쿼리를 작성하시오. (7점)

▶ 과정별 수강신청인원은 '학번' 필드를 이용하여 계산할 것
▶ 열 머리글은 '학번'의 3번째, 4번째 글자를 이용하여 <화면>과 같이 표시할 것
▶ '과정분류'에 '일반'을 포함하는 데이터만 표시할 것
▶ Mid 함수와 Like 연산자 사용
▶ 결과 필드는 <화면>을 참고하여 설정할 것

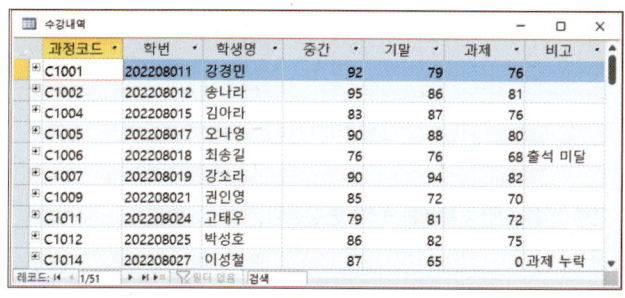

4 <수강내역> 테이블을 이용하여 과제가 0인 학생의 '비고' 필드의 값을 '과제 누락'으로 변경하는 <과제누락자선별> 쿼리를 작성하고 실행하시오. (7점)

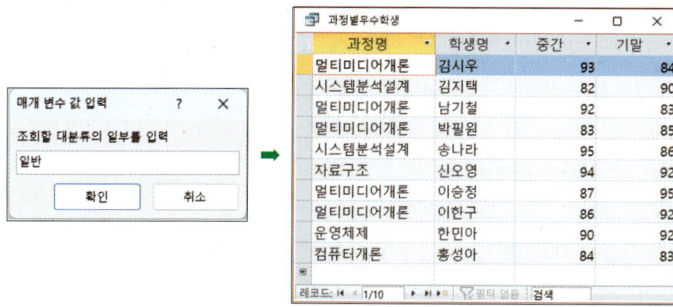

※ 쿼리를 실행한 후의 <수강내역> 테이블

5 <수강현황> 쿼리를 이용하여 과정분류의 일부를 매개 변수로 입력받아 해당 과정별 성적 우수 학생들의 목록을 조회하는 <과정별우수학생> 쿼리를 작성하시오. (7점)

▶ '중간'과 '기말' 점수 모두 80이상인 학생들만 표시할 것
▶ '학생명' 필드를 기준으로 오름차순 정렬하여 표시할 것
▶ 결과 필드는 <화면>을 참고하여 설정할 것

• 데이터베이스 •

데이터베이스 실전모의고사 5회 정답 및 해설

정답 파일 : 컴활1급/데이터베이스/모의고사/정답/실전모의고사5회(정답).accdb

| 제1작업 | DB구축

1 <과정목록> 테이블 완성하기

① 〈과정목록〉 테이블의 바로 가기 메뉴에서 [디자인 보기(📐)]를 선택한다.

② '과정코드' 필드를 선택한 후 [테이블 디자인]탭-[도구] 영역에서 [기본 키(🔑)]를 선택한다.

과정목록	
필드 이름	데이터 형식
과정코드	짧은 텍스트
과정명	짧은 텍스트

③ '과정코드' 필드가 선택된 상태에서 '입력 마스크'에 「>L0000」과 같이 입력한다.

일반 조회	
필드 크기	5
형식	
입력 마스크	>L0000
캡션	

④ '과정분류' 필드를 선택한 후 '인덱스'를 '예(중복 가능)'로 변경한다.

일반 조회	
빈 문자열 허용	아니요
인덱스	예(중복 가능)
유니코드 압축	아니요

⑤ '학점' 필드를 선택한 후 '유효성 검사 규칙'에 「Between 1 And 3」과 같이 입력한다.

일반 조회	
기본값	
유효성 검사 규칙	Between 1 And 3
유효성 검사 텍스트	

⑥ '담당교수' 필드를 선택한 후 '필수'를 '예'로 변경한다.

일반 조회	
유효성 검사 텍스트	
필수	예
빈 문자열 허용	아니요

⑦ '구분' 필드를 선택한 후 '유효성 검사 규칙'에 「Len([구분])=2」과 같이 입력한다.

일반 조회	
기본값	
유효성 검사 규칙	Len([구분])=2
유효성 검사 텍스트	

⑧ 닫기(✕) 버튼을 클릭하면 저장을 위한 대화상자가 나타난다. [예(Y)]를 선택하고 테이블을 종료한다.

2 테이블 간 관계 설정하기

① [데이터베이스 도구]탭-[관계]영역의 [관계(🗃)]를 선택한다.
② [관계 디자인]탭-[관계]영역에서 [테이블 추가(🗃)]를 클릭하여 대화상자를 표시한 후, 〈수강내역〉 테이블, 〈과정목록〉 테이블, 〈학생명단〉 테이블을 차례대로 더블 클릭하거나 [선택한 표 추가]를 클릭하여 [관계] 창에 추가한다.
③ 〈과정목록〉 테이블의 '과정코드' 필드를 〈수강내역〉 테이블의 '과정코드' 필드로 드래그한다.
④ [관계 편집] 대화상자가 나타나면 '항상 참조 무결성 유지', '관련 필드 모두 업데이트', '관련 레코드 모두 삭제'를 모두 선택한 후 [만들기] 버튼을 클릭한다.

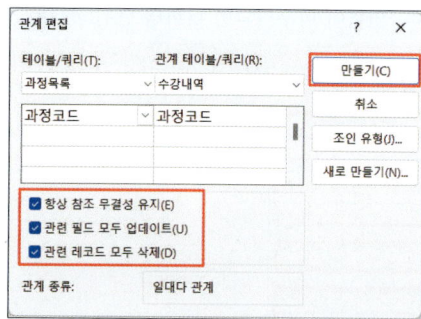

⑤ 〈학생명단〉 테이블의 '학번' 필드를 〈수강내역〉 테이블의 '학번' 필드로 드래그한다.
⑥ [관계 편집] 대화상자가 나타나면 '항상 참조 무결성 유지', '관련 필드 모두 업데이트', '관련 레코드 모두 삭제'를 모두 선택한 후 [만들기] 버튼을 클릭한다.

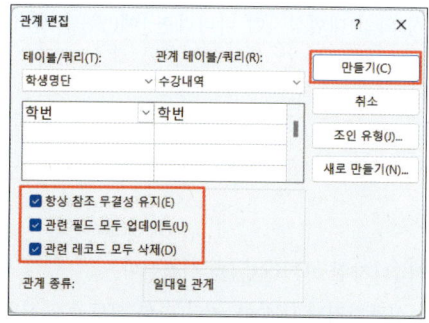

⑦ [관계]창 상단에 닫기(✖) 버튼을 클릭하면 저장을 위한 대화상자가 나타난다. [예(Y)]를 선택하여 관계 편집을 종료한다.

3 필드 조회 속성 설정하기

① 〈학생명단〉 테이블의 바로 가기 메뉴에서 [디자인 보기(🗐)]를 선택한다.
② '학과' 필드를 선택한 후, 필드 속성에서 [조회]탭의 '컨트롤 표시' 목록(∨)에서 '콤보 상자'를 선택한다.

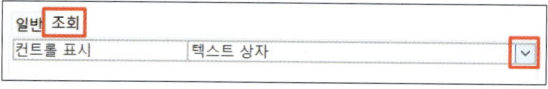

③ '행 원본' 속성의 '작성기(…)'를 클릭한다.
④ [테이블 추가] 대화상자가 나타나면 〈학과목록〉 테이블을 더블 클릭하여 추가한 후 [닫기]를 클릭한다.

⑤ 첫 번째 필드 자리에 '학과명'을 더블 클릭하여 추가하고, 두 번째 필드 자리에 '학과코드' 필드를 더블 클릭하여 추가한 후 닫기(✕) 버튼을 클릭한다.

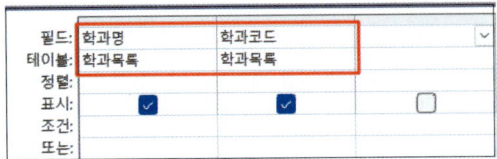

⑥ 업데이트 확인을 위한 대화상자가 나타나면 [예(Y)]를 선택한다.
⑦ '행 원본'이 설정되면 '바운드 열'에는 「1」, '열 개수'에는 「2」, '열 너비'에는 「3;2」, '목록 너비'에는 「5」를 입력하고, '목록 값만 허용'은 '예'로 변경한다. 입력이 마무리되면 너비의 단위(cm)는 자동으로 표시된다.

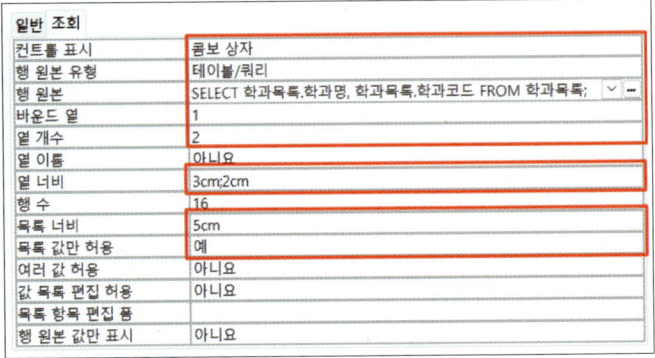

⑧ 설정이 마무리 되면 닫기(✕) 버튼을 클릭하고, 저장 확인 대화상자가 나타나면 [예(Y)]를 선택한다.

| 제2작업 | 입력 및 수정 기능 구현

1 <과정수료현황> 폼 완성하기

① <과정수료현황> 폼을 선택한 후 바로 가기 메뉴에서 [디자인 보기(🗔)]를 선택한다.
② [양식 디자인]탭-[도구]영역에서 [속성 시트(🗐)]를 선택하거나 [F4]를 눌러 속성 시트를 표시한다.
③ '폼' 속성 시트 창의 [모두]탭에서 '기본 보기' 속성을 '연속 폼'으로 설정한다.

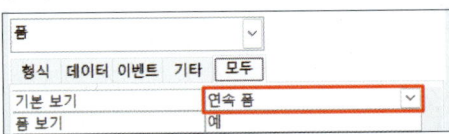

④ 'txt학번' 컨트롤을 선택한 후 속성 시트 창의 [모두]탭 중 '컨트롤 원본' 속성 목록(⌄)에서 '학번'을 선택한다.

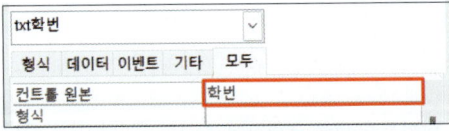

⑤ 동일한 방식으로 'txt학생명'의 '컨트롤 원본' 속성 목록(⌄)에서 '학생명'을 선택한다.

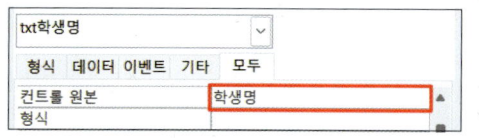

⑥ 'txt평가' 컨트롤을 선택한 후 속성 시트 창의 [모두]탭 중 '컨트롤 원본' 속성에 「=Switch([과제]>=80,"수료",[과제]<80,"미수료")」와 같이 입력한다.

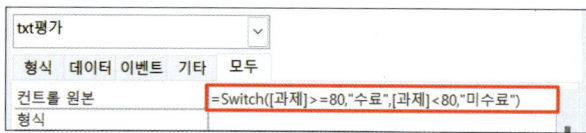

⑦ 설정이 마무리 되면 닫기(✖) 버튼을 클릭하고, 저장 확인 대화상자가 나타나면 [예(Y)]를 선택한다.

2 '폼닫기' 매크로

① 탐색 창에서 〈과정수료현황〉 폼을 선택한 후 바로 가기 메뉴에서 [디자인 보기(⊞)]를 선택한다.
② [만들기]탭-[매크로 및 코드] 영역에서 [매크로(⊞)]를 선택한다.
③ 매크로 함수 목록(▼)에서 'MessageBox'를 선택한다.
④ MessageBox 매크로 대화상자로 전환되면 '메시지'는 「="최종확인 : " & Now()」와 같이 입력하고, '경고음'과 '종류'는 언급된 사항이 없으니 작업하지 않는다. '제목'은 「**작업종료**」와 같이 입력한다.

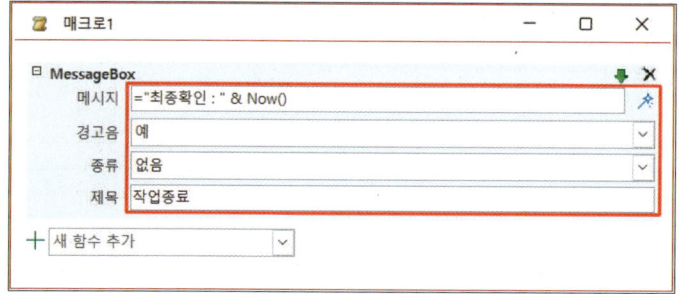

⑤ '새 함수 추가' 목록(▼)에서 'CloseWindows'를 선택한다.
⑥ CloseWindows 매크로 대화상자로 전환되면 '개체 유형'은 '폼'으로, '개체 이름'은 '과정수료현황'으로 설정하고, '저장'은 '예'로 지정한다. 화면 상단의 [닫기(✖)]를 클릭한 후, 저장 확인창이 나타나면 [예(Y)]를 선택한다.

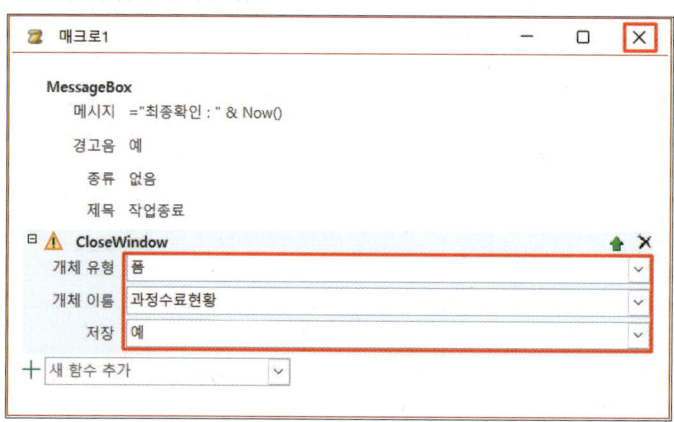

⑦ [다른 이름으로 저장] 대화상자가 나타나면 매크로 이름을 「폼닫기」로 입력한 후 [확인] 버튼을 클릭한다. 저장이 마무리되면 탐색 창 목록에서 매크로를 확인할 수 있다.
⑧ 〈과정수료현황〉 폼의 'cmd닫기' 컨트롤을 더블 클릭한 후 속성 창의 [이벤트]탭에서 'On Click' 속성을 선택한다. 커서를 삽입하면 나타나는 목록(⌵)에서 '폼닫기' 매크로를 선택한다.

3 '오름차순(cmd오름)' & '내림차순(cmd내림)' 이벤트 프로시저

① 탐색 창에서 〈과정수료현황〉 폼을 선택한 후 바로 가기 메뉴에서 [디자인 보기(🔲)]를 한다.
② 'cmd오름' 컨트롤을 더블 클릭한 후 속성 창의 [이벤트]탭에서 'On Click' 속성을 선택한다. 커서를 삽입하면 나타나는 '작성기(…)' 버튼을 클릭한다.
③ [작성기 선택] 대화상자가 나타나면, '코드 작성기'를 선택한 후 [확인]을 클릭한다.
④ 'cmd오름_Click()' 코드 창이 나타나면 다음과 같이 코드를 작성한다.

```
Private Sub cmd오름_Click()
    Me.OrderBy = "과정코드 asc"
    Me.OrderByOn = True
End Sub
```

> Private Sub cmd오름_Click( )
>   Me.OederBy = "과정코드 asc"
>   → '과정코드' 필드를 기준으로 오름차순(asc) 정렬
>   Me.OrderByOn = True
>   → 정렬을 실행
> End Sub

⑤ 입력이 완료되면 [닫기(✕)] 버튼을 클릭하여 VBA를 종료한다.
⑥ 'cmd내림' 컨트롤을 더블 클릭한 후 속성 창의 [이벤트]탭에서 'On Click' 속성을 선택한다. 커서를 삽입하면 나타나는 '작성기(…)' 버튼을 클릭한다.
⑦ [작성기 선택] 대화상자가 나타나면, '코드 작성기'를 선택한 후 [확인]을 클릭한다.
⑧ 'cmd내림_Click()' 코드 창이 나타나면 다음과 같이 코드를 작성한다.

```
Private Sub cmd내림_Click()
    Me.OrderBy = "과정코드 desc"
    Me.OrderByOn = True
End Sub
```

> Private Sub cmd내림_Click( )
>   Me.OederBy = "과정코드 desc"
>   → '과정코드' 필드를 기준으로 내림차순(desc) 정렬
>   Me.OrderByOn = True
>   → 정렬을 실행
> End Sub

⑨ 입력이 완료되면 [닫기(✕)] 버튼을 클릭하여 VBA를 종료한다.
⑩ 'On Click' 속성란에 '[이벤트 프로시저]'가 지정된다.

| 제3작업 | 조회 및 출력 기능 구현

1 <과정별수강현황> 보고서 완성하기

① 〈과정별수강현황〉 보고서의 바로 가기 메뉴에서 [디자인 보기(📐)]를 선택한 후 [F4]을 눌러 속성 시트를 표시한다.

② 'txt과정명' 컨트롤을 선택한 후 속성 시트 창의 [모두]탭 중 '컨트롤 원본' 속성에 「=[과정명]&"("& [과정코드]&")"」와 같이 입력한다.

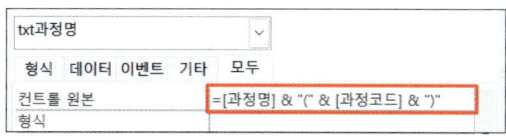

③ 'txt장학' 컨트롤을 선택한 후 속성 시트 창의 [모두]탭 중 '컨트롤 원본' 속성에 「=IIF(([중간]+[기말])/2>=90,"대상","")」와 같이 입력한다.

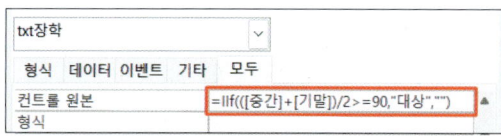

④ 'txt중간평균' 컨트롤을 선택한 후 속성 시트 창의 [모두]탭 중 '컨트롤 원본' 속성에 「=Avg([중간])」와 같이 입력한다. 표시 형식을 변경하기 위해 '형식'은 '표준'으로 설정하고, '소수 자릿수'에는 「1」을 입력한다.

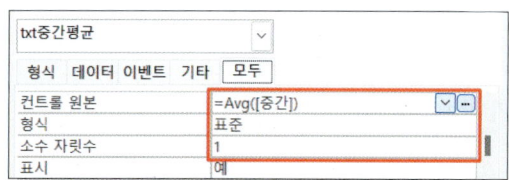

⑤ 동일한 방식으로 'txt기말평균' 컨트롤의 '컨트롤 원본' 속성에 「=Avg([기말])」와 같이 입력한다. 표시 형식을 변경하기 위해 '형식'은 '표준'으로 설정하고, '소수 자릿수'에는 「1」을 입력한다.

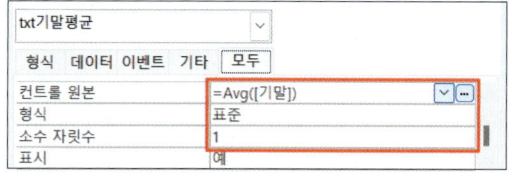

⑥ 'txt페이지' 컨트롤을 선택한 후 속성 시트 창의 [모두]탭 중 '컨트롤 원본' 속성에 「=[Page] & "/" & [Pages] & "페이지"」와 같이 입력한다.

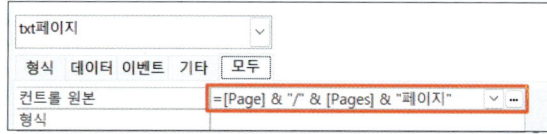

⑦ 'txt날짜' 컨트롤을 선택한 후 속성 시트 창의 [모두]탭 중 '컨트롤 원본' 속성에 「=Now()」와 같이 입력하고, '형식' 속성에 「mm월 dd일 ampm hh:nn」와 같이 입력한다.

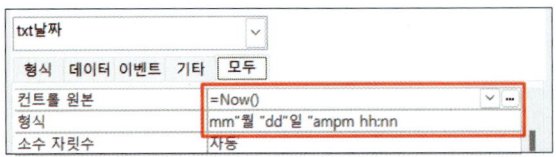

⑧ 설정이 마무리 되면 닫기(✕) 버튼을 클릭하고, 저장 확인 대화상자가 나타나면 [예(Y)]를 선택한다.

2 '검색(cmd검색)' 이벤트 프로시저

① 〈학생조회〉 폼을 선택한 후 바로 가기 메뉴에서 [디자인 보기(📐)]를 선택한다.
② 'cmd검색' 컨트롤을 더블 클릭한 후 속성 창의 [이벤트]탭에서 'On Click' 속성을 선택한다. 커서를 삽입하면 나타나는 '작성기(⋯)' 버튼을 클릭한다.
③ [작성기 선택] 대화상자가 나타나면, '코드 작성기'를 선택한 후 [확인]을 클릭한다.
④ 'cmd검색_Click()' 코드 창이 나타나면 다음과 같이 코드를 작성한다.

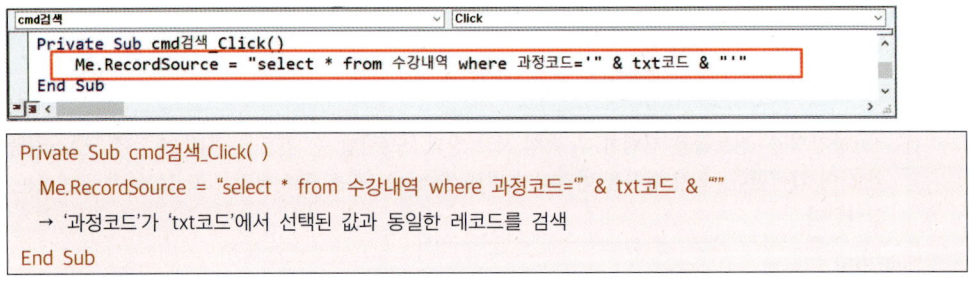

Private Sub cmd검색_Click( )
   Me.RecordSource = "select * from 수강내역 where 과정코드='" & txt코드 & "'"
   → '과정코드'가 'txt코드'에서 선택된 값과 동일한 레코드를 검색
End Sub

⑤ 입력이 완료되면 [닫기(✕)] 버튼을 클릭하여 VBA를 종료한다.
⑥ 'On Click' 속성란에 '[이벤트 프로시저]'가 지정된다.

| 제4작업 | 처리 기능 구현

1 <휴학한공대생> 쿼리

① [만들기]-[쿼리] 영역에서 [쿼리 디자인(📋)] 메뉴를 클릭한다.
② [테이블 추가] 대화상자가 나타나면 〈학생명단〉 테이블을 더블 클릭하거나 [선택한 표 추가]를 클릭한다.
③ 쿼리 디자인 창에 삽입된 〈학생명단〉 테이블에서 '학번', '이름', '학과', '학년' 필드를 차례대로 더블 클릭하여 추가한다.
④ 불일치 조건을 설정하기 위해 '학번'의 '필드:' 영역에 「Not In (select 학번 from 수강내역)」과 같이 입력한다.

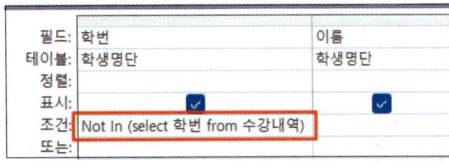

⑤ '학과' 필드의 '조건:' 영역에 「*공학」을 입력하고 [Enter]를 누르면 자동으로 「Like "*공학"」과 같이 변경된다.

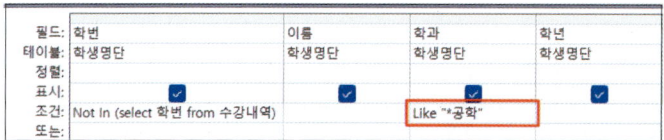

⑥ 쿼리 디자인 탭의 바로 가기 메뉴에서 [저장(🖫)]을 선택하거나, [닫기(🗙)]를 클릭한다.
⑦ [다른 이름으로 저장] 대화상자에서 쿼리 이름을 「휴학한공대생」으로 입력한 후 [확인]을 클릭한다.

2 〈과정별등록조회〉 쿼리

① [만들기]-[쿼리] 영역에서 [쿼리 디자인(▦)] 메뉴를 클릭한다.
② [테이블 표시] 대화상자가 나타나면 〈수강현황〉 쿼리를 더블 클릭하거나 [선택한 표 추가]를 클릭한다.
③ 쿼리 디자인 창에 삽입된 〈수강현황〉 쿼리에서 '과정분류', '학번', '중간', '기말' 필드를 차례대로 더블 클릭하여 추가한다.

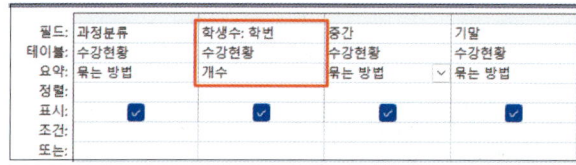

④ 과정분류별 그룹을 지정하기 위해 [쿼리 디자인]탭-[표시/숨기기] 영역의 [요약(Σ)]을 클릭한다.
⑤ 학생수를 구하기 위해 '학번' 필드의 '요약:' 영역에서 '개수'를 선택하고, 캡션을 설정하기 위해 '필드:' 값을 「학생수:학번」과 같이 변경한다.

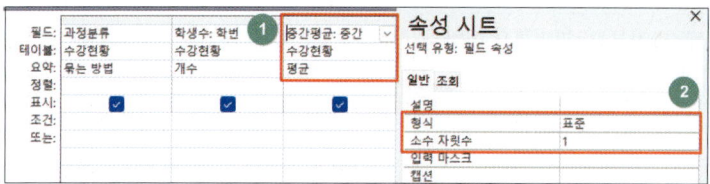

⑥ '중간' 필드의 '요약:' 영역에서 '평균'을 선택하고, 캡션을 설정하기 위해 '필드:'를 「중간평균:중간」과 같이 변경한다. 바로 가기 메뉴에서 [속성]을 선택하거나 [F4]를 눌러 속성 시트를 표시한 후, '형식'을 '표준'으로 선택하고, '소수 자릿수'에 「1」을 입력한다.

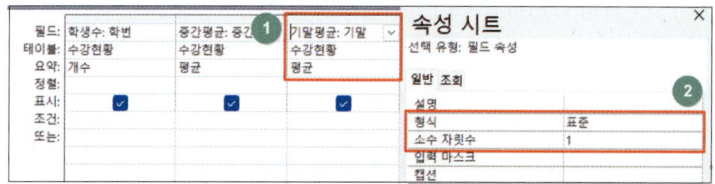

⑦ 동일한 방식으로 '기말' 필드의 '요약:' 영역에서 '평균'을 선택하고, '필드:'를 「기말평균:기말」과 같이 변경한다. 속성 시트에서 '형식'을 '표준'으로 선택하고, '소수 자릿수'에 「1」을 입력한다.

⑧ 비고를 표시하기 위해 마지막 필드 영역에 「비고: IIf([학생수]<10,"정원미달","")」과 같이 입력한다.

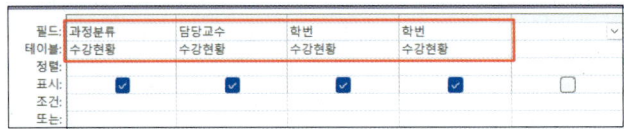

⑨ 쿼리 디자인 탭의 바로 가기 메뉴에서 [저장(💾)]을 선택하거나, [닫기(✖)]를 클릭한다.
⑩ [다른 이름으로 저장] 대화상자에서 쿼리 이름을 「과정별등록조회」로 입력한 후 [확인]을 클릭한다.

3 <학번별이론과목신청현황> 쿼리

① [만들기]-[쿼리] 영역에서 [쿼리 디자인(▦)] 메뉴를 클릭한다.
② [테이블 표시] 대화상자가 나타나면 <수강현황> 쿼리를 더블 클릭하거나 [선택한 표 추가]를 클릭한다.
③ 쿼리 디자인 창에 삽입된 <수강현황> 쿼리에서 '과정분류', '담당교수', '학번' 필드를 차례대로 더블 클릭하여 추가한다.

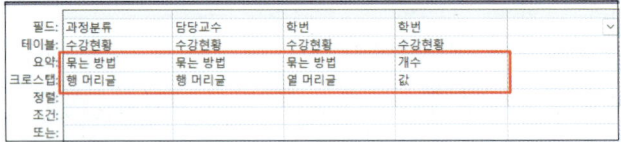

④ 쿼리 유형을 변경하기 위해 [쿼리 디자인]탭-[쿼리 유형] 영역에서 [크로스탭(▦)]을 클릭한다. 각 필드별 '크로스탭:' 영역을 <그림>과 같이 설정한다. 마지막 '학번' 필드의 경우 인원수를 계산하기 위하여 '요약:'을 '개수'로 지정한다.

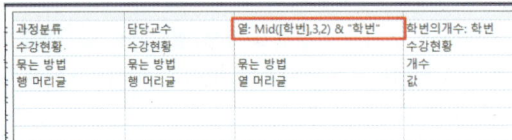

⑤ '열 머리글'의 값을 변경하기 위해 '필드:' 영역을 「열: Mid([학번],3,2) & "학번"」과 같이 변경한다.

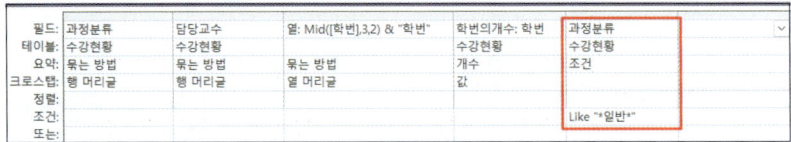

⑥ 조건을 설정하기 위해 '과정분류' 필드를 추가한다. '요약:' 영역에서 '조건'을 선택하고, '조건:' 영역에 「Like "*일반*"」과 같이 입력한다.

필드:	과정분류	담당교수	열: Mid([학번],3,2) & "학번"	학번의개수: 학번	과정분류
테이블:	수강현황	수강현황		수강현황	수강현황
요약:	묶는 방법	묶는 방법	묶는 방법	개수	조건
크로스탭:	행 머리글	행 머리글	열 머리글	값	
정렬:					
조건:					Like "*일반*"
또는:					

⑦ 쿼리 디자인 탭의 바로 가기 메뉴에서 [저장(💾)]을 선택하거나, [닫기(✖)]를 클릭한다.
⑧ [다른 이름으로 저장] 대화상자가 나타나면 쿼리 이름을 「학번별이론과목신청현황」으로 입력한 후 [확인]을 클릭한다.

4 <과제누락자선별> 쿼리

① [만들기]-[쿼리] 영역에서 [쿼리 디자인(📋)] 메뉴를 클릭한다.
② [테이블 표시] 대화상자가 나타나면 <수강내역> 테이블을 더블 클릭하거나 [선택한 표 추가]를 클릭한다.
③ 쿼리 디자인 창에 삽입된 <수강내역> 테이블에서 '과제', '비고' 필드를 더블 클릭하여 추가한다.
④ 쿼리 유형을 변경하기 위해 [쿼리 디자인]탭-[쿼리 유형] 영역에서 [업데이트(📝)]를 클릭한다.
⑤ '과제' 필드의 '조건:' 영역에「0」을 입력하고, 정보를 변경하기 위해 '비고' 필드의 '업데이트:' 영역에「과제 누락」과 같이 입력한다.

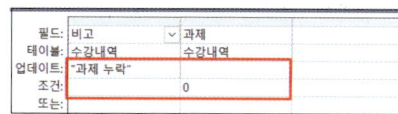

⑥ 쿼리를 실행하기 위해 [쿼리 디자인]탭-[결과] 영역에서 [실행(❗)]을 클릭한다. '4행을 새로 고칩니다.'와 같은 메시지 대화상자가 나타나면 [예]를 클릭한다.

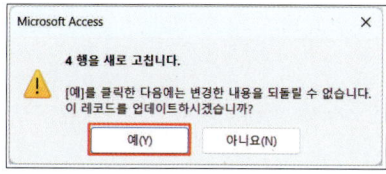

⑦ 쿼리 디자인 탭의 바로 가기 메뉴에서 [저장(💾)]을 선택하거나, [닫기(✖)]를 클릭한다.
⑧ [다른 이름으로 저장] 대화상자가 나타나면 쿼리 이름을「과제누락자선별」로 입력한 후 [확인]을 클릭한다.

5 <과정별우수학생> 쿼리

① [만들기]-[쿼리] 영역에서 [쿼리 디자인(📋)] 메뉴를 클릭한다.
② [테이블 표시] 대화상자가 나타나면 <수강현황> 쿼리를 더블 클릭하거나 [선택한 표 추가]를 클릭한다.
③ 쿼리 디자인 창에 삽입된 <수강현황> 쿼리에서 '과정명', '학생명', '중간', '기말', '과정분류' 필드를 차례대로 더블 클릭하여 추가한다.

필드:	과정명	학생명	중간	기말	과정분류	
테이블:	수강현황	수강현황	수강현황	수강현황	수강현황	
정렬:						
표시:	✓	✓	✓	✓	✓	☐
조건:						
또는:						

④ 조건을 지정하기 위해 '중간'과 '기말' 필드의 '조건:' 영역에「>=80」과 같이 입력한다.

필드:	과정명	학생명	중간	기말	과정분류
테이블:	수강현황	수강현황	수강현황	수강현황	수강현황
정렬:					
표시:	✓	✓	✓	✓	✓
조건:			>=80	>=80	
또는:					

⑤ '과정분류' 필드의 '조건:' 영역에「Like "*" & [조회할 대분류의 일부를 입력] & "*"」와 같이 입력하고, '표시:' 영역의 체크 박스를 해제한다.

필드:	과정명	학생명	중간	기말	과정분류	
테이블:	수강현황	수강현황	수강현황	수강현황	수강현황	
정렬:						
표시:	✓	✓	✓	✓	☐	☐
조건:			>=80	>=80	Like "*" & [조회할 대분류의 일부를 입력] & "*"	
또는:						

⑥ '학생명' 필드의 '정렬:'을 '오름차순'으로 설정한다.

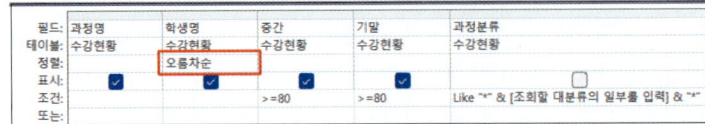

⑦ 쿼리 디자인 탭의 바로 가기 메뉴에서 [저장(🖫)]을 선택하거나, [닫기(🗙)]를 클릭한다.
⑧ [다른 이름으로 저장] 대화상자가 나타나면 쿼리 이름을 「**과정별우수학생**」으로 입력한 후 [확인]을 클릭한다.

데이터베이스 실전모의고사 6회 문제

작업 파일 : 컴활1급/데이터베이스/모의고사/실전모의고사6회.accdb
암호 : 701246
외부데이터 위치 : 컴활1급/데이터베이스/외부데이터

|제1작업| DB구축 (25점)

1 다음의 지시사항에 따라 각 테이블을 완성하시오. (각 3점)

〈대출현황〉 테이블
① '고객명' 필드에는 값이 반드시 입력되도록 설정하시오.
② '대출기간' 필드는 1~10사이의 숫자만 입력되도록 설정하시오.
③ '대출확정일' 필드에는 '신청일' 이후의 날짜만 입력되도록 설정하시오.

〈고객정보〉 테이블
④ '주민등록번호' 필드에는 13자리 숫자가 필수로 입력되도록 '주민등록번호' 형식의 입력 마스크를 설정하시오.
⑤ '이메일' 필드에는 '@'가 반드시 포함되고, 공백을 입력할 수 없도록 유효성 검사 규칙을 설정하시오.
▶ Instr 함수와 Like 연산자 사용

2 <대출현황> 테이블의 '신청번호' 필드는 <고객정보> 테이블의 '신청번호' 필드를 참조하며 테이블 간의 관계는 M:1이다. 두 테이블 간의 관계 설정 시 <화면>과 같은 에러 메시지가 표시되었다. 이를 해결한 후 다음과 같이 관계를 설정하시오. (5점)

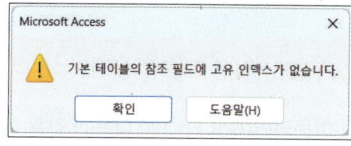

※ 액세스 파일에 이미 설정되어 있는 관계는 수정하지 마시오.

▶ 〈고객정보〉 테이블의 '신청번호' 필드는 각 데이터를 유일하게 구분하는 필드이다.
▶ 각 테이블 간에는 항상 참조 무결성을 유지하도록 설정하시오.
▶ 〈고객정보〉 테이블의 '신청번호'가 변경되면 이를 참조하는 〈대출현황〉 테이블의 '신청번호'도 따라 변경되도록 설정하시오.
▶ 〈대출현황〉 테이블에서 참조하고 있는 〈고객정보〉 테이블의 레코드를 삭제할 수 없도록 설정하시오.

3 외부데이터 폴더에 존재하는 '대출정보.xlsx' 파일에 대한 연결 테이블을 작성하시오. (5점)

▶ '대출기준' 시트의 첫 번째 행은 필드의 이름으로 사용할 것
▶ 연결 테이블의 이름은 〈대출기준〉으로 설정할 것

| 제2작업 | 입력 및 수정 기능 구현 (20점)

1 다음의 지시사항 및 화면을 참고하여 <고객정보조회> 폼을 완성하시오. (각 3점)

① 폼 머리글 영역에 〈화면〉과 같이 '닫기(cmd닫기)' 단추 컨트롤을 생성하고, 단추를 클릭하면 해당 폼이 종료되도록 설정하시오.
  ▶ 단추 컨트롤의 캡션은 '닫기', 높이는 '1cm', 너비는 '2cm'로 설정할 것
② 하위 폼의 '레코드 선택기'와 '탐색 단추'가 표시되지 않도록 설정하시오.
③ 하위 폼의 레코드를 삭제할 수 없도록 설정하시오.

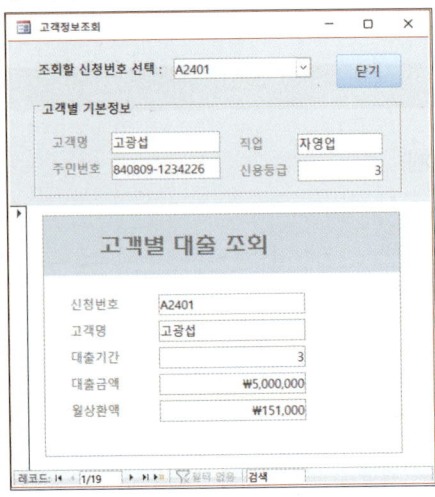

2 <고객정보조회> 폼의 'cmb신청번호'가 변경(Change)되면 다음과 같은 기능을 수행하는 이벤트 프로시저를 작성하시오. (6점)

  ▶ 'cmb신청번호' 컨트롤에서 선택한 신청번호와 일치하는 레코드를 찾아 표시할 것
  ▶ RecordSetClone, FindFirst, Bookmark 속성 사용

3 <고객정보조회> 폼의 '신용등급(txt신용등급)' 컨트롤에 포커스가 이동되면(Got Focus) 다음과 같은 메시지 박스가 표시되도록 이벤트 프로시저를 작성하시오. (5점)

  ▶ '신용등급(txt신용등급)' 컨트롤의 값이 6이상이면 선택된 '고객명(txt고객명)'과 함께 "님 추가대출이 거절되었습니다."와 같은 메시지가 표시되고, 6미만이면 선택된 '고객명(txt고객명)'과 함께 "님 추가대출 심사중입니다."와 같은 메시지가 표시되도록 할 것
  ▶ If 구문과 Msgbox 명령어 사용

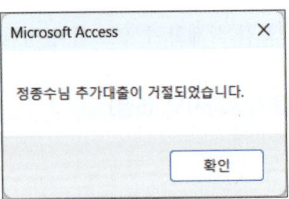 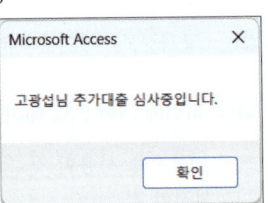

| 제3작업 | **조회 및 출력 기능 구현 (20점)**

1 다음의 지시사항 및 화면을 참고하여 <대출내역현황> 보고서를 완성하시오. (각 3점)

① '상품종류' 필드를 기준으로 오름차순 정렬하여 표시하시오.
② 본문의 'txt상품종류' 컨트롤에 값이 이전 레코드와 동일한 경우 표시되지 않도록 설정하시오.
③ 본문의 'txt대출구분' 컨트롤에는 '대출기간'이 3미만이면 "단기", '대출기간'이 3이상이면 "중단기" 와 같이 표시되도록 설정하시오.
▶ Switch 함수 사용
④ 페이지 바닥글의 'txt페이지' 컨트롤에는 페이지 번호가 다음과 같이 표시되도록 설정하시오.
▶ 표시 예 : 현재페이지 : 1
⑤ 페이지 바닥글의 'txt날짜' 컨트롤에는 시스템의 현재 날짜가 다음과 같이 표시되도록 설정하시오.
▶ 표시 예 : 2024년 3월 1일 금요일

상품종류별 대출 현황 조회

순번	상품종류	상품코드	고객명	대출구분	대출금액	월상환액
1	미래지원	BC-03-1	이진영	중장기	₩10,000,000	₩186,000
2		BC-03-1	김병준	중장기	₩20,000,000	₩461,000
3		BC-03-1	임종례	단기	₩2,000,000	₩173,000
4	청년희망	BR-05-2	김동진	단기	₩5,500,000	₩244,000
5		BR-05-2	채경찬	단기	₩5,000,000	₩222,000
6		BR-05-2	진대준	중장기	₩2,000,000	₩46,000
7		BR-05-2	정수만	단기	₩5,000,000	₩222,000
8		BR-05-2	이찬진	중장기	₩20,000,000	₩373,000
9		BR-05-2	마동탁	단기	₩2,000,000	₩173,000
10	푸른미래	BR-05-1	권창영	단기	₩7,000,000	₩310,000
11		BR-05-1	김영희	단기	₩5,000,000	₩431,000
12		BR-05-1	서현명	중장기	₩23,000,000	₩429,000
13		BR-05-1	이상민	단기	₩5,000,000	₩431,000
14		BR-05-1	하민지	중장기	₩10,000,000	₩230,000
15		BR-05-1	정종수	단기	₩15,000,000	₩1,294,000
16	한국비전	BM-10-1	고광섭	단기	₩5,000,000	₩151,000
17		BM-10-1	이민정	단기	₩7,000,000	₩604,000
18		BM-10-1	오동진	단기	₩10,000,000	₩302,000
19		BM-10-1	김은조	단기	₩10,000,000	₩443,000

2024년 10월 26일 토요일   현재 페이지 : 1

2. <대출내역현황> 보고서를 '인쇄 미리 보기' 방식으로 연 후 <대출상품별현황> 폼을 닫는 <보고서출력> 매크로를 생성하고, <대출상품별현황> 폼의 '보고서 출력(cmd보고서)' 버튼을 클릭(Click)하면 <보고서출력> 매크로가 실행되도록 지정하시오. (5점)

   ▶ 'lst상품종류'에서 선택된 상품종류와 일치하는 거래내역만을 표시할 것

| 제4작업 | 처리 기능 구현 (35점)

1. <대출현황>과 <고객정보> 테이블을 이용하여 월별 직업별 대출건수를 조회하는 <월별대출건수> 크로스탭 쿼리를 작성하시오. (7점)

   ▶ 대출 신청 건수는 '신청번호' 필드를 이용할 것
   ▶ 대출월은 '신청일' 필드의 월을 이용하여 표시할 것 (Month 함수와 & 연산자 사용)
   ▶ 결과 필드는 〈화면〉을 참고하여 설정할 것

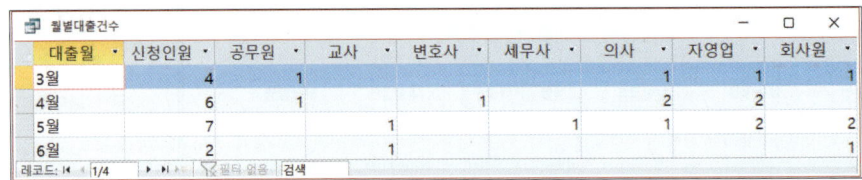

2. <추가대출신청명단> 테이블을 이용하여 <고객정보> 테이블에는 없는 신규 대출자를 조회하여 새 테이블로 생성하는 <신규대출자명단> 쿼리를 작성하고 실행하시오. (7점)

   ▶ 〈추가대출신청명단〉 테이블에는 '주민등록번호'가 존재하지만 〈고객정보〉 테이블에는 존재하지 않는 데이터가 신규 대출자 명단 임
   ▶ 쿼리 실행 후 생성되는 테이블의 이름은 〈신규고객〉으로 설정할 것
   ▶ Not In을 사용하여 SQL 명령문을 사용할 것
   ▶ 결과 필드는 〈화면〉을 참고하여 설정할 것

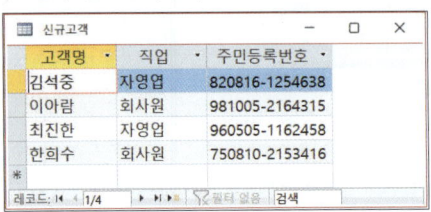

   ※ 쿼리를 실행한 후의 〈신규고객〉 테이블

3. <대출현황> 테이블을 이용하여 신청일의 월을 매개변수로 입력받아 해당 월의 대출 신청자 명단을 조회하는 <월별목록조회> 쿼리를 작성하시오. (7점)

   ▶ '신청번호'가 A부터 C까지의 문자 중 하나로 시작하는 데이터만 표시할 것
   ▶ 대출기간(개월) = 대출기간 × 12
   ▶ '신청일'의 월을 매개변수로 입력받아 대출 신청자 목록을 조회할 것 (Month 함수 사용)

▶ 결과 필드는 〈화면〉을 참고하여 설정할 것

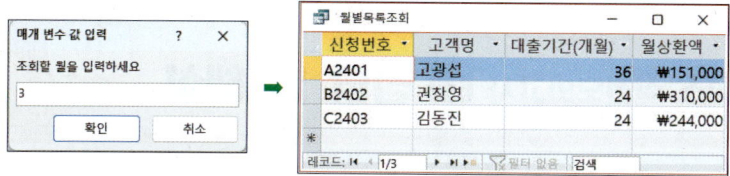

4 <고객정보> 테이블을 이용하여 고객명, 직업, 신용등급, 우대이율을 조회하는 <우대이율적용고객> 쿼리를 작성하시오. (7점)

▶ '직업'이 '자영업'이거나 '공무원'인 데이터만 표시할 것
▶ 우대이율은 '신용등급'이 1~3이면 0.003 나머지는 0으로 처리할 것 (Iif 함수 사용)
▶ 우대이율은 [표시 예]와 같이 표시되도록 '형식' 속성을 설정할 것 (표시 예: 0→0.0%, 0.003→0.3%)
▶ 결과 필드는 〈화면〉을 참고하여 설정할 것

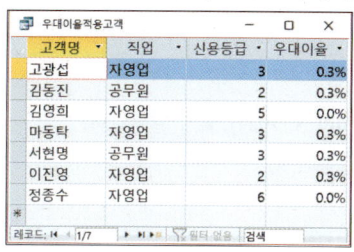

5 <고객정보>와 <대출현황> 테이블을 이용하여 고객별 대출 만기일을 조회하는 <대출만기일조회> 쿼리를 작성하시오. (7점)

▶ 신청ID 필드는 '이메일'의 @앞 문자를 추출하여 표시할 것 (Left 함수와 Instr 함수 사용)
▶ 만기일 필드는 '대출확정일'로부터 '대출기간'이 경과한 날짜로 표시할 것 (Dateadd 함수 사용)
▶ 만기일은 [표시 예]와 같이 표시되도록 '형식' 속성을 설정할 것 (표시 예: 2024년 06월)
▶ 결과 필드는 〈화면〉을 참고하여 설정할 것

• 데이터베이스 •

데이터베이스 실전모의고사 6회 정답 및 해설

정답 파일 : 컴활1급/데이터베이스/모의고사/정답/실전모의고사6회(정답).accdb

| 제1작업 | DB구축

1 <대출현황> & <고객정보> 테이블 완성하기

① 〈대출현황〉 테이블의 바로 가기 메뉴에서 [디자인 보기(🔲)]를 선택한다.

② '고객명' 필드를 선택한 후 '필수'를 '예'로 변경한다.

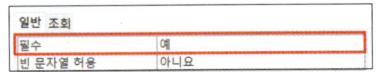

③ '대출기간' 필드를 선택한 후 '유효성 검사 규칙'에 「>=1 And <=10」과 같이 입력한다.

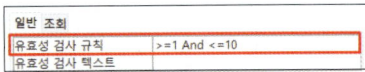

④ [테이블 디자인]탭-[표시/숨기기] 영역에서 [속성 시트(🔲)]를 선택하거나 [F4]를 눌러 속성 시트를 표시한다.

⑤ 테이블 속성을 표시하는 시트 창이 나타나면 '유효성 검사 규칙'에 「**[대출확정일]>=[신청일]**」과 같이 입력한다.

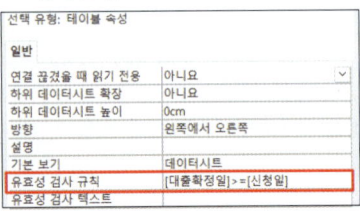

⑥ 〈고객정보〉 테이블의 바로 가기 메뉴에서 [디자인 보기(🔲)]를 선택한다.

⑦ '주민등록번호' 필드를 선택한 후 '유효성 검사 규칙'에 '작성기(⋯)'를 클릭한다.

⑧ [입력 마스크 마법사] 대화상자가 나타나면 '주민등록번호'를 선택하고 [마침]을 클릭한다.

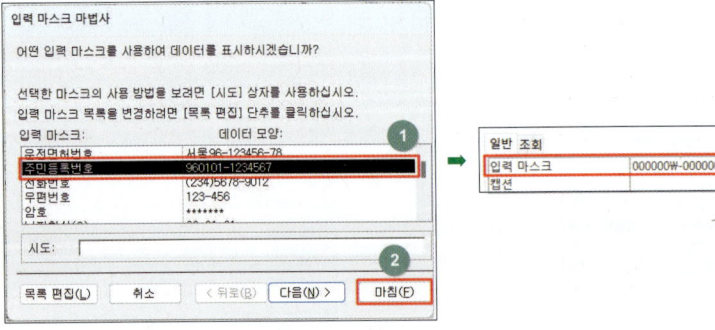

⑨ '이메일' 필드를 선택한 후 '유효성 검사 규칙'에 「Like "*@*" And InStr([이메일]," ")=0」과 같이 입력한다.

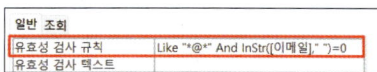

⑩ 닫기(✕) 버튼을 클릭하면 저장을 위한 대화상자가 나타난다. [예(Y)]를 선택하고 테이블을 종료한다.

2 테이블 간 관계 설정하기

① [데이터베이스 도구]탭-[관계]영역의 [관계(⊞)]를 선택한다.
② [관계 디자인]탭-[관계]영역에서 [테이블 추가(⊞)]를 클릭하여 대화상자를 표시한 후, 〈고객정보〉 테이블, 〈대출현황〉 테이블, 〈상품구분〉 테이블을 차례대로 더블 클릭하거나 [선택한 표 추가]를 클릭하여 [관계] 창에 추가한다.
③ 〈고객정보〉 테이블의 '신청번호' 필드를 〈대출현황〉 테이블의 '신청번호' 필드로 드래그한다.
④ [관계 편집] 대화상자가 나타나면 '항상 참조 무결성 유지', '관련 필드 모두 업데이트'를 선택한 후 [만들기] 버튼을 클릭한다.

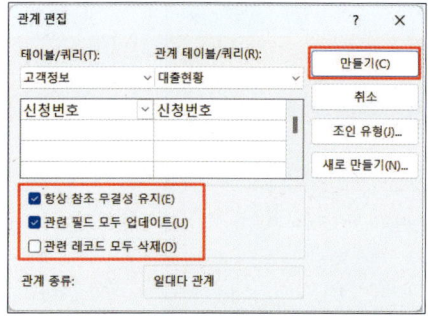

⑤ 〈상품구분〉 테이블의 '상품코드' 필드를 〈대출현황〉 테이블의 '상품코드' 필드로 드래그한다.
⑥ [관계 편집] 대화상자가 나타나면 '항상 참조 무결성 유지'와 '관련 필드 모두 업데이트'를 선택한 후 [만들기] 버튼을 클릭한다.

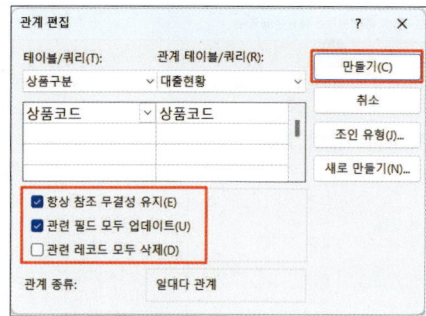

⑦ [관계]창 상단에 닫기(✕) 버튼을 클릭하면 저장을 위한 대화상자가 나타난다. [예(Y)]를 선택하여 관계 편집을 종료한다.

3 <대출기준> 연결 테이블 만들기

① [외부 데이터]탭-[가져오기 및 연결]-[새 데이터 원본] 목록에서 [파일에서]-[Excel(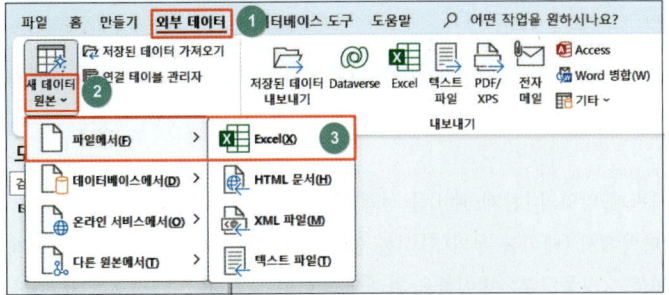)]을 선택한다.

② [외부데이터 가져오기 – Excel 스프레드시트] 대화상자가 나타나면 [찾아보기]를 클릭한다.
③ [파일 열기] 대화상자로 전환되면 '대출정보.xlsx'를 선택한 후 [열기]를 클릭한다.
④ [외부데이터 가져오기 – Excel 스프레드시트] 대화상자로 돌아오면 데이터 저장 방법으로 '연결 테이블을 만들어 데이터 원본에 연결'을 선택한 후 [확인]을 클릭한다.

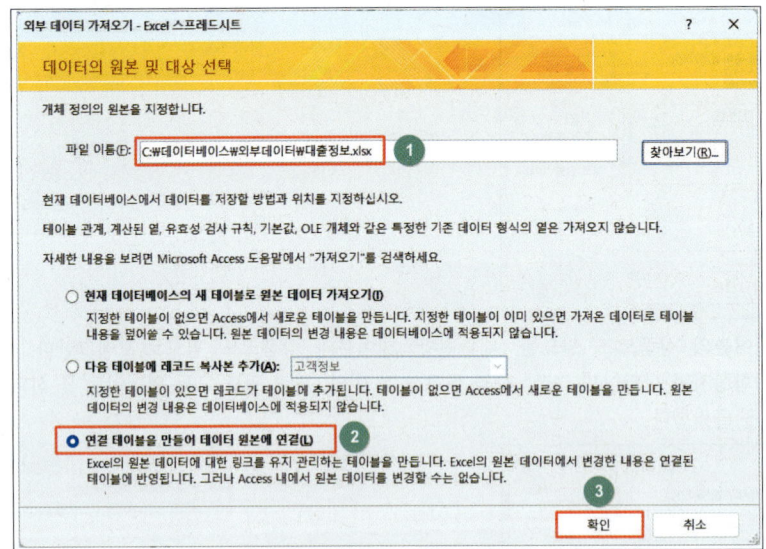

⑤ 마지막 단계에서 '연결 테이블 이름' 영역에 「**대출기준**」과 같이 입력한 후 [마침]을 클릭한다.

| 제2작업 | 입력 및 수정 기능 구현

1 <고객정보조회> 폼 완성하기

① 〈고객정보조회〉 폼을 선택한 후 바로 가기 메뉴에서 [디자인 보기()]를 선택한 후 [F4]을 눌러 속성 창을 표시한다.
② [양식 디자인]탭-[컨트롤] 목록을 확장한 후 '컨트롤 마법사 사용'을 선택하여 활성화 시킨다.
③ '단추' 컨트롤을 선택한 후 마우스 커서가 '+' 모양으로 변경되면 폼 머리글 구역에 드래그하여 생성한다.

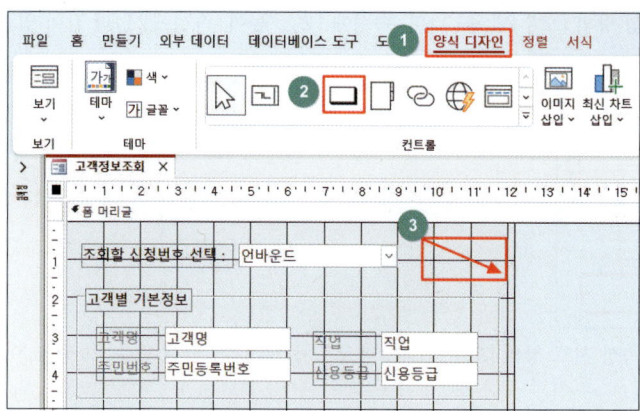

④ [명령 단추 마법사] 대화상자가 나타나면 1단계에서 종류를 '폼 작업', 매크로 함수를 '폼 닫기'로 선택한 후 [다음]을 클릭한다.

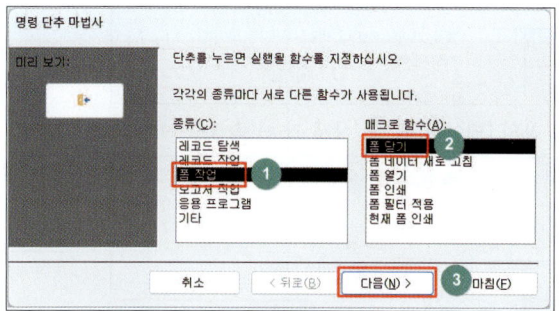

⑤ 2단계에서 '텍스트'로 옵션을 변경하고 「닫기」라 입력한 후 [다음]을 클릭한다.

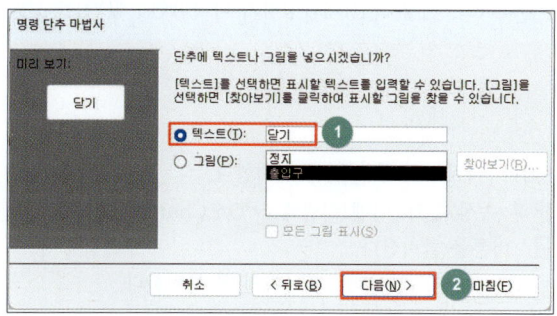

⑥ 컨트롤의 이름을 「cmd닫기」로 지정하고 [마침]을 클릭한다.

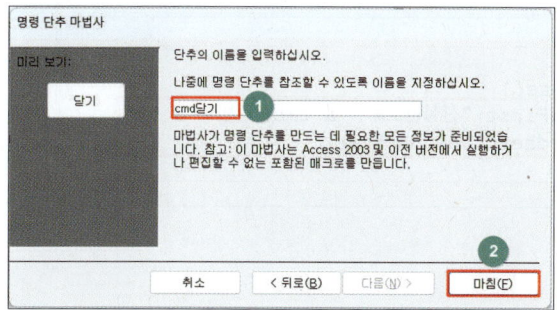

⑦ 'cmd닫기'를 선택한 후 속성 창의 [모두]탭 중 '너비' 속성에 「2」, '높이' 속성에 「1」과 같이 입력하고 [Enter]를 누른다.

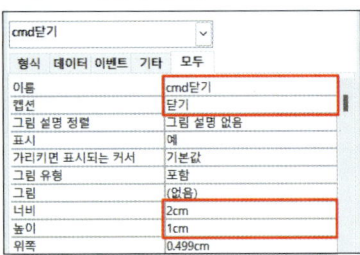

⑧ 하위 폼 개체를 선택한 후 속성 시트 창의 [모두]탭 중 '레코드 선택기'와 '탐색 단추' 속성을 '아니요' 로 변경한다.

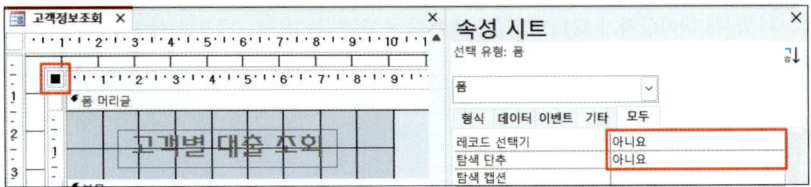

⑨ 하위 폼 개체를 선택한 후 속성 시트 창의 [데이터]탭 중 '삭제 가능' 속성을 '아니요'로 변경한다.

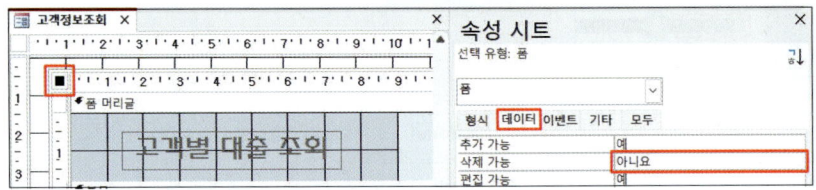

⑩ 설정이 마무리 되면 닫기(✕) 버튼을 클릭하고, 저장 확인 대화상자가 나타나면 [예(Y)]를 선택한다.

2 'cmb신청번호' 이벤트 프로시저

① 〈고객정보조회〉 폼의 바로 가기 메뉴에서 [디자인 보기(📄)]를 선택한다.
② 'cmb신청번호' 컨트롤을 더블 클릭한 후 속성 창의 [이벤트]탭에서 'On Change' 속성을 선택한다. 커서를 삽입하면 나타나는 '작성기(…)' 버튼을 클릭한다.
③ [작성기 선택] 대화상자가 나타나면, '코드 작성기'를 선택한 후 [확인]을 클릭한다.
④ 'cmb신청번호_Change()' 코드 창이 나타나면 다음과 같이 코드를 작성한다.

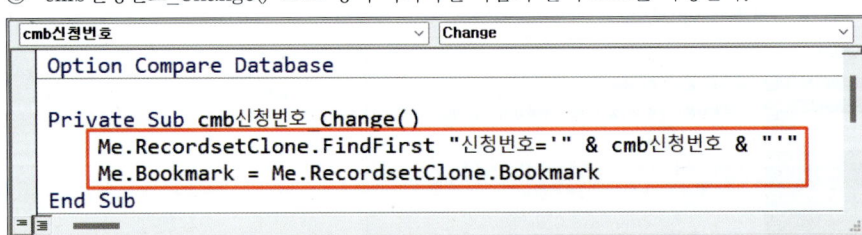

```
Private Sub cmb신청번호_Change( )
    Me.RecordsetClone.FindFirst "신청번호='" & cmb신청번호 & "'"
    → '신청번호'가 'cmb신청번호'에서 선택된 값과 동일한 레코드를 검색
    Me.Bookmark = Me.RecordsetClone.Bookmark
    → 검색한 값을 현재 폼에 대입하여 원본을 재설정
End Sub
```

⑤ 입력이 완료되면 [닫기(X)] 버튼을 클릭하여 VBA를 종료한다.
⑥ 'On Change' 속성란에 '[이벤트 프로시저]'가 지정된다.

3 '신용등급(txt신용등급)' 이벤트 프로시저

① 〈고객정보조회〉 폼의 바로 가기 메뉴에서 [디자인 보기(📐)]를 선택한다.
② 'txt신용등급' 컨트롤을 더블 클릭한 후 속성 창의 [이벤트]탭에서 'On Got Focus' 속성을 선택한다. 커서를 삽입하면 나타나는 '작성기(…)' 버튼을 클릭한다.
③ [작성기 선택] 대화상자가 나타나면, '코드 작성기'를 선택한 후 [확인]을 클릭한다.
④ 'txt신용등급_GotFocus()' 코드 창이 나타나면 다음과 같이 코드를 작성한다.

```
Private Sub txt신용등급_GotFocus()
    If txt신용등급 >= 6 Then
        MsgBox txt고객명 & "님 추가대출이 거절되었습니다."
    Else
        MsgBox txt고객명 & "님 추가대출 심사중입니다."
    End If
End Sub
```

```
Private Sub txt신용등급_GotFocus( )
    If txt신용등급 >= 6 Then
    → 신용등급이 6 이상이라면
        MsgBox txt고객명 & "님 추가대출이 거절되었습니다."
        → 'txt고객명'의 값과 함께 "님 추가대출이 거절되었습니다."와 같은 메시지를 출력
    Else
        MsgBox txt고객명 & "님 추가대출 심사중입니다."
        → 'txt고객명'의 값과 함께 "님 추가대출 심사중입니다."와 같은 메시지를 출력
    End If
End Sub
```

⑤ 입력이 완료되면 [닫기(X)] 버튼을 클릭하여 VBA를 종료한다.
⑥ 'On Got Focus' 속성란에 '[이벤트 프로시저]'가 지정된다.

| 제3작업 | 조회 및 출력 기능 구현

1 <대출내역현황> 보고서 완성하기

① <대출내역현황> 보고서의 바로 가기 메뉴에서 [디자인 보기(🔲)]를 선택한 후 [F4]을 눌러 속성 창을 표시한다.

② [보고서 디자인]탭-[그룹화 및 요약] 영역에서 [그룹화 및 정렬(📊)]을 선택한다.

③ 화면 하단에 '그룹, 정렬 및 요약' 창이 나타나면, [정렬 추가] 버튼을 클릭한다.

④ 정렬 기준으로 '상품종류'를 선택한 후 정렬 방식을 '오름차순'으로 설정한다.

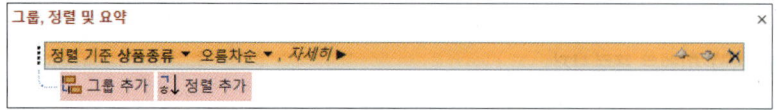

⑤ 본문 영역의 'txt상품종류' 컨트롤을 선택한 후 속성 창의 [형식]탭 중 '중복 내용 숨기기' 속성을 '예'로 변경한다.

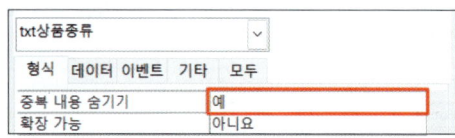

⑥ 본문 영역의 'txt대출구분' 컨트롤을 선택한 후 속성 창의 [모두]탭 중 '컨트롤 원본' 속성에 「=Switch([대출기간]<=3,"단기",[대출기간]>3,"중장기")」과 같이 입력한다.

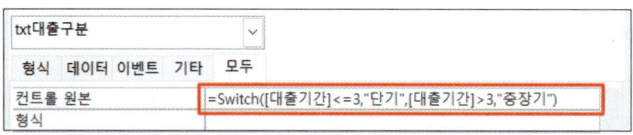

⑦ 페이지 바닥글 영역의 'txt페이지' 컨트롤을 선택한 후 속성 창의 [데이터]탭 중 '컨트롤 원본' 속성에 「="현재 페이지 : " & [Page]」과 같이 입력한다.

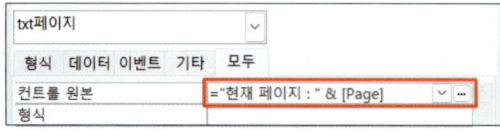

⑧ 페이지 바닥글 영역의 'txt날짜' 컨트롤을 선택한 후 속성 시트 창의 [모두]탭 중 '컨트롤 원본' 속성에 「=Date()」와 같이 입력하고, '형식' 속성 목록(▼)에서 '자세한 날짜'를 선택한다.

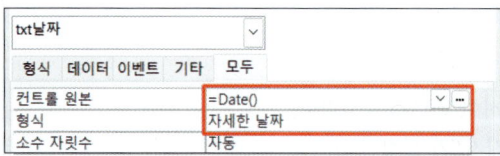

⑨ 설정이 마무리 되면 닫기(✕) 버튼을 클릭하고, 저장 확인 대화상자가 나타나면 [예(Y)]를 선택한다.

2 <보고서출력> 매크로

① 〈대출상품별현황〉 폼을 선택한 후 바로 가기 메뉴에서 [디자인 보기(🔲)]를 선택한다.
② [만들기]탭-[매크로 및 코드] 영역에서 [매크로(🔲)]를 선택한다.
③ 매크로 함수 목록(🔽)에서 'OpenReport'를 선택한다.
④ OpenReport 매크로 대화상자로 전환되면 '보고서 이름'은 '대출내역현황', '보기 형식'은 '인쇄 미리 보기'를 선택한다. '필터 이름'은 생략하고 'Where 조건식'은 「[상품종류]= Forms![대출상품별현황]![lst상품종류]」와 같이 입력한다.

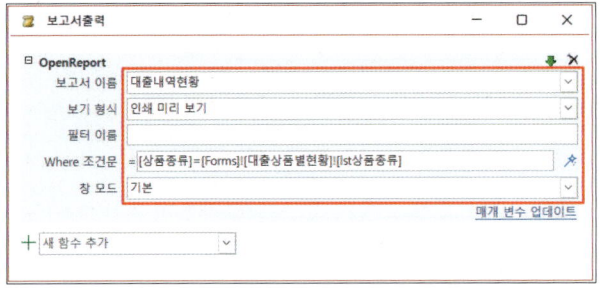

⑤ 새 함수 추가 목록(🔽)에서 'CloseWindows'를 선택한다.
⑥ CloseWindows 매크로 대화상자로 전환되면 '개체 유형'은 '폼'으로, '개체 이름'은 '대출상품별현황'으로 설정하고, '저장'은 언급된 사항이 없으니 작업하지 않는다. [닫기(✕)]를 클릭하고, 저장 확인 창이 나타나면 [예(Y)]를 선택한다.

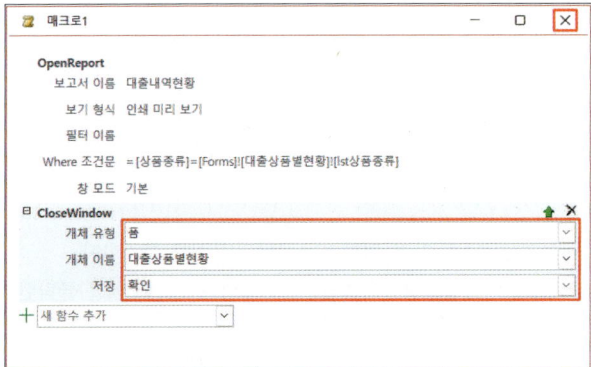

⑦ [다른 이름으로 저장] 대화상자가 나타나면 매크로 이름을 「보고서출력」과 같이 입력한 후 [확인]을 클릭한다. 저장이 마무리되면 탐색 창 목록에서 매크로를 확인할 수 있다.
⑧ 〈대출상품별현황〉 폼의 'cmd보고서' 컨트롤을 더블 클릭한 후 속성 창의 [이벤트]탭에서 'On Click' 속성을 선택한다. 커서를 삽입하면 나타나는 목록(🔽)에서 '보고서출력' 매크로를 선택한다.

| 제4작업 | 처리 기능 구현

1 <월별대출건수> 쿼리

① [만들기]-[쿼리] 영역에서 [쿼리 디자인(🔲)] 메뉴를 클릭한다.
② [테이블 추가] 대화상자가 나타나면 〈대출현황〉 테이블과 〈고객정보〉 테이블을 더블 클릭하여 추가한다.

③ 쿼리 디자인 창에 삽입된 〈대출현황〉 테이블에서 '신청일'과 '신청번호' 필드를 더블 클릭하여 추가하고, 〈고객정보〉 테이블에서 '직업' 필드를 더블 클릭하여 추가한다.

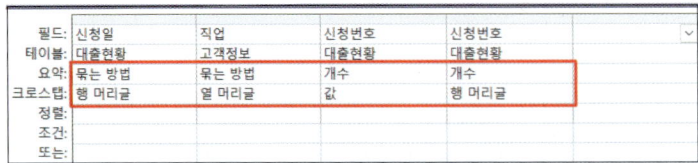

④ 쿼리 유형을 변경하기 위해 [쿼리 디자인]탭-[쿼리 유형] 영역에서 [크로스탭(▦)]을 클릭한다. 각 필드별 '크로스탭:' 영역을 〈그림〉과 같이 설정한다. '신청번호' 필드의 경우 인원수를 계산하기 위하여 '요약:'을 '개수'로 지정한다.

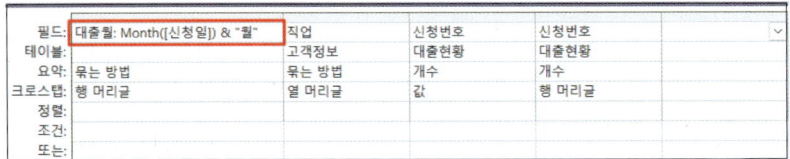

⑤ '행 머리글' 항목 값을 설정하기 위해 '필드:' 영역을 「**대출월:Month([신청일]) & "월"**」과 같이 변경한다.

⑥ 값의 대한 '행 머리글'의 캡션을 설정하기 위해 '필드:' 영역을 「**신청인원:신청번호**」와 같이 변경한다.

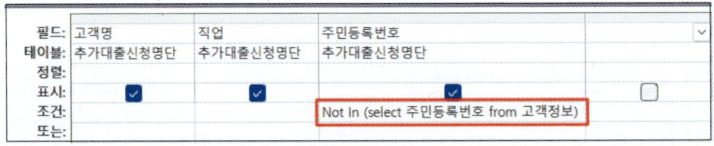

⑦ 쿼리 디자인 탭의 바로 가기 메뉴에서 [저장(💾)]을 선택하거나, [닫기(✕)]를 클릭한다.
⑧ [다른 이름으로 저장] 대화상자에서 쿼리 이름을 「**월별대출건수**」로 입력한 후 [확인]을 클릭한다.

2 〈신규대출자명단〉 쿼리

① [만들기]-[쿼리] 영역에서 [쿼리 디자인(▦)] 메뉴를 클릭한다.
② [테이블 추가] 대화상자가 나타나면 〈추가대출신청명단〉 테이블을 더블 클릭하여 추가한다.
③ 쿼리 디자인 창에 삽입된 〈추가대출신청명단〉 테이블에서 '고객명', '직업', '주민등록번호' 필드를 차례대로 더블 클릭하여 추가한다.
④ 〈고객정보〉 테이블에 없는 신규 고객 정보를 검색하기 위해 '주민등록번호' 필드의 '조건:' 영역에 「**Not In (select 주민등록번호 from 고객정보)**」와 같이 입력한다.

⑤ 쿼리 유형을 변경하기 위해 [쿼리 디자인]탭-[쿼리 유형] 영역에서 [테이블 만들기(▦)]를 클릭한다.

[테이블 만들기] 대화상자가 나타나면 새 테이블의 이름을 「**신규고객**」과 같이 입력한 후 [확인]을 클릭한다.

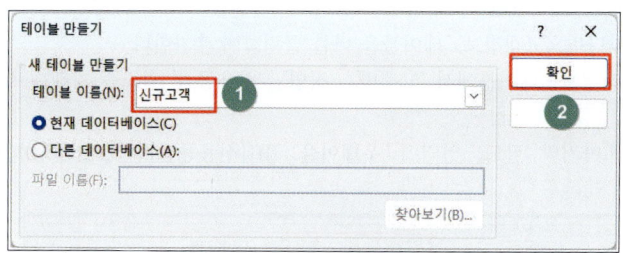

⑥ 쿼리 실행을 위해 [쿼리 디자인]탭-[결과] 영역에서 [실행(!)]을 클릭한다.
⑦ '4행을 붙여 넣습니다.'와 같은 메시지 대화상자가 나타나면 [예]를 클릭한다. 이후 탐색 창의 테이블 목록에 〈신규고객〉 테이블이 추가된다.
⑧ 쿼리 디자인 탭의 바로 가기 메뉴에서 [저장(💾)]을 선택하거나, [닫기(✕)]를 클릭한다.
⑨ [다른 이름으로 저장] 대화상자에서 쿼리 이름을 「**신규대출자명단**」로 입력한 후 [확인]을 클릭한다.

3 <월별목록조회> 쿼리

① [만들기]-[쿼리] 영역에서 [쿼리 디자인(🔲)] 메뉴를 클릭한다.
② [테이블 추가] 대화상자가 나타나면 〈대출현황〉 테이블을 더블 클릭하여 추가한다.
③ 쿼리 디자인 창에 삽입된 〈대출현황〉 테이블에서 '신청번호', '고객명', '대출기간', '월상환액' 필드를 차례대로 더블 클릭하여 추가한다.
④ '신청번호' 필드의 '조건:' 영역에 「Like "[A-C]*"」과 같이 입력한다.

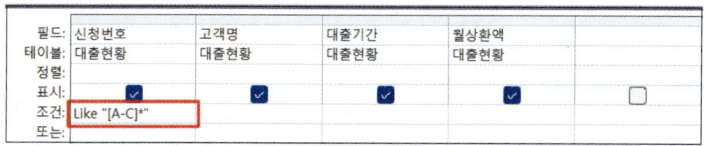

⑤ '대출기간(개월)' 필드를 만들기 위해 '대출기간'의 '필드:' 영역에 「**대출기간(개월): [대출기간]*12**」와 같이 입력한다.

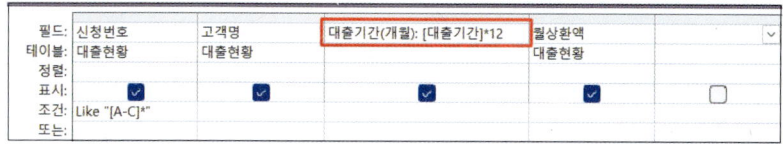

⑥ 매개변수를 입력받기 위해 마지막 '필드:' 영역에 「Month([신청일])」과 같이 입력하고, '조건:' 영역에 「**[조회할 월을 입력하세요]**」와 같이 입력한다. 단, '표시:' 영역의 체크 박스는 해제한다.

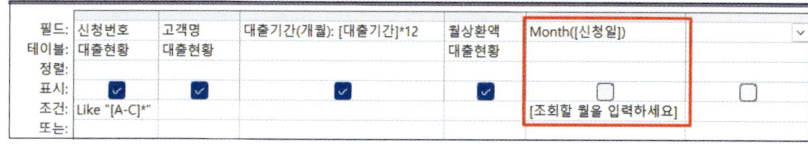

⑦ 쿼리 디자인 탭의 바로 가기 메뉴에서 [저장(💾)]을 선택하거나, [닫기(✕)]를 클릭한다.
⑧ [다른 이름으로 저장] 대화상자에서 쿼리 이름을 「**월별목록조회**」로 입력한 후 [확인]을 클릭한다.

4 <우대이율적용고객> 쿼리

① [만들기]-[쿼리] 영역에서 [쿼리 디자인(📇)] 메뉴를 클릭한다.
② [테이블 추가] 대화상자가 나타나면 〈고객정보〉 테이블을 더블 클릭하여 추가한다.
③ 쿼리 디자인 창에 삽입된 〈고객정보〉 테이블에서 '고객명', '직업', '신용등급' 필드를 차례대로 더블 클릭하여 추가한다.
④ '우대이율' 필드를 만들기 위해 마지막 '필드:' 영역에 「우대이율: IIf([신용등급]<=3,0.003,0)」과 같이 입력한다.

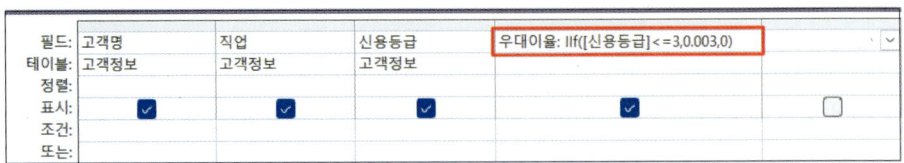

⑤ 바로 가기 메뉴에서 [속성]을 선택하거나 [F4]를 눌러 속성 시트를 표시한 후, '형식'을 '백분율'로 선택하고, '소수 자릿수'에 「1」을 입력한다.

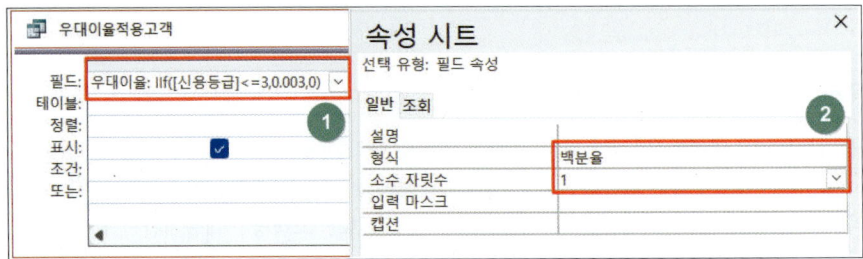

⑥ '직업' 필드의 '조건:' 영역에 「"자영업" Or "공무원"」과 같이 입력한다.

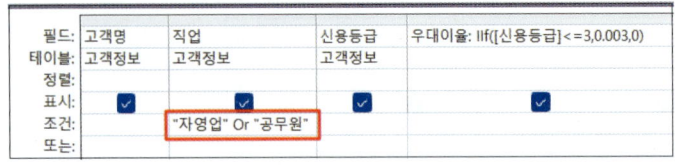

⑦ 쿼리 디자인 탭의 바로 가기 메뉴에서 [저장(💾)]을 선택하거나, [닫기(❌)]를 클릭한다.
⑧ [다른 이름으로 저장] 대화상자가 나타나면 쿼리 이름을 **우대이율적용고객**으로 입력한 후 [확인]을 클릭한다.

5 <대출만기일조회> 쿼리

① [만들기]-[쿼리] 영역에서 [쿼리 디자인(	)] 메뉴를 클릭한다.
② [테이블 추가] 대화상자가 나타나면 〈고객정보〉와 〈대출현황〉 테이블을 더블 클릭하여 추가한다.
③ 쿼리 디자인 창에 삽입된 〈고객정보〉 테이블에서 '신청번호', '고객명', '이메일' 필드를 더블 클릭하여 추가한다.
④ '신청ID' 필드를 만들기 위해 '이메일'의 '필드:' 영역에 「**신청ID: Left([이메일],InStr([이메일],"@")-1)**」과 같이 입력한다.

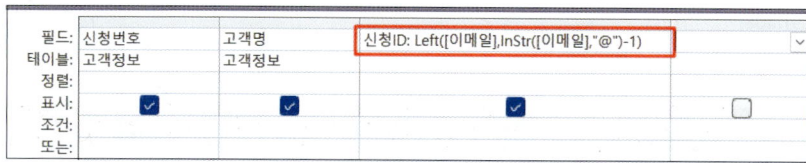

⑤ '만기일' 필드를 만들기 위해 마지막 '필드:' 영역에 「**만기일: DateAdd("yyyy",[대출기간],[대출확정일])**」과 같이 입력한다.

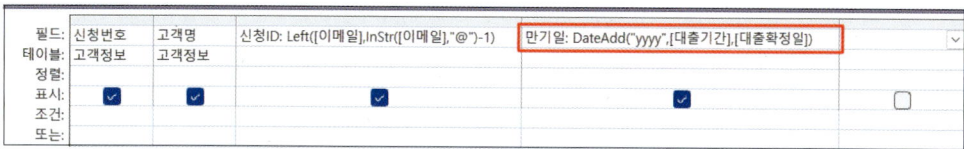

⑥ 바로 가기 메뉴에서 [속성]을 선택하거나 [F4]를 눌러 속성 시트를 표시한 후, '형식' 속성에 「yyyy"년" mm₩월」과 같이 입력하고 [Enter]를 누르면 'yyyy"년" "mm₩월"과 같이 변경된다.

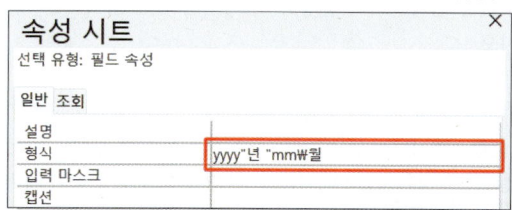

⑦ 쿼리 디자인 탭의 바로 가기 메뉴에서 [저장(	)]을 선택하거나, [닫기(	)]를 클릭한다.
⑧ [다른 이름으로 저장] 대화상자가 나타나면 쿼리 이름을 「**대출만기일조회**」로 입력한 후 [확인]을 클릭한다.

• 데이터베이스 •

데이터베이스 실전모의고사 7회 문제

작업 파일 : 컴활1급/데이터베이스/모의고사/실전모의고사7회.accdb
암호 : 911408
외부데이터 위치 : 컴활1급/데이터베이스/외부데이터

| 제1작업 | DB구축 (25점)

1 다음의 지시사항에 따라 <과정목록> 테이블을 완성하시오. (각 3점)

① '과정코드' 필드를 기본 키(PK)로 설정하고, 'C'로 시작하는 5개의 문자가 입력되도록 유효성 검사 규칙을 설정하시오.
▶ Like 연산자 사용
② '학점' 필드에는 새 레코드 입력 시 기본적으로 '2'가 입력되도록 설정하시오.
③ '과정분류' 필드에는 중복된 데이터가 입력 가능하도록 인덱스 속성을 설정하시오.
④ '담당교수' 필드는 반드시 입력되도록 설정하고, 빈 문자열이 허용되지 않도록 설정하시오.
⑤ '구분' 필드에는 "이론", "실습" 중 하나의 값을 입력받도록 설정하고, 이외의 값이 입력되면 "입력 확인"과 같은 메시지가 표시되도록 설정하시오.

2 <수강내역> 테이블의 '과정코드' 필드는 <과정목록> 테이블의 '과정코드' 필드를 참조하며 테이블 간의 관계는 M:1이다. 또한 <수강내역> 테이블의 '학번' 필드는 <학생명단> 테이블을 '학번' 필드를 참조하여 테이블 간의 관계는 M:1이다. 각 테이블에 대해 다음과 같이 관계를 설정하시오. (5점)

▶ 각 테이블 간에는 항상 참조 무결성을 유지하도록 설정하시오.
▶ <과정목록> 테이블의 '과정코드' 필드가 변경되면 이를 참조하는 <수강내역> 테이블의 '과정코드' 필드도 따라 변경되고, <학생명단> 테이블의 '학번' 필드가 변경되면 이를 참조하는 <수강내역> 테이블의 '학번' 필드도 따라 변경되도록 설정하시오.
▶ <수강내역> 테이블이 참조하고 있는 <과정목록> 테이블의 레코드나 <학생명단> 테이블의 레코드를 삭제할 수 없도록 설정하시오.

3 외부데이터 가져오기 기능을 이용하여 '학과코드목록.xlsx' 파일의 데이터를 <학과목록> 테이블에 추가하시오. (5점)

▶ '학과목록' 시트의 모든 레코드를 추가할 것
▶ 범위의 첫 번째 행은 필드의 이름으로 사용할 것

| 제2작업 | 입력 및 수정 기능 구현 (20점)

1 다음의 지시사항 및 화면을 참고하여 <과정수료현황> 폼을 완성하시오. (각 3점)

① 〈수강내역〉 테이블을 폼의 레코드 원본으로 설정하시오.
② 본문의 모든 컨트롤에 대해서 탭이 다음의 순서대로 정지하도록 관련 속성을 설정하시오.
  ▶ 'txt과정코드', 'txt학번', 'txt학생명', 'txt중간', 'txt기말', 'txt과제', 'txt평가'
③ 폼 바닥글 영역의 'txt인원수' 컨트롤에는 선택된 '과정코드(txt과정코드)'별 인원수를 계산하여 표시하시오.
  ▶ 〈수강내역〉 테이블과 Dcount 함수 사용

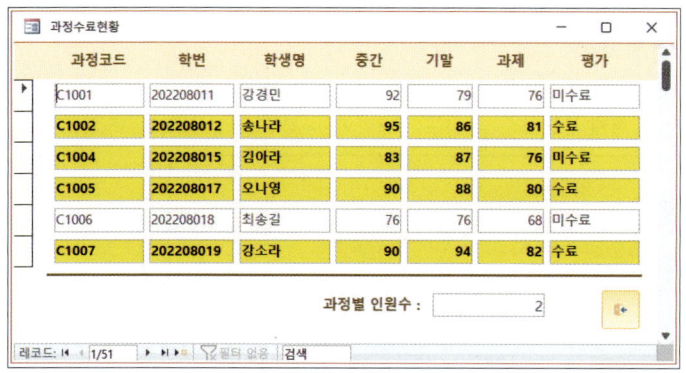

2 <과정수료현황> 폼의 본문 영역에 다음과 같이 조건부 서식을 설정하시오. (6점)

  ▶ '기말' 점수가 전체 기말의 평균 점수 이상인 레코드에 대해 글꼴은 '굵게', 배경색은 '표준 색-노랑' 서식이 적용되도록 설정하시오.
  ▶ Avg 함수 사용

3 <과정수료현황> 폼의 폼 바닥글 영역에서 'cmd닫기' 컨트롤을 클릭(Click)하면 다음과 같은 기능을 수행하는 이벤트 프로시저를 작성하시오. (5점)

  ▶ 현재 폼의 '폼 이름'과 함께 다음과 같은 메시지 박스를 표시하고, [확인]을 클릭하면 해당 폼이 항상 저장되며 종료되도록 설정할 것
  ▶ Msgbox 명령어 사용

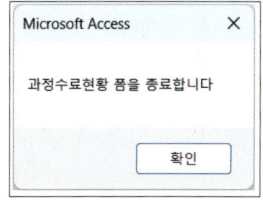

| 제3작업 | 조회 및 출력 기능 구현 (20점)

1 다음의 지시사항 및 화면을 참고하여 <과정별수강현황> 보고서를 완성하시오. (각 3점)

① 보고서 머리글 영역에 <화면>과 같이 레이블 컨트롤을 생성하시오.
  ▶ 레이블 컨트롤에 이름은 'lab제목'으로 설정할 것
  ▶ 캡션은 '과정별 수강 현황'으로 지정하고, 글꼴 색은 '표준 색-검정', 글꼴 크기는 '20'으로 설정할 것
② 과정명 머리글 영역에서 머리글 내용이 페이지마다 반복적으로 표시되도록 설정하시오.
③ 본문 영역의 'txt순번' 컨트롤에는 그룹별 일련번호가 표시되도록 설정하시오.
④ 과정명 바닥글 영역의 'txt인원수' 컨트롤에는 과정별 인원수가 다음과 같이 표시되도록 설정하시오.
  ▶ 표시 예 : ★ 총 수강 인원 : 5명 ★
  ▶ Format, Count 함수 사용
⑤ 페이지 바닥글의 'txt날짜' 컨트롤에는 오늘 날짜가 다음과 같이 표시되도록 설정하시오.
  ▶ 표시 예 : 24년 03월 현재

과정별 수강 현황

개체지향프로그래밍 : C1016

순번	담당교수	학번	과정분류	학생명	중간	기말	과제
1	이연교	202208029	프로그래밍	이서라	76	92	75
2	이연교	202401022	프로그래밍	천성대	79	90	76

수강 인원 :   ★ 총 수강 인원 : 2명 ★

데이터마이닝 : C1004

순번	담당교수	학번	과정분류	학생명	중간	기말	과제
1	문성준	202309111	응용서비스	김시우	93	84	79
2	문성준	202208128	응용서비스	한나라	88	79	75
3	문성준	202208015	응용서비스	김아라	83	87	76
4	문성준	202309018	응용서비스	박재연	65	85	67

수강 인원 :   ★ 총 수강 인원 : 4명 ★

데이터베이스 : C1008

순번	담당교수	학번	과정분류	학생명	중간	기말	과제
1	서민정	202309014	컴퓨터일반	양마옥	81	76	70
2	서민정	202401020	컴퓨터일반	송지나	85	90	78
3	서민정	202401014	컴퓨터일반	홍진욱	84	65	67

수강 인원 :   ★ 총 수강 인원 : 3명 ★

디지털공학개론 : C1011

순번	담당교수	학번	과정분류	학생명	중간	기말	과제

24년 10월 현재   1/6페이지

2 <과정수료현황> 폼의 '과정코드(txt과정코드)' 컨트롤을 더블클릭(Dbl Click)하면 <과정조회> 폼이 '폼 보기' 형태로 열리는 <과정검색> 매크로를 생성한 후 지정하시오. (5점)

▶ 'txt코드' 컨트롤에 입력된 '과정코드'와 일치하는 레코드를 표시할 것

| 제4작업 | 처리 기능 구현 (35점)

1 <수강내역>과 <학생명단> 테이블을 이용하여 총점이 210이상이면서 학년이 1학년인 성적우수 신입생 명단을 조회하는 <성적우수신입생> 쿼리를 작성하시오. (7점)

▶ '학생명' 필드를 기준으로 오름차순 정렬할 것
▶ 총점 = 중간 + 기말 + 과제
▶ 장학비율은 '총점'이 270이상이면 "90%", 240이상이면 "70%", 210이상이면 "50%"로 표시하고 나머지는 공란으로 표시할 것
▶ Switch 함수 사용
▶ 결과 필드는 <화면>을 참고하여 설정할 것

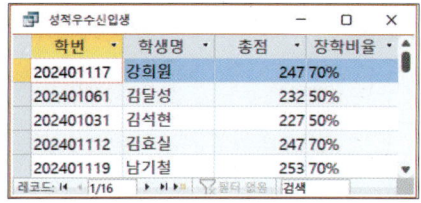

2 <수강현황> 쿼리를 이용하여 과정별 입학년도별 기말 평균을 계산하는 <과정별입학년도별기말평균> 크로스탭 쿼리를 작성하시오. (7점)

▶ '과정분류'가 '소프트웨어일반'인 학생들의 데이터만 조회할 것
▶ 입학년도는 '학번'의 왼쪽 4글자를 이용하여 표시할 것
▶ Left 함수 사용
▶ 결과 필드는 <화면>을 참고하여 설정할 것

3 <학생명단> 테이블을 이용하여 <수강내역> 테이블에 없는 학생들을 조회하여 새 테이블로 생성하는 <미등록학생조회> 쿼리를 작성하고 실행하시오. (7점)

▶ <학생명단> 테이블에는 '학번'이 있으나 <수강내역> 테이블에는 '학번'이 없는 학생이 미등록 학생임
▶ 쿼리 실행 후 생성되는 테이블 이름은 <휴학생명단>으로 설정할 것
▶ Not In을 사용하여 SQL 명령문을 사용할 것

▶ 결과 필드는 〈화면〉을 참고하여 설정할 것

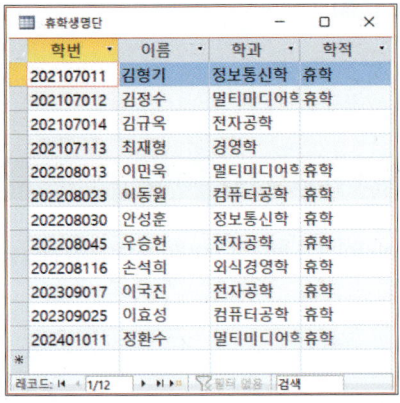

※ 쿼리를 실행한 후의 〈휴학생명단〉 테이블

4 〈학생명단〉 테이블을 이용하여 검색할 학과의 일부를 매개변수로 입력받아 해당 학과별 수강생 목록을 조회하는 〈전공별수강생조회〉 쿼리를 작성하시오. (7점)

▶ '학번' 필드를 기준으로 오름차순 정렬 할 것
▶ 결과 필드는 〈화면〉을 참고하여 설정할 것

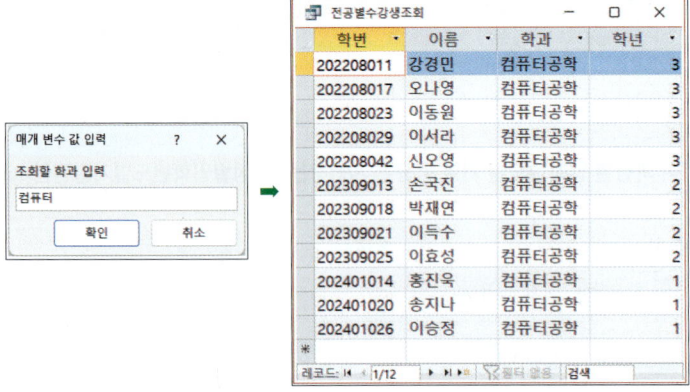

5 〈신규과정목록〉 테이블의 레코드를 〈과정목록〉 테이블에 추가하는 〈신규과정추가〉 쿼리를 작성하고 실행하시오. (7점)

▶ '과정명'이 '인터넷보안'인 레코드는 제외할 것

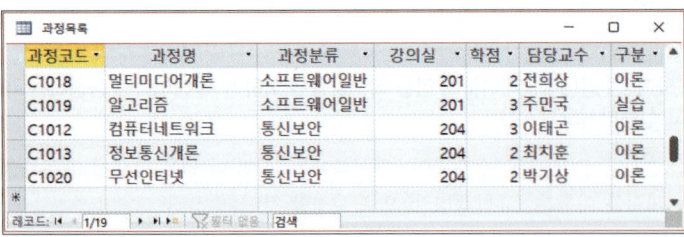

※ 쿼리를 실행한 후의 〈과정목록〉 테이블

데이터베이스 실전모의고사 7회 정답 및 해설

정답 파일 : 컴활1급/데이터베이스/모의고사/정답/실전모의고사7회(정답).accdb

| 제1작업 | DB구축

1 <과정목록> 테이블 완성하기

① 〈과정목록〉 테이블의 바로 가기 메뉴에서 [디자인 보기(📐)]를 선택한다.

② '과정코드' 필드를 선택한 후 [테이블 디자인]탭-[도구] 영역에서 [기본 키(🔑)]를 선택한다.

필드 이름	데이터 형식
🔑 과정코드	짧은 텍스트
과정명	짧은 텍스트

③ '과정코드' 필드가 선택된 상태에서 '유효성 검사 규칙'「Like "C????"」와 같이 입력한다.

일반 조회	
유효성 검사 규칙	Like "C????"
유효성 검사 텍스트	

④ '학점' 필드를 선택한 후 '기본값'에 「2」와 같이 입력한다.

일반 조회	
기본값	2
유효성 검사 규칙	

⑤ '과정분류' 필드를 선택한 후 '인덱스'를 '예(중복 가능)'으로 변경한다.

일반 조회	
인덱스	예(중복 가능)
유니코드 압축	아니요

⑥ '담당교수' 필드를 선택한 후 '필수'를 '예'로 변경하고, '빈 문자열 허용'은 '아니요'로 변경한다.

일반 조회	
필수	예
빈 문자열 허용	아니요
인덱스	아니요

⑦ '구분' 필드를 선택한 후 '유효성 검사 규칙'에「**"이론" Or "실습"**」과 같이 입력하고, '유효성 검사 텍스트'에「**입력 확인**」과 같이 입력한다.

일반 조회	
유효성 검사 규칙	"이론" Or "실습"
유효성 검사 텍스트	입력 확인
필수	아니요

⑧ 닫기(✕) 버튼을 클릭하면 저장을 위한 대화상자가 나타난다. [예(Y)]를 선택하고 테이블을 종료한다.

2 테이블 간 관계 설정하기

① [데이터베이스 도구]탭-[관계]영역의 [관계(🖽)]를 선택한다.
② [관계 디자인]탭-[관계]영역에서 [테이블 추가(🖽)]를 클릭하여 대화상자를 표시한 후, 〈수강내역〉 테이블, 〈과정목록〉 테이블, 〈학생명단〉 테이블을 차례대로 더블 클릭하거나 [선택한 표 추가]를 클릭하여 [관계] 창에 추가한다.
③ 〈과정목록〉 테이블의 '과정코드' 필드를 〈수강내역〉 테이블의 '과정코드' 필드로 드래그한다.
④ [관계 편집] 대화상자가 나타나면 '항상 참조 무결성 유지', '관련 필드 모두 업데이트'를 선택한 후 [만들기] 버튼을 클릭한다.

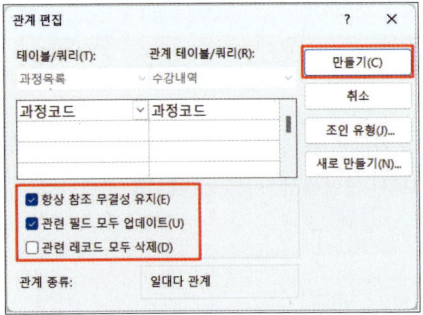

⑤ 〈학생명단〉 테이블의 '학번' 필드를 〈수강내역〉 테이블의 '학번' 필드로 드래그한다.
⑥ [관계 편집] 대화상자가 나타나면 '항상 참조 무결성 유지', '관련 필드 모두 업데이트'를 선택한 후 [만들기] 버튼을 클릭한다.

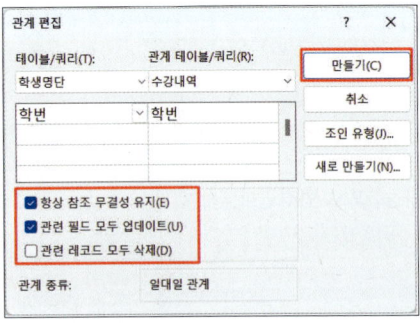

⑦ [관계]창 상단에 닫기(✕) 버튼을 클릭하면 저장을 위한 대화상자가 나타난다. [예(Y)]를 선택하여 관계 편집을 종료한다.

3 〈학과목록〉 테이블에 외부데이터 추가하기

① [외부 데이터]탭-[가져오기 및 연결]-[새 데이터 원본] 목록에서 [파일에서]-[Excel(🖽)]을 선택한다.

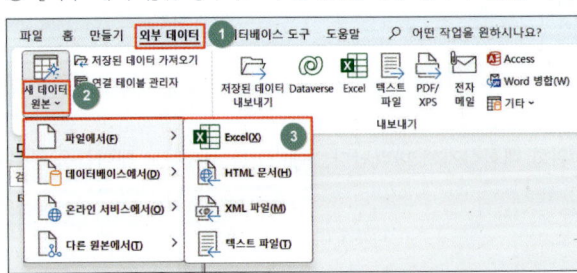

② [외부데이터 가져오기 – Excel 스프레드시트] 대화상자가 나타나면 [찾아보기]를 클릭한다.
③ [파일 열기] 대화상자로 전환되면 '학과코드목록.xlsx'를 선택한 후 [열기]를 클릭한다.
④ [외부데이터 가져오기 – Excel 스프레드시트] 대화상자로 돌아오면 데이터 저장 방법으로 '다음 테이블에 레코드 복사본 추가'를 선택하고, 목록(∨)에서 '학과목록'을 선택한 후 [확인]을 클릭한다.

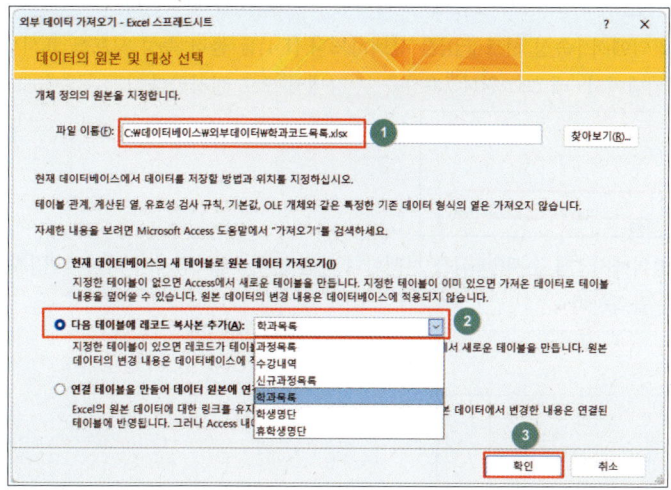

⑤ 마법사 2단계로 전환되면 관련 내용이 없으므로 추가 작업을 하지 않고 [다음]을 클릭한다.
⑥ 마법사 3단계로 전환되면 '테이블로 가져오기' 영역에 **학과목록**이 입력되어 있는지 확인하고 [마침]을 클릭한다.
⑦ [외부 데이터 가져오기 – Excel 스프레드시트] 대화상자의 '가져오기 단계 저장'이 해제되어 있는 상태에서 [닫기]를 클릭하여 작업을 마무리한다.
⑧ 최종결과

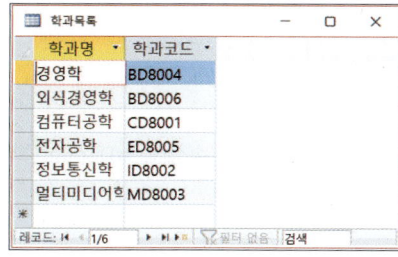

| 제2작업 | 입력 및 수정 기능 구현

1 〈과정수료현황〉 폼 완성하기

① 〈과정수료현황〉 폼을 선택한 후 바로 가기 메뉴에서 [디자인 보기(🔲)]를 선택한다.
② [양식 디자인]탭-[도구]영역에서 [속성 시트(🔲)]를 선택하거나 [F4]를 눌러 속성 시트를 표시한다.
③ '폼' 속성 시트 창의 [모두]탭에서 '레코드 원본' 속성을 '수강내역'으로 설정한다.

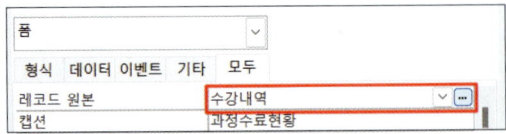

④ [양식 디자인]탭-[도구]영역에서 [탭 순서(🔲)]를 선택한다. [탭 순서] 대화상자가 나타나면 [자동 순서]를 클릭한 후 [확인]을 클릭한다.

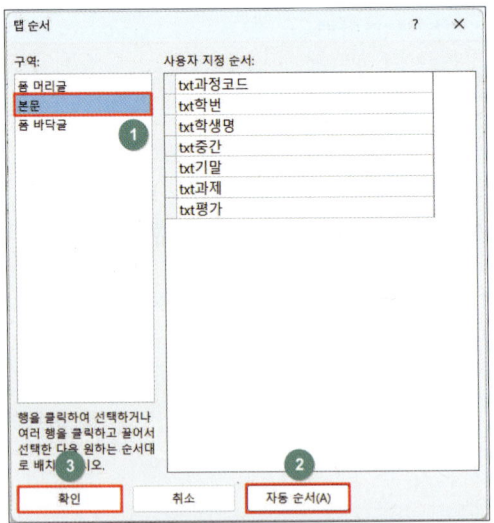

⑤ 'txt인원수' 컨트롤을 선택한 후 속성 시트 창의 [모두]탭 중 '컨트롤 원본' 속성에 「=DCount("*","수강내역","과정코드=txt과정코드")」와 같이 입력한다.

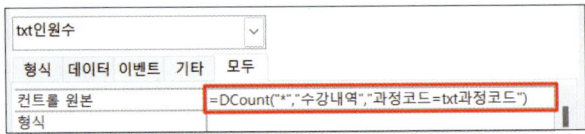

⑥ 설정이 마무리 되면 닫기(✖) 버튼을 클릭하고, 저장 확인 대화상자가 나타나면 [예(Y)]를 선택한다.

2 조건부 서식 설정하기

① 〈과정수료현황〉 폼을 선택한 후 바로 가기 메뉴에서 [디자인 보기(🔲)]를 선택한다.
② 본문의 세로 눈금자 구역으로 마우스를 가져가면 마우스 커서가 화살표(➡) 모양으로 변경된다. 이 때 마우스 왼쪽을 클릭하여 본문 구역의 모든 컨트롤을 선택한다.
③ [서식]탭-[컨트롤 서식] 영역에서 [조건부 서식]을 클릭한다.

④ [조건부 서식 규칙 관리자] 대화상자가 나타나면 [새 규칙] 버튼을 클릭한다.

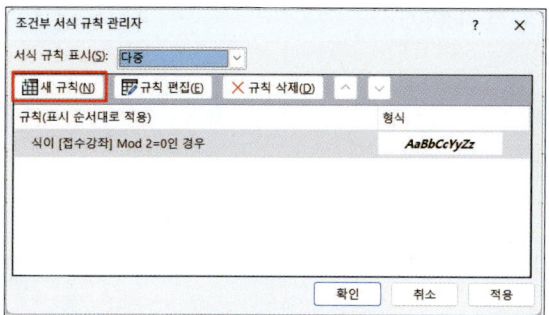

⑤ [새 서식 규칙] 대화상자로 전환되면 서식 설정 목록을 '식이'로 변경하고, 수식 입력란에 「[기말])>=Avg([기말])」과 같이 입력하고, 〈그림〉과 같이 서식을 설정한 후 [확인]을 클릭한다.

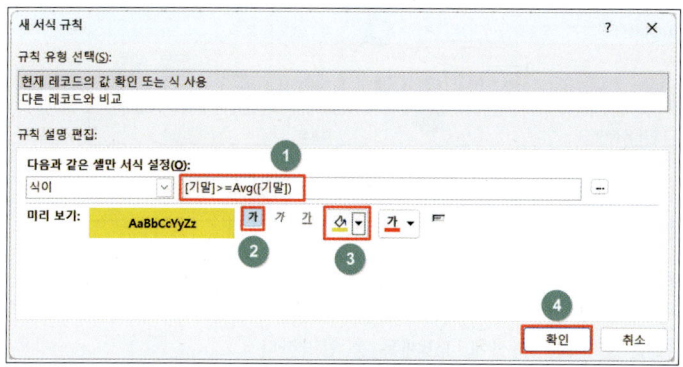

⑥ [조건부 서식 규칙 관리자] 대화상자에서도 [확인]을 클릭하여 마무리한다.

3 'cmd닫기' 이벤트 프로시저

① 탐색 창에서 〈과정수료현황〉 폼을 선택한 후 바로 가기 메뉴에서 [디자인 보기(N)]를 한다.
② 'cmd닫기' 컨트롤을 더블 클릭한 후 속성 창의 [이벤트]탭에서 'On Click' 속성을 선택한다. 커서를 삽입하면 나타나는 '작성기(…)' 버튼을 클릭한다.
③ [작성기 선택] 대화상자가 나타나면, '코드 작성기'를 선택한 후 [확인]을 클릭한다.
④ 'cmd닫기_Click()' 코드 창이 나타나면 다음과 같이 코드를 작성한다.

```
Private Sub cmd닫기_Click()
    MsgBox Me.Name & " 폼을 종료합니다", vbOKOnly
    DoCmd.Close acForm, "과정수료현황", acSaveYes
End Sub
```

Private Sub cmd닫기_Click( )

  MsgBox Me.Name & " 폼을 종료합니다", vbOKOnly

  → '현재 폼의 이름'과 함께 메시지 박스를 출력

  DoCmd.Close acForm, "과정수료현황", acSaveYes

  → 현재 폼을 저장하며 종료

End Sub

⑤ 입력이 완료되면 [닫기(✕)] 버튼을 클릭하여 VBA를 종료한다.
⑥ 'On Click' 속성란에 '[이벤트 프로시저]'가 지정된다.

| 제3작업 | 조회 및 출력 기능 구현

1 <과정별수강현황> 보고서 완성하기

① 〈과정별수강현황〉 보고서의 바로 가기 메뉴에서 [디자인 보기(⬚)]를 선택한 후 [F4]을 눌러 속성 시트를 표시한다.
② [보고서 디자인]탭-컨트롤 목록에서 '레이블(*가가*)'을 선택한 후, 마우스 커서가 '+' 모양으로 바뀌면 보고서 머리글 영역에 적절한 크기로 드래그한다.

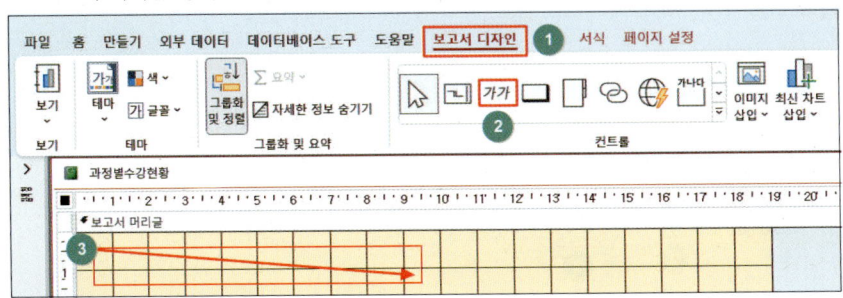

③ 추가된 레이블에 「**과정별 수강 현황**」과 같이 입력하고 [Enter]를 누른다.
④ '레이블' 속성 창의 [모두]탭 중 '이름' 속성에 「**lab제목**」을 입력한다.
⑤ '글꼴 색'은 '표준 색-검정'을 선택하고, '글꼴 크기'는 '20'으로 설정한다.

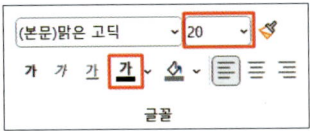

⑥ '과정명 머리글' 영역을 선택한 후 속성 시트 창의 [모두]탭 중 '반복 실행 구역' 속성을 '예'로 설정한다.

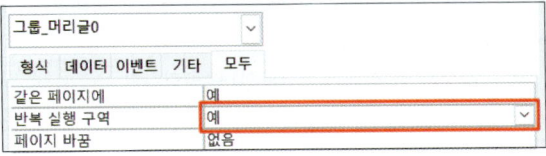

⑦ 'txt순번' 컨트롤을 선택한 후 속성 시트 창의 [데이터]탭 중 '컨트롤 원본' 속성에 「=1」과 같이 입력하고, '누적 합계' 속성을 '그룹'으로 설정한다.

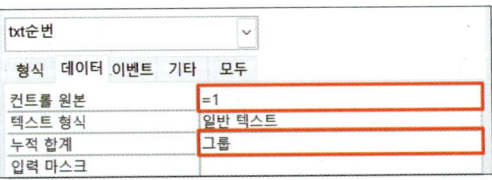

⑧ 'txt인원수' 컨트롤을 선택한 후 속성 시트 창의 [모두]탭 중 '컨트롤 원본' 속성에 「=Format(Count(*),""★ 총 수강 인원 : ""0""명 ★"")」와 같이 입력한다.

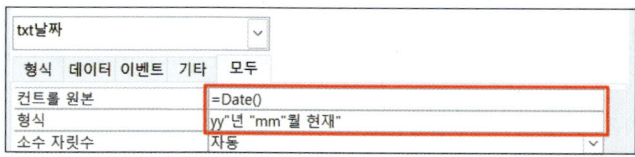

⑨ 'txt날짜' 컨트롤을 선택한 후 속성 시트 창의 [모두]탭 중 '컨트롤 원본' 속성에 「=Date()」와 같이 입력하고, '형식' 속성에 「yy년 mm월 현재」와 같이 입력한다.

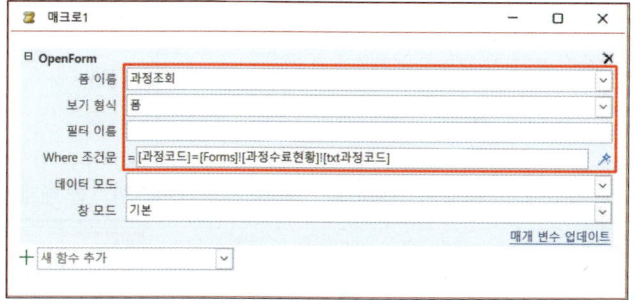

⑩ 설정이 마무리 되면 닫기(✕) 버튼을 클릭하고, 저장 확인 대화상자가 나타나면 [예(Y)]를 선택한다.

2 <과정검색> 매크로

① 〈과정수료현황〉 폼을 선택한 후 바로 가기 메뉴에서 [디자인 보기(🔲)]를 선택한다.
② [만들기]탭-[매크로 및 코드] 영역에서 [매크로(🔲)]를 선택한다.
③ 매크로 함수 목록(🔽)에서 'OpenForm'을 선택한다.
④ OpenForm 매크로 대화상자로 전환되면 '폼 이름'은 '과정조회', '개체 유형'은 '폼'을 선택한다. '필터 이름'은 생략하고 'Where 조건식'은 「[과정코드]=[Forms]![과정수료현황]![txt과정코드]」와 같이 입력한다.

⑤ 매크로 대화상자로 전환되면 [닫기(✕)]를 클릭하고, 저장 확인창이 나타나면 [예(Y)]를 선택한다.
⑥ [다른 이름으로 저장] 대화상자가 나타나면 매크로 이름을 「**과정검색**」과 같이 입력한 후 [확인]을 클릭한다. 저장이 마무리되면 탐색 창 목록에서 매크로를 확인할 수 있다.
⑦ 〈과정수료현황〉 폼의 'txt과정코드' 컨트롤을 더블 클릭한 후 속성 창의 [이벤트]탭에서 'On Dbl Click' 속성을 선택한다. 커서를 삽입하면 나타나는 목록(🔽)에서 '과정검색' 매크로를 선택한다.

| 제4작업 | 처리 기능 구현 |

1 <성적우수신입생> 쿼리

① [만들기]-[쿼리] 영역에서 [쿼리 디자인(📊)] 메뉴를 클릭한다.
② [테이블 추가] 대화상자가 나타나면 <수강내역>과 <학생명단> 테이블을 더블 클릭하거나 [선택한 표 추가]를 클릭한다.
③ 쿼리 디자인 창에 삽입된 <수강내역> 테이블에서 '학번', '학생명' 필드를 차례대로 더블 클릭하여 추가한다.
④ '학생명' 필드의 '정렬:' 영역을 '오름차순'으로 설정한다.

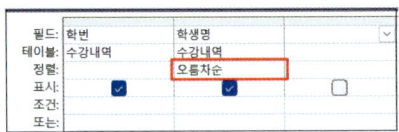

⑤ 총점을 계산하기 위해 비어있는 '필드:' 영역에 「**총점: [중간]+[기말]+[과제]**」와 같이 입력하고, '조건:' 영역에 「**>=210**」과 같이 입력한다.

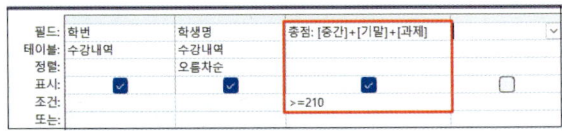

⑥ 장학비율을 만들기 위해 비어있는 '필드:' 영역에 「**장학비율: Switch([총점]>=270,"90%",[총점]>=240,"70%",[총점]>=210,"50%")**」을 입력한다.

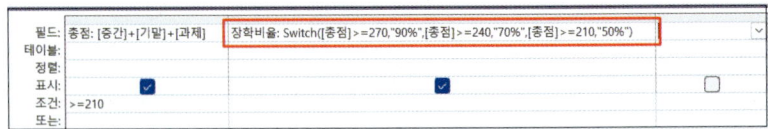

⑦ '학년' 필드를 추가한 후 '조건:' 영역에 「**1**」과 같이 입력하고, '표시:' 영역의 체크박스를 해제한다.

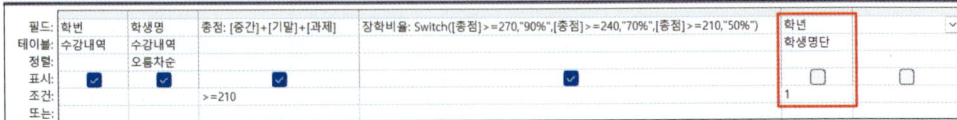

⑧ 쿼리 디자인 탭의 바로 가기 메뉴에서 [저장(💾)]을 선택하거나, [닫기(✖)]를 클릭한다.
⑨ [다른 이름으로 저장] 대화상자에서 쿼리 이름을 「**성적우수신입생**」으로 입력한 후 [확인]을 클릭한다.

2 <과정별입학년도별기말평균> 쿼리

① [만들기]-[쿼리] 영역에서 [쿼리 디자인(📊)] 메뉴를 클릭한다.
② [테이블 표시] 대화상자가 나타나면 <수강현황> 쿼리를 더블 클릭하거나 [선택한 표 추가]를 클릭한다.
③ 쿼리 디자인 창에 삽입된 <수강현황> 쿼리에서 '과정명', '학번', '기말', '과정분류' 필드를 차례대로 더블 클릭하여 추가한다.

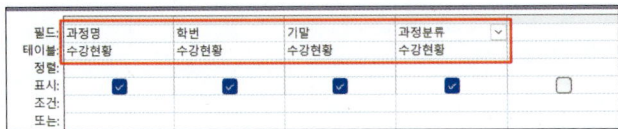

④ 쿼리 유형을 변경하기 위해 [쿼리 디자인]탭-[쿼리 유형] 영역에서 [크로스탭(▦)]을 클릭한다. 각 필드별 '크로스탭:' 영역을 〈그림〉과 같이 설정한다. 마지막 '과정분류' 필드는 '요약:'을 '조건'으로 지정한다.

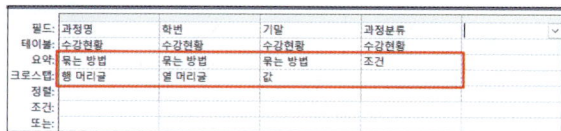

⑤ 입학년도를 조회하기 위해 열 머리글의 '필드:' 영역을 「**입학년도: Left([학번],4)**」과 같이 변경한다.

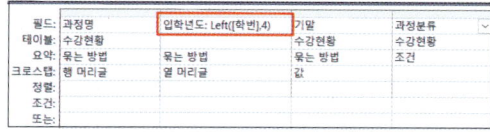

⑥ '기말' 필드의 '요약:' 영역에서 '평균'을 선택한다. 바로 가기 메뉴에서 [속성]을 선택하거나 [F4]를 눌러 속성 시트를 표시한 후, '형식'을 '표준'으로 선택하고, '소수 자릿수'에 「1」을 입력한다.

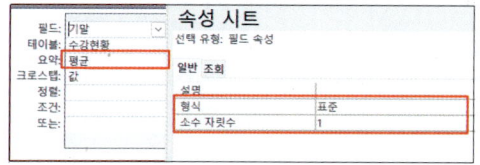

⑦ '과정분류' 필드의 '조건:' 영역에 「**"소프트웨어일반"**」과 같이 입력한다.

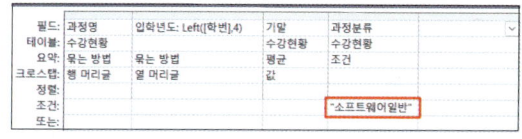

⑧ 쿼리 디자인 탭의 바로 가기 메뉴에서 [저장(🖫)]을 선택하거나, [닫기(⊠)]를 클릭한다.
⑨ [다른 이름으로 저장] 대화상자에서 쿼리 이름을 「**과정별입학년도별기말평균**」으로 입력한 후 [확인]을 클릭한다.

3 〈미등록학생조회〉 쿼리

① [만들기]-[쿼리] 영역에서 [쿼리 디자인(▦)] 메뉴를 클릭한다.
② [테이블 표시] 대화상자가 나타나면 〈학생명단〉 테이블을 더블 클릭하거나 [선택한 표 추가]를 클릭한다.
③ 쿼리 디자인 창에 삽입된 〈학생명단〉 테이블에서 '학번', '이름', '학과', '학적' 필드를 차례대로 더블 클릭하여 추가한다.
④ 쿼리 유형을 변경하기 위해 [쿼리 디자인]탭-[쿼리 유형] 영역에서 [테이블 만들기(▦)]를 클릭한다. [테이블 만들기] 대화상자가 나타나면 새 테이블의 이름을 「**휴학생명단**」와 같이 입력한 후 [확인]을 클릭한다.

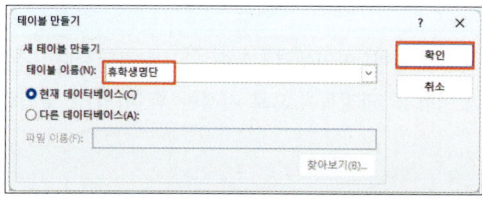

⑤ 〈수강내역〉 테이블에 없는 학생 정보를 검색하기 위해 '학번' 필드의 '조건:' 영역에 「Not In (select 학번 from 수강내역)」과 같이 입력한다.

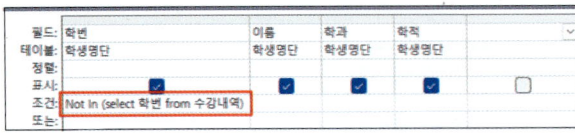

⑥ 쿼리를 실행하기 위해 [쿼리 디자인]탭-[결과] 영역에서 [실행(!)]을 클릭한다.
⑦ '12행을 붙여 넣습니다.'와 같은 메시지 대화상자가 나타나면 [예]를 클릭한다. 이후 탐색 창의 테이블 목록에 〈휴학생명단〉 테이블이 추가된다.
⑧ 쿼리 디자인 탭의 바로 가기 메뉴에서 [저장(🖫)]을 선택하거나, [닫기(🗙)]를 클릭한다.
⑨ [다른 이름으로 저장] 대화상자가 나타나면 쿼리 이름을 「미등록학생조회」로 입력한 후 [확인]을 클릭한다.

4 〈전공별수강생조회〉 쿼리

① [만들기]-[쿼리] 영역에서 [쿼리 디자인(▦)] 메뉴를 클릭한다.
② [테이블 표시] 대화상자가 나타나면 〈학생명단〉 테이블을 더블 클릭하거나 [선택한 표 추가]를 클릭한다.
③ 쿼리 디자인 창에 삽입된 〈학생명단〉 테이블에서 '학번', '이름', '학과', '학년' 필드를 더블 클릭하여 추가한다.
④ '학과' 필드의 '조건:' 영역에 「Like "*" & [조회할 학과 입력] & "*"」과 같이 입력한다.

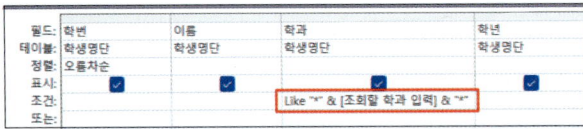

⑤ 쿼리 디자인 탭의 바로 가기 메뉴에서 [저장(🖫)]을 선택하거나, [닫기(🗙)]를 클릭한다.
⑥ [다른 이름으로 저장] 대화상자가 나타나면 쿼리 이름을 「전공별수강생조회」로 입력한 후 [확인]을 클릭한다.

5 〈신규과정추가〉 쿼리

① [만들기]-[쿼리] 영역에서 [쿼리 디자인(▦)] 메뉴를 클릭한다.
② [테이블 표시] 대화상자가 나타나면 〈신규과정목록〉 테이블을 더블 클릭하거나 [선택한 표 추가]를 클릭한다.
③ 쿼리 디자인 창에 삽입된 〈신규과정목록〉 테이블의 모든 필드를 차례대로 더블 클릭하여 추가한다.
④ 조건을 지정하기 위해 '과정명' 필드의 '조건:' 영역에 「<>"인터넷보안"」과 같이 입력한다.

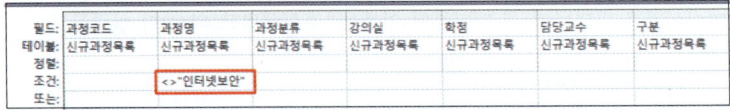

⑤ 쿼리 유형을 변경하기 위해 [쿼리 디자인]탭-[쿼리 유형] 영역에서 [추가(▦)]를 클릭한다. [추가] 대화상자가 나타나면 레코드가 추가될 테이블의 이름을 '과정목록'으로 지정한 후 [확인]을 클릭한다.

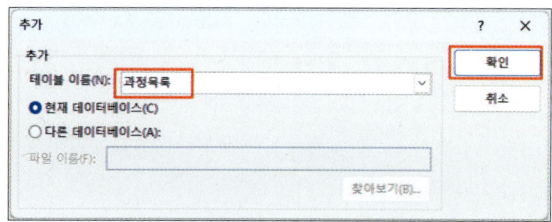

⑥ 각 필드별 '추가:' 영역에 추가될 필드가 입력되면 쿼리 실행을 위해 [쿼리 디자인]탭-[결과] 영역에서 [실행(!)]을 클릭한다.

⑦ '3행을 추가합니다.'와 같은 메시지 대화상자가 나타나면 [예]를 클릭한다.

⑧ 쿼리 디자인 탭의 바로 가기 메뉴에서 [저장(💾)]을 선택하거나, [닫기( )]를 클릭한다.

⑨ [다른 이름으로 저장] 대화상자가 나타나면 쿼리 이름을 「**신규과정추가**」으로 입력한 후 [확인]을 클릭한다.

다음 고민에 공감한다면?
꼭!! <내일은 컴퓨터활용능력>을 보셔야 합니다!

 시험일이 한 달도 안 남았는데 아직 공부를 하나도 못했어요.

 엑셀도 잘 다루지 못하는데 자격증을 딸 수 있을까요?

 혼자 공부해서 자격증을 딸 수는 없을까요?

 시험에 합격할 만큼의 양만 공부하고 싶어요.

짧은 시간, 확실하게!

쌤의 합격 노하우와 족집게 팁을 담은 1:1 과외 설명으로 쉽고 빠르게 합격시켜 드리겠습니다!

메가스터디그룹 아이비김영의 NEW 도서 브랜드 <김앤북> 여러분의 편입 & 자격증 & IT 취업 준비에 빛이 되어 드리겠습니다.
www.kimnbook.co.kr